会说话，征战职场不足忧

说对话，左右逢源无难关

职场口才宝典

ZHICHANG KOUCAI

江龙 / 主编

传授赢得帮助的职场智慧

培养获得信赖与尊重的职场气质

一本帮助你参透职场玄机的指导书

百花洲文艺出版社

图书在版编目(CIP)数据

职场口才宝典/江龙主编. —南昌:百花洲文艺出版社,2012.1(2015.3 重印)
ISBN 978-7-5500-0260-9

Ⅰ.①职… Ⅱ.①江… Ⅲ.①口才学-通俗读物
Ⅳ.①H019-49

中国版本图书馆 CIP 数据核字(2011)第 271181 号

敬启

本书在编写过程中,参阅和使用了一些报刊、著述和图片。由于联系上的困难,和部分作品的作者(或译者)未能取得联系,对此谨致深深的歉意。敬请原作者(或译者)见到本书后,及时与本书编者联系,以便我们按照国家有关规定支付稿酬并赠送样书。联系电话:010-84853028 松雪。

ZHICHANG KOUCAI BAODIAN
职场口才宝典
江 龙 主编

总策划 杨建峰
责任编辑 汤四芳
美术编辑 松 雪+王 进
制 作 周 岚
出版发行 百花洲文艺出版社
社 址 南昌市世贸路898号博能中心A座20楼
邮 编 330008
经 销 全国新华书店
印 刷 北京富达印务有限公司
开 本 1020mm×1200mm 1/10 印张 44
版 次 2012年2月第1版
2015年3月第4次印刷
字 数 794千字
书 号 ISBN 978-7-5500-0260-9
定 价 59.00元

赣版权登字 05-2011-204
版权所有,侵权必究

邮购联系 0791-6895108
网 址 http://www.bhzwy.com
图书若有印装错误,影响阅读,可向承印厂联系调换。

前　言

说话是一门艺术,需要智慧。美国成功学大师戴尔·卡耐基曾经说过:“当今社会,一个人的成功,仅有一小部分取决于专业知识,而大部分取决于口才的艺术。”话说得好,小则可以讨人欢喜,大则可以明哲保身。远有苏秦、张仪游说诸侯,战国格局为之改变;诸葛亮说服孙权,三国鼎立之势成形;皇太极劝降洪承畴,大清夺天下成定局。近有周恩来出色外交,四两拨千斤;罗斯福之“炉边谈话”,温暖千万心灵。话说得不好,小则树敌,大则导致失败甚至丧命。《论语》有言:“一言可以兴邦,一言可以丧邦。”因一句“此跋扈将军也”而被梁冀毒死的汉质帝就是因言丧命的典型代表。

语言的魅力是一个人综合魅力的重要组成部分,拥有了高超的口才艺术和说话技巧,事业将会一帆风顺,人生也将更加丰富多彩。纵观古今,凡是有作为的人,口才都是他们必备的素质之一。他们凭借良好的口才达到了自己的目的,同时也赢得了人们的尊敬。

随着现代社会的发展,传播手段日益现代化,社会竞争也日趋激烈化,以及人与人之间关系、交往复杂化,说话艺术越来越起着举足轻重的作用。在有限的工作之年里,登至职业生涯的高峰,享受成功的快乐,是每个职场人士的梦想。要想实现这个梦想,就需要用职场语言维护和强化各种关系,扩大自己的工作领域,提升自己的办事效率和工作能力,拓展自己的发展空间。

何时说什么话,怎样说话才能得到别人的欣赏,是展现职场口才的上佳途径,更是职场生存的要诀,它可以左右你在职场中的地位、人缘,也会直接影响你生意的成败。

古罗马著名演说家西塞罗曾经说过:“没有效果的表达,即使智商很高的人也得不到人们的任何尊敬;相反,有效的表达却可以使一个资质平平的人被认为在那些有才华的人之上。”在复杂的职场中,常常会遇到一些冲突或尴尬的场合,既难以启齿,又无法回避。在这个时候,表现不好,出言不逊,麻烦就会不断;表现得好,表达得当,就会海阔天空。

表达能力好,可以得到同事的尊敬、上司的重视,使得自己在职场中一帆风顺;表达能力好,可以自如地斡旋争端、调解纠纷,让自己的事业顺风顺水;表达能力好,可以结交天南海北的朋友,从而为自己的职业生涯奠定良好的人际关系的基础……总之,要想纵横于职场,并能够在职场竞争中始终立于不败之地,就要拥有良好的职场口才。职场口才犹如行走于江湖的侠客手中的利剑,助你摆脱工作中的困境、化解职场中的冲突……

未来职场要求职场中人士不仅仅是一个只会“默默”耕耘的黄牛,更要成为一个能说会道的百灵鸟。职场中离开了口才,只能事倍功半。因此,职场人士应该是能言善辩者,如果仍然笨嘴拙舌,那么就很难立足于职场中。俗话说得好:舌绽春蕾赢天下。会说话,说好话,走遍职场不足忧。

看不起职场口才的人,常犯的通病是:不靠嘴巴打天下,而只靠手脚出苦力。结果往往是浪费了人生许多大好良机。职场口才是一种技术,更是一门艺术,是职场中左右逢源的“法宝”,也是开启一句话让人帮的“金钥匙”,更是一句话让人服的“如意棒”。

本书是一部故事精彩、文字优美、内容全面、道理实用、分类系统的职场口才之作。书中用通俗易懂的语言、娓娓动人的故事、实际有效的例证，向读者介绍了各类职场中的口才艺术以及职场中口才的训练方法，其内容易懂易学，方便实用，借鉴性及操作性极强。书中介绍的方法与技巧，让你在上司面前应付自如、在同事面前侃侃而谈、在谈判桌前游刃有余、在经商路上招财进宝、在客户面前落落大方……堪称是迄今最全面、最丰富、最经典的版本。通过本书，你可以快速了解职场口才的各类技巧及方法，从而在职场中游刃有余、坐拥成功！

人人都想追求事业成功，人人都梦想职场理想实现，而事业成功、职场理想实现都离不开《职场口才宝典》！

目　录

第一篇　职场口才艺术——职场成功的法宝

第一章　口才是职场生存与发展的法宝 …… 2
口才是职场生存的资本 …… 2
口才是科学,说话是艺术 …… 3
好口才是职场事业成功的阶梯 …… 4
良好口才成就卓越职场 …… 5
第二章　职场中说话要符合自己的身份 …… 6
老板说话应具备的特点 …… 6
让说话有权威感 …… 7
发出指令讲究技巧 …… 8
要学会幽默 …… 9
争辩的艺术 …… 10
如何面对说话没有边际的说话者 …… 11
讲话也要看场合 …… 12
言行举止应符合身份 …… 13
社交场所讲话的原则 …… 14
第三章　做职场中的"说客" …… 15
先了解再说服 …… 15
说服要有耐心 …… 15
说服方法要因人而异 …… 16
探察部下的真心话也要讲究技巧 …… 18
最适宜说服的场所 …… 19
与"闷葫芦"交流的方法 …… 20
人性化的互动 …… 21
正确对待闲谈 …… 22
第四章　建立自我形象——用话术包装自己 …… 23
拒绝的要诀 …… 23
认错的艺术 …… 25
销售的技巧——借机施恩 …… 27
沟通礼仪 …… 28
善于抓住机会 …… 30
男人小心 …… 31

第二篇　好口才助你畅游职场

第一章　求职面试的语言艺术 …… 34
自我介绍的技巧 …… 34

面试常见的回答方式 …… 35
如何处理与原雇主有关的问题 …… 39
如何回答“你为何频繁换工作”? …… 39
女性如何回答敏感问题 …… 40
跳槽者面试时的禁忌 …… 41
如何处理面试中的尴尬 …… 42
如何在面试中脱颖而出 …… 45
面试易犯的错误 …… 46
谈薪水的窍门 …… 48
度过试用期的黄金法则 …… 49
如何面对欺生现象 …… 51
如何克服面试的羞怯心理 …… 52
提前做好准备 …… 53
得体的仪表增加你的魅力 …… 54
如何克服面试紧张 …… 56
新奇的表达让你更出色 …… 57
敢于亮出你的优点 …… 58
在面试中表达缺点的艺术 …… 59
轻松应对刁难 …… 60
机智回答敏感问题 …… 61
第二章　与同事沟通的语言艺术 …… 62
同事间说话的“纪律” …… 62
同事间言语的注意事项 …… 63
巧用幽默语言分享快乐 …… 65
与同事聊天 …… 66
避免无谓的闲聊 …… 68
及时消解与同事的误会 …… 69
理智对待同事的冷言冷语 …… 70
如何应对同事与你抢功的情形 …… 71
指出同事缺点的艺术 …… 71
第三章　与老板及上司沟通的语言艺术 …… 73
与上司得体交流的艺术 …… 73
跟上司说话要注意分寸 …… 74
接受上司指示时的注意事项 …… 75
汇报工作的原则 …… 76
赞美上司有技巧 …… 77
怎样让上司同意你的观点 …… 78
与多疑的上司相处的艺术 …… 79
如何拒绝上司的“圣旨” …… 80
向上司汇报工作的注意事项 …… 81
如何与老板谈年度绩效 …… 82
如何面对上司的批评 …… 83
如何面对上司的无故指责 …… 84

给上司提意见的技巧 …… 85
如何指出老板的过错 …… 86
成功加薪的方法 …… 87
拒绝委托的艺术 …… 89
适时邀功的技巧 …… 90
抢功也要讲究艺术 …… 92
把握上司心理,把握说话时机 …… 94
第四章 与下属交流的语言艺术 …… 95
如何向下属展示说话的亲和力 …… 95
如何掌握与下属说话的分寸 …… 96
把握重点与下属交谈 …… 97
多倾听下属说话 …… 98
向下属提问的语言技巧 …… 100
如何向下属表达自己的观点 …… 101
与下属说话的注意事项 …… 103
模糊语言的妙用 …… 104
发布坏消息的艺术 …… 106
如何应对下属的抱怨 …… 107
施恩望报的艺术及注意事项 …… 109
“画的大饼吃不到” …… 110
模糊真相——弃子再利用 …… 113
以退为进,树立威信 …… 114
如何有效管理员工 …… 115
高效实施命令的秘诀 …… 117
当女上司遭遇男下属 …… 118
女上司如何恰当坚持自己的立场 …… 119
第五章 职场中电话交流的语言艺术 …… 121
电话交流的注意事项 …… 121
正确使用电话的基本用语 …… 122
在电话里也能塑造自我形象 …… 123
通话时间需谨慎选择 …… 124
接听电话注意事项 …… 125
如何筛选和过滤电话 …… 127
如何应对电话闲聊 …… 127
如何处理打错的电话 …… 128
解释晚接电话的艺术 …… 129
第六章 职场“外交”的语言艺术 …… 130
对外交往不可少 …… 130
职场对外交往的一般性要求 …… 131
如何应对不同类型的人 …… 132
用提问打开彼此的心扉 …… 133
职场外交人员在交流中的注意事项 …… 134
说话的得体举止 …… 135

对外交往中的说话艺术 …… 136
职场外交中的说话技巧 …… 138
怎样应对记者的提问 …… 139
第七章　取信客户的语言艺术 …… 140
增强信赖感 …… 140
避免是非争执 …… 141
用话语让客人乖乖掏钱 …… 143
做客户的知心人 …… 145
把话说得更漂亮 …… 146
第八章　防备职场沟通危机 …… 148
如何用幽默语言消除职场沟通危机 …… 148
如何用妙语摆脱职场窘迫 …… 148
如何面对羞辱 …… 149
如何巧言缓和言语争执 …… 150
如何以自嘲来化解尴尬局面 …… 151
如何巧妙表达异议 …… 152
如何消除同事心理防线 …… 153
如何用反击语言进攻 …… 154
如何面对“揭短” …… 155
如何对付蛮不讲理者 …… 155
学学挑拨的话术 …… 156
“照”与“不照”的差别 …… 158
传话的艺术 …… 161
学学“磨功” …… 165
职场最重要的“保命”招数 …… 167
第九章　职场中的批评艺术 …… 171
应严厉对待违规者 …… 171
斥责时应遵循的原则 …… 172
如何帮部下剖析错误 …… 172
指责批评的要领 …… 173
如何合理批评 …… 174
批评艺术九条 …… 175
要学会给员工台阶下 …… 176
批评还需因人而异 …… 176
如何处理与员工的矛盾 …… 177

第三篇　商务口才

第一章　商务谈判怎样开口 …… 180
谈判者的必备素质 …… 180
谈判者的形象 …… 180
谈判前的注意事项 …… 183
摸清对手的底细有助于谈判成功 …… 184
制订多个谈判方案 …… 185

制订灵活的应对策略 …… 186
如何开始谈判 …… 187
切莫透露商业情报来源 …… 188
第二章 如何舌战群英 …… 189
如何在谈判中占据主导地位 …… 189
商务谈判制胜的法则 …… 190
谈判中的策略与技巧 …… 191
如何营造良好气氛 …… 192
“红白脸”策略的注意事项 …… 193
巧用商务谈判语言 …… 194
谈判语言的注意事项 …… 195
如何与大公司谈判 …… 197
谈判中的提问 …… 198
谈判中的应答技巧 …… 200
女性商务谈判的注意事项 …… 201
第三章 谈判中的双赢说服术 …… 203
既做朋友又做生意 …… 203
商务谈判要注意细节 …… 204
学会“微笑外交” …… 204
如何在谈判中“让步” …… 205
商业谈判中的常见原则 …… 206
谈判中常见七种谈判对手 …… 207
如何拒绝对手 …… 209
谈判中常见的几种正确直觉 …… 210
第四章 商务语言的学问 …… 212
开口报价的五大注意事项 …… 212
如何讨个好价钱 …… 214
要学会“识货”和“比货” …… 214
“投石问路”提问术 …… 215
报价的三大绝招 …… 216
报盘的语言艺术 …… 217
第五章 用语言赢得客户 …… 219
怎样和客户打招呼 …… 219
与客户轻松交谈的七种方式 …… 219
如何面对客户的拒绝 …… 220
说服不同年龄客户的妙法 …… 221
说服不同性格客户的妙法 …… 222
从表情中读懂客户 …… 227
介绍商品的依据 …… 228
谈出好价钱的五大绝招 …… 229
主动进攻,一锤定音 …… 231
这样的十大注意事项 …… 232
让客户回头的常备说辞 …… 234

第四篇　职场口才修炼

第一章　交际口才 …… 238
如何用好交际暗示 …… 238
学会交际中的拒绝 …… 239
掌握交际中的解释 …… 240
领会交际中的批评 …… 241
初交语言技巧 …… 242
善用女性语言 …… 243
男性语言面面观 …… 244
应酬语言需掌握 …… 245
劝酒语言有学问 …… 246
劝架语言含技巧 …… 246
调解语言要有分量 …… 247
公关语言艺术 …… 248
推销语言讲技巧 …… 249
司仪语言艺术 …… 250
第二章　交谈口才 …… 252
交谈特征 …… 252
交谈原则 …… 253
交谈中的对象判断 …… 254
交谈中的关系判断 …… 255
注意交谈时境 …… 256
交谈方式有讲究 …… 257
注意交谈礼节 …… 258
注意交谈中的称呼 …… 259
用好交谈敬辞 …… 260
交谈措辞的特点 …… 261
交谈语句的特点 …… 262
学会使用交谈词汇 …… 263
注意交谈语气 …… 264
交谈中的哲理性话语 …… 264
掌握交谈中提问的技巧 …… 265
学学交谈中反问的技巧 …… 266
交谈中的应答方式 …… 267
如何避免交谈中的争论 …… 268
如何在交谈中插话 …… 269
交谈中的忌讳 …… 270
如何结束交谈 …… 271
第三章　推销口才 …… 272
推销前的准备工作 …… 272
重要的推销原则 …… 273
运用好推销语言 …… 273

以冷激热去推销 …… 274
情理诱导促推销 …… 275
学学类比促销 …… 276
不仅要能说,而且要会说 …… 277
要适时改变推销方式 …… 277
学会自抬身价 …… 278
为下一次的销售留后路 …… 279
要注重自己的语音语调 …… 280
不该说的话一定不要说 …… 280
力求拘“小节” …… 282
努力掩饰自己的情绪 …… 282
持之以恒,坚持到底 …… 283
如何巧妙接近客户 …… 284
不要急于求成 …… 284
切忌过度坦诚 …… 285
应对不同年龄客户的口才技巧 …… 286
应对不同性别客户的口才技巧 …… 288
应对疑虑重重型客户的口才技巧 …… 289
应对刨根问底型客户的口才技巧 …… 290
对待挑剔型客户的口才技巧 …… 291
规劝挑剔型客户的口才技巧 …… 292
应对似懂非懂型客户的口才技巧 …… 294
第四章　营销口才 …… 295
攻心为主营销策略 …… 295
尊重顾客,赢得好感 …… 296
永远保持热情的态度 …… 297
真诚是推销产品的前提 …… 298
一语激起购买欲 …… 299
到什么山唱什么歌 …… 300
“听”的技巧 …… 301
巧妙的提问有助于成功营销 …… 302
营销中应如何倾听 …… 303
了解顾客是营销的前提 …… 303
牢牢吸引顾客 …… 305
刺激欲望,激发兴趣巧成交 …… 305
声音在营销中的妙用 …… 306
以关爱打动顾客 …… 307
幽默风趣,促进营销 …… 308
用最动听的声音接打电话 …… 309
商务谈话要简洁准确,切中要点 …… 311
善于把话说到点子上 …… 312
向顾客提供信息要有分寸 …… 312
成功的营销需要积极的假设 …… 314

用事实说话 …… 315
掌握答复技巧 …… 316
好的开场白是成功的一半 …… 317
赞美的技巧 …… 319
恰到好处地恭维对方 …… 320
勿以行家的口气参与洽谈 …… 320
必须努力避免的洽谈语言 …… 322
打动顾客的说话艺术 …… 323
事实描述最有说服力 …… 324
如何发挥语言的说服威力 …… 325
第五章 幽默口才 …… 327
学学拟人幽默 …… 327
掌握位移幽默 …… 328
运用稚语幽默 …… 329
尝试化怒幽默 …… 329
遵循推理幽默 …… 330
学会铺垫幽默 …… 331
学会迂回幽默 …… 332
运用好歪解幽默 …… 332
学学模拟幽默 …… 333
巧妙设置悬念幽默 …… 334
掌握返还幽默的技巧 …… 335
尝试夸张幽默 …… 336
懂得含蓄幽默 …… 337
遵循反语幽默的方法 …… 338
黑色幽默需掌握好分寸 …… 339
歪语幽默有讲究 …… 340
错用幽默需慎重 …… 340
当心圈套幽默 …… 341
学学婉曲幽默 …… 342
错释幽默需分清对象 …… 343
尝试一下自嘲幽默 …… 344
颠倒幽默需警惕 …… 345
慎重使用求职幽默 …… 345
第六章 诡辩口才 …… 347
掌握美言诡辩 …… 347
危言诡辩要慎重 …… 348
借言诡辩需分清对象 …… 348
醉言诡辩要注重场合 …… 349
激言诡辩切勿过度 …… 350
运用好谐音诡辩 …… 351
不妨运用夸张诡辩 …… 352
多难诡辩讲究策略 …… 353

连锁诡辩 …… 354
学学喻证诡辩 …… 354
运用对比诡辩的技巧 …… 355
使用歪解诡辩的策略 …… 356
巧用自嘲诡辩 …… 357
掌握戏谑诡辩艺术 …… 358
灵活把握反诘诡辩 …… 359
辩证诡辩的策略 …… 360
因果诡辩的技巧 …… 361
数据诡辩最有说服力 …… 362
第七章　说服口才 …… 364
如何做好说服前的准备工作 …… 364
认清说服对象 …… 365
掌握说服方法 …… 366
如何选定说服氛围 …… 367
如何选择说服时机 …… 367
如何把握说服距离 …… 368
如何运用说服表情 …… 369
如何采用说服姿势 …… 370
牢记说服手势 …… 370
掌握好说服声调 …… 371
注意说服转换 …… 372
说服应如何收场 …… 373
现身说服最有力 …… 374
树标说服易引人共鸣 …… 374
唤醒说服的技巧 …… 375
比喻说服的艺术 …… 376
对比说服效果佳 …… 377
借物说服的要领 …… 377
激将说服巧成事 …… 378
第八章　演讲口才 …… 380
如何选题 …… 380
演讲文稿的特殊性 …… 382
演讲主题需明确 …… 383
演讲中心要突出 …… 384
演讲开头得精彩 …… 385
演讲结尾要有力 …… 386
社交演讲应慷慨激昂 …… 387
竞聘演讲要恰到好处 …… 388
就职演讲体现能力 …… 389
答谢演讲要真诚 …… 391
即席演讲中的要点 …… 392
用自我演讲树立威信 …… 394

哲理演讲的艺术 …… 395
散发理性演讲的光辉 …… 396
用求同演讲拉近距离 …… 397
类比演讲会收到惊喜 …… 398
设置演讲悬念 …… 399
演讲要有气势 …… 401
演讲亦能兴波 …… 402
如何构建演讲高潮 …… 403
培养演讲应变能力 …… 405
掌握演讲升华的尺度 …… 406
第九章　口才训练 …… 408
注重心理训练 …… 408
重视思维训练 …… 408
语智训练有策略 …… 410
思路训练讲究方法 …… 411
记忆训练有技巧 …… 412
采用合适的表达训练 …… 413
加强语调训练 …… 414
微笑训练不能少 …… 416
注重择语训练 …… 416
演讲训练的步骤 …… 418
论辩训练的选择 …… 419
解说训练用处大 …… 421
同步训练难度高 …… 422
综合训练锻炼能力 …… 423
学学放松训练 …… 424

第一篇

职场口才艺术

——职场成功的法宝

第一章 口才是职场生存与发展的法宝

口才是职场生存的资本

一个人的职场生涯能否成功，与其口才有着必然的联系。如果在职场中可以拥有良好的口才，那就可以赢得比别人更多的发展契机，甚至可以使自己的人生与事业光彩照人。

在职场中打拼，每个人都想取得成功，谁都不愿意碌碌无为地虚度人生，而好口才就是职场成功的利器与法宝。练就好口才，就可以在职场中左右逢源，游刃有余，一帆风顺，甚至步步高升；不然则会步履维艰。

从口才这个着眼点出发，就可以得出许多成功人士的妙计。如何让自己的话深入人心，以达到别人对自己称赞和认可的目的，这中间包括许多学问。从表面上看，说话很简单，张嘴言谈，人人都会。但是，要把话讲好，却非常不容易，它是一门高深的学科。一个人要在复杂的职场中正确对待各种人和事，一定要掌握说话的技巧，让上下左右都对你满意并刮目相看。若反之，则必然会处处碰壁，一事无成。

古有“一言兴邦”“一言乱邦”之说，可见口才的重要性。既然在职场中会说话与不会说话造成的结果差别特别大，所以，我们就应当重视说话的技巧。

然而，由于职场人际与岗位工作的多样性，使得很多职场人在许多情况下，要想把话说好是非常困难的，例如批评上司、向同事提建议、点破别人谎言等，如果表述不当，方法不妥，很容易产生误会，引发矛盾，办不好事，甚至造成更为严重的后果。如果要想说好这类话，不仅需要很高的智慧和丰富的人生经验，更有必要学会去分析。只有当我们深入分析了这种情况形成的原因，并讨论应对这种场面的方法，提供在这种状况下把话说好的不同对策，掌握把话说好的技巧后，这样，才可以把相同的事用妙言来说，把难办的事用妙语来回答。可见，若想人生腾达，就要学会说话；若要职场顺利，就一定要注重口才的培养。

职场之中成功的秘诀非常多，而口才绝对是重要因素之一。当代职场中，如果一个人要想成功，必定离不开极好的口才。说话水平是一个人思维本领、认识程度、知识底蕴等的综合体现。在很多情况下，社会、组织对一个人的认识、了解和人与人之间的认识、了解，全是通过说话来完成的。

社会中有许多分工并且日益增多，有知识的专业人士也越来越多。一个人在某一项专业和工作上有所擅长，就算是人才。但是，人才不见得有口才，而有口才却必定是人才，并且是优秀的人才和难得的通才。因此，我们要学习与掌握口才的学问。拥有完美人生的前提是拥有良好的口才，并且时代的发展需要拥有职场好口才。

点金石

无论是初涉职场，还是在职场上已打拼多年，只有领悟到口才的作用，才可以为自己成功的人生锦上添花。

口才是科学，说话是艺术

伴随着社会生活的现代化，传播和记录有声语言的工具愈加普及，说话的重要性日益明显。

因为时间宝贵，现代社会的发展特别讲究速度和效率。职场中寻求生存与发展的人们，其工作和生活的节奏也随着发生了改变，因而，这就要求人们谈话也要有效率。

21 世纪的职场，说话的水平也需提升，且提高口语素质愈发显得重要。现代职场，城乡交流，内外开放，四面八方的人相聚在一起，光有“书同文”不够，光会说自己的故乡话不行，说话颠三倒四更加不行。人们在一起说普通话，要说得有条理，不要东一榔头西一棒子；说话还要适当，不要伤人。

因此，随着时代的进步，我们不但要求职场中的每个人都说比较标准的普通话，而且要求大家练习自己的口才艺术：说让人理解的话，不要说半文不白的话；说通顺的话，不要说似通非通的话；说准确适当的话，不要说含混不清的话。从而进一步提高职场沟通能力及口语表达的效果。从时代的需要看，讲究说话艺术，对每个职场人士而言，都会产生这个时代所给予的紧迫感。

在如今的信息时代中，相互传递信息、交流信息极其重要。而在各种信息交流形式中，口语交际是最主要、最生动形象的形式之一。对于职场人士来说，口语交际不仅是最重要的交际形式，而且也是最主要的交际形式。因此，口语交际的口才是现代社会的职场人士交流的基础。

中国有句古语：“听君一席话，胜读十年书。”的确，跟那些有学识且具有口才的人交流，比喝了醇酒更令人兴奋，比听交响乐更能振奋精神。良好的语句可以带给人愉悦和欢畅的感觉，帮助你增加知识和修养，激发你的创造力，同时也能增进人与人之间的感情。

在现代职场中，人与人之间存在能力的差距，要快速了解他们，不妨看看他们的口才。口语能力的高低，它的主要表现是说话的艺术。语言的力量能够征服世界上最难懂的东西——人的心灵。通过成功的口才这一技巧，不熟悉的人可以熟悉起来，长期形成的隔阂可以消失，甚至很多矛盾也可以得到解决。若是语言运用不当，就可能导致交际失败，对个人形象也不利。

我们在职场中生存并且发展，都要交流信息，那么，我们应靠什么来交流呢？当然是靠一定的语言交际能力。在这种语言交际能力中，口语能力特别重要，应用也最广泛。

毫不夸张地说，口才堪比一项艺术，是用口语表达思想感情的一种巧妙的形式。懂得语言艺术的人，学会相处之道的人，他不会勉强别人与自己有一样的想法，而是巧妙地引导他人。那些善于用口语贴切、生动形象地表达自己思想感情的人，办事往往成功。反之，不会语言艺术的人，最后自己也会处于困境。同时，不重视口才锻炼的人，在职场生涯中失败于口才的事也是屡见不鲜的，因为语言的失之毫厘，结果会差之千里。

职场口才的学问，在美国、西欧、日本等发达国家都已流行，在很多企业、组织中，都很注重这门艺术。在这方面，我们也需要张开眼睛看全球。

美国俄亥俄州的马瑞塔学院把毕业后工作时间不长和毕业之后工作 10 年以上的两部分毕业生请回学院进行测验，让他们根据各自的亲身体会回答：你在学校里学的哪门功课对你走上社会最有必要？新老毕业生全部回答：最有必要的课程是演讲学和交际学，它们教会我怎样说话，怎样与人打交道；其次是英语课，从中我学到了阅读与写作。

俄罗斯诗人纳德松说：“世人没有比语言的痛苦更强烈的痛苦。”是的，交流，着实是一种职场人生的本领，也是通往职场成功的捷径。

点金石

现代职场生存的特点是交往活动十分频繁，所以，对说话来讲，条理性和得体性是极为重要的。

好口才是职场事业成功的阶梯

早在公元前，埃及年迈的法老就告诫将要继承王位的儿子麦雷卡："你若能成为一个雄辩的演说家，你就可以成为一个坚强的人……舌头是一把宝剑，演说比打仗更有效果。"18世纪，法国革命家拿破仑也说过："一支笔，一条舌，能抵三千毛瑟枪。"我国古代文学评论家刘勰认为："一人之辩，重于九鼎之宝；三寸之舌，强于百万之师。"因此可以看出，口才是极为重要的。

古希腊寓言作家伊索年轻的时候给贵族当奴仆。某天，主人设宴请客，客人大多是希腊当时的哲学家。主人吩咐伊索准备酒肴，要做最好的菜款待客人。开宴时，看到席上的菜肴全部是各种动物的舌头，主人大吃一惊，赶快问这是怎么回事，伊索回答说："您叫我为这些尊贵的客人办最好的菜，而舌头是引导各种学问的关键，对于哲学家来说，舌头宴不是最好的菜吗？"客人全部被伊索说得大笑起来。第二天，主人让伊索再办一次宴会，菜要最坏的。上菜时，端上来的依旧全是舌头，主人一见，便大发雷霆。伊索却镇定地解释道："难道不是有很多人祸从口出吗？舌头既是最好的，东西也是最坏的啊！"

这个故事告诉我们了一个简单的道理，那就是：说话对人具有很重要的作用。同样一件事，这么说就能做到，那样说却做不到；相同一句话，这么说听来悦耳，那样说却令人反目。一句话能够把人说笑，一句话也能够把人说哭。

美国著名舞蹈家邓肯，想加入奥古斯丁·戴利的剧团。戴利是享誉美国的大人物，因此，很多个下午和傍晚，邓肯站在通往后台的门口，请求接见。人们以戴利太忙为借口，让她去见助理，邓肯坚决不答应。最后，她见到了这位大人物。这个人相貌堂堂，但显得挺凶。邓肯鼓足勇气，对他说了这么一大段话："戴利先生，我有一个很重要的想法想要向您讲，在全国恐怕唯您能理解它。我发现了舞蹈，发现了这种失传两千年的艺术……我给您带来了可以使我们整个时代发生翻天覆地改变的想法。我是在哪里发现这种艺术的呢？是从太平洋，从内华达山脉波涛起伏的松树林那儿。我看见了年少的美国在落基山顶峰翩翩起舞的风姿……我要为美利坚的儿女发明出一种显示美利坚精神的新舞蹈，给您的剧院带来它所缺失的那个生命所系的灵魂——舞蹈演员的灵魂。"这时，戴利显得不耐烦，而邓肯却大声说："如果舞蹈演员那种伟大的艺术一天不返回剧院，那么，剧院就不会有真正的演出！"

戴利出乎意料地让眼前这个瘦小的女生如此放肆地训斥了一顿，居然不知所措了。但他通过艺术的直觉，认为这个小姑娘与众不同，便允许了她的请求。

邓肯成功了，成了众人瞩目的舞蹈皇后。那么现在我们来分析一下这位"舞蹈皇后"的语言艺术。一开始，她表明了她"有一个非常重要的想法，在全国恐怕只有您能明白"。字字句句，无不洋溢着自信，在戴利这个大人物面前，敢称自己的想法"重要"，而且只有"您能理解"，明显是这个说法使戴利注意到了她。接着，她又说自己发现了"两千年的艺术""想要为美利坚的儿女制造出一种表现美利坚精神的新舞蹈"，这些话语乍听起来，似乎有些"疯狂"，但是，如此表述极易震撼戴利这种高高在上的大人物，引起思想的共鸣，最终得到他的认同。

像这样的例子，古今中外，数不胜数。在当代职场中，更是不乏妙语连珠的成功者。他们或出言有序，或滔滔不绝，或旁敲侧击，或不盖不遮，或妙语不绝，或句无单出，或信口出之，真如春光中的姹紫嫣红，美不胜收。

点金石

良好的口才,会使经商的人门庭若市,财通三江,而不致门可罗雀,债台高筑;良好的口才可以使阖家如春,其乐融融,而不致举家不乐,愁肠百结。良好的口才,有如战鼓催征,雄兵开拔;有如江水直下,一泻千里;有如绵绵春雨,滋润心田;犹似狂飙突起,震慑对手。

良好口才成就卓越职场

事实让我们明白:如果想要在职场中取得成功,那么就需要一副好口才,就需要推销自己,赢得尊重,出人头地,成就卓越职场。

美国的《走向成功》一书指出:“在工业社会里,每个人都在介绍自己。在工商界,没有推销,就没有企业;在个人看来,不懂推销,就很难出人头地……”

在如今就业市场竞争激烈的状况下,谋求职场成功不妨也学会以出色的口才介绍自己。

曾经热血沸腾的莘莘学子,如今面临着市场残酷的选择。那么,要怎样才能在激烈竞争的职场中把自己推销出去呢?

刚入职场,要想站稳脚跟,摆脱困境,避免走弯路、陷入误区,更应该认真学习、吸取他人在职场打拼多年并获得成功的方法和经验。而若想拥有并实践介绍自己的方法,这就需要具备良好的口才。

也许你会发出感叹:“我生下来就不爱开口,说话没口才。”事实上,不要说自己缺乏在职场中表现自己的实力。你也同样有一张嘴,你也同样能“谈笑鸿儒”,在职场中获取成功。口才不可能与生俱来,也不可能从天而降,就像庄稼需要施肥、道路需要修整一样,口才需要养成。先天不足后天补,积极地开发和掌握一些先人的经验,你也能成功。没有一个口才大师是天生就有好口才的!

著名的英国首相丘吉尔全是自学成材,被誉为“世纪的演说家”。他原先讲话结结巴巴,口齿不清,完全就不是当演说家的材料;他身高仅五英尺多(约1.65米),没有堂堂的仪表,他那难听的喊叫声既不像麦克阿瑟又不像马丁·路德·金那样洪亮;丘吉尔没有接受过大学教育,在这方面,他没有优势可言,在下院最初的一场演讲中,他讲到中间就无吸引力了……然而,就是在这样一种先天不足的情况下,丘吉尔最终拥有了众人皆知的辩论口才,用美国前总统肯尼迪的话说就是:“丘吉尔用了英语语言并将它投入了战争。”那么,在如此差的基础上,他何以拥有如此令人惊奇、瞩目的成功呢?事实上,刻苦、勤奋、坚持不懈的努力练习是成功的唯一途径,别无他法。

“世上本没有路,走的人多了,也就有了路。”在实践中练习口才,用意志作为成功的基石,以汗水浇灌成功的花朵,勤奋的苦练和巧练,在职场中奋斗的你一定能成功。

点金石

我们要想走进市场经济的大潮,就需要推销自己,推销自己比推销商品更重要。而拥有好口才,就等于拥有了推销自己的能力,就等于拿到了成功人生的钥匙。

第二章 职场中说话要符合自己的身份

老板说话应具备的特点

老板与员工的对话主要有四种功能。

监督功能——凭借此功能来得到管理工作中的具体情况，监督各部门执行老板的决定。

参与功能——凭借此功能可发现执行决定过程中发生的事件，探索和寻找解决方法，使老板从“观察”地位进入参与位置。

指示功能——在这中间传递上级指示或个人决定。

悉人功能——与工作人员接触，了解他们的种种心理活动，做到悉人知心。可是，老板应怎么同他的员工谈话呢？

1. 善于激发员工讲话的愿望

谈话是老板和员工的相互活动，员工如果没有讲话的愿望，那谈话难免会陷入僵局。所以，老板首先应该在讲话中融入细腻的感情，要注意讲话的语气、方式以及语音，激发员工谈话的愿望，让信息的交流融入感情交流的过程中。

2. 善于启发员工讲实话

谈话的目的是得到真实的信息。但是，有的员工出于各种动机，谈话时真假相混，见风使舵；有的则有所顾忌，无法说出内心的想法，这都使谈话变得没有意义。为此，老板必须克服专制、蛮横的作风，代之用坦率、诚恳、求实的态度，并且一定要让对方在谈话过程中明白：自己所感兴趣的是真正的现状，并不是奉承、文饰的话，使对方的顾忌消失。

3. 善于抓住主要问题

谈话一定要突出重点，简明扼要。一方面，老板自己要以身作则，在一般的礼节性招呼之后，便迅速转入正题，阐明问题实质；另一方面，也要让员工习惯这种谈话习惯。要知道，话多是对信息实质不理解的表现，这样会使谈话效率降低。

4. 善于表达对谈话的情趣和热情

正由于谈话是相互活动，因此，一方对另一方的讲述应予以积极、适度的反馈，使谈话者更加津津乐道，使彼此的谈话更加和谐、深刻。同时，在老板聆听员工谈话时，一定要注意本身的态度问题，充分利用一切方法——表情、姿态、插话、感叹词等来表现出自己对员工所说的事件的兴趣和对这次谈话的热情。

在这样的情况下，老板微微的一笑、赞同地点点头、带有热情的一个“好”，都是对员工谈话的非常有力的鼓舞。

5. 善于掌握评论的分寸

在听取员工讲述时，老板不应发表批判性意见。如果要作评论，就应将其放在谈话最后，并且成为结论性的意见，措辞要有分寸，表达要慎重，要采取劝告和建议的方法，让员工易于采纳和接受。

6. 要善于克制自己，避免冲动

员工在反映情况时，可能会忽然批评、抱怨起某些事情，而这在客观上又正是在责怪老板自己。

在这时，你身为老板，应保持冷静的头脑，不要一激动，也开始不停地讲起来，甚至为自己解释。

7. 善于利用谈话中的停顿

在员工说话过程中会出现两种停顿现象，要分别处理。一种是员工故意地停止讲话，它是员工为探测一下老板对他讲话的反应、印象，想让老板作出评论而做的。这时，老板有必要提出一般性的讲话，以鼓励他进一步叙述。

第二种停顿是思维瞬间中断导致的，这时，老板最好运用"反向提问法"来还原原来的思路。这样的方式就是用提问的形式再复述一遍员工刚才讲的话语。

8. 善于克服最初效应

所说的最初效应就是日常所说的"先入为主"，有些人就会很关注这样的效应，并且也具有"造成某种第一次印象"的能力。因此，老板在谈话中要有客观、批判性的态度，常常警觉，熟练地展现自己，从真实情况中区分出来。

9. 善于利用一切谈话机会

讲话方式应该分为正式和非正式两种方式，前者在工作时间中进行，后者在其他时间内进行。作为老板，不应放弃非正式谈话的方法。在早有防备的情况下，哪怕是几句简单的话，有些时候还可以得到意想不到的信息。

点金石

在听取员工讲述时，老板不应发表批判性意见。如果要作评论，就应将其放在谈话最后，并且成为结论性的意见，措辞要有分寸，表达要慎重，要采取劝告和建议的方法，让员工易于采纳和接受。

让说话有权威感

同是讲话，讲话的分量的轻、重是不同的，之所以有这种不同，除了讲话者自己的身份以外，讲话的方法也十分重要。要是你有这方面的权威，你应该运用自己的讲话方法让他知道你的身份。

1."言简意赅""长话短说"

某君写了非常多的应征信，全部寄出，却都如石沉大海。不料收到了一张回复的明信片，上面只有"某时面谈"简简单单几个字。后来，他终身忘不了这张简单的回邮。

2. 要最后出场讲话

讲话时愈是在最后讲到重点内容，则愈可以突显所讲内容的重要性。"重点置之于后"的心理，中国人最具有代表性。开会时，官位愈高的人愈后到；舞台上角儿演出，最后出现的角儿，定是最最重要、最最顶级的。

3. 使用口头禅

是人们经常挂在嘴边的口头语，他们总是用这句话来介绍自己，来突显自己。

4. 使用可以让人觉得你很风趣的方式

幽默的话有利于记忆，又可以给人以深刻印象，也可以成为自己的标志，借此，一定能使你永远印在别人的心中。

5. 尽量用短句

短句的优点是：说起来轻松，听起来省力，有更强的吸引力。最好可以每句表达一个独立的意义，否则，内容太过复杂，导致听者不觉得轻松，交流就多了一层阻碍。

6. 要有顺序

选择怎样用线索把讲话的内容整理，可据需要而决定。一定要让多数人明白，最好不要用古词语、很少听过的词语、中国式洋文、专业用语等。并且要吐字清晰，语速恰当。

7. 坚定、自信

讲话时力度要适中，一定要正视对方。如果讲话时眼睛不敢正视，握手时非常没有力气，那么，你的意志会很不坚定，且易被人支配。

8. 讲话的时候要站直

开始讲前先等几秒，等大家都看着你时再开始。与别人讲话的时候，身体稍微向前倾，这会让别人更容易接纳你的意见。

9. 作强调时运用手势

讲话中可使用手势表现强调性，但不应该指着别人的脸随便乱动手指。讲话速度要慢而清晰，内容简明，这就相当于告诉对方："我有办法控制一切。"

10. 注意对方的眼睛

研究表示，当一个人紧张时，目光会不时游动，而且眨眼次数增多。

11. 努力扩大知识面

学习的知识越多，了解得越多，见识越深刻，就可以使你在各种情况下自信满满地加入到别人的对话中。

除此之外，你还要注意行动敏捷，笨手笨脚会对你的形象损害很大。穿着要干净正式，避免刺眼的色彩和繁复的配饰，保持干净、挺括。另外，还应该注意姿态，要知道，昂首挺胸可以创造出你居于老板位置的形象。

点金石

同是讲话，讲话的分量的轻、重是不同的，之所以有这种不同，除了讲话者自己的身份以外，讲话的方法也十分重要。要是你有这方面的权威，你应该运用自己的讲话方法让他知道你身份。

发出指令讲究技巧

要想成为一名优秀的管理者，你一定要确保自己发出的任务和指示准确、没有错误，并且不应该对员工提出不可理解和过分的要求；要保证你的员工切实遵照你所发出的指令去执行。那么，怎样才能做到这些呢？以下有四种办法可以让你选择。

1. 语气适当

不管是对下属还是对其他同事提出要求，使用比如"让我们共同努力"的语言比武断地说"你去做这件事"更加让人接受而有效。要是你在下达指令时，告诉员工为什么要完成任务，让他们知道自己对整个计划都有责任，让他们意识到自己在与你共同工作，而不是总是很机械地、在毫无目的地工作着，这样则可以获得更好的结果。

彬彬有礼要比强迫专横、屈尊俯就的态度更容易让人接受，也更能让他把工作做好。例如，少对下属说："我现在只需要你做这件事。"而可以说，"你今天可以抽点时间把这件事完成吗？你知道的，经理在下月的主要计划中把这个项目加入了,他希望尽快看到这个计划。要是你有困难的话,就来找我,我们一起想办法解决,怎么样?”但切记不要对员工哀求:“这件事确实无人去做,只能靠你了。”

2. 任务明确

向员工提出任务时,要知道自己要什么,他们应该什么时间交给你,让员工相信你确实急切需要他们这样去做。同时,也要让他们确定自己所要完成任务的目的,以及所要达到的目标。指定确切的期限,不应该提前或拖后,要是你总是不明确限期,员工就不会重视你的任务。

在你把要求提出时,还要尽可能说得具体一些。比如:“下周一下午五点之前请把本周工作完成表交给每个小组负责人。”“请在下星期拿出你们的解决方案。”“星期天总部会派人来检查这项工作,希望各部门做好充分准备。”

3. 提出表扬

每个人都期望听到他人的表扬而不是批评,赞许可以帮助老板,使指令取得良好的效果。要是你对他人说“你一直做错事情”或者“你的工作做得真蹩脚”,可以想象,他们以后再也不可能把工作做好了。相反,要是你在员工面前提到他们以前的某件事情完成得令人十分满意,或者你非常欣赏他们的工作态度,时常夸奖他们的工作,认同他们的做法和态度,他们必定会努力把工作做得更好。即使他们知道自己现在做得并不是很好,但他们今后一定会期望做得更加令你欣赏。因此,肯定他们的工作能够增强他们的自信心,也能够使他们把工作做得更好。

4. 监督工作

要在一定期限内检查员工的工作进展情况,但千万不要非常冲动且没有礼貌地进入员工的办公室,急切地问道:“那个报告呢?”或者“你怎么还没完成?”你应采取一种温和的态度,轻轻握住员工的手,亲切地拍拍他的肩头,用缓和的语气与他交流。如果经常询问员工进展怎么样或者有什么困难,就可以知道你发布的任务完成到什么程度了。

点金石

要想成为一名优秀的管理者,你一定要确保自己发出的任务和指示准确、没有错误,并且不应该对员工提出不可理解和过分的要求;要保证你的员工切实遵照你所发出的指令去执行。

要学会幽默

幽默是一门社会交际的艺术,是人与人相处和交流的润滑剂。风趣的领导不但受员工喜爱,也会使公司的气氛为之开朗,进而提高员工的工作效率。在座谈会上就经常有人提出:“我的上司幽默有趣,性格开朗,令我做事很兴奋,很愿意工作。”

幽默不仅可以使人际关系和谐融洽,有些时候它还可以帮你避免尴尬,营造出一个开心的工作氛围。

美国历史上的很多重要人物,例如:林肯、罗斯福、威尔逊等都有幽默的好习惯。有一回,林肯与一位朋友边走边聊天,当他们走到回廊时,一队早已等候许久、准备接受总统训话的士兵一齐欢呼起来,可是,那位好友并没有意识到自己应该离开。在这时,一位副官过来让他退后一些,这位朋友才发现自己很失礼,马上涨红了脸。但林肯立即微笑着说:“白兰德先生,你可知道,也许他们还认不出来谁是总统呢?”就这么一句非常简单的话语,让当场的尴尬氛围瞬间消失了。

当你在与员工交流时,有时也会有些类似的尴尬的事情发生,如果你能运用幽默化解这其中的不自然,就一定会有很好的收效。那么,怎样才可以让自己成为一个幽默的管理者呢?通常,做到以下几点即可见效。

1. 博览群书，增加自己的知识面

知识收集得多了，在各种场合出现时就会胸有成竹、从容自如。

2. 养成高尚的情趣和情操

一个心胸狭窄、思想消极的人是不可能有幽默感的，只有那些心宽气朗的人才会拥有幽默。

3. 提高观察力和想象力，更有效地利用联想和比喻

4. 有目的地训练自己对发生事件的反应和应变能力

5. 多参加社会交往，多接触不同的人，增强社会交际能力，这也可以使自己的幽默感增强

幽默的人受人喜欢，工作人员也更容易与幽默的老板相处。有经验的管理者都明白，要让身边的员工能够和自己共同合作，就有必要用幽默使自己的形象温和些。然而，什么事都要有个程度，"过犹不及"，当你在"幽他一默"之时也一定要把握住幽默的底线，领会一定的技巧。

1. 不应该随意幽默

幽默并不是任何时候都可以使用，而应在某些特定的场合和条件下发挥。例如：在一个很严肃的会议中，当你的员工在发言时，你突然说出一两句逗人的话，可能大家是因为你的幽默笑了，但发言的那位员工内心里一定认为你不尊重他，对他的发言不满意。

2. 幽默要高雅

在生活中，很多人在开玩笑时往往不会把握分寸，结果让大家不欢而散，影响了彼此之间的感情。当你在与员工沟通时，幽默应该高雅才好，把员工的缺点作为笑料是一种最不明智的行为。

3. 恰当的幽默才会发挥出真正作用

比如说，当员工疲劳、精神不振时，上司如果适时幽默一下，那整个沉闷气氛都会为之改观；还有，在开会或聊天时，一些人因口无遮拦伤害了别人，这时，你不妨以幽默的言语，想办法转变话题，使大家避免窘境。

总之，幽默是一种高雅的、健康的品质，恰到好处的幽默更是智慧的表现。当你了解了这门在社会中交际的技巧时，你会觉得与员工沟通不再是一件困难的事情。

点金石

幽默不仅可以使人际关系和谐融洽，有些时候它还可以帮你避免尴尬，营造出一个开心的工作氛围。

争辩的艺术

作为老板，同时也是企业经济利益的代表人，将随时面临不同的矛盾和利益冲突，与人争论是不可逃避的。这些争辩或许发生在他与高层管理人员之间，可能发生在他与一般工作人员之间，也会发生在他和顾客之间，但最典型的争辩则是在谈判桌上的争辩。

在不同的场合、不同的对象面前，争辩的技巧是不一样的。

比如，在同自己的高级主管争辩时，老板坚决不可盛气凌人，摆出一副不可一世的样子，而应在认真听取高级主管的意见后，表述出自己的想法，然后再分析双方的矛盾所在，共同找到正确的答案。一定要知道，在争辩的问题没有搞清楚之前，谁也不可以说自己是正确的，即便是老板也应该这样做。要是老板从争论之初就以一种“我是老板,当然我对”的心态与人争辩,那么,老板在对方心目中的形象就很明了了。

在同一般工作人员争辩时,老板更应表现出耐心和宽容,虽然是争辩,但实际上是老板在为员工做思想工作。因此,以大话压人是不理智的,以理服人才是聪明的。以势压人,员工虽可以按你的意思去工作,但他内心决不会服气。但要是他听明白了老板的道理,便会认为老板宽容大度,老板很有水平,而高高兴兴地按老板的意思去办,这样,老板在员工中的形象就大大地提升了。

和客户有不同意见时,老板应知道自己要保护企业的利益。这时,对客户绝不可有任何不礼貌的言行,说服是最重要的,必要时还必须做出某些让步。要是老板是对的,客户早晚会明白其中情理,这时,他就感到老板的宽容和企业的名誉。但万一老板错了,则这一让步正好弥补了老板的固执。

谈判桌上的争辩是体现老板争辩水平的又一地方。这时,该争就要争,该让则让,但不管如何,就算是在谈判这种争论激烈的场所,老板也应该注意避开正面冲突。

总而言之,一个成大事的老板,绝不会浪费时间去和别人做毫无意义的争辩,更不会因为一点小小的胜利感而损失了重大的利益。

点金石

既然争辩是不可避免的,那么,老板应怎么去争辩也就成了一个问题。在现实中,老板与人争辩的水平也代表了企业的形象。

如何面对说话没有边际的说话者

我们身边有这样的人,他们非常爱说,但总是东一嘴,西一句,以致人们经常要问他:您究竟想要说什么?但最后还是不了了之。这是怎么回事呢?这是因为他们的思想没有经过整理,因而他们的语言就更加没有条理了。

要是你想让那些说话不着边际的人来认真倾听你的讲话,你可以承认你有些糊涂,还可以请求他们归纳一下他们刚刚讲过的内容,来帮助你弄懂。由于你把责任揽在自己身上,说自己不明白,因此你就可以避免使他们产生防备心理。同时,你请求他们帮你弄明白,这就使他们有机会体现自己的专业成就,表明自己连外行都可以教会,于是,他们会加倍努力给你解释明白。

但是,你可能会碰到一个真正有表达困难的人,可能他会在总结自己已经讲过的话时也偏离正题。而对于你来说,这与总结之前比并没有较好的效果。要是发生这样的情况,你应该有礼貌地让他停止,然后重复上述过程。

要是这个方法不可以,你可以换个方法,有时,你想问清楚讲话人的重点是什么,或许是会得不到答案的。这时,换一种问法也许会有效果。不管你信不信,对这样的人来说,“要点”和“结论”的含义是不同的。如果你要他们告诉你一个“要点”,那他们会为了寻找一个“要点”而不停地说来说去,但要是你要他们告诉你“结论”,他们仅需一会儿工夫就可以说出来。

在很多极端的状况下,不管怎样推敲,说话不着边际的人就是不知道怎样用语言表达他们的想法。要是这样,你唯一的选择就是帮助他们把话说出来。这时候,你应该有母亲般的耐心,试着想出他们要说什么,然后问他们你是否想对了。要是他们说“对”,那你就解放了。如果你猜错了,但在改变的过程中,语无伦次的人也许能明确自己的想法是什么。虽然他们只是指出你猜测错误,最终又喋喋不休地讲开去,但你也向目标接近了一步,因为,你至少也消除了一种可能出现误解的要点。在达到目的前,你一定要有礼貌地、坚定地重复一遍刚讲的内容。

要是上述办法都没有成功,你还可以寻求听众的帮助。当你认为再没任何办法让说话的人说到点子上时，也许在场的其他听众不会和你一样“身在庐山中”，可能有人能勾画出语无伦次的人努力想说的重点。

要是你认识在场的其他人，你可以让他们帮忙。和前面说过的相同，要把责任放在自己肩上，以免说话人产生防备感。然后，希望可以让你身边一些认识的朋友来帮你一下，问他们是不是可以告诉你说话人要讲什么。

这样，你的回馈既不粗鲁也不失礼，且足以让语无伦次者暂时停下来。任何有理智的人对这样的听众回应是不会忽视不管的，而时常，他们也非常需要这些帮助来证明自己讲话的重点。

点金石

当一个人语无伦次，几乎不着边际的时候，你可以有礼貌地让他停止。也许你要重复几次，但不可以迟疑。记住，要有礼貌，你只需要让他说出要点，并表示不希望和他争吵。

讲话也要看场合

人类沟通与交流的实践证明：在相同社会环境下表达同一思想内容，不一样的场合要求使用与当时的环境相对应的语言方式，否则就达不到说话的目的。在平时交往中，成功的领导者，说话应当看场合，即所谓的“见什么人说什么话”。

谈话的场合，常见的有以下几种。

1. 自己人场合与其他人场合

我国文化传统一向是有内外区别的。对自己亲近的人“关起门来谈话”，可以无所不说，或者可以说些放肆的话，任何事都好办；而对外边的人，却总是心怀戒备，“逢人且说三分话，未可全抛一片心”，办事一般是公事公办。所以，遵循内外有别的界限谈话，在社会上被认为是得体的，领导者说话违反这一界限，很多人会认为是瞎说，说话不礼貌、不得体。

2. 正式场合与非正式场合

在正式场所中，领导讲话应当严肃谨慎，事前有所准备，不能随便乱说。非正式场合中，当然可以随便一些，可以像聊家常一样，这样便于感情沟通，谈深谈透。但是，有些人说话文雅，有些人说话非常庸俗，这就是因为没有认清楚正式场合和非正式场合的界限。

3. 庄重场合和随便场合

“我专程来看你”，显得很庄重；“我顺路正好来看你”，有点随便看你来了的想法，可以使对方减轻心理负担。

可是，在正式的场合说“我顺路来看你”就显得不够尊重、严肃，会让听话人心里蒙上了一层阴影。而在平时的生活中明显是“顺便来看你”，却非要说成是“特地看你来了”，则没有必要，并且很可能会让对方感到不自在。

4. 喜庆场合与悲痛场合

通常，说话应该同场合的氛围相符。在别人办喜事时，一定不可以大讲让人伤心的话；在人家伤心时，你逗这个小孩玩，逗那个小孩玩，说些玩笑的话，甚至哼哼小曲调，这时，别人则会说你这个领导太不识大体了。

5. 适宜多说的场合与不宜多说的场合

若双方很忙，时间很少，那么，跟人说话就得简明快捷。要是谈笑风生，海阔天空，主观想法是好的,但与客观的条件不符,效果会很差。

点金石

在相同社会环境下表达同一思想内容,不一样的场合要求使用与当时的环境相对应的语言方式,否则就达不到说话的目的。在平时交往中,成功的领导者,说话应当看场合,即所谓的"见什么人说什么话"。

言行举止应符合身份

同员工一起时,要适当体现自己的"身份"。在办公室中与员工接触时,要让别人一眼就能瞧出,哪一个是员工,哪一个是领导。要是你不能体现出领导的身份,给人的印象则不会太好,那么,你这个领导就是不太成功的。

虽然你不必过于矜持,但起码应该让你的员工注意到,你是上司。这样,即使是开朗、轻佻的员工也不至于去拍你的肩膀,或拿你的不足肆意开玩笑。他会在你跟前会小心翼翼,看你的脸色行事,当你们一起离开办公室时,他会尊重你,为你开门让你先出入。

领导要维持自己的威严,在无形中形成员工对你的尊敬之意,会为你的工作进行创造条件,员工会处处——至少在表面上——尊重你的意见,在他们有困难不能进行任务时,会与你商量,而不会自己做主,总是认为自己什么都行了。

领导要注意自己的讲话方法。在办公室里跟员工讲话,要温柔自然,不能让员工过于不自在,以便更好地让对方明白自己的意见。但是,在正式场合讲话时,例如面对许多员工演讲、作报告时,则一定要威严、有力度、有震慑力。

但无论在哪种情况下,领导说话都要一是一,二是二,坚决果断,千万不要含糊不清。

和员工交流时,虽说是员工该处于主动一方,领导倾听对方谈话,但也切忌唯唯诺诺,让对方控制。如果对方意见与自己意见相左,可以明确给予否定;要是发现员工的说话是对公司和自己有好处的,也不要太过于开心,应先表态。

多想少讲,可以以"让我仔细考虑一下"或"容我们研究、商议一下"来结束交流。这样,在谈话回去之后,员工不会过于自满,而会更加谨慎,领导也可以充分利用时间从容仔细地思考是取是舍,这就在无形中加强了领导的权威。

行为是无声的交流。一些员工同领导者直接接触、交往的机会很少,他们了解你常常是远远地看到你的每一个动作,或通过其他一些材料,但他们每个小时都会给你下结论。

当你表现自己的身份时,你是将办公室的门开着还是关上;当你走出办公室时,怎样与员工打招呼;你怎么接听电话;怎么回复来信等,每一个细节都会印入员工的心中。每一个细节,都向员工们传达了你本身的一份信息。

点金石

行动有时比语言更重要,领导的身份权威,常常并不是由于语言的原因,而是根据他的行为来表达的,明智的领导者更是这样。

社交场所讲话的原则

在社会中，人际交流是老板再了解不过的事了。然而，要做到言谈自然、刚刚合适，可就不是那么轻松了。这里有几项原则，无论在什么样的社交场合，都必须牢牢地记住它。

第一，要着装得体，举止端正。外表常常给人以第一印象，未闻其声，先见其人，讲的就是这个道理。所以，老板在社交场合，首先应以适当的装束来赢得对方对你的第一印象，但太过华丽，全身名牌，或过于不注意，衣着不整洁，都会影响你的形象。同时，恰当的举止也是十分重要的，放荡、轻浮全都有损于个人形象，应彬彬有礼，举止文雅。

第二，在社交过程中，一定不要太过表现自我。老板在社交场合，必须注意的是千万不要在社交场所里炫耀自己，因为你或是在为某项经济利益而周旋，或是在与各式各样的商场老手交流，若自我炫耀过多，会使对方觉得受了你的轻视，因而有损于社交的成功。在多数场合下，你首先要让对方体会到自己的重要性，让对方有足够发表意见的机会，而后自己选择合适的时机，发表自己的想法。但在对方是主人而你是客人的情况下，则不应该说的比主人还多，喧宾夺主。请记住，冒失无礼，让人注意并不是好事，而夺取别人的炫耀点，夸耀自己的学识更是一种不明智的选择。例如，老板在与客户交流时，如果说："我的能力你是了解的，这么好的产品，若不是我一手操作，根本开发不出来。"客户听了这样的话，肯定会认为老板在自我吹捧，因为他很可能对老板的真实水平并不了解，因而可能会对老板产生厌烦之情。这样的话，即使老板真有本事，客户也会不高兴。

第三，要热情大方，朴实诚恳。不论在什么情况下，都不要讲那些可能会使听者感觉不快的话。商场里素有以诚取胜的规则，诚恳是建立彼此信任关系的前提，而相互信任是商业交易中双方进行合作的重要因素。在社会交往过程中，你越相信别人，别人也会对你越加信任；运用你的口才，越迅速把一位陌生人变成你所熟悉的人，你的商业利益就越容易成为现实。有了彼此信任之后，你就不难了解他的兴趣、爱好和要求，这样，就可以为彼此之后的合作奠定一些基础。

在开始相互交往的时候，你就应把热情大方、朴实诚恳的形象留给对方，并在交谈中努力认识对方，了解对方的爱好，尽可能寻找对方感兴趣的问题。要知道怎样善意地评价对方，不对他人随便挑剔，或用不和善的言辞随意评价他人。

第四，要精力集中，认真应答。在社交场所与别人交往时，老板一定要集中精力，仔细听取对方的谈话，这样可以从对方的话中得到你所想知道的信息，因为对方提到的话题可能就是他们的兴趣所在。在社交场合，最忌心不在焉、应付了事、随便作答，因为任何一种应付的表示都会让对方视为不友善的表现。所以，对对方提出的问题，应集中精力，听清原委，仔细答复，并应积极主动找出对方喜欢或爱谈及的问题，扩大相互交往的友好氛围。这样，你同时也会得到对方的重视和尊重，在提出问题时，对方也会认真对待，及时给予回答，可以让彼此的交往更加透明。

点金石

在开始相互交往的时候，你就应把热情大方、朴实诚恳的形象留给对方，并在交谈中努力认识对方，了解对方的爱好，尽可能寻找对方感兴趣的问题。

第三章 做职场中的“说客”

先了解再说服

想要让别人同意自己的说法，就必须透彻地明白别人的见解。

在现实社会中，例如大家都在同一个问题上有不同意见，双方都在发表不同的看法，叙述自己的论证，而对于对方的论证，并不去思考和反驳。这样相互争执了几个小时之后，只让人觉得“公说公有理，婆说婆有理”，谁也改变不了谁。

现实生活中，公只说公的理，婆只说婆的理，公没有去思考、批评婆的理，婆同样没有去分析、评论公的理。这样，不但“公”“婆”双方都坚持自己的想法，而且连旁人听了也难辨是非。

所以，如果我们想要说自己是对的，就应该先去分析对方的想法错在哪里。自己的理由，自然要表述清楚，而且说得越明白越详细越好。但是，同时也要注意到：如果我们只说自己的想法，无论说得多么清楚明白，都不一定能说服和我们意见不同的人，我们只能让和我们想法一样，还有对这个问题保持中立的人认同它。

我们要说服别人，首先一定要透彻地了解一下他们是怎么理解的，他们有什么感觉，他们怎样看这件事。

我们对别人的思想、感觉和看法知道得越清楚，我们的说服力就越大，就越可以替人解剖疑惑，分析难题，指点不解。我们对别人的意见，了解得越多，我们争辩的说服力也就越有力度。

“知彼知己，百战不殆”，大家应该练好这种“知彼”的能力。

懂得如何了解各种人物的内在思想后，就可以慢慢除去他们内心的担心，解答他们心中的疑问，并且把那些和你不一样的或相反的意见推翻、移走。

有很多口才很好的人常常以为，用自己的唇枪舌剑把对方口头上所说的见解驳倒了，就觉得是说服了别人，但却不知道别人心里还存在着什么疑难并没有解开。这样的“说服”，仅仅是口头上的说服，心里并没有同意。别人口服心不服，就不可以算是说服。若是对你所说的没有真正地从心中认同，就不会遵循你所说的去做。所以，我们应该时刻关心他们的生活，和他们接近，聆听他们的谈话，观察他们各方面的表现，认真分析他们的行为动机和他们的心理思想规律。而这些，刚好是我们让别人认同我们的准备工作。

点金石

如果希望自己说服他人的能力有所提高，则一定要关心、注意别人，并很认真地去做这件事。

说服要有耐心

在我们说服别人的时候，经常出现的错误除了过分着急、不耐烦之外，就是我们并不会在说服的过程中，提升我们自己的认识。我们不外乎把讲过的话，再说一次，但说得再久，理论还是不会改变的,很多人不能说服别人,恐怕首先就失败在自以为是上了。

由于你并没有认真地去了解对方的思想就下了判断,自己觉得“一眼就看穿了别人”。就好像医生,未具体了解病情就下了诊断结论,最后是变“医”为“害”了。

假设我们的看法是对的,我们的想法是正确的,那么,在我们去说服别人的时候,我们可能犯些什么错误呢?当然,我们可能过分心急,总希望别人听了我们的话后,马上点头、说好、非常赞赏,并对我们感激地说,“听君一席话,胜读十年书”或者“您的话,真是一言惊醒梦中人,如果我能早点向您请教,要是早些得到您的指示,则不会那么愚蠢地去处理事情了”。

是的,这种情形不可以说不会发生。一个头脑清楚、眼光敏锐,又善于表达自己想法的人,对别人往往会有帮助。但现实中,这种情形是不太多的,在大多数场合,别人不太可能被我们一“说”就“服”的。别人的看法、想法、做法并不是一天形成的,正如书中说“冰冻三尺,非一日之寒”,所以,没有那么快就可以改变他们的思想。即使别人愿意听我们的话,甚至在听我们说话时,曾经给予赞赏,大为感动,说了许多让我们非常高兴的话,可回去仔细考虑之后,他们之前的想法有可能再一次占上风。

并且,他所接触的人有很多,并不是只有一人。别人所听到的,也并不是只有一种见解。除了我们,在他周围的朋友、家人,甚至他更信任、熟悉的人更可能改变他的想法。

一方面,要是你操之过急,就会把意见勉强加在别人身上,使问题更不好解决。另一方面,各人的见解不同,而这些思想及内心的成见是不易改变的,就像要移去一座山,就一定要有“愚公”的魄力和精神。

我们一定要有耐心。说服其他人也像愚公移山一样,今天去除一角,明天铲平一块;今天解释一个细节,明天讲解一个要点。逐日增多,相信问题是会解决的。

有些时候,他似乎被说服了,可他身边会有其他的力量在身后拉着他,这个人拉住他的手,那个人拽住他的脚,因此,我们面临的就不仅仅是一个人,而会是好多人。这时候,我们也需要增加我们的力量,推荐好的书给他看,请他去看一部有关的电影,也可以跟一些见解和我们相同,口才比我们好的人成为朋友,和他多讲讲各种问题。这样,虽然双方在意见上也许展开了拉锯战,就如同一场“拔河比赛”一样。可是,正确的意见总是可以得胜的,除非你不再努力,不再继续。

这样做,可以让你本来正确的认识,变得更细致更丰富,可以让你对你本来看得明白的问题,看得更加深刻、更加透彻。这样,你可以多多锻炼自己的眼光、脑筋和口才,提高说服别人的能力。

点金石

在要说服别人以前,最主要的是要把准备工作做好,先把别人的思想、别人内心真正的疑惑弄懂,反复研究,深思熟虑。在说服别人之前,多听、多看、多想、多研究、多思考,把别人的思想、做法和问题所在看得彻底,使自己得到准确的判断。

说服方法要因人而异

在进行说服时,要是你并不了解对方真正的心态,那你肯定无法说服他。然而,了解人的个性也实在不是件容易的事。

不知道自己脾气秉性的有很多人,如果自己也不知道自己想要的是什么,那又怎么能去了解他人的呢?准确而没有错误地了解自己可能比较困难,但是,基本上是属于哪种类型的个性总是可以判断的吧!

以下把人类的个性分成六种类型来谈。

1. 攻击型——引人注目型

这种人有极其强烈的表现欲望，喜欢以自我为中心，总渴望站在别人的前面。一旦有超过自己的人，就马上予以攻击，或采取强制的办法；会不怀好意地挖苦对方，令对方尴尬；为表现出自己的独特之处，喜欢装阔，更爱故弄玄虚，但事实上却是极其胆小的。

说服他们时不可以太勉强，一定要顾全他们的自尊心，而且别忘了，事先得有充分的准备才可以。可是，这一类型的人也有容易信任的方面。

2. 爆发型——冲动型

这样的人容易冲动，可是清醒得也快，属于性情不稳定的人。情绪放松时，会发挥出他们的优点，然而有时也会得意忘形。要他们安定下来比登天还困难，所以，深入讨论一件事情或者真正出一套可行的方案，对他们而言都是很痛苦的事。

说服时最好能诉诸情感，有时不妨使他们发怒生气，鼓舞出他们的干劲。可是，一定要考虑详细，谨慎行之，避免坏事。

3. 忧虑型——杞人忧天型

这样的人不太会说出他们的想法，喜欢沉默。出现状况处理不了时，只会不停担心，但他们原本是相当积极的，因为对自己的期望过大。因此，只要碰到与现实无法相配合的时候，意志就会变得消极。由于他们在众人之中并不突出，所以自我意识相当强，非常在意别人的评论。

因此，说服他们的主要方法是：暗中接受他们的意见，平日里多培养他们坦率的个性和不受管束地畅谈的能力。在他们行动不是非常积极时千万不要威吓、冷落他们，因为这样会使他们失去自信心。因此，要学会制造温馨的气氛，积极地帮助他们。要是能获得他们的信任，以后一定会成为很好的伙伴。

4. 冷静型——冷静、讲理类型

技术和研究人员都是精细的人，大多属于这类型。他们总是冷静地考虑事情，且处理事情时一丝不苟。他们也不大理会别人或关心别人，因为工作能力很强，他们往往可以达成指派的任务。

说服他们的要点：首先，一定要用温和的语气去劝说他们，不可以太过于亲切和见外，这样会使他们并不喜欢与你交流。其次，对于他们没有办法接受、理解的人，如果絮叨不已或诉诸以情，那是没有用的，只会产生不好的效果。若以剖析整理的方式进行说服，应是较为适合的。

5. 固执型——拘泥型

这样的人虽然不是太过于死板的人，但太过拘束、顽固的人却属此类型。属于这种类型的人一语既出，就不会轻易地改变所说的话。他们对待一件事极其认真，且对已经决定之事绝对遵守，所以对规则甚为迷信。谨守时间，准时赴约，要是有迟到的现象，他们一定不会忘记。因此，这种类型的人常被评为拘泥于形式、缺乏幽默感、不懂得变通等，尽管如此，但他们依然我行我素。

这种类型的人，头脑顽固、视野不宽阔，是不易相处的人。但他们个性沉稳不浮躁，可以用坚忍的意志及非凡的耐心处理事情并完成这件事。

此类型的人如果可以虚心听取别人的想法，配合其完成，就可以获得成功。但是，要是不能敞开心胸，反而将自己局限在自己的小天地里，则性情将会变得怪癖，太过注重规则与程序等繁文缛节，这样，别人肯定会对他敬而远之。

在说服这类人时，说服的重点在于必须能得到此类型人的信赖。要是你一副心不在焉的样子，做事糊弄了事，自然就会失去你在别人心中的信誉，而别人更不会被你说服。此外，这样的人对人应长幼有序的想法很注重，大多慑于权威，如果可以凭借长辈、权威之名说服他，那样就可以无往不利。

6. 要领型——精巧型

这种人与人接触亲切、和蔼，但表里不一，当你一旦对他们非常信任时，他们却会在重要的时刻逃避。当事情进行顺利时，他们会情绪高昂地哼唱着。可是，一旦事情变得不顺利时，他们则会狡猾地找到恰当时机逃走。他们任何事只看表面，不会深入，不实事求是，不会负责。

他们的个性坦率而招人喜爱，且具有熟悉环境的个性。但喜欢逃避责任，所以常受“狡猾的”“不实在”等词语的形容。

若只看他们表面，会觉得他们是草率了事的人，但事实上，他们是很小心认真的。

你可以多让他们做些可以轻松处理的事情，以渐渐训练他们的责任心。但是，这种人大多比较敏感，所以，应尽量少用“狡猾”这样的字眼加诸他们身上。

在进行说服时，要是你并不了解对方真正的心态，那你肯定无法说服他。

探察部下的真心话也要讲究技巧

要是能知道部下的真正想法，就算有反对的想法，也能立刻有对应的方法。尽管探察部下的真心话是非常困难的，但还有以下办法可循。这些都是领导者不管怎么样都必须掌握的技巧。

1. 以发问做引导

你可以运用对事情的提问，来了解对方真正的感受与意见。这并不是所说的诱导询问，而是需要彻底地从对方的立场去思考。

如果错误理解这个解释的话，反而会得到不好的效果。“关于这一点，请谈谈你的看法。”“有关这个，你觉得怎么样呢？”像是这种问法，都会让对方感到他们是被尊重的。如果是以追问的状态发问，只可能形成很差的效果，这一点一定要切记。

2. 不经意地问出原因

若是直接地以“为什么……”提问的话，会显得太过紧逼对方，那对方一定会不敢说话，回避并且不答，但如果是不刻意地问起，反而较能得到真心话。

“为什么你会这样想呢？”“这是为了什么？”边问边察看对方的反应。要是可以很熟练地运用这个办法，倒也是一个很有效的办法。我们会被问到无数次“为什么”有时因而感觉到好像是无关紧要的事，这样一来，也就较容易被说服。

3. 坦率地问

因为每个人的个性不一样，因此对于那些很难对付的人，坦率地提问是很重要的。

“你直接说，究竟问题出在哪里？”像这样直接地说出自己的疑问，对于“直接说”这三字词语，人们都会特别注意，这是人们的普遍心理回馈。

4. 注意表情和态度

你可能并不能真正了解对方心里的想法，但你可以从对方的态度去判断，从表情去观察这个人的内心思想。

5. 试着触怒对方

虽然说正面攻法非常困难，也只有一些资深的老领导才用这个办法。但人在生气时，往往说的都是真心话，当让对方生气后，则会引起对方的反应：“你都这样说的话，我也说出我的看法，由于你……”而渐渐将自己真心话说出来，你应该也有这样经验吧！

有时候，在商量行不通的情况下，可依据对方的情况而定，试着激怒对方，也是一种办法。

点金石

要是能知道部下的真正想法，就算有反对的想法，也能立刻有对应的方法。

最适宜说服的场所

对于不同的人来讲，都有让其感到安静平和的场所。当然，每个人的喜好都不相同，但平静安稳的地方大多能让人感到安静；当然，可能也有小部分的人认为，在喧闹的地方才可以得到情绪上的平静。

人的心情会随着周围环境的变化而大大改变，这是大家都知道的事实。每个人都有自己喜欢的场所，例如，上了公交车坐在最靠里面的位置；进咖啡店后，会很自然地往最里面的位置走去。总之，很多人喜欢选择"较开放"或"较封闭"的空间，也有人较喜欢有点封闭式、比较不会被束缚的地方。

选择说服的场所也是这样的，不被人打扰的地方是最合适的。四周的气氛安静，且没有压迫感的开放空间是最基础的。

根据这个基本原则，再按照说服的内容及彼此的情感发展情况，就可以找到一个比较有效率的地方。

另外，和对方一同吃饭是提升双方亲近感最恰当的方法。能否灵活运用这个方法，将影响到是否可以说服对方。

1. 较有格局布置的场所

格局布置较为豪华、庄重的场所，如大饭店里的高级餐厅、会员俱乐部、高档场所，适合重大话题的交谈。这样的谈话地方，一来，可以让对方觉得你对他的尊重；二来，能够体现你的地位和实力，更突出了你们所谈内容的分量。有这样突出的环境氛围，定会让你的说服更有力度。

2. 不受拘束的场所

选择没有什么格局设计的桑拿浴室，对于比较坦率、干脆型的人是最合适的。一些企业家在这里促膝交谈，大概是因为在这里可以彼此刺探对方的信息，可以公开、大方地谈话。

另外，如果有离对方公司较近的咖啡厅、餐厅这样的场所，也可以找机会提出"离您公司不远的地方""我们换一个地点"等的话，让气氛改变一下。

然而，对还没有相处得很熟悉的人，去比较有氛围的场所聊天，如酒吧、卡拉 OK 厅可能会较有效果。在照明不亮的店里，双方会更亲近些。但是，这里所说的并不是那些声色场所，去那样的地方的话只会使情况变糟。总之，要能制造可以让双方更融洽的交谈气氛才是最合适的。

3. 开放式的场所

如果想和下属、女职员开诚布公地交谈，了解对方的真正想法，或想让对方一定要帮自己什么忙时，比如在屋顶的平台、公园、露天式茶馆等这类开放式的场所里就较适合。因为，蔚蓝的天空、柔和的风，会让人与人之间的隔阂渐渐消除。

除此之外，要是希望能放松地说话，则应去适合自己的地方。因为，一旦有了那种所谓的了解地盘的安心感，就不用非常小心翼翼地注意着周围，也可以比较放心地进行交流了。

相反，如果对方是个很难被说服，且有高度戒备心的人，则应选择去对方较熟悉的地盘。因为这样可以让他不那么紧张，松懈戒备，对你的说服有好处。

像这样随着对方性格的不同而选择不同的场所，更能够提高自我的说服能力。可是，有时候自己觉得选择了一个非常适当的地点，但就是怎么也说服不了对方的状况也有。

这时候，换个地方试试，或许会因场所的突然改变而有不一样的效果。比如从微小的地方再去另一个宽敞的地方，从宽敞的空间换到小而温馨的空间，从明亮的地方换到昏暗的场所等。

如果你一直都是与对方对面而坐，那以后你也同样可以试着与他并肩同坐，因为，这种近距离的交流、说服，其成功的概率很可能会大大地提升。

点金石

空间宽广、舒畅，不会有被束缚的感觉，可以令人放松心情。因此，内心里也会产生较广阔的空间去思考。

与“闷葫芦”交流的方法

遇事闷头思考、一言不发的人常被人们认为是“闷葫芦”，因为想得过多，所以基本上忘却了讲话，因而，希望他们说话比登天还困难。可是，专家们在进行访谈的过程中找到了五种“打破沉默的方法”。它们非常有用，甚至可以使最沉默寡言、最害羞的人也开口讲很多话。同时，除了让不愿说话者开口，提升你的听力之外，这些方法还有别的作用。以下将分别介绍这五种“打破沉默的方法”：

1. 赞扬加提问

就算再害羞的人，在听到赞美的话后也会很开心。你必须使不喜欢说话的人明白，听众欣赏并感激他们所作的努力，认为他们的专业知识很有价值。然后，你再让他们具体陈述他们的想法。同时，你可以通过简短的提问提示他们，而这只有那些有专业经验和知识的人才可以回答你的问题。

这样一来，平时就算再不爱讲话、再吝啬讲话的人，听到这样积极的反馈后，也会变得容易与人亲近。因此，在听的过程中，类似的“甜言蜜语”会使你得到你希望得到的信息。

2. 直接提问

少言寡语者，即那些只说“是”或“不是”的人会认为说话越少越自然。你应该运用而不是抵制这一特性。你可以利用他们不爱交流的特点，先弄清你到底想知道什么，然后非常直接地问对方“是”或“不是”的问题，或是提出可以让他简单回答，却很容易就说到重点的问题。

3. 引发议论

只要有合适的诱饵，最难上钩的鱼也会上钩。为了让不愿说话者打破沉默，你要用较易引起争论的叙述或问题做诱饵。你可以围绕你想知道的主题，不失礼地提出自己的困惑，或者就现有的理论提出相反的意见。当自信满满的观点遇到挑战，或有机会找到一个广为流传的谬误时，很少有人不会动心的。

4. 不要打断

当然，只要你让沉默寡言的人说话了，你就要把自己的嘴闭上。要是你打断了他们正在讲的话，发表你的看法，你就会使他们有借口不再说话。而此时，要再希望让他们开口就会很困难。因此，就算你突然想到了什么重要的建议，或有其他高见，你都不要着急地说出来，你要等到不爱说话者已经说完之后再把你的想法说出来。

5. 积极反馈

要想让不喜欢说话者继续讲话，你一定要告诉他们，他们说的细节都很有趣、很有价值，纵使他们不算是世界上最好的谈话者,你还是非常期盼他们能继续说下去。可是要注意,不要用语言来激励他们,这只会让他们不专心。你要运用身体语言,通过一些肢体的语言向他们作出相应的反应。如,表示赞同时点点头,赞许时微微一笑;有意识地注视着讲话人的眼睛,就如同他们在说一件你从来没有听过的,并很感兴趣的事。

点金石

平时就算再不爱讲话、再吝啬讲话的人,听到这样积极的反馈后,也会变得容易与人亲近。因此,在听的过程中,类似的"甜言蜜语"会使你得到你希望得到的信息。

人性化的互动

遇到观点差异或人事困扰时,要强调人性化的互动,却不可以用权威和抗拒去解决。因为即使赢得了一时的争辩,却只会换得每日上班面对面时的痛苦,这又有什么好处呢?所以说,任何协商并不是想怎么做就怎么做,一吐为快,而一定要根据规则来进行。

人性化的互动至少包括五个内容。

1. 表达诚意

不要开玩笑或者阴险地诬陷别人。有的人只要不合乎他的意思,就颠倒对错一味抹黑;或赌气彼此不说话;或制造小圈圈,失去本该拥有的诚恳,因而,办公室成了他们的战场。

在互动时,要拿出诚意来与人交流,这绝不是仅限一句口号——说说罢了。你一定要展现出你想解决问题的诚意,让对方明白,并使对方接纳你的诚意。

2. 保持礼貌

在说服他人时,仍需保持应有的礼貌、礼仪,或体制中应遵循的原则,而不是自认为自己是对的,因此就兴师问罪、咄咄逼人、藐视或刻意说别人缺点。

在这种场合中,"进退得宜"不仅可以消除对方的戒备心,而且给予了对方足够思考的空间,如此反而可以强化你的说服力!

3. 维护尊严

有尊严,才可以真正地沟通。没有尊严,就谈不上交流,而尊严则必须包括彼此的尊严。

在一次次协调过程中,上司总会口无遮拦、冷嘲热讽,或以高傲的语气贬低他人,凭借这以突显其观点,最后只能引起更大的矛盾和争吵。

在协调过程中,每个人的尊严都在一定程度上被维护,不应该有人身攻击。冷嘲热讽的语句,看不起对方的挑衅的肢体语言,咆哮怒吼的争吵方式,都必须被禁止。

4. 平等尊重

当别人还没有说完时,上司不仅频频打断话题,抢先发言,甚至用其不屑的语气批评别人,这种"威权"的作风,会让下属们深感不满和不服。

在协调中,双方不仅要轮着发言,并且不可有强势与弱势的区别或威迫、恫吓等不一样的待遇。要是有人违反此规则,当然可以运用暂停法,停止协调的进行。

5. 营造气氛

在观点不一样时,并没必要变得对立;若是没有,则可以拥有轻松的氛围,这不只是一种人品成熟的表现,也是一种领导品行高尚的象征。

在协调过程中,还需知道运用幽默来制造气氛。一个过分严肃的协调,只会造成再一次的分歧和更大的敌意表现。因此,制造气氛一定要注意自我的柔性化,表达出真诚、礼貌的态度。在语音、语调及肢体上,充分地传送善意给对方,这样,会使得双方减少很多没必要的防卫,并能在轻松愉悦的气氛下,创造出和谐的关系。

点金石

"执拗的人以为自己拥有独特的看法,其实却是看法拥有了他!"在人性化的互动过程中,一定要认真思考这句话的含义!

正确对待闲谈

"闲谈"为什么叫做"闲谈"？这是因其延续时间和谈话内容时比较自然。闲谈是对中性及相对不太重要的话题所进行的随意的讨论。

当然,在寻找和利用这些机会时,还应看好形势。有些时候看似是闲谈的好时机,但事实上并不一定是最好的,比如某些人愿意静下心来工作,只在把外套挂好、拿出公文包里的物品之后才希望与别人闲谈。有些人看起来安静地站在那里等待电梯,但实际正在思考问题,准备去赴约。在这样的场合,如果你主动上去交谈并不为错,可是,要是别人不接话茬,则应及时停止说话。

就算是在合适的场合下,并且别人也急需与你交流,但也不要说很多而让人感到反感。作为一个有风度的专业人员,应该喜欢参与交谈,但是,人们的耐心程度都不一样。要是交谈时间太长,即便讨论很开心,别人也会生厌。另外,要记住,闲谈时不要谈公事。

在人很多而且又适合聊天的场合,如开会前或在办公室聚会时,可观察整个房间,之后选定某个人,积极地向对方介绍自己,开始聊天。但不要和一个人谈得时间太久,一般和一个人的谈话在4~7分钟,这是由当时的情况和谈话对象来确定的,且不要只顾与熟人交谈。

要是在空间狭小的地方,一定要注意不要打扰别人。轻轻地交谈充其量只是"掩耳盗铃"的办法,因为它会刺激人的好奇心并且造成你在讨论别人的印象。即使你的同事很喜欢和你交谈,也一定会留神周围人的反应。这时,最好的办法是在休息或午餐时再接着交谈。

闲谈是无目的的、没有计划的谈论,最简单的结束交谈的办法是在行将结束聊天时,非常有礼貌地说一声,"喂,我该回去工作了"或"我是时候去处理那些财务报表了",千万不要刚等别人讲完话就拔脚逃开。

要是对方滔滔不绝地说个没完,你也可以用相同的方法从谈话中逃开。在聚会时,你可以说,"跟你交流很开心,我刚才看了一下表,我要在离开前和戴娜说几句话",或者"跟你见面非常高兴,我现在想过去加点咖啡"。

要是一个善变的人跟你聊天而打扰到了你工作,你可建议他另约其他时间。你可以说"我本想跟你再多谈谈,但我中午前一定要完成这个报告",或者"你来的时间真是太不巧了,我正好有点事,我们可不可以在销售会议之后再聊呢?"

点金石

有的地点,如办公室门厅、电梯、走廊、设备房等往往是人们闲谈的地方。有的时间段,如上班前或下班后,还有在会议开始前,都可能是闲谈的好时间。

第四章 建立自我形象——用话术包装自己

拒绝的要诀

一般人在处理事情方面,最不知道的就是“拒绝”。不知道怎么拒绝、害怕拒绝,可能常让你吃哑巴亏。

要怎么拒绝才能完美,怎样才能既不让你受到损失,也不会让人认为你不与人亲切呢?在现实中,最厉害的拒绝术,会让人被你拒绝了还非常感谢你。

那么,怎么才能让人被你拒绝了仍然对你心怀感激呢?通常,成功者运用的话术就是“先答应之后再怎么决定”。

请接着往下看。

卢文华接到老同学打来的电话,让他前往酒吧去喝酒闲聊。

他想,反正都是老同学,又好久未联系过了。于是,很开心地答应了去见面。

到了晚上,他如期赴约了。老同学一见到卢文华,就拉着卢文华一直说以前的事:“你知道咱们同学小梅后来嫁给谁了吗?她就嫁给了隔壁班的臭头,唉,真是一朵鲜花……”

卢文华听到后哈哈大笑:“哈哈,班代呢?他毕业以后在干什么?”

“已经出国去了,出国后就和咱们都失去了联系,没人知道他现在在干吗。”老同学边喝着酒边说道。

“看样子,大家都混得挺好。”卢文华边说边吃着边上的花生米。

“呵呵,你混得最厉害,都进国家机关当官了。”老同学兴奋道。

“其实都一样是拿着死薪水,只是名称好听而已。比不上你们这些大老板,开名车、住豪宅。”卢文华谦虚地回答。

“唉,我最近遇上了困难。上回我开车,没注意撞到了一个警察,对方想让我赔偿二十万元,你看看这件事……你有没有办法帮我解决?”老同学表情严肃、正经地问道。

卢文华的心里突然明白了,原来老同学约自己出来是有目的的,为的是希望自己帮忙解决开车撞警察这件事。

其实,卢文华有办法处理,不过他不愿意为这位很久不见的老同学去求别人。

卢文华想了一下,对老同学说道:“这件事牵扯到公安局,不是我个人能说了算的。要不这样吧,我帮你去找别的单位的朋友试试,看他可不可以帮这个忙。”

“太好了,有你的帮忙,我就放心多了。”老同学松了一口气,接着又多要了六瓶啤酒。

两人都喝得醉醺醺的,一直到凌晨一点多才离开。

三天之后,卢文华给他老同学打了一个电话。

他向老同学说道:“你那件事不太好办,我帮你去问过了,大家都不敢管啊,我还因为这事给领导责怪了一顿。唉,并不是我不愿意,实在是没办法啊。”

“这样啊,那就算了吧,麻烦你了。”老同学在听完后卢文华的回复以后,一颗心像沉进了大海里，看样子，自己这二十万元是赔定了啊。

实际上，卢文华并没有帮老同学去办过这事，他仅仅拖了三天就说办不了。但因为他没有马上拒绝，便让人内心产生了他很有义气的错误感觉。

有时不需要当面回绝，如果因为人情压力没有办法拒绝，那就先佯装答应，事后再以能力不足来拒绝。或者你可以拖别人下水，就像卢文华拖了领导下水，说自己因为这事还被领导责备一顿，这样就很自然地拒绝了老同学的请求。

不可否认，现今的社会着实有小人当道的状况。人家来求你帮忙，你不管就是错的，但是，帮了忙却得不到一点好处。

如果有人要求你当面给予回复，可是，你却没有拒绝他的借口，这时候该怎么办呢？

以下，就来说一则借钱的例子。

汪博是公司的主管，平常和员工的感情很好。

公司发年终奖金没多久，便有一名基层员工老何来找汪博借些钱。老何是公司里面的老员工，干了十几年，平常很实在，就是糊涂了一点，不可以把大事交给他办，要不然十有八九都会出错误。也是因为这一点，老何在公司工作了十多年了，却一直是一个基层员工，怎么也升不了职。

他和汪博是老乡，所以两人平常接触很多。

有一天，老何到汪博这儿来找他，他对汪博说道："我儿子下个月要结婚了，可不可以先跟你借个五万元？我会一点点还你。这笔钱要是凑不出来，我怕女孩家里会改变主意，我儿子这个婚就结不成了。"

汪博心想着，若是把钱借了，老何不知道什么时候才能还自己钱。况且老何的工资不高，平时就是一个"月光族"，薪水往往会有入不敷出的情况，这一笔钱要是真借给了他，恐怕得等个几年才讨得回来。

最重要的是，汪博是一个要面子的人，他不善于跟别人要钱。要是老何一直拖着不还他钱，这五万元就相当于扔进了海里，全部消失了。

"汪主任，公司上个月刚发年终奖金，你手边肯定有点闲钱，就借给我应付一下吧！看在我们是同乡的面子上，帮我这一次吧！"老何乞求道。

眼看是无法推辞了，汪博于是说道："老何，你不是不知道，我之前才买房子，贷款的压力真是不小，何况我的钱都是交给老婆掌管，要我借你五万，这确实困难。要不先这样吧，我借你一万元，剩下的钱，你再找别人去试试看。"

老何闻言，不由得生气了。他向汪博说道："五万元对你而言应该不是很多钱吧，你怎么连我这点困难都不愿意帮呢？"

汪博听到这，表情认真起来回道："老何，正是因为你是我老乡，所以我才借你一些。我愿意借你钱，就是因为我看重你这个老乡，可是你反而怪我借得太少，你这不是把我对你的好心当成了驴肝肺吗？"

老何见汪博生气了，知道自己理亏，于是说道："我不是那个意思。"

"好心要借你钱的人还得被你责怪，其他不借你钱的人，你反而认为他们很好。唉，算了。"汪博说完，带着失望的表情离开了，不想再和老何解释下去。

老何也不好再叫住汪博讲借钱的事，他只有心中责怪自己又一次把事情办砸了。

要是当下无法拒绝，又不能先答应了再说，那就不如自己设个底线，只答应自己可以办成的部分。

如果对方觉得你没诚意，那么，你正好可以借此生气，对他说："我帮你却被你责怪，其他不帮你的人却没事。"

留下了这一句，你便可以转身离开，让对方认为自己理亏，不再追逐着要你答应帮忙。

点金石

有时不需要当面回绝，如果因为人情压力没有办法拒绝，那就先佯装答应，事后再以能力不足来拒绝。

认错的艺术

道歉和拒绝一样，都是一种艺术。很多人道了歉、认了错，就会被认为是因为没有什么能力才会做错事；可是，有人认错并道歉后，却被认为是有责任心、敢承担的人。

造成这两种情况的不同点在于道歉时使用的技巧，它可以左右听的人所得到的感觉，认为这是你应该的，或认为你是可怜的受害者。

小凡今天一早刚到公司，就看见桌上有一张传真。

传真是厂商传给她的信息，不知道哪位同事好心，帮小凡把传真拿到了她的办公桌上面。

小凡低头一看，马上意识到大事不妙。

原来，厂商订的一批零件，本来该昨天下午就到货了，可到了今早才看到订单。厂商急着要找小凡解决这事，可是，小凡的手机却一直打不通，厂商没有办法，只能用传真的方式联络她。

小凡这下可惨了，她昨晚和男友出去玩，把手机给关机了，没想到会出现这事，厂商一定急坏了。

小凡深吸了一口气，立刻打电话联络货运公司，想知道这件事是哪里出现了问题。

货运公司的人接到电话，一听见对方是小凡，立刻说道："程小姐，我们昨晚一直想要找到你，可就是联络不到你。你的地址好像填错了，我们的货运人员还白运了一趟。"

"啊？"小凡愣了一愣，马上和对方再一次确认了地址，没想到确实是自己写错了。

这种错误听起来都可笑，小凡也怀疑自己肯定是昏头了，不然怎会把地址给留错了呢！

"你们现在尽快把货物送过去吧，大概几点能到？"小凡向货运公司问道。

货运公司的人说道："大概上午十一点之前可以送到。不过那个运输费，必须再追加才可以，毕竟我们的司机昨天白跑了一次。"

"没关系，不过这笔钱你另外向我要，千万别向我的公司要，行不行？"小凡说。

如果被公司知道了这事，她就只能辞职了。目前，她只有自己处理这事，不留什么痕迹。

联系好了货运公司之后，小凡马上打了一通电话给厂商。

厂商听见小凡的声音，瞬间变得没好气的："昨天我们部门所有的人都被留下来加班，就为了等货，你们的货要不能送达怎么也不告诉我们一声？"

"对不起。"小凡知道自己只有认错不可，说完，她接着回道，"货运公司的环节出了一些问题，我昨晚不能待在那里，一直到了晚上九点多才把货物全部装上车。由于我一直待在仓库，因此导致手机的信号不好，这是我的失误，真的对不起。"

厂商知道小凡昨晚都在仓库解决这事，也不忍心再骂下去，于是也不想再追究责任，只是问道："那货什么时候会到？"

"会在今天上午十一点到。昨晚我想时间可能太晚，送过去可能也不会有人在那等了，才让货运公司今早十一点之前一定得送达。"小凡回答。

"好，那我等到十一点。"厂商的人说道。

"实在不好意思，到了十一点我会再打电话确认的。"小凡又一次道歉之后，才把电话挂了。

十一点到了，她又给厂商打了一通电话去确认，而厂商也接收到了货品，这事情最终解决了。

道歉不是光说对不起就行了，要是你不能有个好的理由向对方解释，便会让对方认为你的能力不够，或是你在敷衍逃避。

事实上，道歉的重点有二。第一，当你有错时马上道歉，不要和对方长时间辩解，等到真的没有什么借口和理由了才跟对方道歉，这样只会让事情更不好，使对方更加没有办法理解你犯下的错误。第二，要让对方体会到你解决错误的诚意，例如你做了哪些补救措施，以及你何时可以把事情办好。

在电话中，小凡已经告诉厂商，她昨晚为了解决这事，一直在仓库待了很久。正是由于她表现出了诚意，所以厂商没有再深问。

如果是厂商还要再追究，那就是另一个问题了，因为他想要得到赔偿，就会提前做谈判的准备。

除了我们一般人常用的道歉方式之外，还有另一种道歉方式，就是通过说出一个逼不得已的借口来转移重点，让人觉得他会做错事，真是没有办法了，甚至还会觉得他是个勇于承担的人。

以下就是这样一个例子。

上级还是知道了小凡出错这件事。由于厂商发来的传真让别人看见了，同事们都在议论这件事，这件事情自然是纸包不住火了。

小凡的主管把她叫到办公室，他向小凡问道："怎么厂商会发传真来要货？"

"货运公司那边推迟了送货时间。"小凡说。

"你昨天不应该确认吗？这应该是最基本的事情吧，在送货前一天需要再打一通电话去确认，以免货运公司那边有什么错误，使我们公司的商誉受损。这个在员工训练的时候不是都告诉你们了，怎么还会出这种差错？"主管哼了一声，像是非常难以理解。

小凡心中明白这是自己的错误，她低着头说道："对不起，以后绝对不会再出这样的错误，我已经跟厂商那边解释过了。这一次是我的大意，大概是因为连着几天加班处理海外代理权的事情，导致脑袋不太清楚。海外代理权的事情已经讲好条件了，我以后在工作的细小事情上会更注意的。"

"嗯，既然厂商没有一直追究，这一次就暂时不惩罚你了，以后做事要仔细谨慎一些。"主管说道。

小凡点了点头，赶紧离开了主管的办公室。

点金石

道歉不是光说对不起就行了，要是你不能有个好的理由向对方解释，便会让对方认为你的能力不够，或是你在敷衍逃避。

销售的技巧——借机施恩

如果有人提出要求，而你也希望接受，因而傻傻地答应下来，这样做太笨了，何不用点语言的技巧，把这一次答应对方的条件当做是施恩呢？这样，别人便好像欠你一个人情，未来要是有需要对方帮忙的地方，你也会较轻松地得到帮助。

借机施恩的方式很多，现在我们来谈谈“特别优惠”的话术，很多业务员、售货员都很会用这一方法。

艳萍是一个销售中年妇女服饰的营业员，因此顾客基本都是一些很会算计的婆婆和妈妈。她们来买东西不是要划掉零头，就是希望给个折扣。

艳萍卖的那些衣服的定价大部分都是三百九十元，她常常会听见客人这么说：“要不我这一次就买两件，总共算我六百元可以吗？”

还有的客人会这样说：“唉，现在经济这样不景气，我的钱也很不好赚，每件打个七折卖给我吧！”

碰见这种客人，艳萍既不可以发火，又不可以跟客人说：“没钱买就回家去。”

这天，一名喜欢精打细算的女客人又来了。

她在左挑右选之后，拿了一件裙子到镜子前照，然后向艳萍抱怨：“这件裙子的样式是不错，不过就是长度不是很令我满意，都盖住膝盖了，让我的腿看起来很短。”

“不会呀！你的腿多修长呀，这件裙子的长短恰好让你露出小腿，让你的腿看起来又苗条又好看。”艳萍接着说道。

那女人听了撅起嘴巴，又在镜子前摆了好几个姿势：“唉，三百九十元有点贵啊，不如你算我三百元，我立刻就买下。我买了回去还得改长度，又得再花钱，如果你不便宜的话，我就不买了。”

“这样好了，你就给三百二十吧，这已经算是八折的价了，不能再低了。因为你是老顾客了，经常过来买衣服，我才会给你这个价的，但你可别告诉别人了，要不老板和别的顾客会说我的。”艳萍说道。

女人听完，开心地付了钱，拿走了这条裙子。

在女人离开没多久，又有另一个女士来这里买衣服。

这个女士同样是艳萍的熟客，她选了三件衣服拿到柜台递给艳萍。

艳萍向她使了一个眼色说道：“好久没见你了，最近怎么样啊？”

“呵呵，忙着工作，这段时间比较忙。”那个女士回答道。

“这样呀，要注意身体，不要太劳累。今天买这三件就可以了吗？那我照平时一样，给你八折优惠，感谢你每次都来光顾我们。”艳萍笑着给她打了八折。

没多久，专柜进来一个生面孔，对方选了一条皮带问艳萍：“这一条要多少钱？”

“噢，这已经是我们最后一条了，要是你要的话，我算八折给你吧，毕竟是最后一条了。这样的折扣可别告诉别人，我平时都卖三百九十元的原价。”

对方听了，开心地买走了这条皮带。

实际上，无论是新客人还是老顾客，也无论买多少衣服，艳萍都会用这样的技巧：“给你的是特别优惠，别说出去。”

一般人都希望有“特别被重视”的感觉，这个话术正是掌握了人性的这点弱点，只要提到“专门给你的”,这样就会让对方有被特别关照的想法。

而最后那一句“别说出去”就是加强了“特别优惠”的可信程度。

“特别优惠”的话术不是仅出现在买卖的过程中,在现实生活中,我们也常会遇见这样的例子。

老李要向老陈借钱,老陈并没有马上答应,而是对老李说道:“因为我们是老交情了,所以我借给你,要是别人我是不会借的。”

就算是传播小道消息方面,我们也会听见有人这样说:“由于是你,我才跟你说的。其实那个某某人,她总是在背后说你的坏话。”

来看看这则例子。

商业大厦管理处的处长正在与一名租客商量价钱,并讨论租金涨价的问题。

电子公司经理是这里的一名租客,他作为公司的代表,过来和管理处的处长商量,想要让管理处在两年之间不要增加他们公司的租金。

处长为难地说道:“其他公司的房租很早就已经涨了,你们这样是不行的,我也得跟领导交代呀。”

“目前经济状况这么不好,我们公司也不怎么挣钱,你在这时候涨房租不合适。你看这栋楼还有四间办公室没有人入驻,其实就是房租太贵的原因。要是你们坚持加钱的话,这样不是逼我们去别的地方租吗?”电子公司的经理感叹一声,接着又说道,“我们也认为公司总是搬太麻烦,你们也不好找房客,我们都彼此让让价儿,房租就这样吧,多好啊!”

“这不行呀,你们的房租价格已经超乎情理了,我如果再不涨你们房租的话,我对领导还有其他房客就都说不过去。”处长坚持地回道。

经理思考一下,退让地说道:“好吧,这一次我给你一个面子,就调百分之二,这样你好交代,我们公司的压力也不会那么大了。不过你得答应我,这次合约可要签两年,两年内不可以再说要加钱了。”

处长听到这,觉得更不好办了,由于他的任务是把房租增加百分之五,并不是百分之二。但是,他也担心,要是谈不拢的话,这一家电子公司会真的不租了,这对营运绩效而言,将会是一个更大的损失。

想完之后,处长只能同意经理的办法,暂时先涨百分之二的租费。

在签约的时候,经理又是那句话:“你可记得你欠我的哦!”

点金石

在谈判的过程中,施恩望报的话术也常常会用到,但是,这不是为了在以后可以要回人情,只不过是为了让自己在答应对方条件的时候,同时也可以保住自己的面子。

沟通礼仪

沟通的方式有很多种,面谈的礼仪大家都知道了,MSN、QQ 和 E - mail 使用时的有关礼仪也在这里提一下,以免你成了那个没有礼貌的人,自己却不知道。

1. MSN 与 QQ

由于通信软件的迅速发展,很多公司同意员工可以利用这类软件和客户、厂商进行交流。

许多人喜欢使用一些奇怪的昵称，或是常常改变自己的昵称，而这样的习惯是很不好的，因为厂商和客户不会有那么多时间去记住你的账号。

所以，请注重这些细节，在昵称上加注你的公司名字或是你的姓名，要是你喜欢用英文名字，便不要经常改变昵称。

同时，你应保持一种习惯，在你和厂商、客户开始交谈的时候，第一句话都是先告诉对方自己的公司与名字。比如："我是×讯公司的职员，我叫吴袖臻。"

除了姓名必须注意之外，也请不要打错别字。

一个人的专业性，时常会透露在文字上面。当你总是打错别字时，就会让人有一种轻浮的感觉，也会让客户和厂商怀疑你的专业能力，更会认为你不是一个谨慎认真的人。

2. E－mail

商业上的通信往来，都会利用电子信件。

(1)信的开头

毕竟这是一封要写给重要商谈人的的信，需要注明清楚。比如："致××集团的陈先生。"以免被当做是一封没用信件或广告邮件而被电脑自动接收到垃圾信箱或广告邮件箱中，从而错失商机。

(2)避免没有意义的内容

因为这会让你信件的重点内容变得不明确，且会让对方看了很多的废话之后，还弄不明白你究竟要说什么。

(3)条理清晰

如果能分条列出你想表达的主要内容，那是最好不过的事情了，这也是一种贴心的举动。例如："陈先生你好，为了记者公关稿的需要，希望您可以为我们把以下数据准备好：一是创业动机，二是公司简介，三是自我介绍。希望你准备好之后，在星期四之前寄到下面的信箱。"

条例式的重点整理，可以让对方更了解要干吗，也可以让对方感受到你的专业水平。

最后，还应注意的是礼仪方面。信的最后请署名，以及写上你的联络电话等，方便对方可以随时找到你。

3. 电话礼仪

(1)在刚接电话时，要首先告诉对方自己的姓名

(2)不要用过小的声音说话，这会让人不愉快

过大的音量，最多是让人听起来不舒服罢了，却不会听不清你在说什么。可是，过小的声音会使人听不清你在说什么。如果是遇上较为羞涩的顾客，多次听不清楚你说话，又不好意思请你总是重复，那你就会莫名其妙地流失一个顾客。

(3)避免说话太快

可能你很赶时间，但是，你讲话速度太快，会让人以为你没耐心，不希望多花时间讲电话。因此，适中的说话速度也是一种礼仪。

(4)避免别人在你不了解情况时帮你接听电话

这样会让顾客觉得，你是故意在逃避他的电话，而这些小误会都会使你失去你的顾客。

点金石

可能你很赶时间，但是，你讲话速度太快，会让人以为你没耐心，不希望多花时间讲电话。因此，适中的说话速度也是一种礼仪。

善于抓住机会

要怎样和一个你不认识的人交谈呢？要是你不懂得攀谈，那么，你就会失去认识大人物的重大机会。

当然，要是你很有胆量，脸皮也够厚的话，你也可以直接向对方说：“你好，久闻大名，我希望和你成为朋友。”

要是你不够胆量的话，希望你用以下的方式来进行搭话。攀谈的要点在于“由小而大”，这可以使你与不认识的人聊天更自在些。这种攀谈方法也可以叫做“假装提问法”。

小王加班一直到晚上六点，下班的时候正好在电梯里面碰到总经理。

总经理抬头看了一眼小王，小王立刻说道：“总经理，晚上好。您是要去一楼还是去地下车库？”

“地下车库。”总经理回道。

小王点了点头，因为他正好也去地下车库。他盯着电梯边上的数字板，电梯正在一层层地下降，要到达库房也就用一分钟左右。若是他不借此机会与经理多聊几句，就会错失这次偶遇的机会，因为总经理一出电梯，就不会再记起他。

为了让总经理对自己产生深刻印象，小王知道他必须多说几句话才可以。

“总经理，您也是开车吗？我中午看新闻，东直桥那边可能在修路，路不通。”小王想着说。

总经理看了小王一眼，笑着说道：“噢，没有影响，我不走东直桥，我走其他道路。”

“总经理住在北边呀？”小王高兴地又问。

“嗯，住在河堤那个方向。”总经理随口答道，这会儿他才正眼打量小王，“加班一直到现在？”

“对，我是推广部门的小王，现在部门里有几个业务正在进行，所以我就留下来解决来着。”小王连忙告诉经理自己的名字和部门。

刚说完，地下车库刚好到了，电梯门“叮”的一声打开了。

之前所说的交通问题并不重要，最主要的是让经理知道自己的名字和是哪个部门的员工。从小王的交通问题导入自己正在加班，证明自己是个合格的员工，这正是小王的讲话技巧。

攀谈的话题最好选择和对方有联系的，免得让对方认为你是没话找话说。

台湾中部的美容工作室最近出现了一种直销方法，即由美容工作室派出业务员寻找路人来消费，工作室再用客人消费的金额给业务员提成的办法。

可是，要如何吸引路人进入美容工作室消费呢？这就要靠业务员的攀谈方法了。

第一种是向路人问路法。

“小姐，麻烦问一下××路怎么走？”业务员拿出一张地图问道。

这时，善良的路人就会热情地指路且解释：“一直向前走，第二个路口右转就看到了。”

“噢，我是第一次来这里。我知道那儿的一家美容中心特别好，都是专业的人，之前我表姐脸上长了很多痘痘，去那边做过一次美容，又买了一筒不是很贵的药膏回来擦，不到半个月就没再长痘痘了，所以我想去那里试试。”业务员天花乱坠地介绍，接着用热心的语气向路人说道，“你似乎有黑眼圈吧，要不要也一起去那看看？”

“不用啦，而且我没有时间。”路人摇了摇头说道。

业务员此时马上从口袋掏出两张试用券：“我表姐还正好给我两张试用券，就一块过去试试吧!”

问路只是一个小方法,越小的问题越可以引发对方的热心,等到你们谈上了第一句话,之后的攻势便会更容易继续了。

第二种是先褒后贬的方法。

在美容院工作的推销员通常会说道:“小姐,你的发型好漂亮,是在那边的发廊弄的吧?”或者是说:“小姐,你这件衣服好漂亮,是在这边买的吗?”

“噢,不是。”路人客气地微笑了,但毕竟是被称赞了,所以,就算对方是个不认识的人,这时路人也不太会摆出不高兴的态度。

“嗯,你好会打扮,长得也很美丽,不过你的皮肤好像不怎么好哦,雀斑多了点。”业务员似乎有些担心地说道。

“是吗?可能是太阳晒多了。”路人由于一开始没有生气,所以现在再摆出不开心的态度似乎会让人认为自己的情绪起伏太夸张,所以通常在这时候她也不会马上离开。

业务员努力地点头,接着便会提到目的:“对了,这附近就有一家美容中心,你可以去那里看看。我以前也跟你一样有雀斑,去那里敷了两次脸之后,就全部没有了。”

第三种则是问卷调查法。

业务员会伪装成做市场调查的小妹,在任何时间拦下路人问问题:“不好意思,能不能麻烦您帮忙填一下问卷?只要一分钟就可以了,不会留下记录的。”

这样的话,六成的路人都会愿意留下。

等填到一半,或者就要完成时,业务员会紧接着说道:“小姐,你平常会不会有脸部保养的问题?这是我们填问卷送出的产品,以及美容工作室的试用券,前面不远处就是我们店了,我可以带你去。”

点金石

要怎样和一个你不认识的人交谈呢?要是你不懂得攀谈,那么,你就会失去认识大人物的重大机会。

男人小心

这本书到这里,所提到的全是“职场的黑话术”,意思就是“话在言外,黑在腹内”,每一句讲了出去,一定不仅仅是表面的肤浅意思。当然,写这本书也不是希望大家全部变得腹黑,而是为了让读者们明白自己所看到的每一句话的其他之意。

而当你懂得了职场的黑话术后,我也需要提醒读者们——浑水的池塘才会有鱼。

阿雄是公司的业务员,那张嘴巴非常能说,欺上瞒下的。可是,不知道是老板真的被阿雄的话术给哄住了,还是老板真的老糊涂了,竟在阿雄出现了许多错误之后,依然继续把他留在身边重用。

那一天,我和阿雄的老板聊天,提起了他们公司的这位响亮人物,我对老板说道:“你们公司的阿雄,我认为他并不是个好人。”

因为我和他老板是老友了,所以也没什么避讳的。

"哈哈,的确不是个好人,不过我下个月打算提升他当主任,让他给新进员工进行培训。"老板微笑着说。

"噢?他这么有能力吗?"我奇怪地问道。

"不是清水的池塘才会有活鱼。我不期望员工的人品,只希望他们可以做出成绩就行了。阿雄总是讲谎话不错,我也知道他背地里弄东弄西的,不过他确实可以帮我赚到钱,这样就可以了。"老板说。

听完这里,我也笑了。

这就是老板的道理。

这个老板最后跟我说:"新人的能力一旦稳定下来,我就会把阿雄给辞掉,这些日子大家就先容忍他一些吧。"

点金石

男人们请注意了,你所做的事情,老板都是很清楚的,别认为是你自己会说话办事,或许老板是看在你确实能为公司赚钱的份上,所以才睁一只眼闭一只眼不追究你的行为。

第二篇

好口才助你畅游职场

第一章 求职面试的语言艺术

自我介绍的技巧

自我介绍是在求职中面试考官常问到的问题之一，许多应聘者或许会流露出不情愿的表情，觉得，"我不是已经填写简历了吗？简历中已经描述得那么详细了，为何还这样问呢？"其实，考官要求应聘者做自我介绍，大体上是以此认识应聘者的大概情况，如应聘者的口才，随机应变、心理承受、逻辑思维等能力。所以，千万不要轻看这个自我介绍，它不但是打动面试考官的敲门砖，同时也是推销自己的大好时机。所以，一定要好好把握住。以下是自我介绍时应注意的地方。

1. 面试前应该预备草稿

在接到面试通知之后，应聘者最好在家里提前打个自我介绍的草稿。介绍的内容需要忠实于事实和本人，应聘者一定要清楚地认识自己，在所有应聘者的共同点的基础上找到自己与众不同的地方，之后再具体、合理、有特色地设计一下自己的未来，讲述一下你的执著，职业目标的一贯性，工作中的模式、优势、技能，卓越的成就，专业知识，学术背景之类的情况。

介绍的内容不应该太多地停留在诸如姓名、工作经历、时间等概况上，因为这些内容在你的简历表上已经写过了，此时，你应该更注意一些跟你所应聘职位有关系的工作经历和所获取的成绩，以证明你确实有实力胜任你所应聘的工作岗位。总之，一切还是与应聘公司有关为好。假如你面试的是一家电脑软件公司，就应该说些电脑软件的话题；假如是一家金融财务公司，就要跟他说钱的事。总而言之，面试时自我介绍的内容要投其所好。

写好草稿之后，尝试多讲述几次，自我感觉一下。

2. 介绍之前要礼貌问好

自我介绍时，首先应礼貌地做一个短暂的开场白，并向其他的面试人员(假如有多个面试考官的话)示意，假如面试考官此刻在注意其他东西，可以稍微等一下，等他将注意力转过来后才开始。

3. 介绍的时间要适宜

假如面试考官规定了时间，务必注意时间的掌握，既不可以超时太长，也不可以太过简单。

4. 注重眼神的效力

首先，在做自我介绍时，眼睛切忌东张西望，四处游荡，表现出漫不经心的样子，这样会让人感觉你做事随便、注意力不集中。自我介绍时，眼睛最好要多注视面试考官，但也不宜长时间盯着主考官。其次，就是尽可能少加一些手的辅助动作，因为这不是在做讲演，因此，保持得体的姿态是非常重要的。

最后，在自我介绍完毕后切记不要忘记道声"谢谢"，因为有时常常会因为忘了这一小细节而导致考官给你一个不好的印象。

下文是一位求职者面试时候的自我介绍：

"亲爱的各位考官、各位评委老师：

"今天，我以笔试第一的成绩通过了考试。对我来说，这次机会显得尤为宝贵。

“我叫×××,今年25岁。1997年7月我从×××师范学校×××专业毕业。因为从1997年开始国家不再包自费生的分配,这令我与‘太阳底下最光辉的职业’失之交臂。还好,当时×小师资力量不充足,经人介绍,我在×小担任了一年的临时代课教师。想起那段时光真是甜蜜又美好,虽然代课教师工资不高,但听着同学们围绕在身旁“老师”“老师”地叫个不停,看着那一双双满怀信任的眼睛,那一张张稚气的小脸,生活中的其他不快,顿时都不复存在了。我原想,即使不可以转正,只要学校有需要,就是担任一辈子代课教师我也情愿。不料,1998年起,国家开始清退临时工和代课教师,接到了学校的口头通知之后,我怀着恋恋不舍的心情,默默地离开了学校。

“今天,我希望通过此次考试重新步入讲坛的愿望是那样急切!我家共有两姊妹,姐姐在外打工,为了照顾早已上了年纪的父母,我一直留在他们身旁。我曾开过铺子,开始是经营工艺品,后来也经营过服装。但无论生意做得如何如鱼得水,当一名光荣的人民教师一直是我心中所向往的并愿倾尽一生心血去追求的事业。我曾经多次参加考试,但都因为各种原因而未能实现梦想,但我暗下决心,只要有机会,我就一直考下去,一直到实现自己的理想为止。

“此时的我,历经生活的考验,比起我的竞争对手,在年龄上我已经不再有优势,可是我比他们更多一份对孩子的爱心、耐心和责任心,更多一份成熟和自信。教师这个职业是神圣而伟大的,它需要的教师不仅要有丰富的知识,还需要有高尚的情操。所以,在读师范时,我就特别重视自身的全面发展,广泛地培养自己的兴趣和爱好,并且学有专长,做到除擅长绘画和书法之外,还会唱、会说、会讲。‘学高仅可以为师,身正方能为范。’在注意知识学习的同时,我还注重培养自己高尚的道德情操,自觉遵法守法,遵守社会公德,无不良嗜好和行为。我认为,这些都应该是在教师这个职位上的人应具有的最基本的素养。

“如果我通过了面试,变成教师队伍中的一员,我将不断努力学习,努力工作,为家乡的教育事业贡献自己的力量,绝对不会有违教师的神圣职责。”

像这样的介绍语必定会令考官对你的印象大打折扣,因而无法通过面试。

点金石

千万不要轻看这个自我介绍,它不但是打动面试考官的敲门砖,同时也是推销自己的大好时机。所以,一定要好好把握住。

面试常见的回答方式

很多面试考官提问题都有一个最基本的特点:如果想获取什么样的信息,那一定不会直接问。这一方面是避免应聘者有所准备,另一方面是因为如果直接问问题,应聘者就有可能会刻意地去迎合面试考官,造成信息不确切而影响判定。

回答考官问题的技巧

在答复面试考官所有的问题时,其中有一点最重要:那就是不要有任何虚假的行为,因为只有在这样的基础上,才能谈到面试技巧的运用。面试中回答问题的技巧一般有以下几点:

1. 掌握重点、简单明了、条理清楚、有依有据

一般情况下,回答问题要结论在先,之后再进行讨论,先将自己的中心意思表达清楚,然后再做叙述和论证。否则,长篇大论,会让人不得要领。面试时间有限,多余的话太多,容易走题,反倒会将主题冲淡或漏掉。

2. 讲清原委、避免概括

面试官提问总是想了解一些应聘者的具体状况，切记不要简单地仅以“是”“否”作答。对于所提出问题的不同，有的需要解释原因，有的需要说明程度。不讲原因、过于概括笼统地回答，常常不会给主考官以深刻的印象。

3. 确定提问内容，千万不要答非所问

面试过程中，假如对主考官提出的问题一时摸不到边际，导致不知从何答起或不明白对方问题的含义时，可以将问题复述一遍，并先说一些自己对这一问题的理解，再请对方确定问题内容。对不太明了的问题，一定要问清楚。这样才能有的放矢，不致驴唇不对马嘴。

4. 有个人见地，有个人特点

主考官每年要接待的应试者有很多，同样的问题要问若干遍，相似的回答也会听过很多次。因此，主考官会有无味、没兴趣之感。也就是说，只有具有独特观点的个人见解和个人特色的回答，才会唤起对方的兴致和注意力。

5. 知之为知之，不知为不知

面试遭遇自己不知、不懂、不会的提问时，回避、闪烁、默不作声、牵强附会、不懂装懂的办法都是不可取，应诚恳坦率地承认自己的不足之处，这样才会赢得面试官的信任和好感。

6. 面试常见提问的回答方法

面试中提出的每一个问题对你来说都是一个特别好的机会，比如解释你为何是这个职位最佳的人选。你一定要突出你的优点，避免因回答不准确而错失机会，也就是说你需要认真、全方位地考虑面试回应方法。下面简明地介绍一下主考官们在招聘时经常会问的几个问题及回答技巧。

（1）请谈谈你个人的最大优点

面对这个提问时，多数人的回答都很片面，有的人说：“我人缘特别好，连续 3 年担任 × × 会委员”；有的说：“我特别守时，工作以来，我没有一次迟到过”；还有的说：“我的个性很随性，是大家公认的好好先生（小姐）”；但是这位应聘者的回答就很完美：“我的坚持度特别高，事情没有达到一个令人满意的结果，我就绝对不会放弃。”

以上几个人的回答虽然全部表现出了应征者个性上的特色，但只有最后一位应聘者的答复，最能和工作相匹配。只有可以与工作相匹配的优点、特质，才是面谈者相对有兴趣的回答。

（2）你为何想离开之前的公司（职务）

面对主试者这样的问题，应聘者在回答时应多想想，否则，你可能就会因回答不够好而被淘汰掉。以下是几位应聘者的回答：

李四说：“加薪的结果让我特别失望，完全与我的付出不成正比。”赵某说：“公司营运状态不佳，员工全都人心惶惶。”而最后被录取的小张是这样说的：“老板不愿授权，工作处处受限制，绑手绑脚、很难做事。”小张的答复，可以彰显应征者的企图心、能力强，而且希望被赋予更多的职责。其实，赵某的答复虽然是因为个人无法改变的客观因素而离开岗位，但主考官不会因此认为你的工作能力强，相反会让人有种不能与公司患难与共的认知。

（3）你最大的成功之处是什么，为什么

面试官问这样的问题是在考验应聘者的价值观，应聘者回答时要表露出自己的判断标准和推崇的观点。

刚刚进入社会的毕业生一般会这样说：“在校时学业虽然很重，我依然特别出色地完成了。我非常得意的是能在上学时还可以外出做份兼职。”

表面上看起来这样回答似乎还可以，也许很多人曾做过类似的回答，可是它缺乏有价值的内容。首先，这种答复没有一点特别的地方；其次，回答太空泛，应该找到自己经历中的亮点作为事例讲给主考官听。即使你没有得过奖学金，也没担任过什么职务，也没有组织过什么活动，你一定也有自己的亮点。例如说：我认为大学四年我最大的收获是结交了很多特别好的朋友，建立了特别好的人脉。

(4)你找工作时，最主要的考虑因素是什么

大多数人找工作时，不是过多强调该单位在行业中的地位、自己的兴趣和今后的发展前途，就是只强调在公司的福利待遇。其实，招聘者真正要找的是工作表现好、可以真正有贡献的员工，而不是纯粹慕名、求利而来的员工。所以，有的人答复"公司的远景及产品竞争力""公司对于员工生涯规划的重视及人性化的管理""合理的待遇及主管的管理风格"，就全部不是很适合。相对合理的答复是"工作的性质是不是能让我发挥所长，并不断成长"。自然，是不存在完全正确的答复的，但是回答问题时要尽量全面、详尽。

(5)你为什么想进这家公司

这种问题的假设是：你是积极地寻求适合你的工作，可能事实上不全是这样，你只是撒大网捞大鱼地寻找到一份工作，但你绝对不可能如此说明，应该顺着提问者的想法，谈谈这个公司对你的吸引力，你可以从行业的前途谈起，之后说这个公司在行业中做得特别成功，等等。比如，如果是IT行业的公司，怎样的有吸引力；是世界有名的公司，如何如何有实力；是民营企业，特别欣赏民营企业创业的环境之类。但只是这样回答自然是不够的，因为这个问题本身就是一个陷阱，应聘者不应该仅仅回答这些，用人单位也并不会仅仅因为你对公司感兴趣就启用你，而是因为你匹配你所应征的职位，这样的职位需要你的能力。所以，在这个基础上还应该多多地去表现自己。总而言之，要依据具体状况尽量给面试官一个满意的答复。

(6)你觉得自己在怎样的条件下工作最有效

这个问题考察的是应聘者对工作条件的需求。面试官可以从中得到面试者的工作方式、影响工作效率的因素之类的信息，还可以懂得应聘者的缺点在哪里。

假如回答："无论在什么条件下，我依然会努力把工作做得最好。"这样回答并不特别的合适，至少有喊口号的嫌疑，感觉不够成熟。相对管理者和做人事工作的面试官来讲，他很清楚任何一个员工在工作中都会有产生情绪的时候。他希望了解的是你的期望值和公司所能提供的外在环境的差异以及你对不满意的工作环境的承受能力。假如你对作风强横并且听不进下属意见的上司不能忍受的话(假如你正是因为这个原因辞职)，不妨举例明白地说，免得在得到了这份工作后竟然发现面对的正是这类型的上司，那就不是你本意了，为了对自己负责，你可以具体聊聊你期望的工作条件。自然，从其他角度说，大多数的面试官都不肯承认自己的公司存在着这样的管理者。

(7)能否简述你的个人职业生涯规划

这个问题在很大程度上是考察你对职业的稳定度，没有一家公司愿意招聘流动性很大的员工。即使跳槽流动，更多的时候并非你的本意，但在回答这个问题时一定不要表露出只要学到知识就离开的想法。而应表现出你踏实的一方面，简短描述你对未来职业生涯的规划。

相对于大学毕业生来说则是两方面的信息：一方面看你是否有基层工作的心理准备，因为没有一家用人单位不希望毕业生应该从基层工作做起；二是考查其对自我的认知，是否在短期内会有出国或者考研之类的打算，也就是在考查其工作的稳定与否。

(8)你对薪水的期望值怎么样

相对于刚毕业的学生来说，在面试中谈薪酬是个大忌。一般在大公司看来，没有经验的大学生没有资格谈薪水。何况新人的起薪都一样，就算你讲，人家也不会给你加薪，相反，只会招致其反感。即便对方问你对薪水的期望，你也应该谨慎应对，可以先说明作为应届毕业生，你最重要的是想锻炼能力和发展的机会，对于薪酬并不太重要。或者干脆用"我确定公司会承认我的工作价值"这些话搪塞过去。如果面试官一定让你说一个具体数目才行，你可以笼统地说一个在一定区间内

的年薪，并且你最好能事先调查到这一职位在人才市场上的一般薪酬水平，假如可以得知所应征公司这样职位的一般薪酬水平更好，之后说一个比这个数目稍高一点的薪酬水平就可以了。

对于跳槽的人士来说，大都是期望比之前的工资要高或者最少持平，因而就不需要避开这个话题了，你可以依据自身的条件说出你的一个期望值。

(9)你对于我们公司(或这个职位)有怎样的了解

你应该有充足的准备来回答这个问题。参加面试前应从网络、媒体等各种各样的渠道尽量多地了解这家公司，还有这个行业的情况，避免说外行话，一定要让面试官能够看出你认真的程度和对这一次面试的重视程度。比如，有的人这样回复："贵公司在去年长达8个月的时间，都高居股王的宝座。""贵公司连续3年被××杂志评为'求职者最希望进入的企业'的首名。"或者干脆回答："不是特别清楚，能否请您做些介绍。"以上这类回答都不是很合理，道理特别简单，他们希望求职者对他们申请的工作有真正的了解，而不仅仅是慕名而来。假如你这样说："贵公司有意更改策略，加大与国外大厂的OEM合作，将自有品牌的部分透过海外经销商予以销售。"这样，面试通过的几率就特别大了。

(10)大学的时候，你的室友一般是一些怎样的人

这个问题着重点在考查你处理人际关系的能力，有的毕业生会在无意间流露出对他人的一些反感和抱怨，这样会给面试官一个不好的印象，他们也会据此判断为你没有很好的合作能力，而这一点恰巧是全部的用人单位都特别重视的。

(11)聊聊你的家庭

健康的心理和人格与和睦的家庭有密切的关系，并且家庭中的和睦相处、关系融洽也展现出毕业生的健全人格，以及关心他人、与他人相处的能力。同时，一个和亲人关系不好的毕业生可能在工作之中会有很多心理上的压力。

(12)为何我们要录取你

面对这个问题时，你怎样让对方看到你的长处？仅凭借口才，是不容易被他人相信的。因此，从履历表内容或者之前的答复内容中，假如能以客观数字、具体的工作成果来加以说明，是最理想的答案。

比如，以下几种回答都是要不得的："因为我深信我比其他人都优秀。""因为我的事业心特别强，希望与贵公司共同成长。""我在这个行业耕耘了8年，充足的人脉是我最大的资产。"

相对理想的回答是："您能从我过去的工作表现所展现的客观数据，轻而易举地了解我全力以赴的工作态度。"这样，你就能用事实来提升面试官对你的信服度。

(13)是否去其他公司应聘

假如被问到这样一个问题，那就应该祝贺你了。这个问题可能是在考查应征者是不是诚实，或者是用人单位已经有想录用你的想法，而在考查你的职业意向和对公司的兴趣。对这一问题你应该诚实回答，并讲明原因，假如确实想进入这一家公司，也需要确切地表达出来。

(14)此刻你可以向我提问关于公司的所有问题

在这个时候，不要谈到薪资问题。假如你对这家公司非常有兴趣的话，此时一定要准备一些问题，显现出你对这个公司、这个职位的兴趣和关心。比如，在公司里一般新员工要学些什么，可能遇到哪些困难？在公司里，这个职位的详细的工作、以后的发展方向、自己的发展机会怎么样？公司与另一家公司(竞争对手)比较，有哪些优势与劣势？能否简单介绍一下公司文化？对这个职位上的应征者的具体要求是什么？自己下次何时能获得进一步的消息？自己能否打电话询问相关情况，等等。自然，如果你很有信心、能颇有见地提出尖锐的问题，也能让面试你的老板发现你与其他人不一样的独特思想。

点金石

健康的心理和人格与和睦的家庭有密切的关系，并且家庭中的和睦相处、关系融洽也展现出毕业生的健全人格，以及关心他人、与他人相处的能力。

如何处理与原雇主有关的问题

不管是何种形式的离职，离职后维护原来雇主的事是必须做的，特别是下面几点一定多加注意：

1. 绝对不要在现任老板或者新同事面前讲前任老板的坏话

假如你在新老板面前说前任老板的坏话，就可能会引起新老板的怀疑。你今天能在我面前如此评判过去的老板，难保明天不会在别人面前这样评价我。这样不成熟的行为还是不做为妙。

2. 客观地评价原来公司的好坏，维护企业形象

公正客观地评价旧公司，不仅有利于公司的正常发展和树立自己的职业形象，最重要的是，可以维护老东家的商誉。这样，不管日后你个人的发展怎样，老东家都一定会记得你有非常好的职业修养，自然有利于你和对方在再碰面时建立良好的关系。

3. 正确处理竞争对手之间的关系，避免谈论公司的商业秘密

站在行业的角度，在有竞争关系的公司之间转变工作也是非常正常的事。而且，公司与公司之间的良性竞争是可以促进彼此发展的。但不管从职业化或者是从个人发展的角度，遵从良性竞争的原则，遵守商业准则，都是获取职业认可的基石。作为职业人，应在不一样的公司中发觉各自的优缺点，促使企业的发展。但一定不要在日后的工作中把“橘子和萝卜”相比较，也绝对不要向外透露原公司的商业秘密，这样也方便今后你可以坦然地与前老板相处。

点金石

假如你在新老板面前说前任老板的坏话，就可能会引起新老板的怀疑。你今天能在我面前如此评判过去的老板，难保明天不会在别人面前这样评价我。这样不成熟的行为还是不做为妙。

如何回答“你为何频繁换工作”？

不管是否愿意，相当多的员工都会面对跳槽的抉择。合并，裁员，搬迁——人力资源经理对这一切都是习以为常的。但是对于应聘者来说，怎样对待自身的跳槽经历，也是是否可以通过面试的关键所在。

1. 坦率承认“频换”缘由

面对这个话题最好的方式是坦率承认并且加以解释。有的应聘者也许只从简历上来看，他们在不断地跳槽。可是一旦与面试官交谈后，面试官才会发觉，其实他们实在是运气太差了，所遇的公司或关门或倒闭，要么就是遇到解雇的厄运。那些经历过这样多重变数的人，也许他们本身并不希望跳槽，只是想找到份工作，维持一下正常的生活而已。

2. 公司易主

在市场营销过程中，没有销售能力的员工常常会被拒之门外，但是有时候，公司更换了负责人也会在管理层造成很大的人员流动。这类情况下，离职、变换工作并不是员工们自愿选择的结果。

3. 家庭原因

家庭情况也在工作变动中扮演着重要的角色。例如，家人的工作变迁、子女上学之类，都有可能造成非主动离职的现象。所以，建议求职者最好可以向面试单位提供一些之前公司负责人的联系方式，这样就可以证实自己所说的是实话。并且，合情合理的跳槽是不会影响到你将来就业的。

相对于那些平均一年到一年半就跳一次槽的中、高层管理人士，那些应届毕业生工作一年之后跳槽好像还是可以理解的。他们刚从学校毕业，还不能站稳脚。对于任何人来说，这都是一生当中最不稳定的一段时期。相对于这样的一群人，最好的忠告莫过于要学得聪明一点——找好了合适的下家再跳也不迟——所谓合适的“下家”，指的是可以给你提供你想要的薪酬和升迁机会的地方。当然跳完了槽还是应该安下心来，需要为你所在的团队以及公司干实事！

即使在相同的公司里，不同职位的流动周期也不尽相同。例如销售人员，即便是处在同样的经验水平，其流动性相比其他岗位就要大得多。自然，所有用人单位全都不会对有私利和升迁目的跳槽人有好印象。

所以，你应该敢于说出你换工作的缘由，但是要记住，不要让自己的贪欲变成跳槽的根本原因。

点金石

你应该敢于说出你换工作的缘由，但是要记住，不要让自己的贪欲变成跳槽的根本原因。

女性如何回答敏感问题

在求职过程中，女同胞们常常遇到一些敏感、尴尬的问题，不管如何回答都觉得不妥，很难让自己和别人都满意。那么，面对这样的尴尬问题，到底该如何回答呢？

1. 你是否愿意出差

考官总是喜欢在面试的时候提出这样的问题，其实，招聘方并不是真的想得知你对出差是否喜欢，当工作需要时，你不喜欢出差一样得去。一般考官问这个问题的目的，是想透过这个问题得知你的亲人对你工作的态度。很多刚毕业的年轻女性面对这一问题时，也许会立即这样回答：“我现在年轻，在家里坐不住，尤其喜欢出差，一方面为公司办事，另一方面又可以领略到美妙的自然风光。”但是，我们再看看这位女士是如何回答的：

“如果公司需要，我一定会义无反顾。这两年因忙于求学和谋职，几乎没出过远门，尽管家人不反对，男朋友也想跟我一起出去玩玩，但一直未曾实现过。出差很可能会成为我今后工作的一部分，这一点在我来之前，家人早就提醒过我了。”

以上两种回答都展现了很好的口才，但第一种回答在表达效果上就要逊色一些，出差顺便逛逛风景名胜这是符合常理的，可这样一表白，就会给人一种主次颠倒的感觉；第二种回答就相对正中红心，妙就妙在那位女士能猜透考官提问的目的，所以，这样的回答很有可能就会被聘用了。

2. 你觉得家庭与事业之间存在着不能调和的矛盾吗

其实，回答这个问题比较困难。

每一个用人单位都特别希望公司的员工以事业为重,但是,要想使员工无后顾之忧,可以集中精力工作,自然也希望员工拥有一个幸福美满的家庭。因为,只有家庭和睦,员工才可以在工作中真正发挥出他们的聪明才智。显然,面对这个问题时,不管回答这个问题用“是”还是“否”显然都不太合适。

在这里,笔者认为这样回答比较好:“我认为,不管在工作上还是在家庭中,女性的最大目标都是要使自己活得有价值。虽然我是一个很想通过工作来证实自己的能力、展现生活的乐趣与意义的女人,但整理好家务事同样具备它的意义。”这样回答,可以恰到好处地体现出女性独有的柔中带刚的特性。

3. 你怎样看待晚婚、晚育

不要以为这个问题与工作关系不大。你对此的回答是否得体,可能会直接关系到你的应聘是否能通过。招聘者之所以提出这个问题,是想知道在工作与生育的问题上你持什么观点。女性求职为什么普遍比较难?这就是问题所在。为了工作晚结婚、晚生育,当然是用人单位希望得到的结果,但如果真的这样做了,恐怕也会令人产生疑惑:如果连孩子也可以放弃,假如再有其他利益驱动,是否会抛弃一切,包括她曾经喜爱的工作呢?

“任何人都想鱼和熊掌能够兼得,当二者不能同时得到的时候,在一段时间内我会选择工作,因为拥有一份好的工作,未来培养孩子就会有更加坚实的经济基础。我认为,总有一个适合的时间来让我兼顾。”这样回答,不仅可以消除疑惑,又可以提醒上司在你生孩子休息时仍把原来的位置给你留着,而避免被他人顶替。

4. 面对上司有超越关系的想法,你会怎么办

招聘女秘书时,常常会问及这类话题。回答此类问题时,一定要含蓄一些:“你们提出这个问题,我特别感激,这说明贵单位的高层领导都是光明磊落的人。不瞒诸位说,曾经我在一家公司做过一段时间,辞职的原因就是因为老板起了非分之念,而在当初他们招聘我时就没有问到这个问题。两相比较,假如我能应聘进贵单位,就没有理由不去为公司里的事业尽心尽力。”这位女士的应答堪称精妙,她的巧妙在于没有直接回答“该怎么办”(因为那是建立在上司“有”超越关系的基础之上的),而是通过一个事例来表明对待这件事的坚决的态度,但又没让问话者难堪。这样,即便新老板确有投石问路之意,今后肯定也不敢轻举妄动了。

点金石

每一个用人单位都特别希望公司的员工以事业为重,但是,要想使员工无后顾之忧,可以集中精力工作,自然也希望员工拥有一个幸福美满的家庭。因为,只有家庭和睦,员工才可以在工作中真正发挥出他们的聪明才智。

跳槽者面试时的禁忌

目前,需要找工作的人士不仅仅是刚刚毕业的大学生,很多跳槽者也纷纷加入了找工作的行列。对于跳槽者,他们并不担心工作经验不足或是社会阅历太少,而是担心在面试过程中被问到为何离开之前的工作单位。一般跳槽者如果是因为上班路途太远、专业不对口、随迁搬家等人人都可以理解的因素,那说起来倒没有什么。可如果是以下四种因素,那你一定要小心谨慎,弄不好,就会失去应聘机会。所以,跳槽人员切记不要说下面的话!

1. 薪酬过低、没有工作热情

这样的跳槽理由对于你来说很重要,但是应聘者会觉得你对于个人得失太过计较,对工作没有吃苦精神，将个人利益放在最高的位置上。

在招聘者心中会认为，这样的人最多只能临时聘用，不可委以重任，更加说不上合作创业。而且，你若仅仅是为了追求高收入而跳槽，招聘者会觉得，假如有其他更高收入的职位，你会毫不犹豫地再次跳槽。这样的思维定势一旦形成，你的身价将会大打折扣，即便你的才能再过人也很难成功。

2. 之前的企业人际关系太复杂

这个跳槽理由也许会让你被他人理解为缺乏人际交往的协调能力。现代企业都很讲究团队精神，但是你缺少这样的能力，如此胆怯、逃避，协调能力较差是现代型人才的“硬伤”。

假如招聘者招聘你就是为了协调企业内部人际关系，若你如此回答，其结果你也就清楚地知道了。

3. 过多的工作压力

现在的企业都是快节奏、高效率的，企业中人人都处于高强度的工作状态之下，而不能适应高效率工作者只有被刷下来的份。有的单位甚至在招聘启事上就已直言相告，需要应聘者可以在一定的压力下完成工作任务。

假如你不能适应原单位的有压力的工作，新的用人单位同样不会适合你，因为在现今的形势下，没有一家公司希望自己的员工是个工作起来不紧不慢的闲人。

4. 同领导关系不好

人在社会中，需要懂得如何与各种各样的人交往，因为，什么样的上司都有可能碰上。如果你挑剔上司，则说明你在工作上缺乏适应性，并且不清楚自己在什么位置上。

没有任何商量的余地，肯定应该是你去主动适应你的上司，而不应该要求你的上司来适应你。还有，在日常工作中，你会接触到各类的客户或关系单位的人，相对于企业来说，他们都是“上帝”，假如你处理不好与上司的关系，就更说不上与“上帝”友好相处了。

人力资源专家告诫求职者在面试的时候要实事求是，有以上缺点的求职者要快速更正。这样，才能在事业上真正有些成就。

点金石

你若仅仅是为了追求高收入而跳槽，招聘者会觉得，假如有其他更高收入的职位，你会毫不犹豫地再次跳槽。这样的思维定势一旦形成，你的身价将会大打折扣，即便你的才能再过人也很难成功。

如何处理面试中的尴尬

你参与的面试过程其实也算一种职业经历。你参与面试不是为了满足社会需要，而是为了争取一个可能得到的工作机会。面试有时会发生一些不专业、尴尬或是令人不知所措、无所适从的事情，然而，这也是检验你是否有灵活的应变能力。不管面试的场面变得怎样古怪或是疯狂，你都需要做对你最有利的事情——保持冷静。下面是几个令人难堪的场景，我们可以来学习一下该如何用最好的方式应付这样的场面。

1. 紧张的心情

心情紧张是最为常见的状况。因为面试对于求职成败，进而对一个人的事业前途可能影响极大，而且，在陌生地方被陌生人盘问，出现不知所措、无所适从的状况也是特别正常的。但是，应试者假如过分紧张，这样会让主考官有很不好的印象，也会无法让自己集中注意力回答问题。因此，在面试时，一定要想方设法掩饰自己的紧张心情，千万不要让主考官一眼就看出你不安的心情。比较实用的心态就是你需要抱无所谓的态度，“没什么了不起，大不了再找一次工作，好的单位又不仅仅只有这家。”同时，也可以尝试调整。以下内容就是教你如何应付紧张的心情：

防止紧张的好办法首先是做好准备，并且不要把一次应试的得失看得太重要，同时，要懂得：自己的竞争对手肯定也会紧张，一样会因为出错而尴尬。假如面试者走进面试场所前感觉到紧张，那可以大口大口地呼吸新鲜空气，以克服紧张的心情。

再者，当主考官问过问题之后，不要抢着回答，要稍等几秒钟再开口，这样可以先整理一下思路。当然，也要时刻留意自己的语速，看是不是因为紧张而导致语速太快。

假如紧张的情绪控制起来太难，那么，最明智的选择就是坦白地告诉主考官。例如，你可以说：“对不起，我现在有些紧张，是否可以先让我冷静冷静，然后再回答您的问题？”这样，主考官也许会因为你的诚实反而对你有个好印象。

2. 讲话出错

在面试过程中由于紧张而讲错话，也是常有的事情。如把单位的名称说错了，把职位的名称说错了，有时候称呼主考官时将他们的称呼、职务搞混了……

其实，这种时刻讲错话是很正常的。经验不足的应试者遇到这样的情况后，常常会懊悔万分、心慌意乱，接下来就更加紧张，表现也变得更加糟糕。要不就是保持沉默，要不做些无为的动作。

事实上，最为理智的做法就是保持镇静。假如说错的话无碍大局，也没有得罪人，则可以若无其事地专心应对，切记不要心中一直对其有所顾忌，用人单位不会因为你不小心的一个小错误而否定你的。

但是，如果说错的话相对重要，或会得罪别人时，就要注意该如何进行处理，而不要因为出现错误就惊慌失措，打乱了原本的思路，影响正常水平的发挥。如果发现自己表达上出现这样的失误，那可把话题停下来及时纠正，还可以选择将其整体意思表达完整后，再来纠正出现的问题，但千万不要忽略了。比如说：“对不起，刚刚我有点紧张，好像讲错了话，我刚刚的意思是……不是……请原谅。”说错话之后弥补自己的错误需要很大的勇气和技巧，主考官会喜欢这样坦白的人。

但假如掌握不好尺度，就会给人一种缺乏素质的感觉，也就是能力倾向有缺乏，如果给人形成“定势”印象，再“翻牌”的可能性就比较小了。所以，考试中出现错误不可怕，但是如果接连出错，这样就比较危险了。

3. 问题有关私生活

现在，企业单位对员工的私生活越发关心，很多人尤其是应届毕业生，在面试时经常会碰到一些私人化的问题，例如：“你有男朋友（女朋友）吗？”这样一问，应聘者往往不知道该怎么回答才能对上主考官的口味。因为不同的用人单位对这个问题的态度也不尽相同，有的希望你谈了恋爱，有的则不希望你已经结交异性朋友。所以，在回答这个问题时，只能视情况而定了。

比如：某名牌大学应届毕业生在面对主考官的面试时……

> 主考官问：“你现在是否单身？”
>
> 沉默好久，女孩才不好意思地回答“不是”。
>
> “他和你一样都在这个城市工作吗？”
>
> “不，他已经在北方工作很多年了。”女孩诚实地回答道……
>
> “……噢，那……你先回去吧，之后我们会通知你的。”

可是，面试的结果迟迟不来。因为单位觉得，这样的女孩没有稳定性，工作时间可能不会太长，并且在工作时间容易分散精神。假如女孩随男友离去，单位就得再次招人，既浪费人力、物力，又浪费财力。而单位想找的是一位踏实，稳重，可以长时间留在公司的人员。

又如,北京某大学的小李接受一家事业单位的面试。

"现在有女朋友吗?"主考官直截了当地问道。

几天前,小李的一个哥们儿就是因为这一问题而丢掉了一次很好的机会。于是,他机灵地说道:"还没有呢。"

"大学时期有没有追过女孩子?"对方对这个问题继续追问。

小李没想到主考官仍不罢手,不知道该怎样回答才好。

"曾经有过。"

"那怎么现在还是单身呢?"对方又追问道。

"我……"

面对如此优秀的一家事业单位,小李最终还是以失败告终。

现在,很多用人单位觉得,男生追求女生需要顽强的毅力、充分的自信和永不放弃的精神。所以,他们觉得追不上女孩的男生,一定是因为自身太过不自信,没有充足的勇气,而这恰恰是工作中不能缺少的优秀品质。

4. 面试突然进行不下去了

在面试进程中,应试者是主要角色扮演者。除去对自己的表现需要负责之外,还有责任保证考试在规范和协作中完成。面试时出现"卡壳"现象,尽管主考官会竭尽能力地去调整,但真正着急的却应该是应试者。应试中突然出现短暂的"卡壳"现象的原因可能来自以下几个方面:一是应试者表现得过于精彩,突破了原有的考试程序;二是应试者的表达能力太差,没味道,在考官的心目中,已经不想再往下进行;三是考官精力不集中,没有注意听你的发言;四是遇到了不好回答的提问。

如果遭遇面试突然"卡壳"的状况,应试者一定要保持头脑清楚。解决"卡壳"的问题,可以尝试用下面的方法来处理。

一是可以向考官提出自己有疑惑的地方,让考官的注意力回到你身上。

二是回想双方的交谈是否已经越过了应试范围,假如是,赶快把话题拉回来。

三是主动更改谈话内容。

四是检查一下刚刚自己的言谈中还有哪里需要补充。

面谈的气氛最好是意犹未尽,戛然为止,而不是无言以对。这就需要应试者在应试准备过程中,准备好应试话题,并对应试话题进行设计。在面试的前、中、后,都应该有条不紊地将之前预备好的腹稿准确适时地表述出来。

5. 对于问题含糊不清

有时候,在面试过程中,面对考官提出的问题,如果应试的人员没听清楚或没听懂他想问什么,不清楚他到底想说些什么。这时,你千万不要胡乱说一通,一定要按着实际情况讲原因,当然,你可以请对方再次说明。

但是,也可能会碰到这种情况:即使再问一次,还是没有抓住问题的关键。那么,这个问题也许是主考官对问题组织得不好,问得不妥当。这时,你应该含蓄地表达一下具体哪里不清楚,你也可以尝试着说"不知道您想知道的是否是……"之类。但态度要诚恳,切不要胡乱猜测,信口开河。

假如主考官提问的,是由于你对相关的科目、事物、学问认识不够而导致你听不懂,那么,你最好明智地承认,"我不懂。""对于这个问题,我的认识还不够,今后需要在这方面加强学习。"你这样诚恳的回答,倒是可能得到主考官的好感。

点金石

不管面试的场面变得怎样古怪或是疯狂,你都需要做对你最有利的事情——保持冷静。

如何在面试中脱颖而出

为了考虑人的主观性，大多数用人单位都会在第一次或第二次面谈时，采用集体面试的方式。所谓集体面试是指由一位以上的面试官一起出席对求职者的考察。这样的方式，可以避免个别主考官的主观片面性。通过整合所有考官的结果，得到一个相对客观公正的面试结果。

由于面试官的专业领域不尽相同，他们各自有一块负责提问的范围。所以，当求职者突然看到这个阵势时，由于没有事先的心理准备，就会在心中产生不知如何是好的感觉。

实际上，现在大多数用人单位在征求储备干部、经理、主管等以上的岗位时，全部都会运用集体面试。所以，各位求职者需要有心理准备来面对集体面试的挑战。但是，到底要怎样做准备呢？

1. 注重礼仪

在进入面试地点的时候，最好能够向每一位面试官趋前握手致意。如果办不到的话，那也一定要以眼神逐一扫过，与此同时，需要向主考官鞠躬打招呼。

2. 灵活特殊的开场白

根据现场的外在形势或自身的特征，你可以大声地以一句幽默或与众不同的方式介绍自己作为开场白，再连带出你的特质或求职动机等。开场白的时间应控制在15秒钟，要尽可能地让自己与众不同。

比如，你的眼角有颗痣，你可以说你可不是个爱哭鬼，个性坚强，可以承受很大的压力；少年白头者可说你做事特别的勤奋；大嘴大鼻者可以说你面相好等诸如此类的幽默俏皮的话。

如果遭遇到尴尬的情况，可以幽默地说：我是×××，刚刚掉眼镜的那个人就是我，这就表示我不会再落第（落地）了。我就是个每时每刻都有逆向思维的人，乐观向上的人。

3. 明确工作的要求和条件

无论你面前站着多少面试官，问了多少个问题，绕了多大的圈子，但他们的最终结果就是要选出最适合的人才。所以，只要抓住“最适合性”的大原则来发挥，就绝不会不知所措。

4. 快速地分辨主面试官

说得简单易懂些，就是擒贼先擒王的道理。先要确定哪个是主面试官，不能单从衣着好坏，谁问得多来判断。有些主面试官会选择低调地从头到尾，冷眼旁观，不发一语。想要得到正确无误的判断，可以从下面几点入手：

你刚进考场时，每个人都是跟着前面人坐才坐的，或是发令叫大家坐下的；还有其他方法就是明确座位的次序，做在中间的人最有可能是主考官。

各个面试官在交换意见时，肯定会交头接耳。留意一下他们的耳语是在向哪个人传递，主考官肯定就是他。

相同的道理，你也可以观察各个面试官，看他们是否都无意识地把目光投向某个人，等候对方的暗示，再进行下一步，这个人也很有可能就是你寻找的主考官。

5. 要关注任何一位面试官

你需要时刻与在场所有的面试官作目光交流，有人提问时，你的眼光一般停留在面试官的身体上，但回答问题时，你的眼光不要来回地巡视全场，这样才能表示你很重视每一位面试官。

6. 挖掘可能的同志

这句话的意思是在所有的面试官之中寻找到与你类似的那一个，先从他（她）的身上突破。相似的地方可能是年龄、气质、性别（比如，可能全场只有你跟她是女性）、经历、性格、嗜好、地域（是同乡)、感情(家庭背景相似)等等,由此着手,尽可能让对方对你产生好感,化被动为主动。例如,你可以注视对方说"您应该了解……""您知道……",无形中将对方吸纳到你的阵线上来,在最后表决时,他(她)的决定,对于面试结果可能会起到举足轻重的作用。

7. 提防暗箭

笔者在前面已经说过,有些面试官会从头到尾,冷眼旁观,不发一语地观察你。这样一语不发,心中默默琢磨你的人,是最喜欢放大求职者的举止言谈的人。

如果你表现得特别好,这倒没什么。但若这个人的主观意识特别强烈,你又被对方捕捉到你在面试过程中某一个下意识的小动作,并以此大做文章来证明你有某方面的缺点,那你就很不幸了。

面对这样的考官,应征者也不要恐惧,只要多练习几次(和朋友、家人排练,用录音、影机反复听、看),确定你能够自始至终保持斯文有礼、不卑不亢、大方得体的言谈举止,将应聘看做是在与年长些的人谈生意,不要患得患失,不要过于害怕无法得到这份工作。只要心中怀着这样的信念,就根本不用担心对方放冷箭的可能。

点金石

将应聘看做是在与年长些的人谈生意,不要患得患失,不要过于害怕无法得到这份工作。只要心中怀着这样的信念,就根本不用担心对方放冷箭的可能。

面试易犯的错误

在面试过程中,与招聘者沟通交流的工具就是语言,当然,这也是求职者展露自己知识、智慧、能力的通道。在求职面试中,运用恰当得体的谈吐无疑会增强你的竞争力,可是这样也会容易犯这种或那种的错误,也只有聪明的求职者才会不间断地修正错误以走向正路。但是,如果我们知道面试中常常碰到的错误,并且知道怎样避免犯错误的话,我们便会少走许多弯路。因为,面试时的错误一般是非常严重的。

1. 不善于提问

在面试的过程中,大多数人不知如何提问。对于应试者来说,向面试主考官提问本身就是一种推销自己的方法。一个好的提问,会让主考官另眼相看。可是,有些应试者不知该怎样提问,在应试时,提的问题全部是与今后工作没有联系的;要么就是在不该提问时突然提出一些打断面试官的问题;还有一些应试者面试前没有做充足的准备,轮到有机会提问时,却不知道该说些什么好。

也有一些人不知道分场合,不看时机,提出一些对方忌讳或不愿意回答的问题。例如,求职者问面试官:"据说贵公司经济效益下降,为什么会这样呢?"这是一个可以在场外探讨的问题,但是将这个问题搬到面试时来讲是特别不合适的。

另外,有些人总是提一些缺乏自信的问题。例如:"你们要几个?""你们是否排斥女性?""中专学历的你们招吗?"像这种缺乏信心的提问,最好不要问,问了反而让自己的形象大打折扣,给人留下不好的印象。

2. 不懂得怎样打破沉默

面试的过程应该是一个互动的过程,无论是面试前还是面试中,应试者应善于寻找合适的话题打破沉默,这样做既是自信的体现,也是自身的一种能力。

还有一些情况，主考官在面试开始时并不说话，只用眼睛注视着对方，其实这是一种无声的提问，他在等待应试者主动打破沉默。可是，有些应试者却以沉默对沉默，既然你不说话我也干脆保持沉默好了，结果面试出现冷场；还有一些应试者虽然勉强打破了沉默，但是词不达意、语调生硬，反而使场面更显尴尬。这一类的错误是不应该犯的，一个不懂得如何打破沉默的人，别人会觉得你的交流能力太差，没有自信心，不容易与他人相处。

3."套近乎""报熟人"

面试官忌讳的事情之一便是套近乎。因为，面试中双方关系过于随便或者过于紧张都有可能造成面试官评判不准确客观。

一些人面试时，上来就说"某某经理是我的老朋友了""某部门的经理是我的同学"类似这般套近乎的话，但是，这一般都会引起主考官的反感。假如主考官与你说的那位本来就有摩擦，那你不是自找没趣吗？据说，有一位从某理工大学毕业的应届生，在面试时得知其中一位面试官竟然是他在大学期间的校友，进了门就直奔那位面试官而去，激动地握着对方的手直喊校友。弄得那位面试官不知如何是好，其他几位面试官也面面相觑。因为这种情况的出现，面试结束后，校友给他打了个最低分。

4.不确定自身职业发展计划

面对面试官这样的提问："未来几年内，您对自己的职业发展有怎样的计划？"求职者听后，想了半天，然后嗫嚅着说："走一步看一步吧。"面试官听完后，会立即将此人的名字删掉。一个"踩着西瓜皮，走到哪算哪"的人很难有责任感和进取心，这样肯定会被刷掉的。

5.自觉神气，目中无人

有些毕业生，特别是一些来自重点大学或名牌高校的大学生，总喜欢摆出一副"天之骄子"的架子，却眼高手低。他（她）有时连面试官都不放在眼里，讲话的语气大得能撑破天，面试官看到这类人便会特别反感。

6.眼睛只盯着薪水看

面试官不喜欢一开口就询问工资待遇如何的人。一位人事经理说："求职者关心收入和待遇的心情是可以理解的，但八字未见一撇，张嘴就开始对薪水进行谈判，这是不成熟的表现，做生意那种'金钱第一'的思想在这里不适用。"

7.诋毁他人，抬高自己

这样的错误是最难被原谅的。通过攻击别人来抬高自己并不光明磊落，也不那么令人信服。即使别人有把柄抓在你手里，你这样落井下石的做法，面试官是不会欣赏的。

8.卑躬屈膝，唯命是从

一些人为了达到面试成功的目的，对面试官极尽阿谀奉承之能事，甚至对无理的要求也都照单全收。不要以为这样就会让面试官对你另眼相看，公司寻找的是适合这个岗位的人，你这样做不仅不会让你得到你想要的结果，而且还让人提高了警惕性：这人是否会当面一套背后一套，在他人无防备时捅人一刀？

9.口若悬河，却言之无物

一些应聘者大谈个人成就、特长、技能，热情澎湃、慷慨陈词，即便是好听，可是挤去了语言的水分后就会发觉，他讲的话中并没有实在的东西。推销自己不在于辞藻如何华丽，不在于激情澎湃，拿出有力的事实来证明自己的实力才更有效。

10.不合时宜的动作

假如你在讲话的过程中因为紧张而声音发颤，是可以原谅的。但是，如果你在面试官面前旁若无人地脱下你的鞋子，则是不可原谅的。一些不适宜的动作可能让你的面试以失败告终。

面试是一场能力的比拼。在这场比拼中，只有真正具备实力而又深谙面试技巧和策略的人才能获胜。面试没有一个固定的模式，也没有完美的标准答案，但是，面试的共同的标准是你在进行面试过程中是否在理智地交谈。

在面试过程中，与招聘者沟通交流的工具就是语言，当然，这也是求职者展露自己知识、智慧、能力的通道。

谈薪水的窍门

在应聘的时候，薪酬对于应聘者来说是特别重要的，它在一定程度上确定了你的社会价值和你的生活水平。所以，在面试阶段关于薪水的问题是一定要与用人单位商谈的。

但是，因为个人的酬劳与其能力、作用、表现、贡献等密切相关，所以，在用人单位还没有了解你的这些情况时，千万不要先说到薪水。不然，就会给人以你只是为了钱而工作的不好印象。一般而言，在后面的谈话中有机会进入商讨阶段，假如你期望的薪酬过高，要让用人单位接受很不容易；开价过低，吃亏的是自己；而“打闷包”吧，又心有不甘。因此，相对于刚刚步入职场的应届生来讲，掌握一定的技巧、把握与用人单位讨论薪酬的时机特别重要。

那么，在面试的时候怎样谈薪水呢？下面介绍几点谈薪水的策略：

1. 把期望薪资放到行业发展的形势上

是否要先将你的专业考虑进去？人才市场对你这类人才的需求有多大？对你周围的人注意一下：你的同学、你的朋友、和你找同一种工作的人，他们的薪酬大概是多少？你可以根据公司的具体状况，取他们中间的一个相对平均的薪酬来考虑你的期望值，同时还应该多留意媒体中和本行业有关的报道。

2. 谈薪水的时候不要禁锢在薪资本身

在面试中谈薪水时，是不能“就薪水谈薪水”的，一定要掌握合适的准则。告诉自己的面试官，薪水不是最重要的，你更在乎的是职位本身，你喜欢这份工作；告知你所面试的公司，你更期望公司对你的价值给予肯定。这样，就能将薪金问题提升到另一个高度，同时，这样的交谈也可以帮助你得到一份理想的工作。

3. 千万不要开门见山谈薪水

面对珍贵的面试机会，一开始就谈薪资是一种浪费，从其他意义上说，这是提供对方一个拒绝你的理由。所以，最好不要面试时主动和老板商讨薪水。依据一般的招聘程序，面试者在对求职者的能力、个性、工作态度等有了一个初步印象之后，才可能对应聘者介绍公司的薪酬、福利待遇之类的状况，然后问求职者“你认为如何”。这时候，如果你一再推脱，就会让人感觉你有些软弱。还有一些公司在面试时会直接问：“你期望的薪酬大约是多少？”这时，你可以以退为进提出反问：“只要有发展机会，我愿意接受贵公司的薪酬标准，只是，贵公司在这个岗位的薪酬标准是多少呢？”这样，你既没有表露自己的底，还可能摸清对方的底。

4. 屋梁遮掩现实

如果面试官直接问到你目前的薪水是多少，这个问题你就千万要谨慎回答了。你最佳的答复是：“过去的工资不是特别重要，关键是我的工作能力。”假如你目前的薪水太少，那么，直截了当地回答不会给你带来什么益处。

5. 控制比例

如果老板最终决定同你洽谈具体工资数目,你该怎么开口呢?你应该先让老板说。每个雇主在心里对于酬劳都有个大致的范围,他们经常会在那个限度内自由调整。在你提出任何薪水要求之前,一定要先弄清楚它的大致价位。假如它低于你的心理价位,你要确定出比起现在薪酬高至少10% ~20%的价。如果你觉得在这个位置上,钱与职位不匹配,那么,可以适当再抬高一些。但不要用具体的数字,这样很易于造成僵局。你也可以让对方提出工资的幅度,这样两方就可以继续顺利讨论下去了。

6. 留有余地

假如你被要求一定要先告知你的希望薪酬,要记住:用人单位一定会紧紧盯住你的保底薪酬,所以,你不能把底线定得太低。应留出较大的空间,这样,洽谈自然就更加灵活了。

点金石

因为个人的酬劳与其能力、作用、表现、贡献等密切相关,所以,在用人单位还没有了解你的这些情况时,千万不要先说到薪水。不然,就会给人以你只是为了钱而工作的不好印象。

度过试用期的黄金法则

一到三个月的适用期是每个新员工都要面对的事情,一般人在试用期阶段,会出现心中忐忑不安、无助的情况,盼望着能够顺利地、成功地安然度过试用期,正式进入新的团队中。

走极端是新人最忌讳的行为之一:一种极端是“我怕谁”,说好听点儿是“天不怕地不怕”,说难听点儿就是“无知者无畏”了;相反的极端是“谁都怕”,说委婉点儿是“孺子可教也”,说直白点儿就是“软柿子不捏白不捏”。

还有什么比在“试用期”遭遇淘汰更令人难过的呢?因为你失去的不但是工作,更主要的是可能丢失了对自己的信心和下一次寻找工作的勇气。如果想在新的工作岗位上站稳脚跟,就一定需要在这段时间里,给上司和同事一个良好的印象。但是,究竟如何才能平安度过试用期呢?

1. 熟悉公司事务

第一周的时间要充分地把握好,比较而言,这是特别重要的时期。首先要做的是要熟悉公司事务,尽可能快地进入工作角色。所以,在第一天大致了解了周围的环境之后,就要着手于熟悉公司事务,尽可能快地上手。不理解的就问,没有什么不好意思的,谁叫你是新人!虽然不是全部的老职员都会主动问长问短,但只要你开口,对方绝对不会不说点儿给你听。假如你再说话好听点,对方就更不可能“抬手去打笑脸”了。

2. 迅速融入公司中

刚进入公司的小丽,干劲十足,即使是午餐时间,她也埋头苦干。然而,两周的时间还未到,经理就以“你也许不适合我们这里”为理由将她辞退。委屈的小丽不能理解,难道自己仍然不够努力吗?其实,根本原因在于她不会与人交流。也就是说,人际关系或者是“人脉”的经营能力不好。

迅速融入队伍中,重要的一点是主动。在电梯间、楼道里迎面相遇,即使没有什么话要讲,随便说说天气也可以。另一个可把握的就是午餐时间,一定要共进午餐,只需要听就可以了,而绝不可以轻易卷入“是非窝”。之后,你要分析、琢磨:同事们和老板相处的方式;用人单位中的人际关系是怎样构成的;哪些地方是公司的雷区;公司的哪些项目相对重要,之类。切记:让公司同事正确评判你的业绩和人品是特别重要的。

3. 保持工作的热情

将近一个月了，你好像天天在重复相同的工作，是不是有些不耐烦了？其实，就像吃饭一样，每天都吃，每天还要吃三顿，你为什么就不烦呢？因为每次进餐的东西会不一样，即便东西一样，在一起吃的人不同，也会有不一样的感觉。所以，相同的工作，你可以让它每天稍微地有些不一样。一样的问题，每天与不同的人共事，就会有不同的答案、不同的收获。假如你觉得每天都在学习，每天都前进了一些，再单调的工作也不觉得倦了。

4. 同老板交流

小张进入公司已经一个月了，她工作得特别出色。但是，在一次偶然的聚会上，老板关心地问她："这个工作可以胜任吗？需要什么帮助吗？"小张的工作与老板的了解产生了偏差。所以，不要认为老板时时刻刻都在关注着你，知道你干得怎样。大多数经理都会觉得你干着他们预计中的工作，即便他们对这些工作没有具体的概念。

很多新人都只会在出现问题时才勉强地去和上司交流，经常怕上司没时间搭理自己。其实，让上司得知自己这个新人做得怎样，并适时请教，更容易勾起上司的"想要传授知识"之瘾，反而对你有惺惺相惜的感觉。另外，在开会时适当发言，这样可以让你的上司尽快地注意到你。切忌老是坐在边角，而且还深埋着头，一言不发。好的建议或设想要勇于拿出来，自然也需要喜欢听取前辈们的批评或补充。

5. 做一个工作描述

在新公司干了一个月之后，是时候对自己的工作做一个总结和描述了，而且要将其打印出来，提交给你的上级领导。在这份报告里，你一定要包含以下内容：现在的工作和预期的有何不一样，你认为你的工作职责范围应该是什么样的，所以，应该增加哪些职责，而哪些职责是你不该做的。要让你最希望的需要列在最前面，之后和老板认真讨论。

6. 正确评估自己

两个月过去了，你对公司的基本概况有了一个了解，此刻是时候为自己估算一下了：在这个公司里，我有发展潜力吗？在这两个月里，我适合公司这个环境吗？我与其他职员相处融洽吗？通过做这份工作，我可以有所成长吗？对这些问题做一个总结，再进行下面的行动。如果上班两月有余，你仍然不甚了解自己的工作内容，那你认为，公司会对你的表现满意吗？

7. 懂得公司的灵魂

不自觉中，三个月的期限已到，在你忙于做上述事情时，你也在逐步地了解公司的历史、价值观、目标与工作前景。如果你觉得自己的价值取向能够与公司的文化相融合，这说明，你能继续在这里工作下去。接下去你要做的，就是找到公司所最不能容忍的、最不能让他人承认的东西。任何一个公司都有自己灵魂的东西，有的是安全，有的是利润，有的是形象，还有的是公司在他人口中的评价。但无论是什么，一个新进员工都一定要首先明白并且牢记，不同的公司核定一个员工的准则各有各的不同，但有一条却永远相同，就是公司的灵魂不可以碰，不能做害群之马。

所以，对新进员工来说，你办公室面积的大小、座位的好坏、薪资的多少在相对比较短暂的时间里都不是很重要的问题，都比不上一生的成长重要。

点金石

还有什么比在"试用期"遭遇淘汰更令人难过的呢？因为你失去的不但是工作，更主要的是可能丢失了对自己的信心和下一次寻找工作的勇气。如果想在新的工作岗位上站稳脚跟，就一定需要在这段时间里，给上司和同事一个良好的印象。

如何面对欺生现象

走进新岗位的人，总有一种被排斥的感觉，仿佛做了“插班生”，会在这样的新团队里觉得“欺生”。最重要的原因是自己的心理承受力不好，适应能力非常低。其实，新员工不要有过多的焦虑，要主动从自己身上找不足，碰到问题时不要推卸责任，多做事、少说话。一定要相信，通过不断交流、主动交流，都可以成为受新团队喜爱的一员。

1. 把握、尊重原则

一些新员工不屑于做琐碎的小事，但别小看打水、扫地、擦桌子，很多人习惯于从这些小事中评价人。假如新人扎扎实实，坚持做这些“小事”，就一定可以很快融入新环境。如果碰到新项目或是新机会，大家就会愿意与那些善于做小事的新同事合作。只有拥有合作的机会，才有展现自己才能的舞台。

在日常交往中，新员工不要将自己装在套子里，要适当地向同事谈谈心事，这也是对他人的才能的了解。例如，业余时间，大家在一起谈论成长经历时，都会相互交流一些个人信息，如出生地，毕业院校之类。假如你想参与到这种愉快的交谈当中，就不要对自己的相关信息“一言不发”。尽管你的出生地也许是一个偏僻的小城镇，就算你毕业的大学没有显赫的名声，但是这些都没有关系。因为在人际交流中有一个非常主要的“对等原则”，就是别人对你告知相关的个人资料，你在接受以后，需要提供给对方尽可能对等的信息。

2. 不要斤斤计较

领导在安排工作的时候，往往会安排新员工加班加点。而对一些新员工而言，周末的假期是他们聚会、购物、料理家务的大好时光，他们常常在周一就已经将双休日安排好，一旦在周五被临时告知周末加班，就会产生失落感，有的人甚至有抵触的心理。所以，新员工一定要将加班看做是得到了工作的机会，面对工作要有积极的态度和感恩的心情。

此外，除了不要太过计较加班这样的事情外，还不要斤斤计较他人的评点和错误的理解。与男员工相比，年纪小的女员工总会很在意自己在工作中的信任程度。有些心理承受力相对较低的人，往往会因为错误的理解或善意的批评，就做“狮吼状”，认为很没面子。其实，这是自我意识太过强烈的表现。在工作中，每个人都可能出现错误，尤其是新人，因为业务不熟练，社会阅历比较少，往往比一般人更容易出错。而且许多新员工都经常有这样的感觉：越害怕出错，就越会出现错误。所以，要坦然地承认自己的错误，勇于承担责任，诚恳向老同事和领导学习，把坏事当成好事。反之，要是总是不停地想推卸责任，千方百计地找客观原因，则会让别人认为你很不成熟和不勇于担责任。

3. 少发表个人观点

在一些女同志相对较多的单位，大家在非工作时间聊天的时候，更容易不经意间地评点不在场的人。这个时候，新人不可退避三舍，坐下来听听，是不会给自己招来“杀身之祸”的。但一定得注意的是，千万不要随便发表自己的想法，更不要将一些信息传给不在场的人。若这样的话，会给大家留下“新来的女孩子居然这么是非”的不好印象。因为在大家的潜意识中，就算是老同志之间有什么矛盾也比较正常，因为在长时间的工作中，一定会有摩擦。但是对于新人，大家就不会那么宽容了，毕竟没有什么社会经验，知道的很少，本来应是一张什么都没有的白纸，若太早出现“是非”，就会自己贬低自己的诚信度。

不要认为大家在一起随便聊天就可以信口开河。有时，你也许会无意中贬低了你以前去旅游的一个城市，但这个城市可能恰巧是某位同事的老家。故乡在大多数人的心目中是无比高尚的，由此，这位同事也许就会对你形成不好解脱的“心结”。还有，有的单位很注重员工的合理化办法，要是你对工作流程和工作环境并没有十分熟悉，就不应该贸然评点，否则，尽管你的出发点是善意的，想让工作变得更加科学、合理，但是因为你的建议缺乏较高的视点，又缺少相应的调查分析，可能使你的想法变成没有人能理解的想法，这对于你在这个单位的未来发展非常不利。要是领导实在要你发表自己的观点，不如先在同事之间展开一个细小的问卷调查，看一看大家的期望是什么，然后，再用一种积极向上的心态来提建议。

新员工不要有过多的焦虑，要主动从自己身上找不足，碰到问题时不要推卸责任，多做事、少说话。一定要相信，通过不断交流、主动交流，都可以成为受新团队喜爱的一员。

如何克服面试的羞怯心理

进入职场的第一关就是面试，这一关是否表现出色直接影响到你未来的发展方向。特别是对于大学刚步入社会的小女生们来说，可不可以成为一个优秀的职场白领，是你走向成功的第一步。所以，在面试时，把自己的优势和强项完美地运用语言表现出来，是十分重要的。

对于大部分女性来说，任何形式的笔试她们可能都不会担心，甚至非常自信，但是一旦到了面试环节，就会不由自主地出问题。其中很大一部分原因就是她们的害羞心理在作祟，由于害羞而胆怯，进而说话没有条理、发挥失常，从而失去了一份很适合自己的工作。

当然，不光是刚毕业的小女生会这样，就算是已经有工作经验的职业女性在变换工作的面试中，也会出现这样的羞怯心理，影响自己的正常发挥。所以，由于害羞而让自己失去大好前程的职业女性们常常扼腕叹息，但又不知道该怎么改变这种现状。有些女性甚至由于羞怯引起的一次次面试失败而让自己陷进消极心理暗示的泥潭中难以自拔，越来越害怕去面试了。

其实，面对陌生人时出现羞怯心理是所有人都会有的正常表现。尤其是我们面对的那个人还对我们的未来有着一定的作用，羞怯就会变成紧张，总是紧张怕会说错话，最后我们还就真的说错了话，结果就出现了面试计划的“流产”。

那么，对于一个初入职场或者要改变工作的职业女性来说，要如何克服这个让人烦恼的问题，让自己在面试时表现得落落大方、侃侃而谈呢？下面的内容可能会对你有帮助：

1. 在谈话中多对别人做肯定，少否定别人

既然对方通知你来面试，这就证明你的某些地方还是让他们很满意的。所以，你要做的不应该是害怕自己不能胜任这份工作或者为自己的胆小找借口。而是敢于肯定自己，善于发现自己的优点，多给自己一些自信和勇气，你就会发现你真的是很出色的。人和人之间是平等的，无论对方的性别、年龄、身份、地位，即使面试官在很大程度上决定了你的命运，甚至未来有可能会成为你的领导或主管。但是在人格上，你们是一样的，你完全没有必要感到胆怯。在面试时，你只要将自己内心真实的意思明白地表达出来就可以了，其他的事是别人的事，你不用想那么多。

2. 没有必要草木皆兵

在面试当中，你可能会看到面试官彼此之间对你的表现私下沟通、评头论足，这时，很多女性就会开始觉得害怕，变得草木皆兵，害怕自己是不是哪里做得不太让人满意。一旦被这种心态控制，以后的发挥自然会被影响。所以，在面试时，你一定要告诉自己，不要怕别人议论，被人议论是平常的事情，他们议论你，证明你有被议论的意义。再说，“人非圣贤，孰能无过”，只要是自己很尽力地去做这件事了，就没有什么可担心的。要是因为担心说错话而太过压抑自己，不敢再表达自己，那么，你一定会失去那份非常不错的工作。

3. 别害怕失败

没有人从来不出现错误，也没有人没有过错误。一次失败了，没有什么可害怕的，谁也不能确定自己第一次面试就可以被人人都削尖脑袋挤破头的大公司一下子录取。要是你由于一次的面试失败而对面试恐惧，那你也就真的不会再有机会成功了。要是你想成为一个成功的职业女性，就必须愈挫愈勇。只要在失败中找到原因，以免下次犯同样的错误，你就可能找到理想的工作。

4. 要多说自己的想法、看法

想要在面试中让自己可以流利地表达，最好的办法就是让自己习惯说话。在任何场合，都要积极把握和别人沟通的机会，试着与他人聊天、寒暄，从中学习说话技巧，培养自信。你可以先从向生活中的熟人或比较陌生的人问好开始，说得多了，你就会发现自己越来越习惯跟陌生人说话。到了面试时，就会非常顺利地表现出完美的自我。

要是你是那个要去参加面试的羞怯的小女生，并且要让自己从胆怯、紧张中站出来，就一定要先遗忘恐惧，勇敢地面对挑战。一个小小的面试不算什么，你要知道，那些在台上说得天花乱坠、慷慨激昂的演说家或者是著名的表演者，他们在面对大众的前一刻也会感觉胆怯、紧张。可是，当他们站在众人面前时，他们只是想着把要做的事做好，这时，一切恐惧感都不存在了。要想在面试当中对答如流，就可以向他们学习一下！

点金石

一个小小的面试不算什么，你要知道，那些在台上说得天花乱坠、慷慨激昂的演说家或者是著名的表演者，他们在面对大众的前一刻也会感觉胆怯、紧张。

提前做好准备

所谓“有备无患”“未雨绸缪”，讲的都是在事情出现之前先做好相应的准备，这样才能够把事情顺利完成。以前，有位著名的脱口秀主持人讲，他主持节目时永远不会慌乱，他的秘密就是做好准备工作。他觉得，因做好准备工作而产生的信心不是做给别人看的，这样做可以使自己的信心充足。职场丽人在面试以前当然更应该这样，你要想在面试当中表现优秀，让面试官对你另眼相看，你应该明白了解对方才可以在战争中胜出。

在面试的过程当中，若希望从内心深处挣脱对谈话恐惧的困扰，那么，事先的充足准备是你可以侃侃而谈的必要条件。只有“肚里”有东西，才可能把要说明的话都说出来。无论你碰到的问题是什么，你所回答出来的东西首先是你脑子里准备好的，就算是随机应变的睿智回答，也需要以平时的丰富积累作为基本，有了谈论的资本，才可以谈得顺畅。

因此，要是想取得面试的成功，事先的准备工作是一定不可少的。

1. 你自己的专业知识

这是你面试回答问题的基本条件，你要讲出东西来，得在自己肚子里有根据才行。如果面试的内容是你所熟知的，你就可以对答如流。当然，这些要看你平时的用功程度，不管你是刚毕业的学生，还是久经沙场的老江湖，若想在面试中表现出色，专业知识是一定不可少的。

2. 你对该职位了解多少

即使是同一个行业，企业中的文化和运作方式都是不一样的。你想要争取这个职位就要事先对该企业或者单位的企业文化有了解，对自己想应聘的职位有所认知。这样面试当中你的回答才可能更有力度，更有针对性，得到职位的可能才更大。

3. 你的形象工程

要是想在面试中不让任何不必要的外在条件影响自己的表现，就需要你将那些也许会影响你的东西全部整理好。这其中包括你的个人面貌，特别是女性，你说话是不是有自信、有底气，在很大程度上跟你的“面子”有直接关联。要是你面试之前没有将自己的形象整理好，以一副衣冠不整、形容憔悴的面容出现在主考官面前，这不仅会让你在对方心目中的形象大打折扣，而且也会使自己因为担心形象而产生不必要的慌张，进而影响正常表现。

当然，要做一个合格的应聘者你还需要准备很多事。你首先应具有敏锐的观察力，可以深刻地认识事物，这样，你说出的话才可以一针见血，才可以准确无误地反映事物的实质；其次，思维方式一定要严密，要懂得如何分析、判断和推理，只有这样，才可以把话说得滴水不漏、有理有据；最后，还一定要具备流畅的表达能力和渊博的知识，这样，才可以把话说得生动有趣。

总之，如果你希望在面试中一鸣惊人，除了临时抱佛脚以外，最主要的就是要在日常生活中多积累。只有不停地扩充自己的兴趣爱好，增加自己的知识，培养自己的同情心和责任心，时刻做好准备工作，才能不断地充实自己谈话的题材库。只要我们随时都能做到有备而来，那么，说出自己的观点就并不可怕，因为你准备充足，自然可以做到“兵来将挡，水来土掩”。那么，不管在面试或是在以后与人交往的过程中，这样的你一定非常受欢迎。

点金石

在面试的过程当中，若希望从内心深处挣脱对谈话恐惧的困扰，那么，事先的充足准备是你可以侃侃而谈的必要条件。

得体的仪表增加你的魅力

在面试当中，你的得体的外貌同样会为你的面试加很多分。我们知道，语言的表达并不只是指说话，一段成功的讲话之所以可以抓住人心，除了语言本身的内容之外还应该具有感染力，而这种感染力最根本的来源就是你的肢体语言，它可以补充你有声语言的缺憾。

肢体语言可通过有形可见到的、具有丰富表现力的各种动作和表情，帮助有声语言把内容准确无误地表达出来。

女性要想在求职面试中巧妙地运用肢体语言，首先就要知道怎样设计完美的形体语言。由于我们的每个动作甚至表情，都会传递出很多的信息，会表现出主体的思想情感、爱憎好恶甚至文化修养。所以，身体语言的设计和运用可以使你声情共存、形神都有，使面试中的你更具风度、大放异彩。所以，女性应聘人员的仪表有以下几点需要注意：

1. 应有恰当的坐姿

在面试中，除特殊情况之外，我们大多数是坐着的。所以，坐姿很重要，一定要保持自然端正，千万不可以斜靠在椅中，或者盘腿，或者把手臂放在椅背上，这样常常会让人轻视，因此，面试时一定要注意。

2. 不要忽略你的腿

无论你在面试时是坐着还是站着，腿部常常会出现这样三种姿势：两腿分开、两腿并拢或者两腿交叉。两腿分开属于开放型姿势，表现稳定、自信，并有喜欢对方的倾向；两腿并拢的姿势则表现过于正经、严肃；而两腿交叉则属于防御型姿势，常常是一个人害羞、忸怩、胆怯或者随便散漫的体现。

还有一种姿势叫做架腿，也就是我们经常提的跷二郎腿。架腿姿势一般是控制不积极情绪的人体信号，专家们认为它“颇有不拘礼节的意味”，这是一种不可取的姿势，特别是对女性来说。

在你回答别人问题时，最好用第一种姿势，即两腿分开。站立时，两腿分开，两脚平稳着地成“丁”字形或者平行相对，或者一前一后，躯干挺直，注意不应该屈膝和弯腰弓背，要不然会显得消极懒散、无精打采。坐的时候一定要端坐，两腿稍微分开，间距不超过肩宽，女性更要注意不应该过分叉开，腰板要自然地挺直，这样一来，轻松、从容的姿态就会展现在别人眼前，不仅使你自己显得情绪饱满，还会感染到别人。

3. 举放自如的手

面试时，一定要注意双手的摆放位置。这个时候，安放它们的最好办法是把它们忘掉，让它们轻松垂直在身体两侧。不过，万一你认为它们累赘且不自然，不如把它们插在衣袋里或是放在背后。总之，最终的目的是为了平稳你的情绪，不用太过注意它们是否有碍，更不需要顾虑听众会注意你的手的位置。

若说话时将注意力集中于真情的流露，你的双手会帮助你，它们会帮助你说话。在必要的时候，它们会无意地举起或放下。不过要注意的是，千万不要有意识地把双手在胸前交叉，这是一种拒绝的表现，容易让人产生距离感。而要是总是用手摆弄自己的衣服，这会转移听你讲话人的注意力，你自己也会因此显得不灵敏。

4. 表达意思的表情

面部表情，是说面部表情表现出来的情感。它与说话内容的配合最方便，所以，它的使用频率比手势高很多。

常用面部表情的意义有：点头表赞同，摇头表不同意；昂首表骄傲，低头表屈服；垂头表不开心，侧首表不服；咬唇表坚决，撇嘴表藐视；嘴角向上表开心，嘴角向下表敌意；张嘴露齿表开心，咬牙切齿表愤怒；鼻孔张大表生气，鼻孔朝人表轻蔑；目瞪口呆表惊讶，神色飞扬表得意等。由于这些面部表情传达出的信息很多，所以，在面试当中我们必须注意。

5. 你的眼睛会讲话

在面试当中，要敢于并善于和面试官目光相对，这不仅仅是一种礼貌，而且是一种沟通，它可以帮助交谈的双方维持一种联系，使谈话在频频的目光交流中持续下去。更为重要的是，眼睛可以帮你说话。

一项研究表示，交谈时，目光对接对方脸部的时间最好占整个谈话时间的30%～60%，倘若超过了这一界限，就会让人感觉你对对方本人比对你们的谈话内容更感兴趣；否则，则表示你对你们的谈话内容和对方本人都不是很感兴趣。并且，这种行为在一般情况下都属于无礼行为。

总之，在面试当中，要是希望用自己的话打动你的考官，就不能仅仅依靠你那优美的语言，你的行为举止所表现出来的肢体语言和精神面貌一样起着非常重要的作用。所以，作为一个正在求职的女性，如果能拥有端庄、典雅的外表，并让你的肢体语言和有声语言达到最完美的运用，那么，你的谈吐或者你整个人都将更具魅力。

点金石

肢体语言可通过有形可见到的、具有丰富表现力的各种动作和表情，帮助有声语言把内容准确无误地表达出来。

如何克服面试紧张

很多女性应聘者会有出现这样的情况：本来自己在私下里准备得很充分，但是到了面试中却表现失常，有的会因为太紧张而说不出话，就是说了话也总是说错。那么，要怎么摆平这些状况，让自己可以在面试过程中侃侃而谈呢？这需要女性求职者熟练地掌握以下策略：

1. 心态要平和

在人们的心目中，面试的双方不可能处于平等的位置。面试官掌握着对应聘者的“生杀大权”，对应聘者有选择的权力。可是，作为一个应聘者，特别是女性，更加容易产生自己是被选择者的想法。所以，在应聘当中容易处于被动位置。

这种无形的心理压力会使面试者在面试过程中变得不像平时的自己，本来活泼开朗的你到了应聘时可能会变得正襟危坐、不苟言笑，之后很不自然地回答考官问的问题。并且除此之外，不敢再多说话。

其实，面试时认真对待是对的，但是要是过于严肃，难免会让对方认为你是个不苟言笑、不知变通的人。这样一来，就没有办法将真实的你表现出来，对于应聘者来说，这是很不好的。

所以，这时的你需要的是平和的心态，然后用平等的姿态去回答面试官的问话。你们原来就是平等的，工作本来就是双向选择，因此，你没有必要降低自己，使自己处于被选择的被动地位。而且你要相信，只有平等的对话才可以换来公平的结果。只有你也怀着平等对话的想法，才可以充分自然地表现出自己的真实水平，同时，轻松的状态也可以让你的语言变得活泼起来，你表现得越是挥洒自如，就越可以得到面试官的称赞。

2. 别在细节上出错

女性本来应该是心思细密的，可在面试的紧张气氛中，可能会使你忘记一些细微问题，然而，你成功的关键可能就是一些小细节。

也许大家都听过这样一个故事，在一个大型企业的面试当中，在应聘者等候面试的等候室的地板上有很多散落下来的白纸。大部分的应聘者对此当做看不见，只有一个小姑娘顺手把这些白纸捡起来，然后一张一张弄干净、叠整齐放回办公桌上。而最后只有那个小姑娘被录用了，虽然她没有什么工作经验，也没有很高的学历。但是，她的细心让她通过了面试，因为那些白纸就是那个公司的考试题。小姑娘的行为就是最好的语言表述：她是一个做事仔细而且爱护公司财产的人！公司当然会录用这样的员工。

3. 不要被面试官诱导

用人单位为了了解应试者的性格、应变本领和心理承受能力，常常会在面试过程当中出现许多语言陷阱，这一招可以淘汰很多的应聘者。当然，也有很多人会禁不住面试官的诱导，而成为被淘汰的人之一。

例如，你的面试官会问你是不是愿意将自己在上一家公司的客户资料带来，作为这个工作的交换；或者问你有什么方法可以让公司逃税等很不合法的问题。这个时候，你一定不可以顺着面试官的提问方向跟着他的话题走。若这样回话，你就进入了他为你设置的陷阱中，让自己的人品受到质疑。正所谓“先做人，后做事”，你做人都有问题，又怎么可以为公司做好工作呢？

女性应聘者在面试当中会碰到很多问题，这就需要你掌握运用面试语言的要领，用智慧的方式将自己的闪光点表现出来。当然，面试的要领还有很多。遇到具体的问题我们应当怎么处理，下面会详细为大家介绍。

点金石

面试时认真对待是对的，但是要是过于严肃，难免会让对方认为你是个不苟言笑、不知变通的人。这样一来，就没有办法将真实的你表现出来，对于应聘者来说，这是很不好的。

新奇的表达让你更出色

一个好的职位常常会有众多的应聘者来应聘，因此，打败自己的对手，不仅关系到你是不是能够得到这份工作，而且对你的未来和职业的发展也有很大影响。所以，希望成为职场精英的你，为了不错过每一个能让自己进步的机会，一定要让自己在面试中表现得非常优秀。

若希望自己比较突显，你就不能让自己跟所有的人都相同。因为那样除了让自己淹没在众人当中之外，一点好处都没有。这个时候，你就需要运用新奇的、富有创意的方式来引起用人单位的注意，获得面试官的赞赏。

打工女皇吴士宏，刚开始时仅仅是北京一家医院的一名普通护士。没有大学文凭，对计算机也一窍不通。然而，她却是一个有冲动、充满理想和创意的人。当她看见世界知名的计算机公司 IBM 的北京办事处在招聘员工时，并没有因为自己不满足条件而放弃这个机会。

但令人惊讶的是，这个世界著名企业的面试官最后竟也对她充满好感，这就是因为她别具匠心的介绍自己的方式，这是从她的充满个人特点的求职信开始的：

做护士的吴士宏是使用一张医院的处方笺来描绘自己生平的第一封求职书的。她在信中提到，自己仅仅是一名普通的护士，但是独立学习了所有英语自学考试所要求的课程，虽然文凭还没有拿到，但是，那只是因为考核的时间还没到，并不意味着她拿不到，她相信自己一定能通过考试。所以，希望公司能给她机会，让她破格参加公司的考核。更让人意想不到的一点是，她还随信写道，自己求职信中的照片是唯一的一张，将来还会用得着，若不让她参加公司的考核，还请将照片归还……

恰是这张从工作证上撕下来、又用酒精棉擦掉了痕迹的照片帮了她的大忙，使她的处方笺求职信引起了招聘单位的兴趣。于是，她得到了参加 IBM 公司应聘考核的机会，并且以优秀的成绩成功地通过了笔试和口试，从此开始了打工女皇的第一步。

处方笺加旧照片的求职信看起来的确有些寒酸，但在众多华美的求职信中十分显眼，特别是再加上“请将照片赐还”的字样，让吴士宏的求职信显得与众不同。这种违背常情的表达方式刚好引起了用人单位的注意和好奇心，想要一探这位特别的求职者的究竟。所以，吴士宏得到了考核的机会，而她能成功通过考试也充分说明了她的实力，用人单位确实没有看走眼。

众多正在求职阶段的女性朋友们，应该多向吴士宏学习，当然并不一定要用她那样的处方笺求职信，而是要学习她在求职过程中显露出来的奇特的创意。这是一种个性化的外现，一个兼具创意、才能和胆量的求职者，当然是用人单位所需求的。所以，一定不要让自己的特色被淹没。因为在求职的过程中，你的奇特的创意会让你立即从众多的竞争者当中显露出来，引起用人单位的注意，进而叩开成功的大门。

一定不要让自己的特色被淹没。因为在求职的过程中，你的奇特的创意会让你立即从众多的竞争者当中显露出来，引起用人单位的注意，进而叩开成功的大门。

敢于亮出你的优点

在面试的过程当中，面试官常常会使用一些策略让应试者多说话，进而了解一些应试者在笔试和个人简历中没有表现出来的情况。于是，在这个过程中，你要把握住机会，将自己的优点充分表现出来。身为女性，你需要以富有个性色彩的语言和流畅的表达来推销自己，适宜地做一些自我表白，把自己的优点和长处亮出来，以让用人单位了解。

某市公安机关正在向社会招聘刑事验查分析人事，招聘桌前，围满了前来应聘的男性求职者。在许多男性求职者之中，挤过来一位年轻的女孩，向招聘人员表示自己渴望从事刑事检验分析研究工作。

几位招聘人员面露难色，因为刑事研究工作既艰苦又残酷，所以，研究所从来没有过女性工作人员。然而，女孩很执著，对待招聘人员的问题，她给出了自己的答案，亮出了自己的优点，表现出自己完全可以胜任这个工作。下面是招聘人员与女孩的对话：

"工作人员需要亲临案件现场，遇见的都是血淋淋的场景，你不怕吗？"

"我不怕，"女孩斩钉截铁地说，"我妈妈是法医，也许跟遗传有关，我也是学医出身的，上学时第一次上解剖课我就一点儿都不害怕。对于血腥的场面，我可是一点都不怯。"

"做这个没黑夜没白天的，要随叫随到。"

"没关系，我父亲就是做刑警的，我从小见到父母都是这样工作的，没黑夜没白天，我已经习惯了。"

招聘人员没有再继续说，他们破例录取了这位大胆的女孩。

这位女孩之所以能在众多男性求职者中求职成功，就在于她能够简单地将自己的优点摆出来，告诉招聘方：这件工作，我可以做得很优秀。"母亲是法医、父亲是刑警"，表明女孩自己完全清楚这份工作的艰难和残酷，明白自己未来会面对一些血腥的场景。而自己是学医出身，一方面可以显示，自己有能够做这份工作的知识基础；另一方面，表明自己有胆量，也有足够的细心可以胜任这份工作。因此，从各方面来看，女孩都具有做好这份工作的能力。所以，招聘者没有再说更多的话，而是直接录用了这个女孩。

在某些领域中，很多男性拥有的优势，女性自身并不拥有。所以，当与男性在相同条件下竞争时，因为不拥有这些优势，女性可能只有选择退出。但是，同样，女性往往也有自己独特的优势，要得到自己想要的工作，在寻求职位的过程中，女性一定要抓住机遇，有针对性地亮出自己的优势，让招聘方确实看到你的优势会给未来的工作带来的好处，这样，你自然就会被录取。

在寻求职位的过程中，女性一定要抓住机遇，有针对性地亮出自己的优势，让招聘方确实看到你的优势会给未来的工作带来的好处，这样，你自然就会被录取。

在面试中表达缺点的艺术

1. 坦荡承认自身的缺点

在面试的过程中,许多女性求职者面对考官说到的自身缺点这一问题时,往往不愿提及,怕说出了自己的缺点会使应聘失败,而不由自主地拿出防御姿态,甚至反过来攻击对方。这样一来,会让对方误认为你过分自信,从而招致"狂妄自大"的评价。

如果碰到这样的问题,最好的办法就是坦然地接受它。有缺点并不可怕,因为每个人都有自己的问题,坦然承认,会让招聘方感受到你的诚恳,而且在大多数情况下,对方还会欣赏你勇于承认并说出自己缺点的勇气。如果有必要,就可以在承认缺点的同时,给出一些切实的解释。比如说:"我做事比较死板,有时容易和人较真。"同时,可以再说:"我在工作中尤其是这样,有时候会因为这样而得罪人也不自知。"面对这样的解释,招聘方可能会想"办事死板"虽然是缺点,然而有原则性则是对应的优点了,也许会因此而欣赏你的这一缺点。

2. 声东击西,明谈缺点实论优点

在说明自己的缺点时,可以把缺点以优点的形式讲出来,让对方感受不到你所说的是缺点。如,"我办事比较匆忙,有时准确不足。"这虽然是缺点,但也说明你完成工作比较迅速。对于应聘市场类工作的求职者来说,这有时候是个十足的优点。

再例如,"我好奇心比较强,很多知识都想学,然而没有什么精通的。"学东西泛而不精,一方面是缺点;另一方面,表明你非常爱学习,知识面比较广……若不是做研究或技术性很强的工作,招聘方也不会认为这是缺点。如果是公关类的职位,与人交流非常频繁,这样的"缺点"实际上就是优点。

一个人有缺点并不可怕,可怕的是不敢坦承它、纠正它。"横看成岭侧成峰",对缺点自身来讲,有些"缺点"对于某些工作来说恰好是优点。对有缺点的人来说,只要坦然承认,合理使用,都可以使消极的评价变为积极的评价。

3. 管好自己的嘴巴,切忌口不择言

缺点是客观存在的,坦承也是必要的。但是,缺点就是缺点,并非越多越好。于是,对于自己的缺点,不需要都表现在招聘者面前。口无遮拦地随便说话,对于求职者而言是一大忌。该说的说,不该说的就不要说,管理自己的嘴非常重要。

方彤大学毕业首次找工作时,就遇见了这样的问题。面试时,当考官提问"你有什么缺点"时,她坦白地按提前准备好的答案做了回答。听了她的回答,考官并没有回应。看到考官不说话,她认为自己的回答不够好,所以就又讲了自己的一条缺点。但是考官还是不说话,于是,她一个连一个地不停地说自己的缺点,直到她自己也想不起来自己还有什么缺点没有讲时才停住。

此时,考官说了一句话:"你知道自己有如此多的缺点,为什么不改正呢?我们这里是工作单位,到这里来是寻求工作的,我们不负责帮忙改正缺点。"

方彤对考官的问题是有准备的,况且,她并不是那种无遮无拦、随便说话的女孩,她也可以在回答完第一个缺点以后就不再继续了。然而,面对考官的沉默,没有经验的方彤怕冷场会对自己求职没有好处,所以,就强迫自己一直说话,并且一直在说自己的缺点,结果把自己放到了一个十分不利的位置上。

俗话说"言多必失",在回答面试官的问题时,并不要过多地把自己暴露给别人,那不是表现的时机。说话多了,一旦失言,极有可能会造成不必要的影响和损失,到时候,损失最多的还是自己。

对于自己的缺点，那更是宜少不宜多，表明缺点纵然可以显示自己的诚实，但是，缺点不是多多益善。

在谈及自己的缺点时，需要有针对性，你可以把你的性格特点中与你想应聘的工作相连不大的缺点说出来，而对于工作中必须拥有的性格中的优点，若自己拥有，便可表明给对方。如果没有，就不要提这方面的话题，避免招聘方就此话题展开，把你在这方面的缺点挖掘出来，反而对你的求职不利。

点金石

在面试之中，除了要适当展示自己的优点之外，当面试官问起你的缺点时，你也要从容应对。

轻松应对刁难

在面试的过程之中，面试官为了弄明白你的真实实力和应变能力，常常会出其不意地提出一些刁难的问题，打得你措手不及，然后通过你的反应来判断你的个人素养。

此时，对于本来就紧张且又没有什么面试经验的女孩子来讲，很可能会乱了方寸，本来提前有所准备的你很可能变得无所适从。

大学刚毕业的琳达是新闻专业的高才生，平日喜欢写作，文笔也相当不错。一次，一家时尚杂志招聘编辑，琳达本来就是这本杂志的忠实读者，恰好又有这样的机遇，琳达自然不会错过。

在历经层层测试之后，琳达一路过关斩将进入面试环节，这让她十分兴奋。

然而，面试官的开场白却向琳达浇了一盆冷水："我们细致地看了你的填报表，你在资料上明明说自己喜爱写作，然而在你的填报表上却有四处错误。对此你要作何解释呢？"

琳达立刻乱了阵脚，她仔细回顾自己的报表，因为自己对这本杂志非常看重，所以在填写表格的时刻都字斟句酌、十分认真，并且反复检查，当时并没有发现什么错误啊。

然而，她明白自己没有那么多的时间去思考自己究竟犯了哪些错误，现在的她必须让自己冷静才能解决问题。所以，琳达镇定地说："若是因为我的粗心犯下了错误，那我诚恳地对各位表示歉意。但是，在道歉之前，我想了解自己到底哪儿错了，因为我不想用新的错误去解释上一个错误。"

琳达的答复让面试官们相视一笑，面试官们接着告诉她，她顺利地通过了面试。很明显，其实琳达的填报表上原本就没有什么问题，面试官此般刁难，只是为了考察她的自信心和反应能力。而琳达没有让他们失望，她的答复可以说是相当完美，既表明了自己虚心的态度，又充分展现了充满自信的人格魅力。于是，这个职位肯定非她莫属了。

初入职场的职业女性本来就没有多少社会阅历，面试官的刁难很可能让你慌了神。此时，如果你没有充足的自信去面对，那么，就会让面试官认为你的心理素质并不好，也就是说你的情商达不到一个优秀员工应该拥有的地步。而越是好的工作单位，越是重视员工的情商。因为人的智商并不会有太大的差距，而工作中出现的众多问题是需要我们用情商去解决的。因此，一个情商不高的员工当然是不能被托以重任的。而面试当中的刁难则是对你情商的最佳考验，你若过不了这一关卡，自然也就会失去了好的工作机会。

所以，对待面试当中的刁难，你一定不要自乱阵脚，首先要让自己冷静下来，然后才能想出应对之策，而你的沉着冷静和自信从容肯定会为你的面试成绩加分。

点金石

面对面试官的故意刁难，首先要冷静下来，迅速地分析对方的动机，他的提问也许只是为了摧毁你的心理防线，你一定不要上当，要有充足的自信，从容应对才可能让问题圆满解决。

机智回答敏感问题

许诺是一个十分有才能的设计师，但是她所在的单位却是一个发展前景无法预知的小公司。已经有两年工作经验的许诺自然想到更好的平台去施展自己的才华，所以，当看到一家规模大、待遇好、发展前景也很好的大企业在招聘设计师时，许诺没有迟疑地投了简历，并且很快被通知去参加面试。

但是在面试的过程当中，面试官问了个很敏感的问题："如果录用你，你会跳槽吗？"

此问题暗藏杀机，因为很明显，许诺的这次应聘原本就是一次跳槽行为的前奏，如果许诺来这家公司工作，那也难以保证以后不会"故伎重施"。用人单位自然不希望自己的员工常常跳槽，因为这不但会影响公司的整体运营，还会对其他员工的心理形成影响，一个人事变动频繁的公司当然是军心不稳的，十分不利于正常工作的进行。

问题就摆在眼前，这对大多数跳槽的人来说都不是一个容易回答的问题，对许诺而言也是。如果她肯定地答复"不会"，那肯定是不会令人相信的，因为跳槽就是你正在进行的一件事情；如果答复"会"或者"不确定"，那情况当然更加糟糕，恐怕也不可能有人这样傻去回答。

然而，许诺对这个问题显然有自己的态度，她的回答是："前几天我看了一篇文章，叫《流行跳槽的年代我不跳槽》。我和文章主人公的思想相同，换工作就是为了以后不再跳槽，若能找到一份能施展自己才华、收入颇丰的工作，我会献上我所有的智慧。因为跳槽是一件很麻烦的事情，而我很怕麻烦……"

点金石

许诺的回答合情合理、滴水不漏，又巧妙地避开了敏感的话题，并让自己变得主动。她表达给面试官的内容是：我是否会跳槽，你说了算。

第二章 与同事沟通的语言艺术

同事间说话的"纪律"

职场中的是非纠纷每天都在发生着，你可能是个非常有正义感的人，禁不住要挺身而出去"匡扶正义"；或许你是个外向型的人，眼里看不惯，嘴里要讲出来；你可能是个"事不关己，高高挂起"、不管闲事的人……无论你是个怎样的人，你都得要和同事们日复一日、年复一年地处在一起。因此，这就需要你掌握一些与同事说话的艺术，注意分寸，树立会说话的形象风范，使身边的同事不能小看你或者抓住你的某个话柄找你的碴儿。

1. 公私分明

不论你与同事的私人关系怎样，但若涉及公事，那你千万不可把你们的私交和公事混为一说，否则你会让自己处于一种十分尴尬的地步。

钱丽与公司另一部门的主管王华特别亲密。某天，王华突然过来找钱丽。

钱丽很奇怪，问："你来找我干什么，现在可是工作时间。"

王华说道："钱丽，我们部门现在有个计划，希望与某公司合作。而我公司熟人就你一个，所以想请你帮我啊？"

钱丽一愣，王华接着说："我懂，你和某公司的公关经理很亲密，你就做个中间人吧！帮我说几句话，这事儿要成了，我不会亏待你的。"

钱丽听到之后，觉得很为难，想直接拒绝，可又怕王华不高兴。答应吧，但又不想把公事和私交混在一起。

所以，她对王华说："我是认识该公司的公关经理，然而，她近段在休假。我怕等她回来，你们的计划就给耽搁了。"

王华一听就清楚了。

事实上，钱丽的朋友并没有去休假，她仅是不想把自己掺和进去。自己与王华不是一个部门的，插手其他部门的事，怕自己的上司不高兴。况且，这事儿要不成的话，反倒影响了自己和王华的友谊。

若你也遇到同事请求你伸出援助之手的情况时，你可以打趣地说："事实上这件事很简单，你一定可以应付的，被我的意见引导左右可能不好。"这番话是间接提醒他：一个成功人必须独立、自信，而且这样也不会损害大家的友情。

2. 工作第一，友情第二

虽有人说："好朋友最好不要在工作上合作"，但机缘巧合，两人碰巧在同一个单位里工作绝不稀罕。

若某天，公司来了一位新同事，他不是别人，恰巧是你的好友，而且他将会成为你的搭档。上司把他交给你，你要做的第一件事就是介绍公司的架构、分工和其他制度。这时候，不宜跟他拍肩膀，以免招来闲话。

和好朋友搭档工作应该是一件好事。然而，在工作中，你们的友谊常常会面临各种各样的挑战。你与搭档的级别相同，但工作量却十分不同。人家可以"煲电话粥"，你却整日忙得不可开交。

即使你心情不佳，也千万不要向搭档发脾气，因为你们日后并肩作战的机会还有很多，许多事还是唇齿相连的。

表面上，你的首要任务是做好自己的工作，对此位搭档要保持一贯的友善作风。

然而，最重要的做法是向上司表态。上司不一定是偏心，有可能是对每项工作所需时间不大了解而已，故你有必要跟他交流，让他知道，每件工作所花的时间为多少，在一个工作日里可以做些什么，你的工作又是如何。但要注意，你只能描述你的困难，不要埋怨搭档相对地闲着，对事不对人，才能让事情得到较好解决。

3. 永远不说同事的坏话

和同事相处，要懂得分寸。话太少不行，人家会认为你不合群、孤僻、不善交往；话多了也不行，容易让人讨厌，而且也容易让别人误解，认定你是个乌鸦嘴。所以，说话一定要讲分寸，该说的一定要说，还要说得具体。不该说的一句不说，要恰到好处，适时收住。

不管同事怎样惹怒你，抑或你们之间有什么矛盾，总之，“得饶人处且饶人”。多一句不如少一句，众事都能够谦让一点，以后你有什么不恰当的地方，同事也不会做得太过分，推你走向绝境。

“谁人背后无人说，谁人背后不说人。”即使这话说着有些绝对，却也说明了一个道理，那就是，大多数人都或多或少地在背后讨论过别人，只是所说的是好话还是坏话就不知道了。不过有一点，常常在背后说别人坏话的人，一定不会是受欢迎的人。因为但凡有点头脑的人，都会自然而然地这么想：这次你当着我的面说别人的坏话，下次你就有可能当着别人面讲我的坏话。这样，你在别人的脑海中就不可能好到哪儿去。

点金石

无论你是个怎样的人，你都得要和同事们日复一日、年复一年地处在一起。因此，这就需要你掌握一些与同事说话的艺术，注意分寸，树立会说话的形象风范，使身边的同事不能小看你或者抓住你的某个话柄找你的碴儿。

同事间言语的注意事项

职场中同事之间的关系有时也很复杂，因为处在同一个利益共同体中，而各自经历不同，各自脾气习性不同，彼此之间难免会有摩擦。为了团体的和谐与融洽，同事之间必须有人做出让步，必须有人委屈一下。

同事每天见面的时间最长，交谈内容可能还会论及到工作以外的各种事情，但说话不当经常会给你带来不必要的麻烦，故与同事相处时，语言交流必须把握好分寸。以下是应当注意的若干事项。

1. 多听少说为佳

老话说：一言可以兴邦，一言可以乱邦。故老于世故的人，可以对人不开口的，就尽可能做到沉默是金。

而生活中，正人君子有之，奸佞小人亦有之；不仅有坦途，也有暗礁。在复杂的情况下，不注意说话的分寸，往往容易招惹是非，授人以柄，甚至祸从口出。因此，小心说话，谨慎为人，使自己处于进可攻、退可守的有利地位，紧紧地把握人生的主动权，无疑是有益的。一个毫无城府、喋喋不休的人，会显得浅薄俗气、缺少涵养而惹人讨厌。西方有句俗话说得好：“上帝之所以给人一个嘴巴，两只耳朵，就是要人多听少说。”

中国也有句成语叫做“祸从口出”，为人处世必须把好口风，什么话能讲，什么话不能讲，什么话可信,什么话不可信,都要在脑子里多思考一下。害人之心不可有,防人之心不可无。

2. 在上司面前评价同事要慎重

被上级问及对同事的意见时,必须慎重对待。

对此,要弄清对方的目的,观察上级的心意。

那么,怎么才可以摸清对方的意图呢?

无论哪一种情况,都不妨先做思考状,再迅速观察对方的反应。

微微沉默一会儿之后,不如反问:“不知您的看法如何?”试试他的反应。

上级一般会说:“我个人的看法是……”把自己的意见说出来。若和你所想的相同,就表示同感。若不同,就把自己认为不同的地方讲述出来。论及别人的缺点,也应仅止于大家都认同的地方,若有上级没有在意的,点到为止即可。

3. 闲谈时莫论人非

人多的地方总有闲话。有时,你可能不小心成为“放话”的人;有时,你也可能是别人“攻击”的目标。这些背后闲聊,例如上司喜欢谁、谁最吃得开、谁又有绯闻等,就像噪音一样,影响人的工作情绪。聪明的你要明白,该说的就大胆地说,不该说的千万不要乱说。

宇宙之大,可聊的话题众多,何必一定要拿别人短处当做话题?你所知道的关于别人的事情不一定可信,也许另外还有许多是非不是你所能详知的。若贸然把你所听到的片面之言传播出去,就是颠倒是非、混淆黑白。说出去的话就收不回来,当事后了解全部真相时,你还能更正吗?

“王某借了李某的钱不肯还,这真是过分!”昨天你对一个朋友讲,这是你从李某那儿听来的而替他打抱不平的话。人总是认为自己是对的,若你明白了人类的这一缺点,就不会诋毁王某。一旦你有机会遇到王某,他也会告知你,他虽借了李某一笔钱,但已和李某讲明了,是因买房时首付款紧张,暂借李某3万元当做周转金,等两个月时间连本带息一并支付,并立有字据为证。然而刚到一个月时间,李某又因着急购买汽车,想拿回现款,但王某确实手头不宽裕,故实难支付。所以,说人赖账是明显不对的。由此看来,职场中同事之间的种种关系有时也会很复杂,你若不知内情,就不要随便乱说。

每个工作单位中总有这一种人,喜欢推波助澜,把其他同事的是非讲得有声有色,夸大其词,逢人便说。人世中不知有多少悲剧由此而生。你虽然不是这种人,但偶然讨论别人的短处,也许无意中就为自己种下了恶果。但这恶果后来的发展,对同事间关系的破坏程度是你所料想不到的。

4. 不要炫耀自己

有些职场人士动则提及自己或家人的辉煌业绩和显赫地位,向同事们炫耀。事实上,这将伤害同事的自尊心,引起大家的不快,导致对你的厌恶和反感。

> “我在北大当学生会主席的时期……”
> “我在国家外经贸部的哥哥……”
> “我们家的大理石地面……”

时间长了,同事也会觉得你“高人一等”“异于常人”,于是,就会把你抛弃在他们这些“常人”的圈子之外,冷淡你,隔离你。

5. 注意各地语言习惯

我国地域辽阔,方言习俗大为不同。任何一个职场、组织不可能仅仅由同一地方的人构成,一定还会有来自各个地方的同事,故要特别注意这一点。不同的地方,语言习惯不同,自己认为很恰当的语言,在别的与你不是同乡的同事听来,可能十分刺耳,甚至认为你是在侮辱他。

> 小夏是西北某地区人,而小秦是北京人。某次闲来聊天,谈得正起劲,小夏看见小秦头发过长,便顺口说:“你头上毛长了,该理一理了。”

没想到小秦听后十分生气:"你的毛才长了呢!"

结果两人不欢而散。

无疑,问题就出自小夏的一个"毛"字上。小夏那个地区的人都把头发叫做"头毛",他刚来北京不久,言语之中还夹杂方言,所以不自觉地说了出来。而北京人却把"毛"看做是一种侮辱性的骂人的话,什么"杂毛""黄毛",所以小秦很生气。

各地的习俗不同,说话上的忌讳也不同。在与同事交流的过程中,必须留心对方的忌讳话。一不小心,顺口而出,最易损害同事间的感情。即使对方知道你不懂得他的忌讳,虽情有可原,但你最终还是冒犯了他,因此,应该十分小心。

点金石

同事每天见面的时间最长,交谈内容可能还会论及到工作以外的各种事情,但说话不当经常会给你带来不必要的麻烦,故与同事相处时,语言交流必须把握好分寸。

巧用幽默语言分享快乐

幽默的话语可使同事之间感觉轻松快乐,在工作中消除因工作带来的紧张,驱逐挫折感,并且顺利地解决问题。

罗氏一家人都从事危险的行业:用炸药毁坏建筑物。当然,我们可以明白,他们做这一行工作的心理压力很大。但是,罗氏一家人却能用幽默的力量来消除紧张——和当地记者聊天,说些荒诞的故事。某次,就在大爆破工作之前,新闻记者问罗道格怎么处理飞沙和残砾,他一本正经地回答道:"我们在三明治包装袋的公司定制了一个特大的塑胶袋,然后让直升机在大楼上空把它扔下来。"

人们因为这虚构的笑话笑弯了腰。同样,第二天罗氏兄弟从报上读到这一条新闻时,也爆发出阵阵笑声,紧张的心情也得到了放松。

荒唐的故事也能因其趣味而加大个人工作的价值感,下面两位保险工作业务员的争吵就可以说明这一点。

第一位说,他的保险公司十次有九次是在意外发生当天,保险人就拿到了支票。

"那算什么!"第二位逗笑说,"我们公司在大厦的二十三层,这栋大厦有四十层高。有一天,我们的一个投保人从顶楼跳下来,当他路过第二十三层时,我们就把支票给他了。"

事实上,我们每个人都可以通过幽默、调侃来更轻松、更坦率地处事。下面就是一些可以常用的幽默:

当你的老板开他自己的玩笑并与你一起乐,而你也同样回复他时,你们都有所获得。也许他这样说:"别把我当你的老板看待,只当我是一个永远的朋友。"你可能回答说:"其实我是把你当为拼图游戏——当你想拼成完整的图时,就得从碎片里找。"

你可以对送信来的邮差先生说:"我想今年的春天来晚了一点。你们的邮政服务为何不能早点把它送来。"

邮差也许会对你说:"抱歉,我们明年会连你的年龄都早早帮你寄送到家。"

你对医生说:"我知道你是个十分成功的医生——没病的人,你也有办法告诉他有什么毛病。”

医生对你说：“对，我的成功正来源于此。除非你不来光顾，只要你敢来，我就敢说你有毛病。”

你对同事说：“唔！我看得出你懂得办好事情的诀窍，并且你也知道如何守秘不宣。”

你的同事对你说：“感谢你把你的一点思想透露给我。我很感激——尤其是当你的业绩如此低落之时。”

公交车上，一位女乘客不停地烦扰司机，每行一段，她都给司机讲一次，自己要在哪里下车。司机一直很有耐性地听，直到后来她大喊：“我该如何知道我要下车的地方到了没有？”司机说：“你要是看我脸上笑开了，就明白下车的地方到了。”

有一位电影明星向著名导演希区柯克抱怨摄影机的角度问题。她不断地告知他，务必从自己“最好的一边”来拍摄。“对不起，做不到，”希区柯克说，“我们不能拍你最好的一边，因为你正把它压在椅子上。”

若你需要幽默口才来改良同事们的工作态度，那么，你要以相似的妙语来表明自己的观点。

点金石

幽默的话语可使同事之间感觉轻松快乐，在工作中消除因工作带来的紧张，驱逐挫折感，并且顺利地解决问题。

与同事聊天

休息时段里，聊天成了职场办公的人打发时间的主要形式。同事之间聊天的内容虽然没有限制，但要注意格调，也就是指不讨论庸俗低级、格调低下的话题，比如搬弄是非，贬低他人的话题。同时，同事的短处和不喜欢的事也不应该作为话题。

在办公室里聊天，重要的一点就是不要妨碍他人，因为在公共场合大声讲话是惹人厌的。另外，善于聊天的人，绝不会自以为是，用教训人的口吻说话。

偶尔不在办公室里，而是在电梯间里相遇，或是在开会前偶遇，这时也免不了有一段闲谈，交谈的长短会因交谈对象和交谈地点的不同而有差别。

即使闲谈看起来是微不足道的小事，但它有时却变得十分关键。谈得太多会被人看成是神经质，不搭理别人则会被人误认为过于清高。仅仅讨论工作的人则显得思想有些狭隘。因此，你应把每次与其他同事的相遇都当成是一次展示交际才能的机会，一次因自己的语言打动别人的机会。

聊天的能力在工作中是非常必要的，对同事间协调情感、增强信任很有用。如果你在公司多年打拚，在工作勤奋的情境下仍然不能获得进展，那你就要反思自己是不是因为缺乏交际的技巧而阻错过了成功的机遇。要知道，掌握闲谈的技巧也是职场人际关系中一项极为关键的内容。

身为一个有心的聊天者，若几位同事在一起聊天，你就要在意让大家都有发言的机会。不要刻意提出一些挑战性的问题，避免引起激烈争论，导致不欢而散。如果有前辈在座，则要更加有礼貌并且虚心向他们学习，不要随意打断前辈的话或抢在前辈之前发言。

聊天是一种交换想法、交流思想和加强情感的交谈活动。它在职场人际关系中，有的时候是润滑剂，使人们消掉摩擦，化解矛盾；有时又是黏合剂，使人们互相靠近，彼此了解。正因为如此，你要善于利用聊天的方法沟通心灵，推进工作。

聊天时，避免冷场是谈话双方共同希望的。但一旦出现冷场，你还是要有所准备。作为聊天的一方，你可以靠转换话题的方式打消冷场，在你转换话题时，要想出一个大多数人都感兴趣并有可能参与意见、发表看法的问题，或为了活跃气氛而开个玩笑，再转入你要说的正题。

要懂得，聊天的话题是否有趣和冷场的出现与否有极大的关系。“曲高和寡”会导致冷场，“淡而无味”同样也会引起冷场。若你不希望出现冷场，应当提前做些准备，使自己有一点应急的话题，来防备不时之需。

但是，需要注意的是，同事间纵然是放松聊天，不谈正经事，但不能不分时间和地点随便地信口开河。如果口无遮拦，说错了话，说漏了嘴，那就很难补救了。如果因言行不慎而让同事尴尬，或把事情搞糟，这样不但不礼貌，并且是十分不明智的。因此，在与同事聊天时须注意以下几点。

1. 不要探问同事的个人隐私

喜爱打探别人隐私的人是令人讨厌的。在西方人的交际中，“探问女士的年龄”被看成是最不礼貌的习惯之一，故西方人在日常应酬中可以对女士毫无顾忌地赞赏，然而不去过问对方的年龄。

在你准备向同事提起某个问题的时候，最好是先在脑中过一遍，看这个问题是否会涉及对方的个人隐私。如果涉及了，要尽可能地避免，如此不仅可以让对方易于接纳，还会使对方为你得体的问话与轻松的谈话而对你留下好印象，为同事间的相处打下很好的基础。

再说具体点，在同事之间的交往中，容易谈及隐私的主要有以下几个方面：

(1)女士的年龄；

(2)工作情况及经济收入；

(3)家庭内务及存款；

(4)夫妻感情；

(5)身体(疾病)情况；

(6)私生活；

(7)不愿公开的工作计划；

(8)其他不愿意为人所知的隐私。

2. 不能当众揭同事的隐私和错处

有人喜欢当众谈论对方隐私、错处。心理学研究表示：谁都不乐于把自己的错处或隐私在公众前面“曝光”，一旦被人曝光，就会觉得难堪而恼怒。所以，在职场中，如果不是为了某种特殊需要，要尽力避免谈及这些问题，免使同事当众出丑。如果确实必要，可采用委婉的话暗示你已得知他的错处或隐私，让同事认为有压力而不得不纠正。知趣的、会权衡的人只需“点到为止”，一般是会顾全自己的脸面而悄然收场的。但若当面揭同事之短，使对方出了丑，那对方有可能会恼羞成怒，抑或干脆耍赖，形成很难堪的局面。因此，关于一些纯属隐私、非原则性的错误，最好的办法是装聋作哑，一定别去追究。

3. 不能故意渲染和张扬同事的失误

在职场上，同事之间说话，常会遇到这类情形：讲了一句外行话，读错了一个字，搞错了一个人的名字，被人抢白了两句等。此种情况，对方本来已经很尴尬，生怕更多的人知道。这时，你若作为知情者，一般说来，若情形无伤大雅，就不必大加张扬，故意搞得人人皆知，更不要抱着幸灾乐祸的思想，以为“这下可抓住你的笑柄啦”，来个小题大做，拿人家的失误当做笑料。因为这样做不但对事情的成功无益，而且还有可能会因为伤害了对方的自尊心，因此而结下怨敌。同时，这也有损于你自己的社交形象，人们会想定你是个刻薄多舌的人，会对你反感、有戒心，因此对你敬而远之。所以，夸大他人的失误，确实是一件损人而又不利己的事。

4. 不宜过早说深交话

初与同事交往，即使你对其中某人有一定好感，但若缺少深刻了解，就不宜过早跟对方讲深交、讨好的话，特别不要轻易为对方拿主意，因为这很可能会形成“出力不讨好”的状况。如果你的主意行不通，则对方可能以为你在捉弄他；即便行之有效，他也不一定会为几句话而感激你。故除了要好的朋友,不宜说深交的话。

5. 说话不能不看时机

同事之间交流,有的人聊天时旁若无人、滔滔不绝,不看别人脸色,不看时机场合,只是满足自己的表现欲,这是修养不好的表现。有修养的职场人员,说话会常常注意对方的反应,不断调整自己的情绪和谈话内容,使同事之间的聊天更有意思,更为融洽。

点金石

一般来说,引起同事间兴趣的话题有:对方的个人爱好、对方的健康、新闻趣事、公司所取得的成果等。若能使用好这些话题,则可与同事保持良好的交谈。

避免无谓的闲聊

工作中的闲聊不但误事,并且也会给同事留下你无所事事的印象,尤其是领导看到你与别人闲聊,则更会损害你给他的印象。那么,如果想避免同事中无意义的闲聊,该怎么做呢?

1. 避免在繁忙中打扰

当你正在匆忙工作或细心设计某个东西时,这时就不希望被他人打扰,特别是闲聊,如电视片、球赛、精彩的小说抑或衣服穿着、饮食点心等,都可能引出很多的话题。若同事主动与你讨论,你的回答最好简明扼要,不可以寒暄,以便尽快结束谈话。

2. 站起来打招呼

当你正忙着的时候,有同事来找你,你可以快速地站起来和他打招呼,一来尊重别人,二是因为你保持站立姿态,或者手中拿着笔、尺什么的,相当于告诉别人"我正忙着呢",懂事的人能领会你的意思,谈完即走。若对方仍没意识这一点,你就不妨直言相告:"嗯,我想,我们下次再特意抽时间谈吧。"这样做,依然不失礼貌。

3. 避免外貌、动作上引人注目

举个例子,不要看着窗外想问题,这样容易使人误以为你在走神,思想开小差,正好招惹人闲聊。不要用手拍打桌面或哼着什么小曲,这样也可能引起别人对你的注意。明知有人想与你闲聊,尤其是啰唆出名的人走近了,你可以不抬头,只顾做你本来正在干的事,表示你正忙得很,同时也不引人注目。

4. 事先声明提示

许多学者、专家为节约时间、避免来访者过多的谈话,都提前在工作地位贴张便条,上面写明"谈论请调控在 10 分钟内",让明眼人一看便知,起到此时无声胜有声的作用。工作中,若你认为这样做有点奇怪,也可以提前与周围的同事说明,请他们帮个忙。例如,当大家谈话过长了些,可善意提示:"你的事忙完了吗?"这相当于委婉提示同事应尽快结束闲聊。如果对关系不错的同事,则完全能够说实话,直言相诉:"哎呀,真对不起了,我有些事要做呢,我们下次再谈,好吗?"若有的同事实在闲得很,东扯西拉,那么,你可以插话,以打断他的话头,说明情况。

点金石

工作中的闲聊不但误事,并且也会给同事留下你无所事事的印象,尤其是领导看到你与别人闲聊,则更会损害你给他的印象。

及时消解与同事的误会

同事之间的误会经常是无意之中形成的认知上的错误。无论你如何地谨慎小心,也无论你在公司中工作了多少年,几乎每个职场人士都遇到过这种情况。

造成误会的原因有两个方面:一是个人的言行不够谨慎,言谈行事有欠周到、细心,使他人不能准确地明白你的意思;二是对方主观猜测。由于每个人不同的经历、学识、价值观、气质、心情等因素的影响,对同一件事、同一句话,不同的人会有不同的认知。

误会带给同事痛苦、烦恼、难堪,甚至会产生预料不及的隔阂。所以,你一旦发现自己落入误会的圈子后,必须调整自己,及时采取可行的方式消除误会,尽快进行调整,使自己与同事的关系轻松、顺畅起来。

1. 消除委屈情绪

出现或形成误会后,要做的第一件事,就是不要一味地为自己辩解。总认为自己正确、不被理解,心中抱有委屈情绪的人,肯定不乐意开口向对方做解释,这种心理障碍会妨碍彼此间的交流。

此刻,你应多替对方着想,不管他是气量小、心胸窄,还是不明真相,不了解你的一番苦心,你都不必去计较。只要你真挚地向他表明心境,那么,误会就会很快被消除的。

2. 查清原因

发生误会后,一方怒气冲冲,充满怨恨和敌意;一方满腹狐疑,委屈压抑,双方的隔阂就会越来越深。如果这时谈崩,则会产生新的误会。

因此,发生误会后你必须冷静,一定要下一番工夫内查外调,搞清楚对方的误解源于何处。否则,不管你花费多少口舌,也不能解释清楚,弄不好还会越描越黑,弄巧成拙。

3. 当面说清楚

即使误会的类型不同,但解决的最简捷、最方便的方法便是当面讲清楚,大多数的人也都会认可这种方法。

所以,若有误会需要亲自向对方做出说明时,你千万不要找众多借口推脱。一定要战胜自己的懦弱,克服困难,力图当面说明心里的想法,千万不要轻信第三者的只言片语。

4. 不要放过好时机

解释原因,消除误会,一定要选择好时机,且必须考虑对方的心境、情绪等情感因素。你最好选择升职、涨工资、婚宴等开心日子,因为这时对方心情快乐,神经放松,胸怀也就较为宽广。你如果能抓住这些时机进行解释,常常能得到对方的原谅,双方重归于好。

故有了误会,要快速地解释清楚。拖拉的时间越长,你就越被动。

5. 请其他同事帮忙

你和同事的误解经常是在工作中产生的,双方的误解涉及许多因素。个人解决时可能会受到限制,有时候不能明白透彻地说清楚,此时就需要请别人帮助自己,把事情彻底地弄清楚。

当然,你也没有必要兴师动众,喊上一帮同事大费口舌。当误会不方便直说,你们双方又都觉得心里不痛快，产生了生疏和隔阂时，你只需要让同事帮忙为你们寻找一个畅谈的机会就可以了。在和畅友好的气氛中，你们心理上的距离便会缩短，众多小误会和不快都会自然地消失。

6. 用行动加以证明

对于用语言解释不清的误会，那么，你就用与之相反的行动去证明误会的不实之处。

例如，有同事误解你的工作成绩是通过别人帮忙得来的，这种事你是解释不清楚的，只有靠自己的奋斗拿出更好的成绩来证明你的能力。如此，他们就无话可说了，误解也就自然消失了。

7. 恰当地进行自我辩解

自我辩护是维护自我权利不被侵犯的最实用的手段。因此，具备自我辩解的能力和技巧，是进行自我保护的前提条件。

生活中，人都免不了受委屈，受了委屈就要替自己申辩，来消除别人对自己的误会，也就是自我辩护。辩解时，要使语言讲述饱含感情，通过讲述，把自己的满腔热情和热切愿望传递给他人。同时，要以诚恳的态度，用合作性的语言，得到对方真诚的原谅。一般来说，说"我们"如何，会使对方有被同化的感受，似乎双方就是同一派的，不应发生矛盾，从而消除了敌意。同时，辩解时，首要的是坦诚，只讲述自己的想法，而不责备对方的无理，让对方自己去思量。辩解时，也应用"地利""人和"的因素，创造自我辩解的环境，让自己在心理上先有了优势，使辩解更完善，成功率更大；或用询问性的语言使用换位法，让对方设身处地地设想一下，若是自己，那时会怎么办，从而达到谅解的目的，获得辩解的成功。

值得关注的是，如果自己真的有错误，就应十分坦率地说明情况，勇敢地承认错误，接受批评，使对方发现你的真诚而真正与你复合。

总之，辩解过程中，既要坦率又要不卑不亢，既要拿回自己的尊严，又要不得理不让人，以消除误会、保护自己，以化解矛盾为辩解的宗旨。

点金石

误会带给同事痛苦、烦恼、难堪，甚至会产生预料不及的隔阂。所以，你一旦发现自己落入误会的圈子后，必须调整自己，及时采取可行的方式消除误会，尽快进行调整，使自己与同事的关系轻松、顺畅起来。

理智对待同事的冷言冷语

在职场上，难免会听到许多伤人的冷言冷语。此类尖酸刻薄的话，常使人感到难堪和不开心。一般来说，说这类话的同事的心境，或嫉妒，或蔑视，但目标都是要让你难以忍受，刺伤你的自尊，打击你。例如：

"你自己做完了这个工作？不会吧，想不到你居然可以独立完成这个工作。"

"你真是笨得很，告诉你这份文件要这样写的，你脑子里放的是什么？"

若你听到这样的冷言冷语就会十分生气，并且激烈地反唇相讥，可这就正中了对方的圈套，他正好对你更加中伤诽谤，双方不免一番唇枪舌剑，最终两败俱伤。

事实上，听到冷言冷语就很生气、失去理智是非常不明智的。这样不仅会让自己动了肝火，随了对方的意，还不能解决问题，反倒伤了互相间的和气。

要消除冷言冷语带来的伤害，有许多很好的方式，而且大可不必唇枪舌剑，干戈相向。因为对你冷言冷语的人常常是有某种目的，你不如先分析他话中的用意，找出言外之意，再针对重点做出反击。

或者，你可以装做不解地问对方：“你这样说是什么意思，我不大懂。”或者装傻说：“你这个玩笑真有意思。”总而言之，你要忍耐，不要当面翻脸。

点金石

要消除冷言冷语带来的伤害，有许多很好的方式，而且大可不必唇枪舌剑，干戈相向。因为对你冷言冷语的人常常是有某种目的，你不如先分析他话中的用意，找出言外之意，再针对重点做出反击。

如何应对同事与你抢功的情形

职场如战场，当你花费心思提出一个好方案，拉到一个大客户，抑或你兢兢业业地工作为公司发展做出了极大的贡献时，而看到同事想把这一切归功于自己。这时，你该怎么办？是据理力争，还是自认倒霉？或许，下面的两种表达方法对你会有所帮助。

1. 文字胜于言语

在有些情形下，面对面地聊天极有可能导致一场唇枪舌剑，若是以书信的方式进行沟通，效果可能会好些。当然，写信的主要目的是要委婉地提示一下对方，当初是自己郑重提出的想法，才使事情变得像今天一样令人欣喜。在信中适当的地方，你可以写上有关的日期、标题，可以引用任何现存的书面证据。这可以让你有机会再一次含蓄地强调一下你的真正意思：这主意是我想出来的。

2. 先夸对方，然后说明真相

当你打算与同事表明自己的意图时，你可以选择在只有两个人的时候，首先对抢你功劳的同事的能力和见解大加赞扬一番，这种方法对职业女性来说非常重要。很多研究者发现，女同事大多喜爱从“我们”的角度而并非“我”的角度来做事，故她们的想法和首创就常常会被男性同事使用。在表明功劳是自己的时候，你可以这样说：“虽然最终的时候，我们把这个方案设计得天衣无缝，但那天我回去以后又细致思考了一下，认为有些地方需要进一步地改进。现在，这个方案才确实是完美无缺的！”

或许，你的同事也非心存歹意，他也是在努力做好本分的工作，只不过无意中占了你的劳动果实，若是这样的话，你只需要轻描淡写地把你的构思过程讲解一遍，他便会有所领悟。值得一提的是，你的赞扬千万不要变成对他的讽刺，否则，将适得其反。

点金石

切记，有些情况下以书信的方式进行沟通，效果可能会更好。另外，请真心地赞美对方，再说明真相。

指出同事缺点的艺术

同事之间相处，难免有矛盾和不痛快的事发生。当碰到一些同事，对其差错的表现不吐不快时，特别需要注意沟通的方法和语言技巧。

金焱在职场上已打拼多年,也遇到过各种各样的人和事,本来应该算是一个“交际能手”,但不知为何,她总是很轻易得罪人。因为她心里总放不住事儿,有什么就说什么,从来不会隐藏自己的观点。

有的同事把茶水倒在纸盒里,弄得一地是水,她会告诉他不可以这样做;有的人在办公室里抽烟,她会让他出去抽;有的人喜欢没完没了地打电话,她就告诉他不要轻易浪费公司的资源……她这样做是好心,因为若让经理发现了,不是一顿臭骂,就是被扣奖金。

然而,好心没好报,她这样做的结果是把同事们都给得罪了。每个人都对她有很多意见,甚至大伙一起去郊游也故意不叫上她。一次,她觉得不公平,就向经理反映,没想到经理也不支持她,并没有批评有错误的人,反而弄得她在公司里更加被动。她十分想不通,自己明明是实话实说,为什么结果却是如此?难道做人就一定要做假吗?

金焱的这种情形,事实上是很普遍,也是能理解的。人们的日常生活离不开与人打交道,若跟同事关系不好,又要天天见面,的确叫人难受。

从上述事例来看,关于同事的一些缺点,实话实说本身并没有错,心胸宽广、为人正直这是许多人都赞扬的美德。但问题是,实话实说也要分时间、地点、对象以及其他同事的接受能力。

若说话过于直率,措辞过于生硬或激烈,只会产生不良效果,不但达不到善意的初衷,并且有时会走向极端,带给自己麻烦。

所以,在指出同事缺点的同时,也应反思自己说话是否得体。若是因为没有讲究方式方法,而使同事关系紧张,就要考虑自我调整,克服过于坦率的说话方式。

有话当面讲,不在背后说长道短,这肯定是对的,但也不能因此而忽略了人与人之间的复杂性。只求敢说,不讲结果,这根本就无益于问题的解决。

人们一般都爱面子,爱听表扬的话。当你想说的时候,不如为对方想想,不要只管自己说得舒服。尽管你是善意的,但也会伤害对方,甚至有可能让对方形成误解和怨恨。若找一个适合的机会,比如大家一起吃饭或聊天的时候,委婉地说出自己的想法,与当事人单独交换意见,也许更会得到对方的理解;抑或用幽默来表达自己的想法,一定更有利于问题的解决。

点金石

人们一般都爱面子,爱听表扬的话。当你想说的时候,不如为对方想想,不要只管自己说得舒服。

第三章 与老板及上司沟通的语言艺术

与上司得体交流的艺术

大多数人对于上司都是十分尊重的，所以，在对上司讲话时，都是很讲礼貌的。但在上司面前说出的话是否得体，是否把握了分寸，是否恰到好处，就不是每个人都能随便做得到的了。

那么，如何才可以得体地与上司进行语言沟通呢？主要应注意以下几点。

1. 不媚不俗，不卑不亢

与上司相处时，首先要做到有礼貌、谦卑，然而，绝不要"低三下四"。因为绝大多数有见识的上司，对那种没有主见的人，是不会予以重视的。因此，在保持独立人格的前提下，你应拥有不卑不亢的态度。在必要的场合，你也不用害怕表达自己的不同观点，只要你是从工作出发，摆事实、讲道理，上司通常是会予以关注的。

2. 主动和上司打招呼、交谈

作为下属，应积极主动地与上司交谈，这样能逐渐消解隔阂，并使得自己与上级相处得正常、融洽。当然，这与"巴结"上司不可以相提并论，因为工作上的谈论及打招呼是不可避免的，这不但能减少对上司的恐惧感，并且也能使自己的人际关系圆满，工作顺利。

3. 尽量适应上司的语言习惯

应该了解上司的性格、爱好、语言习惯，如有些人性格爽直、干脆，有的人沉默少言。有的上司有一种统治欲和控制欲，会报复一切威胁其地位的人；还有的上司是有怪病和变态心理的人，如果是这样，你必须忍受这一点。

4. 选择适当的时机与上司交谈

上司一天到晚要关注的问题很多，你应当根据自己的问题的重要与否，选取适当时机与上司对话。假若你是为个人琐事，就不应该在他正埋头处理事务时去打搅他。如果你不知上司何时有空，不如先给他写张纸条，写上问题的关键，然后请求与他谈谈，或写上你要求面谈的时间、地点，请他先约定，如此，上司便可以安排时间了。

5. 对交谈内容事先做好充分准备

在谈话时，尽量把自己要说的话，简明、扼要地向上司汇报。如果有些问题是需要请示的，自己心中应有两个以上的方案，并且能向上级分析各方案的优缺点，这样便于上司作决断。所以，应当提前做好准备，弄懂每个细节，随时可以回答。如果上司同意某一方案，你应尽快将其整理成文字再交上，避免日后上司又改了主意，造成不必要的麻烦。

另外，要先替上司考虑提出问题的可行性。有些人明明了解因为客观条件限制，总方案不能实施，却一定要去找上司，结果不欢而散。这是非常不可取的。

点金石

跟上司讲话，不是难在有礼，而是难在得体。

跟上司说话要注意分寸

在职场上,身为下属,一定要想办法与上司处理好关系,而处理好关系的主要武器便是说话有分寸。一定不可信口开河,贸然出言,否则一语失当,悔之晚矣!

唐代的魏征向来被唐太宗所重用,唐太宗却因为面子的事想杀掉魏征。

一次上朝,当着朝臣之面,魏征直谏一事,顶得唐太宗面红耳赤,大丢脸面。但唐太宗还算是一个开明有作为的皇帝,想到自己曾让大臣"事有得失,毋惜尽言",所以不好当堂发作。但下朝之后,却是恼怒地喊到:"总有一天我要杀死这个乡巴佬!"皇后问他要杀谁,太宗说:"魏征经常当庭羞辱我。"皇后闻言心中大惊,她明白太宗的脾性,说不定真能找机会把这个贤臣杀死。于是急中生智,立刻恭喜皇上拥有如此忠臣,使唐太宗突然醒悟,才免了魏征死罪。

试想,若唐太宗并没有这么英明,并没有这么大的胸怀和气度;如果皇后没有想出一个好办法替魏征求情,魏征的脑袋岂不早就掉了!

这其中的经验与教训必为下属三思,引以为戒。

老话说:"伴君如伴虎。"身为一个下属,我们的言行确实应该慎之又慎,讲究分寸。

常言道,"官大一级压死人"大大小小的上司,面子观念都非常强,对自己的威信十分重视,对下属说的话都很在意。

虽然我们主张对上司不要一味地采取"叩头"的政策,但对上司跟对一般同事是不同的。况且一般同事之间也应当把握分寸,不能太无所顾忌。对于上司,则应该更为注意。平时说话交谈之中,汇报境况的时候,都要多加小心。下面就是一些应该避免在上司面前说的话:

1. 对上司说"您辛苦了"

说"您辛苦了"这句话,本来应该是上司对于下属表达关心或犒赏时说的,如今反过来倒由下级对上级说,似乎不大妙。

2. "我想这事很难办"

上司分配工作任务下来,下属却说"不好办""很困难",这样会使上司很没面子,一方面显得自身在推脱责任,另一方面也显得上司没远见,让上司颜面上过不去。

3. 对上司的问题回答说"随便,都可以"

以"随便,都可以"来回答上司时,上司会认为他的下属感情冷淡,不懂礼貌,对说这句话的人,自然就看低了。

4. 对上司说"这事你不知道"或"那事我知道"

"这件事你不知道"或"这事你不懂",如此说,不仅会对上司,而且对熟知的朋友也会造成不经意间的伤害。对上司说这样的话,特别不敬。

5. 不轻易说"太晚了"

这句话的意思是认为上司动作太慢,导致误事了。在上司听来,一定认为你是在责备他。

6. 对上司说"不行是不是?没关系"

这话明显是对上司的不尊重,没有敬意。退一步来说,也是说话不讲方式方法,说出不恰当的话。

7. 接受上司交代的任务时说"好啊""可以啊"

"好啊""可以啊"在语言含义上含有批准、首肯的意思,常用在上司通过对下属的审核态度时所说。得体的说法应该是"是""知道",表达"承受命令"的意味,这用在下属承领上司的命令时说就比较合适。

点金石

在职场上,身为下属,一定要想办法与上司处理好关系,而处理好关系的主要武器便是说话有分寸。一定不可信口开河,贸然出言,否则一语失当,悔之晚矣!

接受上司指示时的注意事项

和上司之间的关系怎样,取决于工作表现与情况交流。工作表现平淡而又不善于沟通,想和上司建立起良好的关系是不可能的。所以,能准确明白上司的指令、命令是与上司建立起良好的人际关系,赢得上司信任的基本条件。

1. 精神饱满,爽快利落

当我们被上司喊来接受指令时,痛快而精神饱满地回答"是"是很重要的。这一点说起来容易,但做起来不简单,很少有人能真正做到这一点。

即便你自己正忙着工作,在上司叫你时,你也要快速站起来回复:"是!"这样一来,上司会觉得你工作很积极,非常爽快利落,因此信任你。

要明白,若上司对你不信任,而是觉得把工作给你很不放心,那对你的前途极为不好。因为对你没有信任感也就不会看重你、提拔你。

2. 把指示和命令听完,不要轻易打断

上司在交代工作时已经提前想好了交代的顺序,所以,假如你在上司交代的过程中突然打断他,提出自己的疑问,很容易打断上司的思绪,忘记讲到哪儿了。这时,上司不仅会感到尴尬,还会很生气。因此,在接受指示或命令时要先把上司的话听完,接着再提出疑问或提出自身的看法。这样做是很有必要的。

3. 清楚地表示自己已经明白指令内容

上司会从你的表情、动作来推断你是否清楚、明白了他的目的。于是,在上司交代工作时,你要用点头的动作来表明你已经清楚、明白了工作的内容。然而当你不点头时,上司也就知道你这个地方不太懂,需要再次说明一下。

4. 如果无法接受,要恰当地说明原因

也许你经常会遇到自己正忙着一份工作,上司给你另一种工作的情况。这时,对上司的指示或命令就并非一定能够接受了。因为你正在忙着的工作需要在规定时期内完成,所以,如果你接受了另一份工作,以前的工作就无法在规定期限内完成了,反而会为自己和公司带来麻烦。

此时,必须确切地说出你不能接受的理由。而不能只是简单地说:"不行啊!"而应该先说声:"实在对不起……"接着陈述拒绝的缘由。

上司认为你可以把这份工作做好,才把工作交给你。你如果仅仅说"不行"的话,上司会很生气的。因此,你要说:"我正在从事另一项工作……"或"这项工作也很急……"然后你把自己正在做的工作的内容详细解释一下,然后等待上司的指示,因为你自己是没有权利决定的。

上司在听完你的话之后会做出指示说"先做完手头工作,再做这份新工作吧"或"你目前做的工作比这个重要,先把你手上的工作做完再做这个也可以",此时,你要听从上司的决定。

5. 别忘了委婉地阐述自己的意见

若你对上司的指示或命令有个人的看法或有更好的办法时，坦白地阐述自己的意见很重要。但你也别忘了，必须注意说话的技巧，要婉转地提出自己的意见，如："经理，您的想法我能了解，但我认为这样做可能会好一点。"

当然，能说出自己具体的建议和根据是最好的。因为，对上司的指令可以说出自己独特的意见，这在一定程度上是你工作能力的体现。如果是有的放矢的意见，那上司一般会很高兴，也能够接受你的建议。

点金石

能准确明白上司的指令、命令是与上司建立起良好的人际关系，赢得上司信任的基本条件。

汇报工作的原则

向上司汇报工作，决不能像平时谈话那样，没有中心和条理，而应根据所要汇报的内容和领导的时间安排，不但简洁扼要，而且中心突出地把要报告的内容有条有理地说出来，这样才便于领导领会你的意思并给予你明确的答案。

1. 突出中心问题

泛泛而谈、杂乱无章的报告显得很肤浅。一般情况下，汇报者可把自身较为熟悉的中心工作情况作为汇报中心，抓住工作过程与典型事理，并进行分析、归纳，如此汇报才能充分反映你工作的质量。

某建材公司的冯涛从一个用户那里考察归来后，敲响了经理办公室的门。

"情况怎样？"经理上来就朝冯涛问道。

冯涛坐定后，并不急着回答经理的问话，而是表现得有些心事重重的样子。因为他非常了解经理的脾气，若直接汇报不利的情况，经理肯定会不高兴，搞不好还会认为自己没尽力去办。

经理看到冯涛的表情，已经猜出了肯定是对公司不利的情况，便改用了另一种方式问道："情况差到什么程度，有没有补救的可能？"

"有！"这回冯涛回答得倒是十分利落。

"那谈谈你的想法吧！"

冯涛这才向总经理汇报考察结果："我这次下去了解到，这个客户之所以不用我们厂的产品，主要是因为他们已经同意从另一个乡镇的建材厂进货。"

"竟有这样的事！那你怎么想呢？"

"我是这样想的，我们公司的产品一般比乡镇企业的产品有优势，我们的产品不仅质量好并且价格还很合理，在该省已经拥有了一定的知名度。"

"就是，一个小小的乡镇企业如何能跟我们相比呢？"经理打断了冯涛的汇报。

"所以说，我们一定能变不利为有利。最关键的是，当地的建筑公司使用我们公司的建材很多年了，与我们有很好的合作基础，这是我们的优势。但该客户向那个乡镇企业订货，主要是因为那家乡镇企业离他们相对较近，并且可以送货上门。这一点，我们不如那家乡镇企业。但我觉得我们可以直接到每个乡镇去探访，在每个乡镇寻求一个代理商，这样问题就解决了。”

“小冯，你想得真周到，不仅发现了症结所在，并且想出了解决的办法，要是公司里的员工都像你这样有责任心就好了。”

“经理过奖了，为公司分忧是我的职责。经理您工作繁忙，我就不打搅您了。”

不久，冯涛被调到了销售科专门从事产品营销，公司销售业绩逐步增高，冯涛也越来越受到重视，不久便成了公司的业务骨干。

2. 不要遗漏重点

汇报工作要关注一定的逻辑层次，切不可“眉毛胡子一把抓”，讲到哪儿算哪儿。一般情况下，汇报要抓住一条线，即绕着工作的整体思想和重点工作展开，分头叙述相关工作的措施、关键环节、遇到的问题、处理结果、收到的成果等内容。

汇报的基本原则是提纲挈领。英国作家卡普林提出了“5W + H”的汇报关键点。所说的“5W + H”是指：

Who……何人（人）

When……何时（时间、时期）

Where……何地（场所、位置）

What……何事（对象、理由）

Why……何因（目的、理由）

How……怎样发生的（方法、顺序）

另外，报告时一定要留意区别事实与自己的感受。你在工作时，上级并没有亲临其境，他无法辨明你讲述的是事实还是你自己的主观感受。事实和观感是有差异的，若给上级错误的诱导，让他下达了错误的指示，那报告者应承担此责任。

点金石

向上司汇报工作，决不能像平时谈话那样，没有中心和条理，而应根据所要汇报的内容和领导的时间安排，不但简洁扼要，而且中心突出地把要报告的内容有条有理地说出来，这样才便于领导领会你的意思并给予你明确的答案。

赞美上司有技巧

那么，到底该怎样赞扬上司呢？

下面是赞美上司的三大原则，可供参考。

1. 赞美就要理直气壮

不论是否会被认为是奉承、耍小手段，假如说起赞美话来小心翼翼，则一点效用都没有。既然想赞扬上司，就要满怀自信，大胆地讲出来。

2. 对工作外的事进行赞美

工作能力本身就是上司居上，由下属诉说成败是反客为主，大为失礼的行径。倒不如对上司的兴趣、爱好、交友的广泛等，努力夸奖，大加赞美。

3. 维护上司的面子比赞美更重要

这里有必要多提醒大家几点。即便可能冒着被指责为“拍马屁”的危险，不论如何都必须注意，一定要维护上司的面子。

维护上司的面子是与上司相处时应特别注意的地方,若不明白这一点,轻者会受到批评或责怪,重者会被暗中压制,不受重用。

某化工厂的工程师尹展平自认为才高,对厂子贡献大,和厂长在一起时经常言谈随便,行为放肆,使厂长十分生气。

有一次客户来访,碰巧他正在和厂长一起商谈事情。当时,他立刻抢到上司前面与来人握手、寒暄并且不主动倒茶、让座。交谈时,本该说话的是厂长,他却完全忽略了厂长,把话全替他说了。

招呼客户吃饭时,就座时他也不思考位置,一屁股坐在了本应该厂长坐的椅子上,使得厂长当起了配角,心里很为恼怒。

送走客户后,厂长狠狠地把他斥骂了一顿,说他目无上司,不明白自己是干吗的。以后,只要有接待上的事,厂长再也不会叫他一起了。厂长原本要预先给他一个位子,想提拔提拔的,但从此以后,这个想法也就打消了。

几乎所有的上司都是很在乎面子的,特别看重下属对他的态度,并时常把它看做衡量下属对自己是否尊重的标志。维护上司的面子,使他的尊严不受损害,身为下属,应在以下方面多加注意:

(1)上司说话出现差错时,不要立即指出并予以改正。否则,上司会觉得有失脸面,损失威信

(2)上司的位置不能冒犯

在公开场合,应把他放在重要位置,不能随意颠倒,乱了秩序。

(3)不要在别人面前与上司过分表现得随便和亲近

(4)上司理亏或处事不当时,要给他个台阶下,不要使他难堪

(5)即便不在单位或非工作场合,也要在意他的面子,不能把他放在同等的地位

(6)对上司的爱好或忌讳,显示充分的尊重

(7)收起锋芒,不要使上司认为自己不如你

大多数上司都喜爱在下属面前表现自己的多才多艺,这样,即便你在不少地方超过上司,也应有点收敛。

(8)不可以背后发泄自己的不爽快,对上司说三道四

对上司有不认同的地方,当面不能提的,也不要在背后嘀咕。一定要明白“纸里包不住火”,不知道什么时候你的话就会听进上司耳朵里,这样的后果会很不妙。

点金石

夸奖上司是非常困难的。表现得不好,就会被嘲笑:“你啊,连拍马屁也不行。”甚至会被人暗地里看不起,“那家伙连马屁都不会拍”。

怎样让上司同意你的观点

一般来说,下属不应与上司争辩,但为了公司的利益,也为了让上司和自己能更好地工作,有时在与领导的意见不同时,则有必要把自己的观点表达出来。但是,如果与你的上司进行争辩,要想让上司赞同自己的想法,则有必要掌握以下的原则和沟通方法。

1. 心平气和

心理专家史密斯是特地教人如何去争取晋级资本的,他如此说:“如果你气势汹汹,只会使你的

上司也大发雷霆,所以,首先要做到心态平和。"

另外,不要一次发泄所有不满。3M 文具公司董事长韦斯利说:"若一个雇员看上去对公司的一切都消极不满,那上司就会认为,要叫他满意是十分困难的,甚至认为,他也许该另找乐园。"

2. 看准时机

在向上司提出不同意见之前,可以先向他的秘书打听一下他的心情怎样。如果他心情不佳,就不该再提要求。

如:上司公务繁忙时,不要找他;午饭时间已到,他却依旧在忙碌之中时,不要找他;休假前夕或度假刚返回时,不要找他。

3. 设身处地

"要想成功地与上司交谈,理解他的工作目标和其中的苦衷是极为重要的。"赖无顿顾问说:"假如你能把自己看做上司的伙伴,设身处地替他想一想,那么,他也会自然而然地思考你的观点。"

商学教授罗伯特曾引用过某电影公司一位程序设计员和他上司进行争吵的故事。那时,为了一个软件的价值问题,双方争论得僵持不下。罗伯特说:"我建议他们交换一下角色,以对方的立场再进行争辩。5 分钟之后,他们就明白了自己可笑的行为,两个人都不禁大笑起来,接着,他们很快找出了解决的办法。"

4. 说清问题

有些激烈争吵的发生,是因为雇主和下属双方都不了解对方心里在想些什么。演讲顾问威德说:"有时,问题一旦讲清楚,争执也就自然没有了。因此,雇员一定要把自己的观点讲得简单明了,以便上司能够理解。"

克莱尔在纽约市财政局局长手下办事多年,两人就很少争执。但是,当她认为重要的事情遭到局长否定时,她就把自己的观点写在纸条上,请上司思考。她说:"这种行为,有助于说明问题,并且也很有效。"

5. 提出建议

纽约大学医学中心的精神病学副教授诺曼说:"你的上司要关注的事情已经很多了,所以,若你不能想出行之有效的解决办法,至少,你也得提出处理问题的提议。"

点金石

一般来说,下属不应与上司争辩,但为了公司的利益,也为了让上司和自己能更好地工作,有时在与领导的意见不同时,则有必要把自己的观点表达出来。

与多疑的上司相处的艺术

与猜忌、多疑的领导相处,是一门非常深的学问,讲话尤其要注意拿捏好分寸,否则会造成不必要的误解和麻烦。

1. 曲直相宜不可直言

在猜忌、多疑的上司面前说话时,特别要注意拿捏好分寸,因为一句不经意的直话,很可能就会引起上司的猜疑。

某工厂刚来一个大学生,被分派到车间,在与车间主任的一次交谈中他说:“大学期间曾到一个单位实习,该单位技术力量严重缺乏,只有几个工农兵大学生聊以充数。”哪料说者无心,听者有意,该车间主任恰巧是一个工农兵大学生,而且心胸很狭隘,最忌讳别人提到工农兵大学生水平低的话题。因此,他就怀疑这个大学生是暗有所指,所以就忌恨在心,在今后的分工种、定指标、提职晋级等方面都给予了额外的“照顾”,但是这个大学生却一直被蒙在鼓里。

此外,与猜忌、多疑的上司谈话不能太直,太直就会让对方产生疑心。可是,话说得太含糊也不行,有时转弯抹角也会导致上司对你产生一种油嘴滑舌、不诚实的感觉。由此看来,和这种上司说话需要曲直相宜,该曲则曲,当直则直。要做到这一点,一定要下工夫了解你的上司,特别是对上司的经历、性格、兴趣、爱好、工作方式、情感特点等都要详细了解,以免在谈话时触到上司的某个痛处,造成“祸从口出”的悲剧。

2. 坚决执行、不可拖延

作为一个下级,在接受上司交代的工作时,如果拖拖拉拉,迟迟未果,上司就会怀疑你的工作能力和办事效率。尤其是猜忌、多疑的上司,不但要对你的能力产生怀疑,还会联想到其他方面去。如果你接受任务后没有马上行动,他会怀疑你是在故意掂量他的轻重或者故意同他“较劲儿”。

3. 信守诺言不可违约

守信是传统的做人原则之一,人与人相处最忌讳言而无信,在猜忌、多疑的领导面前更应该如此。大多猜忌、多疑的人都心胸狭窄,并且固执己见,一旦在如此的上司面前失了信,违了约,就算不是故意的,要想恢复也是非常困难的。所以,在与这样的上司交往时,许诺的事情一定要想方设法实现,没有把握的事情宁愿不说。切不能答应了上司,转身又置于脑后。否则,上司就会怀疑你讲话的可靠性,你从此将被置于上司不信任的眼光之下。

4. 切勿逞强、犯上

猜忌、多疑的上司最忌讳下属看不起自己或到处在寻机出自己洋相。所以,在与这种上司相处时,要常常提醒自己“不要出格”,要尽量把表现的机会让给领导,自己只做一些幕后的工作,当无名英雄。比如,上司在会上讨论工作打算时,你要尽可能将材料收集整理好,把计划原本交给他,让他自己说出计划。即使说得不完整或不全面,在他没有发出让你补充的“信息”时,你也千万不要自作聪明去喧宾夺主,讲出一通“高见”,否则一定会把他惹“翻”,这样一来,以后你就不能再和他相处了。俗语说:“谦虚能博上级悦。”每一个上级都喜欢谦虚之人,很少有喜欢下属恃才傲物、爱顶撞、不服管的,那些猜忌、多疑的上司更是这样。

点金石

每一个上级都喜欢谦虚之人,很少有喜欢下属恃才傲物、爱顶撞、不服管的,那些猜忌、多疑的上司更是这样。

如何拒绝上司的“圣旨”

在工作中,我们也总会遇到一些来自上司的要求,假如你确实力不能及而不得不拒绝时,一定不要立刻表示不可接受,而要先谢谢他对你的信任和看重,并表示很愿意为他效劳,再含蓄地说出自己爱莫能助的困难。如此,双方都可以接受,不至于把事情弄得很不开心。下面有这么一个例子:

“小杨，请你今天晚上把这个讲稿抄一遍。”经理指着一叠起码有三四十页的稿纸对秘书小杨说。小杨听后，面露难色，说：“这么多，怎么抄得完？”“抄不完吗？那请你另觅轻松的去处吧！”可能经理正在气头上，于是，小杨被“炒了鱿鱼”。

小杨的被“炒”实在使人惋惜。但是，这是能够想象的，像她这样生硬直接地拒绝上司的要求，给上司的感觉是她在反抗，不听从指示，扫了上司的威信，被“炒”也就在所难免了。实际上，她可以处理得更灵活些。比如，她可以马上搬过那一堆稿子，埋头就抄起来，等抄了一两个小时后，把抄好了的稿子交给经理，再含蓄地说出自己的困难。那么经理一定会很满足于自己说话的威力，并意识到自己要求的不合理之处，而加长时限，这样，小杨就不至于被解雇。

秋高气爽，你正想利用这段黄金时间给你陈旧的居室进行一次大手术；工作之后，你正不分昼夜地撰写一篇论文。此时，你的领导却要你去远方出趟差，执行另一项工作任务，是拒绝呢，还是心不甘、情不愿地碍于情面勉强答应下来呢？

明显，勉强答应下来的结果就是敷衍，即使任务完成了，也不一定能让上司和自己满意。这时，你最好的选择是拒绝。可是如何拒绝才能不让自己难堪，又不使上司对你失去信任呢？

1. 不可一味地加以拒绝

虽然你拒绝的理由冠冕堂皇，但是上司可能仍坚持非你不行。此时，你便不能一味地拒绝，否则，上司会以为你只是在推辞，因此怀疑你的工作干劲和能力，从而失去对你的信任。以后在工作时，也会有意无意地使你与机会失之交臂。

2. 拒绝的理由一定要充足

首先，设身处地表示自己对这项工作的重视，表示自己愿意接受的心情；接着，再表明自己的遗憾，具体说明自己为何不能接受。比如：“我有个紧急工作，一定得在这两天赶出来。”这样，充分的原因、诚恳的态度一定可以取得上司的理解。

3. 提出合理的变通方法

对上司所交代的事，你不能答应，又无办法拒绝，此时，你可得认真考虑，千万不可怒气冲天，拂袖而去。你应该与上司共商对策，或者说：“既然如此，那么过几天，等我手上的工作告一段落，就着手做，你看怎么样？”另外，你也可以向上司推荐一位能力相当的人，同时表明自己一定会去给他出点子，提意见。如此，你一定能进一步赢得上司的理解和信任，也会为你今后的工作铺开一条平坦的大道，因为上司也是和你一样的有血有肉、有感情，也曾经做过职员的人。

点金石

在工作中，我们也总会遇到一些来自上司的要求，假如你确实力不能及而不得不拒绝时，一定不要立刻表示不可接受，而要先谢谢他对你的信任和看重，并表示很愿意为他效劳，再含蓄地说出自己爱莫能助的困难。

向上司汇报工作的注意事项

假如你和你的上司关系密切，那么汇报工作就可以简单点。但假如你是新手或和上司关系一般，你一定要留意汇报工作的方法和时机。不管哪种情况，你做些准备或准备些资料总是没错的。通常情况下，汇报工作时要注意以下几点：

1. 注意汇报时机

对于好消息，不管什么时候，只要上司有时间，都可以进行汇报；可是假如不是好消息，或需要费用,要不是万不得已,在上司心情不好的时候最好不要进行汇报,否则,也许会给你带来一些额外的、没必要的麻烦。比如,你由于工作原因,想买一台数码相机,有了它,可能会提高工作效率。假如你的上司心情好,见人就笑嘻嘻的,这时你向他提出这样的要求,也许很轻易就能得到上司的同意。可是如果他当时心情不好,你一提出,他也许立刻会讲:“没数码相机就不可以工作了吗?再说你现在事情也不是很多,平时就已经闲得发呆,到处闲聊,干吗还要买数码相机呀!”你听了这些话后,是不是感到心里很堵得慌呀!

2. 理由要充分

你要把想汇报的内容弄清楚了再找上司,假如有资料,则准备些资料最好。在汇报时,上司可能会问你一些细节,你如果不会回答,就可能会给上司留下太粗心的坏印象。

比如,某政府部门要你们单位缴纳一项费用,在向上司汇报前,最好要搞明白是否有文件规定,标准如何,能否减免,其他单位缴纳情况,缴纳时间及期限,假如不缴纳会怎样,如何和这些部门联系,收费部门负责人是谁等,把这些问题弄清楚了之后,再去给领导报告是不是心中踏实多了?

3. 表达要简捷

汇报时语言要简洁,和汇报内容无关的事情尽可能不要说。否则,会节外生枝,弄出一大堆事情出来。有时,上司会问你一些事情,也许会扯出很多事情来,最后汇报就脱离了主题。因此,你要常常注意你的汇报内容是什么,不要跑题太远,不然,你的上司会觉得你逻辑不清。

点金石

你要把想汇报的内容弄清楚了再找上司,假如有资料,则准备些资料最好。在汇报时,上司可能会问你一些细节,你如果不会回答,就可能会给上司留下太粗心的坏印象。

如何与老板谈年度绩效

其实,这并不是特别困难的事,只要努力做到以下几点就可以了。

1. 做好充分的准备

由于年度绩效考评牵扯到每个员工能否升职加薪的问题,因此,在与上级谈论年度绩效的时候,一定要做好充分的准备。

年度绩效考评交流是证明工作业绩的关键,同样也是上班族增加收入的重要方法。跟上司谈绩效时,作为员工的你一定要掌握可以证明自己工作业绩的证据。因为只凭主管或自己的记忆力,必然无法清楚地记得一年来的功过,因此,只有以书面的形式写清楚,才能在上司面前证明自己的工作业绩,也许你的这份细心还会获得上司的赞赏。

2. 掌握谈判技巧

如果你与上司对绩效评估的结果想法差距太大,也不能和主管直言争辩,而要掌握技巧,含蓄而坚定地表明自己的观点,并把平时对工作成绩的记录呈现出来。

3. 承认自己的不足

有时候,在绩效评估的过程中,上司也会指出你有一些小的缺陷,如果你自己确实有这方面的问题,就需要主动承认,并且认真改过。一般来说,主管在每年度开始时,都提前为每一个员工设定了年度绩效。如果在进行年度绩效评估时,你的年度绩效没有达到预期值,就应该在这个时候与上司探讨原因了。是起初设定的目标有差错,还是自身能力有限?如果是自身能力的问题,就要主动承认自己的缺点,并要求接受在职训练,以提升工作效率。此时,你的诚实往往会赢得上司的赞赏,让上司认为你是一个可塑之材,同时,自己也会不断地取得进步。

当然,在承认不足的时候,为了使自己在绩效评估中获取好效果,在缺陷的边缘为自己增添上漂亮的花边,也是无伤大雅的。就算该方法不能给自己加分,至少也是不能减分的。

点金石

如果你与上司对绩效评估的结果想法差距太大,也不能和主管直言争辩,而要掌握技巧,含蓄而坚定地表明自己的观点,并把平时对工作成绩的记录呈现出来。

如何面对上司的批评

任何人在单位任职的时间长了,都难免会受到上司的批评,但我们大可不必忧心忡忡,使劲地反省自己。领导批评下属,有时候是因为发现了问题以便帮助其改过;有时候是出于调整的需要,须告知受批评者不要太自以为是,或者不要把事情看得过于简单;有时候是为了“杀一儆百”,等等。只要明白了上司为什么批评你,你便会了解情况,从容应付。

下面介绍一下在受到上司批评时,应该注意的几点:

1. 要有诚恳的态度

事实上,在受到上司批评时,最应该表现出诚恳的态度,从批评中接受、学习。因为最让上司恼怒的,就是他的话被你当做“耳旁风”。而假如你对批评置若罔闻,依然我行我素,这种效果或许比当面顶撞更糟。因为这样会被看做你的眼里没有上司。

2. 员工对批评不要不服气和满腹抱怨

在这种时候,要仔细反省自己的问题,并及时纠正。批评有批评的理由,错误的批评也有其可接纳的出发点。更何况,有些聪明的下属善于“利用”批评。也就是说,受批评才可以明白上级,接受批评才能表明自己对上司的尊重。因此,批评的对与错本身有什么关系呢?就说错误的批评吧,假如你处理得好,反而能成为有利因素。但是如果你不服气,发牢骚,那么,你这种做法造成的负效应,足以使你和领导的感情恶化,关系疏远。当领导以为你是“批评不起”“批评不得”时,也就产生了相应的负面印象——认为你“用不起”“提拔不得”。

3. 最忌讳当面顶撞

不管他批评的有无道理,都要谦虚接受。因为当面顶撞是最不明智的选择。尤其是公开场合,这不仅让你下不了台,而且也使领导下不了台。事实上,假如在领导一怒之下而发起威风时,你给了他面子,这也就埋下了伏笔,产生了转机。如果你能坦然大度地接受其批评,他会在潜意识中产生歉疚之情。

4. 切忌反复纠缠和争辩

受到领导批评时,反复纠缠、争辩,想要弄个一清二楚,这是非常没有必要的。如果真的有冤情和误会的话,你可以找一两次机会解释一下,但也要点到即止。即便领导没有为你“平反”,也不要纠缠不休,因为斤斤计较的下级是很让领导厌恶的。如果你的目的只是为了不受批评,当然能够“寸理不让”“寸土必争”。但是,一个把领导弄得筋疲力尽的人,又何谈晋升和加薪呢?

受到批评,甚至受到训斥并不是受到某种正式的处分、惩罚,它们之间是不一样的。在受到正式的处分时,你的某种权力在某种程度上会受到限制或被剥夺。如果你是冤枉的,当然应该努力地申辩和申诉,直到问题搞明白为止,从而维护自己的正当权利。然而,受批评则不同,即使是受到错误的批评,让你的情感和自尊心受到伤害,但也会收到更有利的效果。相反,一味地为了弄清楚是非曲直,反倒会让人们感到你心胸狭窄,经不起任何误会,人们只能对你戒备几分了。

点金石

领导批评下属,有时候是因为发现了问题以便帮助其改过;有时候是出于调整的需要,须告知受批评者不要太自以为是,或者不要把事情看得过于简单。

如何面对上司的无故指责

不管是什么人,也不管你是什么人的下属,都会有受到老板责骂的时候,此时,大家心里都会不舒服。但是,假如老板当面责骂你,你就怒气冲天、脸红脖子粗、冲动行事,事后你肯定会后悔。因此,当你想要发脾气时,最好在心中默想:"等一等!"这句"等一等",就是让你忍耐的意思。

无论是什么人,自己的心情不能被别人的训斥所扰乱,而要保持弹性,保持冷静,挨骂时只要低头认错就好。下属被上司斥责是必然会发生的事。但是,上司被下属反驳却是一件难堪的事。既然上司已经指责了,还是干干脆脆地认错吧!这才是下属应有的态度。

例如:

小王大学毕业不到一年,现在是某公司的一名职员。

某天,领导拿着一份文件,让他传真到另一家公司的宣传部,小王照着做了。可谁知,第二天,领导怒气冲冲地走进了办公室,当着众多同事的面,大声地斥责小王:

"你是怎么做事的?让你发传真到他们公司的宣传部,你却给发到另一家公司去了!"

小王一下子就懵了,他回忆了一下,确认领导昨天交代的的确是自己发的那家公司,他想一定是领导记错了。可是,看着领导愤怒的脸,小王没有辩解什么,而是主动承担了责任:

"对不起,实在对不起!都怪我办事太急躁,本想抓紧时间办好,没想到反而犯了个大错。我一定会吸取教训的,保证不会有第二次了!"

说完,他立马重新发了一份传真。几天后,小王被叫到了领导的办公室,领导诚恳地向他道了歉,说自己那天因为着急,错怪了小王,并夸奖小王年纪轻轻,就明白忍辱负重。从此,小王在领导心目中的地位大大提升了。

领导也是人,也有犯错误的时候,特别是在工作中,很有可能会因为忙乱和着急,而误会了你。这时,你一定要记住:千万不要当着众人的面反驳上司。因为,上司需要保持一定的威信和颜面,即便他错怪了你,你也不能当众让他下不了台。你应该暂且把责任承担下来,等上司明白过来,发现自己误会了你时,自然会为你起初的忍辱负重而感谢你。

点金石

无论是什么人,自己的心情不能被别人的训斥所扰乱,而要保持弹性,保持冷静,挨骂时只要低头认错就好。

给上司提意见的技巧

下属给上司提意见时,必然有一定的心理压力,总担心善意地提意见反而会把自己与上司的关系弄僵了。所以,面对来自上司的压力,总有一些话如鲠在喉,不吐不快。此时此刻,你如何表达才能既让上司接纳了你的意见,又让他觉得你不是在故意与他作对或者不给他面子呢?这时,你不妨试试以下几点:

1. 兼并上司的立场

李先生是一家知名度较高的网企的总经理助理,他的顶头上司王总是搞学术、技术出身的。由于王总的工作重点长期放在技术研究与开发领域,所以,对企业管理依然一知半解,出于对技术的钟情与依恋,他直接插手技术部门的事,把管理的层级体系搞得乱七八糟,其他部门的人员虽然表面上恭敬,但私下里无不怨声载道,让李先生觉得与其他部门的沟通和协调倍感吃力。

经过再三考虑,李先生决定采用兼并策略,向王总建言献策。

他对王总说,实际的领导权威包括技术权威和管理权威两个方面,王总的技术权威牢固,而管理权威则有些薄弱,亟待加强。王总听后,若有所思。

李先生灵巧地兼并王总的立场,结果取得了成功。后来,王总真的渐渐把时间用在人事、营销、财务的管理上,企业的不稳定因素得到解决,公司运营进入了稳速发展状态。李先生的各项工作也顺风顺水,渐入正轨。

从李先生的工作经历中,我们可以获得很好的启迪:兼并上司的立场确实不失为向上司提意见的上等策略。首先,他没有排斥上司的观点,反而是站在上司的立场上,最终是为了维护上司的权威,出发点是善的;其次,这种策略采取的是一种温和的方式,能够充分维护上司的自尊,易于被上司所接受,效率又高;另外,这需要很强的综合能力,也需要很高的个人修养,并非轻而易举就能够针对不同情况立即提出有效率的兼并上司立场的意见的。久而久之,个人的领导能力亦会迎风而长,甚至来一个飞速提升。

2. 将“意见”转化为“建议”

在恰当的时候向你的上司提几点“建议”,它不仅包含了你所要提出的意见,而且还点出了解决问题的方案。

但需要注意以下几个问题,因为它们会直接影响你建议的效果:

(1)选择适当的时机

这里主要考虑到的是你上司的心情。请牢记:他也是个普通人,在公务缠身、诸事繁杂时,他未必有很好的耐心来听取你的建议,尽管它们极具建设性与前瞻性。

(2)关注对方,恰当举例

谈话时应密切关注对方的反应,通过他的表情及肢体语言所表达的信息,快速判断他是否认同你的观点,并根据需要而适当地举例说明,以增强说服力。

(3)态度诚恳,言语恰当

一定要注意说话的语气和敬语的运用,恰到好处地表达出你的想法,由于你的坦率和诚恳,即使对方不完全同意你的观点,也不会影响到他对你个人的看法。

3. 限用一分钟发表

如果你向上司提建议的话,你认为多少时间比较合适?

一般来说,上司都对冗长的建议会感到不耐烦。假如你能在1分钟内阐明你的建议,他就会觉得很轻松,而且如果觉得“有理”,也相对容易接受。反之,倘若他不赞同你的观点,你也不会浪费他太多的时间,他会为此感谢你。

如果,想再具体确定一下语速的话,那么,最好将你的语速维持在每分钟 300 个字的左右,如果比这个标准慢,就显得太过缓慢。

4. 否定也是意见的附属品

向上司提意见,如果立即获得认可,事情就很容易了。但是,一般情况下,不认可的情况较多。毕竟你提意见的对象是你的上司,对于是否接受你的意见,他当然需要慎重考虑。

当意见被“我不赞成”“这不合适”等驳回时,某些下属往往会因此心灰意冷。但是,因为一两次的意见被否决就责怪上司,而放弃自己的努力是一种很愚蠢的做法。向上司提意见应该抱着“否定也是意见的附属品”的积极想法,要勇于碰壁。当然,仅仅做到这一点是不够的,还应该在你的意见的内容上、提意见的方式和方法上多下些工夫。

点金石

向上司提意见,如果立即获得认可,事情就很容易了。但是,一般情况下,不认可的情况较多。毕竟你提意见的对象是你的上司,对于是否接受你的意见,他当然需要慎重考虑。

如何指出老板的过错

当你发现老板有错误时,你该怎么做？老板也是人,不是神,自然也会有说错话、做错事、下达错误命令的时候。当我们面对老板的过错时,到底是该说还是不该说,这并没有一个一定的应对模式。这要看老板的脾气秉性、所处的场合、错误可能造成的结果,还有,要考虑你在公司里的地位及与老板的关系等诸多方面的因素,一般来说,指出老板的过错主要有以下方法:

1. 设计好指出策略

如果老板真的有过错,那么,你应该有“慎说”老板不是的策略,以防有任何闪失,影响自己的工作或未来职业生涯的发展。

最重要的是,请务必确定这是老板犯的错误。而且请不要在告知老板他犯错误时还带着证据,让老板觉得你要摊牌。此外,假如是令整个团队都不满的错误,不建议以团体沟通的方式。因为,这更容易让老板产生你们一起来摊牌的坏感觉。

一旦确定是老板的过错时,就应该开始寻求个好的时机并且察言观色,找个适当的场合,再设计好的开头,告诉老板他的错误所在。

2. 不要在众人面前指出

假如上司犯错了,不要在众人面前指出。毕竟上司就是上司,得维护其尊严与面子。古今中外都是这样,即使一件公事的处理,恰巧是老板的错,那他在一定程度上也得被尊重,下属不可以摇晃着谁错谁就得受到指责的旗帜,而不为老板留些情面,更不能事后与同事讨论老板的错误,用嘲弄的口吻让流言到处传播,用贬损老板的话来证明自己的明智与正确。如果必须让上司明白他的过错,你应该在适当的场合、适当的时间私下里找上司聊一聊,说出自己的意见和看法。

3. 不必据理力争

假如老板说错了话,无论在什么情况下,这些错话并不影响你的利益和你所负责的工作,你就不必据理力争,可以选取“装聋作哑”的办法,也就是装做没听见或没听明白。这是一种“揣着明白装糊涂”的方法,它能够让你避免一些是非,也可避免让老板陷入尴尬和困窘。和老板之间的矛盾有时是在所难免的，不要在冲突发生之后一走了之。因为，在工作场合里仍会出现老问题，到那时你又该怎么办呢？也别为争一口气而要大闹一场，因为吵闹不能解决问题，反而有可能断送了奖金，所以，还是实际些吧！

4. 先服从并去执行

事实上，老板说错了话还不算严重，最难办的是老板做出了错误选择，而且还不听下级的忠言，一意孤行。在这时，我们应该先相信老板，如今他既然能当你的老板，一定有比你强的方面。老板所拥有的不仅是资产，而且还有他在商场上的经验。可以这么说，绝大多数老板都是行业的前辈，以他们的阅历和知识，老板犯错误的几率一般较下属低。有时看上去是老板错了，可最后证明老板对了的事情并不少见，因为老板和你站的位置不同，思考问题的方法不同，因此，和你的想法自然会存在差异。

假如你必须执行你认为是错误的命令，那你唯一可以做的是：服从你的老板，仔细去执行。在执行的过程中，要积极主动地上报你工作的进展和工作中出现的问题，凭着你持续报告的工作进度，老板不是傻子，是停止还是继续他会明白的。即便最后证明老板错了，你也不要难过，毕竟你已经尽了心力。

点金石

说到实际，谁是谁非或许并不重要。即使是你对了而上司错了，你也要开动脑筋为上司找到一个下台的台阶，因为，不管如何解决矛盾，它的前提是合作。

成功加薪的方法

薪水是每个职场中人都关心的问题，因为这不仅直接关系到自己的生活质量，而且也是衡量一个人能力和综合素质的准则之一。

我们希望自己拥有一个体面的职位，一份可观的薪水。因为市场竞争愈演愈烈，生活压力越来越大，因此，人们对薪水的重视程度并不低于工作的本身。民以食为天，置身红尘俗世中的我们，望着别人香车别墅、锦衣华服，有几个人可以坦然面对自己一身素衣的窘迫？相同的学历背景，差不多的工作能力，你跟他为什么会有着明显的贫富差异？这个时候，你就会在心里暗暗掂量着自己是否拥有加薪的筹码，是否该主动和老板聊聊加薪的问题，但是又会想：万一加薪不成反而让老板对自己有不好的想法怎么办？该如何开口呢？

事实上，成功加薪的方法有很多，把它们归总起来，大概有下面几条：

1. 谈判的同时表达忠诚

你的目的是加薪，而不是被炒，因此，无论谈判成不成功，都要委婉地表达出自己对企业的忠诚，不能用辞职来胁迫老板，除非你的确已经找好了下家。

2. 迂回表达

假如没有勇气当面找老板谈判，不如采用迂回战术。例如，巧妙地将猎头公司正以双倍薪水来挖你的信息送进老板耳朵。

张先生是某物流公司的职员，在公司里已经工作了4年了，不管是工作态度还是工作业绩都很可以，也没有犯过任何过错。每到过年时，他就想着公司该给自己加薪水了，但是老板却对此视若无睹。他也曾多次暗示过老板，可是老板总是装糊涂。老板平时虽然表现得很大方，但因为是私人企业,加薪是件比较难办的事。若向老板提出要求,又感觉不好意思,害怕被拒绝。有人建议他跳槽,但是他已经习惯了这里的工作环境,不愿意轻易去改变。

有一次吃饭时,他将有人想挖他的信息在饭桌上装做无意地讲了出来,没料到第二天,老板就找他谈话,说考虑要给他加薪。

当然,这种方法只适合于那些私企,尤其是那些还没有完全成熟起来的私企。在有规范薪酬制度的公司,都会有公正、客观的评价系统,他们会随时关注每一个员工的成长与进步,岗位交流、培训提高甚至破格录用。假如在这些单位,总是用跳槽来作为加薪的借口,会导致领导对你个人的忠诚度有想法。

3. 开门见山地提出

表达愿望要清楚,切忌拐弯抹角。既然决定提了,就不要前想后想,犹豫不决,而要用最直接、最明白的方法说出你的想法。

秦小姐毕业于北京大学,如今在一家香港公关公司工作。毕业时,她在北京工作,和当地消费水平相比,月薪算是很高了。可是,如今她被调到了香港总部,和香港同行比较,薪水就显得较低了。于是,秦小姐产生了要求加薪的想法。正巧本年度业绩评估报告出炉,秦小姐的业绩表现处于中上等,因此,她决定抓住这个时机和上司谈谈。

在谈话中,秦小姐开门见山,直接表达了自己要加薪的想法。上司微笑着问:"你打算怎样说服我?"

秦小姐打开面前的第一份资料,上面记录着她进入公司以后的优秀表现和重大业绩。一一陈述完毕后,秦小姐又打开一份自己自进入公司以后的工资变动曲线图。图表清楚地显示,秦小姐的工资涨幅一直挺低,明显低于同行水平。同时,秦小姐还说,自从来到香港,自己又拿到了 MBA 学位,工作能力大有提升,薪水理应上一个台阶。

老板听完,爽快地说:"公司将继续考察你一段时间,如果的确在工作中表现出了比以前更强的能力,能够考虑加薪。"此后不久,秦小姐的加薪愿望就实现了。

4. 找直接主管解决问题

顶头上司是对你的工作绩效、工作能力最有发言权的人之一。当面找他谈提薪要求不但可以更好地达到目的,也可以避免不必要的麻烦。要明白,每个领导都不喜欢下属越级报告。

5. 抓住发展机会

如果被拒绝加薪,可请求把加薪转变为职业发展机会。比如培训、转到更适合自己的工作岗位上,或者要求参加较大的项目等。

6. 谈工资的百分比

假如工资基数高的话,在谈加薪时最好谈百分比;假如工资额不大的话,则应谈加薪的具体数额。

7. 其他方式

不久前,刘兵和上司提过加薪的事,但是被上司堵了回来。实际上,刘兵的工作业绩向来不错,人事关系也不错,领导在公开场合也表扬过他。后来,老板说:"其实刘兵是符合我们公司提薪条件的,可是他当时找我谈话的时候,说话方式有点不对,而我那天心情又不太好,就给他碰了钉子。"

一般来说,员工在和老板谈提薪的时候,在表示自己成绩的同时不要太过强调这点,不然就会显得好像公司全部的成就都是因为有了你。老板也许会和你商量自己的难处,但这并不表示他拒绝了你的要求,这时,你要心平气和地聆听,不要采用强硬的对话态度。

又如,龚×曾经多次和领导讨论过加薪的问题,但都被领导用这样或那样的原因给挡了回来,有些人碰到他这样的问题，一定不再抱指望了，要么跳槽，要么无奈地安于现状。实际上，谈加薪的时候需要有底气，在追求利润最大化的情况下，公司会节省一切开支。可是，要知道加薪是你的正当权益，不是乞讨。因此，龚×的方法就是屡战屡败，屡败屡战，只要不提过分的条件，基本上最后都是可以成功的。老板不答应你的加薪要求，请先不要垂头丧气、急着想调头就走，不如当场讨教上司“到底如何才能达到加薪的请求”。若老板能真凭实据地列举出你有待进步的地方，那你就铭记在心，及时加以改进，以当做下次谈判的筹码。

点金石

假如工资基数高的话，在谈加薪时最好谈百分比；假如工资额不大的话，则应谈加薪的具体数额。

拒绝委托的艺术

当你的上司请你为他办事时，你需要怎么做？能够而且愿意做的，当然不用费什么心思。可是，若遇到自己心有余力不足或是内心不情愿的时候，你如何拒绝？其实，无论是公事还是私事，拒绝都意味着“也许会得罪上司”，就算是巧妙地拒绝了，这也需要你拿出相当大的勇气和高超的智慧。怎样说出拒绝的话，但又不让上司觉得你是在故意拆台或故意不给他面子，从而给自己的前途埋下隐患，这就是拒绝的问题所在。

假如只是为了一时的情面，即便是无法做到的事也接下来。万一失败了，上司可能不会考虑到你的热情，只会以这次失败的结果对你进行评估，这样就不如当初予以拒绝。

另外，自己要量体裁衣。纵然是平时里对自己不错的上司所委任的事，但自觉实在做不到，你也应很明确地表态，说：“抱歉，我做不到。”这才是有勇气的做法。否则，你就会误事。

倘若你认为，只要是上司交代的事儿，不好拒绝，或者害怕拒绝后上司会不高兴，因而接受下来。这样，以后你的处境就会很艰难。往往，因为害怕得罪上司而勉强答应做事的人，答应后肯定会感到后悔，但是已太迟了。

虽然部下在职位上低于上司，然而在人格上却应该是独立的，并不隶属于上司，也不应不辨明是非，一切都听从于他人。部下并非奴隶，假若你的上司要你做无理或不恰当的事，你更应该回绝。

举个例子：

李某是某市教育局的人事科长。某天，教育局的刘副局长来找他，说让他努力把自己自费毕业的侄子安排到某中学去。显然，这是不符合政策的，因此，这事一下子让李某陷入了左右为难的境地。因为若出现问题，承担责任的是他，而不是刘副局长，但假如当场回绝的话，又会得罪了刘副局长。所以，他这样说道：

“好，我会竭诚为您办此事的。麻烦您让您的侄子把他的毕业证、档案材料给我拿过来。”

刘副局长的侄子到了，但只有档案材料，没有毕业证，原因是他因为学业不精，有几门课程考试没过关，故没有资格拿毕业证。于是，李某让他回去等消息。

过了几天，刘副局长又来过问这件事，李某把他侄子的情况说了下，随后说道：“刘副局长，我说话算话，您跟那所学校的校长交流下，只要他们肯收，我这就把关系给开过去！”

刘副局长听懂了他的弦外之音，只好说：“那就先等等再说吧。”

李某并没有直接拒绝刘副局长，而采用了“欲擒故纵”的策略，既拒绝了刘副局长的委托，又没有让对方丢了颜面。

点金石

虽然部下在职位上低于上司，然而在人格上却应该是独立的，并不隶属于上司，也不应不辨明是非，一切都听从于他人。部下并非奴隶，假若你的上司要你做无理或不恰当的事，你更应该回绝。

适时邀功的技巧

如今的职场生活中，充斥着一种消极的思想——不做不错，多做多错。

除去分内的事情，其他的杂事都不要去管，原因是做对了没有功劳，做错了却要挨骂。很多人怕惹事上身，所以都会怀着不插手管闲事的处事思想。

然而，这样的思想真的是正确的吗？认为做对没有功劳，那是因为你不懂得怎么邀功。说到这，或许读者该学的不是置身事外，而是到底该如何邀功。

以下的例子或许可以给你启发。

严珍珍在一家公关公司的活动部门工作，活动部门里面总共有三个团队。每个团队都得单独去接活动，像大型展览会、产品发表会、艺人的记者会等等。

每当活动结束了，公司会按活动给公司增加的利益，将业绩点数记入团队的总成绩内，年终的考评也是以团队的分数来给团队成员加薪、分红，故在公司里面不存在个人英雄主义，有的仅仅是团队的共同荣誉。

在如此的公司制度下，每个人都很难独自得到欣赏，毕竟你的光环是来自整个团队的。活动部门的主管相信，没有一个人可以独立完成活动，因为活动的成功，是整个团队的努力。即使有人可以独立得到赏识，那也是因为这个人有主持的缘故。因为主管举着麦克风在台上主持，故他的功劳容易被外界看到。

严珍珍长得不算美丽，故即使她的口才可以担任主持人的工作，但每次团队在分配任务的时候，还是不选她上台做主持，而是把主持棒交给另一个年轻漂亮的女孩。

正由于没有机会展现自己，所以，严珍珍在团队里面工作两年了，却从来没有人在意过她。

某一日，团队的成员在探讨完公事之后，都累得赶回家休息了。严珍珍虽然也累，但她却待在公司内，泡了一杯咖啡给自己。

咖啡喝了一半，便遇见活动部门的主管也要回家，前来茶水间洗杯子，所以，两人在茶水间不经意地遇见了。

严珍珍一看到主管，立即问好："主管，晚上好。"

"还没回去呀？"主管打招呼说。他认识严珍珍，但是对她的印象不深，毕竟他的部门有四十几个员工，要一一认清是有难度的。

"嗯，我在做会场的分析，一会儿分析完就回去了。"严珍珍疲倦地笑着。

主管点了点头，拿着刷好的杯子转身就要走。

严珍珍连忙喊住主管："主管，那个……可以耽搁您一点时间吗？"

"怎么了？"主管转头问她。

"我认为主管在执行活动上面很有经验，故有几件事想要询问您。因为我正在写一个新活动的企划书，需要一点意见……"

严珍珍一边说，一边察看着主管的反应，她发现主管好像不太感兴趣。

为了避免主管回绝，严珍珍立即说道："只需要几分钟。"

“好吧。”主管同意了。他本想让自己团队的组长和严珍珍一起讨论，但想到严珍珍说只要几分钟，要是他回绝的话，好像不太合乎情理。

严珍珍迅速地跑回自己的办公桌，拿了企划书给主管看：“这是我做的企划书，就是这个小部分有问题。这是海洋馆的宣传活动，要想吸引人潮，则必须在户外办公，可是下雨的话……”

“这是你写的？”主管一边查看，一边听着严珍珍讲话。

“对，我在团队的关键工作是拟定程序和企划活动内容，我们团队的企划书都是我写的。”严珍珍讲，“我认为这样会比较有新意，因为在海洋馆办亲子游戏，可以鼓励家长带着小孩一起来玩乐。”

严珍珍大体介绍了一下企划书的内容。

主管这会儿才关注到了严珍珍，他很感兴趣地跟严珍珍说：“我带这份东西回去看看，你那边还有备份吗？”

“有。”严珍珍笑得很高兴，刚才的疲倦从脸上一扫而光。

这个案例中的严珍珍，并不是简单地和主管巧遇，她知道给自己制造机会，所以才会在办公室加班不离开。

她真的有问题需要与人探讨吗？这只是严珍珍的一个借口罢了，目标只是为了和主管有聊天、相处的机会。这样一来，她才可以把自己的企划书交给主管过目。

因此，要适当地把自己的优点和功劳表现出来。如果你的长处和功劳是属于幕后的、隐性的，那就别忘了给自己创造机会，让你的主管、领导看见你的长处。

严珍珍使用的邀功方式是——谈论，借谈论的对话过程向主管进行邀功。

邀功不能太直接，若太过直接，则会令人反感。再举一个例子。

徐盈是一个很听话很可爱的女生，由于刚进公司不久，所以完全是一个社会新人，所幸做事很谨慎，在工作中也几乎没有什么失误。

有一回，她把公司交代的事情做完了，于是，她带着报告跟主任说道：“主任，可不可以打扰您几分钟？我希望给您汇报一下。”

“可以。”主任看着徐盈，认出了她是新来的人。

“这些是我目前所做的工作，我把给厂商的样本都寄出去了。”徐盈说着，递上了一份资料给主任。

“这么短的时间内你就做好了啊。”主任笑着说道，“以后这种事，等周会的时候报告就可以了。”

“很抱歉，我是新来的，怕有做不周全的地方，所以想提早跟主任报告。要是有问题的话，主任可以提早指点我，这样我才不会闯祸，不会给公司制造麻烦。”徐盈很抱歉地说。

“没关系，你做的没有错。”主任知道徐盈是新人，所以理解她的举动。

徐盈走出了主任的办公室，但是她的形象已经留在主任的心中。主任认为：徐盈是一个很有责任心的人，而且办事非常利落。

点金石

要适当地把自己的优点和功劳表现出来。如果你的长处和功劳是属于幕后的、隐性的，那就别忘了给自己创造机会，让你的主管、领导看见你的长处。

抢功也要讲究艺术

一个人如果不明白如何抢功,功劳就很有可能会被别人给抢走。

如果你在大公司里工作,你是不是经常看见有些人只动一张嘴,而有些人却做得要死要活,可是领导却只认同那个动嘴巴的人呢?

假如你是那个工作得最多但却得不到重视的人,那你应该要看清楚,为什么别人动一动嘴就可以获得肯定。

如果你明白了他们的方法,你更应该把这种抢功劳的话术学习下来。

这里不是要教你阴谋诡计,而是希望读者不要被人抢走功劳,让自己所做的功劳可以获得肯定。

下面为大家讲述一个真实的例子。

郑飞是某工厂的组长,他们小组负责的工作是机器维修和后勤支持,简单地说就是打杂工,别的组若是需要人手支持,他就派自己组的人去帮助。

这样的部门在公司中地位很低,是最不被看重的一个部门,可是郑飞却运用了简单的话术,使他成领导面前的红人。

有一回,他在厂房中来回视察设备,恰好看见A生产线送来的一台机器正在安装,郑飞于是走过去问道:“这一台机器就是公司花了五十万元买来的那一台吧?单从外观上看就很好。”

“没错,现在厂商方面的人在安装,待会儿试一下能不能顺利运转。”A生产线的组长说道。

郑飞点了点头,走过去问厂商的人:“还要多长时间才能安装好呢?”

“半个小时后便能试机。”那人回答道。

之后,郑飞对A线组长说:“有需要再通知我。”说完后,他便又继续去巡厂了。

在工厂中逛了一段时间,郑飞便在半路上遇到他的领导——施总。

郑飞对施总说:“施总,早上好。A生产线的机器今天送到了,我刚过去看了,再过半个小时就可以试机了。”

“是吗?”施总欣赏地看着郑飞,认为他这人做事很是仔细,又道:“你去看了?”

“没错,我刚刚才和A线组长交流了一下看法,他还在那边监视装机,我就先到别的地方巡一巡,看有没有需要我帮忙的地方。”郑飞如是说。

“好,那你继续忙吧,我正要过去看看装机的情况。”说完,施总拍了拍郑飞的肩膀。

郑飞接着在工厂中视察,他来到了B生产线,恰好看见B生产线的员工们在讨论原料采购的有关事项。

他就问B生产线的员工:“有需要帮忙的吗?”

“郑组长,一切正常,没什么事情,就是最近B产品的销量挺好的,所以我们要再采购一些原料罢了。”B生产线的工人说道。

郑飞也认为是这样,闲聊道:“原料不能缺呀,要是一缺货,生产线就动不了了。对了,今天设备运转得还顺利吧,用不用我们组的人来帮忙?”

“今天设备运行得很好,谢谢郑组长。”一员工向郑飞简单地回道。

郑飞检查了一下,又离开了B生产线。

出乎意料的是,不久之后,B生产线果真出现原料短缺的状况。

B生产线组长猜想一定会受训,他惶恐地去向领导报告了这个事情。

施总听了之后忍不住大发雷霆:“原料怎么会不够?你平常都不注意库存量吗?”

“我平时都很注意的，只是原料厂那边也缺货，所以……”B生产线的组长万万没想到原料厂会缺货，他也很无奈。

但施总不愿听B生产线组长的这些借口，他生气地把B生产线的组长骂了一顿。

恰在这时候，郑飞前来报告进度，于是听见了施总责骂B生产线组长的过程。

不久之后，B生产线的组长灰头土脸地离开了施总的办公室。

这时，郑飞见状，就对施总报告说：“上星期我有提醒过B生产线，跟他们说原料绝对不能缺，没想到还是发生了这事。”

“上个星期原料就已经短缺了？”施总向郑飞问道。

“没错，但是我不是B生产线的主管，没有职权插手他们的事，所以只能提醒他们。”郑飞说完，然后就开始了他的工作进度报告。

施总听着郑飞的工作进程报告，心里却在想着别的事。

此后不久，郑飞被提拔成施总的特别助理。虽然他的头衔没变，可是他却拥有可以命令A、B生产线组长的权力，相当于他的权力大了很多。

在这个事例中，郑飞有拼死拼活地工作吗？他只是说过一句关心A生产线的话，就说成他去关心过情况，听起来他工作非常认真。而仅仅是随口一句关心B组的话，就说成了他曾阻止过错误的发生，进而让施总更肯定他的工作能力。

他仅仅利用5%的努力，就获得了100%的肯定，是不是挺取巧？

虽然A生产线的组长全程施工时都在现场，却因为被认为是分内的事，而没有特别的功劳。

虽然B线组长非常努力寻找原料，想办法弥补这个错误，可是却因为责任得由他来扛，所以就算弥补了这个错误，他的功劳却比不上郑飞说的几句话。

因此，常常关心你管辖范围外的事，可以提升你在领导眼中的形象；当别人来插手你的事时，也请注意他是不是想要邀功。假如你不愿自己的功劳被别人抢走，给你一个建议：不要透露太多工作上的信息给别人。

这样的事情常常发生，就连在学校也经常发生。

在大学的学习中，教授往往会要求学生分组作报告。

有一回，某教授让班中同学组合成为小组，然后交报告。

利瓦伊是特别懒惰的同学，分组之后，他除了讨论的时候会到场之外，大家分工的工作并没有认真去做，因此，其他的同学承担了他的工作量。

最终，报告成功地完成了。

这时，利瓦伊好像突然换了一个人一样，于是跟同学们说道：“这次的报告多亏大家，我做得太少了，那我上台去讲报告怎么样？”

大家早就对利瓦伊很不满意，现在利瓦伊自己说要分担工作，于是大家纷纷同意，在心里认为该给利瓦伊一些事情做，不然的话，利瓦伊不就太占便宜了吗？

在最终的报告发表会中，利瓦伊上台了，成功地完成了最后一项工作。

之后，教授给予了这个小组很好的成绩，而利瓦伊和其他组员一样，同样在这个项目中拿到了高分。同时，因为他的上台演讲，教授对利瓦伊印象很深刻。

点金石

常常关心你管辖范围外的事，可以提升你在领导眼中的形象；当别人来插手你的事时，也请注意他是不是想要邀功。假如你不愿自己的功劳被别人抢走，给你一个建议：不要透露太多工作上的信息给别人。

把握上司心理，把握说话时机

身为职场中人，在和上级进行交流的时候，除了说话的内容、场合等情况需要注意之外，对说话时机的把握也是不可忽略的。在正确的时机说话，对你来说可能就是一个机会，有可能达到事半功倍的效果，也可能会因为一句话就办成一件大事。相反，如果话说得不合时宜，就会造成意外的麻烦。

20世纪90年代初期，计算机还不是特别普及。某企业因生产需要，便购置了一批计算机及相关设备，而且要建一个机房。但是，机房负责人王静遥在申请机房安装空调的事上，却屡次被领导驳回。理由是：其他部门人员都是在无空调环境中工作，不宜单独对机房破例。虽然王静遥一再声称安装空调是因为机房温度太高，怕影响计算机的使用，但是，领导一直不同意。

之后，一个很意外的机会，单位组织出去旅游，在旅游途中，参观一个文物展览会，领导发现一些文物有些破损，经询问解说员得知，文物之所以有些破损，是由于经费问题，文物不能在恒温条件下保存所致。如果有制冷设备，文物可以保护得更好。

此时，站在一旁的机房负责人王静遥趁机会对领导低语："其实，机房里装空调同样是这个道理！"领导看了她一眼，沉思片刻说："你再写一个报告报上来。"很快，领导就批准了机房的要求，在机房装上了空调。

王静遥正是选对了时机，在领导对文物破损有所感悟时，用"机房里装空调也是这个道理"，趁机提出机房空调的事情，正好符合了领导当时的心理，因此领导很快就批准了这件事。因此，说话要把握时机，如果该说的时候不说，机会转瞬即逝，便有可能错过机会。如果王静遥不是在当时就说，而是回到单位以后再提，领导或许已经在心里把这件事放下了，到时候也许就申请不上了。

在正确的时机说话，除了要看当时的情况，还要看上司的心情。聪明的职场丽人懂得：人在不同的心境下，对否定性意见的接受状况也会有很大区别。所以，作为下级，在对上司的说服上不能不思考到这一点。要善于把握他们心境最佳的时刻，比如，人逢喜事精神正爽时；一项工作完满完成时；取得成绩，受到更上一级的赞美时。这时候，上司易于听进不同意见，哪怕较为尖锐的话，也容易接受。相反，当他们遭遇挫折、心情烦闷、工作繁忙、情绪急躁时，那么，最好别说。

掌握好时机不是天赋，而是在平时生活中自己慢慢体味出来的。不论在什么地方，恰当地把握说话时机都是迈向成功之途不可缺少的因素。很多人就是因为不懂得把握说话的时机，所以错过了很多好时机。

"天时、地利、人和"，这是成功必不可少的三个要素。具体到说话而言，只有注意到"天时"和"地利"，选择好合适的时间和地点，再把你想要说的话说出来，才能最终取得"人和"的结果。

点金石

在正确的时机说话，对你来说可能就是一个机会，有可能达到事半功倍的效果，也可能会因为一句话就办成一件大事。

第四章 与下属交流的语言艺术

如何向下属展示说话的亲和力

有一家知名化妆品公司名叫玛丽·凯。为了扩大本公司产品的影响,玛丽·凯女士自己用的化妆品就都是公司所生产的,并且她也希望公司职员使用本公司的化妆品。这就像她不能理解凯迪拉克轿车的推销员开着福特轿车四处推销、人寿保险公司的经理自己不买保险一样。可是,她该如何来同职员交流,告知他们这一想法呢?

有一天,她发现一位经理正在使用另外一家公司生产的化妆品。于是,她借机走到那位经理桌旁,用轻松的口气说道:"老天爷,你在干吗?你不会是在公司里使用别的公司的产品吧?"由于她神情放松,脸上洋溢着微笑,那位经理不由得有些脸红了。几天后,玛丽·凯就送给那位经理一套公司的口红和眼影,并真诚地对她说:"如果你在使用过程中觉得有任何不适,欢迎你及时地告诉我,先谢谢你了。"从那次以后,慢慢地,公司无论是新员工还是老员工,都有了一整套本公司生产的、并适合自己的化妆品和护肤品。玛丽·凯女士还亲自做了详细的示范来教给她们正确的使用方法。同时,她还告诉员工,以后员工在购买公司的化妆品时可享受打折优惠。

由于玛丽·凯自然温和的处事方式,使她自然地与员工打成一片,成功地灌输了她正确的经营理念。

亲和力是与人说话时的一种合适的态度,这种方式的优点是易于消减人与人之间的隔膜,从而使自己的思想得以有效传播。

某厂在社会中招聘厂长。在招聘会上,三位竞聘者向工人们讲述自己的治厂方案,代表们还可以互相提问,竞聘者当场答辩。最终,一个女干部一举中标,荣任厂长。那么,她又是如何利用亲和力的呢?

问:"你是个外行,那么,你怎么来管理厂子,怎样调动起大家的积极性?"

答:"我不懂专业技术,可我懂得如何经营工厂,何况我们厂还有那么多懂管理的干部和技术高明的老工人,有许多朝气蓬勃、奋发向上的年轻人。我上任后,要把老师傅们请回来作指导,把年轻人的工作、学习和生活安排好,让每个人都干得有劲,玩得开心,让工人们感受到工厂像家一样的温暖。"

问:"咱们厂不景气,去年一年都没发奖金,我要求调走,你上任后能让我去待遇更好的地方吗?"

答:"你要求调走,是因为工厂办得不好、效益不高,如果把工厂办好了,我相信你就不走了。如果你选我当厂长,我请你先留下看半年,倘若厂子没有好转,再走不迟。"

话音刚落,全场掌声四起。

问:"现在大家都在议论机构和人员精简问题,你来了以后要裁掉多少人?"

答："调整干部结构是非常有必要的，之所以现在科室的干部显得人多，就是原因事少，如果事情多了，人手就不够了。我来以后，首先要做的不是减人，而是扩大业务、发展事业让大家都有事可做，而不是人浮于事……"

问："我是一名女工，现在怀孕都已经7个多月了，却还让我在车间里站着干活，难道不能考虑一下我们的情况吗？你说这合理吗？"

答："我也是女人，也怀孕生过孩子，知道有些制度确有不合理之处，合理的要坚持，不合理的一定改正。"

女工们的气氛不禁变得更加热烈了。有的激动地说："我们大多数都是女工，真正需要一位体贴、关心我们疾苦的厂长啊！"

通过这个案例，充分展示了亲和力的重要作用，也告诉我们：亲和力不是巴结和献媚，它来自心灵之间的沟通与平等。

点金石

亲和力不是巴结和献媚，它来自心灵之间的沟通与平等。

如何掌握与下属说话的分寸

把握好与下属交流的分寸，对上司塑造自己的威信是非常重要的。因为上司与下属之间的沟通基本上是建立在口头上的。因此，要想把每一条建议或命令都写下来是很难办到的。要想让下属真正地领会、欣然地接受并切实地执行自己的命令或建议，这时，就体现出掌握与下属说话分寸的重要性来了。

具体做法有如下几点。

1. 仔细考虑说话内容

上司需要认识到的是，自己所说的每一件事、所发的每一个命令是对基层员工来说的，代表着权威。管理层级或职衔越高，所说的话就越重要，这也就是为什么那些位高权重的领导们一般不会轻易发表对某一事的看法。

2. 注意说话方式和态度

说话方式甚至与内容有同等重要的作用。当说话者用粗声粗气或不愉快的语气传递信息时，听者听后的反应几乎也是情绪性的或是对立性的。因此，听者以同样的情绪回应也就可以预料了。

因此，在发出指令时，应该给下属一个充分的解释，要坦率，要允许提问，要聆听不同意见，不要以自己的资格而自视甚高。另外，上司应好好考虑下属提出的有意义的意见或建议，以获得更理想的效果。

上司必须在下达口头指示前有"先见之明"。他们会提出什么反对意见？如何应对这些反对意见？怎样把无聊的抱怨与对单位的关心区分开来？是否某个人比别人的抱怨更多？那么，又如何让他们在会议中减少"非议"呢？

3. 选择好谈话地点

还有一项应考虑的重要因素是，到底应该在什么地方传递信息？上司办公室是传递信息的最佳场所，因为这里是上司权威的最强象征。所以，当上司想要发出新的指示，调整程序结构，对下属进行批评指正时，是极适宜在自己的办公室进行的。

而在一些情况下，上司到下属办公桌或办公室里的交流效果更好。比如，如果你希望表扬下属或对他近期表现比较认可，下属办公室或办公桌就不失为一个合适的交流场所了。

或许，一个放松的交流是上司更为看重的。在大厅或饭厅里碰到下属，向他发出你的信息或指令，一种自然而然的交流会使得指令发得更加轻松。

当然，要向很多下属传达指示或指令时，就需要使用会议室了。

4. 灵活运用说话技巧

在把握说话分寸和运用说话技巧方面，美国前总统里根做得极为出色。

里根在到达俄勒冈州波特兰时说："我的几位勤劳的助手们劝我留在国会而不要千里迢迢地赶到这里。为了让他们高兴，我说：'好吧！不如我们来掷硬币，让它来决定是来访问你们美丽的俄勒冈州，还是留在华盛顿。结果你们知道吗？为了得到我想要得到的结果，我不得不连掷 14 次硬币。"

里根为了迎合少数民族，他的办法变化多端，极富吸引力，就如他对于其他地区的人民一样。在向一群意大利血统的美国人讲话时，他说："每一次当我想到意大利人的家庭时，我总是不由得想起温暖的厨房，以及更为温暖的爱。有这么一个故事：有一家人住在一套稍嫌拥挤的公寓房间里，于是他们决定迁到乡下一座大房子里去。搬家之后，一位朋友问这家里的一个 12 岁的儿子托尼：'喜欢你的新居吗？'天真的孩子回答说：'喜欢，我有了自己的房间，我的兄弟也有了他自己的房间，我的姐妹们都有了自己的房间。只有妈妈最可怜，她还是只能与爸爸住一个房间'。"

在里根访问加拿大期间，他在一座城市发表演说。但在演说过程中，有一群举行反美示威的群众不时打断他的演说，其反美情绪十分明显。里根是来到加拿大做客的，所以，加拿大的总理皮埃尔·特鲁多对这种无理的举动感到非常尴尬。但里根只是微笑着向加拿大总理解释道：

"这种情况在美国实在是太平常了，可能他们是为了让我有一种家的感觉而特意从美国赶来的。"

听到这话，尴尬的特鲁多禁不住笑了，气氛也变得轻松而和谐。

中国有句谚语说："到什么山唱什么歌，见什么人说什么话。"那么，里根对此一定颇有研究，所以才能够在政坛左右逢源，深得人心。作为一个领导者，虽然不一定要具备里根那么高的说话技巧，可具有一部分的说话技巧，知道在合适的地点说合适的话，还是十分重要的。

点金石

上司需要认识到的是，自己所说的每一件事、所发的每一个命令是对基层员工来说的，代表着权威。管理层级或职衔越高，所说的话就越重要，这也就是为什么那些位高权重的领导们一般不会轻易发表对某一事的看法。

把握重点与下属交谈

上司是经常要与下属交流的，因此，抓住重点也是上司必须掌握的一门技巧。所以，上司应注意以下几个关键点。

1. 要善于激发部下讲话的愿望

要让下属有发表意见的机会,使谈话在感情交流的过程中完成信息交流的任务。

2. 要善于启发部下讲真情实话

上司切忌刚愎自用,而应以坦率、诚恳、求实的态度与下属交流,同时不要把自己的好恶显现在面部。并且要尽可能让对方在谈话过程中了解到:实事求是才是自己想要的。

3. 要善于抓住主要问题

谈话必须突出重点,扼要紧凑。当对方话题偏离时,应及时引导或阻止。

4. 要善于表达对谈话的兴趣和热情

上司应利用表情、肢体语言等来表达自己对部下讲话内容的兴趣和对这些谈话的热情。这时,上司善意地一笑,赞同地一点头,真诚的一个"好"字,都是对部下谈话的最有力的鼓励,使他们对于谈话更有兴趣和热情。

5. 要善于掌握评论的分寸

在听取部下讲述时,上司应适时地表示"中立",以免对下属的讲述起引导作用。若要作评论,应掌握措词的分寸。

6. 要善于克制自己,避免冲动

部下在反映情况时,常会由于冲动忽然批评、抱怨起某些事情,而这在客观上又是间接地在指责上司。这时,上司保持头脑冷静、清醒就十分重要了。

7. 要善于利用谈话中的停顿

停顿是部下讲话中经常出现的。这停顿有两种情况:一种是故意的。它是部下为检查一下上司对他谈话的反应、意见,以引起上司作出评论而做的,这时,上司有必要给予一些一般性的插话,以鼓励部下进一步讲下去。第二种停顿是由于思维停顿引起的。这时,上司应采取反问、提示等方法使下属思路逐渐清晰,从而使谈话继续。

8. 要善于利用一切谈话机会

谈话分正式和非正式两种形式,两者的差别在于一个是利用工作时间,而另一个则是利用业余时间。作为上司,也应抓住非正式谈话机会。在业余时间进行一段无主题的谈话,这是在下属无戒备的心理状态下进行的,因而哪怕是片言只语,有时也会得到意外的信息,这也是上司了解下属的另一个途径。

点金石

在听取部下讲述时,上司应适时地表示"中立",以免对下属的讲述起引导作用。若要作评论,应掌握措词的分寸。

多倾听下属说话

曾经有人这样说:"上帝赐给我们两只耳朵和一张嘴,就是要我们多听少说。"虽然这则幽默略有牵强,但结论却是真的。保罗·蓝金曾就各行业的主管在沟通方面所花的时间进行过广泛的分析研究，发现主管人员竟有70%的时间用在沟通上。并且在沟通时间中，45%用于听，30%用于说，11%用于读，14%用于写。因此，听在沟通中的重要性不言而喻。

以下四个方面在交谈中很重要：视觉上，你看到对方说话时的表情和姿态；听觉上，你听到对方所说的话；外表上，你必须对自己的姿态进行调整以表现出对谈话的关注和对谈话者的尊重与重视；在思想上，你要对听取的信息进行认真的分类、分析，以得出有用的信息。

同时，在听的过程中应注意以下几个方面。

1. 鼓励和引导下属说下去

谈话时，如果下属在谈话而管理人员不作任何表示，那么，对方可能会认为你心不在焉而中断谈话。因此，在听的过程中，管理人员应当及时作出表示，如点头赞同、重述下属观点、总结部分谈话内容、说“对”“是”等。

2. 要善于听出下属的“弦”外之音

富含张力是语言的一个特点，其含义非常丰富，尤其是谈话有语言技巧或有意遮掩的人，总是话中有话，话中的“话”才是其真实用意。但是如果仅从表面来听，只能得到对方原意的一部分，甚至可能与对方原意相背。因此，在交谈中，管理人员应当通过观察对方的表情、动作，从而认真分析谈话。如此一来，谈话人的想法也就可知了。

下面这则实例是工厂实行弹性工资制后，人事部主任为了解员工意见、想法，同一车间主任小王的一段谈话：

“小王，工资制度改革了，你们怎么看？”

“没什么意见呀，我们能有什么意见呢？有些车间的工作不但比以前轻松舒服多了，报酬也增加了，这不是说明工厂的待遇提高了嘛！”

人事部主任从中听出了小王对制度的不满，因为小王说这话的时候明显有些气愤——大概是指流水线上各车间的工作量和工时定额不同，但工资又和定额挂钩，因而造成各车间之间工作量和工资不成正比；另一种可能是抱怨一车间的负荷太重。于是，他接下来的问题更加直接：“小王，你们是不是觉得收入比以前增加了？”

“收入是增加了，但是……”小王欲言又止，似有什么要说。

“那你们是不是对其他车间有看法？”

“那我就实话实说吧，实行弹性工资是好事，多劳多得，少劳少得。但是目前各车间的定额缺乏科学依据——你们计算定额是根据原来各车间的总工作量除以总人数，因此二车间人多，所以定额定得低，所以他们工作也轻松了，报酬又不会少拿。我们车间人又少，工作量又重，大家平时拼死拼活都不一定能完成定额，所以意见很大。”

在这一事例中，正是因为人事部主任听出了小王的“弦”外之音，所以才能及时地发现问题并调整问题，最终了解到他的真实想法。如果人事部主任听到小王说“没什么意见……”后就不再追问了，就不会获知真实的情况，也就不会得知工人的真实想法。

3. 不要随便打断下属的谈话，过早得出结论

有些管理人员喜欢在下属谈话时打断谈话，对谈话进行评论、发表意见，这是一种不礼貌的行为，不但使下属无法充分地表达自己的意见，同时也极可能因管理人员断章取义而使结论陷入片面。

4. 应随时就没听懂的地方进行询问，要不耻下问

还有一些上司在与下属谈话时会出现这样一个问题：有时明明没听懂，但限于身份、碍于面子而不去请教和提问，结果反而闹出笑话、引起误会。身为上级，应该具有不耻下问的姿态和修养，同时，这也是领导者沟通艺术的表现。

点金石

身为上级，应该具有不耻下问的姿态和修养，同时，这也是领导者沟通艺术的表现。

向下属提问的语言技巧

向下属提问也有极强的技巧性：一是要使下属愿意提供信息；二是要使下属知道管理人员需要什么信息。

具体而言，要做到以下几条。

1. 简明易懂

提问必须简明，措辞要通俗易懂，少用双关语或其他容易引起歧义的语言。

2. 避免过多的解释

有些人为了使下属听得明白而解释过多，但这样做会使对方因为受到轻视而感到不满，产生抵触情绪。

3. 避免对结果有暗示性的提问

不要将自己的倾向在答案中透出。如："你不认为这项新制度很好吗？"就是一个典型的暗示性问题。此时，下属可能慑于上司的威严、碍于情面而迎合他，这样的回答往往不是出自内心或并不反映实际情况。所以，上司也应当避免用说话的语气与语调、说话时的表情、动作等对所预期的答复进行暗示。

下面是公司实施新人事制度后，经理与职工乔治的一段对话：

经理：乔治，你不认为新人事制度较原来是一大改进吗？

乔治：是的，的确如此。

经理：职工们对这一制度都还满意吧？

乔治：满意，都很满意。

经理：那么，在激励职工劳动的积极性方面，新人事制度是否收效良好呢？

乔治：收效很好，大家工作的积极性都有了很大提高。

这次交谈可以说是毫无意义的，只是加深了经理的乐观的主见，因为他对三个问题的结果都作了暗示。他若是换一种问法："你认为新的人事制度怎样？""员工的反应如何？""对员工劳动的积极性有无影响？"如此，乔治才能放下心理包袱，说出真实想法。

4. 一次提问最好只突出主要问题

若包含的问题过多，会使下属产生心理压力，使他们无法回答周全，因此，可以让他们拣自己熟悉的说。

5. 掌握交谈的进度

要想有效掌控交谈进程，可以运用转换、引进话题等方式来实现，并且可以根据时间和情绪的变化，使交谈自然融洽地开始与结束。

6. 试探性提问

当管理者提问后，下属若出现不适当反应时，应使用试探性问题。不适当反应是下属对管理人员的提问作出的不符合管理人员期望的、无助于实现交谈目标的反应，通常是指说话内容冗长、偏离主题、模糊不清、过于偏激，回避问题的谈话，情绪反常失控等。

请看一段经理和下属亨利的谈话：

经理：从总体上来说，你现在工作感觉如何？还愿意调到其他部门工作吗？

亨利：嗯，是的……也不好说，现在的工作待遇不错，而且，嗯……这儿的同事也很好，可是有的时候，你知道，这些工作很单调也很无聊，而且，我想，我觉得……你知道，我在这儿升得没有我预想中的那么快。

经理：那么，你是觉得调也好，不调也好。也就是说，还没有确定好喽？

亨利：是啊！我是真的还没有确定下来，这是一个难题，我想，如果每个因素都考虑到的话，我倒真想换个工作试试，尤其是有机会晋升工作的。

在经理第一次提问后，亨利说了一大段模糊且没有最终答案的话，这样的对话是毫无意义的。于是，经理在第二次提问中运用了两种技巧：一是他对亨利的谈话进行了一定的总结，并鼓励他继续说下去；二是他用了一个试探性问题“还没确定好喽”，最终给亨利一个重新考虑的机会，通过引导、试探，终于使他说出了真心话。

好的试探性问题应当是不带有个人想法的、保持“中立”的，是为了在尽可能的情况下给下属的回答一个较大的、开放的空间，使交谈进一步深入。

点金石

向下属提问也有极强的技巧性：一是要使下属愿意提供信息；二是要使下属知道管理人员需要什么信息。

如何向下属表达自己的观点

作为上司，若想要让自己的主张深入人心，则应知道如何艺术地表达出自己的观点。如果不讲艺术，而是依仗权力把自己的观点强加于人，那样的话下属则无法心服口服。从职场语言艺术的角度来说，明智的做法有以下两点。

1. 巧妙地让下属承认自己的观点

上司应首先提出建议，说给下属们听，再听听他们的想法，充分地讲究一下民主，调动他们的积极性，再将他们的提议与自己的相比较。那样，他们就会承认上司的办法是最好的、最有效的。同时，上司与下属们的沟通也就成功了，既满足了下属们的主人翁感，又增强了他们对上司的支持与敬佩。

西奥多·罗斯福担任纽约州长的时候，就表现得犹如一个出色的外交家。因为每当他想任命某一个人担任什么重要职务的时候，他总是将一些政治活动家邀请来，然后大家一同商讨，最后通过使大家同意，让自己的想法实现。

有一次,罗斯福要选州长助理来帮助他处理工作,他其实已相中蒙特斯为最佳人选,但为了不让人说自己毫无民主,他决定先让大家推荐几个他们认为最合适的人选。

第一个人选推举出来了,罗斯福说:"此人舆论通不过,任何一个舆论通不过的人在政治上都是不适宜的。"

接着,他们又提出另一个人选,但对这个人既说不出他特别的长处,也找不到明显的不足。罗斯福说:"这种人不会受到舆论界的欢迎,请你们另举贤能。"

于是,轮到第三个候选人了,尽管他不错,但仍有不足之处。最后,罗斯福向他们表示感谢,并请他们再考虑一下。于是,他们就提出让罗斯福推荐一个人选。

最后,罗斯福提出了蒙特斯是一个适合的候选人,大家听后猛地想起,原来还有一个这么合适的人选,不由得纷纷表示赞成。

最后,不出罗斯福所料,蒙特斯顺利地当上了助理。在工作时,他也得到了那些政治活动家的帮助。同时,这些议员也都支持罗斯福的工作,共同为纽约州服务,因而罗斯福的事业也更加顺畅了。

罗斯福不但与那些政治活动家们保持了良好的关系,而且成功地进行了不合乎他们心意的改革,但仍让他们心服口服,支持自己的工作。所以说,他的口才艺术可称为学习的榜样。

2. 间接地让下属承担某项工作

若直接对下属说一些事,或许会遭到拒绝,会让下属对上司产生不满的感觉。因此不妨先试试让他一点一点地做,在他逐渐适应的过程中,向其吐露自己的真实想法。到那时,自然就水到渠成了,下属接受起来也会更为顺利。

要明白,对方一下子就答应自己的要求,是很困难的。俗话说得好:"心急吃不了热豆腐。"对下属也是一样,有些事情也要采取"软着陆"的办法,就像我们爬山一样,有时虽然绕些弯路,道路却更加通畅。

美国《纽约日报》总编辑雷特身边缺少一位精明干练的助理,他希望约翰·海能够留在身边帮助他。因为他是最适合不过的了,雷特认为,他一定能帮助自己成为这家大报的成功的出版家。

但是,当时约翰刚从西班牙首都马德里外交官职上卸任,正准备回到久别的家乡当一名律师。

雷特想要留下约翰,可又该怎样才能让他心甘情愿地留下来工作呢?雷特苦思冥想,终于想出了一条妙计。

首先,雷特请约翰到联盟俱乐部吃饭。饭后,他邀请约翰到报社去玩玩。这时,他从许多电讯中间,找到了一条重要消息。

那是一条很具挑战性的国外信息,于是,他对约翰说:"请坐下来,为明天的报纸写一段关于这则消息的社论吧。"由于无法拒绝,约翰就动笔写了起来。

那篇社论写得很棒,约翰受到了普遍赞赏。

于是,雷特请他再帮忙顶缺一星期、一个月,后来干脆让约翰担任起这个职务来。约翰就这样在不经意间放弃了回家乡做律师的计划,转而从事新闻这一职业。

雷特间接地让约翰留下来成为自己的助手,慢慢地使约翰喜欢上了这份新闻记者的工作,从而达到了自己的目的,使他不断助自己成功。

"为了更好地一跃而后退"是一句名言。巧妙而间接地让下属为自己所用,是上司与下属交往时应具有的一项能力,上司也只有如此,才能将人才把握住,让自己的事业有进一步的发展。

点金石

巧妙而间接地让下属为自己所用,是上司与下属交往时应具有的一项能力,上司也只有如此,才能将人才把握住,让自己的事业有进一步的发展。

与下属说话的注意事项

上司和下属有级别之分,但单位中应是人人平等的,上司不可以说出伤害他人自尊的话,比如:"你真笨""我要开除你"等。话一出口,再想恢复到原有的相互尊重的关系便困难重重,可能会引起下属强烈的反感甚至辞职。

同下属谈话时,应注意口气。同是一种意思,同是一个出发点,但若表达得过于激烈,便会伤害到对方的自尊。上司若是经常地伤害到下属的自尊心,便会产生许多负面影响,使下属离心,连带着沟通障碍也就产生了,这会影响公司的业务进展,甚至会影响上司本人的工作。那么怎样才能避免伤害下属呢?

尊重下属的自尊是首要前提。对于下属的尊重,还表现在"留有余地"上。一边赞扬对方的优点,一边提出具体的建议或意见,不下过于绝对的结论式的断言,这样才能给自己和对方都留下一点余地,从而达到沟通的目的。

其次是要注意不触及下属的弱点,个人的弱点一旦被触及,便会产生反抗心理,或者使消极情绪更甚。因此,应在交流沟通中尽量回避下属的弱点。

一个不被下属支持和理解的上司,一个"光杆司令",怎么可能好好作战呢?无论于公于私,无论于人于己,"尊重"二字要时刻记在心上。

假如你在某个公司工作了不到两年,但因为水平高、受领导赏识而迅速升职,而此时你的手下有一位曾经是你刚来的顶头上司。这位下属年长且资历深厚,难免彼此心里都不大是滋味,因此,你自然不能用对其他下属的方式对待这位下属。

当然,这位下属想必也清楚这种关系的尴尬,因此,每次要同你商量有关事宜时,一定会找别的同事来转达,这时,你又该如何呢?

第一,不能因为顾虑过多而放弃向他布置任务。因为私人感情归私人感情,工作归工作,上司命令、指示部下是理所当然的,只有尽到自己的责任,清楚地发布命令给部下,工作任务才能很好地完成。可以这样说:"老×,明天就是这份合同的交货期了,希望您能去看一下货场,别耽误了进程。"

第二,话说回来,对方毕竟曾是你的上司,年龄大而且资历也深,因此,不要打官腔,不要对他说:"××,怎么搞的!这份合同明天就到期了,货物呢?怎么还没准备好!"

这样一来,下属肯定会产生怨恨,甚至惹来全体成员的不满,激起公愤,到头来自己栽了跟头。

此刻不如本着敬老尊贤的态度,例如下班后在一块喝几杯,邀请他到自己家中来做客;下属生病时及时探望,平时和颜悦色,态度谦和地对待他。即使将来不在一个公司了,仍能和睦共处。

第三,虽然他目前是你的下属,但毕竟见多识广,经验丰富。因此,你可以尊重他的经验和意见,彼此交换意见、切磋琢磨,共同为搞好工作而努力。如此一来,他也就不会因尴尬而对你敬而远之了。

若是按照以上三点，试着改善彼此的关系，开始时可能会觉得不太习惯，但久而久之就会习惯的，进而还能与下属像老朋友一样自然相处，当然，上司也会越做越成功。

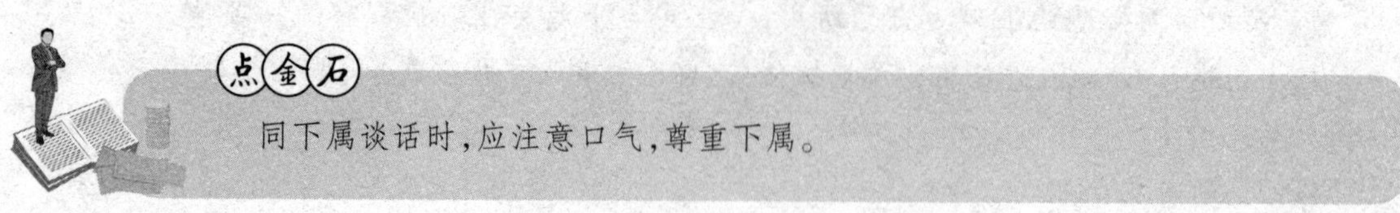

模糊语言的妙用

人的情绪变化不定，而职场上对很多难以定性的事情也是很难做出准确答复的。所以，在职场管理中，遇到有情绪失控或很难答复的事情时，在必要时模棱两可的话可以起到很重要的效果，可以有效地缓解矛盾，从而解决问题。

1. 巧用模糊语言可以避免陷入矛盾境地

上司在与下属谈话中，常常会遇到这样的情况：有些问题必须回答却不知如何回答。一旦回答错了，就会把问题弄得糟糕而不可收场，但只要镇静地巧妙周旋，最终一定会摆脱困境。此时，运用模棱两可的语言就是一种好方法。这种方法是用模糊不定的语言，不让对方精确地把握答语的含义，从而使语言在谈话中更加灵活、生动、形象。

有一艘豪华客轮满载游客，即将到达旅游胜地的时候，客轮却逐渐停下来了。原来，是客轮出了问题。游客见客轮迟迟不能起航，心情开始浮躁起来，他们围着领队，十分焦急地追问客轮何时能够起航，何时能够顺利地到达，有的游客则进行责问，有的甚至开始“骂娘”了，情绪十分激动。这时候，他们的领队却镇定自若，面带微笑，不停地向大家打招呼：“请大家稍安毋躁。客轮只是出了点小问题，没事的，技术员们正在做检查，马上就可以起航，一会就可以到达目的地了！为了大家的人身安全，请大家再耐心等待一会儿，再耐心等待一会儿！”她不停地安抚道。

在这里，他们的领队，针对游客既要平安又要早日到达旅游区的想法，面对游客的盘问与责备，并没有急躁，也没有给出确切的答复，却用一连串的“一会儿”“马上”等无法确定确切时间的词语，然而正是这些模棱两可的语言的运用，使游客们平静地度过了等待期，这正是因为她巧用模糊语言抚慰了游客们急躁的心。试想，如果他们的领队在自己不确定的情况下，给出了明确的时间，或者说时间短一些，如“十分钟之后，就可起航”。但是，倘若十分钟之后，客轮仍然停滞，就会把自己推向矛盾的境地，即使到时再作解释，游客们也不会相信她了，到那时，怨声再起，更难平复。或者说时间长一些，可那只会增加游客们的怨气，于事无补。因此，面对游客的盘问是一定要回答的。

2. 巧用模糊语言可以避免令自己难堪

(1)用模糊的语言应付论人是非者

总有一些下属会四处散布流言，说三道四。

俗话说：“来说是非者，便是是非人。”这种人常处于一种心理不平衡的状态，嫉妒心很盛，他们甚至于想要把自己的快感建立在他人的不幸之上，总是巴不得看其他人倒霉，看他们越来越困窘。作为上司，千万不要想当然地认为，在自己面前搬弄他人是非的人就是对自己很忠心的亲信。其实，在领导面前道他人是非的人，在其他人之前亦是如此。

跟这样的下属交谈时，要学会隐藏自己的想法，对他所道的别人的是非，也不要轻易赞同。当然，也不要得罪他，不要企图令对方住口或对其下逐客令。在说他人是非者的心目中，上司至少还是可以与他交流的对象。对于这样的人，就可以采用模糊的语言给予回复。在那种既不好说真话又不愿说假话的情况下，只好说些“啊唷，哈哈”之类不着边际的话，予以搪塞，让人不知道自己的真实想法。

这种冷淡的反应，会让下属无法继续谈话，知难而退，从而中止谈话。先用哼哈之类的模糊语言进行敷衍，然后，主动把话题引向积极阳光的方向，若是实在不可摆脱，还可以选择巧妙的借口，三十六计，走为上计。

(2)用模糊的语言应付谈人隐私者

在与下属谈话的时候，上司要避免触及别人的隐私，那是他人内心深处一块不希望被人侵犯的领地，应尊重他人隐私的神圣性，当然，尊重他人的同时也是尊重自己。

有时上司也会被下属问到隐私问题，比如“你的收入多少”“夫妻感情如何”再如面对女性时，直接问对方的年龄，他人社会背景，等等隐私问题。如果一旦被这些好事者探得一点蛛丝马迹，就可能会面临着空穴来风、流言四起的局面。因此，遇到这样的人，就不能“实话实说”了，可以采用模棱两可的回答方法，既不冷落对方，又不使自己为难，两全其美。

如当下属问我们“你的收入是多少”时，我们可以回答“比你的多不了多少”；若是下属打听你的出身和来历，有意问“你是怎么成为这个单位的一员的”时，你可以说“如果你感兴趣，待以后我慢慢地告诉你”；如果下属打听到你的父辈是某一级领导或在本单位当上司，而故意问你“你在这个单位不错吧”时，你可以说“托你的福，过得还可以”。

陈经理在职场上打拼多年，对于那些八卦问题自有一套应付办法。他的上司刚被提拔为更高一级单位的主要上司之一，于是，有些下属借此对他有些讽刺地说：“这下子你可平步青云了吧！”陈经理明白对方的意思，无非是在说处在他这样特殊的位置上，并不是靠自己的才干，而是依附于他人得到的提拔。但是，陈经理没有为之做过多的计较，只是一笑，说：“真的？你已经算出来了？那我可要感谢你了。”答话不卑不亢，但却外柔内刚，对方立即为之语塞。

试想，如果陈经理真的与之较起劲来，说出一番大道理，反而显得他太过认真，会适得其反。

陈经理采用的是避实就虚的模糊回答法，这种方法在与下属交谈中是很常见的。倘若你是业务经理，可能常常能听到有下属以半真半假的口吻对自己说：“听说你最近谈成了一笔大生意，该发财了吧？”若不承认，对方肯定是半信半疑，但若承认了，也许正落入了对方的圈套，而且，这可能并非真实情况。此时，你可以这样回答：“我听说了，你也听说了？那咱们一块干吧！”听了这样的话，下属不好意思回答什么，也就不会再追问了。

(3)用模糊语言把对方问的问题抛给对方

若是碰上有意刁难上司的下属，上司可以来个模糊回答法，把对方问的问题再抛给对方。

汪某是个乐于看他人笑话的人，总是喜欢看人出丑。有一天，他的主管郭某因为失误被上司批评了。汪某得知后，就幸灾乐祸地问郭某：“听说你最近有些不顺利的事，怎么啦？”郭某一见他那样子，不禁有些气愤，但他平静下来说：“既然已经知道，还有什么好说的？”

郭某的回答，是把问题顺势又抛给了汪某，既然他已知道了，那就让他回答好了。

3. 慎用模糊语言

如今，社会上的竞争越来越激烈，职场中，为了特殊需要，上下级之间越来越注重交际艺术，特别是把语言作为交际的工具。对于谈话的技巧,也越来越讲究模糊化的口才艺术。在日常工作中就有很多像这样的话:“这件事,需要召开专门会议,恐怕要研究之后,我们才能给确切的答复”“我们正在解决,快了,快了”“我们现在还不能给您答复,请您谅解”

在与下属交流沟通时,必要时可以用模棱两可的回答,一来可以照顾到现实的需要,二来也可以不至于陷入不可后退的地步。但并非在任何时间,模糊语言都有好的作用,可有些时候,却只能用准确的语言而非模糊语言。

从语义特点上来说,模糊语言比准确语言表达的意思更轻一些,对同一事件的表述,模糊语言就显得有点轻描淡写。因此,若不分场合地运用模糊语言,只会给人留下不踏实的人格印象,甚至有激怒对方的可能。

1972年田中角荣访华,当他在招待宴会上致谢时,没想到自己其中有一句话差点在日中两国政府的关系上投下了阴影。田中角荣说:“过去几十年间,日中关系经历了十分不幸的过程,在这期间,我国给中国国民添了很大的麻烦,对此,我再次向中国人民表示深切的反省之意。”周恩来总理问道:“您对日本给中国造成的损失怎样理解?”田中角荣发觉自己无法再用模糊的语言回避问题,便惭愧地说:“给您添麻烦这句话,包含的内容并不那么简单。我是诚心诚意、如实地表达自己赔罪的心情,这是不加修饰地、很自然地发自日本人内心的声音……我认为,前来赔罪是理所当然的。”日本侵华,给中国人民造成了巨大的灾难,深重的痛苦,田中角荣却只用“添了很大的麻烦”就想过去了,那实在是太轻描淡写了。因此,田中角荣不得不再次表白。

在此事例中,我们应明白模糊语言的特点,以正确使用。

模棱两可的回答法,是上司在特殊场合下所采用的一种说话技巧,却并不是自己为人处世的原则。不分时间、不分场合一味地模棱两可,遇到问题就想回避,来回“踢皮球”可不是我们所提倡的。

人的情绪变化不定,而职场上对很多难以定性的事情也是很难做出准确答复的。所以,在职场管理中,遇到有情绪失控或很难答复的事情时,在必要时模棱两可的话可以起到很重要的效果,可以有效地缓解矛盾,从而解决问题。

发布坏消息的艺术

上司有时不得不说一些难听的话,但关键是要委婉一些,尽量减轻对下属的打击。比方说,告诉下属被降职了,解雇了;下属很辛苦做好的计划书,却被上司否决了,等等。此时,也可采用下列方法变通,使下属坦诚接纳。

1. 变更计划时

如果要改变已经决定的计划,该如何向下属说明?万万不能对下属说:“不关我的事,都是经理一人说了算,我无能为力!”

虽然这样能将责任推给上一级,自己暂时没有问题了,但部下会对经理产生怨气。或者,一旦下属明白上司是在推卸责任,肯定会对上司产生极大的反感,上一级的威信也会受到损害。

上司不可以为达到防止下属反对的目的,而用高压手段制止下属开口,这样做会引起下属的不满。正确的态度应该是听之以情、晓之以理,使下属真正地心服口服。

2. 提案被耽误时

有时,上司收到下属的提案,并且满口答应“看一看”,但因为忙碌,最终还是没有看。可下属又很想得到一个答复,如果下属主动问上司:“那个提案,您过目了吗?”

假如出现这种事情,上司应该直率地说:“我现在很忙,实在没有时间细看。不过一周之内一定会给你一个满意的答复!”

假如提案应该上交高一级领导,而上一级的态度又不明确,以至于没有确定结论时,最好能说明原因,表示自己已经递交给了上级,但迟迟不见回音。若无奈催促上一级时,所得答复却是否定的。这时更要详细说明,一定不可以草草了事。

3. 解雇降级通知时

上司最不愿宣布的消息,就是告诉下属他从明天起就将失去自己的工作。实际情况是,解除雇佣关系不管对员工还是对老板来说都会带来一种精神上的不安。许多管理人员都承认,他们总想延缓这种冲突和矛盾,希望出现奇迹,或者情况有所改变,或者希望雇员能够自己辞职。

必须辞退某个下属的确会加重上司的负担,但在现代公司管理中,有时经理不得不这样去做,因为公司不得不考虑到它的费用及每个员工对公司的价值。在经理对某位下属讲“我们必须让你走”时,常常有犯错的感觉。因为觉得此下属落到这一步,自己也有责任。有时甚至认为这位下属的失败也是自己的失败,也许还会说“首先我不应该雇佣他”或“如果我在培训他时做得很好的话,我应该看到出了什么问题,再帮他解决问题”。

总之,不管多么不情愿解雇下属,但绝大多数管理人员都必须正视这一难题,所以,必须学会如何对被解雇员工谈话,这是一个很重要的方法。

一个老板讲到他一个讲话很有策略的人在解雇员工时是这样做的:他把那个员工叫了进去,对员工说:“年轻人,要是没有你,我不知道我们以后会怎么样。可是,从下星期一起,我们却不得不这么尝试了。”

某些情况下,如公司人事调动,下属被降职,或是调到分店,或是被打入“冷宫”,或委派他去干一些鸡毛蒜皮的小事等,总之,就是不再受到重视了。上司这时有责任通知他,并且要耐心安抚,尽最大努力让他开心地到新岗位就职。

点金石

将责任推给上一级,自己暂时没有问题了,但部下会对经理产生怨气。或者,一旦下属明白上司是在推卸责任,肯定会对上司产生极大的反感,上一级的威信也会受到损害。

如何应对下属的抱怨

无论什么组织,在发展中,不可避免地会出现某些成员对该团体或负责人心生不满,或者有所抱怨的事情。作为一名上司,在此种情况发生之时,如果未能有效地加以解决,往往会使问题扩大化,并更加棘手,最终造成的后果将无法挽回。

下属的抱怨对于上级可能不值一提,但对下属自身来说却非常重要,因此,上司不应该把下属的抱怨看成是幼稚、愚蠢的而予以忽视。虽然下属不会很抱怨地辞职，但他们会在抱怨无人听取且无人考虑的情况下提出辞职。假如事情发展成为这样，他们会感到一种对他们人格的不尊重，使他们不可以再忍受。

作为一名上级，抚慰、礼遇下属就必须舍得花时间听一听他们的怨声，不满并不意味着不忠。一般人的观点是，对某一事情不满的人会对公司、管理部门充满怨恨，这是非常荒谬的。实际上，正是这种抱怨和不满，能使上级认识到其他人可能有同样的问题。

若下属总是忍耐，虽表面上一团和气，但却会严重影响工作的效率，进而会危及企业的生存和发展。假如上级可以及时处理下属的抱怨，解决他们的问题，他们就会心存感激，因为他们会彻彻底底地感到上司对他们是重视的，因而在以后的工作中会更努力，按照领导的指示做事情。

从某方面来说，上司的很大一部分职责是听取抱怨。一名优秀的上司应该乐于接受下属的抱怨。假如短时间内没时间听下属诉说，也应找一个时间让下属诉说。切记不要当场反驳下属的怨气，要让他们说出心中的意见。有时候，他们似乎希望上司采取某些行动，但是只要上司给予他们一对善于倾听的耳朵，他们就已经满足了。如果抱怨的对象涉及另外的下属或其他部门的员工，你还必须听取另一方的意见，使得问题可以公平地解决。

下边是应对抱怨时的关键点。

1. 认真倾听

在听下属抱怨时一定要认真，因为这不仅表明上司尊重下属，而且有可能发现究竟是什么激怒了下属。

2. 掌握事实

要在充分调查的基础上作答，要掌握事实——全部事实，要把事实了解透了，再做出决定。只有这样，才能做出合理的决定。

3. 解释原因

不管你是否同意下属的意见，都要解释为什么会采取这样的立场。如果不能解释，那在下达决定之前最好再考虑考虑。

4. 不偏不倚

用事实来说话，然后做出不偏不倚的公正的决定。做出决定前，要弄清楚下属的观点，假如真正了解了下属抱怨的来龙去脉，或许上司就能做出支持下属的决定。在有事实依据需要改变自己的看法时，不要犹豫，不要讨价还价，要果断地作出决定。

也许很多上级没有过人的才华，却仍然能有效地掌握人心，其关键在于他们能首先考虑下属的心理因素。因此，只要上司不忽略此种技巧，让下属拥有表现自己的机会，那么，上下级的关系一定会越来越和谐。

点金石

也许很多上级没有过人的才华，却仍然能有效地掌握人心，其关键在于他们能首先考虑下属的心理因素。因此，只要上司不忽略此种技巧，让下属拥有表现自己的机会，那么，上下级的关系一定会越来越和谐。

施恩望报的艺术及注意事项

管理下属时，恩威二者都不可或缺。威可以通过铁面无私的规范与条文来管束、要求员工。而恩该怎么给予呢？如果你以为是工资或是福利，那福利更高的公司一旦前来挖墙脚，这些平常顺从如绵羊的员工，也会立刻转身跳槽。

老李是一个性情忠厚的下属，工作一向很认真。可是他四十岁了，因为在人际上不懂得讨好上司，也不懂得和同事建立交情，因此一直没有机会升职，待在公司七年多，依旧是一名基层人员，拿着不多不少的薪水。

本来，老李的日子还过得去，可不料他的儿子却忽然发生车祸，需要一笔钱去医治。

老李只有一个独子，发生了这种事情，他立刻向亲朋好友们借钱，所有可以借钱的门路都跑遍了，但是医药费还是不够。

老李考虑再三，只好跑去向老板请求预支工资。

他很伤心，哽咽地向老板说道："老板，你如果不预支给我的话，我儿子就真的没命了。"

老板安慰他说道："我知道，我知道，可是公司没有预支工资的制度，不能为你破了这个例，这样一来，其他员工也会想这么做。"

老李听到老板这么说，难不成儿子真的没命了？他"砰"的一声跪了下来："就这么一次，我一定会还钱的。"

"老李别急，听我说完。"老板扶起了憔悴的老李，对老李说道，"我是不能预支工资给你，不过，我本人对你遇到的事……"

说话的同时，老板一边从抽屉拿出了一个信封递给老李："这钱不多，你就先拿去用，算是我个人的一点心意。"

"老板您……"老李愣住了，因为他看见这个信封早就摆在了老板的抽屉里，就是说在他来找老板之前，老板早就要帮他了。

之后，老李的儿子终于安全出院，老李则更加认真地工作，对他而言，老板不只是一个老板，更是他的大恩人。

老板当然受到老李的感恩戴德，而他正缺一个帮忙处理杂务的心腹，于是他问老李："老李，我有一个提议，你考虑一下。我缺一个司机，假如你有兴趣的话，或许可以来做我的司机，司机的薪水比你现在领的多，只是工作内容比较繁杂，你可以考虑一下。"

同老板想的完全相同，老李很愿意到他身边去当司机。后来，老李也真为老板处理了很多繁杂的事。

你学会施恩望报这个方法了吗？可以借关心的方式，不经意地提及当年的人或物，以提醒当事人这一份曾有过的恩情。

打比方说，如果你以前借过钱给朋友，那么你就能够这么问："对了，那件事情顺利解决了吗？"

这是教读者一个使对方报答的话术，不过还是要叮咛读者，别认为对方一定会有回报，毕竟，世风日下，许多人往往受了恩惠，也会转过来害你。

下面就是这样一个例子。

钟佑民在公司做财务工作，他平常对上恭敬、对下照顾，所以在公司的人缘挺好，他的主管也很赏识他。

令人想不到的是，有一回主管却发现钟佑民有挪用公款的嫌疑。主管一开始不愿相信，可是经过暗中调查之后，证据已经证明钟佑民的确挪用了公款。

钟佑民知道后，在一周内将钱又补了回去，但他没想到，事情最后还是败露了。

他向主管坦白道，是因为家中一时经济困难，才会铤而走险，不过他没有盗窃公款的邪念，只是想要先借用一下公款，之后会将钱补回来。

主管念在他只是初次犯错，而且确定钱在被发现之前，就已经补了回来，所以，他决定相信钟佑民，与此同时帮钟佑民隐瞒这件事。

这件事情之后，钟佑民很是感激主管，对主管更加恭敬了，同时也帮主管除去了许多公事上的麻烦。

但是，好景不长，三个月之后，钟佑民将公司的钱卷跑了。

原来，钟佑民在股市赔了很多钱，还欠了地下钱庄不少的钱，现在眼看债务问题像是雪球一样越滚越大，已经没有办法处理了。于是他索性一不做，二不休，将公司中的钱卷走了。

公司财务上的损失并不是很大，毕竟钟佑民的职权不大，可是公司却对这件事非常生气，认为是钟佑民的主管不察，使得钟佑民有机会钻漏子。

钟佑民的主管成了这件事的责任人，他被公司以连带处分的方式裁掉了。

点金石

优秀的管理者往往会在建立恩情时，让员工对他百分之百地忠诚。

“画的大饼吃不到”

有人讲过这样的笑话，有人驾着马车，可是马却不想走，任凭马夫怎么鞭打它，它就是一步也不肯往前迈。

之后，有的人就想到一个办法，拿了一根钓竿，在钓竿上面绑了一个胡萝卜，然后悬在马的前面。

这匹马发现前面有胡萝卜吃，就立刻有了动力，迈开脚步不断地往前跑。可是，它没有想过为什么自己一直吃不到胡萝卜，虽然这个胡萝卜近在眼前。

先不要耻笑这匹马，因为你很有可能就是笑话中的那匹马，奋力地追逐着一个根本不可能吃到的胡萝卜。

精明的老板往往会画出一个大饼让下属看，让员工为了吃到这一块画中的大饼努力奋斗。这样的老板就像是拿着胡萝卜钓竿的马夫，他只要略施话术，员工就会成为前进的马。

下边就是这样一个例子。

采卢是一个大型公司，做的是文化产业，里面聘请了许多本科毕业生和硕士研究生，但是公司却在人事成本上很苛刻。

虽然人事成本这么低，却可以让这些本科生、硕士研究生最少在公司工作半年以上，而且就算他们离职了，依然有很多人希望到采卢工作。

采卢是怎么做的呢？其实道理很简单，采卢的人事主任总是在面试员工的时候画大饼，应征者一听见公司有这么远大的前景，就掉进了人事主任的圈套中。

吕欣欣刚刚从大学毕业，是一名还没有正式工作过的社会新人。她看到采卢的招聘信息后就到采卢去应聘。

人事主任看到吕欣欣的简历之后，似乎不太满意地向吕欣欣说："以前没有相关的工作经验？"

"还没有。但是我在大学的时候积累了打工经验。"吕欣欣说道。

"你的学历很高，相信你应该可以胜任我们的工作。"人事主任笑着说道，"你喜欢文化产业吗？"

"是，我小时候就热爱看书，所以我对文化产业特别有兴趣。"吕欣欣展现出热忱和动力。

"那我首先向你介绍工作内容。""好。"

人事主任将工作介绍拿给吕欣欣，大概地介绍了一遍。

吕欣欣像是很有兴趣和干劲。

不久之后，人事主任就对吕欣欣说："我跟你介绍一下工资吧。前三个月的工资是基本工资，三个月之后，我们会进行考核，用考核的结果来调整工资，调整的范围就看你的能力了，有人一次调整了五千元，有的人仅上涨了一千。"

"我已经知道了。"吕欣欣心想，反正三个月后可以调薪，因此，她认为没有问题。

面试过后，吕欣欣顺利地得到了工作。

可是，由于她的资历最浅，所以在工作上总是被欺压，她做得很辛苦。

三个月终于过去了，考核的成绩下来了，可调薪时却只帮她调整了一千元的薪水，这让吕欣欣更觉得无力。

在吕欣欣考虑是否跳槽时，人事主任在一次公司的全体会议上忽然发布了一个消息。

"现在我们公司有四个部门，老板打算再独立出一个单位，到时候会从目前的员工中，挑选出绩效最优良的人担任新单位的主管。"

听到这个消息后，大家忽然充满了活力，个个都期望能有机会变成新主管。

吕欣欣也是很开心，她想，就算她当不成新的主管，到时候等到新单位成立了，会有不少新员工进来，她就不是资历最浅的了，工作也就不会那么累了。

想到这里，吕欣欣便决定咬牙再撑一段时间。

但是过了很长时间，公司却迟迟没有成立新单位的下文。

是不是公司不成立新单位了？吕欣欣又生起了辞职的想法，既然公司没有成立新单位的打算，她再待下去似乎也没有前景。

正在她很犹豫的时候，公司的例行会议上，人事主任又发布了一个消息："大家最近辛苦了，这个月会进行年度的绩效考评，会根据考评成绩确定每个人的年终奖金。"

被人事主任一提醒，吕欣欣这才意识到，快到年底了，到时候会发放年终奖金，就算要离职，至少也得等到自己把年终奖金拿到手。

因为这样想，吕欣欣又在公司待了两个月。

谁知道在年底的时候，人事主任却向大家宣布："虽然今年大家都很认真，可是大环境的不景气导致公司今年营运不佳，因此今年会取消年终奖金，但是依然举办年底餐会。"

吕欣欣觉得很沮丧，她这次下定了决心，一定要递出辞呈。

她起草一份辞职信，递给了主管，主管按照程序递给了人事主任。

人事主任一接到她的辞职信，连忙找来吕欣欣询问："为什么会想离职，是工作上遇到困难了吗?”

“不是,我想去进修。”吕欣欣找了一个借口。

人事主任说道:“唉,我希望你可以再考虑一下,你看,你来公司已经十个月了,再过两个月就到一年了,等到你的资历满一年,就能够再调整工资了。除此之外……其实我是想把你调去新单位,我看你工作挺努力的,在新单位会有很大的进步空间,你再考虑看看吧,怎么样?”

吕欣欣听到人事主任这么说,不禁被说动了。

之后,她又留在了采卢公司,而她真的能被调到新单位吗?

虽然,吕欣欣是一个涉世未深的毕业生,不少公司都喜欢这样的新人,因为新人单纯好骗,只要给一个他们追不到的胡萝卜,就能够用很少的薪水把他们留在公司。

上面人事主任使用的话术是否“似曾相识”?

公司做出看起来很好的制度,或是可期望的业绩奖金,但是却鲜有人真的能通过这些途径升迁,而拿到业绩奖金的人则更少。

但不要认为只有涉世未深的人,才会被这么简单的话术所欺骗。以下还有一个实例,说明了任何对事业有期望的人,都有可能碰到这样的事。

艾妮是一个很有经验的女强人,她在一家颇有声名的营销企划公司内上班。因为这是一家大公司,所以艾妮的同事们也都是业界的精英。在这样的竞争气氛中,艾妮的升迁也受到了影响,以致她自从爬上组长的位子之后,就很难再向上升了。

一天,一个和艾妮认识多年的大老板向她说道:“不如你到我的公司来上班吧,最近我想换掉营销部的主管,而且之前和你的合作很愉快。”

这是很明显的挖墙脚,而且听这个老板的意思,似乎是想挖艾妮去当营销部主管。

艾妮考虑了一下,她在评估过目前的工作环境,以及新公司的未来前景之后,觉得这是一个不可错失的机会,因此她就和这人讨论了福利待遇。

老板告诉艾妮:“我想你先过来当副主管,这样可以先熟悉工作环境,等我把原来的主管裁掉之后,你就可以接手他做的事情。”

“可以,这个我可以接受。”艾妮说道。

“在工资上,前两个月我不可以给你比原主管高的薪水,因此,前两个月会比你现在拿的薪水低,等你升迁至主管时,我再将你的薪水调成主管的等级。”老板说得合乎情理,艾妮就同意老板这么做了。

不久之后,艾妮从之前的公司离职了,然后跳槽到了新公司。

在新公司工作中,艾妮为了以后升上主管能带好下属,所以决定先让同事见识她的工作能力。

她凭借自己的能力赢得好几个业务,确实博得了同事们的赞赏。

但是两个月的时间过去了,老板仍然没把营销部主管踢走,这让艾妮不免心里烦躁。

艾妮就暗自问老板,为什么和当初谈的条件不一样。

老板告诉艾妮:“现在就踢走主管,你以后也不好带下属,像是一来就‘篡位’,会让同事们有意见。我打算在年中考评时,以他今年绩效不佳的理由开除他,你再等一个月吧,一个月之后考评成绩就下来了。”

艾妮认为老板说得没错,于是只能先按兵不动。

但是又过去了一个月时间,老板仍然没有对主管作出任何处置。

艾妮有一种上当的感觉，她决定再去找老板谈一谈，可是老板却对她说："考评成绩出来了，他确实绩效不佳，可是你刚来三个月，他的总绩效还是比你高，一下子让你爬上主管的位子，我怕其他人不服气。不如再等三个月吧，在你工作达到半年时我们再说。"

艾妮非常生气，她还想和老板理论，可老板仍是用拖延战术说道："三个月后再谈。"

她现在只是副主管，薪水没有以前高，可是她也回不去原来的公司了。

点金石

精明的老板往往会画出一个大饼让下属看，让员工为了吃到这一块画中的大饼努力奋斗。这样的老板就像是拿着胡萝卜钓竿的马夫，他只要略施话术，员工就会成为前进的马。

模糊真相——弃子再利用

什么叫做弃子？在围棋的世界里面，弃子指的就是鸡肋，可以随时丢弃的棋子。虽然是要丢弃的棋子，但是不是可以再利用呢？

那么，我们现在讨论的主题就是——如何把要丢弃的羊，再剥下一层羊皮。

事实上，很多已经进入死胡同的事，却正是你可以有效发挥话术的机会。

下面简略地为大家说一个实例，大家很快就可以明白了。

老孙已经在公司工作了十年，是个资深的老前辈。

这天，他却默默地收拾东西，黯然离开了公司。

看到这个事情，同事们都愣住了。大家可以猜测出，老孙八成是被公司裁掉了，可是老孙平常做事谨慎，不像是会犯下大错的人，为何老孙会被解雇呢？

这时候，员工们互相窃窃私语，猜测老孙为何要离开。

他们认为有以下几种可能：第一，老孙可能挪用了公款；第二，老孙可能得罪了老板；第三，是老孙自己递出辞呈要离开的。

但是，这几个推测好像都不对，而老孙也不可能告诉他们答案，唯一知道答案的就只有老孙自己和老孙的上级吴经理。

可事情的原因很快"明了"了。

一天，小陈在茶水间碰到林玲，他神秘兮兮地靠到林玲身边说道："你知道老孙为什么会被裁吗？"

"我也不知道啊。"林玲耸了耸肩膀说道。

"昨天吴经理喝酒时，说漏了嘴。老孙会被裁，是因为上次公司说要加班，老孙说朋友结婚，所以不能加班。那一次的事情让公司高层领导很不满，所以，老总就让吴经理找个借口把老孙裁了。"小陈回答道。

林玲听到后觉得不可思议，她小声地问道："这样就被裁了？"

"谁知道高层的想法呢！听吴经理说，高层领导觉得老孙倚老卖老，不配合公司的政策，高层领导担心其他的员工也仿效他这样的坏'榜样'，这样会造成公司内部不好管控人事，所以将老孙辞退了。"小陈说。

林玲听到这个消息后，马上回到座位上，通过 MSN 把消息告诉其他同人。

“如果月底加班的话，大家还是认命吧，千万别抗拒呀。”林玲说道。

老孙实际被裁的原因是什么？其实，他只是利用公司网络上的色情网站被抓到而已。可是，吴经理为什么不说实话，却说谎？

其实，原因很简单。若直接说出真相的话，不过是让下属增加一个茶余饭后闲聊的话题，可是他把原因稍加改造，这样反而能使老孙的事情成为员工的警钟，使大家都认为老孙是杀鸡吓猴故事中的那一只鸡。如此一来，以后吴经理若是要求下属留下加班，下属就不会再反对了。

这就是说，我们不一定要在某些场合说实话，如果它只是一个八卦事件的话，不妨将它善加利用，变成你使用驭人术时的一个工具。

以上说的是如何应用于“人”，下面再说一个“物”的弃子利用实例。

精履是一个制鞋公司。

一次，在生产一种有色布鞋时，公司为了贪便宜，换了粘胶的材料。没想到这一换，竟造成这批鞋子的鞋底无法黏合，每双鞋边缘处都有一个口子。

这种瑕疵品根本无法出货，公司只好紧急销毁这一批鞋子，重新再制作一批给客户。

周宏是精履中的一名业务员，这一天，他和一名客户谈生意，两人约在茶馆见面。

在闲谈的时候，客户忽然想起了这一则传言，他好奇地向周宏问道：“对了，我之前听说你们销毁了一批白色布鞋，为什么要销毁这批布鞋呢？”

业界内消息散布得特别快，周宏也知道这事无法否认，可是实话实说的话，难保客户不会认定精履是一家贪小便宜、不顾产品质量的公司。

因此，他这么对客户说：“那批鞋子制造出来之后，瑕疵率是2%，主要问题是鞋侧面设计有一个用缝线绣成的图案，但是图案缝线有些脱线。我们公司一向要求成品的瑕疵率不能超过1%，因此，老板将鞋子就全销毁了。”

“这样你们就会赔很多钱啊！”客户疑惑地问道，不确定周宏是不是说真话。

“质量为上一直是我们公司的宗旨，没有办法的办法嘛。”周宏苦笑着回答，“不过，也正是有这样的质量保证，我们公司才能越做越大。生意就是要以诚为本，才能够有长远的发展。”

点金石

很多已经进入死胡同的事，却正是你可以有效发挥话术的机会。

以退为进，树立威信

每个人都想在别人心中留下良好的印象，甚至是德高望重、万众敬仰的人，都希望自己的话能够掷地有声、一呼百应。当你成了一个上司之后，这个想法就更厉害了。

但是，虽然这是好想法，却也只是大多数人的愿望而已，现实当中真正能够做到的人却并不多。你的言行有时并不利于你树立好的形象，而这种情况通常是发生在遇到了别人的反驳和敌对时，人们常常会因为没有处理好这种情况而失去了树立威信的时机。假如你想成为一个受人尊敬的上司，那么，就要把握好这样的机会，用以退为进的方法，树立自己的形象。

首先就要努力改善谈话氛围。如果你是提问而不是命令，并给人以维护自尊和荣誉的机会，气氛就会比较友好。因为人人都有自尊心，没有人愿意被他人摆布。

一个女生大学毕业后到农村做了村官，在她带领群众修路时，放炮炸石砸断了一家农户的梨树。而这棵梨树正是这家人的财源，因此，这家主人向这位女村官索赔。

女村官回答道："秋后一定赔。"但主人不同意，兄弟几个一拥而上，打了女村官一巴掌。村里的党员和群众都为女村官鸣不平，纷纷要求严惩打人者。第二天开村民会，闹事的人也觉得理屈，已经做好了接受处分的心理准备。

出乎意料的是，女村官开口竟做检讨："乡亲们，我还年轻，没什么社会经验，还需要大家帮扶。哪些活我安排得不合理，哪些话我说得不恰当，还请大家担待包涵，我做检讨。"挨打的事情一点也没提及。

之后，那闹事之人到女村官面前，当面认了错："你是为全村，我是为自家，错在我！今后你咋说，我就咋做，听您的吩咐。"

从中我们能了解到，这位女村官是很懂得交谈之道的。为了开拓富裕之路，她放下个人恩怨。不过，她的忍让和退缩，并非懦弱，而是坚强的表现，同时也是一种策略，一种有效地以退为进、赢得村民的信任的方法。

女村官虽然不是公司中的白领，但是她的事例却值得作为上司的你来借鉴。若你想要在新官上任之初在下属面前树立威信，那么，就要学会这种以退为进的交谈方法。虽然这种策略外表是退缩，但实质上是进攻，退的目的是为了更好地前进。正如拉弓射箭，将弓弦向后拉的目的是为了把箭射得更远。身为一名上司，你在管理的过程中受到下属和上司的质疑是在所难免的，你是要为自己受到的委屈伸冤，还是要利用这个受委屈的机会树立自己的威信？相信你一定会选择后者。

让与你对立的人听从你的安排并非易事，但是也并非完全不能办到。只要方法正确，摸透对方心思，以退为进，顺着他们的意去说、去做，就能得到别人的理解和尊重，你就可以逐渐树立威信。

点金石

要努力改善谈话氛围。如果你是提问而不是命令，并给人以维护自尊和荣誉的机会，气氛就会比较友好。因为人人都有自尊心，没有人愿意被他人摆布。

如何有效管理员工

身为一名上司，不仅要有好的口才，还要明白员工心理，这样才能与员工和谐相处，从而使员工主动自发地为你干活。有时候，让下属死心塌地为你工作很难，但倘若你能够把话说得恰到好处，将有助于你更好地管理。

1. 与其责备下属的错误，不如强调改过之后的好处

有的上司只知道一味地责怪下属的失误，而不懂得赞扬他们认真负责的精神，这只会让员工产生挫败感，更可能对上司怀恨在心。

比如，上司让甲做一件事，于是他十分努力地接连加了好几天的班，但是却由于一点小小的失误就被上司说得一无是处。此时，甲一定心怀不满，感觉自己只是犯了一个小小的错误，难道自己那么多努力都白白浪费了吗？

其实，当这种事情发生时，如果你作为上司，可以这样说："非常感谢你帮了我这样一个大忙，但是似乎这里面还有一点小问题，有劳你帮我再修改一下，我相信你可以做到最好。"

2. 假如你发现下属有什么遗漏，可以通过第三者来提醒他

一个公司新招募了几位职员，这些新人的做事能力都很强，但是在态度上却有些粗心，这让公司主管感到十分担心。因此，他便找来一名资深的员工，希望他和新人们聊天时，提醒他们注意一下自己的态度。这一招果然奏效了，自此以后，新人们在态度上改善了很多。

用第三者提醒，能够有效缓解对方的成见和反感情绪，效果也会非常明显。但是，在使用这种方法的时候，在对传话人的选择上一定要慎重，应避免"狐假虎威"，避免给犯错员工留下坏印象。

3. 可以先说一些从对方立场考虑的话，然后再指出缺点

日本有句俗话："骂一、夸二、教育三。"意思是说当你要批评对方的时候，只需批评一点的错误，然后赞扬他两点，乘机再教育他三点，就能很快达到目的。

一个人犯下错误总是出于某种原因，假如公司的主管能够在员工犯错的时候适当地表达出关怀之意，一定能够让对方十分感动，而且能够使对方主动反省自己。

4. 不要在很多人面前责备下属

每个人都是有自尊心的，所以，即便是员工犯了错，你也不能在别的同事面前责怪他，伤害他的自尊心。最好的方法就是在众人面前夸奖他，在暗地里指出他的失误所在，这样的话更能够让下属心服。

5. 认真倾听员工的意见

当员工想表达意见的时候，你应该鼓励他勇敢地讲出来，并且需要专心聆听，遇到不清楚的地方，可以微笑着请他重述一遍。当对方全部讲完以后，你可以对不清楚或忽略的地方再和他交谈。

6. 当你想派遣下属做某件事时，要避免使用命令的口气

当上司要求自己的员工办事的时候，一般可能会出现以下两种情况：第一种是使用命令的语气："你要……""你应该……"；另一种就是通过询问表达出自己的想法："如果换成是你，你会怎么做呢？"对很多人来说，往往比较喜欢后者。命令的口气常常会让对方感觉自己受到轻视，认为上司是把自己当仆人一样使唤，很容易造成反感情绪。

7. 当下属指出你的不当之处时，要勇于接受

很多上司觉得自己位高权重，要是让员工挑出错了，往往不愿承认，甚至还怀恨在心，而且会在以后处处针对。上司跟员工之间本来就应该齐心协力，"人非圣贤，孰能无过"，坦诚地接受别人的建议并加以改进，员工会因你的认真、诚恳而更敬仰你。

8. 虽然下属之中有一些人和你很亲密，也应一视同仁

上司若是想要和员工之间建立良好的互动关系，就要让员工从心底佩服你。所以，对每个员工都要平等看待，以免他们感觉你做事不公正。尤其是在报酬的问题上，数额往往是次要的，人们更重视的是自己是否被公平、公正对待。作为一个成功的领导，要知道人们都信仰公正的心理，要使每个下属从日常的交谈中体会出你对他的重视，如此，员工就不会有逆反的情绪了。

点金石

要同员工建立良好的联系，首先就要珍惜与员工相处的大好机会，以使他们甘愿为你工作。但是，真正要做到也很难，所谓“用人者，亦为人所用”“使人者，犹如木工之使木也”。你应该充分利用平常跟员工谈话的机会，树立良好的形象，使员工百分百地信任你。

高效实施命令的秘诀

命令在领导人管理中是很平常的用法，它既可以通过文件间接传达，还能以口述的方式直接下达。身为一名女性领导者，“有令必行”应该成为你管理下属的目标。相反，如果在实际执行过程中，命令被打了“折扣”，预期的效果就很难达到了。在现代管理过程中，命令被打折扣是经常出现的事情，但是，命令在被执行的过程中走了样，将阻碍你工作的正常开展。

但是，假如你的命令往往在下属那打“折扣”，原因很可能是出在你自己身上，也许你需要学习一下怎样对自己的下属发号施令。

一般来说，优秀的上司下达命令时会注重以下几点：

1. 突出重点，避免面面俱到

你的命令如果过于详细和冗长，只会让下属找不到重点，造成错误的理解。

2. 命令应强调结果，不必太强调过程

要达到这个目的，你可以采用任务式命令。即告诉员工你需要他做的事情和时间期限，但是不用告诉他方法。“怎么做”是他应该考虑的问题。任务式的命令能够完全调动员工的想象力、主动性和积极性。不管你的目的是什么，这种方式都会把人引导到做事的最佳路线上去。假如你是自己做生意，那么，你可以通过增加效益来实现。

在员工明白自己应该做什么和你要的结果时，你便能够更加有效地监督他们的工作了。

3. 尽量使你的命令简单化

若你下达的命令简洁、清楚，他们就会知道你到底想要什么，并且会立即开始去做。很多时候，员工没有做好工作主要是他们没明白你的意思。要是你想别人全部按照你的命令去做，那么，命令的简单扼要绝对是非常必要的。简单才是最好的，因为它不但便于大家理解，还可以减少发生错误的机会。在商场中，成功的企业往往在工作各方面都追求精确、简单，如简洁的策略，简单的计划和执行纲领，有专门的决策机构，能够简化行政管理程序，以便于采用简单的直接联系。

身为一名上司，你的命令能否有效传递，关系到事件的最终结果。如果想要让命令高效实施，就要掌握传达命令的技巧，明白职员心中所想，不要说一些无关主题、无关痛痒的话。简洁、明了、重点突出才不会让接受命令者一头雾水，也不会让接受者有逆反情绪，才能使信息更加清晰地被接受和执行。不要以为自己是领导就可以随心所欲地发号施令，你的随心所欲换来的很可能是阳奉阴违，并且若命令执行不彻底也是枉然。因此，下达命令也是领导者应具有的重要因素之一。

点金石

命令是一门需要技巧和方法的精巧艺术，如果你想在所选择的领域里获得成功，就一定要学习用命令领导他人。你不可能强迫任何人去做什么，因此，你必须懂得如何利用对方的心理，以领导的手段使别人甘愿为你效力，并且从心底敬佩你。

当女上司遭遇男下属

女上级同男性员工会有一种很奇特的关系，这并不是说他们之间的关系一定有什么不正常。而是说从男人的心理角度来说，本来就有些大男人主义倾向的男下属如果遇到了一个女上司，自己在心理上会产生一种抵触情绪，潜意识当中认为被一个女人管并不是一件光彩的事情。因此，作为一个女上司，在处理和男下属的关系时，在言谈中一定要掌握好尺度，不要让自己上司的身份伤害了男员工的自尊心。因为在传统观念和自身优势的影响下，男人总是认为自己是无所不知、无所不能的。与此同时，他们的这种自信又很脆弱，一旦有女人的威胁或者被放于一个比女人低的位置上，他们就会感觉自己的自尊心被伤害了，就会有逆反情绪。

相对于一个女性领导人员来说，在某些男人担当主角的职场中，若失去了男同事的支持，被他们所反抗，要想站稳脚跟也是非常困难的。因此，你要明白在合适的时候保护一下他们的自尊，让他们感受到平等，安抚他们脆弱的自信，获得他们的支持。唯有这样，你的工作才可以更好地进行。

1. 要正视男下属的意见

即使他是你的下属，工作表现不如你优秀，但是你也不能忽视他们的意见。“寸有所长，尺有所短”，假如每个人都能有虚怀若谷的胸怀，听取他人之言，也许就会避免意外之灾，作为企业的管理者更要做到这一点。

征询男员工的意见也是对他本身的肯定。因为这表示你重视他的见解和经验，令他体会到自己存在的重要性，让他觉得你很有眼光而对你友善，从而会自觉站在你的立场上考虑问题，更加支持你的工作。

2. 说到做到，让他对你另眼相看

一个女上司要获得男下属的尊重，那你首先必须严格要求自己。对于企业的各项决策都要令行禁止，说一不二。这样才能树立你的威信，使那些要嘲笑你的男员工转而敬佩你。

3. 分清奖赏和惩罚

对于表现优秀的男下属该表扬的表扬，该奖励的奖励。但是对于那些故意找上司麻烦，不服管理的男下属，你也没有必要对他太过仁慈。你对他的一味忍让只是会让他把你看扁，认为你是“妇人之仁”。因此，对待这样的男下属，当他犯了错误时，该罚就罚，以树立你的权威，让他知道你并不是一个任人欺负的小女子。

在处理男性下属问题时，女上司一定不要拖泥带水，既要顾及对方的自尊心，经常征询对方意见，又不能让他觉得你没有主见，太过依赖于他。身为企业的管理者，女上司们只有把握好这个度，才能让自己获得支持，赢得他人对你的敬佩。

点金石

成功的管理者善于听取员工的意见，尤其对于女上司来说，这是你获得下属尤其是男性下属支持的先决条件。在某些时候，甚至应主动征询他们的意见。

女上司如何恰当坚持自己的立场

人们总会受到一些条件的阻碍，比如说时间限制、能力限制或经济条件的限制，好多平时你有可能答应的要求，若是放在特殊的场合里，你却一定要拒绝。每个女人都想做到顺人意、惹人爱，但是作为一个女上司，在工作中无法避免拒绝他人的事发出。

建议女上司们必须坚持自己的立场，有以下几点可供参考。

1. 不批准员工休假

这里要明白两种情况：一是下属不按休假的有关规定办事，二是这段时间内已经批给其他员工休假了。

假如是第一种情况，应该说他没有按照规定做事。你可以这样跟他说："不好意思，我们计划在那个星期盘点存货，这件事是不能缺人手的。你也明白，正是这个原因，我们规定一月份休假。"

如果员工的休假请求和他人已经批好的相冲。这种情况下，你应该明白地告诉他，批假的原则是"先申请先安排"，因此，你无法批准他的要求。但是，你可以让他和已经批过那位员工商量。

2. 员工请求增加工资或者升职

假如是十分尽心尽力的员工请求加薪或者升职，实在是很难拒绝。特别是有些员工的职位、报酬早就应该提升了，但是公司预算紧张，生意不好，或者因为其他一些原因使你无法奖励他们的勤勉，这时，拒绝更是难上加难。此时，你最好据实以告，清楚地告诉他们原因。

当出现此类问题时，千万不可做出你职权范围之外的承诺。即使你要承诺，也要看将来的发展情况而定，比如生意有了转机以后，预算松动之后等，但是员工仍然会重视你的承诺。

3. 员工请求调整工作时间

照顾孩子、交通以及其他方面的问题经常困扰着员工。若是能够配合员工，助他们渡过暂时的困境当然很好，但是可能行不通。

假如你直接回绝下属的请求，会令员工感觉到你一点也不关心他的困难，他很有可能另谋职位。

因此，在具体解决问题的时候要尽量灵活，寻求所有可能的对策，这样一来，虽然到最后必须拒绝他，可你为此付出的努力也能消除员工的不满。

有些时候，允许员工偶尔迟到或是早退一点，没有大碍。重要的是事先一定要得到你的允许，否则的话，员工会随意改变自己的工作时间。

有时，你可以让某员工提前下班，但是有的时候又必须拒绝这类请求，这个时候就需要清楚地告诉员工为什么，不然员工会认为你没原则或偏心。

4. 员工请求去其他部门工作

若是一个无所谓的人员请求调动，那么，抓紧批准他，你还应该庆幸自己好运气。但假如是你的得力助手，并且是在一个非常忙的时间，或者一时无法找到人可以顶替他，一定不能随口拒绝，因为那样可能使一个职员意志消沉。

此时，你要和他好好讨论一下，询问他请调的原因。在谈话中，也许你会发现他想调动的原因可能与工作并没有很大关系，可能是因为同事关系，也可能是有一些通过调动工作就能够解决的问题，这些在谈话中都可以发现。

如果你们的谈话没有进展，而他仍然坚持调动，那么，你就只有拒绝。但是，应注意尽量减少对他的消极影响，尽可能留给他一线希望。例如，可以这样说："目前不能调动，过一段时间后再看有没有其他机会。"

这样的话，不但可以为你赢得思考其他可能性的时间，而且在这段时间里，这位员工的思想也很可能会有所变化。无论如何，对于员工的调动要求都要表现出极大的关心，这样可以减轻拒绝对其造成的伤害。

点金石

每个人都有自尊，即使是对你毕恭毕敬、言听计从的下属也不例外。因此，一个好的女上司应该明白拒绝的艺术，使员工在遭到拒绝时候，自尊心不受到伤害。而一个能在拒绝别人时也会为他人留足面子的人，同样令人敬佩。

第五章 职场中电话交流的语言艺术

电话交流的注意事项

电话交流是最能展示职场口才的方法。许多人认识到了口才的重要性，在平时也格外注意。但是，用电话交流的时候却常常忽视应有的礼貌和交流方法。其实，打电话也是展示一个人口才的重要“窗口”，只要掌握了其中的技巧，你就可以轻松地在不与对方见面的情况下，让自己的语言充满情感魅力。那么，电话交流应该注重什么？

1. 电话里交流应该以情感人

不要认为在电话中交流时，谁也看不见谁，讲起话来就不注意带有感情和动作。其实，这是不对的。在电话里与对方说话也应该充满情感，激动时也能加上肢体动作，因为你讲出来的话是否是干涩而没有感情的，对方听到声音就知道你的心态。对方想象到你毫无表情地与他谈话，心里也就没有热情了，这样，就会中断或阻隔两人的感情交流，失去感情上的契合，进而语言交流也就失去了意义。

假如现在很难过或正在考虑难题，你很不乐意有人来打搅你，可此时突然有你的电话，那你在接过电话之前，要先整理一下情绪，使自己高兴起来，不要把自己的烦恼和不快传染给对方，更不能因对方在不恰当的时候打来电话而发怒。因为对方打电话时不知晓你在干什么，他打电话或许是为了让你高兴，或是想和你说一个重要的事。你若一说话就带出一股不欢迎或不耐烦的情绪来，对方马上就会感觉到，他会很扫兴，想说的话也会不说了。

2. 声音清晰，发音准确

在电话中交流时，声音是你唯一的沟通介质。所以，传到电话那端的必须是一个清晰、生动、中肯、让人感兴趣的声音，同时，嗓门音量要适中，要注意发音清楚。

很多人在打电话时倾向于大声说话，尤其是在打长途电话时，非得大喊大叫不可，好像是因为距离远怕对方听不清。电话是一个现代化的通信工具，是很敏感的，根本不用大喊大叫。因为你大喊大叫时，对方也很难受，但又不好意思让你声音小点，只好在那里受罪。再就是当你大喊大叫时，也会影响到其他人的工作，同时，这也是粗鲁的表现。

3. 尽量把话说明白

在电话中交谈比不上面对面说话。你看不到对方在做什么，不知道对方是否在听你讲话，对方也同样不知晓你是否对他说的问题有兴趣。因此，这就要求你在打电话时一定把话说明白，讲清楚，使两个人更好地交流。

同时，在打电话之前，要先整理好资料，这样可以使你的谈话更加精练、准确，并且使你给对方留下有条理的印象。

4. 形成互动、有效的沟通

电话交流是双方互相回答、听说互动的过程。如果你要同对方谈话的内容太长，应先问问对方方便不方便。如问：

“您现在忙吗？要五分钟才能讲完，您介意吗？”

对方说：“不忙，请讲。”

这时，你可以按照计划说。

假如对方回答："对不起，我现在有点别的事儿。"

这时，你应再约一个时间并说出重点，再告诉他："以后再详谈。"

另外，当对方听你说话时，你要时不时地问问他，对你说的话有什么看法，让他发表些意见，假如一直是你在说，对方听多了就会分散注意力或不耐烦。你问他一个问题或问一下是否同意，就是提醒对方认真听，同时也是一种交流的补充，使双方都精力集中。

对方和你交谈时，你要边听边说"对""不错""很好"，这些话不要长，就一两个字就行，目的是为了让对方知道你在很认真地听他讲话，他讲话就更有精神。如果一方讲得很来劲，另一方不出声，讲者就会失去热情，认为对方不愿意听他讲话。

5. 礼貌客气，注意礼仪

在和别人打电话的过程中，不管接你电话的人是谁，你都应很礼貌很客气地与对方谈话。你礼貌客气，对方才会乐意听你说。特别是对拿起电话的那个人，你是在给他添麻烦，你会让他去找你要找的人，你不礼貌，对方就会不愿认真对待，不会很想为你服务。即使你是个身份很高的人，或者是单位的主管或上司，但如果你打电话时说话很不客气，最后也会被拒绝的。因为对方并不知道你是谁，而且他在繁忙的工作中，接你的电话就已经很礼貌很热情了，你再不客气地与他讲话，他自然会很生气。有时，尽管他知道你是谁也不会注意你。

一样的道理，如果你正在工作，突然有电话打进来，只要你拿起了电话，就要很热情很礼貌地与对方谈话，不要不耐烦或很生气地与对方讲话。因为不知晓对方身份，也不知他要找谁，有什么事情。很有可能对方就是你的上级，而等他告诉你自己是谁时，你后悔也就晚了。有时，对方身份不高，但他找的是你的上司，若你不客气不礼貌，他会把你的情况说给你的上司，那么，你上级会对你留下坏印象。

点金石

打电话也是展示一个人口才的重要"窗口"，只要掌握了其中的技巧，你就可以轻松地在不与对方见面的情况下，让自己的语言充满情感魅力。

正确使用电话的基本用语

毫无差错地使用电话用语，可以为职场中的你树立一个良好形象，同时可以有效地促进沟通、交流。

那么，该如何正确使用呢？下面我们举一些例子来说明一下（△表示不妥用词，*为正确用语）。

例一：

△"喂！"

*"您好！"

例二：

△"喂，你要找谁啊？"

*"您好！这里是××公司，请问您找哪一位？"

例三：

△"给我找一下××。"

*"请您帮我找一下××可以吗？非常感谢！"

例四：

△"先等会儿。"

*"请您稍微等一下。"

例五：

△"这没有这个人。"

❋"他在另一处办公，请您直接给他打电话，电话号码是……"

例六：

△"他出去了。"

❋"抱歉，他不在。假如您有急事，我能否帮您转告？"

❋"请您待会儿再打电话。"

例七：

△"你谁啊？"

❋"抱歉，请问您是哪一位？"

例八：

△"有事吗？"

❋"请问您有什么事情？"

例九：

△"还有吗？"

❋"您还有其他事吗？"或"您还有其他吩咐吗？"

例十：

△"那可不成！"

❋"对不起，无法照您希望的办。"

例十一：

△"我记住了！"

❋"请放心！我一定照办。"

例十二：

△"什么，没听清！"

❋"抱歉！您可以再说一遍吗？"

例十三：

△"把您的号码、姓名留下。"

❋"抱歉，您能否将您的姓名和电话留给我。"

例十四：

△"听不清啊。"

❋"对不起，我听不大清楚。"

不管是哪个企业，都有可能接到抱怨电话，此时，接电话的人更要注意自己的礼貌用语。

点金石

毫无差错地使用电话用语，可以为职场中的你树立一个良好形象，同时可以有效地促进沟通、交流。

在电话里也能塑造自我形象

使用电话时，一定要照谈话那样进行，电话中的声音是你唯一的使者，你必须通过电话给对方一个良好的印象。那么，应该如何塑造呢？

1. 恰当地进行自我介绍

电话中的自我介绍有两个目的：一是让对方知道你的姓名及工作单位，二是通过介绍使对方对你产生初步印象。前者是必需的礼貌行为，后是为了使事情更顺利地发展。

人们一般很看重最初印象，如得体的服饰，彬彬有礼的言谈举止等，都能给对方留下一个不错的印象。但是，打电话受条件的制约，一切都是通过声音来判断，因此，能否给对方留下一个好的印象，完全依赖于谈吐技巧。倘若缺乏这一技巧，要给对方留下好印象就很难。

自我介绍一定要注意这些问题：

(1)语言简洁明了，准确无误。

(2)讲究语言艺术。同样的话用不同的讲述方式，其结果有着很大的差别，语言技巧高的人，讲出的话更容易使对方接受。

(1)在介绍过程之中，如果对方发问，就不可打断话头，应当尽量给予满意的回答。

(2)把握好谈话节奏，给对方留有充分的倾听及发问的时间。

2. 以亲切友善的语言传递信息

拿起电话听筒时，一个打招呼的"喂"字，就能传递很多信息。它能说明你的心情，如果是随意、放任，说明你正在空闲；假如你皱着眉头说话，电话中的声音绝不可能洋溢着温暖。同样，如果你说话时面带微笑，你的声音就能传递你的笑容。你愈友善，听起来就愈亲切。因此，要坐直身子，打起精神，充满信心同对方交谈。

同时，电话内容一定要精练。这可以提高沟通效率，还可以节省电话费。

在会议期间如果打进来电话，接听者常会不注意地说："他正在开会，待会儿再打。"接着不等对方说话，"咣"的一声放下话筒。对方满怀信心或焦急地打电话来，却遭到这样待遇，肯定是难以忍受的。若这样的话，轻则对公司留下坏印象，严重的以后则不再往来。

正确的方法应是这样：当客户的电话打进来时，应回答说："对不起，他正在开会，我可以替您转达吗？"或"您有什么事吗？"

总之，无论是谁都不会拒绝一个音色悦耳、态度友善的声音。如果在通话中你能做到这样，肯定会为自己的职场生涯带来很多便利和意外的惊喜。

点金石

使用电话时，一定要照谈话那样进行，电话中的声音是你唯一的使者，你必须通过电话给对方一个良好的印象。

通话时间需谨慎选择

选择正确的通话时间，是电话交流中必须掌握的原则。稍有常识的人都知道，选择不同的通话时间，将会收到不同的效果。

大多数情况下，由于性质不同、作息时间不同以及个人生活习惯不同，通话时间的选择分别确定。但不可以以自己的时间或需要来确定给对方打电话的时间。另外，打电话时，你要先思考下面的问题。

1. 注意轻重缓急

如果不是非常紧急的事，职场中的电话沟通要尽量避开正常的休息时间。如用餐时间，以及餐后 1 个小时之内，再就是晚上 10 时之后，没有特殊的事情，最好不要打扰对方。

2. 因人而异

很多的业务主管、公司经理都有夜间工作的习惯,给他们打电话时最好避开上午9时之前的一段时间。因为上班后他们需要一些时间来处理信件,布置当天的工作,时间会很紧,这会使通话效果受到影响。理想的时间可选择在上午10时至11时之间。如果是下午通话,在2点到4点之间是最好的。

3. 适时征求他人的意见

假如你对对方还不太熟悉,可以征求对方意见,提出以下问题:

"一天之中哪个时间给您通电话最好?"

"什么时候找到你更方便?"

一般情况下,对方会根据自己时间来告诉你最好的通话时间。

点金石

大多数情况下,由于行业性质不同、作息时间不同以及个人生活习惯不同,通话时间的选择应依据上述情况来分别确定。但不可以以自己的时间或需要来确定给对方打电话的时间。

接听电话注意事项

当代社会生活中,电话已成为商业联络的一个重要工具。在职场中正确地利用这一工具,可以给工作带来许多便利,减少很多麻烦。那么,在接听电话时应注意哪些呢?

1. 不能以随便的态度通话

虽然电话交流的媒介是你的声音,但你的情绪、语气和姿势都可能透过声音的变化传达给对方。所以,千万不要觉得接听电话是很随便的。

2. 不要因失礼而造成误会

由于电话中没有肢体语言的辅助,因此要确定你得到的信息是否正确不是易事,因为这将全靠听力。为了避免一知半解、遗漏信息,听电话之前备好纸笔,以便随时摘记要点。听的时候不光要听对方说,还要注意他的说法,从声音之中收获一些信息。

同时,接电话时一定要礼貌。职场上许多不愉快和纠纷就是来自于失礼的电话应答。由于电话中不认识的双方无法看到对方的表情、手势,也没有办法把握氛围,因此,常会导致许多误会的发生,造成意外的麻烦。

假如在电话中产生了误会,应该直接见面道歉。例如,接线的人忘了转达主管人员必须回的电话,客户等了好久,却始终没有接到对方打来的电话,只好再打一次,而这回刚好是主管接的电话。

假如你是主管,一旦知道对方生气的原因,就应该立即前往道歉,说声:"真是对不起!秘书工作疏忽了,竟然忘了告诉我。"然后你可以再加上几句:"希望你能常打电话指教,诚心欢迎啊!"诸如此类的话,可以解释清楚没回电话的原因,客户一定会理解你的。

3. 不要因粗鲁怠慢他人

接转电话其实是一场隐形的商谈,切不可厚此薄彼。如果你正好接了某个电话而客户要找的人又不在,则应该负责转达。对待客户的态度一定要耐心细致,和蔼有礼,不要毫不专心,粗鲁无礼。

一个客户打电话找经理，打了三次，都没能联络上。客户第四次打电话进来，接电话的人只是漫不经心地看了看经理的座位就回答客户说：

“出去了！不知道什么时候回来！”

说话口气一点都不礼貌，很不耐烦。这时，对方往往会火冒三丈：

“你想我打多少次电话？刚才就不在，现在又说不知道上哪儿了，又让我等着，你们到底想干什么？”

事实上，这并非全是接电话者的错，因为前三次电话并不是他接的。但是对方打前三次电话，都没有找到经理，接电话的人又没有转告经理，对这件事也没有进行处理。客户第四次打电话又受到冷遇，认为接电话的人缺乏诚意，自然火冒三丈。

正确的方法应该是这样：接到电话，应首先客气地问一句：

“请问有什么事？”或“要不要请他给你回电话？”等表示积极负责的礼貌用语，对方才会心平气和和你交谈。

因为电话中的失误造成客户流失是不值得的。因此，每接一个电话，都应该将对方看做自己的朋友和客户，态度恳切，言语中听，使对方乐于同你交谈。例如出现上边的情况时，你确实不知经理的去向，则应向客户道歉，而且说出自己的姓名和职务：

“抱歉，经理刚出去办事，我是赵秘书，需要替您向经理转达吗？”

顾客自然会说道：

“很感谢您！请转告经理……”

就算让别人等是无奈之举，也必须让他知道你并没有忽视他的存在。

4. 不要对“不速之客”置之不理

在打电话过程中，当你正和对方谈得投机时，这时突然有另一个电话打进来，该怎么办？既不能置之不理，只顾自己的事，又不能放下正在打的电话去接另一个，真是左右为难。那么，如何做才是最好的呢？我们来看看下面这个例子。

业务员小马在电话与客户商谈事情，这时刚巧身边的另一个电话机响起来。旁边另一位同事见他正忙着，帮他接电话：

“他正在打电话，脱不开身，请稍等！”

说完就将电话放在一边，不管对方，干自己的事去了。顾客连声“喂、喂”，可小马正与客户谈到重要的关键时刻，无法立即挂断电话去接那一个，因此，客户对这样的做法很愤怒。

使客人等很长时间是很不礼貌的，尤其是在事情忙的时候，往往忘了久等电话的对方，这不能不让客户生气。

这种时候，小马即使再忙，也要和正在交谈的对方表明自己另有电话：

“抱歉，我另有电话打进来，请您稍等一下好吗？”或“抱歉，我先挂断电话，待会再打给您好不好？”

假如接的电话很重要，实在不能挂断，最好拜托同事帮忙一下，同后打进来的电话说声对不起，请他等一会再打来。如果对方所要求的尚需要查阅资料，且对方之前已经等了一些时间，则应该在查阅的中途对对方说：“真对不起，让你久等了！不过我还要花点时间查阅。您是否想再等一会儿，或待会我打给您呢？”这样你可以待对方回答后，然后再查阅资料。

点金石

电话不仅仅是传递声音那么简单，它也能传递你的情绪、态度和风度。

如何筛选和过滤电话

现在,有很多领导者的电话会由下级先代接。这种做法通常会使人感到上司遥不可及,另外也可替上司筛选和过滤哪些电话应接,哪些是不用接的,以提高上级领导者的工作效率。如果你不巧正是代接电话的人,那么,你应该明白如何筛选。

过滤电话这样的做法,可能会引起打电话者的反感,因此,你必须更圆滑老练地应付。你应告知他们要找的人不在或无法接听电话,假如仅仅单纯问对方:“你是哪位?”可能会使对方恼怒,你可以说:“他现在不在,是否请你留下姓名及电话号码,我会请他给您回电话。”

假如对方找的人刚好出去了,你不必向他们解释他的去处,也不要让打电话来的人知道某人出差还是出国,除非他们两人很熟。这样做的原因有二:第一点,某人到哪里去了和他们没什么关系;第二点,你可能告诉陌生人他家中无人看守。

另外,回话时也不要谈及太多私人话题“很抱歉,他现在正在洗手间”或“很抱歉,她刚生完小孩,有点手忙脚乱,可能要离开一阵子”。不要觉得好笑,事实上,这些例子常常发生。

不要用“他已经很多天没上班了”等,这样会让对方感觉不好。

当然,你应该听出那些熟人的声音,这时候,你可以不必再问对方是谁、有什么事,而是直接告诉上级是谁打的就可以了。

假如你很有礼貌地请教别人,相信对方也会很有礼貌地回答。但偶尔也会碰上一些不礼貌的人,不愿回答你的问题。但也不用为此生气,只做好你分内的工作就好了。如果上司提示你要记录来电者的姓名时,你就有权利及义务,坚持来电者必须呈报自己的姓名,你也可以提醒他,这是规定。

如果打电话的人只说名字不说目的,你该怎么办?他们可能会说“他明白我打电话的目的”,或“和你有什么关系”,或甚至说“不要管我是谁,请他来听电话”。这时,比较好的回答应该是:“很抱歉,除非让他知道你来电的目的,不然他是不会接电话的。”

点金石

有很多领导者的电话会由下级先代接。这种做法通常会使人感到上司遥不可及,另外也可替上司筛选和过滤哪些电话应接,哪些是不用接的,以提高上级领导者的工作效率。如果你不巧正是代接电话的人,那么,你应该明白如何筛选。

如何应对电话闲聊

在工作之中,假如来了一个讲话没完没了的电话时,往往会使人十分不耐烦并产生厌倦情绪。有时候,还会阻碍工作的正常进度。

如果你正忙于整理下午开会的资料,桌上的电话突然响了。原来是客户打来查询的电话,但是,对方的谈话一点要领也没有,杂七杂八讲个没完。这时,你一定希望谈话快点停止。

在这时,你不用理睬这种长舌电话,在原则上请对方“简洁地把问题讲明”就可以了。

假如你说“我现在很忙”,而把电话给挂掉,若对方很小心眼,恐怕以后会故意找麻烦。那么,若真想赶快挂掉电话时,应该怎样说呢?

假如对方是很要紧的客户,并且难以相处,那你就要考虑既不伤害或影响到对方的情绪,又能赶快地挂掉电话,以下有几种方法可供参考。这才是最重要的。

1. 假装有急事而结束谈话

首先,你要懂得电话交谈时,对方看不见的优点。当对方的话告一段落时,故意稍微大声地说:“啊,抱歉!”

在对方说道“什么事啊”的时候,就说“现在我必须到厂商那儿去”。这时候,说说谎也能应急。

但是这方法使用得多了,难免引起对方怀疑。所以,较好的托词是:“现在,我有一个紧急电话进来,真是对不住。”

如果对方也说:“我这边也是紧急电话啊!”

那就明确告诉他:“那么,请您简短地说好吗?”

这种解决措施,绝对不可以说得心虚声弱,而要煞有介事地大声通报。

2. 将对方的话做个小结,并确认其意图

可以对对方电话谈论中的重点,做个小结论,以缩短对方的谈话。

例:“是要查询××合同的事,对吗?”

“所以,您指的是A、B、C那三个要点?”

如果这符合对方说的话,这样,对方也会觉得意气相投而大为欣慰。

还有其他的很多方法,其根本的要点就是要在不伤害对方的前提下,想出办法尽快结束没完没了的“长话”。

点金石

家里的电话聊多长时间都没关系,但是,职场中所使用的电话是大家共有的,不可以依自己的喜好而谈得没完没了。因此,双方都要简明扼要。

如何处理打错的电话

有时,职场上的错误通话是由于你打错了电话、找错了单位或找错了人,但更多的则是对方打错了电话。例如,把本来应该业务科接的电话打到了行政办公室。对于这些打错的电话该怎么办呢?

如果接线员因为粗心或不熟业务将电话接错,把人事科的电话接到了业务科,而你恰是业务科的秘书,接到这样的电话会怎么办呢?

这时,你一定不要这样说:“啊?这事啊?科室搞错了,我们不负责这方面的业务。请稍等一下,我帮你把电话转一下。”这看起来似乎很有礼貌,也很负责,其实不然,这样的答复是不合适的。

因为,想要接通的电话,对方一定已向接线员说过了,所以,搞错的本来就是接电话的一方。而上面回答的口气倒仿佛是客户错了,因此“帮”字不恰当。

特别是一些大型的企业,业务繁杂,要非常精确明细地划清业务的界限和范围是很难的,一个人无法完全知道本科室的所有业务。不过,即使明知不是属于本科室的工作范围,也不要用“我们不负责这类业务,可能应该是别的科吧”的回答来搪塞对方,并不管三七二十一,把电话又转向别处,这真是太无责任意识了。

点金石

若要让这样的电话踢皮球事情不再发生,有一个办法,即回答:“这里不负责这类业务,请让我查一查该哪个科负责,然后再给您回电话。请告诉我您的姓名和联系地址。”然后先将电话挂断,并一定负责处理此事。如果再添句“我是业务科的”,对方也就更放心了。如此认真负责的态度,一定可以让客户更加信赖你的公司。

解释晚接电话的艺术

小梁在电话中同公司谈延期交货的事时，另一个也是自己负责的乙公司也打电话进来了。

和甲公司谈论的事情特别要紧，而且也快谈完了，所以，小梁就向接到电话的职员说："叫他等一会儿，马上就好。"不一会儿她挂掉甲公司的电话，马上接乙公司的电话。

"喂，承蒙照顾！"

这样打招呼后，对方却不高兴地应声道：

"你真是折腾人啊！"

小梁心想："我马上就来接电话了啊？"

这时，对方乙公司的科长说道：

"我的时间也特别紧！本来想下一批新订单给你，想一想，今天别谈了。"

说着就要挂电话了，急得小梁不由得慌了手脚。

本来就不是故意让对方等的，他为什么要生气？这种情况该怎么办呢？

1. 考虑对方心理，尽最大的努力博取欢心

对对方状况不清楚时，人往往会觉得不安。比如，当父亲呼唤儿子时，纵然只是一两分钟还没出来，就会焦急地叫："快来啊！在那干什么呢？"

打电话的心理也是这样，只是稍微地等个一两分钟，就觉得时间过得漫长。再加上打电话的人是客户，那种"以客为上"的意识也多少在作祟。况且，这位科长是要下一张新订单才打电话的。

对小梁来说，这大概是出于一时的粗心大意吧！

在通话中，如果另一个电话打进来，可采取下列措施：

让接电话的人先礼貌道歉，再说"请稍等"。

假如打了特别长时间，就在途中先暂停，接另一个电话，同对方说："对不起，现在有一个长途电话，等一会儿我就谈完了。"这样才能使对方放心。或让接电话人转述："让您久等不好意思，如果方便，等会儿再打电话给您"。

2. 必须尽力使对方心情愉快

假如没有什么安抚方法，又不能说"对不起，让您久等"之类的客套话时，大客户往往就会闹别扭。

此时，你要镇定一下，调节气息后，这样回答：

"对不起，让您等了这么长时间。因为别的电话谈得太久，现在才脱身飞奔过来，实在是失礼失礼。"

这时，稍稍夸张的语气，对方才会觉得高兴，至少能稍稍减少对方久候电话的不耐烦与愤怒。所以，这些夸大表演不可缺少。

点金石

过于频繁的电话交谈，造成了职场中每天工作时通话的拥挤。当你不得不推迟某个通话而不巧造成误解时，应当立即想办法予以化解，不然会积累下更大的麻烦。

第六章 职场“外交”的语言艺术

对外交往不可少

所谓职场对外交往，是指职场中的有关人员（主要是领导者和管理人员）与本组织外的组织或个人，包括有关异国的组织与个人间的友好往来。整体概述职场对外交往，其可分两类，一是与国内广大组织和个人间的沟通交流；二是与国外组织或个人的交流合作。

例如，任何一个企业组织，作为一个经济组织，它的原料供应、产品销售，都需要依赖外部组织和市场。因此，对外的商贸往来则是必不可少的；同时，作为一种社会组织，企业又要与文化、教育、卫生、体育、环保、公安等各部门，甚至军事部门发生往来。由此可见，对外交往对任何一个组织中的领导者和管理者而言，其意义都极其重大。内部与外交，是相互配合，相辅相成，缺一不可的。

职场对外交往，对于完成好本职工作而言有着举足轻重的作用。

1. 沟通信息，交流情报

通过对外交往，“外交”人士可以适时把握或获取所需信息。然而，有时一些词句虽是在言谈中无意表露的，然而却是说者无意，听者有心。由此可以领会，在西方国家，往往有企业的总经理在一周的某个晚上宴请各方人士，听他们随便“神聊”。

2. 取长补短，交换资源

每个组织的资源优势各有不同，因此，要取长补短。这里所说的资源包括各种物质、资金、人力、技术等，也包括自己所生产的物质产品和精神产品。领导者通过与外界的沟通与交流，可以和外部组织签订有关协定，各取所需。对于企业组织来说，通过对外交往，可以销售本组织的产品，获得生产资料、资金、技术等。

3. 建立信誉，塑造形象

在对外交往中，“外交”人士通过自己的细节处的言行举止，为他所代表的组织塑造良好的公共形象，而外部组织的有关人员就是通过“外交”人士的一举一动来了解他的组织。任何组织都需要在对外交往中有良好的信誉，而这个信誉正是通过对外交往逐步建立起来的。

在发展社会主义市场经济、改革开放的今天，任何一个组织都需持续地、有规划地对外交往。对于面向商品经济市场的企业而言，需要在高度的社会分工的基础上从事经营，从而需要扩大对外交往。因此，外交家优秀的品格和素质是现在职场中必备的。因此，现代领导者的外交素质的培养是十分重要的。试想，在包括国际交往在内的对外交往不断扩大和发展的今天，一个领导者在外交场合不拘礼仪，不懂得国际交往中的惯例，不懂得与外界人员进行信息沟通的技巧，不懂得如何欣赏艺术，甚至不懂得怎样来谈话和交流思想，那么，他的外交任务必然无法完成。

点金石

现代社会中的任何组织，都是一个对外开放的系统，相对而言，它更加需要的是各种资源源源不断地供应，需要各国组织建立广泛的友好合作关系。

职场对外交往的一般性要求

在对外交往中，“外交”人员往往会受到一般性要求的影响，这些要求主要有以下几个方面。

1. 自信心

在对外交往中，对外交往者代表着一个组织的形象。与他人交往，目的是要商定某一协议，解决某一问题。因此，自信心在对外交往者的身上就显得十分重要。没有自信心，往往会被对方忽视，在交往中处于被动、劣势地位，从而不利于交往目的的实现。对外交往者的自信心是他所代表组织的有力量的表现。为此，对外交往者应该做到：

（1）给予自己充分的肯定。拿破仑曾经说过：“在我的字典里，没有‘不可能’这个词。”在外交场合，领导者应经常提醒自己：你拥有和对方一样的天赋，并且具有别人所不具备的特长与优势，因此，应该充分地相信你自己。

（2）主动去评估对方。在对外交往中，如果你能仔细观察对方的言行举止，找出其缺陷与不足之处，并主动地评估对方，就可以从内心产生与对方平等的心理关系，从而有利于树立自己的自信心。

（3）主动进攻。在对外交往中，应主动地和对方打招呼，对对方的人进行强有力的把握与控制，开个无伤大雅的玩笑，这些都会帮助自己从精神上消除紧张感，从而有利于树立自己的自信心。

2. 灵活性

在外交活动中，既要讲究原则性，又要讲究灵活性。原因是：在外交场合中，情况不会一成不变。双方处于对立状态，又是代表不同的两个利益组织的双方，而且双方都会巧妙地运用计谋。因此，只有讲究灵活性，运用巧妙的手法灵活地处理问题，才能取得对外交往活动的成功。在对外交往活动中，往往出现事先没有预料到的和没有准备的情况，如果出现这种情况，必须认真地下“场外”功夫，拥有基本的知识储备，培养快速反应能力，锻炼临场应变能力，同时，在上场前，充分地准备一些资料，多拟定一些备用方案，这样就能随机应变，不断地修正对策。当然，必须在适度的情况下进行灵活应变，灵活性必须在原则性的指导下。因为没有原则，则谈不上灵活。

3. 幽默感

幽默总是与智慧、爱心结伴同行的，每一个具有幽默感的人，都为人亲近、心胸宽广、处事豁达，拥有随和的性情和敏锐的洞察力。幽默是思想、爱心、智慧和灵感在语言运用中的结晶，是一种良好修养的标志。因此，有关人士在外交场合往往会关注对话的幽默性，这有助于树立说话者的良好形象，使听者对他过人的智慧和良好的修养留下深刻印象。

在对外交往场合富有幽默感，可以创造一个轻松愉快的谈话环境，使双方可以较顺利地进行心灵的沟通。尤其在双方交谈处于矛盾和紧张的情况中时，一句幽默的话就可以使谈判的气氛变得轻松和自然。同时，幽默还能帮助讲话者克服自卑、树立强烈自信。幽默的语言可以帮助说话者在外交场合树立自信心。所以，经常出入外交场合的人们应努力培养自己的幽默感。为此，应不断学习文化知识，提高文化修养，加强学习能力，同时，还应时常调节和放松自己的神经，努力做到松弛有度，充分发挥自己的想象力。

4. 自控力

在对外交往场合，双方发生矛盾是时常发生的事，尤其在外交谈判中，随时随地充满着矛盾和冲突。在这种情况下，自控力是一名外交人员很有必要具备的一种能力。在气氛紧张的时刻，应能够控制住自己的情绪，一个人是否有修养，在此刻就可看出，他是否可以保持冷静，也是有力的表现。如果能够良好地对自己的情绪进行有效的控制，就能够冷静地分析问题，从而能够正确地解决双方的矛盾和冲突，确保谈判成功，建立愉快的合作关系。据有经验的人士说，在谈判紧张的过程中如能够控制好自己的情绪，并表示对对方心情、处境的理解，就会对对方的心理产生改变：从强硬到弹性，从不让步到让步，从敌对到合作。

要想具备控制情绪的能力，前提是要学会忍耐。俗话说，“宰相肚里能撑船”“小不忍则乱大谋”。忍耐本身就是一种艺术，更是一种良好的素质的体现，而善于思考和经受磨炼是培养良好忍耐力的必要条件。并且，可以时常用俄国作家契诃夫的话提醒自己：“让自己的舌头在嘴里先转上十圈”，转过十圈之后，心中的火气便减弱多了。

5. 庄重的仪表

对于仪表的讲究，在对外交往场合中是非常重要的。在这方面，敬爱的周总理做出了榜样。他为自己的仪表设计了一个标准，即“面净、发理、衣整、纽结、头容正、肩容平、背容直、气象勿傲勿怠、颜容宜和宜静宜庄”。周总理将此视为信守一生的准则，他的风度和仪表堪称楷模，一直为世人所敬仰。在这方面，我们都应将周总理视为优秀的榜样。

点金石

要想具备控制情绪的能力，前提是要学会忍耐。俗话说，“宰相肚里能撑船”“小不忍则乱大谋”。忍耐本身就是一种艺术，更是一种良好的素质的体现，而善于思考和经受磨炼是培养良好忍耐力的必要条件。

如何应对不同类型的人

以下是外交活动中常见的几种类型的人。

1. 死板僵化的人

你要费些工夫，仔细观察，注意这类人的一举一动，从其言行中找寻他所关心事物的重点在哪里。你可以和他随便闲聊，只要能够使他回答或产生一些反应，那么，其他的困难便会迎刃而解。接下来，你需要利用话题进行深入探讨，让交往对象充分表达自己的意见。

2. 傲慢无礼的人

如果交往中遇到了傲慢无礼的人，则对待这一类型的人需处理得当，说话要简洁有力。并且需要提高警惕，以免掉进他的圈套里。

3. 沉默寡言的人

与这种人交流时，最好的方式是直截了当，让他明白表示“是”或“不是”，“行”或“不行”。

4. 深藏不露的人

遇到这种人时，你只需将准备充分的资料拿给他看，让他根据你提供的资料，作出最后决断。

5. 草率决断的人

遇到这种人时，最好把谈话分成若干段，谈话每进行一部分就征求他的意见。没问题了，再继续进行下去，如此，才会避免错误或引起不必要的麻烦。

6. 顽固不通的人

与这种人交往时，如果用尽各种方式、办法，事情仍无进展，你不妨及时抱定“早散早脱身”的想法，随便敷衍几句，留待以后有机会再与之交往，不必此时耗时费力自讨没趣。

7. 行动迟缓的人

对于这种人，即便事情已经十万火急、你已经焦急万分，他都不会为之所动。此时，你最好耐住性子，尽可能配合他的情况去施展“外交”手段。

8. 自私自利的人

当我们不得不与这一类人接触、交涉时，只有暂时按捺住自己的厌恶之情，如此，职场外交就会大获成功。

点金石

现代职场的外交需要与形形色色的人交往，当然，对待不同的人所用的交谈方式也应有所不同。在进行职场外交活动时，需要先对交往对象的类型有个大致了解，这样，交谈起来便会比较顺畅。

用提问打开彼此的心扉

在职场交际会话中，提问应答水平在了解对方、促进沟通交流、获得有用信息等方面有很重要的意义。一个善于提问的人，不仅能全面地把握交谈的浓度与方向，而且还能开启对方的心扉、拨动对方的心弦，建立感情、增进友谊。

在1956年苏伊士运河事件之后，为了报道中国人民支援埃及人民反英侵略的斗争，一位记者去采访一位曾随中国商品展览团去埃及的工人，向他抛出一个文绉绉的问题：“埃及人民如何反对英国殖民主义？”没想到，这位工人文化水平不高，顿时答不上来了。

采访出现的尴尬局面，使那位记者意识到自己的问题“太没水准”。

事实上，职场外交中，在和人民大众交往时，也会遇到这样的尴尬。那么，怎样提问才会避免这些问题，显得水平高呢？以下有几点可以参考一下。

1. 因人而问

人分男女老少，每个人都有自己的性格特点，有不同的知识层次、生活环境等。因此，不可“千人一问”。所谓“因人设问”，主要在于：

第一，场合不同，提问内容也要不同。对久未谋面的老朋友，私聊的时候可能互相询问：“你的薪水多少？结婚了吗？”而在公共场合则不行。

第二，即使内容相同，对象也会不同。那位记者所谓的“太没水平”，说的便是没有针对对象提问。后来，当他改问“埃及人民对英国人怎么样”时，对方立刻滔滔不绝地说开了。由此可见，要想让别人对你畅所欲言，就要“量体裁衣”，看什么对象提什么问题。

2. 适时而问

职场外交要会看时机说话。不该说这话的时候说了，叫做浮躁；该说这话的时候却不说，叫做隐瞒；不看对方脸色便随便乱说，叫做睁眼说瞎话。一般来说，当对方很忙或正在处理急事时，不宜提无关紧要的问题；当对方伤心失常时，不宜提太复杂生硬的、会加重对方不快的问题；当对方遇到挫折或麻烦、需要单独冷静思考时，最好不要提任何问题，以免让对方心烦意乱。

提问要讲究适度得体。所谓适度得体，一是措辞严谨，二是不唐突，不使人难堪。

某教士在做礼拜时突然烟瘾大发，随即问其上司：“我祈祷时可以抽烟吗？”这么发问怎么不会受上司的呵斥？后来，另一位教士也忍不住想吸烟，却以另一种方法问道：“我吸烟时可以祈祷吗?”上司竟允许了他的请求。前者不假思索,而后者巧于措辞,同样的请求就有了截然不同的结果。

在职场外交中与众人谈话时,有些人经常如此发问:“不知诸位有何高见?”一句话就把别人想说的话给“堵”回去了。倒不如说:“各位有什么想法呢?”朴质无华,反倒更容易让大家畅言。可见,提问要琢磨好自己的措辞。

而且,精巧适度的提问,不但不会使人难堪,反而使人明知其难也乐于回答。1981 年 4 月,瑞典首相费尔丁访华,与中央电视台记者有这样一段对话:

记者:不知道是否可以向首相先生提出一个有关家庭生活的问题?

首相:可以。

记者:你在首都工作,而你的夫人和孩子却在农村,不知道你的家庭生活是怎么安排的呢?

要求一位首相自己陈述家庭生活的内幕,原本就有点难为情,而如果拒绝,也会令记者本人难堪。然而,由于提问得当,使双方都避免了僵持,因此,记者达到了采访目的,费尔丁也没有为难人,而是乐于回答。

3. 尊重被提问者

要做到尊重被提问者,就应站在对方立场上考虑,提问人应注意以下事项:

(1)提问者要做好准备。

(2)不可将提问变成拷问。

(3)提问时不能带有偏见。

(4)不要提含糊其辞的问题,不要提容易对自己不利的问题。

(5)提问越短越好,而所作的回答要越长越好。

(6)提问后允许对方有思考作答的时间,不要随便搅乱对方的思路。

点金石

尊重对方,一定要注意态度和语气,尽量营造“问者谦谦,言者谆谆”的气氛。然而,更重要的,提问要体谅对方,考虑好怎样表达问题才能使对方愉快地给予答复。

职场外交人员在交流中的注意事项

在社交活动中,与人交谈的目标是为了沟通思想、增强知识、升华友情。我们希望通过言语交流,尽力使自己的观念和思想为对方所接受,同时也希望对方可以把自己当成朋友,向自己倾诉肺腑之言,畅谈其内心世界的真实想法。为此,职场外交人员在交流中应注意如下几点。

1. 营造一个良好的谈话氛围

职场外交中的交流,首先要设法制造一个轻松的谈话氛围。我们时常看见一些职场人士在熟人面前谈天说地,兴致极高,而一旦见到陌生人便少言寡语,噤若寒蝉了。其实,一个人说话的胆量大小,说话水平的发挥,与当时的氛围相关甚密。说话时的气氛好,人的兴致便高,情绪便高昂,谈兴也较高,这样便会减少压力,倾心畅谈;而说话时的氛围不好,人的情绪便很难调动起来,会觉得无聊,自然也就失去了谈话的兴趣。因此,为了使交谈比较欢快,职场外交人员应设法创造出一种能达到谈话高潮的轻松和谐的气氛。

2. 设法激发和引导对方谈话

在如今的社会生活中，由于生活节奏加快和生活的丰富多彩，并不是每一个人都愿意畅所欲言。在与人交谈中，经常会出现沉默和尴尬，而使谈话处于僵局。在这种状况下，可以找寻合适的话题插入，以缓解尴尬局面，活跃谈话气氛。即使是很多众所周知的老问题，也可以从新的角度谈点新的看法，或联想一些新的事例进行交流，这样可以避免人云亦云，老调重弹，继而激发和引导对方的讲话兴趣，使对方愿意与你交流下去。

3. 善于进行心理安抚

在与人交谈时，职场外交人员需要努力表现、倾听，以示对方的话题正在引起自己的兴趣。还可以顺着他的话题，以乐于倾听和从容不迫的态度激励他继续讲下去，或者为他倒上一杯茶，或者适时表明“我也这样认为”“确实是这样”“你的观点和我的非常相似”。这种心理安抚的行为，是一种积极的配合，可以使对方可以说出自己的感觉。

4. 善于鼓励对方说话

在与人交谈时，我们需要有良好的态度，使对方有一种自己被你认同的强烈感受。这时，你主要是鼓励对方多交流，如果他想要让你发表看法，一般不要因为插话而打断对方的想法。当然，在一些细节问题上可以重复对方的话语，以表示重视、肯定也能强化对方的感受，“是的，只有当自己也处在这样的境地才能理解别人的难处”。这样的句子重复是对对方的一种重要的心理支持，也是对他所谈的助兴。同时，还可能会为对方可以清楚地表明自己的内心起到提示的作用，如帮助归纳，给出一个恰当的形容，继而使对方愿意与你交谈下去。如果你想使对方进一步敞开胸怀，多给予同情、理解和认同是十分重要的。要让对方明白，你是在设身处地地为他着想。你可以经常提到“你谈到这一点我也有同感”“虽然我不这样觉得，不过却认为你把道理讲清楚了”。这样便于彼此间共同点的增强，方便双方的交谈。

5. 表达自己的观点时一定要态度诚恳

在与人交谈时，若你总是顺着对方的观点，不说一个“不”字，不发表自己的真实意见，人云亦云，就会被当成是无主见和滑头的人，别人也不会愿意与这样的人交朋友。事实上，在职场外交中，只要我们得体地表明自己的不同意见，不仅不会得罪人，而且还会增进彼此的信任和理解。

6. 不要轻易和对方争辩

在职场外交中，一般涉及的事大部分都是没有绝对的是非标准的。然而，当我们诚恳地表达自己的观点时，恰好是从另一个侧面帮助对方去分析问题，对方在通常情况下也易于接受。因此，在职场外交的对话中，千万别太钻牛角尖，因为一旦起了争执，所有的好印象就会烟消云散。

点金石

在社交活动中，与人交谈的目标是为了沟通思想、增强知识、升华友情。我们希望通过言语交流，尽力使自己的观念和思想为对方所接受，同时也希望对方可以把自己当成朋友，向自己倾诉肺腑之言，畅谈其内心世界的真实想法。

说话的得体举止

人的身体姿态和口语表达紧密相关，也就是说，身姿也是谈话者的内在思想的体现。一个内心缺乏勇气的发言者，他的外表一定会显得羞怯、缺乏魅力。如站立摇晃不定、坐不直、驼背、斜肩、不自然地抓耳朵、挠头发、拽弄纽扣、扯衣角、两脚不停地相蹭等，这些都会给人留下胆小、拘谨、自卑、不大方的印象，没有人会愿意和这种人交谈。

有时，使用手势对加强说话感染力能起到辅助作用，但代替不了说话，说话时，身体应自然地坐好或站立，手自然放好，必要时用脸部表情配合你的语调。当想要加强语气和引人注意时，这时可以让手帮你的忙。但是，千万不要让手乱动。

通常，乱动手主要是出于两种原因：一种情况是下意识的举动，如搔头弄姿、拉耳掰手、甩弄铅笔、捣锁链之类，无非是想掩饰一下内心的不安。另一种情况，是有些人主观上为加强语气而特意采取的手势动作。可是他们用得不恰当，双手肆意地乱摆放，手势使用过多，倒成了无意义的举动，这是一个人轻浮或嚣张的表现，在社交场合非常不得体。不随便动，坐稳站好，充分显示稳重、真诚、优雅，反而令人尊敬。

手势动作应准确，那种自从头到尾手舞足蹈的做法只会使听者分散注意力，甚至还有可能导致听者反感，表达也会有反面效果。头部动作虽然简单，但运用得体能传达一定的信息。如点头表示同意、赞许；摇头表示反对、拒绝；歪头表示怀疑、沉思或撒娇。

而脚的动作只有在表达强烈的感情时才直接使用。但脚站立时不宜抖动，因为这样会给人留下不稳重或没耐心的印象。

另外，表情在沟通交流、表情达意中起着重要作用。它既是人们内在情感的外在体现，也是向听众传达口语表达者思想感情的桥梁，还能恰当灵活地反映出人的各种情绪，如热情、高兴、悲哀、痛苦、愤怒、冷静、压抑、怀疑等。在口语交际活动中，要给人真诚的微笑，让人感受到礼貌、温暖和友好。为了准确地表达自己的感情，脸部表情、眼睛、眉毛应协调配合，与有声语言所表达的感情协调一致，否则表情缺乏真诚，不伦不类。因此，在进行口语表达时，情感应真挚，表情才能保持真实自然地流露，才能有助于感染听者。

在和人谈话的时候，眼睛不要时刻不离地盯着某一听众和某一些人，使对方感觉受到目光侵犯而感觉非常不舒服自在；不要总是仰视天花板或低头盯着地板，或紧盯住讲稿或东张西望；不要眼球滴溜溜地转或眼未动头却动，做手势时手高眼低；不要在边说边想时不停地眨眼或闭目，切忌当众说话时挤眉弄眼或撅嘴、吐舌头、捏鼻子等。

在口语活动中，眼睛可以展现出很多的无声语言。因为人们常说：眼睛是心灵的窗户。通过眼神，可以进一步了解到对方的心情和感情的倾向。那么，在口语表达中，我们怎样运用“目光”呢？大多数情况下，两人在交谈时，双方都应正视对方，这样才显得有礼貌。那种游离不定或埋头只盯着自己手头上的东西（如书、指甲、小物品等）的眼神，会给人不尊重别人或傲慢的感觉。交谈时，眼光应看着对方，但不能总把目光投注于对方身上，以免对方尴尬，这一点一定要多多注意。

还有，表达前可以设计多种仪表姿态，但要以内容为基础，以自然为原则，不要给人事先安排好的印象。不然，会影响表达的真实性，达不到我们期望的效果。

点金石

表达前可以设计多种仪表姿态，但要以内容为基础，以自然为原则，不要给人事先安排好的印象。不然，会影响表达的真实性，达不到我们期望的效果。

对外交往中的说话艺术

在我们不可避免的外交活动中，有的人说话时喜欢承诺，过后又无法兑现，言行不能一致；有的人故意将事实夸大化，让别人看不清本质，让人感到华而不实；有的人说话喜欢绝对，让人感到言过其实。如此各种，都可能把自己带到被动的局面。

我们在职场谈话时，时刻都要提醒自己，要使自己可进可退。这好比在战场上一样，进可攻，退可守，只有有了牢固的后方，出击时才可以大胆一些、勇敢一些，而一旦发现形势不利，又可及时撤回，仍然处于主动地位。虽说未必是战无不胜，但也不会出现被打击得狼狈不堪的现象。

要在职场外交中避免交谈过头，给自己留有充分的回旋余地，就要注意以下几点。

1. 话不要言过其实，违背世事常理

凡事都有自己存在的道理，因此，与对外交往的各界人士谈话都要顺情顺理。如果违背了世事常理，就会给别人留下口舌，交往就会失败。

2. 绝对的话切勿轻易出口

现代人遇到问题时，会自然地做相对思考，而对于绝对的东西，在心理上有一种排斥感。比如，当你信誓旦旦地说“事实完全就是这个样”时，在别人心里会有两种想法：一是肯定你的想法，认为事实就是如此；另一种就是在心里反驳：“难道丝毫不差？”也许你表达的是事实，但是如果他人心里总是在琢磨“难道丝毫不差”的时候，他人对你所说的领悟就有点舍本逐末了。因此，倒不如这样说“其实实际上就是这个样子”。

所以，在对外交往场合，即使是铁板上钉钉子的事，也不要把话说得过于绝对，因为绝对的东西易引起他人挑刺。而实际是，如果对方故意挑刺，还真能挑出刺来。与其给别人一个挑刺的机会，不如把话说得含蓄一点。同时，如果我们不把话说得绝对，我们还可以在更为广阔的空间与对方打交道。

3. 话语的前后矛盾要注意

在与他人交流时，还要注意前后不要出现矛盾，要保持前后一致。前后矛盾是一大忌，且矛盾的地方常常是易受到他人攻击的地方，而且常常是非常有力的攻击，通常叫我们毫无还击之力。

4. 说话圆润好处多

如果我们有目的性地与他人交流时，话就要说得圆润一些，若话说得太直，会激恼对方，即便是很熟悉的朋友也会如此。说话圆润一点，能给我们留下一定的周旋空间，从容地实现我们对外交往的目的。

例如：

某家酒店的服务员发现，房客何夫人已经在前天晚上结账，可今天仍然住在房间里，而这位何夫人又是经理的朋友，怎么办呢？如果直接询问何夫人何时起程，就显得不礼貌，但如果不问，又怕夫人赖账。于是，经大家讨论，一致决定由一位善于与人交流的公关部李小姐去和何夫人谈谈。

李小姐敲开了何夫人的房门，说：“您好！请问是何夫人吗？”“我就是！您是谁？”何夫人回答说。“我是公关部的一名工作人员，您来几天了，我们还没来得及拜访您，这是我们的疏忽。听说您前几天身体不舒服，现在好点了吗？”“感谢您的关心，好点了。”“听说您昨天晚上已经付了钱，可今天却没走成。这几天天气不好，是不是飞机航班取消了？您看我们能为您做些什么？”“十分感谢！昨晚结账是因为我不想账积得太多，先结一次，走时会觉得轻松不少。我在这儿还要待几天，大夫说，我的病还需要疗养一段时间。”“何夫人，您不必客气，有什么事只管开口好了。”“谢谢！有事一定找你们。”

李小姐去找何夫人谈话，目的是要弄明白何夫人到底是走是留。如果不走，就要弄清楚对方结账的原因。但这个问题难开口，若问得不得当，既会得罪何夫人，又得罪经理。李小姐的话说得非常圆滑，首先寒暄了一下，然后又问何夫人需要什么帮助，一副非常关心的表情，而何夫人颇为感动，自然而然便道出了原因。

李小姐语言技巧高超，巧妙地得到了自己想要的答案。

点金石

俗话说“覆水难收”，一旦我们将话说出去，就不好再收回来了。所以，在职场外交中与别人交谈时，一定要将话说得圆润一些，给自己甚至给他人都要留有回旋余地。

职场外交中的说话技巧

职场外交活动很多时候被认为是一种面对面进行的双向性信息交流活动，需要由会话双方一起努力，才可能交流成功。古人说：“来而不往非礼也。”有问无答，就是一种“非礼”行为。但有问必答，是否就一定能令人满意呢？

事实上，事情并不像想象的这般简单。也许开始时我们的初衷是好的，但毕竟结果适得其反，只能怪我们自己不懂“怎样回答别人”，才造成这种不良后果。因此，要想在职场外交中取得良好的效果，掌握一些技巧和方法是必不可少的。

1. 以接受对方提供的信息为前提

回答要以接受对方提供的信息为前提，表明职场外交人员注意到了对方的意见，传达给对方厚重感。

站在信息论的角度看，答话对于提问，是一种信息反馈。提问者以语言、表情、动作等为载体，只有将信息施授给听话人，听话人才能作出相应的反馈。提问者传递的，除了是语言信息，也可能兼有非语言信息。听话人只有在接受了所有信息，并进行分析处理之后，才可能正确理解这些信息的实际含义（包括言外之意），从而作出相应的回答。

2. 表达方式恰当

在职场外交的会话中，答话者自然希望对方理解自己传递的话语，使自己的回答成为“有效回答”，表明自己的立场、态度。所以，答话者要思量、选择对方能够领悟的词句与表达方式，甚至要考虑音量的大小、语速的快慢乃至手势，这样，职场外交活动才能成功。

3. 不使用威胁性、责难性、讽刺性的语言

沟通思想、交流情感、改善关系、发展协作是职场外交活动的目的。为了实现这个目的，真诚、热情、谦和便是职场外交活动中的催化剂。举例来说，在答话中，威胁性的语言任何时候都不要用，责难性的语言同样如此。至于讽刺，虽然一般情况下也是一种手段，但是，使用不当难免伤人，还是避免使用为好。

4. 答话要避免自陷困境

对于那些难以回答、不便回答或不愿回答的问题，若处理不得当，答话会造成自己的困扰。有时，居心叵测者还会精心构造“语言陷阱”，诱人误入。例如，“你是否不再虐待你的父母了？”这就是一个著名的“语言陷阱”，假如不加设计，无论怎么回答，都会处于被动局面，背上一口“虐待父母”的黑锅。面对类似的“陷阱”，更要小心谨慎。所以，怎样避免自陷困境，是职场外交活动中最需锻炼的方面。

点金石

答话者要思量、选择对方能够领悟的词句与表达方式，甚至要考虑音量的大小、语速的快慢乃至手势，这样，职场外交活动才能成功。

怎样应对记者的提问

在我们日常的工作交际活动中，职场外交人员常常要与新闻媒体的记者周旋。从震惊世界的国际事件，到使你脸红羞涩的生活隐私，都有可能被问到。对此，职场外交人员就不能掉以轻心，万一留下把柄，就极有可能引祸上身。

因此，多数职场外交人员在面对记者时都会惶恐不安。记者的态度、表情、语气，再加之某些场合下摄影器材的操作影响等，这些因素都会使被采访者的心理产生极大的压力。因而，对于一位第一次接受采访的人来说，在这种场合语无伦次、举止失当是正常现象。但问题是我们需要设法从主观上缓解或排除这种压力，遇到敏感话题时，回避易引起歧义的话语。综上所述，这就需要具备随机应变、巧解疑团的本事。

在答记者问中，记者处于主动出击的地位。在更多的情况下，你是要随着记者的想法走的。一问一答的形式，让你不可能具备一个完整而严谨的思维模式。

记者的提问往往是很漫无边际的，带有显著的跳跃性。一个问题和另一个问题绝对可能是毫无关系的，这使你对谁的想法都摸不着头脑。因此，有经验的人认为，在接待记者之前，最好是去赏赏花，听听音乐，或者做一些让人感到心情舒畅、觉得舒服的事情。

另外，在答记者问中，对于对方的问题，你应该在第一时间敏锐地给出你的答案。这就要求你有较高的语言表达能力和较为全面的知识。也就是说，迅速、准确、恰到好处地回答提问的问题，是征服记者必不可少的关键。

1984年2月9日，莫斯科电台插放古典乐曲，前苏联国防部长乌斯季诺夫暂缓赴印度访问，苏共最高领导人安德罗波夫之子从瑞典被召回……这一切，让捕风捉影的西方人士对安德罗波夫的逝世产生了疑问。当夜，在美国国务院举行的一次晚宴会上，美国高级官员和新闻记者向苏驻美大使多勃雷宁询问有关安德罗波夫已故的传闻是否真实。多勃雷宁毫不动容地答道："如果他已死了，我还会在这里吗？"他还说，在此之前，他返莫斯科述职时曾见过安德罗波夫，见其精神非常好，只是有点"感冒"，仍照常办公。最后，他幽默地说："我看，不要再谈这个问题了。否则，他听到这些也该气死了。"

实际上，安德罗波夫在前一天就病故了。克里姆林宫秘而不宣的原因是权力移交的人事安排还没有完成。

多勃雷宁怀着这么一个大问题，面对官员、记者步步紧逼的问话，完全没有体现出惊慌失措，而是沉着冷静地应对，谈笑风生，真是一位优秀的外交家。

点金石

在我们日常的工作交际活动中，职场外交人员常常要与新闻媒体的记者周旋。从震惊世界的国际事件，到使你脸红羞涩的生活隐私，都有可能被问到。对此，职场外交人员就不能掉以轻心，万一留下把柄，就极有可能引祸上身。

第七章 取信客户的语言艺术

增强信赖感

为什么业务员所说的话,我们会十分的相信?他到底有什么魔力?只是因为他有一张口若悬河的嘴巴吗?

实际上,他只是包装了一层“专业”的外衣,就如医生所说的话,病人肯定就会相信。业务员只是对人性的弱点加以利用,掌握住顾客都相信“专业”意见的想法,来说服顾客掏腰包。

佩云是个中年女性,她在保养品的专柜担任销售员。以她的年纪,在销售员团队中算是一名超龄的大姐,脸上有了一些皱纹,肌肤也不再富有弹性,干燥并发黄。

她说话从来不会刻意讨顾客喜欢,也不像平常的女销售员那样,对顾客非常谄媚,可是她的业绩却总是在排行榜前面。

一名小同事因为公司调派的原因,被调来和佩云同专柜。她早就听说过佩云,于是决定暗中观察佩云,希望可以从她的身上学习销售的技巧。

这一天,专柜来了一名女孩,这名女孩的穿着打扮都很时髦,一看就是会打扮、爱漂亮的女孩。

佩云没有作过多的介绍,她直接问这个女孩:“请问您有什么需要吗?目前我们在推出这一套产品组合,打八折。”

“嗯,不用了。”女孩并没表现出太大的兴趣,东张西望了一会儿,就打算离开这里。

小同事觉得佩云太不懂得如何卖东西,有顾客上门怎么能放过?

于是,小同事上前拉着女孩作了一连串的商品推荐,并且拿出瓶瓶罐罐的试用品往女孩的手上涂抹。

忙了好半天,女孩觉得不买东西就离开会不好意思,于是向小同事买了一罐便宜的脸霜。

小同事得意地笑着,心中暗暗觉得自己的推销方法比佩云还要厉害。

没过多久,专柜又来了一个女孩。这个女孩的穿着一般,脸上没有化妆,还有一些明显的痘疤,给人一种略带寒酸的感觉。

佩云一看女孩,就对女孩说道:“你才多大呀,怎么皮肤就这么干燥,平常都没有做护肤吧?”

女孩尴尬地点了点头。

佩云这会儿才拿出一瓶除疤的美容霜,对女孩说道:“你看我都三十五岁了,脸上还是没有斑,正是因为用了这个美容霜。你还年轻,要尽快保养自己的皮肤。”

女孩对保养的事情可以说是一窍不通,愣愣地点头:“直接抹就行吗?”

“直接抹就可以了,但是这样效果不太明显,我建议你再买一瓶这个,两瓶一起用效果会比较明显。这一瓶是清洁的,可以用来洗脸,接着再抹这一瓶。”佩云说道。

紧接着她又给女孩讲了一点儿保养的专业知识,女孩听得非常认真,所买的保养品也自然从一瓶变成了两瓶,然后又从两瓶变成了三瓶。

佩云没有赞美女孩的漂亮,更没有夸奖她,只是连续地讲那些保养的专业知识,最后,女孩总共买了三瓶保养品，开心地离开了专柜。

不久之后，那个长了痘疤的女孩又带了很多朋友一起来专柜，让佩云帮忙介绍一些适合朋友肤质的护肤品。

佩云知道，这个女孩现在已经是她的固定顾客了，而她也很清楚，之前那个时尚的女孩，不会再光顾这个专柜。

时尚的女孩自己有主意，被拉着强迫购物，会让她心生反感而排斥，再到同一个专柜买东西。所以，这样的生意只能做一次，第一次虽然有利可图，却无法把女孩变成老客户。

这样的销售方式，有杀鸡取卵、短视近利的倾向，这在持久经营的行业中是行不通的。

而佩云以专业的知识成功打动了痘疤女孩的心房，让女孩觉得佩云是专业的、可信的，所以才会带着朋友一块前来光顾，并且把佩云当做老师，事事向佩云请教。只需要一次认真而仔细地为这个痘疤女孩服务，女孩就会成为佩云的长期固定顾客。

由上可知，若能在保健食物、专业器材的销售上，展示出自己专业的一面，那就是最好的话术了。

点金石

若能在保健食物、专业器材的销售上，展示出自己专业的一面，那就是最好的话术了。

避免是非争执

装牛的技巧在前面已经讲过了，接下来谈谈何时该装熊。

小曹在一家著名的装潢公司里担任室内设计师，因为工作性质的需要，他常常要到顾客的房子里谈生意，为顾客设计出舒适的居住空间。

根据顾客的房屋格局以及经济情况，他会给顾客提供不同的建议。

例如，如果客户的孩子都还小，正处于活蹦乱跳的年龄，他就会避免设计玻璃材质的装潢，免得小孩因为横冲直撞而受伤。

如果客户是和上年纪的父母同住，他就会特别提醒在浴室加装防滑的设施，防止老人发生跌倒的意外。

小曹的细心让他获得了客户的信任和赏识。

这一天，一名老客户介绍了一个新的客户梁先生给小曹。

几次接触后，小曹觉得梁先生疑心重且古怪得很，而且爱贪小便宜，总是怕设计师会坑他的钱，所以，总是喜欢不懂装懂。

这一次，小曹带着修改过两次的设计图来找梁先生。

梁先生看了看设计图，指着通向阁楼的楼梯道："这种两段式的楼梯太占空间了，你怎么不设计成回转式的呢？"

"圆形的那种螺旋梯吗？"小曹试探着问梁先生。

梁先生点头道："对，就是那种，它不会占了我一楼的空间。"

"好，我帮您改成螺旋梯。"小曹没有辩驳，虚心接受了顾客的建议。

不一会儿工夫，梁先生就把已经修改了两次的设计图挑剔得一无是处。

"好，我回去再重新改一下，下一次保证让您满意。"小曹说道。

和梁先生商量妥当后，小曹便带着助理离开。

返回公司的路上，小曹的助理忍不住问小曹："曹哥，你怎么没提醒他，那种螺旋梯最容易摔跤，再说他的阁楼是要做成储藏室的，这种螺旋梯不好搬东西呀？"

"没关系，顾客喜欢就好，你要是跟他讲太多，他那人八成会去百度找一堆资料来反驳你。"小曹吃过梁先生的苦头，他觉得对付这种人，就要给他提供最少的信息，不然，光是和他解释一堆专业性的东西就没有头儿。

"还有，他要在床边做一张固定式的桌子，这样桌底下的灰尘最难清理了。唉，现在的人以为翻了几本装潢杂志就自认为有格调、有品位了，那些杂志上的设计最不切实际了，只是好看罢了。"助理又说道。

"没关系，这样公司可以多赚一张桌子的钱，他要是想多做十张桌子也没问题。"小曹说。

之后，小曹按照梁先生的意思，又重画了一张设计图。

这一回梁先生总算满意了。

接下来的施工期间，梁先生每天都会到场监视，他以半专业的知识指导着现场的专业人员。

小曹每次都顺着他的话说"是"，甚至还夸赞了梁先生的博学："梁先生，没想到您对装潢也这么在行。"

梁先生被小曹这么一夸，更加自负了，不过，他插手的项目反倒变少了。

助理好奇地询问小曹："梁先生最近怎么来得不频繁了？"

"八成是认为他唬住我了，以为我不敢欺骗他了，所以就很少来监工吧。"小曹说道。

助理意味深长地点头，心里觉得曹哥真是厉害，听梁先生那个半吊子胡言乱语，却还能给予认同而不生气地和梁先生争论。

两个月后，这一笔生意圆满完成。

半年后，不合理的设计不断让梁先生的居住质量下降。

梁先生打了一通电话向小曹抱怨，说螺旋梯的设计不便于搬运大件的杂货到阁楼上去，又说套房的木质地板因为浴室的湿气产生了霉斑，接着还提到固定式的桌具积了灰尘很难擦洗。

"小陈把你介绍给我，我才会这么信任你，可是你的设计这么差劲，让我住得很不舒服呀。"梁先生压抑着怒气，越说越气，差点儿没砸了电话。

"梁先生，您不要生气，当初设计图和完工点交的时候，都是经您核实过没问题的。况且，梁先生，您也有装潢这方面的知识，当初没问题，现在怎么又有问题了呢？"

小曹的一番回答让梁先生语塞了。

小曹接着又说："这八成是误会吧？"

"算了，没事了。"梁先生愤怒地挂上了电话。

多亏小曹的装熊，装作自己不如梁先生专业，才让梁先生在事后没有理由挑刺。

其实，这一切都在小曹的掌控中，他知道梁先生的性格古怪，一定会在事后又找茬儿，因此，不如把主导权都交给梁先生，这样既可以圆满地完成工作，又可以避免事后的责任。

看完了装牛和装熊这两个故事，你是不是对于说话的艺术有了新的认识？事实上，说"对"的话，不如说"对方认为对"的话。

点金石

如果是时候展示自己专业度的时候就要适时展现出来，当然，该藏起光芒的时候也要适时，能屈能伸才能在商场上大小通吃。

用话语让客人乖乖掏钱

油腔滑调实际上是业务员最常用的话术。

女孩子喜欢逛街，买回一堆衣服、鞋子，回家之后一试，才发现这些东西都不适合自己。

可是，买的时候为什么没有意识到这一点呢？是不是因为你的身边站了一个精明的业务员？

再讲一个有趣的事，许多男士会购买礼物送给心仪的女友，可是高价请销售员挑选的礼物，却往往得不到女友的喜爱，究竟是什么原因造成的呢？

我们不妨先来举个男性的例子，如果你是男性读者，读完之后定会恍然大悟，找出花了钱还得不到女友欢心的原因。

情人节、圣诞节、生日，这三天是情侣们必会一起庆祝的日子。

小陈打定主意买一个名牌包包送给女友，庆祝他们相恋两周年。

他来到卖包包的精品店，可是却犹豫不定要挑哪一个包包送给女朋友。于是，他叫来女店员，直截了当地跟女店员说："我要买一个包包送给女友，不过我不知道哪一款比较好，你可以帮我挑一款吗？"

女店员亲切地笑着问小陈："你女朋友今年多大？"

"二十七岁。"小陈照实回答。

"你的女朋友好幸福，有个这么疼她的男朋友。"女店员一边说，一边认真地挑选了一款包包，递给小陈，"这个包包是我们这一季的最新款，她一定会喜欢的。"

小陈瞥了一眼价格，差点没晕倒在地。"这个包包太贵啦！"他没想到一个包包竟然要两千多元。

"噢，新款都会比较贵，不过我们还有经典款，适合各种年龄段的女性，像这一个就只要一千五百元。"女店员又拿起另一款包包给小陈看。

"这个是一千五百元？我怕她不中意这个样式。"小陈担心地看向女店员，他对包包一点概念都没有，现在只能靠店员的介绍。

"她肯定会喜欢的。其实我们女性呀，只要是男友送的礼物，都会觉得特别开心，幸福的感觉最重要。"女店员笑着说，"而且这一款包包是我们店里销售量最高的一款，你不相信我，也应该相信大众的眼光吧。"

"呵呵，那我就买这一款了。"小陈掏了钱，付账之后满意地离开了精品店。

与女友庆祝相识两周年的那天晚上，小陈把包包拿出来送给了女友。

女友收到礼物之后哭笑不得，因为这是小陈的良苦用心，要是自己在这浪漫的氛围下泼了小陈冷水，也太煞风景了。但是装作欢喜地收下礼物，她心里又觉得特别别扭，因为这个包包的款式早就过时了，颜色也过于老气。

她只能在心中感叹，男人的眼光怎么这么差！

其实，这与小陈的眼光无关，而是女店员在销售过程中使用了一些伎俩。她卖给小陈的包包是过季品，只有过季了才会被称为经典款，而且它根本不是什么销量最好的款式，而是卖不出去的库存货。

通常，店员一般会先推荐当季的新款商品，来拉升自己的业绩，接着便会尝试把库存品卖出去，而你——中招了吗？

在这儿也请读者留心，别把"过季品"当成了"经典款"。这是话术中的一个小技巧，换个名词，不就能把顾客骗得团团转了？

听完男人被骗的惨痛经历，接下来让我们来看看女孩子是怎么上当的，以及售货员是如何哄她们上钩的，或许你在看完之后会产生共鸣。

百货公司的周年庆、年终庆，往往会迎来女孩子的购物狂潮。

平时的特卖会、大甩卖，总能吸引女孩子们的目光。

秋惠一天无意间骑车经过服装拍卖展览馆，刚好看见会场内在举行专柜女鞋特卖，而且打出了超低价的广告。

秋惠虽然不缺鞋子，可是一想到价格这么低廉，不买似乎亏了。于是，她立马停好车子，挤进展览馆去淘宝。

进到了展览馆内，里面的客人不是很多。秋惠逛了一圈，想要从拍卖品中找出好看的鞋子。

或许因为这些鞋子是低价拍卖品，所以款式都不怎么新颖。虽然它们的价格非常低，可是在秋惠眼中，也是像鸡肋一样，可买可不买，不会勾起人非要购买的冲动。

逛了一段时间，秋惠只相中一双低跟的小红鞋。她站在鞋子前面，犹豫着要不要试穿。

眼尖的销售员立马靠了过来，她帮秋惠把鞋子拿过来，然后说道："这一款原价一千八百元，现在两折出售，仅售三百六十元。我个人觉得不买很可惜，而且只剩下两双了，如果你要的话，我帮你挑一双适合你尺寸的鞋子。"

秋惠暗自窃喜，原价一千八百元的鞋子，现在仅售三百六十元，这是天上掉馅饼的好事吗？

她不禁感到心动，且又听见销售员说鞋子只剩两双，表示这鞋子的销量很好，受很多人喜爱。

在她拿不定主意的时候，销售员又问她："你穿几码鞋？"

试穿应该没什么大不了的，秋惠心想，于是说道："三十六码。"

"剩下的两双鞋子刚好有一双是三十六码的，你真幸运。"销售员笑着递出一双鞋子给秋惠。

试穿了之后很是合脚，不过样式太普通了，她仍然犹豫着要不要买。

"我觉得这双很好搭，有一点小花哨又不会太耀眼，是很可爱的鞋子。"销售员又鼓吹道，"其实，我自己也买了一双，呵呵，它真的很好搭衣服。"

秋惠听后一想，这种鞋子连销售员都买了，应该差不到哪去。

"好，那我要这一双。"秋惠终于买下了。

"今天是我们优惠活动的最后一天，你来得太晚了，不然有好多鞋子供你挑选。"销售员笑着又指了另一款，"这款卖得也非常好。"

秋惠看了一下销售员推荐的款式，虽然不错，但也没到非买不可的地步，何况她已经买一双了，这双就没有必要再买了。

"尤其是夏天穿，能让腿形看上去更修长。"销售员强调道，"而且这是知名的牌子，有打折的机会很少。"

秋惠在销售员说服下，忍不住多看了那鞋子两眼，没过一会儿，秋惠望着旁边的鞋子问："那双呢？"

"那一双呀，我觉得不好，这种款式的设计很普通而且容易过时。"销售员摇了摇头。

秋惠觉得她说的有道理，于是，在销售员的推荐下，又买了另一款。

秋惠原本没打算买鞋，结果却拎了两双鞋子回家。

回到家以后，她突然有了被忽悠的感觉，就那一双小红鞋吧，因为是红色系的，所以根本就不好搭衣服，再说销售员另外推荐的凉鞋，现已入秋，所以只能等到明年夏天才有机会穿它。

这两双鞋只能搁在鞋柜里了，一年穿不到三次。

点金石

虽然她是以两折的低价买到的，但是，她真的赚到了吗？

做客户的知心人

懂得说话的业务员才是好的业务员，可是，实际生活中，有一些并不懂得说话的业务员，却能取得好的业绩，并且深得顾客的喜爱。

这是为什么？难不成现在的人都厌烦奉承的话？

下面让我们来了解一下吧！

房屋中介业是近几年才逐渐火起来的行业。

“来××房屋中介买房，我们将承诺三项保证，解除你的后顾之忧”“××房屋中介，最贴心”“每十秒就有一间房屋由××房屋中介成交，选择它，没错”。

近年来，打开电视就可以看见众多房屋中介的广告。

这个行业的业务员一旦成功签到了一笔单，就可以提取一笔不菲的费用，所以，每个业务员都显得干劲十足。无论是风吹日晒还是雷鸣电闪的日子，只要顾客想要看房子，一通电话他们就会立刻到场服务，热心的程度总是让人不忍心拒绝。

然而，买房和卖房都是人生大事，再加上房子的价钱不菲，所以，也不是业务员随便喊喊口号就能成功交易的。

阿诚在房屋中介行业工作了五年，虽然他的口才不好，但他的业绩却很亮眼，这也让当初领他进行的前辈大为惊叹。

这一天，阿诚和一对老夫妻定好了时间看房子。

这是一对五十多岁的夫妻，为了儿子结婚，一直在找新房子，可是陆续看了四五间，都没有他们喜欢的房子。

阿诚把这对夫妇带到了一个小区，这里的房子都是新落成的，盖好不到半年，目前销售的情况挺好，已经有七成左右的房子被售出。

夫妻俩参观了室外，是一个清幽的地方。

“这里的房价多少？”夫妻俩问阿诚。

“七千元一平方米。”阿诚说道，“这算这附近房子中价格偏高的，其实，还有更便宜的房子，五千元一平方米就可以成交。不过，那是旧房子，相对于全新的小区，我觉得买这里比较好，所以，就先带你们来这瞧瞧。毕竟你们是要给儿子做新房，结婚用新房更喜气。如果你们要实惠一点的房子，我待会儿就领你们去参观五千元一平方米的那一间。”

他傻笑着说完后，夫妻俩问阿诚：“这间除了是刚落成之外，还有什么优点吗？”

“对于刚结婚的新人，我觉得环境清幽很重要，在清静的环境中，有助于怀孕。”阿诚说。

“怀孕呀，唉，现在的年轻人真让人猜不透，他们八成不想那么快有孩子。”一句话说中了老父亲急着想抱孙子的心事，可是他们的儿子似乎没有意愿要生孩子。

“生孩子是迟早的事，为他们营造一个良好的环境，对于怀孕有帮助。这里可以当婴儿房，这里可以给你们住，然后这边当新人房。”阿诚指着房间说道。

这一句话说出了老母亲的心声：“唉，给我们住干吗呢，他们小两口要过两人世界，不想被我们打扰。”

阿诚傻笑地说道：“现在他们刚新婚，两人甜蜜嘛，等以后还是会想让你们过来一块住的，大家庭人多一点比较热闹，我觉得还是得给父母留出一间房。”

两老闻言，心中百感交集，对着阿诚大谈人生哲理，以及两老心中的寂寞。

阿诚静静地听着，只点头不插话。毕竟这些都是别人的家务事，他也不了解人家的真实状况。

两老经常说这些话，每次阿诚带他们来看房子，他们总是会有说不完的心事，吐不完的慨叹。

时隔半月，两老跟阿诚订购了那一间七千元一平方米的房子。

达成了交易之后，有人问两老：“在你们接触了那么多的业务员中，为什么最后会选择和阿诚签约，真的是因为阿诚推荐给你们的这间房子最好吗？”

两老笑着说道：“买房子是终身大事，得慎重考虑，阿诚给人的感觉憨厚老实，我们相信他。”

其实，最要命的话术，就是让对方感觉你不会骗人。

阿诚总是傻傻地笑着，嘴巴不油也不甜，也正因为如此，才能赢得老年顾客的喜爱。老年顾客喜欢看起来老实的人，而年轻顾客却喜欢看似精明的人。

因为老年人需要倾听者，所以只要多听他们说话，让他们感到在心底认同了他们，他们便会与你交往。

而年轻顾客则偏爱与人讨论，只要你能给予他们新鲜、有力的信息，让他们和你畅谈得非常愉快，那么，很快就可以博得他们的信任和好感。

点金石

老年人需要倾听者，只要多听他们说话，让他们感到在心底认同了他们，他们便会与你交往。

把话说得更漂亮

我们经常会被一个尴尬问题所困扰，那就是别人问了你一个问题，你若是说了实话就会得罪人，不说又觉得良心不安，要是说假话则怕别人误认你是一个巧言令色的家伙。

遇到类似的状况时，我们是选择坦诚还是欺骗？

现在就让我们来为这个问题想出解决的方案吧！

以下举的几个例子，会让你有更深刻的体会。

身高一米五、体重六十公斤的巧琳是一个标准的胖女生。这一天，她前往服饰店买衣服，她拿了一件连身的洋装，然后站在镜子前面反复地端详自己。

她向女店员问道：“我是不是太胖了？这件衣服会不会使我看上去更胖？”

实话是，她确实是胖，不管怎么穿都还是太胖，衣服没问题，而是她本人的问题。

A店员跟她说：“如果你怕看起来胖的话，你可以加一条宽腰带，像是这一条，这样系在腰上就不会感觉那么胖了。”

巧琳一看镜子中的自己，明显感到了显露的腰身，于是，她很开心地买了洋装和腰带。

A店员并没有欺骗巧琳，首先，她从正面避开了巧琳的问题，并且从始至终都没有说过巧琳不胖。而她巧妙的回答，不仅让巧琳买下了洋装，更让她多买了一条腰带。

B店员大概有三十岁，她看小女生这样，于是说：“你属于比较有肉感的女生，听说这样的女生有福气，老公也会比较疼她，生小孩也很乖巧。我觉得不算胖，是刚好而已。如果你担心看起来会胖，我们有另一款深色的衣服，它修身的效果不错，你可以试穿一下。"

巧琳觉得有道理，于是试穿了店员推荐的衣服，最后她发现两件的修饰效果差不多，所以还是买了最初喜欢上的那件。

B店员没说巧琳是瘦子，也没有说她是胖子，而是巧妙地使用"肉感"这个词替代了"胖"字。这就是她的话术。

最后她提供了两个选择给巧琳，让巧琳觉得店员不是在强迫推销，可是巧琳却忘了，不管她买哪一件，基本上店员都是获利的。

C店员说："我觉得你不算胖，你是胸部很丰满。如果你是觉得自己腰不够纤细，可以通过做仰卧起坐的方式来瘦腰，每天在睡觉前我都会做三十个仰卧起坐。"

"真的有效吗？"巧琳好奇地问道。

"有效呀，一开始不要做太多，重要的是每天持之以恒地做。"C店员和巧琳闲聊，借此让彼此间消除陌生感。

巧琳觉得C店员真是亲切，不经意间卸下了心底防线："不过我很懒，每天运动可能做不到。"

"少吃淀粉质的食物也有效。"C店员笑着说道。

最后，在愉快的闲聊气氛下，巧琳决定买下这一套洋装。

在这个过程中，C店员所说的也是实话，只是她缩小了焦点，把话题停留在巧琳的胸部上，这样既不会伤害巧琳的自尊，又让巧琳觉得受到了赞美。

点金石

把实话包装得漂亮一点，这样既可以实话实说，又不会得罪人。

第八章 防备职场沟通危机

如何用幽默语言消除职场沟通危机

使用幽默语言的人，应当有儒雅大方的语气、友善随和的处事态度。幽默使人感到轻松自在。

我国南方的一个火车站由于天气状况不好，又恰逢春节将至，客流量相当大，使车辆运行受到影响，无法正常运行。候车室里挤满了要赶在节前回家过节的乘客，乘客们焦急地等待着延误的火车，但火车却一再误点。这时，一个不耐烦的乘客拉住一位车站工作人员大声吵嚷说："你们并没有遵守车辆运行时间表上的时间，候车室张挂列车时刻表有什么用？"显然，这个问题并不是车站普通工作人员能处理的。如果车站工作人员没有控制好自己的情绪，对乘客说："这与我无关，你有能耐去找车站领导。"这样就会发生争吵。可如果工作人员说："出现误点的情况我们和您一样着急。不过，如果没有张挂列车时刻表的话，恐怕也就无法看出火车误点多久了。您说对吗？"一句幽默的回答，生气的乘客恐怕也会无奈地笑了。

遇到这种情况时，先要真实坦率地承认出了麻烦，要设身处地地为乘客着想。如果问题一时难以解决，车站工作人员与乘客就要相互信任和理解，要及时交流沟通，消除其不满情绪。

点金石

幽默是最生动的语言表达手法之一，与幽默的人相处和交流，是一件非常有趣的事。在工作中遇到难题时，若幽默应对，事情就可快速解决。

如何用妙语摆脱职场窘迫

有时，我们会为善意而说谎。但"谎言"往往在某些场合被自身行为所暴露出来，这时，以慧言巧语应对能帮你躲开尴尬。

请看以下案例：

某单位的小郭是一个很无趣的人，小孟很不喜欢和他相处。所以，当小郭邀请他下班后去吃饭时，小孟就编了"今天很忙，实在没空"来拒绝。

好不容易打发了小郭后，小孟酒瘾却犯了，于是便和业务科的老张到公司附近的小餐馆去喝酒。

小孟与老陈喝得正起劲的时候，突然小郭出现了："小孟，你不是说今天没空吗……"

显而易见，这是一个极尴尬的场面，事情发生得太突然，小孟一时无话可说，只是心想：要如何消除这种尴尬呢？这时，请注意，谎话比真话更容易让人接受，但说谎一定要有技术。

既想避免跟对方针锋相对，又想达到自己的目的，一个"善意的谎言"就很有效了。

像小孟拒绝小郭的邀约，就是使用说谎的权宜之计，无论如何，小孟总不能说："和你这种人喝酒有没意思，所以我不去。”这样会很伤害彼此的感情。

这时，对此时尴尬局面出现的原因，一定也要有交代：

“哎呀！我没想到会在这里碰见你！”

“我才没料到你竟然会在这里喝酒！”

“别急别急，先坐下来喝一杯再说……”

“原本今晚约我洽谈的客户，你离开后突然打电话来说临时有急事要取消约会。这让我很懊悔没有接受你的邀约，我再去找你时，你已经离开了。这时恰好遇到老张，所以我就找他来这里喝一杯……”

三杯黄酒下肚，又会有什么话不好说的呢？不过，如果光靠嘴皮子，态度却不够诚恳，一下就会被戳穿，那时就是再多的谎言也难以下台了！

不过，酒桌上不说话也容易圆谎。那要是在其他场合中，“谎言”被识破该怎样补救呢？其实，用“装傻充愣”的办法也能顺利“过关”。

有一个人常向人们吹嘘自己是个好猎手，洋洋自得地谈论自己高明的枪法。一天，他同朋友去打猎，枪口转向朋友指着的野鸭方向，他瞄了一下就扣动扳机，但没有打中，野鸭飞走了。

朋友觉得有些过意不去，他却毫不介意，对朋友说：“好奇怪！我还是第一次看到死鸭子竟然飞走了！”朋友听了后开怀大笑。

“我还是第一次看到死鸭子飞走了”是荒谬至极的“痴言呆语”。而正是这句“痴言呆语”，才让自己脱离了窘境。

点金石

有时，我们会为善意而说谎。但“谎言”往往在某些场合被自身行为所暴露出来，这时，以慧言巧语应对能帮你躲开尴尬。

如何面对羞辱

受到同事的羞辱很令人恼火，这意味着自己的人格尊严受到侵犯，感情也受到伤害。即使羞辱你的人盛气凌人，猖狂嚣张，但在职场中，为了舒缓人际关系的紧张，有效地维护自我尊严，还是应当明白如何把握应对的分寸，这样你才能变被动为主动。

请看下面的事例：

有一次，一位不速之客突然闯入洛克菲勒的办公室，直奔他的写字台，并以拳头重击桌面，大声喊叫：“洛克菲勒，你真是个混蛋！我恨你！”接着，那人肆意谩骂他长达几分钟之久。

办公室里的所有职员都感到无比气愤，以为洛克菲勒一定会向这个无礼的人掷墨水瓶，或是吩咐保安将他赶出去。可出乎意料的是，洛克菲勒一样都没做。他停下手中的工作，面容祥和地注视着这位攻击者。那人愈暴躁，他就显得愈和善。

那个无理之徒被弄得莫名其妙，情绪渐渐变得缓和了。因为当一个人发怒时，若没有得到反击，其愤怒情绪一般维持不了多久。本来这个不速之客是做好准备与洛克菲勒争吵的，并想好了洛克菲勒要怎样回击他，他再用想好的话去反驳。然而，洛克菲勒就是一言不发。所以，他无计可施了。

最后，他又在洛克菲勒的桌子上敲了几下，仍然得不到回应，只好自讨没趣地离开了。而洛克菲勒呢？就像什么事也没有发生一样，重新拿起笔，继续工作。

对他人的无礼攻击采取置之不理的策略，便是给他的最严厉的致命一击。你要想取得成功，就要当对方急不可耐时，依然如故，并保持自己的冷静与沉着。

如果羞辱来自你的同事，你千万不要以怨报怨，而应向对方说明，你觉得感情受到了伤害，并明确地告诉对方到此为止，否则，你就很难再相信他了。

如果有人故意出你的丑，让你难堪，你完全可以打破僵局，令这种窘迫的场面立刻停止。你可以说："我似乎使得你心情不好，我是不是某些做法惹你不高兴了？你能告诉我吗？"这样一来，对方就会理屈词穷了。

点金石

面对突如其来的羞辱，记住：要注意避免发火动怒。如果你不是沉着应对，而是丧失理智，那就会给挑衅者制造机会，让对方处于有利地位，使你自己处于更不利的地位。

如何巧言缓和言语争执

当同事之间无法达成共识而争执不休时，作为调解者应理解争执各方当时的心理和心情，不要轻率地厚此薄彼，以免使不满情绪越演越烈。正确的做法是只强调各方的差异（而非优劣），并对各自的优势和价值予以肯定，在一程度上满足他们实现自我的心理。再以此为基点，说出适合各方的建设性意见就很容易被接受。

一次，知名相声演员侯耀文主持中央电视台"请您参加"栏目。栏目安排三个家庭自主上台，根据所选的道具自行编排和表演节目，然后让观众点评。表演一结束，主持人还没发话，观众席上已是七嘴八舌，评哪组的都有，评比陷入僵局。侯耀文灵机一动，对观众说："到底哪组能得第一，还是听听本人的意见吧。"随后逐个询问了三个家庭对自己登台演出节目的感受，并按照他们的回答宣布：第一组"谦虚"第一；第二组"勇敢"第一；第三组"团结"第一。三个组都赢得了"第一"。

当主持"请您参加"栏目时，侯耀文就清楚这一节目不在于排名高低，重要的是激发观众参与节目的热情。因此，在节目出现僵局时，他并没有和观众一起评论孰优孰劣，而是把目光集中在了各个小组的不同点上，对各组的价值都予以肯定。最后，侯耀文提出了解决争执的建议，"三个组同获第一"，这样的结果大家便很乐意接受了。

当同事因各执己见而争执不休时，造成难以缓和的僵持局面往往不是双方的观点本身，而是彼此的好胜心和较劲心理。实际上，对某一问题的看法本身并不是一成不变的，随着环境的变化、角度的转移，任何的观点都可能是正确的。因此，在打圆场时可以抓住这一点，帮助争执双方灵活地分析问题，让同事们意识到彼此观点的两面性，进而终止无谓的纷争。

点金石

当同事因各执己见而争执不休时，造成难以缓和的僵持局面往往不是双方的观点本身，而是彼此的好胜心和较劲心理。

如何以自嘲来化解尴尬局面

常说的“自嘲”,就是自己嘲讽自己。世人都喜欢被赞美,而不喜欢被嘲讽。但在职场中,自嘲体现出的是一种潇洒的态度和智慧的人生。它能营造出宽松和谐的交谈氛围,使人看到你的可爱和人情味。身陷尴尬环境中时有分寸地、适时适度地“自嘲”往往会收到妙趣横生、意味深长的效果。

自嘲可以为尴尬场合平添不少风采。当然,自嘲要避免采取玩世不恭的态度。一般来说,具有积极因素的自嘲往往包含着自嘲者强烈的自尊、自爱。自嘲实质上是一种貌似消极,实为积极的促进交谈向积极的方向转化的手段。

正所谓醉翁之意不在酒,表面上嘲弄的是自己,实质上却另有深蕴。所以,在许多场合,自嘲具有特殊的隐含功能和使用价值。

当一个人认为自己可能会被责备时,不妨用自嘲的方法数落自己一番。因为人心是很奇妙的,当对方发现你已认错,便不好再予以责备,这就叫“巴掌不打自嘲人”。

比如,你无意中讲了污言秽语,对方脸一变,你可以自嘲道:“哎,我真是个粗俗的人,肚子里的脏话总消灭不了,经常自己蹦出来,还请你多多包涵。”一句话,就可化解尴尬。

又如,争论时你有点儿兴奋,以至于措词生硬,音量太大,对方已显不悦。这时,你要赶紧刹住话匣子说:“对不起,我这个人容易走极端,刚刚差点变成一只‘战斗鸡’了。”对方听后一定会一笑置之,忘掉刚才的不快。

如果谈话中让人们感觉自尊心受到了伤害,触碰到对方的隐匿伤痕,那可是很危险的。修养好的,必会缄口离开;修养差的,可能对你进行人身攻击。这时,你可以运用自嘲的方法,但要确保说得幽默、真诚,使对方感觉很舒坦。

比如,你一不小心当着残疾人的面大谈健全人的优势,还提到他所无法从事的工作,这时,他定会产生极大不满。你可以这样挽救:“哎,话说回来,身体有缺陷之人确实也挺厉害的。张海迪半身不遂,却学得一身本领,名扬天下;而我头脑简单,四肢发达,说话没个轻重,妈妈常骂我是一个二愣子,一辈子也干不了大事……”

就这样,自嘲将矛头转向自己,通过对自己的善意攻击来消散对方的怒气,转移对方关注的焦点,既顾全了对方的自尊心,同时又巧妙地缓和了紧张的气氛。

自嘲是缺乏自信者不敢使用的技巧,因为它需要自骂。自嘲也就是要拿自身的失误、不足甚至生理缺陷来“开涮”,对不足处不予遮掩、躲避,反而把它剖析、夸张、放大,然后巧妙地引申发挥,自圆其说,博得一笑。只有豁达、乐观、超脱、调侃的心态和胸怀,才能真正做到自嘲。

如:著名秃顶的喜剧演员葛优自嘲道:“热闹的马路不长草,聪明的脑袋不长毛!”

被全国观众所喜爱的身材矮小的小品演员潘长江,却自豪地说:“浓缩的都是精华!”

不光喜剧演员和笑星善于运用自嘲来博得观众喜爱,生活中也有许多这样的例子。

> 有一位40多岁的大学数学老师,却像葛优一样秃了头,露出一片“不毛之地”。
>
> 同学们背地里把他叫做秃顶老师,后来,他在课堂上向同学们讲明了因生病而秃发的原因,最后,还加上这样一句自嘲:“秃头好处可多了,在家可以省钱(理发、洗发),教书时省电(上课时教室里的光线可以明亮多了)。”
>
> 同学们被逗乐了,此后,再也没有人叫他秃顶老师。

人生态度的最高境界是嘲笑自己的缺点,自我嘲讽是一种良好修养,是一种充满魅力的交际技巧,不仅能使自己活得轻松洒脱,还能使别人感到你的幽默和人情味,有时甚至还能有效地维护面子，建立起新的心理平衡。

点金石

人生态度的最高境界是嘲笑自己的缺点，自我嘲讽是一种良好修养，是一种充满魅力的交际技巧，不仅能使自己活得轻松洒脱，还能使别人感到你的幽默和人情味，有时甚至还能有效地维护面子，建立起新的心理平衡。

如何巧妙表达异议

当办公室里讨论棘手或复杂问题时，同事间必然会有不同的意见和观点，要是否决他人意见所使用的方法不得当，很可能会使他人处于尴尬境地，甚至会得罪上司或者同事。那么，怎样才能既坚持原则又很好地提出不同看法呢？懂得如何操纵语言的学问是十分必要的。

1. 商量切磋法

尽量用温和的口吻，不用命令或过于绝对的语气。当你要发表不同意见时，可以先用较温和的口吻，比如："你觉得是不是可以换成这样？说不定那样会更好？你再想想。"或换成这样："我们能不能换一个角度来思考？你看那样行得通吗？"先用商量口吻对对方说，当对方仍坚持己见时，你再用坚定的语气也不迟。商量会让人觉得你尊重他，即使人家不愿否决自己的观点，也会充分考虑你的意见，并给以相应的尊重。

2. 一分为二法

用辩证法首先得对对方的意见表示肯定，再提出自己的不同意见。比如，在讨论怎样搞好集体卫生时，有人提出一个小组干一个星期，而你觉得不妥，认为还是一个小组搞一天好。这时，你可以这样说："刚才某某提出的意见有一定合理性，值得考虑，但我以为还是一个小组搞一天比较好。"接着，你可以具体阐明理由。先对对方做出肯定，再提出自己的见解，这样显得公正和客观，也容易被人接受。假如硬邦邦地直说，很容易把气氛弄得紧张，给人家难堪而使人家不赞同你的观点，继续坚持己见。

老牌影星哈里森·福特在主演电影《夺宝奇兵》时，曾在一场戏里对某演员的演技提出一些建议。然而，导演斯蒂芬·斯皮尔伯格对此并不赞同，但却很巧妙地否决了它。他说："我很喜欢你这个建议，但我们也可以试试另一种选择。"

斯皮尔伯格的用词很巧妙，他用了"另一种选择"，既没有否定福特的建议，也没有过于抬高自己的想法，而是将两种意见平等地置于选择之间。不但别人觉得他很谦虚，善于听取意见，而且又确保了别人同意实践自己的想法。不难看出，斯皮尔伯格在话语中并没有妄下断语，而且这种言论不会打破轻松的气氛和同事间良好的关系。在这个过程里，即使你没有采用别人的建议，也不会伤害到他。

3. 故作为难法

当发表不同意见时，可以先明显地表现出不好意思和难为情。当你的意见与对方的意见分歧较大时，在你即将说出的时候，你可呈现犹豫不决或吞吞吐吐的样子，让对方个有心理准备，让对方劝你说出来："讲吧，没关系的，有什么不同见解都可以说。"此时，你的发言空间就有了，你就可以直接告诉对方："一直以来我们的合作都愉快，我这个人也很直率，你也非常痛快，我就不客气了。"待彼此感情交流后，再道出自己的不同意见。

4. 分析不足法

由对方的观点分析出可能引起的不良后果，在此基础上，再提出自己的意见。你要提出不同意见，就肯定对人家的意见不满意，就得说出对方意见的弊端在哪里。你得想仔细，尽可能多地找一些出来，找出的破绽越多，否定起来就越容易，而一旦人家的意见被否定了，自己的意见才有被接受的可能。

5. 借助替代法

借助他人的观点和做法来展示自己的不同意见，实际上就是用实例来证明。有时，直接说出自己的不同意见会很为难，譬如面对的是老师、长辈或上级。此时，你可借助同类型的、对方已经熟悉的事例来替代自己的意见。因为同类型的、对方也熟悉的这样的实例往往说服力强。比如，你可这样说："老王他们也遇到过这样的事情，他们就是这样处理的，而且他们取得了很大成效，我们是不是可以借鉴一下？"

展现不好意思和难为情是一种退让，它给对方的是一种宽慰，一种暂时的有利，同时也为自己的进攻提供基础，最后达成心理上的平衡。

如何消除同事心理防线

说服别人最大的一个障碍就是对方的心理防线，必须消除对方不信任的戒备心理。否则，这道防线将像一堵墙，你的话语不但进不了他的内心，甚至会使他反感。

那么，怎样说话才能击破对方的心理防线呢？不妨用用以下的方法。

1. 利用同步心理去说

同步心理是什么？同步心理就是，凡事想跟他人同步调、同节奏，也就是"追随潮流主义"，是那种想过他人向往的生活、行走于潮流之前的心理。正是由于这种心理的存在，那种不管自身条件，甚至是否真心愿意而不顾一切去做的念头，就很容易乘虚而入，支配人们的行为，促使人们盲目做出与他人一样的行为。

通常，人们在受到这类刺激后，普遍变得失去自我，掉入盲目附和的陷阱中。所以，营销员或店员经常会搬出"大家都在用""名人也在用"等营销话语，促使人们毫不犹豫地接受。

2. 利用逆反心理去说

当别人告诉你"不准看"时，你反而偏要看，这是"逆反心理"的表现。这种欲望被禁止的程度愈强烈，它所产生的作用也就愈大。所以，如果能善于利用这种心理，就可以将顽固的反对者软化，使其固执的态度转变成你所想要的。

3. 利用对方的危机感去说

在一定的条件下，每个人都会产生某种使他自己心生恐惧的危机感，并由此激发出强烈的上进意愿。如果你能掌控住他的这种危机感，就能有针对性地采取相应的对策。

因此，在与人交流中，如果你能了解他的内心，巧妙地触及对方的隐衷，使他心底的声音完全暴露出来，就能找到他的危机感，而这个危机感是你说服他的绝妙武器。

4. 树立共同的敌人去说

在说服别人时，要懂得把小的相似点扩大化，树立"共同的敌人"，使对方产生同仇敌忾的感觉。《孙子兵法》中有"吴越同舟"这么一句话，说的是吴国和越国本是敌人，但因同时面对魏国的威胁，双方不得已,只好尽释前嫌,以对付共同的敌人。"吴越同舟"的故事就是由此产生的。

点金石

强大的共同敌人一旦出现,即使是曾经敌对的两方,也会摇身一变,成为亲密合作的对象。

如何用反击语言进攻

如果能做到心平气和地运用"以子之矛,攻子之盾"的语言机智应答,就能达到既反驳了对方又澄清了自己的目的。

1. 以谬制谬

一位记者对扎伊尔总统蒙博托说:"你很富有,听说你拥有30亿美元的资产!"

显然,这一提问是针对蒙博托本人政治上是否廉洁。对于蒙博托来说,这是一个严肃且敏感的话题。

蒙博托听后并没有立刻回答,而是长久地大笑,然后反问道:"一位比利时议员说我有60亿美元!你有听说过吗?"

记者的提问明显是认为扎伊尔总统蒙博托贪污,但没有直言,而是用引证的方式来委婉表达。蒙博托如果正言厉色地驳斥,则既显得没有风度,又有"此地无银三百两"之嫌;心平气和地解释恐怕也不奏效,谣传的事情不可能是三言两语就能够澄清的。于是,蒙博托除了用"长时间地哈哈大笑"这种体态语展示自己的不屑一顾外,还引用一位比利时议员的话来反问记者,表面上在嘲弄记者的浅薄,但实际上是以更大的虚构的金额来间接地否定记者的提问。

2. 以退为进

有一位女作家写了一部长篇小说,发表后引起轰动,成为畅销一时的热门小说。有个评论家对女作家拒绝自己求婚的事情一直怀恨在心,所以经常在评论中旁敲侧击地贬低这个女作家的才能。

有一次,文学界举行聚会,许多人都对女作家表示了祝贺,夸赞其作品的成功,女作家一一表示感谢。

忽然,那位评论家从人群中窜出来挤到最前面,大声向女作家说道:"您这部书的确十分精彩,但不知您能否透露一下秘密:这本书的真实作者是?"

女作家还沉浸在众人的赞扬声中,没想到会……就在她一愣的刹那,已有人偷偷发笑。

女作家立即清醒地意识到,争吵只会对自己更加不利,于是她马上镇静下来,露出谦和的笑容,对评论家说道:"您能这样公正地评价我的作品,我深感荣幸,并向您表示由衷的感激!但不知您能否告诉我,这本书的真实读者是?"

评论家的问话,用意明显。而女作家的反问,同样针锋相对,它的潜台词是说,你从来不认真读别人的作品,所作的评论无非是信口雌黄!巧妙的反问,使自己转败为胜,反而让评论家自己陷入了狼狈的困境。

点金石

每个人都有自尊心,当你的同事用恶语攻击、伤害你时,千万不要横眉怒目,与其争执一番。因为这样只会把矛盾激化,正中别有用心的人的下怀。

如何面对“揭短”

每个人或多或少都有“短处”，也难免被一些用心不良的知情人揭出来。这时，你要采取恰当的言辞，来消除这种恶意行为的影响。以下有几种方法可供参考：

1. 泰然自若

你要做到安之若素，不要羞怯，也不要有狼狈的感觉。要保持泰然自若的风度，暂时把别人“揭短”的事搁在一边，用言行表示对对方“揭短”行为的轻蔑。比如，与别人说笑，或以冷漠的举止和眼光表示对他的厌恶。

2. 不要立即反击

千万不要以牙还牙。有人被揭短后，就马上如法炮制地揭起对方的短来，结果变成了彼此揭短，不仅丢人现眼，还会给旁人留下心胸狭窄的印象。

尤其是在职场上，你与别人互相揭短，不管谁对谁错，就算你是对的，也不会给别人留下好印象。因为稍有风度之人都不会干这种低劣的事。

3. 宽恕他人

你要以宽容之心对待别人，尽量不要怀疑他人别有用心。因为在职场上，有时候你所感觉的恶意冒犯，或许只是对方脱口而出或即兴而起的玩笑，没想到会刚巧击中你的痛处。即使对方真的是居心叵测，若你用宽恕之心对待他，他也就没有发挥的余地了。

总之，当别人揭你的短时，你千万不要大发雷霆、反言相讥。你可以选择一笑置之，这样，那些恶意揭短的人也就没有了借题发挥的机会。

点金石

当别人揭你的短时，你千万不要大发雷霆、反言相讥。你可以选择一笑置之，这样，那些恶意揭短的人也就没有了借题发挥的机会。

如何对付蛮不讲理者

对于蛮横无理者给你制造的尴尬局面，一定要据理力争。

楚王存心想侮辱晏子，命人在城门旁边挖了一个小洞，让管礼宾的小官带晏子从此洞过。晏子不前，他看着围观等着看笑话的人群，假装十分惊讶的样子说：“啊呀！今天我来到的难道是狗国？不然，怎么要从狗洞进去呢？”楚人讨了一脸没趣，只好带他走正门入城。

晏子所使用的技巧，叫做“以其人之道还治其人之身”。要是让我从狗洞进城，那进的自然就是狗国了；既然认为我是最无能的使者，那么，你也就是最无能的君主了；既然你要借题发挥，挖苦讽刺，我当然只有针锋相对，以牙还牙！

还有一例：

周恩来总理博古通今，文思敏捷，语言诙谐幽默，在世界外交史上有“铁嘴”外交家之誉。

早在取得全国政权之前，国共两党在南京谈判，谈判没几个回合，周总理就把国民党谈判代表的谬论驳斥得体无完肤。

国民党的谈判代表恼羞成怒，口出脏语，声嘶力竭地叫嚷同共产党论战是“对牛弹琴”。

周总理听后淡淡一笑，从容不迫地说道：“对，牛弹琴！”

仅一个断句的妙用，就使共产党的尊严得到了强有力地维护，并且达到以其人之道还治其人之身的艺术效果。

同时，你必须冷静地用对圈套和诡计。当对方想用毒计整治你、侮辱你时，就用对方讲的道理、要求，依葫芦画瓢，反击对方，使其搬起石头砸自己的脚，而且“哑巴吃黄连，有口难言”。

有一位年轻貌美、独自坐在酒吧里的姑娘，从她的衣着装束，能看出她一定出身豪门。这时，一位青年男子走过，有礼貌地低声问：“这儿有人吗？”姑娘却大声说：“到阿芙达旅馆去？”青年有几分惶恐，急忙解释道：“我是问这儿有其他人坐吗？”“你说今夜就去？”姑娘比刚才更激动地尖声叫着，许多顾客用轻蔑的眼神看着他。

过了一会儿，年轻姑娘来到他身边，请他喝了一杯白兰地。她轻声地说：“对不起，我只是想看你对突发事件有什么样的反应？”青年本来余气未消，见她这般言行，决心也让她出一次丑。于是，他大声问：“什么，要100美元？”这一次，轮到年轻姑娘颜面尽失了。

常言道，真诚是有条件的。真诚者之间的肝胆相照，好比两块打火石相撞闪出的心灵火花。

点金石

针锋相对法正是以一种快速的反应和直接锐利的言辞给对方强而有力的反击，既展示了论辩者的机敏，又让论辩变得严谨。

学学挑拨的话术

挑拨计谋中最常用的一招是“曲解原意”。

小红在一家化妆品公司任职，她一向不喜欢和她同一组工作的曼玲。因为曼玲很高傲，尤其是她看人的眼神，让人看了格外不舒服。

小红实在不想和曼玲一组，但是她又不愿自己申请调组，因此，唯一的方法就是让曼玲自行离开。

这一天，小红强装很热情地和曼玲聊天，她问曼玲：“你觉得我们公司的几个组长中，谁的皮肤最好呀？”

曼玲冷冷地瞟了小红一眼，本不想搭理她，但她看小红今天这么热情，要是不回话的话，说不定又会被别人批评她的态度高傲。

“噢，连组长。”曼玲说。

“那你认为谁的化妆技巧最好？”小红又问。

曼玲一脸无趣地说道：“连组长。”

“那……”小红又想问什么，却被曼玲狠狠瞪了一眼。

“我要工作了。”曼玲说完，从小红的身边走开。她实在不想和小红谈论这么无聊的话题，这些事情有什么可比较的，不如把时间用来认真地工作比较实际，至少卖出了化妆品还有业绩奖金可以赚。

看着曼玲渐渐远去的背影，小红心里哼了一声，她暗暗想，一定要整死她。

刚过两天，小红抓到一个机会，赶快跑去向她们组的组长惠姐说：“惠姐，有些事我不知道该不该讲。”

“什么事这么神秘?”惠姐疑惑地问道。

“我怕讲出来不太好。”小红支支吾吾地说道。

看着她这副德行,惠姐不耐烦地说道:“有什么事快讲,我忙着呢。”

“你不要生气,我讲就是啦。”小红向惠姐撒娇地说道。

惠姐点了点头。

小红这会儿才低声说道:“我上次和曼玲聊天,聊起你和隔壁的连组长。”

“我们有什么可聊的啊?”一听见关系到自己,惠姐不禁被挑起了好奇心。

“就是聊到皮肤什么的,曼玲说你的皮肤没有连组长的好。”小红说。

惠姐一听,虽然心里有点不爽快,但她还是很谦和地说道:“噢,我皮肤就是不怎么好。她这样说……应该没有别的意思,谢谢你跟我说这件事。”

“但是她还说……”小红又说。

惠姐脸色沉了下来,她想知道曼玲到底在自己背后还说了自己哪些坏话:“你直说吧,她还说了什么?”

“这个……”小红扭扭捏捏了一阵才说,“她说你的化妆技术也比不上连组长。”

这话就不在理了,因为她们卖的是化妆品,只有每个人都具有优秀的化妆技巧,才能说服顾客来购买产品。

惠姐听完这些话,心里着实不痛快,只是为了风度和形象,不适宜在这个时候发脾气。

于是,她冷冷地说道:“噢,事实也是这样啊,连组长的化妆技巧确实很不错。”

“嗯,但是……”小红感叹道,“既然她那么称赞连组长,为什么不去连组长那工作,跑来我们这一组干吗呢?”

谈完话之后,小红暗暗地观察惠姐的脸色。她见惠姐脸色越来越差,于是在心里窃喜,随后又添油加醋地说道:“我们公司允许申请调组呀,她要是那么喜欢连组长的话,可以调去那一组嘛。”

“这件事到此为止,快工作吧!”惠姐打断了小红的话,小红这才闭上嘴巴。

虽然惠姐表面上没有发怒,可是她对曼玲已经有了心结。

此后半个月的时间里,曼玲处处都觉得组长惠姐在故意为难自己,并且不断地暗示自己,可以申请调到连组长的那组。

曼玲无法忍受这样的精神折磨,于是真的提交了调组申请。

小红知道了这件事,赶忙向惠姐通报:“惠姐,你瞧,她果然不愿意待在我们这一组。”

整个过程中,小红故意歪曲曼玲的原话,到惠姐的前面去搬弄是非,最后让惠姐把曼玲赶出小组。这一招借刀杀人是不是做得很漂亮呢?

其实,我们不仅可以歪解别人的原意,借此来攻击对手,其实,我们也可以故意把话说得让人费解,用来放出假消息。

下面就有这样一个例子。

章革讨厌公司里的新人雅馨,因为雅馨长得五官标致,一进入公司就备受男同事和主管的关注,这让一向有上进心却又不被重视的章革十分妒忌。

为了击垮雅馨,章革决定趁某个机会来抹黑雅馨的形象。

一天,大家聚餐,章革就假装无意中提起了雅馨:“你们有没有发现,雅馨挺受欢迎的?”

“人长得漂亮没办法,男人都好色,看到美女就像是苍蝇看见蛋糕,全都扑上去了。”同桌吃饭的一名女生说道。

章革笑笑,接着又说道:“主管貌似也很喜欢她。”

“有这回事儿?”没有注意到这个问题的人,随口问道。

“嗯，你们了解雅馨是怎么进公司的吗？她的薪水好像比我们几个都要高，刚进公司就能拿到比我们高的薪水……”章革说到这里，露出欲言又止的表情。

“你的意思是说，她是走后门进来的？”一人向章革问道。

“我只说，她的薪水比我们还高，然后……主管好像很关注她，两人的关系似乎……”章革说到这里没有继续说下去。

几个人闻言，互相对视了一眼。

不久，公司里头便流传这样一个谣言，大家都在议论：雅馨该不会是主管的情妇吧？

这个谣言自然传到了雅馨的耳中，她觉得人格受到了玷污，因此毅然地从公司离职。

点金石

要是你的身边有惹人嫌的同事，你就更应该看看这一部分的内容，免得吃亏还无法反击，助长对方的嚣张气焰。

“照”与“不照”的差别

在商场上，为了防止被人抓话柄、断章取义或者是曲解原话，许多人都不会把话说透彻。下面先来说一个“心照”的例子，待会儿再说一个“不照”的例子。

赵钱孙是业界的名人，他出名的原因，是因为他办事的原则是拿了钱才肯办。贪财和不要脸的个性，让他在业界成了名人。

这回，他的公司谈成一笔大生意，赵钱孙看到这笔生意的总金额，就立马想到自己又有不少的油水捞了，这使他开心得不得了。

他正沉浸在喜悦当中，电话就响了，给他打电话的是个装潢公司的助理，这一名助理熟练地跟赵钱孙说道：“赵哥，最近可好呀？”

“挺好的，有事找我吗？”赵钱孙心里明白，这个装潢公司的助理八成是要谈合作的事。

“没事，就是好久不见，想念你了。”助理肉麻地说道，“不如有空一起出来喝几杯吧？联络一下感情。”

“好哇，我今晚就没事，你很会挑时间啊。”赵钱孙说道。

“咱们有缘呗！这怎么讲……对……心有灵犀一点通。”助理继续耍着肉麻。

赵钱孙放下电话，便等着晚上去赴约。

太阳一落山，赵钱孙就开车来到约定的地点。

这是一家酒吧，以漂亮女服务生多而闻名。

赵钱孙进了酒吧，很容易地找到了装潢公司的助理。对方是单枪匹马来的，他一看见赵钱孙，就朝着赵钱孙猛招手：“赵哥，我在这里。”

赵钱孙走过去坐下，两人毫不顾忌地互相拍了拍肩膀，气氛十分融洽。

助理寒暄道：“这里环境真不错，美女果然不少。赵哥，我刚刚点了一打啤酒和一些小菜，你看还有什么需要的，再加一些吧。”

“不用了，这些足够了。”赵钱孙喝了一口啤酒，和助理谈起无聊的话题，“最近工作怎样？”

“还是老样子。对了，赵哥，听说你们公司最近签了一笔大生意，肯定要找装潢公司吧，我们老板让我来打探打探消息。”助理说明了来意。

赵钱孙装着糊涂说：“是有这么回事，不过这个项目不是我负责的，我也不方便介入。”

“赵哥，您太过谦虚啦！”助理了解赵钱孙的规矩，赶紧递了一个信封给他，“我们公司已经报价给你们了,这件事你给使点儿劲,跟负责的单位通融一下。”

“哈哈,我尽力而为。”赵钱孙收下了信封,随后便找借口说要去厕所。

他在厕所里面打开信封,抽出一张十万元的支票,这让他高兴得合不拢嘴,有多少人辛苦工作了半年,薪水都达不到十万元呢!

赵钱孙从厕所回来后,坐了下来,又喝了一瓶啤酒,这时才对助理说:“这件事情我会尽力帮忙的,不过决定权不在我这里,你也了解,要和哪家公司合作,是由负责的单位来确定。”

“没关系,咱们心照不宣。”助理笑眯眯地说道。他想,既然赵钱孙愿意收下这笔钱,就不会把信封退回来,那么,这件事情就八九不离十了。

这是他们长期以来的默契,大家心照不宣。

一个月后,赵钱孙果然促成了这件事。

业界许多人都知道赵钱孙是个会收回扣的人,可是公司却从来没有对他进行查处。因为一切都只是传言而已,没人曾经亲耳听到赵钱孙跟人要钱,也没听到他答应什么人要介入公司内部的事。

只要给些暗示,然后彼此说“咱们心照不宣”,便能轻而易举地规避许多责任,在业界,这是很常用的话术。

虽然不把话说清楚,可以不落话柄,可是不把话讲明白,这也会生出一些的问题。

“照”与“不照”是两人心知肚明的事,下面就讲一个利用“心照不宣”这个话术能玩的伎俩。

阿勋日常工作散漫,可是他和老板关系好,所以,公司里面的员工平常就算对他有所不满,也不敢拿他怎么样。每个人都害怕得罪阿勋,怕阿勋会在老板面前参自己一本。

阿勋也清楚大家不敢得罪他,所以,总是把自己该做的工作交给别人完成。

大家有苦不敢言,就算心里多么抱怨,也只能把不满吞下肚。

“现实就是这么残酷。”谢正伟跟同事小叶说道,“谁叫他是老板身边的红人,没辙呀!”

“我就是看不惯他那个态度,凭什么吩咐我们做事?他又不是主管。哼,只会狗仗人势。”小叶激愤地吐着苦水。

一讲到阿勋的为人,就连少言寡语的佩佩也加入谈话:“没错,他把一摞传票往我桌上一堆,说他晚上有约会,全权拜托我了,害得我加班到晚上十点多才回家。”

“哇,佩佩,你也太听话了吧。”大家一听见佩佩为阿勋一句话就加班到十点,纷纷对她投去同情的目光。

“咱们是不是应该想办法治治他?”谢正伟向大家提议道,“就算治不了他,也给他点儿颜色看看。”

小叶的鬼主意颇多,他诡秘地笑着:“是有个办法啦,不过要靠大家团结合作。”

随后小叶让大家靠拢一点,悄悄地把计谋传达给大家。

向来胆小怕事的佩佩听完之后,困惑地说道:“这样好吗?”

“不然,你愿意每天都加班到晚上十点多呀?”谢正伟反问佩佩。

佩佩叹了一口气,下定决心配合大家的计划:“好吧。”

“大家一定要团结一致,不然的话,计划失败事小,关键是我们大家都会遭殃。”小叶再次提醒大家。

“没问题。”谢正伟拍了拍胸脯说道。

到了月底,不出大家所料,阿勋又开始叫别人帮他做事了。

这一回,阿勋也是抱着传票来到佩佩的面前。

佩佩没等阿勋开口,就先说道:“你不用解释啦,我知道怎么弄。”

“嘿,佩佩,麻烦你啦。”阿勋满意地把传票放在佩佩的桌子上,然后转身去找谢正伟。

他拿着出货单来到谢正伟的位置,谢正伟笑着对阿勋说:“咱们心照不宣。”

“好,心照不宣,你真够哥们。”阿勋没有多说,就把出货单放在谢正伟的位置上。

他在心底有点诧异,今天不知道撞了什么大运,怎么每个人都这么好说话,就连平常最不情愿的谢正伟都变得那么好说话。

阿勋没有深入探究,这一回他来到小叶的位置上,对着小叶说:“小叶呀,你有空闲时间吗?”

“下午能腾出一点时间,怎样?”小叶问阿勋。

“你能不能帮我调出今年每月的销售表?我明天下午开会要用。”阿勋说。

“噢,好吧,晚些时候帮你弄,不着急吧?”小叶问阿勋。

“不急,就是最好……顺便帮我做个图表,反正你下午有时间嘛。”阿勋说完,不等小叶拒绝,就从他的面前逃跑了。

大家都不理解阿勋着什么急。

因为老板下周要出国开会,临时决定提前召开月底的工作会议,让大家把目前的工作进度汇报给他。

到了第二天,令阿勋措手不及的是,小叶确实是帮他把销售图表调出来了,可是根本没有帮他做图表。

“小叶,你做的图表呢?”阿勋急忙找小叶。下午就要开会了,资料不完整,他怎么跟老板报告?

“噢,昨天下午时间太仓促了,我只来得及帮你调出销售表,本来想和你打声招呼,可是你已经下班了。因为你说不急,我就想第二天早上跟你讲也是一样。”小叶解释道。

阿勋心急如焚,不过与其跟小叶浪费时间争论,还不如利用这些时间,自己尽快把图表做出来。

刚回到位置上,阿勋就看见佩佩抱着传票向他的位置走过来。

阿勋赶忙对佩佩说:“谢谢。”

“那个……我有事跟你讲。”佩佩吞吞吐吐地说道。

“什么事?”阿勋抬头望了佩佩一眼,“很着急吗?”

“还好啦,就是传票的事。”佩佩说道。

“有什么问题吗?”

“我昨天有约会,所以传票只完成一半。如果你着急要的话,我现在继续帮你弄。”佩佩说。

“什么?你没做完?”阿勋吃惊地看着佩佩。

“嗯,你着急要吗?因为你昨天没叮嘱我,所以,我以为你不着急要。不然,我晚上帮你搞定?”佩佩好心地说道。

阿勋气得无话可说,只道:“不用了。”这些传票也是会上要交给老板的,哪里等得了晚上再处理?

手边的事情刚做一半,阿勋忽然想到谢正伟,该不会拜托他的事也出了什么意外情况吧?

阿勋赶忙地跑去找谢正伟,向谢正伟问道:“出货单搞定了吗?”

“我刚开始弄。”谢正伟说。

“天哪,你怎么才开始啊?”阿勋气得晕头转向。他以为大家和他是“心照”的,可以帮他把事情办妥,结果现在才发现,大家和他根本“不照”。

下午的会议按时召开。

阿勋一项工作进度表也没交上来,这使得老板感到吃惊。老板一直认为阿勋办事效率很高,没想到这个月提前开会,阿勋竟然交不出半点工作量。

“你怎么搞的?”老板质问阿勋。

阿勋肯定不能说是同事们恶整他,他才交不上任务吧!阿勋有苦难言,只能闷着头挨骂。

三个恶整阿勋的同事还假惺惺地向阿勋道歉:"真对不起,我没想到这些资料是你今天开会要用的,昨天没说清楚。""我还以为今早能完成,没想到一个上午都没打完你给我的传票。""别难过了,老板不会为难你的。"

点金石

把话说得越模糊,就越能为自己日后的反口提供回旋的余地和空间。因此,在商场或是职场上,时不时地便会听到有人说"咱们心照不宣",但究竟心照不宣的是什么东西,就各凭良心了。

传话的艺术

劳烦他人传话是一件危险的事,尤其在职场里,你永远不确定听见的消息是否经过了别人恶意或无意的加工。而你在请人带话的过程中,更不知道会不会遭人恶意窜改。

因此,避免请别人传话是最好的方式。现在网络技术这么发达,E－mail、MSN、QQ,甚至于电话、便条纸都是很便利的通信方式,不到万不得已,尽量不要麻烦别人。不然被人陷害时,可别说是因为自己太单纯。

有一个关于传话的笑话,相信大家曾经听过。

一个农夫的老婆临产在家,没想到当天中午就生了。

这个农夫的老妈妈一看媳妇快生了,赶紧跑去跟邻居说:"帮我给儿子带个话,就说媳妇生了,让他赶快回家。"

邻居听了这个好消息,立刻跑着去帮老妈妈传话。

刚跑一半,这个邻居就上气不接下气,再也跑不动了。于是,邻居拉住一名路人说道:"帮我带个话。"

在乡下每个人都很热心,这名路人连忙问:"给谁传话?"

"带话给老孙,他妈妈说生了。"邻居说道。

路人点了点头,立刻向田里奔去。他很快看到老孙,然后站在田埂上对老孙喊:"老孙,快回家,你妈生了。"

老孙听见后,把锄头一丢就向家奔去。

这时候,田里其他的农夫纷纷稀罕道:"老孙娘都七十了,还能生孩子,这可真是闻所未闻啊。"

一人笑着说道:"老蚌生珠有什么稀罕的,要是能生三胞胎,那才叫厉害。"

几个人的对话被那个传话的路人听见,他急匆匆地回家,喝了一口茶,跟老婆说道:"我刚听见一事,真稀奇。"

"啥事?"他老婆好奇地问道。

"那个老孙,他妈都七十了,还生了三胞胎。"路人啧啧称奇地讲给老婆听。

他老婆一听,觉得太离奇了,马上就上街说了这则奇闻。

不一会儿工夫,村里的人都挤到了老孙家里去贺喜。当时,老孙还以为大家是来祝贺他喜得贵子的,没想到大家是来看望他老妈妈的。

一句话传到最后能那么离谱,那传话何尝不是一门艺术呢?

传话之所以是艺术，是因为好赖全凭一张嘴巴。

你应该能理解，为什么古代要上京的官员会把白花花的银子花在一个太监身上，不就是为了让太监帮自己传话时美言几句吗？下面我们先来看看怎样把坏事说成好事。

这一次，林子阳的公司扩建了新的办公室，需要采购一批电脑桌及配套椅子。现在有A和B两家厂商在竞争，两家厂商同时把报价给了林子阳的公司。

林子阳的主管扫了眼报价单，两家厂商的价格差不多。于是，主管把林子阳叫来，对他说："这两家的价格差不多，既然这样，我们就挑质量比较好的那一家。你明天分别到A、B厂商那边验验货，回头跟我报告情况。"

"好。"林子阳一口答应了这项任务。

第二天上午，林子阳准时来到A厂商这边。

A厂商热情地招待林子阳，随后带他去仓库看样品。

"这是我们厂生产的电脑桌，质量绝对有保证，你要不要试用一下？"A厂商向林子阳问道。

林子阳摆摆手，他仔细地查看这些电脑桌，样式和质量都不错。

验过货之后，林子阳就和A厂商告别，出发前往B厂商的工厂。

B厂商的接待人员看到林子阳来了，二话不说就塞给林子阳一瓶陈年高粱酒："这是见面礼，小意思，二十年的陈年好酒。"

"我们公司有规定，不能随便收东西的，何况我无功不受禄。"林子阳笑着推却。

"唉，这是我们私下里的交情，和公司无关，除非你不把我当朋友。"B厂商的接待员板着脸孔，假装生气地说道，"把我当朋友的话，就先收下吧。"

"好吧，说好与公事无关啊！"林子阳笑着收下了高粱酒。

B厂商的接待员见状，这才带林子阳到仓库里去看样品。

刚刚看到样品，林子阳就微微地皱起了眉头，因为B厂商生产出的电脑桌实在是太简陋了，就是几根铁条架着三块木板，木板的色彩也很不起眼，一点都不好看。

"相信我，我们绝对是价格最低的一家厂商。"B厂商的接待人员拍着胸口说。

"可是主管说了，质量为主。"林子阳说道。

"质量也好呀，我们用的是铁条，可不是外面随便找来的薄塑料板。"B厂商的接待员说完，忽然转了个话题，"谈完这次生意，我请你喝酒去，也是纯属私交，我一看见你就喜欢你这个朋友，以后咱们常联系。"

"呵呵，相识就是缘分嘛，我们一定会是好朋友。"林子阳笑着说。

第二天，林子阳的主管把他叫到了一旁。

主管向他问道："昨天看过样品了吧？"

"已经看过了。"林子阳点了点头。

"哪家的最好？"主管问。

"就个人而言，我更加喜欢B厂的货物，因为他们的电脑桌保证耐用，是铁做的，不像外头的电脑桌，用几片薄塑料板架一架就拿出来出售，那种一踢就坏了。"林子阳把B厂商接待员说的话，原原本本转述了一次。

"这样呀，那外观呢？"主管又问。

林子阳的脑海中一下便浮现出电脑桌的款式，仅仅是几个老土颜色的木板拼做成的，于是他换了个方式说道："挺素净的，不会太花哨。我们是要摆在工作场所用的，当然是素净点比较合适。"

"是呀。"主管点了点头，再问道，"坐起来舒适吗？"

关于舒适度，林子阳就真的不知道了，但为了促成公司和B厂商的合作，他向主管说道："我认为比A厂商的好，而且价格也比A厂商的低，我看行得通。"

“那好,通知 B 厂商派人来签合同。”主管说道。

林子阳眼见计谋得逞,心里别提多高兴了。

公司真的采购了 B 厂商的电脑桌。

但是当电脑桌一回来,主管的脸色瞬间就难看了。他看着那些简陋的电脑桌,口气疑惑地质问林子阳:“这些桌子哪里好?”

“主管,你看它的四条腿都是铁制的,这种桌子才算稳固。”林子阳说着,用力地拍打了桌面,证明桌子真的是很牢固。

林子阳再对主管说道:“这个木头的颜色也很素净,没有太多的彩绘,不会显得太花哨,这样放在公司办公室里面,会显得我们公司的形象比较庄重。”

主管只是听着,丝毫不表达自己的意见。

这时,林子阳假模假样地叹了一口气:“唉,其实我也觉得它不是太好,但是和 A 厂商的电脑桌相比,它坐起来的确舒服。”

“噢?”主管挑着眉看着林子阳。

“对呀,两家厂商的桌子我都试坐了,A 厂商的比较不舒服,价码又高,所以我才会推荐公司跟 B 厂商购买电脑桌。”林子阳说道。他知道主管无处核对,而且比较这种东西是主观性很强的,所以,他也算不上是欺骗主管。

主管听完便释怀了,点了点头,不再追究此事。

以上就是说好话的艺术,这是否让你联想到古时候皇帝选后宫妃嫔,全靠着太监的一张嘴巴和一张画,来决定要挑选谁进宫面圣了呢?

说完说好话的技术,下面就说说坏话的技术。看见你的敌人,逮住机会就利用传话的话术展开攻击吧。

这一次,公司准备派人前往上海出差,所有人都跃跃欲试。

不只是因为公司的出差补助很高,更重要的是,如果能够在这一次的出差中表现优秀,就很有可能会被上层领导提拔,在年底的时候加薪升职。

出差的候选名单里也有林子阳,而他最大的竞争对手是同一间办公室的老傅。

一个星期五上午,经过了一星期的工作,大家都有点精神涣散了,于是聚在一起闲聊。

几个员工谈到了上海的出差计划。

“对了,主管要派人去上海,这事决定了吗?”一人向其他同事问道。

“主管没有决定呢!”林子阳笑着问老傅,“老傅,你准备好了吗?”

“不是说了还没决定吗?现在准备太早了。”老傅客气地回答,他又反问林子阳,“说不定是派你去,别忘给我们带礼物呀!”

“哈哈,派我去就好了,我可是非常地期待。”林子阳毫不掩饰自己的野心,“以前去过几次上海,感觉挺好的,如果能把握住机会再去一次,那就太棒了。”

老傅看林子阳这么坦诚,他也笑着说道:“我也想去,就是不知道主管会不会选中我。”“我去问问主管好了,都到了月中了,再过十天就到出差的时间了,现在去问应该时间刚好。”林子阳看了一眼桌上的月历,马上从座位起身,径直走向主管的办公室。

老傅愣了一愣,他也立刻站了起来。老傅心想,如果让林子阳抢先去问主管,主管可能当场就会随口答应让林子阳去上海出差,那怎么办呢?如果现在追上前去,那……那自己岂不是很没面子?自己刚刚还表现得那么自然,现在却要和林子阳争……

还有,如果主管看见他跟在林子阳的后头走进办公室,也会觉得奇怪吧!毕竟这事用不着两人一起去问。

老傅犹豫了一会儿,林子阳已经敲响主管的门,然后走进了主管的办公室里。

林子阳精神地向主管打招呼:“早,主管。”

“噢,不早了,都十一点了。”主管笑了一笑,“有什么事吗?”

“主管,距离月底的出差就剩十天了,你已经确定好要派谁去了吗?”林子阳问道。

“哎,这事我都忘了,怎么了?”主管看了一眼安排表,这会儿才想起这件事。

他目前还没决定,只是觉得林子阳和老傅都是很好的人选。

“我很期待能够去出差,希望主管可以让我去。刚和老傅聊了一下,他还没有准备,我是想,既然他还没准备,而我已经准备好了,主管是不是能派我去?”林子阳信心满满地向主管毛遂自荐。

主管听后,点了点头说:“好吧,那就让你去。老傅既然还没准备,那就让他别操心这事了。”

“谢谢主管。”林子阳高高兴兴地退出了主管的办公室。

传话的艺术,要把好话变成坏话,只要掌握“曲解原意”和“断章取义”两个概念就可以了。

另外再说个题外话,主管为什么要选林子阳出差,其实并不完全是被林子阳的话术所蒙蔽。

我们要知道,主管的眼睛是雪亮的,他之所以决定派林子阳去出差,是因为他看到了林子阳想升迁的欲望。所以,主管心想,既然你想要表现,那么就肯定会把事情办好。根据这个理由,他才选择由林子阳去出差的。

由此看来,在恰当的时机表现出自己的动力和欲望,对于在职场上的你是有帮助的。

但要是林子阳曾经违上,让主管失望的话,主管便很有可能抓住这个机会给林子阳一个教训,有意驳回他的出差申请,目的就是要他知道,违上是没有好下场的。

凭借驳回出差申请这件事,主管才能提升自己的权威。

在职场上,违上不可能有好下场,在这里也给大家一个提醒。

现在回到正题,往下提一个“传话艺术”的讨论题。

如果有 A 和 B 两家厂商在竞争,可是 A 厂商的产品的确毫无可取,而偏偏你是中间人,那么,你有什么办法可以说服老板采购 A 厂商的产品吗?

小秋的公司要采购二十台笔记本电脑,经过很多厂商的报价之后,现在只剩下 A 和 B 两家厂商在竞争了。

其中,A 厂商的经理是小秋的朋友,为了让 A 厂商得到这笔业务,小秋不惜说出底价,但是老板仍然犹豫不决。

老板向小秋问道:“你认为呢?”

小秋当然要说 A 厂商的好话,可是她知道 A 和 B 报上来的条件都相差无几,所以她认为,与其说 A 的好话,不如说 B 的坏话。

“老板,我认为 B 厂商不行呀,他当别人是傻瓜呀。”小秋厌恶地说道,“那个业务员连样品都没带来,只是递了一张目录就想接生意。两家的价格要是差不多,我认为 B 厂商的不好。”

老板闻言,皱了皱眉头,听小秋这么说,要是自己选择和 B 厂商合作,那自己岂不是成了小秋口中的傻瓜?但是,小秋的理由却又很牵强,觉得像是鸡蛋里挑骨头。

老板思考了一下,确认两家的报价相差不大,心想:既然员工反映 B 厂商不行的话,那就选 A 厂商吧。

“那好,你去通知 A 厂过来签约,不过你先问问他们,能不能把保修期定为两年半,然后我要开三个月的期票。如果他们同意的话,再让他们派人带合同过来。”老板说。

由此来看,与其一味地赞扬 A,不如借机攻击 B,一样可以得到你想要的结果。

另外,传话还会产生意想不到的效果。有时候,通过当事人的嘴巴来说某件事,就会让这件事情显得有些矫情、有点假。所以,不如利用第三人的嘴巴,把你想要表达的事情传播出去,这样做就可以提升传言的可信度。这也是传话的艺术之一,通过第三人的赞扬来提升主管对你的好感。

紫云换了一个新主管,为了拉拢这个主管,她必须想办法讨好主管。不过她也明白,要是直接地吹捧主管,难免会被人觉得自己是谄媚奉承,所以,她必须拐着弯来赞美主管。

这一次,主管让紫云去办事,紫云见到厂商时,有意无意地便会说道:“是我们主管专业,因此,我们这些下属才能提供给厂商好的服务。”

回到了办公室里,紫云也会在和别的部门的同事聊天时,放出一点消息:“我们的新主管人挺好的,长得又漂亮,在她手下工作很不错。”

这些消息最后都由其他部门的主管传给紫云的主管:“你的人缘真好,一来就受到下属的爱戴。”

“有吗?”紫云的主管笑着问道。她自己怎么没听说这件事?

“有啊,你那部门的紫云说的,说你专业、待人友善,还说在你手下工作是一大福气。”这名主管在传话的同时,还另外帮紫云多加了几句好话。反正,说好话又不用花钱,还能借助传好话的机会来提升紫云的主管对自己的好印象,既然好处这么多,那何乐而不为呢?

紫云的主管听完这些话,心里乐不可支,回到部门之后,立即对紫云说道:“紫云呀,你问问大家要喝什么,我中午请大家喝饮料。”

点金石

传话还会产生意想不到的效果。有时候,通过当事人的嘴巴来说某件事,就会让这件事情显得有些矫情、有点假。所以,不如利用第三人的嘴巴,把你想要表达的事情传播出去。

学学“磨功”

“磨功”是商战过程中必须具备的能力之一,你越是磨、越是拖,对方就会越急,你争取到的权利就越大。

正因为这样,所以在谈判的过程中,谁的磨功比较强,往往就可以拿到更好的优惠。

有商战中,最常用的抬价术语是“我不急”“我不缺”“慢慢来”,以下就是个案例。

房东由于工作的缘故,打算搬家,因此,要将原来的房子出售。偏偏买卖房屋都是大事,所以双方不可能喊完价就马上成交。

这一次,来了一对夫妻看房子,夫妻两人进门也不说话,全由房屋中介在一旁介绍环境。

房东知道自己不能插嘴,要是他插嘴推销自己的房子,这不就是明摆着告诉别人,他着急要卖这间房吗? 到时候肯定会被杀价。

这对夫妻只点头却不说话,好像不想买这间房。房东知道,会嫌货的人才是买货人,不说话的一般都不会买。

由于买货人为了拿到低价,经常会先把货品贬得一无是处,最后才说:“不然给我六折,给我六折我就买。”

过了一会儿,房屋中介向这对夫妻问道:“你们认为怎样?”

“还不错。”丈夫点了点头,向房屋中介问道,“那价格方面呢?”

“四百八十万元。”房屋中介说。

“噢,那我们再看看吧!”丈夫说到这,转头看看房东。

“没错,我是。”房东点了点头,和这对夫妻打了招呼。

“这房子挺好的,怎么会想卖出去?”丈夫向房东探口风。他想,要是房东急于脱手,那他正好可以压低价格。

“嗯,是挺好的,有卖才有买嘛,房子也不是一买就要住一辈子。”房东笑着说,不想让这个买主知道情况。

“哦,刚刚中介说了,房子的标价是四百八十万元,我目前手头的现金大概是四百万元,我们夫妻才刚结婚,我是想……如果房子刚好卖四百万元,那我特别希望把这间房子当做我们夫妻的新房。”丈夫拉着妻子的手说道。

他的意思很简单,就是房东如果可以把价格降到四百万元,那么他就马上买。

中间价差了八十万元,这并不是小数目。

虽然房东希望把房子尽快卖出去,可他却不愿意接受这么低的价格。他笑着说道:“你们再看看,如果最后仍喜欢我这间房子就再回来谈。我不急。”

“好,那我们再看看。”谈完后,这对夫妻没有多留片刻就离开了。

事情一拖就拖了半个月之久。

一晃过去了半个月,一直没有人再来看这间房子,房东也不禁有点急了。

这时,这对夫妻又回来了。

房东、房屋中介和夫妻俩又一起回到这间房子里,四个人现场又进行了一次谈价。

丈夫跟房东说道:“目前我们选中三套房子,想看看你的价格。我们刚刚结婚不久,手边也没有太多钱,四百二十万元的房价可以接受,你觉得呢?”

房东笑着说道:“这一带这么大的房子卖四百八十万元已经非常便宜了,不过你们刚刚结婚,就算我包红包祝贺你们了,四百七十万元已经是最低了。”

“那我们再考虑一下吧。”丈夫说完,起身就要离开。

房东也站了起来,像是不想留人。他笑着说道:“好,你们再看看,买房是人生大事,想明白也好。”

说完后,房东先一步离开了。

又过去半个月,房东眼见时间不够了,这间房子再不卖出去的话,就凑不够他买新房子所需的钱。

所以,房东自己打了一个电话给房屋中介说:“四百五十万元是我的底线,看那对夫妻想不想买吧,不买的话,我也不卖了。”

于是,房屋中介带话给那对夫妻。

那个丈夫跟房屋中介说:“你就跟房东说,我手头现金仅有四百二十万元,最多我再加十万元,四百三十万元,我可以支付现金。”

房屋中介听完,马上把情况回报给房东。

房东的心情很不愉快,但是时间很急,他也没有闲工夫再耗下去,于是跟中介说:“好吧,让他们准备资料,我们找一天签合同。”

最后,这一套标价四百八十万元的房子,以四百三十万元成交了。

现在我们来分析双方的情况。

其实,房东的期望价格是四百八十万元,可是最后却是以四百三十万元成交,所以,他颇不高兴。

不过,他内心也设有一个底线,就是若是四百二十万元以下,他就宁愿不卖了。就是因为最终的成交价仍在四百二十万元以上,因此,房东才会同意成交。

他为了要抬价,首先用到的话术就是“我不急”。

果然如此,房东的不急,使这对夫妻抬高了买价,改以四百二十万元和他谈。虽然四百二十万元是他的底线,但是他仍想再往上抬一点,因此使出了第二次的“磨功”,并对这对夫妻说道:“你们再看看,买房是人生大事,想清楚也好。”其实就是想让这对夫妻了解,他还是不急。

到了最后一次，他说“四百五十万元是我的底线”。其实，这就是一个钓鱼的话术，想探探对方的口风。

但是时间很急，如果那对夫妻还是不加钱，价钱维持在四百二十万元，那么，房东心底的打算仍然是卖。但是夫妻俩加了十万元，这十万元就成为房东最后一次“磨功”所得到的利益。

谁磨得久，就赚得多，就是这个道理。

下面我们来看看那对夫妻是怎么想的，又是怎么盘算的。

首先是丈夫，他自然明白自己第一次说出的四百万元，是个夸张的价格，毕竟和标价差了那么多。

其实，这也是钓鱼的话术，只是在探房东心里的底线是什么，想不到房东仍坚持四百八十万元的价格，这价格很硬，几乎就是不留谈价的空间。

于是，丈夫说了“我们再看看”，也就是“你不急，那我也不缺这房子，看谁更耐磨”。

到这二次时，丈夫提出的价格是四百二十万元。其实，他知道房东可能会要求再抬一点，所以才说出这个价。在丈夫的心里，他的最高价格是四百五十万元，只要房价降到四百五十万元，那么，他就愿意成交。

恰巧到了第三回合的交锋，房东就把价格调整为这对夫妻会满意的价格——四百五十万元。

但是丈夫还是没有马上答应，他心想，要是能再便宜一点，那中间的差价就等于是自己赚到的优惠。

果然，房东同意以四百三十万元成交。四百五十万元与四百三十万元之间相差的这二十万元，就是丈夫使用“磨功”所得到的利益。

而在谈价过程中，丈夫为了抬高自己谈价的筹码，因此使用了话术，说自己看上三套房子，其实目的也就是要告诉房东“我还是不急”。

磨得时间越久，赚得也就越多，同样也可以把这个法则套用在这对夫妻上面。

点金石

“磨功”是商战过程中必须具备的能力之一，你越是磨、越是拖，对方就会越急，你争取到的权利就越大。

职场最重要的“保命”招数

当你受到攻击时，应该运用什么话来保护自己？看完了前面几章，这一个小节就做个总结，说几个防范的方法。

先来讲讲第一招“捆绑”，之前就说过捆绑的话术，这里再以另一个角度来看此事。这里的话术虽然仍是捆绑，但是最终目的是模糊对手焦点。

马宪的行事作风一直不讨主管喜欢，可偏偏他的业绩又挺好，主管平常很难找到机会刁难马宪。

这一次，马宪却出了事。他因为前一晚和客户喝酒，到家后又看了很久电视才睡，今早竟然起不了床，但今天是公司的例会，大家都进了会议室，只有马宪还没到。

会议进行到了一半，马宪才急急忙忙地钻进会议室，找了一个空位坐下来。

就算他再怎么低调，也还是引起了会议室内所有人的注意。

正在讲话的李执行长看着马宪，干咳了几声：“咳，马宪，你怎么这么晚才到？”

马宪的主管等着看笑话，他觉得马宪这一次死定了，竟敢在例会的时候迟到。

马宪站起来后，非常正经地对李执行长说："报告执行长，我很抱歉今天迟到了。主要是昨晚为了谈成马来西亚的那个代理案，因此和对方的经理喝多了，早晨一起床才发现睡过了头，我下次肯定不会再犯。"

马宪清楚公司很重视那件代理案，他在心里想着，就赌一把吧，希望执行长能够看在代理案的重要性上，不追究自己迟到这件事。

"噢，这么说，还要我谢谢你？"李执行长幽默地问道。

马宪傻笑着，他见执行长的脸色缓和了，于是也幽默地说道："其实是要谢谢执行长，我们公司成功的原因有二，第一是我们有最优秀的员工，第二是我们有最英明的领导——李执行长。"

大家一听，全都笑出了声，缓和了方才的尴尬气氛。

"坐下吧，下回不许迟到了。"李执行长说完，继续进行他刚才的讲话。

马宪把个人的错误和工作需要进行捆绑，所以变成了"我会做错，都是为了公司好"。他利用"捆绑"的盾，化解了一场危机。

其实，马宪只是和厂商喝酒喝到晚上十一点多，之所以早晨会爬不起来，全都因为他回家之后看电视看得太久。但是真相是什么，是不会有人去追究的，重点是他和厂商真的碰过面而且喝过酒。

下面来谈第二招"拆绑"。

若是敌人使用"捆绑"这一招攻击你时，那么，你就得学会如何"拆绑"，才可以安然地从炮火之下逃过。

马宪虽然在例会的时候迟到了，但是却油嘴滑舌地避开了李执行长的责备，李执行长在事后也没有追究他的意思。

但这件事情在马宪的主管心里，很不是滋味。他原以为马宪肯定死定了，但是事情却没有如同他的预料。

马宪的主管田伯治越想越不甘心，于是决定采取攻击，这一次一定要整惨马宪。

田伯治主动找到李执行长，他向执行长说道："执行长，我认为应该严惩马宪。这一次他在开会的时候迟到，所有的员工都看见了，如果不给他小惩大戒的话，我怕以后所有的员工都会效仿，这是不好的范例。"

"嗯，那么你想怎么做？"李执行长问田伯治。

"我觉得最少要给他一次大过处分，否则不利于公司的管理，以后我会不好管人。"田伯治说。

李执行长听后觉得有道理，尤其田伯治把"惩罚马宪"和"维护公司纪律"捆绑在一起，要是不批准田伯治惩罚马宪，好像就是自己不看重公司的纪律。即使李执行长觉得可以惩罚马宪，可是大过的惩处似乎太重了。因为公司规定，一个员工若累积了三次大过就必须被开除。

李执行长是有私心想维护马宪的，因为马宪的业绩一向很好，平常的表现也不差。

于是，他点了点头说道："好，犯错本该受罚，不过马宪也是情有可原，不如我让他过来作个解释，免得他不服这个惩罚。"

说完，李执行长马上叫马宪来办公室。

过了一会儿，马宪就匆匆地走进了办公室，他一看见自己的主管田伯治也在场，便知道大事不好。田伯治大概是来告状的，马宪很明白田伯治一直想找机会刁难自己。

看到马宪来了，李执行长说道："马宪，重要的会议是不可以迟到的，但是你早上却迟到了半个小时，因此，田主管打算记你一次大过，以儆效尤。你有没有什么话想说？"

李执行长看着马宪，明显是偏向马宪。

马宪点了点头，装作无辜地说道："报告执行长，今早迟到是我的错，因此公司要惩罚我，我没有话要说。但是……可不可以就罚我写悔过书，这样对全公司的员工也是个警示。"

"嗯，那好。就罚你写悔过书，让全公司的员工有个警示。"李执行长说完，转头看着田伯治，"田主管，你认为呢？"

"这惩罚有点轻，恐怕员工们不能铭记在心。"田伯治说道。

马宪马上说道："我认同犯错要罚，但是我觉得员工的士气也很重要。如果迟到就记大过，我怕会有不好的效果，反而让公司员工的士气下滑。"

李执行长听罢觉得有道理，而田伯治也不能再反驳，这事于是就这样被抹平了。

这就是"捆绑"和"拆绑"的话术。

田伯治把"惩罚马宪"和"维护纪律"绑在一起，于是马宪就把两件事拆开来说，他将"维护纪律"引向"写悔过书"，这样就免去了一个大过的处分。

随后，田伯治又发出第二波的攻势，将"写悔过书"和"不能让员工谨记在心"绑在一起。

所以，马宪也使用捆绑的反击方式，他把"记大过"和"降低员工士气"绑在一起，让田伯治再也没有任何借口。

另外，防身的第三招是"别落话柄"，省得别人有机可乘。第四招是"抓话柄"，这里把它们放在同一个案例中，让读者可以更加深入地了解两者的用法。

马宪从炮火中安然逃离，这让田伯治十分不甘，他寻思一定要寻找到机会恶整马宪。

没过多久，他便找到了一个机会。

马宪最近接触的A厂商在业界是赫赫有名的，因为他们的业务员个个都会送贿、打回扣。正是因为业务员有如此的习性，所以A厂商的业绩日升，生意越做越大。

田伯治利用此次事件，跑到了李执行长那里说道："执行长，A厂商是有名的会给回扣的厂商，最近马宪与他们接触频繁，还采购了两三批商品，我认为……事情不简单。"

他并未将话说透彻，但是李执行长可以听出他的意思——田伯治怀疑马宪收回扣，所以跟A厂商购进了两三批商品。

尽管田伯治没有确凿的证据，可是李执行长听完后，难免心里有了些疙瘩。

李执行长觉得这件事情说大就大说小也小，可是他不想纵容底下的员工收回扣，于是便马上把马宪找了过来。

马宪走进办公室，看到田伯治也在这里，他心里已经有了些想法，定又是田伯治私底下搞的鬼。

"马宪，你在一个月之内就跟A厂商进了两三批货物，你这么密切地跟他们购买商品，他们到底给了你多少回扣？"李执行长问道。他以探试性的口气，想迫使马宪自己承认。

马宪当然不会认，就算他有拿，也不会承认的。他想若是李执行长真的有确凿的证据，那就到时候再说吧。

"报告执行长，我没有收任何回扣。"马宪正气凛然地说道。

"那你怎么证明你是清白的？"田伯治问他。

证明一个人杀人很容易，但若要让他证明自己没杀人就困难了。自己没做过的事，要怎么去证明呢？

"如果公司有证据，我服从公司的惩罚，但对于那些我没做的事情，我不知道该怎么承认。"马宪露出委屈并且继续说道，"我想请问公司怀疑我收回扣，是否有证据？"

因为这事是田伯治来向自己告状的，所以李执行长看向田伯治。

马宪自信十足，他从来没主动说要和A厂商做生意，因此没有落下话柄。所以，他不相信田伯治会有机恶整他。

田伯治愣了一下神，反问马宪："你和A厂商购买商品的次数太多了，你可以解释一下原因吗？"

其实，田伯治没想到局势会发展到这个地步，自己本只是想跟李执行长说说，让李执行长怀疑马宪，继而不再相信马宪。不过，田伯治没想到李执行长处事果断，立刻就把马宪找来与他对质。

“噢，我做的一切都是以公司的利益为先，哪家的报价低，我就采购哪家的货。”马宪看向田伯治说道，“而且采购单我都先递给主管你批示过，是你同意后，我才会进行后续采购的。”

李执行长看着田伯治，心里有些生气，若实情如马宪所说的，那么田伯治这不是在惹事端吗？

马宪抓住田伯治的话柄说道：“田主管，是你说采购要挑报价最便宜的那个商家。”

田伯治顿时汗颜，一声也不吭。

点金石

要知道拿刀杀敌斩将，也必须学会如何拿盾保护自己，才能在刀光剑影的商战中安然无恙、游刃有余。

第九章 职场中的批评艺术

应严厉对待违规者

老板不要随意责骂员工，要和他们讲道理，要把要求和盘托出，当然，要求他们听从指示行事的同时也要求你尊重他们。如果你已经把指令告知他们，他们没有遵守，还故意违反，或是屡劝不改，那就一定要惩罚。

综合各类信息，对以下三类员工一定要严惩，就是平时比较温和的人，也应该用强烈的态度，示他们以明确的信息。

1. 行为失德的员工

有些员工品行不端正，虽然没做有损公司权益的事，但对其他员工却有可能造成干扰，最常见的就是性骚扰。有些男员工，对女员工说话口无遮拦，拿她们的身体当做评头论足的对象，故意谈论性话题，这会令公司的文化气氛变得很低俗，有些更过分的人可能找借口挨身挨势，毛手毛脚，使女员工几乎有被非礼的感觉。这类员工绝不要宽容，必须加以惩罚，如果屡劝不改，就该考虑解雇他。

2. 懒惰的员工

老板支付工资便有权要求员工做好工作，有什么合理要求，员工都应该尽力达成。懒惰是人的天性，有些人总想趁老板不在，找机会偷懒。尤其是做外勤的，偷懒的机会更多。你下午三四点进快餐店看看，估计当中有多少是公司的外勤人员，就知道偷懒者有多少。若再加上下午跑电影院看电影的营业代表，数目就更多了。

员工在一起工作，大家要像战士一样努力。工作效率差、懒散不负责任的员工，容易把整个团队的精神拖垮，尤其公司是规模不大、员工数目不多的公司，就更应剔除这些害群之马。要想改造他，要从激起他的自尊自重之心开始，使他奋发起来。不过，有些大懒虫从来就没有自尊自重之心，骂了也是一条软皮蛇，这时，唯一的方法就是解聘。

3. 态度恶劣的员工

有些员工的性格暴戾，如果老板的性格温和，他们久而久之就不会把老板放在眼里，对老板毫不尊重。这类员工，一方面仗着自己工作能力强，办事效率高，更有甚者可能在老板面前闹脾气或是驳老板的面子。对待这类员工，不给他们点儿颜色看看，他们就会更加肆无忌惮，老板的权威就会有所不降。刚刚创业，性格比较温和，这一点很可能被人利用，但对这种员工绝对需要用严厉态度加以指责。

如果员工被骂了还不改过，依然对老板不尊重，那就迫不得已用上最后的手段，把他解雇。对老板不尊重、老板的任何决策和指令他们都有可能违背的人，对公司有害无益。

点金石

老板不要随意责骂员工，要和他们讲道理，要把要求和盘托出，当然，要求他们听从指示行事的同时也要求你尊重他们。如果你已经把指令告知他们，他们没有遵守，还故意违反，或是屡劝不改，那就一定要惩罚。

斥责时应遵循的原则

如果员工的错误发展到了非斥责不可的境地，请遵循下面介绍的上司斥责部下的几个原则，并随时加以检讨。

1. 斥责时要以当下的问题为切入点，切不可重提过去的错误

斥责并不是回忆过去，应该站在如何解决目前的问题、将来如何改良的立场上展开，要明白：最重要的是将来，而不是过去。

2. 斥责时应针对一件事，而不可同时提好几件事

如果一次斥责牵连许多事情，不仅会使内容相互抵消，且把握不住重点，同时会使受到斥责的人意志消沉。

在面谈时很容易出现这种情形，由于日常工作场合说话的机会不多，所以会趁面谈的机会把过去的一切全盘托出。但必须切记，为了有效地说服，应尽量避免这样的情形出现。

3. 斥责时应一对一，在同事听不到的地方进行

斥责时若有他人在场，会伤及被斥责者的自尊心，引发其逆反心理，致使对方只会找理由辩解，而无心自省，斥责也就无法产生作用。因此，不到万不得已，不要当众指责部下，除非是与自己有信赖关系的部下。

4. 不要利用斥责来发泄心中的不快

我们提到的"斥责时不可加入感情"，是指责备员工时要公事公办，不要夹杂私人的不快情绪，要进行冷静的斥责。话说回来，斥责是人的感情行为，斥责不可能脱离感情，那种虚伪做作的斥责是令人讨厌和有违自然的，因此，如何正确地表达感情即成为斥责时的重要环节。简而言之，只有能透过斥责表达出自己的感情打动对方的心的斥责，才是奏效的斥责。

要想真正说动对方的心，达到说服的效果，绝不能自己高高在上地斥责对方，这样只会使斥责的一方获得自我满足，而毫无半点成效。应该把对方的缺点和错误看做是自己的，抱着希望对方能发现自我的过失和错误并予以纠正的心情来斥责对方。作为能左右别人的上司，必须以责己之心来斥责部下，才能收到真正的斥责效果。

点金石

如果一次斥责牵连许多事情，不仅会使内容相互抵消，且把握不住重点，同时会使受到斥责的人意志消沉。

如何帮部下剖析错误

部属犯了错误，身为主管，肯定心里不痛快，那么，该怎么处理呢？不问情由地大声训斥，多半会被部属看扁，认为你是一个无知的蠢材，只会发发脾气罢了；认真、客观地调查实际情况，搞明白部属犯错误的原因，然后再批评教育，这是应该的，但还远远不够。作为一个成功的老板、主管，应该引导部属从错误中学习，把错误当做一个学习的机会。

发现部属犯错误时，要抑制住自己一触即发的脾气，做做深呼吸，让自己平静下来，然后思考：应如何和部属沟通？以下有几点可供参考：

1. 首先了解他对错误的认识

司机酒后驾车撞上桥墩,演员假唱被观众赶下台,他们都承认自己错了。可有时候,错误行为没有酿成这么明显的后果,致使犯了错误的人不知道自己究竟错在哪里。所以,不要一味地认为,犯错误的人一定知道自己错在哪里。因此,要先找他谈谈,看他如何看待整件事情,如果有了明确的答案,再进行下一步。否则,要和他分析问题究竟出在什么地方。

2. 了解他如此行事的原因

和对方仔细地谈一谈,了解他这么做的缘由。听他说明原因,了解他如此行事的心理,可以进一步发现他对自己工作责任、权限的认同,以及对你这个上级的看法。

3. 他是否清楚自己行为的后果

作为主管,你当然了解部属的错误会给自己带来哪些后果:上司的斥责,工作进度落实不了,本来马上到手的利润一下子灰飞烟灭……但是,你的部属却不曾了解他的错误将会给上司或部门带来的影响。因此,让部下充分明了自己的行为可能会带来的后果,是增加其责任感的一种行之有效的方法。

4. 部属是否知道应该做到什么程度

很多主管将命令下达给部属,自以为事情都会顺利地进行下去,就等着验收了。此时,很容易出现差错,因为主管和部属之间对任务的完成程度没有进行充分的交流,没有达成共识。告诉部属齐步走,却没有通知他们走多远,发生错误必然是难免的。因此,在给部属布置任务时,应明确告知你所期望的成果,让他清楚明白自己的权责范围,让他知道你会随时提供帮助。这些信息对于部属顺利完成任务非常重要。

5. 让部属知道如何补救

错误发生后,分析了错误所在、错误的原因后,更关键的一步在于,该如何进行补救。

做错事是不可避免的,但不少错误确实可以避免。要避免错误,关键在于沟通,尤其是主管和部属之间。部属的时间要用在工作上,用在如何达成主管的目标上,而不是浪费在揣摩“主管的意图”上。明确说明自己的要求,让部属有据可依,办事效率自然会提高。

认真、客观地调查实际情况,搞明白部属犯错误的原因,然后再批评教育,这是应该的,但还远远不够。作为一个成功的老板、主管,应该引导部属从错误中学习,把错误当做一个学习的机会。

指责批评的要领

1. 要指责得充分、正确、有理

在指责前,先明了事情的原委,确定应该指责的事情,再来进行指责。

2. 不要在众人面前指责

一对一进行指责是良策。当然,如果是不会引发争端的简单的技术性错误,为了对其他下属进行提醒,在群众面前指责也是可行的。

3. 冷静而文雅地进行处理

人在激动时,会克制不住要放大声音,表现得过分冲动。在这种场合,可先把问题放置一段时间，等自己恢复到冷静的状态后，再进行合理的处置。

4. 不要令人失望

注意不要让下属因为指责搞得夜里失眠，终日闷闷不乐、空度时日，导致下属对工作丧失斗志。为了合理地用人，指责时应该考虑到怎样使他自觉地谋求自己的进步，自觉地配合和自我启发。特别要注意不要致使他说出不经大脑的任性的话来。另外，不要忘记最后讲一番勉励的话。

5. 不要太啰唆

利用此时发生的错误，把过去的过失和错误全部搬出来，相提并论，展开滔滔不绝、无止境的指责，但这样不会产生任何效果，因此，应排除"多说几句为好"的想法。根据问题，依照反省的程度，说一句"最好今后多注意些"，更能收到较好的成效。

6. 按照对方情况，确定指责方法

无论是男性还是女性，是年轻人还是老年人，是新员工还是老员工，是经验丰富的人还是缺少经验的人，是脾气刚强的人还是懦弱的人，是爱钻牛角尖的人还是直爽的人，等等。人都是有特点、有性格的，在指责前，必须了解对方，再考虑适当的指责方法。

7. 不要忘记谦虚待人

对下属犯的错误，要抱着自己负有责任的态度，采取亲自和下属进行过失分析、探讨和解决的方式。

点金石

注意不要让下属因为指责搞得夜里失眠，终日闷闷不乐、空度时日，导致下属对工作丧失斗志。为了合理地用人，指责时应该考虑到怎样使他自觉地谋求自己的进步，自觉地配合和自我启发。

如何合理批评

主管面对自己下属犯的错误，总要斥责一通，与其说是防范下属重蹈覆辙，倒不如说是由于主管控制不住自己的愤怒情绪的一种发泄。大部分主管都喜欢先批评，然后再说原因，好像只要做错了，不管原因如何，都是要接受批评的。

作为一个主管，以这样的方式对待属下的过失可不好。谁没有犯错误的时候呢？人生本就是由数不清的失败组成的，谁又能老去责怪别人呢？况且，失败的人说不准正处在极度的懊恼中，你忍心再给他雪上加霜吗？若你不考虑这些，再加责难，除了给他们增加些懊丧，不会有任何益处。如果他能从过失中吸取教训，走向胜利，那么，他当初的过失是应该受到奖励的，因为那称得上是一次伟大的牺牲。

一个做错了的下属，若是被他十分信赖或仰慕的上司斥责几句，或许他根本不会生气，反而会自我反省，努力工作以挽回过失。同时他还会有期待，期待下一次的表现能博得上司的赏识。因为他了解上司的斥责是在帮助自己纠正工作，而绝非有意损伤他的人格。

不少主管一碰到下属的失败的情况时，就给予无情的责骂。如：

"也就是你，才会做出这样的蠢事。"

"你看看你做成了几件事？你趁早辞职算了！"

诸如此类的话，说好听点是对下属的批评，说白了就是领导的发泄，这样的领导是肯定不会赢得下属好评的。若是这样的话，不仅仅是被责骂了的下属会远离他，那些未受斥责的下属，也会疏远他。

既然上述的责骂方式收不到好的成效，那你为什么不改变一下处理方式呢？首先，要学会控制自己的情绪，在下属的失败面前，情绪失控是了不得的。要这样想：人人都会有失败，责怪别人倒不如责怪自己。同时，给失败的下属指出过失时要注意别伤了他们的自尊心。

如："上次的工作做错了，没关系，关键是你要找准失败的原因，下次注意改过来就对了。准备好，下次有合适的工作，我还会找你的。"这才是最合适的说话方式。

点金石

一个做错了的下属，若是被他十分信赖或仰慕的上司斥责几句，或许他根本不会生气，反而会自我反省，努力工作以挽回过失。同时他还会有期待，期待下一次的表现能博得上司的赏识。

批评艺术九条

1. 不要拿一个人的行为和另一个的行为相互比较

谁也不愿承认自己不如别人，你这一比较，即使说得在理，对方也不乐意再听下去。况且，这种比较多半也不得要领。

2. 批评要利索

你一旦有机会和对方单独相处，便应畅所欲言，尽快提出你的批评。倾吐不快跟做别的事一样，拖得越久，就越难开口。等得越久，怒火就越旺，更容易情绪失控。

3. 不要重复批评

表明完自己的观点，对方也要有时间思量，千万别再重提。对方有耐心听你指出他的错误，你说完了就不应再提这件事。

4. 对事不对人

批评要尽量就事论事，批评太多，会扰乱对方的情绪，使得重要的话他反而没听进去。

5. 不要在指责前先来一个开场白

"有件事，好久就想告诉你了，说出来怕得罪你，请你别见怪，可是……"没有比这更糟糕的话了！你的本意或许是怕伤害对方，先给他打预防针，结果却使他心急如焚。你的开场白，等于说明你的批评会穷凶极恶，并且显示你虽出于善意，却不确定他有没有同样不存芥蒂的胸襟或能否接纳。

6. 你做出批评之后，不要再为这件事道歉

因为道歉会减弱你批评的价值，同时，道歉等于表示你批评了对方，反而要安慰对方。这样一来更助长了他无所谓的心态。

7. 避免讥讽

讥讽的动机无不出乎鄙视、畏惧等心理。你鄙视别人，别人就更不听你的话。你不明说出来，心里反而更怕他会再出错。无论措辞多么巧妙，冷嘲热讽总不是好风度。

8. 不要用"老是""从来没有"这些字眼

因为批评的时候，言过其实的词语，往往使你的话失去正确性。

9. 期望值不要太高

别指望对方接受你全部的批评。同时，人家耐心听完你的批评，你也要感谢他，而且你一定要养成这个习惯。

点金石

别指望对方接受你全部的批评。同时，人家耐心听完你的批评，你也要感谢他，而且你一定要养成这个习惯。

要学会给员工台阶下

当老板让员工下不来台时，员工对老板和公司的忠诚度与信任度就会大打折扣。有些老板喜欢站在员工面前，毫不留情地批评员工，并责令他们立即作出报告，也有一些老板会向员工许诺做这做那，而最后都没有实现。

忠诚是人宝贵的品质，当你让员工下不来台时，这种忠诚会消失得很快。员工不对他们工作的公司抱以忠诚，公司就会成为一种根据经营需求随便雇用和解雇员工的、毫无人情的机构。忠诚只适用于人与人之间，若优秀的老板对员工十分忠诚，相应地，员工也会报之以真心。

当然，要在公司建立一种人与人之间的忠诚关系，需要老板具有很高的人事管理水平。你要做到在为公司和员工付出时不考虑任何得失，而且在员工追求自己的工作目标时随时给予支持和帮助。最关键的是，绝不在公开场合处理员工的某些问题而让他们下不了台。

你对员工的忠诚度如何，员工会十分敏感。员工希望你时时留意自己所说的话，不要频繁地作出改变。如果你不能践行自己的诺言，他们也会感到失望。他们会将你放在一个特定的位置，如果你没有能力站在这一位置，他们就会丧失信心。

如果你单独会见员工时，一边讲话，一边看电视，他们会感到自己不被重视。当一些重要客户来访时，员工期望你以某种方式体现出来，如带头欢迎，向客户介绍员工等。如果你在客户面前无视员工的存在，那他们会感到有失自尊。

你期望员工将你视为偶像，但这会拉开你们之间的距离。你应该走近他们、了解他们，对他们完成的任务表示赞赏，对他们的理解表示感谢。将有损员工利益的因素降到最少，即使你有时犯下错误或者失误，他们也会将其看做是一个普通人常犯的错误。若你与员工走得越近，他们对你了解得越多，对你也就越亲近。这样，你就无形中获取了一种最为宝贵的财富。

点金石

忠诚是人宝贵的品质，当你让员工下不来台时，这种忠诚会消失得很快。

批评还需因人而异

对于领导来说，有两种下属最容易接受你的批评：一种是性子直爽的下属；另一种是有能力、有魄力的下属。当然，也有这样的人，面对你善意的批评，表面上满在乎。其实他只是在表面接受，但在内心深处，你的批评不会对其产生多大的作用。

直率的下属接受批评后会马上振作起来；软弱的下属面对批评，多数不会有任何反抗，但是老板批评得越严重，他们越会变得畏首畏尾、胆小怕事。因此，对待这种下属，提醒式的批评更能有效地把问题解决。

领导多数有同样的体会：心怀不满的人最不好对付。因此，批评这种人时必须十分注意把握分寸。至于那些油腔滑调的下属则应对他们进行非常严厉的批评了，这种人只有彻底改造才会痛改前非，再不会偷懒怠工、胡作非为。

但是，每一个人的性格都各不相同。如果使用一种方法去批评所有的人，在正常情况下，你很难收到明显的效果。

软弱的下属犯了过错，要一对一地采取提醒式、鼓励式的批评。例如说"我希望你能发挥出你的潜力""我估计这种工作质量并不能体现你的能力"，等等。

面对心怀不满的下属，首先认真听取他们的意见，然后有针对性去批评，例如可以暗示，"你本来可以完成得更漂亮一点，怎么总是心事重重的""要把工作和生活分开看待，生活可以随随便便，工作必须认真对待，这也算是一条人生游戏的规则"。

对于那些滑头的下属，要使用自己的真心话去批评他们。心里怎样想就照直说，而且要常提醒他们，做事要有一点说一点，毫无保留。只有这样，才能收到预期的效果。

点金石

每一个人的性格都各不相同。如果使用一种方法去批评所有的人，在正常情况下，你很难收到明显的效果。

如何处理与员工的矛盾

无论是老板还是中层管理人员，都会遇到这个问题。和员工之间产生的矛盾多是由于双方对工作有着不同的期待目标和标准，以及对工作的不同处理角度。简而言之，员工更注重工作过程中的细节问题，而老板和主管关注的是工作成果。

作为老板或主管，主要工作内容就是安排员工的任务，并协助他们顺利达成自己的期望。因此，摆平员工之间的矛盾，是每一个老板的首要职责。可是，应该如何处理呢？以下是几个简单的步骤。

1. 弄清矛盾是什么

矛盾的表象很多样化，老板在不了解实情的状况下，只会乱指挥；更多时候是出现消极怠工的现象：员工工作进度慢，对工作没有责任心，没有进取心。这些表象后面真正的矛盾往往是因为员工和老板对工作的内容、进度有着不同的认识和理解。

2. 找出导致矛盾的原因

出现矛盾的原因是问题的根结所在，也是解决矛盾的第一步。一个员工时常无故旷工，你警告他，如果下次再发生这种情况，将扣除他全年的奖金。这以后，他确实老老实实地待在自己的岗位上，但问题解决了吗？没有，这只是表面现象而已。这个员工经常离岗，可能是因为他对自己的工作不感兴趣，觉得另一部门的工作更适合自己，因而经常去学习呢？

老板觉得工作进度跟不上，总是说，我们的产量怎么这么低，利润怎么那么少。而员工感到自己太辛苦了，每天的工作量那么大。若老板此时要求员工增加产量，肯定就会引发矛盾，这是由于双方考虑问题的角度不同造成的，老板是从产量和利润来考虑的，他没有想过每个工人的单独工作量，而与员工最直接相关的恰恰就是每天的工作量。

3. 分析解决矛盾的措施

要使工作顺利进展下去，合理解决矛盾是必需的。每一种矛盾的解决方式都不同，这要根据公司、员工的不同情况仔细分析，选择最合理的解决方案。

在老板认为产量低、员工认为工作量大的情况下，要增加产量有以下几种方案：增加员工；以产量定工资，提高员工工作效率；提高技术支持，更新设备或改用能提高劳动生产率的生产方式。在几种方案中进行抉择时，还要考虑各种限制因素，如技术方面的、资金方面的、人员方面的等等。

4. 预测事情的结果

我们要尽量选择会带来最好效果的矛盾解决方案，但这也存在风险性。要提前想到如果矛盾不能解决，可能会出现什么后果，做到心中有数，有的放矢。

和员工之间产生矛盾时，必须及时解决，避免日积月累，演变成复杂的局面，就更难化解了。要让员工顺心努力地工作，必须为他们创造适当的条件和局面。总而言之，解决好和员工的矛盾，是为了让员工更好地工作。

作为老板或主管，主要工作内容就是安排员工的任务，并协助他们顺利达成自己的期望。因此，摆平员工之间的矛盾，是每一个老板的首要职责。

第三篇

商务口才

第一章

商务谈判怎样开口

谈判者的必备素质

商场如战场，每一次商业谈判都是一次战争，若想百战不殆，成为一个优秀的商业谈判者，首先要具备以下素质。

1. 有能力和自己公司内部的人商谈，并且取得他们的信任，能听取各方意见

2. 能高效地做计划，短时间内了解产品及产品普遍的规格，善于思考和复查所得到的资料。在谈判中还要具有极强的洞察力并能发现可能影响双方的潜在因素，并请专家和顾问协助自己谈判。

3. 有丰富的学识，稳重，能克制自己，不轻言放弃，心胸开阔，有耐心

4. 具有良好的判断力，能迅速判断出问题的症结所在

5. 有极强的应变能力及说服能力，交谈时措辞得当，关注对方的意见和要求，做到恰当地从对方的立场考虑。

在重大的商业谈判中，通常要介入销售、管理、会计等相关部门人员，这就需要谈判的主要负责人必须具备协调的素质和技巧。

首先，在开始商谈之前，提前调查清楚来者的身份和权限，并据此决定商谈时的层次，否则，可能会导致意料之外的失败。

其次，在商谈中，绝对不允许不懂装懂，以致让对方钻空子，商谈起来就很被动。

在和外商谈判时，有的外商会装阔绰吓唬人，有的会不停地盘问，使你疲于回答，你必须为自己多留些余地，以示弹性。否则，会越谈越僵，终致商谈无法进行下去。

商谈的技巧也是千变万化的。老练的商人会制造有利于自己的形势，预留回旋的余地，以便进一步交涉，但也有的一开始就步步为营。

此外，在心理上更要具备随机应变的能力。在商谈中，各种情况都有可能发生，这就要求商谈者在复杂的变化中把握住问题的关键，采取恰当的应变措施，使自己少受损失，更多地争取利益。在商谈中，特别要注意谈判的态度要诚恳、认真，绝对不可以含糊作答，导致日后出现纠纷。对方提出的要求不能接纳时，要清楚明白地告诉他，防止对方存有不切实际的想法。

点金石

在重大的商业谈判中，通常要介入销售、管理、会计等相关部门人员，这就需要谈判的主要负责人必须具备协调的素质和技巧。

谈判者的形象

一个形象气质俱佳、有风度的谈判者，往往能带给人赏心悦目的感觉，能直接激发对方的兴趣，有效地促进交易成功；反之，一个形象不佳的谈判者，会给对方留下糟糕的第一印象，使对方在心理上对其公司的产品和交易产生置疑，这可以解释成是心理学中“光环效应”。一般来说，谈判人员良好的形象包括端庄的仪表、谈吐、举动、风度、气质等几方面。

1. 端庄的仪表

端庄的仪表首先体现在服饰方面。俗话说：“人靠衣服马靠鞍。”得体的服饰对一名谈判人员形象的影响是很大的。谈判人员的服饰主要要注意以下问题：着装保持整洁大方，搭配协调；上衣应熨平整，裤子应熨出裤线，衬衫领口、袖口保持洁净。谈判者应避免穿华丽新奇的服饰，以免影响对方的情绪，有碍谈判的顺利进行。

发式方面，男士要经常修剪头发，保持整洁，不要留长发或另类发型。发式应正统且梳理整齐，给人以干练稳重之感。女士的发式不可怪诞，适当化些淡妆可以增加女性的自然美。反之，切忌浓妆艳抹或佩戴过多的首饰，这样会给人以庸俗的感觉。最后，还要注意服装与鞋袜，以及皮包、帽子的搭配。

2. 谈吐方面

在谈判过程中，谈判人员的谈吐要落落大方。一位优秀的谈判人员说话时要不愠不火，不卑不亢。若言语表现得急于求成，或唯唯诺诺，则容易受他人牵制。首先，在谈判中表达不恰当会显现出你对对方的不尊重，甚至引起误会和摩擦。对他人说话时，首先遇到的是称谓问题。如何称呼对方，要快速辨清对象，尊重对方的称谓习惯，注意亲疏关系、熟悉程度及年龄、性别之间的差异性，同时，称谓要懂得区分场合才能表现出对他人的尊重。传说朱元璋当上皇帝后，他的一位儿时的伙伴去找他，因当众称呼他的小名，致使朱元璋恼羞成怒，立即把他这位儿时交好的伙伴斩首。所以，对于熟悉的人，在较严肃场合不宜使用私下常用的昵称或绰号。

在谈判过程中，还要注意谈话的距离、手势、语调、措辞等。谈话距离如果过远，容易误解为“争利”心理大于“协同合作”心理，显示双方分歧较大，矛盾突出；距离过近，表现出双方谈判较亲密，容易谦让，甚至损害自己的利益。一般，谈话的距离至少要保持半米以上。

在谈判中，谈判者说话时可适当加人手势。手势要与商谈主题相适应，打手势也要留意空间的大小。同时，谈判者应该明白对方手势的含意。平掌摇动通常表示不同意；手指敲桌子往往表示谢谢；双手搓动表示高兴或着急；举手平掌表示别说了。谈判者在谈话中可以通过手势加强语意，手指可代表数量、赞扬、批评、肯定、否定等含意，但打手势时切忌手势幅度过大。

在谈判中，说话的音调抑扬顿挫，旨在增加语言的内容和效果。如果语调平淡无奇，则给人以拒人千里的感觉。若谈话时音调自然、饱含感情，则很容易使双方消除紧张情绪，在谈笑中从容应答，给谈判带来完满的结局。此外，音调也能够反映出谈判者对该谈判的重视程度。

此外，谈判人员还要注意谈判语言，掌握好寒暄、开场、磋商、结束等场合的礼貌用语，多用“你好”“谢谢”“请多合作”“再见”等礼貌用语。使用恰当、婉转的语言，避免使用生硬的、有情绪的字眼。一个具备良好素质的谈判者，往往是泰然自若、一诺千金的，而不是滔滔不绝或咄咄逼人的。

3. 举动方面

谈判人员的举动是指伴随谈判过程中的一举一动。

谈判者要有站相，要求肩平、收腹、挺胸、两眼平视、嘴唇微闭并且面带微笑，双肩自然下垂，双手在背后或体前自然交叉，两腿膝关节与髋关节展直。挺拔的站姿能展现谈判者的良好风采和心理状态，显示出谈判者的昂扬斗志，充满信心和力量。

谈判者要有端庄的坐姿。谈判中，最标准的坐姿是两腿着地，膝盖成直角，与对方交谈时，身子要适当前倾，切忌一坐下来就倚靠在椅背上，这样显得体态松弛、没有礼貌，坐沙发时双脚侧放或稍加叠放较为合适。女士就座时切忌跷二郎腿，更不能双腿叉开，这样很不优雅，也显得缺乏教养。

谈判者还要有潇洒的走姿。走姿要注意：行走时双肩平衡，目光平视，下颌微收、面带微笑，臂伸直放松，手指自然弯曲，双臂自然摆动。在掌握走姿要领的同时，还要注意区分宾主身份：当来宾时，缓步进门，扫一周，以确定自己的走向和位置；当主人时，若客人等已到房间，应快步入门，眼睛搜寻主宾并伸手向主宾致意，以表示歉意、诚意和合作态度。若自己先到房间，应先引客人入席，自己随后入席，以示礼貌。

此外，谈判人员的态度直接影响谈判双方的情绪和谈判结果。如果一方态度恶劣或过于强硬，甚至攻击对方，就会使谈判陷入僵局；如果双方态度诚恳、温和，则容易营造融洽的交谈氛围。同时，谈判者的举动也能反应谈判的效果。

总之，良好的仪表能使谈判人员处在主动地位，为赢得谈判的成功打下良好的基础。

4. 风度和气质

仪表和风度是密切相关的，一个举止洒脱，精神抖擞，洋溢着生命活力的人，容易使别人被他的非凡气度震慑住。同时，一个有风度的谈判者是充满魅力的，他的从容、自信、精干、有条不紊、不亢不卑，使对方不敢在心理上轻视，他会在尝试的同时更加重视谈判过程。一个仪表良好的谈判者，再加上经验和自信，才可以称之为具有一定风度的。反之，一个形貌猥琐、不修边幅的人谈何风度？另外，风度也是一个富有经验，具有广博知识的人的外部表现，它是内在底蕴和仪表结合的最佳体现。

一个风度气质俱佳的人，他们无须只言片语，只要静静地站或坐在那里，便能给人一种特殊的气场以及深刻的印象。美国国务卿马歇尔就是一个有独特领袖气质的人。据说，只要马歇尔将军一出场，就必将成为会场人士的焦点，每一个人都能感受到他那无形的威严，并被深深地吸引和感动，他那低沉、稳重而有力的语调，在谈判中更能体现出其天生的特质，令人望而生畏、肃然起敬。除了马歇尔，拿破仑也具有这种领袖气质，他一走进房间，所有的人便会屏气凝神，不敢做声，并不由自主地由心中涌起一股难以言状的敬畏之情。非凡的气质与迷人的外貌毫无关联。事实上，拿破仑本人身高仅 160 厘米，身材粗短矮壮。

谈判者身上具备非凡的气质、摄人心魄的力量，会让对方在心理上不敢小觑。

谈判者的独特气质，可以通过身体的各种动作表现出来。毫不矫揉造作的动作所流露出的权威感，就像一条隐形的绳子牵引着对方，使对方在不知不觉中为你所吸引。

谈判中，谈判者那稳健的步伐、有力的握手、坚定的眼神和从容不迫的气度，都表现出谈判者不凡的气质和风度。这种潜在魅力会使对方产生“与你谈判，是我的荣幸”的感觉，就像在球场中遇到实力相当的对手时所产生的那种狂喜的感觉一样。对方会在心里暗示和提醒自己“与这个人谈判，千万不得无礼”，从而也将在谈判中表现得更加出色。

谈判者不凡的气质和风度，除了先天的因素，还要有足够的后天的知识储备和实践锻炼。这就要求谈判者要拥有广泛的知识，研究过谈判心理学和行为学，丰富的谈判经历，应对谈判中复杂状况的能力等，还要懂相关商品法规，以及国际法、国际惯例等知识、有关各种专业理论等。这些知识为谈判者谈判时提供了充分准备，同时，这也是一个优秀的谈判者应具备的素质。有了这些知识，谈判者才能从容不迫地走向谈判场——自信也是谈判者良好气质和风度的体现之一。

除了掌握相关知识，谈判者还要培养自己其他方面的修养，以展现良好的气质和风度。比如，谈判者应积极参加社交活动，以见识更多社交礼仪，增加社交经验，谈判者最好多参加谈判活动，以积累更多的谈判经验。同时，认真总结教训，查缺补漏并及时地加以强化，这有利于谈判者在下一次谈判中更自信、更有风度和气质。

谈判者仅注意这些还不能达到最终目的，还要在实际中加强锻炼，如训练稳重的走姿，练习从容不迫的语调等。此外，谈判者也可通过在心中“模拟场景”来加强这方面的锻炼，即暗暗在心中进行谈判演练，可以让整场谈判在脑中播放，也可以针对某次谈判进行“心中彩排”，通过对想象谈判的场所、谈判者的表情与反应、谈判双方的对话，以及你会使用的策略和技巧，谈判中可能出现的意料之外的情况等进行逐个预测，并找出合适的对策。这样，在谈判中才不会困难重重，同时也有助于你更好地自由发挥，充分展现自己独特的魅力和风度。

点金石

一个形象气质俱佳、有风度的谈判者，往往能带给人赏心悦目的感觉，能直接激发对方的兴趣，有效地促进交易成功。

谈判前的注意事项

谈判前的准备十分关键。美国法学博士贝尔·特尼曾说："要想舌底生花、芬芳胜人，在你准备开口时，切记中国人的一句话：有备无患。"因此，谈判者在谈判前应注意以下几点。

1. 将精力集于谈判，排除一切杂念

这样做是为了平衡紧张的心情。适度的平静与紧张是自信的前提，特别是在对对手的情况只有基本了解和掌握的情况下，就更不能过分乐观或妄自菲薄。相反，是选择"持久战"还是"速决战"，是作好谈崩的准备还是作好谈妥的准备，都要在此时想清楚，以稳定情绪，因为良好的心态是成功的前提。

2. 加强各种谈判技巧的练习

你可以通过蓝本——过去谈判的记录以及有关的资料，不断地对先行者的经验进行分析，展开静态的演练。要特别关注前人在谈判中失败的例子，避免重蹈覆辙。对前人成功的经验，要经过认真的分析与挑选，吸收那些适用于自身情况的经验，做到有的放矢。

3. 全面了解谈判的基本情况

如谈判的时间、地点、形式、程序，本公司此次谈判要达到的目的，对方通过谈判想要达成协议的主要内容，谈判助手的基本情况等，事无巨细，了解得越细致越好。尤其是要拟定好总的战略战术，是主动进攻还是防守，是先发制人还是软磨硬泡，是着眼将来还是抓住现实，是以不变应万变还是见机行事，等等，都应该有一个战略性的指导思想和战术性的事先准备。

4. 谈判中所用的书面材料要准备充分

如果你能将一些精准的数字熟记在心，就可以根据谈判的情况适时举出。数字是单调的，但却是最有说服力的。

5. 留好后路

谈判前，一定要制订多种方案。万一谈判破裂怎么办？陷入僵局怎么办？是否有备案，是否能另辟话题、迂回进攻……这些后路想好了，那么，进就可以勇往直前，退则可以防守阵地，不至于兵败如山倒、一败涂地。

6. 熟悉谈判规则，遵守谈判礼仪

禁止使用粗俗用语和不文明的词汇，避免嘲讽对手，还要与谈判对手保持适当距离，以免唾液溅到对方脸上，等等。总之，作好充足准备，有利于谈判的顺利进行。

点金石

谈判前的准备十分关键。美国法学博士贝尔·特尼曾说："要想舌底生花、芬芳胜人，在你准备开口时，切记中国人的一句话：有备无患。"

摸清对手的底细有助于谈判成功

生活就是为了满足需求而与自然、社会展开持久拼搏的斗争。同样的道理，谈判也是处在不同角度和经济发展状况下的各类人或团体为了达到满足各自切身利益的目的，而通过一定的活动达成某种商业化的目标的外在表现。

正像前面所讲的，任何一次谈判都是由行为主体(谈判者)代表关系主体(企业、公司等团体)进行的，所以，谈判人员代表的利益和需求具有两面性：他既可能代表个人的利益和需求，又可能代表企业或团体的利益，总之，两种利益往往重叠在一起。谈判时，我们有必要从谈判的关系主体和对方谈判人员两方面考虑。

下面这些提问能帮助你考察你谈判的关系主体对此次谈判的重视程度。

1. 假如双方无法签成协议，那么会对对方造成什么损失

2. 本次谈判，你的对手到底想从你这里获得什么？你是否清楚他还有其他途径获得他想要的东西

3. 假如双方达成协议，对方能从中获得什么好处

4. 从长远利益来讲，此次谈判的结果，会对其所经营的业务的状况产生什么影响

5. 双方谈判的会议是否是由一方率先提出来并且是正式列入日程的

6. 对方是否真有诚意谈判？他们是否能够执行协议的义务

诸如此类，据此你可以大概了解到此次谈判对于对方的重要性，虽然有些片面，但也有重要的参考价值。

谈判时直接与你交锋的代表绝对是不可忽视的，一部分企业、公司对谈判的重视程度会通过他们体现出来，如果他们的观念与本企业的初衷背道而驰的话，那么，你的谈判方案也该做些改动。

了解一个谈判人员可以从以下几个方面入手。

1. 该谈判人员在企业中的职位、年龄及发展前途

2. 如果谈判圆满，能否给他带来诸如高额奖金、职位晋升等实实在在的利益

3. 他的声誉是否会受到谈判的影响

4. 从他自身的性格、作风、工作特点分析，他是否希望谈判的成功给他带来成就感

当然，你可以再添加一些你认为有用的材料，结合这两个方面的内容，你可以做出自己的初步判断和对策。

举个例子来说：对于一个饥寒交迫的人来讲，一块面包、一瓶水意味着什么？而一台昂贵的冰箱的价值又是多少？他会选择哪一个？同理，卖主提供的机器，如果能使买者的工厂自动化、效率化，赚取更大的利润，那这些机器对买者就有价值，从而有关购买机器的谈判就会变得十分重要。

考察谈判对方的重要性体现在这有利于合理地调整作战方案。如果谈判对双方都很关键，那么，废话少说，好好谈就是了。但如果谈判对双方不是同等重要时，你可要留心了。

比如：如果一方选择市场的余地比较大，而且市场上也的确存在着多个供货途径，那么，这一方态度会很苛刻，而当商品缺乏或处于垄断地位时，这一方的态度就会变得十分温和。所以，当你是苛求的一方时，应尽量控制谈判的形势和进程，软硬皆施，虚实结合，无所不用其极，以迫使对方做出最大的让步。但环境和形势需要你必须态度温和时，则应表现得不卑不亢，善于抛出“金饵”钓“金蟾”。

此外，多打探对方的需要，以此来判断对方对谈判的重视程度比单纯地埋头于成本资料去得出结果重要得多，它会起到事半功倍的效果。

点金石

多打探对方的需要，以此来判断对方对谈判的重视程度比单纯地埋头于成本资料去得出结果重要得多，它会起到事半功倍的效果。

制订多个谈判方案

制订不同谈判方案的好处在于：初次商谈失败后，你可以用最快速度提出不同的选择供对方考虑。而不会由于毫无准备而接受一个你根本就不满意的交易，即使在签约的那一时刻，你也要承认，这是你唯一合理的选择。

在准备备用谈判方案之前，你首先要搞清楚你所准备的方案是用来做什么的：是用于谈判失败之时，你提供给对方的不同于前面谈判目标的新的条款呢？还是当对方不接纳你所罗列的条件时，你开出的另外一些条件呢？

你可以决定准备采用哪种方向的谈判方式。采用横向谈判的方式，你要将准备讨论的试题全面铺张开来，并且确定好每轮要讨论多少个问题，按顺序一轮轮谈判；采用纵向谈判的方式，你要事先把谈判的问题整理成一个序列，按问题的内在逻辑，逐个进行谈判，一次只谈一个问题，只有把这个问题彻底解决才进行下一问题的讨论。

此外，你还可以设计不同的谈判方式。

1. 常规式谈判

在你与你的固定客户频繁往来，交易条件已基本固定时，你可以考虑仍以过往交涉的程序、条件、经验为基础，进行老套的常规式谈判。

2. 利导式谈判

你在充分了解对方谈判人员心理动机的基础上，顺应、利用对方的主体愿望，引导其向本方谈判目标贴近。你可以投其所好、先易后难地提出一些使对方感兴趣的条款或与对手有相同之处的议题，使对方乐意合作。

3. 迂回式谈判

你可以不直接与对手进行交易的协商，而是抓住关键问题或利用某些外在因素间接地作用于对手。

4. 冲击式谈判

你可以采取正面对抗法，使用强硬手段给对方施加压力。

准备多个谈判方案，这有利于你依据不断变化着的双方实力、事态趋向、发展转机等诸多因素，以一种或多种方案，灵活地配合使用。

在谈判方案的制订过程中，不可忽视下面这些重要元素：谈判主题和目标、谈判时间、谈判期限、谈判议程等。

一般来说，谈判的目标应分为三级：第一级目标是最低目标，即在任何情况下都必须达到的目标，如果达不到的话，宁可取消或终止；第二级目标是指可接受的目标，这是实现目标的一个区间或者说是一个范围；第三级目标是最高目标，如果要超过这个目标，则要冒着谈判破裂的危险。只要有了谈判目标，谈判人员心中就有了一个明确的奋斗方向和实现目标的程度。

关于谈判时间方面，应充分考虑对方为谈判所准备的充分程度、谈判的迫切程度、谈判人员的情绪状况等。其中，时间元素是谈判方案中最灵活的因素之一。

若涉及谈判期限,应当根据实际情况确定方案。如果你到对方那里谈判的话,必须“速决战”,反之,则宜采用“蘑菇战”。同时,应当给谈判班子留有充裕的时间,在谈判方案的制订过程中,对于谈判所需要的时间及由于时间因素而造成的损失都应作出较为明确的规定。

然而,在制订不同的谈判方案这个问题上,你千万不要以为:“谈判根本不会到破裂的地步,现在想那么多问题干吗?”对于一个试图逃避谈判准备工作的谈判者而言,这种想法确实是一个很不错的借口,但我们还应该看到事情的另一面。

在某些情况下,认为谈判不会失败,从而抱定一种预期设定的谈判目标不放,这从常理来看也没有造成什么损失。但是,绝大多数的谈判都会按照具体情况以不同的形式进行,并且时常会面临迟迟无法达成协议的困扰。而且,如果你事先没有准备好其他不同的备选方案,你就很有可能被动地接受一个远远低于你预期目标的交易。这时候,你往往会在毫无退路可言的情况下,切身感受到那种“欲哭无泪”的心理压力。

尽管有时候你觉得你对其他谈判方案都不是很理解,但是,事先确定多种不同的谈判方案,从实质上来说都不会给你的预期目标构成什么损害,相反,它们倒很有可能成为一种可以预期的利益的可能性。对于一个谈判者来说,你对一笔交易表现得越热心,你就越可能做成一笔合算的交易。因为,如果这一次谈判本身对于你来说不是很重要,或者说你还有其他的选择,你就不会担心被迫接受那些不能使你满意的条件或方案。同时,在谈判开始之前,如果你能多花些力气,找出其他几种可以使你在不同情况下能够选择的方案,你就会最终达到你所预期的目标,因为你为自己设计了不止一条实现这个目标的道路。

你要事先把谈判的问题整理成一个序列,按问题的内在逻辑,逐个进行谈判,一次只谈一个问题,只有把这个问题彻底解决才进行下一问题的讨论。

制订灵活的应对策略

一般情况下,在一项谈判开始之前,人们会制定出有关自己买什么、卖什么,以及怎样达到这一目标的一系列计划。但这种计划往往只是谈判前单方的主观设想或各方简单协商的产物,因而不可能把影响谈判过程的各种随机的因素都考虑在内。如果你在计划中,没有建立一种灵活的谈判战略的话,那么,你与对手之间的谈判很可能会陷入你事先未预料到的僵局,你和你的对手往往可能都会抱怨对方苛刻的要求。而这样的局面,你是完全可以在谈判前的准备工作中设法考虑避免的。

如果从谈判战略的灵活性出发,你可以在你的谈判计划中对一些可控制的因素和常规事宜做出比较仔细的安排,对于那些基本上没有什么规律可循的事项也可以安排得简略一些。如对方人员话语中的言外之意和我方计划的设想存在出入等,就属于不可以控的随机因素。

为了使谈判能够顺利地进行下去,你的谈判严格来说不可以放在像下面这样的假设基础之上。

1. 没问题,车到山前必有路

在这种问题上,你忘记的同样还有一句话:人无远虑,必有近忧。如果你的谈判计划方案之中连最起码的应对战略都没有的话,那么,在你与对手争论得不可开交之时,你就可能会不得不做出某种临时性的调整,就像战场上激战时突然撤换将领、调整军队一样,你所做出的决定自然缺乏深思熟虑,它必将会暴露你的薄弱之处,从而使你不得不付出事先没有预料到的重大代价。

2. 管他呢，结局管它胜与负

在这种情形中，你的这种态度往往显示出你在谈判方面缺乏一定的诚意，你对谈判结果抱有一种放任的态度，你并不全神贯注于谈判本身。而且，一旦你这样的态度遭遇到了对方的抵制，其结果往往不是使谈判以失败而告终，就是使人家设置更多森严的壁垒，给你留下一堆难啃的骨头。

3. 没关系，对方会采取合作态度的

严格意义上来说，这是一种妥协主义的立场。你的出发点就像是在与你的朋友商量休息日去哪里野炊一样，而不是去准备一场将为你争取利益的谈判。不可否认的是，有的时候，你也可能会得到一个使双方都满意的结局。但是，在更多的时候，你的对手可不像你那样坦诚，也许他会在心里说："这个傻小子，都快死到临头了还被蒙在鼓里！"

因此，在谈判中，你应当设想不同的情况，灵活地掌握谈判的节奏和进程，并准备好不同的谈判策略。有时候，态度不硬是不行的，对于对方提出的过于苛刻的条件就要硬，硬到"火口"上。但如果硬得过分，硬得时间过长也不行；而态度过软也不行，会让对方牵着你的鼻子走、任其发展，往往使你处于被动地位。应当分析对方的地位、心理状态，把握谈判动态，对有诚意的人，可以适当调整谈判策略，作出适当让步；对于没有诚意的人，则不能轻易降低自己的条件。如果谈判确实没有进展可言，则不必浪费时间，可以及早"打道回府"，另寻客户，以谋求出路。

在其他情形中，制订灵活的应对策略，还应当赋予谈判者以一定的灵活变通的权限。作为一个谈判者，他应当能够根据形势的变化，做到随机应变，采取相应的对策，从而适当地调整目标与策略，取得谈判的胜利。

如果从谈判战略的灵活性出发，你可以在你的谈判计划中对一些可控制的因素和常规事宜做出比较仔细的安排，对于那些基本上没有什么规律可循的事项也可以安排得简略一些。

如何开始谈判

在拳击场上，聪明的拳击手上场比赛的时候，往往先不主动出击，而是从对方的主动进攻中寻找其的弱点，再确定自己的攻击点，聪明的谈判家在谈判时也应如此。应当注意进入谈判场到谈判正式开始这一个关键阶段。应该珍惜并充分利用这一时机，尽量去获取对方自觉或不自觉透露出来的有价值的信息。如果你能够在这个阶段中迅速地掌握对方的话语信息并进行快速而准确的分析，那么，你就可以有的放矢，主动地展开谈判，并很有可能主导谈判的整个过程。

举个例子说，对方在与你寒暄时显得吞吞吐吐、欲言又止或者滔滔不绝，过多地表达自己的观念，或者单刀直入，与你大谈生意经。那么，你就可以据此推断出，对方是一个谈判新手，或者是一个缺乏谈判经验和谈判技巧的人。

若留心，则处处皆是有价值的信息。作为一个优秀的谈判者，应时刻留心这些细微的地方。

许多时候，我们暂时难以判断对方的行为所代表的含义。这时候，不妨先采取"与人为善""谋求一致"的态度，从而创造良好的谈判气氛，促使谈判朝着成功的目标迈进重要的一步。

你要创造出良好的谈判气氛，谈判者应从会谈前双方接触一开始，就借助各种适当手段，去增进双方的了解，沟通双方的感情，消除双方可能存在的隔阂，发掘双方利益需求的共同点，从而为谈判的圆满成功打下良好的基础。但是，这需要运用语言能力，去满足对方的各种"亲和性需求"。当对方有了这种需求的满足感,就会引发一种认同感,这种心理逐渐增强、升华,感情就有了一定的沟通,猜疑、戒备的心理就会有所减弱,这就为建立融洽、良好的谈判气氛打下基础。

从这一方面来说,正式谈判前的寒暄是十分重要的阶段,它是谈判机器开动的有效的"润滑剂",是能够减少双方心理障碍与隔阂的有效"催化剂"。

寒暄的内容可以是多方面的,但最好的寒暄内容是令人轻松愉快的、非业务性的。比如:"你看了昨晚的球赛了吗?有什么看法?""现在某处的风景很不错,建议去游一游。""早上看新闻了吗?最近身体怎么样?我女儿特别淘气!""你的孩子怎么样?"如果双方有过一段合作的经历或者有一些共同认识的朋友,也可以通过进行共同回顾与交流来找到双方感情上的共同点。通过上述一些话题的寒暄,往往比较容易引发双方某方面的共鸣,发现共同的乐趣,从而为正式会谈创造了良好的气氛。

点金石

在拳击场上,聪明的拳击手上场比赛的时候,往往先不主动出击,而是从对方的主动进攻中寻找其弱点,再确定自己的攻击点,聪明的谈判家在谈判时也应如此。

切莫透露商业情报来源

在这个世界上,有一种职业专门搜集别国的资料,叫做"间谍";在这个社会上,有一种人专门负责为警方提供有关罪犯的情况,叫做"线人";在商场上,也同样存在着这种类似性质的人。

当两家公司正在为一项交易进行谈判时,双方均掌握了不少有关对方的资料,而这些资料的来源很大程度上可能是对方的内部员工所提供、透露的。考虑到这种情形,无论在什么情况下,切不可轻率地泄露提供资料的人。

而对于那些爱逞威风而经验不足的年轻企业家,就最易犯此大忌。

在谈判时,双方往往会把己方的真实情况有所保留,而把实际情况向有利于自己预想的方向适度夸大。在这种情况下,你为了澄清问题,往往会把手头的资料适度亮出,以纠正对方的夸大因素。对手如果显得老谋深算,即使遇到尴尬、震惊也依旧会不动声色,他会极力贬低你的资料的真实性。这时,你如果年轻气盛,为了证实自己资料的真实性而试图反驳对方,一时冲动的情况下,把资料来源告诉对方:"这是你们公司吴××说的,她的话难道还会有假吗?"要是这样的话,事情就坏了。

这种情况下,对方必定勃然大怒。对于提供资料的人,如果这个人是对方公司的员工,则必定被"炒",而如果是其他人,也必定难以做人,因为他的脸面极不光彩。而对于你自己,将可能会永远失去这笔交易。

点金石

当两家公司正在为一项交易进行谈判时,双方均掌握了不少有关对方的资料,而这些资料的来源很大程度上可能是对方的内部员工所提供、透露的。考虑到这种情形,无论在什么情况下,切不可轻率地泄露提供资料的人。

第二章 如何舌战群英

如何在谈判中占据主导地位

1. 注意细节

在商业谈判中，往往一个小小的细节都有可能改变对方对你的看法或态度。因此，当你去参加商业谈判时，一定要注意使自己的言谈举止与会场的主题气氛相一致，应当时刻提醒自己：自己任何一个不恰当的行为都有可能会带来负面作用，都会使自己失去一次或者更多次成功的机会。过去，我国有些企业曾有过这方面的教训，如一个外商与中国一家乡镇企业的厂长签订一笔大宗交易的合同，当他走向谈判室的走廊里的时候，这位厂长向墙角随意吐了一口痰，随即用脚去擦除，这位外商看见这个情况后，立马愤怒地拂袖而去。

2. 注重礼仪

这就要求我们在谈判中宁可取笑自己，也绝不要取笑对方，这是在商业谈判中使用幽默的一项重要原则。它包括如下几个方面的内容。

与对方见面时态度要好，表情自然，给对方一种平易近人的感觉，消除其陌生感，但切忌过分热情；第一次接触，应当表现出充分的坚定和自信，使对方感到和此人打交道可靠；说话要轻松自如，落落大方，切忌慌慌张张。

另外，在会谈之前应适当谈些非业务性话题或寒暄几句，这样会使会谈的气氛变得融洽，切忌直接切入话题。

在商谈的场合，务必注意衣着得体，整齐干净，切忌不修边幅；应注意礼节，不要在言语、行为上冒犯对方，比如用左手握手或戴手套握手，称呼对方时用类似“我”等不礼貌的称呼，对手未坐下自己先坐下；自己坐在皮椅上，却让对方站着。

3. 尽量采取主动

在商业谈判中，往往只有胜败之分，因此，谁占据主动地位就意味着将获得更多的利益。因此，谈判中应采取以下措施，达到在心理上压倒对方的目的。

首先，要充分强调对方的产品存在缺陷。即对卖主的商品存在的缺点加以揭露，借以达到降低价格的目的。如果对方——卖主急欲卖出商品时，要采取拖延战术，不妨提出同类商品廉价出售的相关信息，使卖主对自己所开的高价失去信心。且应让卖主充分认识到，如能及时卖出，将先得到现金，数月后就能够得利息，或可抵消商品价格差额。

此外，尽可能利用第三者出面与卖主协调，采取迂回战术，或者采取多人与卖主进行谈判的形式，将所谈的结果进行比较，从而得出卖主愿售价格的有价值的信息。或者伪装成远方亲朋购买商品，这样，即使你提出的降低价格的理由不充分，也不会使卖方感到不便。应该欲擒故纵，对于所看的商品，即使感到很满意，仍要表示出不喜欢的态度，借此迫使对方降低价格。

条件允许的情况下，可采用合伙战术，告诉卖主你有合伙人要共同投资，因此，你须与合伙人协商才能最终确定下来。另外，若可能的话，尽量采用拖延战术。为了使对方降低售价，你可以提出很多理由，实现拖延的目的。例如，你可以称需要一定的时间来筹备资金，刻意拖延时间，直至卖主急得像热锅上的蚂蚁,或等到待售期限的最后一个阶段,再最终确定较为满意的价格。

4. 绝不首先让步

在商业谈判过程中,斗智斗勇的目的在于不让对方有可乘之机。需知“一步棋错,满盘皆输”,许多谈判的失败一方就是这样逐渐由主动走向被动的。所以,有权威的人士告诫我们,商业谈判时应注意下面四点。

(1)为自己留下讨价还价的余地

如果你是卖主,开价要高些;如果你是买主,出价要低些。不过也不能漫天要价,价格必须保持在合理的范围内。尽量让对方先开口说话,让他表明所有的要求,而隐藏你自己的立场。让对方对重要的问题先让步,如果你愿意的话,在可以忽略的细节问题上,你也可以作出一定的让步,让对方努力争取尽可能得到的东西,因为,人们往往对于轻易获得的东西不太珍惜。

(2)不要过早地让步

他等待得愈久,就愈会珍惜获得的东西。相同条件的让步是不必要的,例如对方让你60%,你可以让他40%。如果对方说“你也应该让我60%”时,你可以以自己无法负担为理由来婉拒对方。要记住:不要作那些没有意义的让步,并且每次让步都要从对方那儿获得某些好处。但有时候,不妨作些对你没有造成明显损失的让步,以获取更大的利益。

记住:“这件事我会考虑一下”也是一种让步的表现。如果你无法吃到肉,便想办法吃到三明治;如果吃不到三明治,至少也要得到一个基本的承诺。记住,每个让步都意味着你的利益的损失。要勇于说“不”,即使大部分人都怕说“不”。其实,如果你强调了很多次的话,他便会相信你真是在说“不”。所以,要耐心些,而且要前后一致。

(3)灵活行事

在让步的情况下,要尽力保持全局的有利形势。假若你在做了让步后想要反悔的话,也不要不好意思,因为只要没有签最终的协议,那么,一切都还可以重新来过。

点金石

在谈判中宁可取笑自己,也绝不要取笑对方,这是在商业谈判中使用幽默的一项重要原则。

商务谈判制胜的法则

1. 掌握有利的谈判地点

在商业谈判中,谈判的地点的选择往往是一个争议较大的地方,这是由于地点的选择于谈判的双方有着密切关系。一般来说,谈判的地点倾向于对方有利,谈判的结果就有可能对这一方有利,这种心理上的差异在谈判中是不能忽视的。

假如谈判无法在一方选定的地方举行时,应尽可能挑选一个较为中立的地方,并携带足够的助手及准备好的相关的谈判条件。

进行谈判时,如果需要在外进餐的话,应选择烹饪技术及水平相对较高的餐厅。这是因为食物质量、层次的好坏对买主往往会产生直接影响,几乎每个精明的卖主都知道这点,这样做就是要为谈判的成功创造了良好的条件。

2. 不必有问必答

对于开展一项商务谈判,问题往往起着引导对方方向的作用,如果有问就答的话,就有可能在不知不觉中陷入对方设置的圈套里去。所以,好的谈判人员并不是有问必答,而是视情况不同而制定合适的策略。

对于对方提出的问题,要给自己留有充分思考的时间。在未完全理解问题之前,千万不要急于回答,要明白有些问题并不需要回答;有时候回答整个问题,倒不如只回答问题的某一个部分;逃避问题的方法是顾左右而言他,以相关资料不全或不记得具体情形为借口,暂时拖延;或让对方阐明他自己的问题,倘若有人打扰,就姑且让他打扰一下。谈判时,针对问题的答案往往并不一定就是最合适的回答,它们可能是愚笨的回答,所以,不必在这方面花费工夫。

3. 寻找适度点

谈判中的说服,本质上都是要使对方在很大程度上放弃他原来的观点和立场,作出某种程度上的退让和改变。因此,必须找到使对方能够接受的适度点。革命时期,周恩来在调停"西安事变"的过程中,就对当事各方的情况作了深刻的分析,从而找到了各方都可以接受的适度点:放蒋抗日。只有在这个基础上,后期的说服工作才能奏效,从而和平地解决了"西安事变"。

4. 掌握火候

有句俗语说得好:"火候不到,大事难成。"矛盾冲突的形成、发展与解决,都需要以一定的时间为基础。在谈判过程中,说服的时间过早,条件尚不成熟;时间过晚,又错过时机。所以,只有巧妙地掌握好"接受时间",才能使矛盾的解决比较顺利,收到"水到渠成、瓜熟蒂落"的效果。解放战争时期,中国人民解放军在三大战役中的平津战役中,说服傅作义部队投诚,和平解放北平,就是恰到好处地掌握了火候的典型范例。

5. 迂回包抄

迂回包抄这种策略包括两层含义,一是在谈判中对非原则问题不必死死纠缠,完全可以绕道而行;二是对难以解开的问题,不必正面强攻,完全可以采取迂回包抄战略、扫清外围、最后一举"歼灭"的手段。

点金石

谈判中的说服,本质上都是要使对方在很大程度上放弃他原来的观点和立场,作出某种程度上的退让和改变。因此,必须找到使对方能够接受的适度点。

谈判中的策略与技巧

古语说:"兵不厌诈。"谈判的实质是就是斗智斗勇,斗耐力斗实力。因此,商业谈判过程应该是有来有往,交谈过程更是如此。独占谈话而过分表现自己,虽然可以快意一时,却往往会带来更大的损失。下列几个方面就是商业成功人士告诫我们在谈判中应注意的细节。

1. 不要独占任何一次谈话

中途打断对方、抢着说话,常会引起别人的反感;口若悬河,谈话抢尽了风头,反而会引起人的逆反心理。善于谈判的人,在谈判中大都保持沉默,他们是倾听的高手,只有在关键的时刻才会说上几句话。要清楚地听出对方谈话的重点所在,最重要的一点就是听出对方话中所表达出的重点。谈话必须坚持有来有往,所以,要在不打断对方的原则下,适时地表达你的看法和观点,这才是正确的谈话方式。在交谈中,一定要用心去找出对方的优点、价值,同时进行适当的称赞和肯定,这是一种获得对方好感的重要手段。

2. 必须准备丰富的话题

在商业谈判过程中，为了不使谈话冷场，并有益于增进双方之间的情感交流，准备丰富的话题是具有重要意义的手段。丰富的话题来源于丰富的知识，有助于推动谈判向前发展，但有一点应记住：丰富的话题决不可用来向对方炫耀，否则对方会产生反感，这样的话，你就得不偿失了。

以全部的底气说出内心的话，光用嘴说话是难以给人一种气势非凡的感觉的，必须以嘴、以手、以眼、以心去说话。只有做到这样，才能给对方以较大的影响力，并说服对方。

3. 明朗、低沉、愉快的语调最吸引人

只有低沉的语调方能说出富有吸引力的话语，所以，应设法使语调变得低调，这样才能说出迷人的声音。

同时，还要求我们做到咬字清楚、段落分明。在日常生活中，说话最怕咬字不清、段落不明。如果你吐字不清、节奏混乱，非但对方无法很好地了解你想要表达的意思，而且还会给对方带来一种压迫感。

开车时有低速、中速和高速，必须依实际路况的需要，作出适当的调整。同样的道理，在谈判中说话时，也要依照实际状况的需要，恰如其分地调整语速的快慢。

谈判时，要善于运用“停顿”的奥妙，“停顿”在谈判中非常重要，它要求我们应运用得恰到好处。“停顿”更有整理自己的思维、引起对方好奇、观察对方的反应、促使对方说话、推动谈判的进程等诸多用处，一定要适当地加以运用。

谈判时声音的高低要适中。在进行谈判之时，对方能够清楚自然地听清你所说的话，这种音量就比较合适了。

在谈判过程中，要做到使说话节奏与表情反应紧紧配合。每一个字、每一个词句都有它的意义，单用词句无法清楚地表达你的意思，还必须表现出谈话者对于语言的外在反应，即你的神情与姿态相配合，这样，你的谈话才会生动感人。

另外，谈判时措辞要准确，发音要正确。一个人在交谈时的措辞，相当于他的仪表和服饰，直接影响他谈话的最终效果。对于那些较晦涩的字眼，应当清晰、有力、准确地表达出来，这往往会在无形中表现出你的博学和涵养。

谈判时声音的高低要适中。在进行谈判之时，对方能够清楚自然地听清你所说的话，这种音量就比较合适了。

如何营造良好气氛

在商业谈判中，谈判双方见面后的短暂接触，对谈判气氛的形成具有关键性的作用。虽然随着双方接触的时间的增加和谈判过程的不断深入，谈判的气氛可能会产生一定的变化，但它主要取决于双方刚一见面时的目光接触、走路姿势、手势、简短的交谈、说话的语调等。

在这一短暂阶段，双方都急于通过接触来了解对手的相关情况，往往注意力会高度集中，同时，双方的思维活动明显加快，比平常更积极主动地接受外部传达的信息，观察较平时也更细致入微。在这种状态下，对对方人员进场入座时的目光、姿态、表情、谈话的内容、谈吐的口气、腔调表达等，往往尽收眼底。通过对上述信息进行加工、整理，并形成一定的印象，最终通过一定的形式表现出来，这个时候，谈判的气氛就形成了。

既然我们了解了谈判气氛的形成过程，因而在谈判的序曲奏响后，我们就应将谈判的第一项重点放在营造一个和谐的、坦诚的、轻松的、严谨的谈判气氛上。

一般来说,谈判气氛是在谈判者相互接触的过程中形成的,因而每一个谈判者都应为良好的谈判气氛的形成发挥积极的推动作用。为了创造出一个良好的谈判气氛,作为一名谈判人员,应做到如下五点。

1. 寒暄恰到好处

按照谈判的正常程序,在进入谈判正题之前,一般都有一个短暂的过渡阶段。在这阶段,谈判双方一般都会互致问候或谈一些与正题无关的话题。如谈及一些各自的经历、体育比赛、个人问题、以往的相似的经历、取得的成就等,使双方找到共同语言,为下一步进入正式会谈做好准备。在这一阶段,切记不要涉及那些较为敏感的话题。

2. 动作自然得体

在谈判中,动作和手势也是影响谈判气氛好坏的重要因素。尤其值得注意的是,由于各国和各民族的文化、习俗不同,自然,对各种动作的反应也不尽相同。比如,初次见面时的握手这种礼仪,有的外宾认为这是一种友好的表示,能够给人以亲近感;而有的外宾则会感觉对方是在故弄玄虚,因而可能会产生一种不适感甚至厌恶感。因此,作为谈判者,应事先了解对方的背景、性格等特点,从而根据不同的情况,采用不同的形体语言,为谈判成功打下良好的基础。

3. 破题引人入胜

如果说开局是形成谈判气氛的关键阶段,那么,破题这一阶段则是关键中的关键,就好比围棋中的“天王山”,是双方共同的要点。在谈判中,双方都要通过破题来表明自己的基本的观点、立场,也都要通过破题来了解对方。由于面临着即将开始的谈判,谈判者难免会内心紧张,因此出现张口结舌、言不由衷或盲目迎合对方的状况,这将对接下来的正式谈判产生不良的影响。因此,为了防止这种现象的发生,应该事先做好充分准备,有备而来。比如,可以把预计谈判时间的5%作为“入题”阶段,若谈判进行1小时,可以用3分钟时间进行思考;如果谈判要持续几天时间,最好可以在谈判前的某个晚上,找机会请对方一起吃顿饭,为后期的谈判打下很好的基础。

4. 讲究表情语言

在谈判过程中,表情语言是无声的信息,是内心情感的一种表露,包括形象、表情、眼神等等。我们判断谈判人员是信心十足还是满腹狐疑,是轻松愉快还是紧张不定,都可以通过他的表情流露判断出来。至于是诚实还是狡猾,是活泼还是凝重,可以通过对方的眼神判断出来。谈判人员应时刻注意调整自己的表情,保持良好的状态,通过表情和眼神表示出自信以及友好、期待合作的愿望。

5. 察言观色

开局阶段的主要目的不仅仅是营造谈判的良好的气氛,还要敏锐地捕捉各种有价值的信息,如对方的性格、态度、意向、谈判风格等,从而为以后的谈判工作提供帮助。

点金石

谈判气氛是在谈判者相互接触的过程中形成的,因而每一个谈判者都应为良好的谈判气氛的形成发挥积极的推动作用。

“红白脸”策略的注意事项

一个唱红脸、一个唱白脸,又称“红白脸策略”,是指在商务谈判过程中,两个人分别扮演“红脸”和“白脸”的角色,或者由一个人同时扮演这两种角色,从而达到一种软硬兼施的效果,使谈判的效果更有利于自己的利益。

在实际谈判中,这种策略的基本做法是,在谈判过程中,由小组人员的其中一个成员扮演强硬派,即“白脸”的角色。在谈判开始时坚持提出较高的要求,并在谈判中坚定不移地捍卫这个目标,让对方感觉几乎没有任何商量的余地。与此同时,由小组的另一个成员扮演温和派,即“红脸”的角色,寻求协商解决问题的办法,然后在以不损害“白脸”的“面子”为理由的前提下,建议对方做出一定的让步。

在运用“红白脸”策略时,对以下几点应注意把握。

1. 从“红脸”“白脸”的角色来看,两种角色的分配应基本和本人的性格特征相符,即扮“红脸”者本身应态度温和、经验丰富、言语平缓、性格沉稳;而扮“白脸”的人则本身具有雷厉风行、反应迅速、善抓时机、敢于进攻、言语有力的风格。如果让性格特征不相称的人去扮演角色,往往会出现强硬派硬不上去,而红脸反倒硬了起来的尴尬局面,结果导致做出的努力和实际效果不符,反倒使对方有机可乘,乘虚而入。

2. “红脸”与“白脸”这两种角色一定要注意相互配合,看准时机,把握火候。在“白脸”发动强攻时,“红脸”要充分注意对方的反应。如果对方以牙还牙,以硬碰硬,“红脸”就要在适当时候进行适当的调节,让“白脸”有台阶可下。否则,就可能使谈判僵持不下、暂停或是破裂。

3. 在运用“红白脸策略”时,要求担任“白脸”角色的人既要善于进攻,又必须言之有理,讲究礼貌,不肯轻易让步不等同于胡搅蛮缠。而扮演“红脸”的人也不能过于软弱,而应掌握好分寸,既要掌握好作出妥协与止步的程度,也要最大限度地争取自己的利益。

4. 从谈判角色的分工来看,“红脸”一般由负责谈判的核心人员来充当。“白脸”由助手来充当,这是因为从“红白脸”策略的整体特点来看,“红脸”掌握着整体上作出妥协和让步的程度,总揽全局,而且从心理学角度来讲,“红脸”的观点也易为对方所理解和接受,所以,这样分工对于实现最佳谈判效果比较合适。

点金石

一个唱红脸、一个唱白脸,又称“红白脸策略”,是指在商务谈判过程中,两个人分别扮演“红脸”和“白脸”的角色,或者由一个人同时扮演这两种角色,从而达到一种软硬兼施的效果,使谈判的效果更有利于自己的利益。

巧用商务谈判语言

在商务谈判的整个过程中,双方从沟通、谅解以致最后达成协议,都要通过语言来实现。因而,只有既讲原则又能熟练地掌握语言艺术的谈判者,才能在谈判中做到随机应变、临危不惧、处变不惊,最终牢牢掌握谈判的主动权。通常,在谈判的语言技巧中一般可以使用下列六种方法。

1. 利益诱导法

由于现代社会的价值标准越来越倾向于多元化,从而也就决定了人们在谈判中努力争取的东西也是多种多样的。一个善于谈判的人往往能很好地预见和理解谈判成功对双方各自的影响,从而劝导对方作出对己对人都有利的决定。

2. 三点效应法

简而言之,三点效应就是把你的观点、意见和理由,归纳成三点呈现给对方,以取得对方的充分信任。俗话说得好,“事无三不成”“三思而后行”。一般来说,如果只提到一个理由的话,容易给人以独断的感觉;讲两个理由,使人仍感到不充分;对方一听有三点理由的时候,便像相信三角形的稳定性原理一样，会顺着你周密而有致的思路，循序渐进地作出有利于你的决定。

3. 小数点法

小数点法即把你的意见或见解，通过缜密的调查、周详的计划、精确的数字呈现给对方，往往能显示你超常的事业心、胆识和记忆力，使人感到你可能是该项目的行家，从而产生一种信任感。有根据地用经过翔实考察的数字来取得对方信任的方法，在商务谈判中被称为小数点法。

4. 模糊应答法

模糊应答法是指在商务谈判中不作明确的特指，或推诿、或估计、或猜测、或指望，来应付一时难以说明清楚的问题。模糊应答可以应付一些尴尬的局面，回避难以直接说明的问题；可以抑制激动或冲动的情绪，掌握好语言的节奏和分寸；可以用模棱两可、不作决断的态度，委婉含蓄地回答对方，或者尽量转移话题，摆脱可能遇到的窘境。

比如，在谈判中，对方提出了一个使你既不好当即肯定，也不便当即否定的问题，这种情况下你不妨这样回答对方："这个问题很重要，我们将认真考虑。"这就属于一种特定语境中的模糊回答。

上述例子里的"重要"一词在这里是中性的，既不是肯定，也不是否定。而至于什么地方重要，为什么重要，重要程度如何，重要的含义和倾向性又是如何，一般不作进一步解释。因此，这个词在这里表现出极大的灵活性，体现出一种不确定的含义。

紧随其后的，"将认真考虑"这一句，就更具有主动性和灵活性。"将"是表示时间上的不确定。如果换成"立即""马上"一类词的话就不如这个"将"字主动，有较大的回旋余地。而"认真考虑"，这组词语的搭配更能体现你的策略优势；同时，又在语意的连续性上适当地补充了"重要"的内涵，即你所提的要求只能在进一步"考虑"之后才能向你说明清楚，现在不便作答。

5. 探测摸底法

摸清对方大致的目的是商务谈判的一个必经阶段。在此阶段，一方面要准确无误地阐明自己的立场，同时力求弄清对方的意图，并根据了解到的情况及时调整自己的策略。

在探测发言时，常采用"横向铺开"的方法，即多方面铺开，不宜深谈某一具体问题，发言具体内容多集中在我方对问题的理解、我方所采取的立场和主要利益、我方将采取何种方式为双方共同利益作出贡献、我方长久以来给对方的信誉如何、今后双方合作中可能出现的机遇与挑战等。

6. 临界报价法

当对方提出报价、还盘和其他相关条件后，我方应立即过目，准确地判断对方发盘中哪一项是至关重要的，哪一项是次要的，哪一项是能够迫使我方作出让步的筹码；怎样能使谈判进程产生既对我方有利又能满足对方的某些要求的效果；在各项主要交易条件上有多大的回旋余地。从而迅速摸清对方可以接受的临界价格即最低售价或最高买价，以迫使对方能够作出最有利于我方的让步。

点金石

只有既讲原则又能熟练地掌握语言艺术的谈判者，才能在谈判中做到随机应变、临危不惧、处变不惊，最终牢牢掌握谈判的主动权。

谈判语言的注意事项

一般来说，商务谈判的主要目的和形式表现为双方为一定的利益而交锋，所以，了解对方的意图是十分重要的。在商务谈判中，言语要尽可能简洁、通俗易懂，但这只是针对总体性原则而言的。

具体来说，要做到这一点，还应注意和把握以下技巧。

1. 不使用隐喻和专业性过强的语句及词汇

由于谈判首先就是要让对方听得懂，所以，应尽量使用通俗易懂的语句以及词汇。由于暗含着某种意义的隐喻成分，对方或是难以理解你的真实意思，或是产生错误的理解，而影响了商务谈判的正常进行。而在某一专业领域有较为专业性的语句和词汇，如果对方谈判人员对你提及的相关领域的知识比较陌生，就很难准确理解你说话的含义，这将不利于双方谈判过程中的交流。

2. 切忌炫耀卖弄

一切谈判的主要的目的在于促使对方理解并接受你的意见，在于使对方认可你所谈内容的准确性。所以，高明的谈判人员多用朴实无华的语言向对方表达自己的观点，而绝不会在谈判桌上卖弄自己的学问有多深，见识有多广，水平有多高。因为这样做非但达不到取得对方充分信任和理解的目的，反而容易使对方产生反感心理，从而不利于谈判的正常进行。

3. 观点明确

明确自己的观点应做到言简意赅，也就是用简单的话语把意思明确地表达出来。只注意简明扼要而忽略了明确观点，同样是应该避免的地方。

4. 句式简短

在商务谈判中，报盘是引起对方注意的关键环节之一，这是作为谈判者应当注意的。甚至关于报盘的每一个字，对方都会注意倾听，并在内心加以分析。所以，谈判人员应多用简短的句式来进行报价，避免被对方抓住把柄，使自己陷入不利的情况中。

5. 言简意赅

在谈判的过程中，一方报价之后，另一方往往会要求对方谈判人员对报价作解释。报价方在进行报价的相关解释时，也应该注意遵守言简意赅的话语原则，即：不问不答，有问必答，答其所问，简短明确。

不问不答是指对于对方未主动提及的问题一般不主动回答，不能因担心对方不理解而做过多的解释和说明，以免言多有失，对自己反而不利。

有问必答是指对对方提出的所有问题，一般情况下都要一一回答，并且要迅速、流畅。如果表述中出现吞吞吐吐，欲言又止的情形，就极易引起对方的疑虑，因而使对方提高警惕，对你穷追不舍。

答其所问是指仅就对方所提问题作出必要的解释说明，不做画蛇添足式的解释。实践证明，在一方报盘之后，另一方的举动一般是要求报盘方对其报盘的价格构成、报价根据、计算方式等问题作出详细解释，这就是通常我们所说的价格解释。因此，报盘方在报盘前应当就这些问题做好准备，以备应用。

简短明确就是在谈判过程中要求报盘方在进行价格解释时应做到简明扼要，明确具体，以充分表明自己的态度和诚意，使对方无法从另一方的价格解释中发现破绽。

点金石

商务谈判的主要目的和形式表现为双方为一定的利益而交锋，所以，了解对方的意图是十分重要的。

如何与大公司谈判

在谈判过程中，如果你的谈判对象是一家大公司，并且决策过程进行得相当缓慢，那么，很少有一次就谈判成功的可能（这种情形也可能有，但往往仅出现在老客户的公司、特别热门的产品以及真正走运的时候）。与大公司谈判最大的问题在于，你一切似乎都已经准备就绪的时候，而对方总是显得落后几拍。

一般情形中，我们至少需要三次会议才能谈成一笔交易：第一次会议是理解谈判的动机、协调双方的步调，并在此过程中收集对方的资料，包括企业目标、支出状况、谁是真正的决策者等相关信息；第二次会议中，利用这些收集到的信息，详细展示、说明自己的产品和方案；第三次，对决策者再次阐明自己的方案。

许多经验表明，第一次会议具有关键的意义。如果在这一阶段没有收集到正确的信息，通常也就没有第二次的深入会谈的可能。因此，在准备谈判之前，有必要对对方的相关情况展开信息收集工作。

当然，对方不可能会给你一份报告，详细说明你想知道的情况；也不会给你一张清单，说明他们的底牌。因此，必须自己去寻找有价值的线索，另一方面也应试着让对方透露更多的信息。一般来说，这种目的可以通过以下几种手段实现。

1. 让对方畅所欲言

一般来说，大多数的人都有谈论自己所掌握信息的心理，因此，让对方畅所欲言也就不是什么特别困难的事情。如果能在谈判一开始就从对方的嘴里得到更多的信息，也就几乎等于成功了一半。只用很少时间谈论自己的公司，而给对方很多的时间，这样做虽不成比例，但往往也不会有人在意。

多数的人都希望告诉别人，他们有多么的成功。这个时候，你一定要让对方有这样的机会。当他们在展示自己的业绩、掌握的预算、企业的赢利时，往往这个时候你也应当重新评估并确定价格。

2. 让对方有问必答

谈判中一般不存在多问几个问题就谈不成生意的情形；同样，也不存在一个人坐在那里，被动地交流就做成了生意的情形。

为了获取更多信息，你就必须让对方习惯有问必答的方式，但必须避免让对方感觉像审讯犯人一样。

一般情况下，往往可以看看办公室的四周，谈谈家具摆设。用赞美的语气开头，当然往往是不经意的，例如："这照片真可爱，是您的孩子吗？"或者有意识带入正题："我用过你的公司生产的洗发水，感觉很好。市场销售一定很不错吧！"

对于对方的赞美往往应给予真诚，不能虚情假意，或者恭维过度。如果你在这一方面擅长的话，最难的问题往往也会得到满意的答案。

3. 找出幕后的灵魂人物

在商务谈判过程中，往往会出现这样的情形：当你准备进行说明时，发现周围人满为患，不是根本不知道你是谁，就是告诉你只有几分钟的时间，或者完全不在乎你所进行的说明。

如果遇到这种被忽视的情形，一定不能采取容忍的态度。你应当有礼貌地告诉对方你对这种情形的态度。通常情况下，向你道歉的人往往是负责人。

有这样的一个例子。

一家广告公司的经理，到很远的地方去做方案说明。从一开场，他就感觉到没有一件事情是令他满意的。比如,有几个与会人员说他们20分钟后有别的事,而会议室的幻灯机也不能正常放映准备好的幻灯片,更糟糕的是,整个会场似乎没有人负责做主。当这位经理很快弄清自己面对的真实情形的时候,起身就要离去。"这是不对的,"他说,"我从那么远的地方赶来参加这个会议。我不愿意浪费我的时间和你们的时间,因此,我不希望看到这个展示会这样草率进行。"

"你不是在浪费你的时间,"一位女士说道,"这里由我负责。"

这个信息对于这个行程来说很重要,这位精明的经理立即提出重新开一个小型会议的建议,事情因此得以顺利进行。

4. 找出隐含的承诺

对方有时看起来有成交的意思,但往往难以发现他们的实际举动。他们往往会用数字威胁你或者与你争辩,以迫使你屈服,但这不表明我们对此束手无策。

在与一家大公司的营销副总裁谈判一项促销计划的时候,等到对方提出了一个价格之后,这位副总裁显然是经过仔细考虑的,还了一个很低的价格。

他说:"我们愿意在这样的条件下与你们合作,但必须在遵守这个条件的前提下!"

对于缺乏经验的谈判者来论,心里往往只记得他们原先提出的数目,可能就没有注意到"我们愿意与你们合作"这句话。有经验的该厂代表却能够马上抓住这个机会,从而为企业获取更大的收益。

结果可想而知,该厂家很快按照营销副总裁所提出的相关条件来改进,从而取得了对方的信任和承诺。此后的谈判进程越来越顺利,结果与该厂最初提出的价格相差无几。

点金石

对方不可能会给你一份报告,详细说明你想知道的情况;也不会给你一张清单,说明他们的底牌。因此,必须自己去寻找有价值的线索,另一方面也应试着让对方透露更多的信息。

谈判中的提问

谈判的主要目的就是了解对方的相关需要,进而通过谈判就双方的各种要求达成协议。因此,我们所要了解的,无论是对方个人的需要,还是他所代表的团体的需要,往往都对谈判的顺利开展起到至关重要的作用。

然而,在实际谈判中了解对方的需要并非易事。你必须运用各种技巧和方法,从多种途径获得多种信息,才能真正了解对方在想些什么,他的需要是什么。

提问是谈判的重要手段之一,边听边问往往可以引起对方的注意,引导他思考的方向;可以获得一些有价值的信息,发现对方的需要,尽量让对方提供有价值的信息;可以借机表达自己的感受,引起对方的思考;也可以在某种程度上控制谈判的方向,促使谈判进程顺利进行。

提出问题之前,应该事先让对方了解你想从这次谈话中得到哪些相关的信息。如果他明白了你的意图,他可以有的放矢地作出回答,这在某种程度上有利于你获得成功。

在谈判中,提问对方主要有以下几方面功能。

1. 引起对方的注意

一种恰到好处的提问,其功能在于既能引起对方的注意,又不至于使对方焦虑不安。

2. 获得需要的相关信息

这种提问往往都会带有一些典型的前导字词,如:"谁""什么""什么时候""哪个地方""会不会”“能不能”等等。在发出这种提问时，谈判者应事先把自己提问的主要意图示意给对方，否则，很可能会引起对方的不必要的怀疑。

3. 借提问表达意图

如：“你真的有信心在这里投资吗”之类的问题。有许多问题表面上看来似乎是为获得自己期望的相关要求，但事实上，往往同时能把自己的感受或已知的信息传达给对方。

4. 引起对方思绪的活动

通过提问，一般能使对方的思绪随着提问者的问题而活动。这种问题常用到的词语有：“如何”“为什么”“是不是”“会不会”“请说明”等。

5. 作为谈判结论之用

借提问使话题归于结论，如：“该是决定的时候了吧”“这的确是真的，对不对”。

一旦我们了解了谈判过程中提问的相关功能，我们在某种程度上就能避免谈判中提问的随意性以及由此引发的威胁性，从措辞到语调的确定，提问前都要经过仔细考虑。提问恰当，有利于促进谈判进程；反之，将会损害自己的利益或使谈判出现不必要的问题。

只有在提问适当，或者说问得巧的情况下，才能充分实现提问的功能。

一般来说，谈判中的提问形式有如下几种。

1. 限制型提问

这是一种具有很强目的的提问形式。它能够帮助提问者获得较为满意的回答，并且减少被提问者说出拒绝的或提问者不愿接受的回答。这种提问形式的特点是适当地限制对方的回答范围，让对方在所限制的范围内作出回答，从而有利于获得必要信息。

2. 婉转型提问

这种提问是用较为委婉的语气，在适宜的场合向对方提出问题。这种提问是在没有弄清对方虚实的情况下先虚设一问，投一颗“问路的石子”，既避免因对方的拒绝而出现难堪的局面，又能探出对方的虚实，达到提问的目的。

例如，当谈判一方想把自己的产品推销给对方，但他并不知道对方是否会接受，可又不好直接问对方，于是他试探地问：“这种产品的功能还不错吧？你能对它评价一下吗？”

3. 启示型提问

这是一种声东击西、先虚后实的提问方法，以启发对方对某个问题的认真思考并可能给出提问者想要得到的回答。

4. 攻击型提问

这种提问的直接目的是击败对手，因而要求提出这种问题时应简洁干练、击中对手要害。

5. 协商型提问

如果你想要对方同意你的观点，则应尽量用商量的口吻向对方提问。如：“你看这样写是否妥当？”这种提问，对方往往会比较容易接受。而且，即使对方一时不能接受你的条件，但谈判的气氛仍能保持融洽状态，双方仍有合作和共赢的可能。

点金石

在实际谈判中了解对方的需要并非易事。你必须运用各种技巧和方法，从多种途径获得多种信息，才能真正了解对方在想些什么，他的需要是什么。

谈判中的应答技巧

一般在谈判中，对于问题的回答并不是一件容易的事。因为你不但要根据对方的提问来回答问题，并且还要把问题尽可能地讲清楚，使提问者得到明确的答复。在整个过程中，你对自己所说的每一句话都负有责任，因为对方往往可以理所当然地把你的回答认为是一种承诺，这就给回答问题的人带来一定的负担与压力。因此，你的水平的高低，很大程度上取决于你回答问题的水平。

掌握谈判的应答技巧应注意以下几个方面的要领：

1. 回答问题留有余地

在谈判中，应答者要将问话者问题的范围尽可能地缩小，并且对回答的前提加以限定，回答问题的时候一定要给自己留有一定的余地。并且，在回答问题时，不要过早地暴露你的实力。同时，你也可以先说明一件相似的情况，再转回正题。或者，利用反问的方式对问题的重点进行转移。

2. 减少问话者追问的机会

当问话者对你的回答感到怀疑时，往往会刨根问底。所以，回答问题时要特别注意，尽量做到不让对方抓住某一点连续发问。有时候为了达到不让对方继续追问下去的目的，以问题无法回答作为借口也是一种方法。

3. 让自己有充分的时间思考

在谈判中，回答问题前必须谨慎小心，要对问题进行深入思考，作出最合适的回答，因而需要充分的思考时间。

一般情况下，谈判者对问题回答得好坏与思考时间成正比。而往往有些提问者会连续不断地追问，以迫使你在没有进行充分思考的情况下作出仓促的回答。

谈判中遇到这种情况时，作为答复者需要冷静，大可不必顾忌谈判对手的追问，有时可以直接告知对方自己需要一些时间进行认真思考。

4. 不值得回答的问题拒绝回答

在谈判中，谈判者有回答问题的义务，但往往不必回答对方所提的每一个问题，尤其是对某些不值得回答的问题，可以礼貌地加以拒绝，以避免使自己陷入困境。

5. 不要轻易作答

回答问题应该具有一定的针对性，有的放矢，而要做到这一点则有必要了解问题所包含的真实含义。

在谈判中，谈判者有时会提出一些模棱两可的问题，意在借此摸清对方的底细。因此，要清楚地了解对方的用意之后再作答。否则，轻易、随意作答，会造成自己的被动。

6. 找借口拖延

在谈判中，当遇到某些需要思考的问题时，有时可以用资料不全等借口来拖延。

当然，拖延时间并不意味着不回答对方，只是谈判者需要时间进一步思考如何来回答问题。

7. 有时可以将错就错

当谈判对手对你的答复作了一种错误的理解，而这种理解又有利于你开展谈判、取得预期目标时，你不必去告知对方并更正对方的理解，而应该采取将错就错的方式，因势利导。

在实际谈判过程中，由于双方在表达与理解上的不一致，以至于错误理解对方意思的情况是经常发生的。一般情况下，这会直接增加谈判双方在信息交流与沟通上的困难，因而有必要根据实际情况予以更正、解释。但是，在特定情况下，这种错误理解的出现往往能够为谈判中的某一方带来好处,有利于一方谈判目标的实现。

事实上,在实际谈判中的应答技巧有许多,并不仅仅在于回答对方的“对”或“错”,而在于应该说什么、不应该说什么以及如何说才合适和产生最佳效果。

点金石

一般在谈判中,对于问题的回答并不是一件容易的事。因为你不但要根据对方的提问来回答问题,并且还要把问题尽可能地讲清楚,使提问者得到明确的答复。

女性商务谈判的注意事项

现代商业社会,女性也会有遇到商务谈判的时候,当你的工作性质决定了你要进行谈判工作的话,那么,你就要做一个有智慧的谈判者。而作为女性,想要成为一个成功、智慧的谈判者,需要注意以下八个方面:

1. 声音要悦耳动听

声音是女性口才能力高低的一项重要指标,这在谈判当中体现得尤为明显。谈判并不意味着激烈争论,它的最终目的是为了解决问题,达成协议,双方的关系定位应该是互惠互利的。所以,你的声音不应该让别人听出明显的火药味,因为保持平稳的语速和悦耳的声音,会让你显得更加成熟稳重,增添谈判成功的砝码。

2. 忌装腔作势、盛气凌人

一个优秀的谈判者不是盛气凌人或者咄咄逼人的类型。无论你的产品质量有多好,你的优势有多大,你都不应该在对方面前摆出一副不可一世的样子。也许你这么做的目的是你认为这样可以在气势上压倒对方,但即便你压倒了对方,你傲慢的态度也会让对方对你产生反感心理,这对以后的长远合作是不利的。

3. 恭维要恰到好处

恭维的话对于一名职业女性来说非常重要,而且在很多场合往往都能发挥一定的作用,这在商务谈判当中自然也不例外。但是值得注意的是,这种恭维一定要从内心体现出你的诚意,此外还要注意场合,把握尺度以及揣摸对方的心情。如果你在对方心情不好的时候奉承、恭维,只会让对方觉得你不是出自内心,而对你更加反感。

4. 慎用人称代词,尤其是第一人称“我”字

在商务谈判中,应避免使用以“我”为中心的词。诸如“我的看法是……”“依我看……”“我认为……”“我不会这样做……”“我要说的是……”“考虑一下我的话……”这些话往往都会让对方觉得你只是在替你自己考虑,而没有顾及到对方的利益。所以,不如把“我”改成“您”更合适些。

5. 别轻易许诺

当你在进行谈判时,你的一言一行往往代表了你的公司形象,承诺和信誉对于一个公司而言相当于它的生命。所以,作为一个谈判者,在没有确切指令的情况下,不要轻易为对方作出承诺。因为一旦许诺,即意味着你必然要去做这件事情,将诺言兑现。当然,兑现诺言的不会是你个人,而是你所代表的企业。企业是否能答应相关文件并不是你一个人说了算,因此,还是不要轻易许诺为好。即使对方一定要你作出承诺,你也要为自己留有一定的余地,比如“不出意外的话,货款将会在两个月之内结清……”

6. 尊重并理解对方的反对意见

既然是谈判，那么，有反对意见是不可避免的，因为谈判的目的是为了为自己一方争取到更多的利益，因而对方提出反对意见也是很合理的。作为一个有实力的女性谈判者，你要做的不仅应理解对方的反对意见，还要重视和尊重对方的反对的自由和意见。这其实也代表了对方是想与你合作的，要不然也不会跟你白白浪费唇舌。所以，当对方提出反对意见时，你要认真聆听，并且逐一解答和解决，这样才能促使谈判顺利进行。

7. 注意日常习惯用语

很多人或多或少都有自己的口头禅，比如在发言过程中往往夹杂着“嗯……啊……”“这个……那个……”等让人听了不大舒服的词语。这是由于我们平时说话不注意，养成的一些不良的语言习惯所引起的。在商务谈判中，一定要克服这些用语，因为它们会让你的发言显得很啰唆，降低发言的力度，让人觉得可信性不强。

8. 注意肢体语言

从事商务谈判的人，或多或少都会对谈判对手的心理有所了解。你的言语所透露的信息很可能会被对方捕捉到，然后成为对方的主动点，从而让你处于被动。所以，在商务谈判中，要注意适当运用自己的肢体语言，不要让它们暴露你的真实想法。

总之，在商务谈判中，尤其是作为一个女性谈判者，一定要注意自己的一言一行。

点金石

在商务谈判中，尤其是作为一个女性谈判者，一定要注意自己的一言一行。

第三章 谈判中的双赢说服术

既做朋友又做生意

商场上流传着这样一句话语:“生意是生意,朋友是朋友。”意思是说:生意与友情最好不要混淆,用私人感情来做生意,或者在生意中讲私情,都是不可取的。所以,有人试图采取泾渭分明的态度,谈生意决不讲交情,交朋友决不涉及到做生意,企图把两者分得清清楚楚。

但在商务往来中,真的能完全排除情感因素吗?答案当然是不能。人的本性中逃脱不了感情,人与人之间的关系更是如此。人们在一起共事,感情是否投合,是合作共事成功的一个重要因素,并且在任何情况下都是如此。所以,虽然原则上说“生意是生意,朋友是朋友”,但是在实际生活中,生意和朋友两者之间的关系是密不可分的。因此,人们往往倾向于在生意中交朋友,同时在交朋友中做生意,两者同时进行。一般来讲,那些成功的生意人总是做生意和交朋友都很不错,并且互相促进。因此,我们可以这么说:生意好,朋友多;而朋友越多,生意越好。

所以,有人曾提出这样的说法:以商会友,以友促商,互相提携,追求共赢。

那么,接下来的关键问题是如何才能形成这种良性循环,使做生意与交朋友相互促进呢?

其实,商场上往往是不打不相识。也就是说,商场上的朋友多半是通过互相竞争或在冲突过程中认识的。做生意是一个互惠过程,必须让双方都能得利,只有这样生意才能做成,这也就使得在商场上交朋友有了某种可能性。

这种可能性主要体现在以下几种原则之上:

1. 双方有利可图的交际和交易

彼此都能理解对方的需求,并尊重对方的利益,这样,友情会随着生意活动日益增进。

2. 于己无害,于对方有利的交际和交易

这里是指在自己从其中得利不大,或无力获得明显的利益情况下,为别人提供获得某种利益的机会和可能性。这就是商场上所谓的“帮一把”,这样会使彼此的信任更进一步。

3. 均无利可图但双方都感到愉快的交际活动

包括共同讨论一些感兴趣的话题,参与某项活动,交流关于某方面的信息,等等,不断加深彼此的了解和认识。

4. 生意活动中的特殊优惠和优先原则

这是商场中作为朋友对待彼此之间牢固关系的体现。所谓“肥水不流外人田”,这种规则在商场上也同样适用,生意场上的“朋友”必然有更多的利益分享机会。

点金石

商场上往往是不打不相识。也就是说,商场上的朋友多半是通过互相竞争或在冲突过程中认识的。做生意是一个互惠过程,必须让双方都能得利,只有这样生意才能做成,这也就使得在商场上交朋友有了某种可能性。

商务谈判要注意细节

商务谈判大多数是关于买卖双方的合作性谈判，这是因为，往往只有在合作的前提下，才能产生双方的利益，而一旦有利益就会产生长期合作的必要性。

合作性谈判中，通常遇到的问题往往是双方都需要解决的问题。具体地说，就是在某种条件下把双方的冲突转化成需要双方共同解决的问题。谈判中的问题的产生是多种因素共同构成的，如交货时间、售后服务、价格问题、包装问题、运货、退货等等。当谈判的一方在某种问题上无法得到满足时，往往可以从其他方面得到满足，这样就可以协调双方的需求，让双方都满意，使得谈判得以顺利地进行。

在商务谈判中，要明确表达出自己的观点，注意语意不要模糊，并表现出真诚的态度。谈判的每一项协定，都必须经双方的同意，达成备忘录。否则，空口无凭，今后产生某种纠纷时难以处理。并且备忘录上应该详细记录谈判的来龙去脉和决定事项，不要仅写“详如所谈”之类，因为双方的了解在许多时候可能有出入。

商务谈判中引起纠纷的原因很多，除了前面所提到的谈判中的诸多因素会导致纠纷外，在商谈中态度上所表现出的暧昧，也往往会引起纠纷。下面讲的是一个在交易付款时发生纠纷的例子。

在一次商谈中，卖方出于某种理由，要求买方把卖方已经交货的某种商品的付款日期提前到次日，对于卖方的这个显然不合理的要求，买方也未置可否，于是便匆匆结束。

想不到第二天，卖方的人员便真的来收款了。买方于是跟他讲“钱暂时不能付”，卖方坚持“非拿到钱不可，否则就不回去”。后来，买方通过与卖方联络，说明了理由，才得以打发走卖方的人。

这场纠纷的起因，主要在于未把一些重要的情况告诉对方，纠纷的发生主要是由于买方的疏忽。因为这种情形的出现不是买方没有钱，而是由于数目过大，在手续上十分繁琐而已。幸亏后来没有造成实质上的影响，但在双方的心理上已造成负面的影响，今后可能会变成更深层次的负担，从而在生意关系中形成障碍。所以，这一点是需要注意的地方。

还有一点就是绝对不要指名批评特定的人。譬如，和客户交谈时，对客户公司中的某个人，指责他的缺点；或者，因回忆以前和某人有过摩擦，而把它拿出来当话题，这些都是不可取的。

发生纠纷的时候，绝对不可以面露过多笑容。这是因为为了纠纷而争论时，不管引起纠纷的因素是什么，双方的心情都是极度糟糕的。因此，说话的态度也往往很不客气，哪里还能露出笑容来呢？如果这个时候面带笑容，反而会使得对方更为生气，甚至使对方认为你自认理亏而赔笑脸。

点金石

在商务谈判中，要明确表达出自己的观点，注意语意不要模糊，并表现出真诚的态度。谈判的每一项协定，都必须经双方的同意，达成备忘录。

学会“微笑外交”

在商务交际中，实行“微笑外交”是很得体的做法。同时，也是一种交际场合上的风度。不管你和对方有什么不同的意见，不论对方在什么地方得罪了你或者因为某些原因忽略了你，也不论对方是你的老板、顾客或者谈判对手,你都应当面带微笑,有礼貌地说“对不起”和“我理解你的处境”,这将会给你创造更多的有利机会。

微笑的含义多种多样,有时是“很高兴见到你”“很高兴听你谈话”“我很欣赏你”“你说得有道理”;有时是“请继续谈下去”“完全可以商量”“没问题”等等。这要根据不同的地点与场合而定,不管怎么说,微笑应该是一种很灵活的交际手段,但绝不等同于傻笑、呆笑和皮笑肉不笑。

要保持微笑,首先就要做到控制情绪。这是一种习惯和修养,任何时候都不能极度失控,太激动和太兴奋都是不合适的举止,更不能把自己心中的不满情绪借机或借题向对方发泄。当然,有时候你太愤怒了,可以回到家里发泄,那则是另外一回事。

然而在交际中,有时候出现令你感到不快或愤怒的事情是在所难免的。因此,应该尽量去避免它们。一个很好的办法是在条件不成熟的时候,不要匆忙进入实质性(例如讨价还价)讨论阶段,以避免直接谈及一些敏感性的话题。这时候,可以尽量多做一些铺垫性的工作,让双方能有更多的相互了解的机会,从侧面来说明本公司或本人的诚意。

另外一个有效的方法是在谈到敏感话题、大家都有些情绪激动的时候,不要再勉强进行下去,可以采取“暂停”“休会”的方式,或者转移话题,使升温的气氛慢慢冷却下来,等到大家冷静下来再谈。如果大家都觉得彼此意见相差太远,很难达成共识,完全可以“改日再谈”。不必采取穷追猛打之势,一定要追求个结果。

微笑往往表现了善意、和气和宽以待人,它并不以胜负得失而论高下;微笑表明四海皆兄弟也,天下的财富共同赚取,相互之间并没有任何实质性的理由互相仇恨。有了微笑,就说明还有合作、沟通的机会,这次生意做不成,下次也可能会有很好的合作。

如果大家都觉得彼此意见相差太远,很难达成共识,完全可以“改日再谈”。不必采取穷追猛打之势,一定要追求个结果。

如何在谈判中“让步”

在商务谈判中,作出一定的让步是经常出现的现象。双方都想把对方引导至自己所期望的目标中去,但是实际上,双方又必须或多或少地向对方作出让步,谈判往往就是这样一步一步地进行着的。在最终走向签字台前,都在为让步而周旋。让步其实也有一定的技巧,合理的让步能让对方感受到你的诚意,也能让对方感到你的难处所在,从而为对方作出更大的让步奠定基础。

让步的方式分为很多种,是选择谨慎地作出让步,还是下决心超出一定的限制之后就寸步不让?有时候,有效的让步方式是很值得研究的,而常见的让步可分为三个阶段。

1. 最初的让步

在谈判初始阶段给予对方最初的让步,不仅能够让对方产生兴趣和更多的期望,还可以起到相互协调、增进气氛、缓和矛盾的效果。但这种让步也是有目的性的,不能一遇对方提出要求时,就用让步的方式来满足对方。应该谨记:让步的次数不能太多,幅度也不能过大。同时,对自己让步的次数和幅度要心中有数,不能让对方准确判断出你将要作几次和多大的让步。

2. 平均让步

这种让步是将让步的份额分成若干份,有步骤地让步,一份一份向对手抛出。这样,不仅能刺激对方，而且还能起到迷惑对方的作用。为了达到这个效果，尽量不要让对方摸清你的底线，而要让对方觉得你作出的每一次让步都是迫不得已的，从而让对方感到来之不易。这样，对方才会以作出让步来作为回报；另一方面，由多到少的让步也能有效地让对方感觉到，你的让步是有限的，再作更多的让步是不可能的。在实际谈判中，这种让步方式也是常用的。

3. 原则性让步

所谓原则性让步是指在作出让步时应牢牢坚持自己的原则。在重大问题上作出让步时一定要谨慎，应当认真分析当时的条件、情况，不该让步时一定不作出让步，据理力争；在细小的问题上可先作出让步，以此来显示自己的大度，给对方造成一种主动热情、能照顾对方的印象。

总之，不管你在谈判中使用什么样的方式，谈判的最终目的是在双方有诚意的基础上促成商业活动的完成，取得双赢。并且在谈判结束时，不妨说一些诸如对方多么聪明、多么厉害、多么寸步不让等的话，舒缓气氛，从而为下一次的生意打下基础。

通常，在商务谈判中作出让步可以表现出谈判者的高明之处，发现和隐藏自己的弱点。当然，如何击中对方的要害也是每一位谈判者在谈判前所要认真考虑和分析的一种重要目标。因而，让步只能作为一种必要的手段，且一定要慎用，因为运用不当的话不仅达不到自己预期的目的，反而会适得其反。

点金石

通常，在商务谈判中作出让步可以表现出谈判者的高明之处，发现和隐藏自己的弱点。当然，如何击中对方的要害也是每一位谈判者在谈判前所要认真考虑和分析的一种重要目标。

商业谈判中的常见原则

在商业谈判中，最冷酷无情的对手往往是最厉害的对手，在原则问题上，绝对不能给对方半点可乘之机。因此，要练就谈判时的“铁嘴铜牙”，必须经过一番艰难的磨炼。下列的谈判原则是许多成功人士经过多年的经验总结出来的，以供人们学习和参考之用。

1. 不要谈与谈判无关的事

在商业谈判中，对于与谈判无关的人和物都应尽可能避免去议论，尤其是不要以一种批评或揭露的态度去讨论第三方的是非对错。它包括如下两个方面：

(1)切忌在背后指责另一位同行。

不要轻易在一位商业人士面前谈论另一位商业人士的所作所为，刚开始他可能听得津津有味。可是，如果他深入思考的话，就会这样想：既然你能和我谈论别人的缺点，那么，在别人面前又会不会说我些什么呢？

例如：某家公司的女老板在几乎将要做成一笔大生意的时候，不合时宜地谈论起她另一位主顾的某些私人活动。然后，她的新客户沉默了一会儿，慢慢说：“很抱歉，我不想成为你的话柄。”结果可想而知，她失去了这笔本来能给她带来巨大利润的生意。

(2)对于本公司客户与其企业的矛盾应尽量保持中立。

谈判时，言行的不慎重往往会破坏信任感，并会引起一些严重的问题。

例如：某公司的一位重要客户，由于和他自己的顾问关系不合，这位客户经常对那个公司的老板说起，他想解雇自己的顾问并问那老板对此如何看。于是，这位老板便把自己的想法告诉了他，结果引起了那位顾问的强烈反感和不满，最终导致了该公司与那位客户关系的破裂。

2. 不要由于碍于情面而在谈判中轻易作出让步

谈生意不能光算良心账而不算经济账。谈判成功与否取决于诚意如何，取决于是否科学地预测成功的可能性。因此，在谈判中应注意以下几点。

(1)不要把经营谈判中"随机应变"的作用过度夸大，不要被对方的心理威慑所吓倒，不要把谈判中"心理战术"的作用过分夸张表现出来，谈生意不要总到对方的地方去谈。

(2)不要认为一味地夸耀自己的企业、自己的产品就能使谈判成功。在商业谈判中，不可向对方炫耀自己的行政级别、职务、职称等。在谈判中，不要被对方企业的规模之大、谈判对手的地位之高所压倒。在谈判中，不要轻易在人家兴高采烈的时候表示拒绝，要选择合适的时机拒绝对方的某些不合理要求。而在表示拒绝时，不要试图绕弯子，而要坦诚、直率；要以理说服，不要试图强迫对方接受；不要用偏激的语言；不要自吹自擂。

(3)谈判时，不要自卑，不要在谈判中主动放弃谈判主动权。在进行谈判时，不要紧张，而要深思熟虑。在谈生意时，不要过于斤斤计较，寸利必夺，该放弃的就要放弃。谈生意时，不要只求"达理"而不考虑"通情"，要注意感情的交流和相互的理解。"店大欺客"是一种不符合商业法则的行为，因而也不利于长久经营。

3. 在经营谈判中，切不可意气用事，不能开展情绪性的谈判，而应进行理解性的谈判

(1)对于谈判中的"僵局"，不可试图用强硬的方式解决，要坚持兼顾双方利益的原则。不要以损害对方利益为条件，不要以为谈判对手就一定不能合作。谈判中，要有必要的忍耐。同时，该拒绝的也应马上拒绝，不要故意拖延。谈判时，不要有厌烦、急躁的情绪。

(2)谈判过程中，不要离题太远；谈判时，不要在对方提出自己毫无思想准备的问题时表现出过分的惊慌失措；谈判时，当对方指责自己企业、团体的弊端时，也不要轻易恼羞成怒。要记住"挑剔是买主"的道理，更要记住"生意不成情谊在"。

(3)谈判中，不要将话说得太绝。不要对对方说出任何批评的话，都要试图去解释一番。如果遇到顾客不讲理，也不能"以其人之道，还治其人之身"。对待顾客的态度，更不能"得理不饶人"。

(4)谈判中，不要只是自己滔滔不绝，不给对方说话的机会。同时，要注意语言简洁。另外，在谈判中要有勇气说"我不知道"。在谈判中，在你真正了解以前，你仍要继续说"我不知道"。在谈判中，应该坚持事情必须要有条理地讨论。当有人存心搅和你的讨论时千万不要让其目的得逞，你可以用你自己的方法来展开讨论，并且要让他倾听你所提出的理由。

在商业谈判中，最冷酷无情的对手往往是最厉害的对手，在原则问题上，绝对不能给对方半点可乘之机。因此，要练就谈判时的"铁嘴铜牙"，必须经过一番艰难的磨炼。

谈判中常见七种谈判对手

在某种程度上，我们可以说商务谈判是一场顽强的性格之战，我们在谈判中要接触的对手千差万别，因此，无论经验如何丰富，也很难保证做到万无一失。因此，针对各种不同的谈判对手可以视其性格的不同而适当调整策略。下面着重介绍几种常见的谈判对手。

1. 死板的对手

这种对手的谈判特点是将谈判的准备工作做得近乎完美无缺。他们往往直截了当地表明他们所希望做成的交易，准确地确定交易的形式，详细规定谈判中涉及的议题，然后准备一份包含所有议题的报价表，并且陈述和报价的态度都非常明确和坚定。这种人不热衷于采取让步的方式进行谈判，因此，讨价还价的余地会很小，而与之谈判的最好办法，即在其报价之前进行充分的摸底，并阐明自己的立场，尽量提出让对方没预期到的细节。

2. 热情的对手

这类对手的特点是，在生意场上显得有些松松垮垮。他们的谈判准备往往不是很充分。这些人比较和善、友好、容易相处，具有一定的灵活性，对建议性意见的反映较为积极。所以，多提建议性的意见并友好地向对方表示意图，必要时做出一定的让步，方能对谈判进度有利。

3. 冷静的对手

他们在谈判的激烈争论阶段，往往表现出沉默。他们很少激动，讲话有条不紊。他们在开场陈述时显得十分坦率，愿意让对方得到有关他们的立场的信息。他们擅长提一些建议性意见，并且做出积极的决策。在与这种人进行谈判时，应该对其坦诚相待，采取灵活和积极的态度把握谈判的进程。

4. 坦率的对手

这种人的性格使得他们往往能直接向对方表现出真挚、热烈的情绪。他们十分自信地步入谈判场合，不断地发表自己的见解。他们总是兴致勃勃地开展谈判，并乐于以这种态度取得一定的利益。在磋商阶段，他们能很快地把谈判引向实质阶段。同时，他们十分赞赏那些善于讨价还价，为取得利益而施展各种手段的人。这是因为他们自己就是很精于使用策略去谋得利益的人，因此，也希望对手具有这种才能。他们对“一揽子”交易有着庞大的兴趣，因此希望卖主能够按照他们的要求作“一揽子”说明。所谓“一揽子”，意指不仅包括产品本身，而且还要介绍销售该产品的一系列办法和手段。

5. 霸道的对手

由于具有自身独到的优势，这种人往往十分注意保护其在对外谈判以及所有事情上的一种垄断权，并在拨款、谈判议程和目标上设立许多规定性的限制。与这种人打交道时，一般应做到：准备工作要面面俱到；要随时准备改变谈判形式；要花大量的精力，才能达到压低其价格的目的；最终达到的协议也要写得十分详细周到。

6. 犹豫的对手

在这种人看来，信誉是最重要的。因此，他们特别重视开端，且往往会在交际上花费很长时间和精力，其间也穿插一些摸底性的工作。经过长时间、广泛的、友好的会谈，逐渐增进彼此的敬意，也许会出现双方共同接受的条件的可能。与这种人开展谈判时，首先要防止对方出现拖延时间和打断谈判的情况，并且还必须把重点放在制造谈判气氛和摸底的工作上。因为一旦获得了对方的信任，往往就可以大大缩短报价和磋商阶段的时间，从而尽快达成协议。

7. 好面子的对手

这种人非常顾及面子，希望对方把他看做是大权在握、起关键作用的角色。他们喜欢受到对方的夸奖和赞扬，如果送个礼物给他，即使是在外人看起来不太好的礼物，往往都可能产生良好的效果。

点金石

在某种程度上，我们可以说商务谈判是一场顽强的性格之战，我们在谈判中要接触的对手千差万别，因此，无论经验如何丰富，也很难保证做到万无一失。因此，针对各种不同的谈判对手可以视其性格的不同而适当调整策略。

如何拒绝对手

谈判是一个以协商为手段、以互利为最终目标、通过双方互有争论又互有承诺而达成共识的活动过程。一个有水平的谈判者,不仅敢于在不能允诺对方的时候坚定地说出“不”字,而且不因为拒绝会给对方造成伤害而不说出这个“不”字。

下面介绍谈判中几种委婉拒绝的技巧:

1. 局限抑制拒绝法

在谈判中,假如对方提出的某些要求超过了另一方所能同意的程度,而即使运用其他的方法仍无法摆脱对方的无理要求时,为了使对方意识到再这样磨下去也是白费工夫,不妨在对方面前列出一些自己无法逾越的障碍,以表示自己实在无能为力、爱莫能助,从而使对方在逐渐放弃纠缠的同时对自己的拒绝表示谅解。

这里所说的局限和障碍可从两个方面去强调:一是自身缺乏满足对方要求的某些必要的条件,如技术力量、权限、资金等因素;二是社会性的局限抑制,如法律、制度、惯例、形势等。这两者有时可以单独运用,有时也可以综合运用。

2. 引诱自否拒绝法

面对谈判中对方提出的某些被认为不合理的要求以及失实的指责,最好不要直接反驳,更不能拍案而起、以牙还牙,而可以用这种引诱自否法,即先不马上作出答复,而是旁敲侧击地提出一些经过认真思考的问题,使得对方在回答和观点中不知不觉地忽略了自己已经提出的要求或观点。

3. 先承后转拒绝法

在日常生活中,当人们的某些要求和观点被对方拒绝时,或多或少都会感到不舒服。作为必须表示明确拒绝的一方,如果想要把拒绝留给对方的不快情绪减少到最低限度,应尽量避免用直接否定、全盘拒绝的语气来表达,以防止对抗心理的发生。

因此,我们应从人们期望得到尊重、理解的心理需求出发,从对方的观点中找出双方均不明确表示反对的某些无实质性主义的内容,从某种适当的角度予以肯定与认可,显示出双方存在的共同点,借此表达对对方的理解与尊重。然后,再对双方尚未达成共识的地方进行比较平静与随和的阐述,以起到启发和说服对方的作用。

这样,由于对方获得了被尊重、被理解的心理而产生满足感,双方心理上的距离自然就拉近了。即使遭到拒绝,也会感到我方的通情达理,因而,因被拒绝而引发的不悦心理就会得到一定的缓解。

4.“围魏救赵”拒绝法

谈判中遇到对方提出我方所无法接受的要求或意见,且在我方不受对方的牵制的情况下,一般不采取直接拒绝或反对的方式,而是针对前面的谈判中涉及的对方拒绝我方意见的某些关键问题,以攻为守,要求对方退让,使对方再次处于被要求给予理解的境地而忙于应付。这样一来,如果对方坚持不能退让的话,也就往往不得不主动放弃要求我方作出让步的要求了。

5. 补偿安慰拒绝法

在谈判中,往往我方对某些贸易的成交寄予愿望,大有志在必得的气势。但在实际谈判中,在某些条款上,对方要求可能太高,致使我方无法接受。如果斩钉截铁地拒绝对方,则一定会损害谈判的气氛,不利于谈判的进行,甚至会因为激怒对方而导致谈判破裂,使我方的谈判的期望全部落空。

为了避免这种情况出现，我们可以在给予对方拒绝的同时，对其在心理需求和物质利益方面，在我方所能承受的限度内，在其他方面给对方作适当的补偿，以消除对方因失望而带来的心理不平衡，促进谈判的发展。

6. 委婉暗示拒绝法

委婉暗示拒绝法就是不直接用语言明确地拒绝对方提出的要求，而是以比较含糊的言语方式或表情来向对方表达我方不能接受相关要求的信息。

点金石

一个有水平的谈判者，不仅敢于在不能允诺对方的时候坚定地说出“不”字，而且不因为拒绝会给对方造成伤害而不说出这个“不”字。

谈判中常见的几种正确直觉

人们觉得商人做生意的直觉如“杀手的直觉”是非常不错的，而且是相当不错的。但这种“杀手的直觉”是指什么呢？有人说，就好像在拳击比赛中，拳击手一记重拳将对方打倒且使其无法重新站立，这就是杀手的直觉。然而，若在商场中早早地将对手排斥在场外，那么，到哪里去找你的客户或买主呢？

客观地讲，所谓“杀手”般的直觉应是一种深邃的洞察力和灵活的反应力，并不是对客户像杀手一样的凶狠。在谈判中恰当的直觉是：

1. 时间能纠正谬误

人在年少时总是遇事易不理智。当看到到手的生意被别的公司抢占时，总想去羞辱对方以发泄心中的愤怒，心想：反正生意打水漂，客户还能把我怎么样呢？然而细想，这样的冲动并不能改变他人的决定，只能影响自己在客户心目中的形象和信誉。因此，明智的做法是：尽力克制自己。因为生意不成，朋友或客户也依然要常来常往，终有一天客户可能会回过头来与你谈生意的。年龄的增长，会使大家懂得岁月如锐利的武器，会逐渐修正人们曾犯下的错误。

2. 钱并不能代表一切

生意场上常常会讲“这笔生意主要是帮朋友一个忙，赚不赚钱无所谓”，别人肯定会说：“骗人，说不为钱，那是为什么？”然而，在谈判中，有的高手因顾及某种利益情愿少赚钱甚至不赚钱。

3. 好的构思不一定来自自己

有的人对于出自本部门的计划尤其地偏爱，对他人的却一味冷淡。这种门户之见害己害人，并且，带有这样的偏见的人会使其独创的见解难以破土成长，也会使他的同仁受到连累。

公道、目光远大的经理会选择抛弃门户观念。只要策划好、构思新、有发展前途，就坚决采用，绝不轻易放过，而不会去计较是某人提出的。因为对他们来说，只要对公司有益，他们不会在意计划的提出者是不是自己部门的。

4. 不要担心把客户逼向绝路

在谈判中，一旦你占据了主动，就要充分把握自己手中的优势去赢得最后的成功。可是，许多人虽占据优势，却不知道如何去正确运用，最终错失良机。

几年前，曾有三位欧洲商人专程赶往美国好莱坞，去拜见某电影制片公司的经理，提出想购买几部电影的海外播放权。经理向他们报出了高价，商人的还价却非常之低。经理温和地说："谈不成，请回吧！"此次会议总共不足3分钟。当商人们走后，经理则十分自信地对属下说："过不了多时，他们还会来找我的。从欧洲远道而来，没有人会愿意空手而归的。"次日的接连洽谈，证明了经理的判断是正确的。

点金石

在谈判中，一旦你占据了主动，就要充分把握自己手中的优势去赢得最后的成功。

第四章 商务语言的学问

开口报价的五大注意事项

1. 开盘价应当报得高些

卖方的开盘价必须是“最高的”，这是因为：

(1)开盘价给我方的要价提出一个最高限度。开盘价一旦确定，一般情况下，我们就不能再提出更高的要价了，更不会认为对方会接受更高的价格。

(2)开盘价会影响对方对我方提供的商品或服务的印象和评价。

(3)开盘价高，可以为以后的洽谈留下充分的余地。因为我们手里拥有一些进行交易的“牌”。

(4)开盘价对最终成交水平具有实质性影响。我们的要求和目标越高，最终收获到的好处就越多。

开盘价要报得高一点，但同时也需要合乎情理，要能讲得通。假如报价过高，讲不出道理，必定会有损谈判过程，对方会感到这是一种冒犯。如果在后来阶段的谈判中，对方提出质问，就可能无言可答。这不仅会使自己丢脸，损失信誉，并且很快还得被迫让步。

另外，报价常涉及一系列内容。每个单项的开盘价，都应当是最高可行价。当我方想方设法谋得利益时，对方必定要迫使我方在一两个项目上做出让步。但只有到了洽谈阶段，我方才知道他们会在哪些项目上强迫我方让步。所以，我们必须在所有项目上都报出高价，以便有足够的余地用来周旋。

2. 报价要明确

报价要非常明确，以便对方明确地了解我方的期望。报价时，可采用直观的方法进行报价，例如，在宣读报价表时，用一张纸把数字写下来，并且让对方看见，这样就可以使报价更加明确无误。

此时，提出价格问题时，态度要坚定，就好像没有任何商量余地一样。假如你用“大概”“据说”“大致”这样一些词，对方就会把这当做你的信号，判断出你还可再向下退步。因此，你的开盘报价或向对方提出的要求要坚决而果断，没有保留，毫不犹豫。这样，才能让对方认为我方是诚实而认真的谈判伙伴。

尤其值得注意的是，万万不要准备一份具有详细论证的长篇陈述交给对方。这样做，你会在30秒钟之内失去对方对你的注意力。之所以绝对不可这样做，其原因有多种：你给出的信息量太大了，对方不可能瞬间消化掉这么多材料；你没有把这些材料做到符合对方的需求；你不容许对方有所反应；你不可能确保你会使对方同意你的建议；你提出建议就好像在押宝。简而言之，你的对手不可能理解它，他们也不可能同意它，他们会以为你是个以自我为中心的大傻瓜。

3. 提一些重大要求时，要给对方一些时间考虑

在你提出的要求比较重大时，一定要给对方留出充裕的时间来习惯它们。人们普遍存在一个知觉问题，那就是人们倾向于只看他们愿意看到的事物，只听他们愿意听到的声音，这个事实是确定无疑的。

为了使认识方面的问题得到解决，作为一个谈判者，有必要放慢某些步骤。你最好安排两次会议来提同一件事情，第一次会议先把你的意图吹一下风，让对方了解一下你的想法；第二次会议再进一步提出你的全部要求。

当你向对方要价时，应该把高价说得看起来并不高，因此，要把它分成多个小股再一一说出来。但是，在你向对方提出各种好处时，要使好处显得特别可观，所以，就要把它合并在一块，一次提出来。某家药品公司向医院推销的药品很昂贵，与他们的竞争对手相比，他们的价格贵得惊人。因此，推销员们向医生询问每一包药可分成多少剂，接着，他们用本公司的产品向医生说明，每一剂药只需花几分钱，这完全就算不上什么。但是，倘若他说每一包花几块钱，这听起来就是一笔巨额的款项了。

还有一些把价格说小的方法。比方说，你可举例等价的花费能买到什么东西，而对方若是不买你的东西则会在价格上有何吃亏。然而，你必须能证实你的要价是公道的，不然，对方可能会怀疑你欺骗他们。向对方报价时，要牢记比你报价高的竞争对手，要毫不心软地引证他们的报价。因为他们的报价高，买主会认为他们货的质量要比你的好些。此刻，你就要向顾客强调你的价钱比竞争对手便宜。

4. 先报价可为谈判定下一个标准，但也存在风险

在任何信号中，最强有力的信号是首次报价的高低，因为各方提出的开局要求首先建立了预期值。第一个要求设立了交易的外边界，用谈判术语来说，这代表了双方的对抗形势。

那么，由谁来提出第一个要求呢？开局的人先提的好处在于他可坚持自己的上限。一旦这一上限表明出来，另一方若要保住生意就不能对这一要求多作改动。其实，首个报价为谈判设定了一个标准，最终协议将在此范围内生效，而且首个报价在整个谈判与磋商过程中都会持久起作用，所以，先报价与后报价相比，有更大的影响。不过，先开局也存在风险：很有可能我们要求得不够高，从而造成许多损失。相反，也可能起初的要求高得有些离谱，根本不可能达到。而且，对方可依据我方的报价，对他们自己的想法进行最后的调整。由于对我方的价格起点有所了解，他们便可修改自己的报价，从而获得预期之外的好处。

此外，先报价的另一个不利之处在于，对方会试图在磋商过程中迫使我们按照他们的方向谈下去。换言之，他们会集中力量向我们的报价发起进攻，迫使我们逐渐地降价，却不泄露他们到底想要出多高的价。这时，我们必须果断拒绝。我们可以让他们报价还价，但一定不能使谈判沦为一场围绕我方报价的攻击战。

那么，我们该采取怎样的方式报价呢？到底是先报价还是后报价？总而言之，假如我们预计到谈判必然会争论得非常激烈，那么，我们就应先报价来争得更大的影响；而如果我们是按照通常的例行程序进行谈判，那么，先报价与后报价也无一定之规。

5. 最后报价不能太匆忙

即将成交时，人的活力和精力都会变得高涨。在这个阶段，双方都要再作最后报价。最终报价具有以下特点：

(1)切忌过于匆忙地报价。不然，会被误以为是另一种让步，对方会企图再得到些东西。

(2)最后让步幅度的大小，必须能够作为预示最后成交的标志。如把143271元的报价仅取整为143200元来终止谈判，就没有什么意义了。如连忙以140000元结束，这的确是预期的效果，但又显得太慷慨了。但若从143271元降到142000元，则会被对方理解为最终的自然成交价是140000元。因此，你可选择143000元或140000元来作为你的最后报价。

点金石

为了使认识方面的问题得到解决，作为一个谈判者，有必要放慢某些步骤。你最好安排两次会议来提同一件事情，第一次会议先把你的意图吹一下风，让对方了解一下你的想法；第二次会议再进一步提出你的全部要求。

如何讨个好价钱

商业交易中的价格问题是相当重要的，价格是由谈判双方历经反复磋商而达成的。通常来说，买卖双方都会采用一定的技巧使自己的愿望最终实现。在平常的交易中，买主往往提出成堆的问题，是为了让卖方降低价格。这些问题有些是真实的，有些则是虚张声势，最终目的是营造讨价还价的机会。买主这种精明、不易上钩的做法是十分常见的。遇到此类情况，卖方可以选择如下这些办法加以应付：

首先，耐心地听对方的话，其中一些虚张声势的问题和要求便渐渐地露出马脚，不攻自破，丧失影响力。

其次，对于实际问题，要直接地跟他谈。若关键问题的内容很广泛，当谈这些内容的时候，那些小问题就可以熟视无睹地一语带过。

再者，向买主提供一个具体且彻底的解决办法，且对于无谓的问题不要浪费时间，应尽量避开那些与此无关的问题，千万不能责怪对方。

此外，观其行、听其言、察其意在商业谈判中也是很重要的。商业人员的心理活动往往会自然地流露出来，因此，善于观摩对方的言行、神态举止，就能防止买卖过程中的盲目性，变被动为主动。同时，在可能的情况下，要对对方的需求给予最大程度的满足。

当买卖双方最终达成协议，换言之是在价格问题上双方达成了一致以后，在实际交易中也仍会出现出尔反尔、给对方出难题的情况，试图这样做来逼对方再作让步。在商业交易中这种行为是十分不道德的。为防止这种情况的出现，可采取下面的对策：

第一，请别人替你主持公道，要求对方交出一笔押金或提供公证人。

第二，合同中要明确违约的罚金，来保护自己的利益。

不能以口头上的应允和承诺作为交易的最终成果，交易的最终达成体现在有文字的相关合同或协议上，需要时可以到国家公证部门办理相关的公证手续。

点金石

不能以口头上的应允和承诺作为交易的最终成果，交易的最终达成体现在有文字的相关合同或协议上，需要时可以到国家公证部门办理相关的公证手续。

要学会“识货”和“比货”

有些人把商务交际概括为一种讨价还价的过程，这原本是有一定道理的。由于商务交际的核心是买卖关系，人们最终会从买卖的差价中赢利，因此，讨价还价是最主要的方面。但是，只是讨价还价还不够，还要盯着市场中的各种关系，学会如何利用自身优势在竞争中获胜。

因此，商务交际中不仅要“识货”，并且要学会“货比货”，要用“货比货”的形式去争取主动。首先，“识货”是首要的一步。这就是要掌握产品的性质和性能，了解产品质量满足哪些需求和指标才能成为好货和抢手货，这是一个商人的基础常识。第二步是“货比货”，就是看清市场行情和竞争情况，熟悉哪些货具备什么优点，这要花费一些工夫方能办到。

而最难的就是怎样在“货比货”的基础上，用“货比货”的结果去取得他人的信任，在竞争中取得优势。可惜，许多人不明白这一点，他们总是恐惧“货比货”，总是单方面先说自家的“货”好，最后越说别人越不相信，越说竞争对手越要“货比货”，结果反而被“比”下来了。

事实上，所有产品都有其优缺点，主要表现在原料、产地、销售、价格、服务等各个方面。问题是你如何比，比什么。能够提前做好准备，主动开始“货比货”的一方，反而会处于有利的地位。如果别人有备而来，你也应充分做好准备应对，知道如何避实就虚，强调自己的优势，也必能得到很好的结果。如果对方在这方面缺乏准备，而你准备充分，那你就更能做到引导市场取向。

因此，“货比货”其实不可怕，只要因势利导，反而能稳中取胜。但关键是这“比”要切实，让别人信服。所谓切实，就是各种材料要准备得充分，在优势方面更要有准确的核对。比如有关的价格表、销售表，任何费用的统计都要仔细周全，给别人留下真实的感觉，确信你是通过认真调查分析后得出的总结。在这方面，假如对方提出异议，不要立即否认，相反，应当仔细核对对方资料的来源，从而进行具体的解释和说明。

和对方“货比货”，也是沟通市场情况、了解消费者需求的好时机。因此，要在比较的过程中逐渐加深对产品前景的认知，将自己的设想与对方的需求进行比较分析，相互取长补短，从而建立一种互相信赖的合作关系。

商务交际中不仅要“识货”，并且要学会“货比货”，要用“货比货”的形式去争取主动。

“投石问路”提问术

在商场上，更全面地了解对方是获得成功的基础，正所谓“知彼知己，才能百战百胜”。想要了解别人，除了事先进行仔细的调查研究以掌握其资料之外，在沟通中直接或间接地提出问题、进行询问，也是一种有效的方法。尤其是在你对商业行情并不特别了解的情况下，用投石问路法，进行试探性的商谈是非常重要的。

“投石问路”最为基本的是要做到弄清对方的意图和要求，并根据具体情况了解其退让程度。这种“投石问路”一般分为两种情况：一种是一般性的，也就是对一般行情进行请教，从中获得互相对比的资料；另一种是较为特殊的，就是设想自己在某一方面开展业务，对一些具体的情况进行询问，获得更多细节的资料。

当然，作为一个好的策略，“投石问路”需要把握火候，要有一定的技巧。若是你把握得好，提问非常有水平，别人乐意接受你，你就可以从对方那里取得通常不易获得的资料。例如，知道了成本和价格之间的差价，你就可以作更好的选择，此时，你便可以要求卖主对他的商品加以估价。因为你的任务是根据所能合法取得的资料来做准确的商业判断。而在这种情况下，“投石问路”是取得资料的好策略之一。

以下列举的提问方式，通常都能问出很多有价值的资料，引导出新的选择途径。

假如我们将订货的数量加倍或减半呢?

假如我们签订一年合同呢?

假如我们更改保证金呢?

假如我们自己准备材料呢?

假如我们自己准备工具呢?

假如我们买好几种产品,而不是单买一种呢?

假如我们可以提供技术援助呢?

假如我们全部买下你们的产品呢?

假如我们将合同的形式改变呢?

假如我们像这样改变一下规格呢?

假如我们改变付款形式呢?

在现实商场上,上述的任何一块"石头"都可以使买主更加了解对方的商业习惯和动机。"投石问路"这个策略可能有点冷酷,它使得卖主和他的公司进退两难。面临着许多买主提出的看起来无害的问题,如果拒绝回答是很不容易的,因此,许多卖主宁愿降低他的价格,也不愿意接受这种疲劳轰炸式的询问。

点金石

"投石问路"最为基本的是要做到弄清对方的意图和要求,并根据具体情况了解其退让程度。

报价的三大绝招

正式谈判要遵循一定程序和规则,讲究各个程序的方法和艺术,使谈判的进行和完成合情、合理、合法,力争使所有人满意。谈判时,通常要按顺序经历报价、还价、讨价还价、签约等基本程序。

正式谈判始于报价,因此,谈判者要出好这第一张牌。报价指的是进行商务谈判的一方利用口头或书面形式向另一方提出以价格或资金额为主的各项交易与合作条件,并且提出愿按所提条件达成协议,签订合同。报价者可以是卖方或买方,但在谈判中多为卖方向买方先报价。报价是商务谈判中特别关键的一个程序,必须把握好报价的策略。以下简要向大家介绍几种策略,以供参考。

1. 利用购销心理为报价导向

人们的购销心理对商务谈判中的价格确定拥有非常大的影响。例如,与卖方的交易不显得很热心时,就容易降低其价格;急切需要拥有对方所售的商品,多数会接受其提高的价格。就高价、低价的心理反应而言,高价会使人联想到产品品质高,低价可能给人造成产品品质低的印象。所以,在谈判时,不要觉得降低售价就能取得买方的青睐。谈判人员应利用人们的购销心理,在报价时提出既符合己方的要求又能满足对方需要的价格。

2. 寻求最优价

在谈判中的最优价无论是最高价(卖方)或最低价(买方),都不是一厢情愿的。无论卖方还是买方,只有在己方的报价被对方接受的基础上,才能达成交易。由此看来,最优报价应该是相互的,不但要顾及己方所能获得的利益,还需考虑所报的价格能否为对方接受。对卖方来说,如报价过低,会损害己方利益;而报价过高,则会让对方认为你缺乏诚意,甚至由于没有还价的空当,在一开始就终止谈判。因此,报价必须充分考虑对方的可接受性和双方的可磋商性。寻求最优报价,就是以谈判双方的利益需求为着眼点，尽力找出己方最好的报价水平与该价被对方接受的可能性间的最佳契合点。简而言之，即卖方报出最高可行价，买方报出最低可行价。最优报价，需要通过交易相关的一系列因素与数据进行全面的分析、比较和权衡来最终确定。

3. 喊价要高

卖方怎样报价？谈判专家在这点上得到共识：喊价要高，让步要慢。作为卖方谈判人员，谈判前应在遵循上述条件的前提下，规定一个有利且合适的报价范围，确定上限与下限。在谈判时就要喊出最高价，即上限价。商务谈判的事实告诉我们，买方出价低，通常能以较低价格成交；当然，卖方出价高，则通常能以较高的价格成交，喊价高也应当高得合理。

点金石

商务谈判的事实告诉我们，买方出价低，通常能以较低价格成交；当然，卖方出价高，则通常能以较高的价格成交，喊价高也应当高得合理。

报盘的语言艺术

坚定、果断、清楚、明确、完整、统一，且不加任何解释和说明，这是报盘对语言方面的总要求。其好处是：

第一，令对方更加信任我方的开盘价，动摇其信心。

第二，给对方留下我方是认真而诚恳的好形象，确信我方既是谈判桌上的对手，又是经济合作的伙伴。请记住，在谈判桌上，虽然双方你来我往，唇舌交锋，其实双方都是盼望真诚的。

第三，任何欲言又止、吞吞吐吐、处处遮掩的行为，都会使对方感到不舒服，从而让对方感到不信任。

在报价时，切忌对所报价格做过多的解释和说明，但面对报盘本身的内容可依照对方的合理要求进行重复。这种做法的原因在于：

第一，在报盘后，无论报价的水分多少，内容怎样，对方肯定要对相关内容提出他们所关心的问题。

第二，太多的解释和说明，有时反而会使对方意外发现漏洞，并进而从中找出破绽和突破点，进行攻击，反倒使解释方处于不利的境地，难以收场。可以说，太多的解释和说明就是画蛇添足，报盘方不但不能从中获利，有时还会因多做的说明而招致不利，作茧自缚，反倒不美。

以上讲的是报盘时的大体语言要求，而谈判人员还需注意，这只是一般的原则和方法，在谈判过程中，还要依据以下几种具体情形灵活加以运用，认真思考。

第一，依据谈判的环境和同对方的关系，假如发现对方为了自己的利益明显向我方施加压力，则我方必须以较高的条件向对方施加压力，迅起反击，来使自身利益不受损。

在报盘时，语言应明确简洁，坚定不移，让对方从我方的语言表达、语气运用中明确认识到我方不是容易妥协的，从而使对方以新的认识调整他的方案，或是充分考虑我方的条件，或是协调退让，放弃对我方的压迫，从而让我方掌握相对的主动。

第二，假如谈判双方有过较长的合作关系，或是双方关系较为友好，态度都比较诚恳，那么，报价就应当采取诚恳的态度，注意稳妥，切忌因价格条件而破坏双方关系，破坏已经建立起来的联系。因此，在这种情况下，报盘的语气需略带和缓，清楚明确而又能看出真诚，使对方从你的语言运用、语气表达中有根据地确认你是可以依赖的。所以，在回盘时的条件同报盘也不会相距太远，这样，双方条件比较接近，易于成交，也促进了双方持续友好商业合作的趋势。

第三，依据对情况的分析判断，我方尚不明确对方的观点意图，很难了解对方的实际情况。在此情况下，在报价时语言一般要运用恰当，语气既不要太坚决也不要使对方听起来感到底气不足。在报盘的同时，留心观察对方的表现，为下一步谈判作铺垫。

第四，在报盘时需用灵活的表达方式。报盘虽要依据一定的预定原则和方案，但仍然具有很大的灵活性，谈判者完全可以根据对谈判进程的把握来调整和变更自己的战术。谈判人员还可以利用个人的社交才能，借助情感因素促进交易达成。通过对对方言谈举止的观察而见机行事，形成一种友好的关系。

然而，除此之外，谈判人员还必须掌握一定的语言表达技巧，运用熟练的语言技巧和经验来表达自己的观点。

点金石

坚定、果断、清楚、明确、完整、统一，且不加任何解释和说明，这是报盘对语言方面的总要求。

第五章 用语言赢得客户

怎样和客户打招呼

当客户一进门时，售货员就面临着应不应该向客户打招呼、在什么时候、用什么方式打招呼最合适的问题。事实上，与客户打招呼时应当注意以下几点。

1. 分析客户的不同目的

有专程赶来的客户：她是知道这里有A产品卖而来买A产品的；有的是要买A产品，而来这里看看是否有卖A产品的。对这些客户，售货员都应当主动迎上前去打声招呼。当然也有来随便逛逛的客户，他们抱着看到合适的东西就买，如果没有合适的就不买的一种心理。对于这种客户，一般不要主动地迎上去和他打招呼，如果你对这样的客户一进门就笑脸相迎，询这问那，这反而会使他们感到十分不自在。优质服务应该热情，但热情的服务并不一定就等于优质的服务，不恰当的热情会不利于客户的光顾。

2. 掌握恰当的时间

向客户打招呼也是一门艺术，其微妙之处就在于从容掌握得恰到好处。打招呼早了会令客户感到尴尬，招呼晚了则是显得怠慢了他们似的。有的商业大厦制定了规范条例，对售货员应该在何时主动打招呼作了明文规定，如：当客户的眼神在柜台边停留时；当客户在你的柜台前寻找商品时；当你和客户的目光相遇时；当客户之间在谈论商品时。往往这些时候都是走过去与客户打招呼的好时机。

3. 运用不同的句式

当我们去购物时，我们常常可以听到售货员说的第一句话是："您要干什么？""您要什么？""您要买什么？""您要看什么？"在上述问话中，第一种极不礼貌，含审问的口气；第二种仿佛含有乞讨的意味，也显得不妥；第三种一下子就把双方置于赤裸裸的买卖关系之中，使人际关系显得紧张；第四种问话显得较为得体：一是您要看什么，我给您拿什么，表现出对客户的尊重；二是问您看什么，表示并不强迫您购买，这样，客户没有什么心理负担。

点金石

向客户打招呼也是一门艺术，其微妙之处就在于从容掌握得恰到好处。

与客户轻松交谈的七种方式

一次生动活泼、轻松愉快的谈话的确是一种愉悦的享受，而参与一场枯燥无味、死气沉沉的谈话，有时候对人简直是一种折磨。那么，怎样才能使谈话进行得顺利、成功呢？这往往主要取决于谈话人采取的谈话方式。

1. 迂回

与对方展开交谈时，往往应以个人或日常生活为主要话题，比如先从个人兴趣、身体状况、家庭、社会有关的趣闻逸事谈起，并随时观察对方的反应，再分析对方的心理特征，掌握对方表现出的某些特征，然后逐步将谈话转入正题。

2. 辅助

当对方在语言沟通、交流发生困难时，可以提供某些适当的话语，起到辅助作用。切勿使谈话陷入沉默的困境，同时要注意只是引出话题而不应当过多加入谈话者个人的意见。

3. 择要

对于对方漫不经心的谈话，应当有意识地加以适当的归纳，并择其要点给对方作出说明，使对方的话题集中到某一方向，这样做往往会收到较好的效果。

4. 追问

当交谈过程中涉及实质性的问题时，应当集中并且穷追不舍。但要掌握问话的频率，追问到一定程度时还要注意留出间歇，并找些轻松愉快的话题来缓和紧张的气氛，然后再择机继续追问。如果对方故意以“不知道”“没意见”等话语来搪塞时，不妨采用“激将法”来刺激对方，进而达到顺利协商的目的。

5. 反复

对于谈话中涉及的关键性问题方面，必须进行反复询问，由此起到重复查证或寻根究底的作用。

6. 判断

在某些情况下，不要盲目、细致地追问某一问题，只要求得到其中的基本情况即可，而后再进行分析、判断，往往可以达到弄清相关事实的目的。

7. 收束

有时候，针对某些(问题)谈到一定程度时，就要收束话题，进行充分的总结，有遗漏情形或不够彻底的状况时，可以采用“回马枪法”或“穿插法”进行提问。

当然，谈话是双方一种复杂的心理沟通与交流，因此，情况是千差万别的。这就要求我们应当灵活应用不同的交谈方法，而非一味地生搬硬套。

点金石

谈话是双方一种复杂的心理沟通与交流，因此，情况是千差万别的。这就要求我们应当灵活应用不同的交谈方法，而非一味地生搬硬套。

如何面对客户的拒绝

推销员推销时遭到客户拒绝是十分平常的事情。如果从没有人遭到客户拒绝的话，那么，推销艺术也就不可能有作为市场营销学的一个重要分支而加以研究的必要了。

实际上，客户对于上门推销商品和服务进行拒绝是一种心理防卫的表现，这是一种正常的现象。造成客户这种防卫心理的原因大致有以下几种：

第一，上门推销的流动性增加了客户的不信任感，他们往往担心一旦上当受骗，就很难有办法解决，只能哑巴吃黄连，有苦说不出。

第二,认为上门推销的商品一定不是好的商品,俗话说"酒香不怕巷子深",如果是好商品,还怕卖不出去吗? 这是对推销服务采取的一种逆向思维。

第三,上门推销的商品给一般客户的选择余地比较小,客户难以通过对多种不同品牌的商品进行比较,从而选择合适的商品。

在上述情况中,推销员如果实施强迫式的推销,反而会引起客户的反感与不满。所以,当遇到这种拒绝时,推销员要心平气和,不能轻易流露出任何失望的表情。可以这样说:"这是我的名片,我改天再来。实在抱歉,今天打搅您了。"如果手头带有宣传品的话,也可以给客户留下一些,使客户对商品有所了解。

这样的做法是一种"自下台阶"的表现,而且客户也往往会感觉到推销员的礼貌,起码不会产生明显的反感,这就为以后的联系打下了基础。

也有的客户看到推销员上门,本来要拒绝,但转念一想:反正现在也没有什么事嘛,不妨先听他说什么,然后再加以拒绝。如果遇到这种情况,推销员应立刻抓住机会,先不要急于推销商品,而要以轻松平和的态度、寒暄的语言,以减轻客户的防卫心理,缓解客户的紧张感。在介绍商品时,应当采取顺应客户不妨听一听的心态,表示只是大致介绍一下,并不要求客户购买,至少能说明不是为推销而推销。这种方法往往会使客户本来想听一听再拒绝的态度失去根据,从而消除了买卖交易不可能产生的紧张气氛,使顾客能够比较客观地对待商品,实际上也为购买作了准备。

点金石

著名推销专家莱达曼先生说:"推销由遭到拒绝而开始。"这句话道出了推销不同于其他营销方式的独有特征,也说明了推销艺术,尤其是在遭到拒绝时的口才艺术所具有的无法替代的重要作用。

说服不同年龄客户的妙法

1. 年轻客户

对于年轻客户,你可以告诉他你的产品现在很流行。

这类客户是紧跟时代潮流的一类客户。他们有自己的独特个性,是随着社会的潮流奔向前的客户。这类客户大多爱凑热闹,赶时髦,往往只要是现代社会流行的商品,他们就倾其所有购买。因此,只要抓住这一点,推销员就有成功的把握。

这类客户往往比较开放,且正处于易于接受新生事物的阶段。他们好奇心极强,且兴趣广泛。这些因素对于推销员来说也是非常有利的,因为这些可以帮助你抓住他的好奇心,刺激其购买、消费欲望,也可以使他们佩服你,借此抓住时机,并与他们交个朋友。

由于这类客户的抗拒心理较弱,只是有时因缺乏阅历而有些紧张。这时,只要对他们耐心一些,尽量表现出自己的专业性,使他们多了解一些这方面的知识,他们就会很快放松下来与你交谈了。

对于这类客户,要在进行推销时,最大限度激发他们的购买欲,使他们知道这商品现在很走俏、正符合时代潮流。

对于这类客户,你可在与他们进行交谈时,谈一些生活情况、情感问题,特别是未来的个人发展问题等,这时你就可以刺激他们的称赞思想,使他们觉得你这次推销是很得体的,一般来说,这些客户是很容易被说动的。

对于这类客户,要显得亲切,并对自己的商品有信心,争取能与他们打成一片。只是在他们的经济能力方面,要尽量想到他们的承受能力,在这方面,不要过于增加他们心理上的负担。

2. 中年客户

中年客户一般都已经有了家庭、孩子，也有了确定的职业，他们努力地为自己的家庭而拼搏，为自己孩子的未来而赚钱，为了整个家庭的幸福而进行投资。

他们都有相当的阅历，并且沉着、冷静，比青年人更加经验丰富、有主见，但缺乏青年人所具有的勃勃生机、梦想和活跃。

中年客户往往在各方面的能力都比较强，正是个人能力达到人生顶峰的时候，因此，试图欺骗和蒙蔽这类客户几乎是不可能的，不过只要你真诚地对待他们，交朋友并不是一种困难的事情。他们喜欢广交朋友，特别是知己朋友。

对付这样的客户切勿夸夸其谈，不要企图显示自己的专业水平，而要认真地亲切地与他们进行交谈，比如谈一些他们的家庭之类的话，对于他们的事业、工作能力进行肯定等。只要你说得实实在在，这些客户一般都乐于与你谈论、与你亲近。

这类客户由于有主见，能力又强，并且不担心推销员欺骗他们，同时他们都又很实在。所以，只要你所推销的商品质量够好，态度够真诚，交易的达成是不存在多少困难的。

这类客户往往对你的言辞不会太在意，他们言行实实在在，因而对他们不需要运用什么计谋。不过，由于这些客户大都爱面子，所以，推销员可抓住他们这一特征有针对性地开展推销，可以诱导他们说出某些承诺，然后让他们收不回去，想收回去的话就得买你的商品，这样，这交易就成功了。

3. 老年客户

老年人大多是比较孤独的人，因此，他们的乐趣也就主要来自于自己的子孙们，因而特别爱与青年人交谈，并且交谈时间往往很长。俗话说："老婆子嘴唠叨个没完。"

老年人一般爱倚老卖老，偏激、固执、爱面子，即使他们犯了错也轻易不认错。尤其是特别偏激，会死抓住一条理由来判断各种事情，自己说什么就是什么，难以改变。

老年人较为迟钝，有时犯糊涂，他们常常也知道这一点，所以，他们对别人的做法总是半信半疑。

老年人尤其喜欢别人称赞自己儿孙满堂，生活幸福；喜欢别人称赞自己的子孙大有出息；喜欢别人称赞和交谈自己以前的得意之事。

因而，推销员要多称赞老年客户的当年之勇，多提一些他们的子孙取得的成就，尽量谈论他们引以为豪的一些话题，这样可使他们兴奋起来，积极起来，从而创造出一种对你的推销有利的气氛。

通常，对付老年客户有两点禁忌：一是夸夸其谈，老年人觉得这种人有些轻浮、不可靠，往往也就不会轻易信任他们，交易也难以成功；二是当面拒绝他们，或当面说他们错，即便你是正确的也不要这样，因为他们往往是人老心不老，总觉得自己还了不起，还犹如当年一样，所以不要轻易拒绝，不要直接指出他们的错。因为这样通常会激怒他们，使他们和你产生争吵，这样，他们与你的交易自然也就泡汤了。

点金石

对老年客户进行推销时，要表现出老实的态度，不要多说话，而要表现出听他们的话。这样，老年客户往往会对你产生好感，同时，他们的诸多疑虑就会打消。

说服不同性格客户的妙法

1. 忠厚老实的客户

这类客户对待每件事都显得很实在，不到万不得已的时候他们是不会轻易决定一件事是否该做的。因此,这种客户对于推销员都表现出一种防御的心理,对于交易也有一种拒绝的倾向。所以,这类客户往往都比较犹豫不决,缺乏主见,不知是否要买,但又不会直接加以拒绝。

这类客户往往多疑,一般的推销员很难取得他们的信任,但只要足够诚恳,他们一旦对你产生信任,就会充分信任你。他们很忠厚,你对他们怎样他们往往也会对你怎样,甚至还超过你的预期。

这类客户很少说话,因而当你询问问题时,他们往往只会“嗯”“啊”几句。听你说话时,他们多数状况下只是点头,总觉得你说的都是对的。这种人一般不会轻易开口拒绝,甚至遇到别人借了他们钱不还他们时,他们也很难开口去要。

推销员可抓住这类客户不会轻易开口拒绝的性格特征,只要一次让他们觉得购买对他们有利或者觉得你没有骗他们,他们就往往会一直买你的商品。因为他们对你已建立了信任,这次信任你,下次也同样会如此。

可是,如果推销员这次骗了他们的话,以后他们很难会再买你的商品,即使你的商品物美价廉,他们也会认为你不够仗义、不值得与你这种人打交道。

这类客户还有一种特征就是腼腆,所以,对他们说话要尽量亲切,努力消除他们的害羞。这样,他们才能接受你的推销,这样,交易也才能更顺利。

此外,这类客户有时提出理由或相反意见时都显得有些犹豫不决,好像说出来会严重伤害到推销员的人格、自尊心似的。因而,对于他们提出的理由的解决,一般是等到他们进行询问之后再解决的。

2. 自傲的客户

自傲的客户大都爱夸夸其谈,自己以为自己什么都懂,还没等别人说出他们的观点,他们就打断人家,说自己了解这一方面。

这些客户总是炫耀自己,对推销员也总是这样说:“你们的这些业务我都清楚得很。”“我和你们公司总经理是老朋友。”“我以前见过你们这种推销员,他们一个个都从我这儿溜走了,都被我说得无话可说。”这样一阵炫耀,让人听了都有些反感。

不过,这些客户有一个最大的优点,那就是对于别人毫不遮掩,心里有什么就说什么。你如果想探询什么信息,不妨去找这些客户询问,他们一定会在你面前炫耀一番,但你千万别告诉他们什么秘密,因为秘密到他们口中就不能称为秘密了。所以,对于这些客户即使不成交,也千万别轻易得罪他们,应当留待将来探询信息时用。

由于这类客户比较善于表现自己,因此,你就必须在与他们交谈时,尽量显示你自己专业领域的知识,使他们对你产生敬佩。这样,他们就会对你产生信任,使得交易的成功率也大为提高。

此外,还可以根据他们的自夸心理,抓住他们说的话,然后对他们进行攻击,使他们进入你所设的陷阱中,这时候他们为了顾全面子,往往会硬撑着脸皮与你成交的。

比如,你可以这样对他们说:“先生,既然对于我们的商品了解如此之多,那我就不说什么啦,对于它的优点您就更熟悉了,对于我们的业务您就再熟悉不过了,那您需要买多少呢?”

当你见到这种客户时,不要一见他们对你的业务都很熟悉的样子,就感到胆怯,就不与他们谈你专业领域的知识,其实他们只不过是借机在你面前炫耀罢了。其实他们都是纸老虎,你若怕了,他们就会更凶,会看不起你,这样一来,就不可能与你成交了;即使与你成交,他们也觉得那是他们对你的一点儿施舍罢了。

3. 有钱的客户

有钱的客户与上一类客户相类似,只不过他们炫耀的不是知识,而是自己拥有的财富。不过,他们往往都有个弱点就是,他们所炫耀的往往正是他们所欠缺的。

这类客户分为两种类型:一种是真正有钱;另一种则不是,他们只不过是崇拜金钱而已。

对于第一类客户，他们的确有钱，但不希望别人刻意奉承他们，他们喜欢高质量、包装好、名牌的商品。所以，对这类客户要尽量把商品的优点告诉他们，并且对他们的有钱持有一种满不在乎的神情，这样客户会对你产生好奇。同时，或多或少会让他知道你对钱不太感兴趣，只是做生意而已，那么，当你与他们产生共鸣后，交易就顺理成章了。

对于第二种客户，你就必须恭维他们，使他们知道推销员非常喜欢有钱的客户，以满足他们的虚荣心。最后，为了给他们一个台阶下，又能买你的商品，你就有必要做一些交易的说明。你可以说："就请你先交个定金吧！余下的以后再交。"这样，他们往往会很感激你。

交易顺利完成后，别忘了和他们说一声："还请您以后多多照顾生意啊。"

对于第二种类型的客户，不可直接当面揭露他们的虚伪，这样必定会伤害他们的自尊心，从而使交易难以进行下去，白白损失了一次宝贵的机会。

但是，如果这类客户最后仍旧不买你的商品，你大可揭开他们的虚假而且而激他们一下：

"先生，您不买是因为钱不够还是没有能力购买啊？大不了可以先付定金嘛！"

4. 精明的客户

有些客户比较精明，他们往往都有一定的知识水平，往往能够比较冷静地思考问题。他们能准确地从推销员的言行举止中发现一些有用的信息，他们就像一个有鉴别力的观众在看戏一样，台上演员稍有一丝错误的地方都逃不过他们的眼睛。他们的眼里表面看起来空荡荡的，然而有时能发出一种冷光，往往会给推销员形成一种压抑感。

这种客户讨厌虚伪和做作，他们希望有人能够真正地了解他们，这是推销员所应深入挖掘的地方。他们大多都很冷漠、严肃，虽然与推销员见面后也有寒暄情节，但看起来往往都是冷冰冰的眼神，没有一丝热气，没有一丝让人感到温暖的地方。

他们大都对推销员持有一种怀疑的态度。当推销员对他进行商品介绍时，他们好像看起来心不在焉的样子，其实他们在认真地听，认真地观察推销员的举动，在仔细思索这些说明的可信度。同时，他们也在思考推销员是否是真诚的，这个推销员究竟值不值得信任。

另外，这些客户往往对他们自己的判断都比较自信，他们一旦确定推销员的可能性以后，也就基本上确定了交易的成败。也就是说，推销给这些客户的不是商品而是推销员自己。如果客户认为你对他们真诚，可以与之交朋友，他们几乎会把整个心都给你，这次交易也就成功了；但如果他们认为你有虚伪的嫌疑，他们就会看不起你，甚至会立即打断你，并且会把你赶走，没有丝毫的商量余地。

这类客户大多判断准确，即使有些推销员有些胆怯，但只要表现出很诚恳、热心，他们也会与你做交易的。

通常，对付这类客户往往有两种方法：一就是实打实战术，是几就是几，对其表现出真诚、热心，商品的质量好，使之无可挑剔，对你产生充分的信任；二是在某一方面与他们产生共鸣，让他们对你产生敬意，甚至成为知心朋友，而他们对于朋友通常都是很慷慨大方的。

5. 害羞的客户

有一类客户就像孩子似的天生自言自语，很怕见到陌生人，担心别人问他们一些问题，他们如果回答不上来就会显得有些尴尬。这类客户有时还有点儿神经质，见到陌生人心里总是不断地犯嘀咕。

这类客户也往往具有小孩子的好动心理，当遇到推销员向他们作产品介绍说明时，他们喜欢东张西望，或者做一些无关的事来使自己转移举动。他们会玩手里拿着的东西，或者做一些其他的事情来掩饰或躲避推销员的目光，因为他们很不喜欢别人看着他们，推销员一看他们，他们就会显得坐立不安、不知所措。

不过，当这类客户一旦与你渐渐熟悉以后，胆子就会有所增大，他们会毫不犹豫地把你当朋友看待,有时还有些依赖你的倾向,这时候,信任也就产生了。

所以,对于这类客户也极易说服他们成交,因为他们很希望快点结束这种尴尬的局面,让他们轻松一下。

对付这种客户的方法是:第一次先与他们聊天,也就是说先与他们混熟,到第二次他们就会显得自然多了,这时,他们往往会把你当做老朋友一样看待,这样,洽谈生意就更加顺利了。

但是对付这类客户,你也必须慎重对待。首先,一定要给他们一个好的印象。这样,即使他们还有些神经质,但对你也仍然是很信任的。同时,要细心地观察他们,时不时地称赞他们的一些优点,不要轻易说他们的缺点,这样,他们对你会更信任,双方也就能建立起很好的友谊,成为朋友。关于交朋友,推销员要主动一些,因为客户是不会先提出的。

在与客户的交谈中,你可以坦率地将自己的情况告诉他们,让他们多了解你,这样也可使他们内心放松,使他们对你更亲近一些。这时,他们就有可能和你谈论自己的事情了,但你千万别主动去问,否则他们就会显得很是尴尬。更不要首先就谈他们的事,这样会使他们更神经质,对你产生不信任感。

经过交谈后,顺便交个朋友,再洽谈交易。这时,交易十有八九就会成功了。

6. 冷淡的客户

有的客户话虽少,但颇有心计,并且做事非常细心,对自己的事都有一定的主见,不轻易为他人的语言所左右,特别是当事情涉及他们的利益的时候更是如此。

这类客户表面看起来都显得很冷淡,有一种对一切都不在乎的态度,使人感到无法与之亲近,而事实上他们的内心却是火热的,你只要能与之交上朋友,他们会把自己的事情毫无保留地告诉你。

这类客户表面上对推销员不在乎,对推销的商品也不表现出重视,甚至推销员在进行商品介绍说明时,他们也一句话不说,没有什么表情变化。其实,他们是用心在听,内心在仔细考虑,只不过轻易不表现在脸上和话语中罢了。

此外,这类客户不提问题则已,他们一提就会提出很实在并且很让推销员头痛的问题。这时,推销员就不能试图蒙混过去。只要你回答或解决不了他们的问题,他们就往往会立即停止交易,因为他们惜字如金。所以,推销员要小心地为他们解决问题,抓住问题的关键所在。只要解答了他们向你提出的问题,这类客户往往就会立即要求开订货单,从而使交易取得成功。

对付这类客户,在进行推销时,要试图说得全面一点,绝不可大意,并且要表现出你的诚恳,好像是你在问他们问题。等介绍完之后,客户会进行一段时间的思考,这时,推销员要沉默不语,等客户抬起头之后,往往他们会问一些问题,这个时候你再进行回答。从这些问题中,你就可以刺激他们的购买欲,如购买量很大,你就可大致列举一下这些商品的优点,这往往会使他们对商品产生更大的兴趣,这样,达成交易的可能就更大了。

7. 开朗的客户

外向型客户办事干练、心细,并且性格开朗,阅历较多,只要与他们多交谈一会儿,他们就往往会与你更加亲近,这种类型客户的交易极易成交。

这种类型的人做事往往都给自己留一条后路,并且说话干脆利落,让人对他们容易产生一种信任的感觉。他们在做事前往往就已经想好了怎么做,如准备好问什么,回答什么,所以,与他们的交谈就有了明显的目的性,这样,对于交易来说也就十分顺利了。

这类客户通常对推销员有一种模棱两可的抗拒心理,一见推销员就马上会说:“我不想买,只是看一看而已。”其实,这种话是一种抗拒的表现,推销员不要因此不理会他们。因为,只要商品能使客户感到满意,使他们喜欢的话,客户都会忘记自己曾经说过这样的话。他们说这样的话本身其实就是一种暗示,暗示自己想多看一看,如果看着好就随时买。

对付这种客户往往是比较容易的，只要以热心诚恳的态度对待他们，多与他们进行亲切交谈，就会逐渐消除对方的隔阂，交易往往也就做成了。

8. 好奇心强的客户

还有一类客户，他们对任何新事物都怀着一种好奇心，仿佛有某种不可抗拒的力量驱使他们去了解这些事物，当然对推销商品这种事情他们也会带着兴趣去了解它的性能、优点及与之有关的一切信息。

这类客户往往态度认真、大方、有礼貌，对商品所提的问题的过程，就好像一个不谙世事的孩子问一个知识渊博的老人一般，这类客户常使推销员不忍心拒绝对他们所提的问题进行解答。这类客户通常表现得比较积极主动，类似于推销员与他扮演互换的角色。

这类客户只要某种商品能够满足他们的需要，换句话说，即他们喜欢这种商品，他们就是一个忠实的客户，这种特征可以驱动他们的好奇心而使交易成交。

这类客户比较单纯，阅历较少，只要推销人员对他真诚、热情主动，并且商品基本合他们的意，他们通常就会将其买下来。如果你再优惠，他们就会愉快地付款购买了。

9. 彬彬有礼的客户

有的客户对于任何人都表现得很有礼貌，好像得任何人都很热心，对任何人都没有明显的偏见，几乎不存在怀疑的问题。对待推销员的话总是侧耳倾听，很少插嘴。这种客户可能会使人觉得比较拘泥于礼貌，有时看起来有点儿傻，有时又像木偶，不过他们的内心往往比较热，因此，对这种客户不能轻易伤害他们的自尊心。

另外，这类客户对别人的夸夸其谈或真才实学往往都比较羡慕，让人感到几乎从不欺骗别人，对别人的欺骗也很少计较，并往往认为别人欺骗他们是不得已的。

然而，这类客户对那些强硬态度或逼迫态度则比较反感，他们在这方面天生有一种固执的态度，你让他们向东，他们偏向西，总是与这些强硬态度的人作对，也从来不给他们好脸色看。

还有，这类客户也不喜欢别人奉承他们。他们对那些彬彬有礼的人特别欣赏，他们很敬佩这些人，并且时不时地模仿他们。

对付这类客户，只要抓住他们的心理，事情就容易很多了，他们也是一批值得培养的客户。他们总会对推销员说这么一句："你真了不起啊。"不要以为他们这是在奉承你，他们这是出于真心的，他们佩服有能力的、勤劳自立的人。

对付这类客户，不要刻意去讨他们喜欢，只要适度表现出一定的热情、真诚，就可以将他们吸引住。要诚心相待，同时也要对自己的商品充满自信，还要向他们详细说明商品的优点，这样，他们也就无话可说了。

对这类客户，最重要的是以柔取胜，而非施加压力。

10. 疑心重的客户

有的客户由于疑心较重而不信任别人。其实，大多数人多疑都是他们心虚的一种反应而已。所以，这类多疑的客户中难免有一些狡猾心狠的人，他们做生意可能是由于厚着脸皮，昧着良心来欺骗别人，否则也不会总是怀疑别人可能会欺骗他们了。

对付这类客户的关键就在于消除他们的多疑，而对这类客户而言，在多疑方面他们很有可能是根深蒂固、很难消除疑虑的一类人。因此，对他们应以亲切、热诚的态度进行沟通，不要轻易与他们争辩，而应以沉着的态度与他们进行交谈，尽量以与他们交朋友的态度对待，并且要仔细观察与研究他们的心理变化，要随着他们的心理变化而采取相应的策略。也就是说，要心平气和地与他们谈，这样，成功的可能性才会大一些。

通常，对付这类客户的方法有两种：一是施以强硬态度；二是设诱饵骗他们。

第一种方法就是要对他们施加些压力，否则，如果你装着一种奴才相，一旦谈话过程中出现一言不合，他们往往就会拂袖而去。所以，在一般情况下，还是施加些压力的好，使他们心虚，从而迫使他们成交。

第二种方法就是自己装做什么也不懂，是好欺负的那种人，以此引诱他们，也就是最后欺骗他们一下。这个时候，他们绝不会想到你会骗他们，他们一直都以为是他们在欺骗你，可到了关键的地方，你给他们挂一个“钩”，到最后就能把他们“钓”起来。对于这些存心不良的人就应该以其人之道还治其人之身。

点金石

在与客户的交谈中，你可以坦率地将自己的情况告诉他们，让他们多了解你，这样也可使他们内心放松，使他们对你更亲近一些。

从表情中读懂客户

人的内心想法、态度往往体现在表情上。所以，在商谈中应细心观察对方表情的变化，以便推测对方的心理变化，并随时改变进攻的策略。如果对方有下面的各种表情、行动，则表示对方已步入你的推销程序，或者开始对推销产生了兴趣。因为体态语言有时能比语言透露出更多的真相，它们往往是人们内心想法的真实反映。

1. 对方的脸颊微微上升

这是对方刚刚开始对谈话感兴趣的迹象。这是因为对于比较感兴趣的事物，人们往往都渴望听得清楚明白。

2. 眼睛渐渐眯起

这是对方在进行思考时的表现。此时，他不但在听你讲话，而且大脑中也不停地思考。

3. 口角上扬，嘴时常半闭半开

嘴角向下，是一种轻视或者不屑的表情；嘴唇紧闭，这往往表明他对你的话题不感兴趣；当嘴角向上扬时，这表明他的兴趣开始被你调动起来了；而嘴半开，你要意识到他将会同你一起讨论某个话题。

4. 肩部保持平衡

对方坐立时，两肩不平，是一种疲惫的特征；肩部平衡，表明他的精神状态很好，对你的话题不厌烦。

5. 对方眨眼次数减少，睁大眼睛

频频眨眼表明了他的不耐烦，而眨眼次数减少，表明他已经被你的话题所深深吸引。至于突然睁大眼睛，则往往是他已经明白了你所表达的意思。

6. 身体略向前倾

此即为“倾听”的特征，当一个人专心听别人说话时，为了听得更加仔细明白，身体便往往会略向前倾。

7. 频繁同谈话者配合

这时，表明对方已经积极、充分地参与进来。当他频繁回答“嗯”，或者是表示赞成地点头，这时候他的态度也就大致可以看出来了。

8. 目光随着说话人的指示移动

表明他已经深深投入到必须紧紧抓住你的每一言行的地步。

当客户有了上述的表情时，表明你的话题已渐渐地吸引了他，交易的可能性有所增强。这个时候是绝好的时机，应当进一步发挥，引起对方更大的兴趣，此时，成功已经不远了，要一鼓作气，争取最后的成功。

点金石

人的内心想法、态度往往体现在表情上。所以，在商谈中应细心观察对方表情的变化，以便推测对方的心理变化，并随时改变进攻的策略。

介绍商品的依据

售货员的口才集中体现在对商品的介绍上。商品在品质、品种、等级、规格、花型、色泽、款式等方面都有不同，鲜活类的商品还有老与嫩、死与活的差别。所以，作为一个售货员，不能面面俱到地介绍，因此，更多情况下应根据不同商品、不同客户做重点介绍，具体应做到三点。

1. 根据不同的商品特点

例如，商品按购买方式的不同划分，可分为日用商品、选购商品和特殊商品。日用商品一般来说价格低、消耗快，不需仔细挑选。人们对商标、厂家没有特殊的偏爱，通常采取就近购买原则，属于习惯性购买。这时，售货员不必详细介绍商品，而应该迅速取货结账，并最好能记住常客常买的东西。这样，当客户一进门时，就招呼说："您来了，要瓶酱油？"这会使客户心里感到很温暖。

当选购商品价格比较高时，客户对其价格、质量和样式等方面较重视，但常常仅凭借感觉购买，或者是看中了商品的某一特点，或者是听了别人的介绍，或者是看到大家好像都在买，自己也就跟着买，属于冲动性购买。因此，售货员要抓住客户的瞬间心理特征，多在商品价格、质量、式样或行情的介绍上做文章。

特殊商品是一些为了满足客户的某些特殊偏好的、高档的商品。客户对商标、厂家和商品的使用性能有较多的了解，在购买前一般往往都有预定的计划，属计划性购买。这时，对于产品的介绍要细致，服务要十分周到，即使知道客户不买也要热情耐心地进行介绍，这样才能为客户的消费打下基础。

此外，商品按其生命周期，又可分为试销商品、畅销商品和滞销商品，售货员对不同类型商品的介绍也应有所区别。对试销商品，要突出其"新"的特点，并宣传这个厂家的其他产品，以名牌产品带动新产品；对畅销商品要介绍畅销的相关情况，突出商品的商标和品牌，树立产品和企业的市场形象；滞销商品则应突出介绍其价格低廉，主要吸取那些寻求廉价商品的客户。

2. 针对客户的固有心理

固有心理是由于受到人们的年龄、性别、职业、阶层、民族等要素的影响而形成的较为稳定的心理特征。如年轻人的好奇心理，老年人的恋旧心理；女人重价钱，男人重质量；同是女青年，青年女工好艳丽，知识分子重淡雅……这些心理都可左右客户购买的取向。售货员话说得好，就能使本来就想买的客户更加坚定其想法，使本来还犹豫的客户进一步作出买的决定；如果话说得不好，往往会产生相反的结果。如，向年轻人卖衣服，就应突出其款式的新颖，比如说："这是今年才流行的最新式样"；对老年人，则应看重介绍其质地坚固、做工精细，说："这是名牌产品，老字号，十多年来一直非常畅销。"如果向老年人介绍商品的样式新颖，他们可能会因文化冲突及其他原因而掉头就走。

3. 抓住客户的瞬间心理

人们会因为年龄、职业、阶层、民族等因素而形成一定的心理品性，但它会因具体的时空、人事等因素产生瞬间的心理特殊，它也会导致客户突然改变决定。因此售货员说话必须抓住这种心理，方法有以下几种类型：

提醒客户注意某个时间、事情，如："您看，这是一种智力玩具。今天是儿童节，不买一件回家送给孩子吗？"你也可以对外地的客户说："这是我们这里的特产，远近闻名。您出差来一趟也不容易，不妨买些带回去吧。"

另外，也可以试着分析客户的特点，比如说："您这么高大的身材，穿这件衣服太紧了，它的颜色也老气了些，您看那件怎么样？"

再者，可以刺激客户的积极性。如果某件商品有很多人买，在旁边的客户心里可能都会想："他们在买什么呀？也许是好东西！"这时，售货员不妨抓住这种瞬间心理，吆喝上几句："快来呀，如果来得晚了就没了。"从而把周围的客户吸引过来，这种方法尤其对女客户十分奏效。

点金石

售货员话说得好，就能使本来就想买的客户更加坚定其想法，使本来还犹豫的客户进一步作出买的决定；如果话说得不好，往往会产生相反的结果。

谈出好价钱的五大绝招

1. 巧妙回答客户对价格的询问

当推销员向客户反复说明产品的相关特征后，客户如果对该产品产生兴趣，则往往会问："这种产品的价格如何？"对于价格问题的回答应根据具体情形而定。如果客户刚一开始就提出价格问题，那么，推销员应尽量避免直接回答，也可以采取反问策略。例如："这要看产品的质量如何了。""这取决于您选择哪种型号。"然后，当客户不再问及价格问题时，尽快回到介绍产品的性能上去。但是，如果客户坚持让你回答价格问题，那么，应马上作出回答，具体可作如下选择：

(1)直接告知客户实际价格。

(2)也可提出反问："您真想要吗？""您需要哪种？"

(3)不进行正面回答，而是继续采取诱购式提问："您要多少呢？"

对以上三种方法作出比较的话，如以第一种方式回答，客户很可能会对你说："我再考虑一下。"如以第二种方式说，客户的反应很可能是："不！我随便问问"或"还没定下来呢"；如以第三种方式回答，就使得"买与不买"的问题巧妙地绕过，而直接进入销售阶段，即变成了客户"买多买少"的问题。推销员要把握客户对产品产生兴趣的有利时机，在回答客户对价格方面的询问时，掌握一定的回答技巧，促使客户下决心购买商品。

2. 客户认为价格过高时，着重强调该产品的高质量

推销员所推销的产品的价格状况一般说是较合适的，甚至比零售店的同类或相似产品还要便宜些。但实际上，客户可能不了解，往往认为推销的产品价格高了，难以接受。这时，推销员应当耐心地对客户的疑问加以解释，而不能简单地用"这个价不高"来敷衍，若采取如下方法会更好些。

(1)比较法。找出同类产品或相似产品中价格最高或比较高的与你所推销的产品相比较，通过对于同类产品价格的比较，说明自己推销的产品价格的合理，以使客户容易接受。但是，这往往需要推销员注意平时搜集这方面的资料。

(2)强调效用性。如你所推销产品的价格确实比大多数同类产品的要高,这种情况下,你需要将同类产品或相似产品中的质量较差的产品与你所推销的产品进行比较,突出介绍你自己推销的产品在效用上所具有的优势,从而淡化价格方面的因素。

(3)寻找补救法。推销员要向客户反复强调推销的产品中所有能抵消价格的相关因素,例如产品的质量、效用、售后服务水平等。

(4)巧妙解释法。遇到客户对价格进行质疑时,推销员若把产品的价格与其使用寿命周期结合起来解释,或许不失为一种较好的方法。例如,客户认为花 120 元买一个高压锅太贵了点,你可以这样跟他解释:"一口高压锅至少用十年或更长的时间,若按十年计算,一年您才花 12 元,一月您才花 1 元。但它为您节约的燃料费用,节省的煮饭时间却是没法用金钱计算的。"这样解释效果往往会更好一些。

3. 运用"积极价格"方法诱导客户

所谓"积极价格",是指客户所需要的商品价格。在商业活动以及现实生活中,不同的人对同一商品的价格往往有不同的看法。人们之所以会对同一商品的价格认识有差别,主要原因是人们对商品本身的评价不同,而不是商品价格。只要你所推销的产品能最大限度满足客户需要,即使价格高,客户也会倾向于认为价格合理。相反,假如一种商品在客户看来是没有价值的,那么,即使价格很便宜他也会觉得贵。

"积极消费"在推销过程中具有深刻意义。只要你所推销的产品是客户用得到的,那么,产品价格的高低对销售影响很小。因为客户十分需要这种产品,他已把价格放在次要位置上,这毫无疑问会对你的推销工作有帮助。相反,若你所推销的产品不具备"积极价格"的因素,那么,肯定会对你的推销工作带来麻烦。即使你把商品价格压得再低,客户都不愿意买。这时,最关键的是要想方设法让这种产品具备"积极价格"因素,即让客户觉得买这种产品对他有用。这就需要推销员在推销过程中作好说服劝导工作,这时的推销重心不在于价格,而在于商品的使用价值。

4. 利用买家对价格反应的敏感程度

客户对价格反应的敏感度,是指不同产品的价格在买家心理上的不同反应程度。客户往往对有些产品的价格反应较为敏感,有些则不敏感,因此,推销员应清楚哪些方面会影响客户对产品价格的敏感度,以便把推销工作做好。通常,买家对价格反应的敏感度,主要受以下因素影响。

(1)商品的质量。质量好,符合心理、生理需要,使用价值自然很高,客户对价格的高低就不是十分敏感了。相反,若质量差,客户对价格的高低就会十分敏感。

(2)产品的档次。通常来说,商品的档次高,客户对价格反应的敏感度比较低;商品的档次低,客户对价格反应的敏感度相对较高。这是由客户自身因素产生的。高档产品通常是由购买力水平比较高的客户购买,他们一般对价格的高低并不计较,价格越高,越能满足他们的虚荣心和表现自我的消费心理需要。相反,一般购买力水平的客户通常是低档商品的购买者,他们具有求廉的消费心理需求,所以,对价格高低比较敏感。

(3)产品的购买频率。产品的购买频率是指产品在一段时间内被重复购买的次数。通常来讲,购买频率高的商品,客户对其价格反应的敏感度相对较高;购买频率低的商品,客户对其价格反应的敏感度相对较低。例如,日常生活用品的购买频率比较高,客户通常拥有习惯价格,如果它们的价格改变,客户会有十分敏感的反应。相反,购买频率比较低的产品,由于客户不经常购买,只要质量符合要求,价格高一点,也不会有太大的影响。

(4)买家对产品的需要程度。客户对产品的需要越强烈,对其价格的敏感度便越低。因为客户对产品十分需要时,他所关心的只是能否买到此种产品,而不会过多关注这种产品价格的高低。

(5)服务的质量。推销员在向买家推销产品时,若同时能提供质量很高的服务,如对买家提出好的建议和帮助,买家就能够欣然接受,即使你所推销的产品价格高一些,他也愿意购买。因为,客户会把任何一项额外的服务项目,都当成是某种形式的减价。例如,推销员在向客户推销产品时,向买家提出一种保证,如发现是假冒产品,包退、包换、包赔。这样做可以使价格显得较低一些,客户也许愿意购买。

5. 使用“亏赚法”

“虽然有点贵,但是十分耐用。”

“虽然十分耐用,但是有点贵。”

这两句仅仅是颠倒了一下前后的次序,其他部分完全一致,但是,给客户的感觉却截然不同。

前一句是因价格有点高但强调了它的耐用,但后者却因其耐用而使价钱贵在客户心中留下强烈印象,这是不利的。

对于客户来讲,假使商品耐用就是“赚”,价格高就是“亏”的话。那么,因为前者是在说完“亏”之后再说“赚”,因此,“赚”这点在其心理留下的印象相对较深。

所以,销量不大的商品和价格偏贵的商品应当采用这种“亏赚法”来推荐。而这个“亏”是在商品价格贵、体积大、分量重等方面的小小让步,不是商品致命的缺陷。

点金石

对于客户来讲,假使商品耐用就是“赚”,价格高就是“亏”的话。那么,因为前者是在说完“亏”之后再说“赚”,因此,“赚”这点在其心理留下的印象相对较深。

主动进攻,一锤定音

在向大众推销公司的产品时,常遇到客户对公司的产品有好感,却还在犹豫之中的情形。那么,这时候就应该主动进攻,一锤定音,促成这单生意。下面着重介绍几种促成的方法。

1. 直接请求法

当察觉到客户的购买欲望达到最高峰时,就应立马开口直接请求,以免前功尽弃。

有句销售格言讲:“许多推销机会都是由于销售者未请求购买而从眼前溜掉的。”

2. 假设促成法

这种成交技巧十分有效,简单地询问客户几个问题,但不可问他们是否要买,而是假设他们真的要买。您可以这样问:“我星期三会再经过这里,是否一并把您要的货给带过来?”如果客户没有拒绝,那么,他便同意了这笔交易。

3. 选择询问法

这种方法的使用频率也很高。这是一种提供两种方案供准客户选择的成交技巧,其中也隐含着假设促成的意味。

当你使用选用询问法时,客户只能在两种提议中做一选择,而非在“要”与“不要”中做选择。如:“您喜欢组合一还是组合二呢?”

4. 次要重点促成法

这种方法可能运用在任何商品上,其要领在于避免要求准客户做重大的购买决定,而是用一系列有关的“小”问题,让对方轻易回答。

范例:“我星期三上新货,好吗?”

5. 试用促成法

在你尝试了无数方法还是很难打动客户的芳心时,可以用一下这种方法,或许可以达到成交的目的。本方法包括让客户试用拆开包装的产品、免费赠送试用装和暂时借用,满意后再购买。

范例:“赵女士,您不如先买小包装试试效果,若觉得不错的话,请再多惠顾。”

6. 最终机会法

这个方法的重点在于提供给客户一个赶快买的最好理由,促使他掌握难得的机会,完成交易。部分专家认为,此法特别适用于特殊、独特或高销路的产品。

范例:“您现在买是最划算的了,明天就不买一送一了。”

7. 实例证明法

给客户讲一些贴近他们的例子,常能引导准客户有样学样,做出同意购买的决定。你可以拿出客户的感谢函、照片为证,然后陈述该客户与产品有关的真实故事。不要忘了,有时候,你本人的使用经验同样很有说服力。

例如:“你瞧,这是我两年前的照片,一百五十斤,现在您也看到了,九十五斤上下,一点没反弹,您就放心用吧。”

点金石

在向大众推销公司的产品时,常遇到客户对公司的产品有好感,却还在犹豫之中的情形。那么,这时候就应该主动进攻,一锤定音,促成这单生意。

这样的十大注意事项

1. 客户有意购买时,不要过分热情

当客户表示想要买时,推销员若显出过分热情,反而会使客户提高警惕,很可能因此导致交易失败。

客户这时会这样想:“推销员之所以如此热情,估计是我因为要买走他久已推销不出去的存货吧!”接着往下想就是:“他是想欺骗我吧,这商品没准有什么我没有发现的缺陷。不成,在签约前,我要仔细考虑一下!”

所以,当客户有购买意愿时,推销员热情过度易导致交易失败。

正确的做法是,当客户决定购买时,推销员应面带微笑与客户握手,表示诚挚的谢意。握手对推销者来讲,可以表示这次推销已经确定,对买家也意味着已经没有后悔的机会。

2. 敏锐地捕捉成交的时机

商业洽谈时,有把握洽谈时机一说。然而,如何抓住时机呢?对此很难一概而论。而一般而言,以下情况可被认作是成交时机。

(1)提问题多时。客户对于商品提出问题越多,交易成功的几率也越高。

(2)交换座位时。“这里不是细谈的地方,里面讲”,变换座位,往往也是对商品很感兴趣的表现。

(3)谈及价格问题。当客户以价格、支付等问题为重点询问或交谈时,便表明客户在特别现实地考虑商品了。

(4)客户的态度、表情发生改变时。客户突然陷入深思,又一下表情开朗,探身阅读商品说明书等,也说明你的推销快要成功了。

(5)售后服务的询问。当客户提出关于售后服务问题时,很可能是适合立刻签合同的时机。

3. 面对时机,要敢于做出成交的试探

在做生意时,应多作一点努力促成交易。当然,若想谈成生意,需要了解怎样进一步进行试探。

"看来您决定办理我们的会员卡了,是吗?"

"照您这么说,我看您会把账户开到我们这里了?"

假如你用这种客气而又带点恳求语气的话与客户交谈,可能会打消他们本来的念头,反而说:"不,让我再想想吧。"

事实上,在这种情形下,可能用强迫式的形式更好。"您就不必犹豫了。麻烦您在这里签字盖章,我们今天就可以办好手续。"

要敢于作成交的试探,根据客户的态度确定成交时机。

4. 对方兴高采烈时,正是要求签约的好时机

在买卖协商中,有时双方谈得很是融洽,气氛也十分热烈,可人们常常错过了这个好时机,只顾高兴而忘了自己该干的事儿,等错过热情了,心情平复下来时,才提出自己的请求,这时,对方也许会回答说:"我再考虑一下吧!"

人在心情愉快时,往往容易接受别人的意见。此时,你提出签约的问题来,也就相对容易解决。你应及时掌握时机,让对方将你要求的事情完成,但你在递东西时,要表现得随意一些,并且要顺着之前的话谈下去,可自言自语表示对方的谈话使你深受教育,大有启发等。总之,不要因为让对方签字而中断谈话,造成冷场。要尽量保持热烈的气氛,让对方以为你的心思并没有集中于"签协议"这件事上,而仍然在琢磨他刚才的谈话,你关注的重点在于双方真诚的合作。

5. 成交时不可慌张

交易中,需要敏锐地捕捉客户情绪上的波动,抓住时机,促成交易。想要把握住这一大好时机,有以下几点需要注意:

(1)一定不能慌张。好不容易眼看就要取得成功,此时若慌慌张张,往往会失去客户的信赖。

(2)不能讲多余的话。签正式合同时,切忌再讲题外的话,这时,集中精力是十分重要的。

(3)不可一味地拿一副不达目的不罢休的状态。"终于卖出了"这种紧张、喜悦的心情会导致机会丢失。因此,应尽力掩盖此种心情,更不能给予客户"自己很激动"的感觉。在推销新手中,这种情况较多。这种心理活动常常会被客户看穿或引起无谓的怀疑。

(4)不能强辩。开始签订合同后,客户会提出各种问题,或提出很多意见,这当中甚至有因此发脾气的客户。已临近签订合同,一定不能和客户争辩。要知道,不论理由如何,争论都毫无价值。

(5)对于交易条件没有降低的必要。一旦时机来临,此时就不必考虑是否降价了,即使客户提出减价要求也无须考虑。因为,此时客户的真实心理是如能减价,就更划算,不减价也无所谓。

6. 写清契约内容

在与客户交易达成后,为了确保在收款和发货上不产生差错,要把所有的有关资料都记下来,包括特殊的产品和颜色、交货的时间与地点、交货方式以及付款方式,最好能够请求客户签字确认。因为人的记忆往往容易出现差错,因此,你要把一切有用的信息都记下来,使你的推销活动井然有序、有条不紊,这样一来,也不会产生什么错误。

7. 一旦你销售成功,便不再说话

在商界中,曾多次出现这种情况:一笔交易已达成之后,推销员会对客户说一大堆赞扬他的决断的恭维话:"您真是捡一大便宜。""这笔交易对你太有利了。"这些话反而会让对方怀疑,令对方变卦。所以,一旦达成销售协议,就不应再对这笔交易多讲些什么,而应转变话题,与客户聊些其他他感兴趣的话题,只是不要谈论他是如何独具慧眼而买你的产品的。

8. 让买家安心

人往往会对事物持怀疑心态,没有安全感,这是很自然的反应。客户有时会对刚刚作的购买决定产生怀疑,产生后悔的心理。为了消除客户的最后怀疑心理,让客户感受到他的购买决定是一个明智的决策,这是推销员在成交之后应该做的一项工作,并且在向客户作保证时必须态度认真、语言诚恳,促使客户相信自己。如果推销员采取敷衍塞责的态度,则可能会引起客户的怀疑,直接导致交易失败。

9. 交易完结后,态度同样应友好热情

交易商谈结束后,推销员绝对不要让客户感觉出你的态度变冷漠了,而要让客户常记你的情义,感到买了你的商品有一种安全感,而且认为为自己家人、为事业、为将来,作出了一个明智的决定。

那么,如何才能产生上述效果呢?

(1)在商品售出去后,必须稳定客户的情绪,并让其心情平静。这时,你可找一些别的话题,切记不要再谈刚才的商品。只有同客户融洽地聊天,才能让客户的心理在与商品无关的轻松谈话中逐渐安定下来。

(2)在交易谈妥后,合同文件上双方也已经签字,此刻你决不可只说一句"多谢,多谢"便算完事,这会使客户感到你真是个生意人,交易完成就敷衍了事。成功的推销员应该这样:为使客户认为你是真诚地在感谢他,你务必上前一步和客户紧紧握手,以表致谢与道别之意。

10. 选择恰当的时机和客户道别

在推销员和客户之间达成交易之后,推销员最后该做的事就是要选择合适时机和客户告别。假如客户很忙,你不妨在达成交易之后从容地与客户告别,但客户若有心同你谈几句,你切不要匆匆离去,尤其是那些经过长时间考虑后做出购买决定的客户,你的匆忙离去会使他对你产生怀疑,所以,不妨留下来聊一会。但要记住的是,即使对方挽留,也不可久坐。这是因为即使双方的合同已经签妥,客户心中也多少会存有一些买了东西后的疑虑。但假如你和客户聊太久,好像交易还未完全结束的样子,客户就会在心里总盘算着这笔买卖是否正确,并且还想与你"探讨",这样一来,客户会有后悔的可能。所以,应尽快告辞。

点金石

当客户表示想要买时,推销员若显出过分热情,反而会使客户提高警惕,很可能因此导致交易失败。

让客户回头的常备说辞

有些人对于推销会闭门不见;有些人可能会与你争得面红耳赤,不欢而散;有些人则表现得较有素养,他们会找出各种借口和理由来拒绝你的游说。因此,作为一名推销人员,当你面前的客户说出"不"这一字眼时,如何巧妙地进行应答,如何既不与客户发生正面冲突、又诱使他们与你成交交易,是你每天要面对的一种挑战,同样,也是你需要掌握的交流技巧之一。

如果你已跻身推销队伍之列,那你对如下客户的回答方式并不感到陌生,当你听到这些回复时,你该如何马上进行有效的应答,以确保你们的交流更好地进行下去?下文为你提供了一些回答的范例。

当客户说"我要回去"时,你可以说:

"好的,我就不多占用您的时间了,我知道您明天也会来到这里,请您把我的手表带走,我知道您明天会还我,出口在那边儿。"

“假如您有兴趣，就请您填一下订单，让我对您的需求有所了解。当您下次光临时，我可以很简单地处理其他的有关事宜。”

“您不需要为了在文件上签字或其他事宜再来一趟，我明天刚好到您家附近拜访另一位客户，我会顺便到您家办理的。”

“那我就不耽误您的时间了，请您给我留下您家的地址，以便在您方便的时候可以上门拜访。”

当客户说“我绝不会迫于此时的情势而买”时，你可以这样回应：

“我们并不强求您现在就买，只是想请您先试用它。如果您试用不满意，我们可以随时联系。”

“我知道您对我们的商品很有好感。因此，请您再考虑一下。为了避免您在经济上的损失，我会在两三天内把契约书及有关文件邮寄给您，您便可以以今天的折扣购买它了。当然，您还有两三天的时间考虑。”

当客户说“我不能现在决定”时，你可以说：

“对某一件事做决定就像玩足球，只有亲身参与，才能体会它的乐趣。关于这个商品，您已经掌握了充分的事实及资料，您只需据此作出决定。所以，我只希望您先试用它。”

当客户说“我还要看看别人是否买”时，你可以说：

“有些人只看不行动，但有些人则善于行动。前者经常错过，不仅是因为他们只是观望，而且实际上是什么也没有看清。”

“您没有必要效仿别人，您已经看到我们商品的优点，也知道它确实比其他任何公司的商品都优秀。不论何人，如果发现了自己喜欢的东西，是绝不会错过拥有它的机会的。并且，这种商品真的值得一试。”

当客户说“我对其他公司的产品较感兴趣”时，你可以说：

“假如别家公司的推销员说他们的商品能比我们公司的这类商品更优秀，请让我与他通个电话。我想与他们共事，您方便把他们的号码给我吗？”

“您可以给我这家公司的电话，让我也有幸看看他们的产品，好吗？”

“您可以给我介绍一下他们的产品比我们的产品好在哪里吗？”

当客户说“这不适合我这个年龄的人”时，你可以说：

“假如您这个年龄的人不适合的话，那我为什么还要向您推荐呢？昨天购买我们这一产品的老太太看起来比您的年纪还要大呢！”

“不，不会的。在您的人生中，这件东西重要。而且，我们公司需要像您这样的客户，您可以给我们的商品提供一个展示的机会。您先试用一下我们的产品，好吗？”

“年龄与您购买我们的产品并没有直接联系，即使您已经上了年纪，但只要您心态年轻，那您也一定会充满活力与生机，想必，您一定也希望自己青春永驻吧？”

当客户说“我另有开支”时，你可以说：

“您自己的想法不无道理。但是，时光一去不返，您也一定了解，如果我们商谈的付款条件与您现在担心的事不相矛盾，那么，您先试一下可以吗？”

“如果您觉得我们的产品很有用，而且我也可以看出您是真心喜欢它，那您为何不重新安排一下开支计划呢？”

“是的，我们每个人做事都有自己的计划，可是计划也不是不可以改变的，可能到某一天，您会急需我们的这种产品，如果您这次买下它，这将来对您或许是一种帮助。”

“现在，您可以开始计划一下买这件产品了！”

当客户说“我已经在别处买过”时，你可以说：

“既然您已经买过这种产品，那您一定了解其优点了，但我建议您不妨多尝试到不同地方去买，虽然产品一样，但最终结果会在您意料之外的。”

“是的，我们虽然和他们卖的是同款产品，但我们提供的却是一种更加优质的服务，您难道不愿花相同的金钱而享受更优质的服务吗？”

“您不妨再买一个并推荐给您的家人或朋友，假如您喜欢，我想他们也必定会喜欢的。”

当客户说“我需要考虑一下”时，你可以说：

“看来您真正需要想的可能是资金问题，没有关系，您不妨坐下喝点茶，认真考虑这个问题，一会儿我们再接着谈。”

“是的，我们做事之前的确应该认真考虑，因为这一产品对您真的很重要，那您先考虑着，到时我再给您打个电话，我想您会给我一个惊喜的。”

当客户说“这也太贵了吧”时，你可以说：

“不知您是用什么标准来估测我们的产品价格的呢？假如您了解了其真正的价值，比较一下同类产品，您也许会觉得它并不贵。”

“您认为它等级高或低都可以。因为，这本来就是由客户自己决定的。不过，它的确值那么多钱，并且，它在我们的商品一览表上名列前茅。如果它真的不符合您将来的计划，我也认为您不用购买。”

“假如您认为我们的商品太贵，那您再过几个月瞧瞧，一定会觉得更贵，因为我们最近有优惠，您一定也不愿价格高时再买下它吧？”

“不错，单单从金额来讲，我们这一产品并不廉价，但我想，我们不可能将一辆汽车的价格与一辆自行车的价格相比，而觉得汽车太贵吧！您可以先了解一下它的实用性，看它是否值得您花这么多的钱。”

“当您真正受益于我们的产品时，您一定不会觉得它贵。”

当客户说“我怎么需要它”时，你可以说：

“世上没有人反对对自己有益的事。您一定知道，使用我们的产品能够满足您的需要，假如您认为它将来在经济上有助于您，那您还有什么可犹豫的呢？”

“假如您真的这样想，就不要买了。当然，我相信您不是这么想的，因为……”

“您能跟我讲一下，为什么这一商品对您没有用处吗？”

“事实上，不单单客户需要我们的产品，同样，我们的产品也需要客户的支持。”

点金石

作为一名推销人员，当你面前的客户说出“不”这一字眼时，如何巧妙地进行应答，如何既不与客户发生正面冲突、又诱使他们与你成交，是你每天要面对的一种挑战，同样，也是你需要掌握的交流技巧之一。

第四篇

职场口才修炼

第一章 交际口才

如何用好交际暗示

暗示是一种特殊方式，指的是暗示者出于一定的目的，采取一定的手法，含蓄、巧妙地向对方发出某种信息，以影响到对方的心理，使其不自觉地接受一定的意见、信念或改变行动。

交际暗示的方法主要有以下几种：

1. 用故事暗示

某乡党委为了加强机关干部管理，在工作考勤等方面列出了许多规定，并决定由一位老同志负责考勤登记。老同志知道这是得罪人的事，不愿意干，说自己过去就是因为办事过于认真，得罪了不少人，正在吸取“教训”。

乡委书记听了这番话便给他讲了个故事：某电影导演，为拍一部片子四处寻找合适的演员。一天，发现了一个合适的人，便通知他准备试镜。这个人很高兴，理了发，换上新衣，对着镜子左照右照，总认为自己两颗“犬牙”式的牙齿不好看，于是到医院把牙齿拔了。然后，他兴致勃勃地去报到，导演见到他，失望地说：“很抱歉，你身上最珍贵的东西，被你自己当缺陷给毁了，我们只能找别人了。”

听了这个故事，这位老同志明白了“坚持原则，办事认真”正是自己最珍贵的东西，于是他愉快地接受了任务。

2. 以笑话暗示

某单位几位老同志反映，晚上机关宿舍住在楼上的年轻同志总是很吵闹，老同志在楼下休息不好。党委书记和这些年轻人闲聊时，讲了一则笑话给予暗示：

有个老头神经衰弱，稍有声音，就很难入睡，刚好楼上住了一个经常上夜班的小伙子。小伙子每晚下班回家，双脚一甩，鞋子“噔噔”踢下，重重地落在地板上，把每天都好不容易才睡着的老人惊醒。

老人找到小伙子，跟他说了这件事。当晚小伙子下班回来，习惯地把脚一甩，忽然记起老人的话，于是轻轻脱下第二只鞋。第二天一早，老人埋怨小伙子说：“你甩下两只鞋后我还能放心睡了，你留下一只不甩，让我昨晚一宿没敢睡啊。”

笑话说完，几个年轻人哄堂大笑之后悟出了笑话的所指，日后便改正了自己的错误。

3. 岔题暗示

请看一段对话：

甲：老何这人可是不错，就是有点好大喜功。

乙：你看昨晚的《快乐大本营》了吗？

甲：没看。你知道吗，这回的评测报告里全是夸他的，把老何捧上了天……

乙：唉，你不看真可惜，这期明星阵容可强大了。

很明显，乙一再岔题，是为了向甲作出暗示：他不愿意背后随便议论别人。如果甲能知趣，说话至此,也应顺着乙转移议论别人的话题了。

4. 诙谐暗示

这是用幽默的语言或随意说笑的方法,向被暗示者传达信息。

南唐时,政府苛捐杂税,民不聊生。时逢京师大旱,烈祖询问群臣:“外地都下了雨,为什么京城不下?”大臣申渐高决定利用这一机会进谏,于是诙谐地对道:“因为雨怕抽税,所以不敢入京城。”烈祖天性比较豁达,听罢大笑,下令减轻税收。

借助一句玩笑来暗示,最终竟为百姓做了一件好事。

点金石

直话直说并不是永远都对的,有时候以暗示代替直言,同样可以收到预期的效果。

学会交际中的拒绝

拒绝,是在人际交往中对做不了或做不好的事采取的回绝态度。一般明确地说“不”,能防止误解的产生,使问题迅速澄清。

但在现代社交过程中,往往会遇到这种情况:对方向你提出某种请求,你内心确实难以答应,但又碍于人情世故,或某种利害关系的束缚,让你无法直接明确地拒绝。这时就需要采用一些巧妙而委婉的拒绝方式,既表达自己的意愿,又尽可能地不让对方失望或不快,不影响彼此之间的人际关系。

那么,委婉拒绝有哪些技巧呢?

1. 暗示拒绝

通过身体行为或非直接的语言使自己拒绝的意图传递给对方。如转动脖子、用手帕拭眼睛、按太阳穴以及按眉毛下部,它们代表:疲劳、倦怠、身体不适,想快些结束谈话。显然,这是一种暗示拒绝的方法。此外,微笑的中断、较长时间的沉默、目光旁视等也可表示对谈话不感兴趣、内心为难等心理,也间接地表示了拒绝之意。

2. 转换话题

对方提出某种事情的请求,你却刻意地回避,把话题引到其他事上。这样,既不使对方感到难堪,又可逐步减弱对方的企求心理,间接表达拒绝之意。

3. 先予肯定

对对方的请求不是立刻说“不行”,而是先表示理解、同情,然后再据实陈述没法帮助的理由,获得对方的理解,让对方自己放弃。

4. 引荐别人

据实讲清自己的困难,同时热心介绍能给予帮助的人。这么一来,对方不仅不会因为你的拒绝而失望、生气,相反会对你的热心、帮助表示感谢。

5. 诱导否定

对方提出请求后,不立即回应,而是先讲一些理由诱导对方自我否定,自动放弃原来提出的请求,达到将对方的失望与不快降到最低的目的。

6. 缓兵之计

对方提出请求后，不必马上拒绝，你应采取拖延的办法。可以说："让我再想一下，明天给你答复吧。"这样，既使你赢得考虑怎样答复的时间，也会让对方认为你是很认真对待这个请求的。

其实，现实生活中更多的是直截了当的明确拒绝。无论是直接拒绝还是委婉间接拒绝，都必须坚持是非标准，认真对待对方的请求，根据自己真实情况，以诚相待。

点金石

明确地拒绝，说出"不"字，需要的是胆量，而委婉的拒绝，讲究的就是技巧了。

掌握交际中的解释

解释是人们在日常生活中进行的一种言语活动，在交际过程中，它不是初始行为，甚至不是反应行为，它是第三步行为，是反应的反应。例如，甲方说出一句话，或做出一件什么事。紧跟着，乙方对甲方的言语、行为进行询问或责怪。这时，甲方也许会做出"解释"。正因为是一种对对方反应的反应，因此，他在言语内容表达上会产生一定的分离趋势，具有自己的特征。

"解释"的言语内容是对自己之前言行的阐述或辨析，但在行动上却是对对方言行的反应。这样，总体来说"解释"具有以下功能：

1. 澄清功能

当对方对你先前的某一行为、言语产生误解时，我们通常会阐述真相、消除误会。这时的言语主要不是根据行为、言语本身而立论，而是根据行为、言语后面的动机、目的作辩解。

2. 解答功能

这有几种情况：一是对方对你提及的某一概念、观点产生质疑时，需要解释；二是对方对你言语行为的根本意图或动机目的不甚明了时，解释是必需的。这些解释都常和"陈述""证明"等言语活动糅合在一起。

3. 道歉功能

在自己对对方犯有某种过错时，往往会进行解释。行为大多是抛开自己先前某种言语的结果不谈，而对这种言行的动机进行解释。告诉对方是出于好的动机，或是无意伤害对方的，只不过是结果不好，不合初衷而已。

4. 亮底功能

在言语交际中，人们往往会先说出一句悖于情理或使人困惑的话，对方提出疑问后，再进行解释，使整个对话富于趣味与波澜，气氛轻松愉快。

人际交往中的解释，对人际关系与交往有不同的功用，但落实到某一个具体的"解释"上，却既有可能取得理想的效果，也有可能产生不良的影响。要使它取得理想的效果，条件有很多，其中关键的是语言技巧，值得一提的是以下四点：

第一，要认准该不该"解释"。该解释时可以解释，不该解释时千万别胡乱解释，否则就成了"画蛇添足"了。假如别人向你提出个请求，你实在不想答应而坚决拒绝他时，由于真实理由又不宜明说，你万万不能编造借口，因为任何假设出来的"解释"都会遭到对方的反驳。

第二，要把握解释的语气，有两点特别重要：一是树立强大的自信心。解释者都应该以一个最有发言权的口吻发言。只有你具有博学的自信,对方才信服你的解答;只有你具有知情的自信,对方才会相信你对真相的澄清。否则,你的解释就谈不上解答和澄清的功能。要使自己的解释具有自信,要做到三点:

首先,吐字要清晰干脆,不能支支吾吾,模模糊糊;其次,条理要清晰连贯,不能兴致所至,随口道来;再次,尽可能少地用“可能”“大概”“也许”一类的词语。做不到这三点,对方就会觉得你要么不懂装懂,要么是你在有意欺骗。

解释过程中的另一种重要语气便是:诚恳。在说明真相、消除误解、赔礼道歉时,一定要态度谦恭,诚恳备至。如果语气轻浮,言语随便,甚至强做解释,那么只能使误解加深,让事情更加复杂。

第三,应与其他言语行为协调好,解释是为了完成某一交际目的而进行的行为。在现实的言语交际中,为了达到一种交际目的,人们往往不只是进行一种行为,更多的倒是运用多种交际行为互相配合。解释也常常同其他多种行为融合在一起,所以,我们也要处理好解释与其他言语行为的关系。

第四,要掌握一定的解释技巧。解释不要啰唆,更不能重复,若不是在对方的要求下。有些人解释疑难时生怕对方没懂,解释真相时害怕对方没听清,于是就再三重复,令人生厌。最为常见的是人们在道歉时不断地强调、申明自己不是有意的,认为只有这样才能表示自己的歉意。

点金石

“解释”的言语内容是对自己之前言行的阐述或辨析,但在行动上却是对对方言行的反应。

领会交际中的批评

人人都喜欢表扬、称赞,而反感批评、指责,但是“人非圣贤、孰能无过”。如果我们发现了别人的错误,却不及时地指出,甚至还随声附和,那么,我们同样也犯了错误,自己的内心也会同样感到不安。

因此,很多年轻人都希望能掌握批评的技巧。批评是交际中最难把握的一种表达方式,要考虑到时间、地点、对象等各种各样的因素,其原则是不能伤害到对方的自尊心。

在生活中,我们常常会面临这样的情况:如果我们忽略了正确的方法而在公众场合倚理欺人,居高临下地指责、批评对方,试图将自己正确的观点强加给对方,效果往往会截然相反。即使对方知道自己有错误,也会强词夺理,或者愤愤离开,从而弄得不欢而散。

如果我们换一种方式,私下与其沟通交流,委婉地表达自己的想法,并给他摆事实,讲道理,分析利弊,他就会心服口服,真正接受你的批评和意见并且改正。

可见,批评的关键是方法的问题,方法不同,效果也会截然不同。

这里,为您介绍四种具体的批评方式:

1. 启发式

批评主要是针对对方所犯的错误,批评者的“外因”只是起一定的辅助作用,而要对方从根本上改正错误还得要靠他自己的内心,即“内因”。所以,高明的批评者,总是渐渐地“敲醒”对方,启发他的自我批评意识。

2. 警告式

倘若对方犯的不是原则性错误,或者当时并不在犯错现场,我们就没有必要“真枪实弹”地批评。而应换成一种委婉的方式，不指名道姓，用较温和的语言，只指出问题，或者是用某些事物对比、影射，也就是通常所说的“点”到为止，起到一个提醒的作用。但是，如果对方是一个自我意识差，依赖性大，不点不破，不明说不醒悟的人，也可以用严肃的态度、较尖锐的语言直接批评他。

3. 委婉式

委婉式批评也可以叫间接式批评，它一般采用借彼比此的方法，声东击西，让被批评者有一个思考余地。其特点是用含蓄的方法来避免对方的自尊心受到伤害。

4. 幽默式

幽默式批评就是在批评过程中，运用一些幽默诙谐的语言，富有哲理的故事、双关语，形象的比喻等，缓解批评的紧张气氛，启发被批评者的反思意识，增进彼此间的感情交流，使批评不但达到教育对方的目的，还能营造一个轻松愉快的氛围。

幽默式批评，在于用一种轻松的方法启发、调动被批评的对象积极思考，它用温合的方式点出被批评者的要害，含而不露，让人意犹未尽。但是，使用幽默式批评不能牵强附会，生搬硬套，否则，将事倍功半。

总之，批评要围绕教育的主题进行，用事实教育人、用道理开导人、用后果提醒人，从而达到使对方心服口服地接受你的批评并改正错误的目的。

点金石

有人曾把批评成功的基本条件总结为三点：一是心要诚；二是要有透彻、中肯的分析；三是运用适当的方式。

初交语言技巧

和陌生人交流时，由于双方素不相识，没有相互了解的基础，因此如果不知道一些讲话的基本常识，陌生人之间是不容易交谈起来的。

同陌生人讲话，随和与友善是双方亲近的前提，缺乏起码的礼貌只能让人对你产生厌烦的情绪。两个陌生人之间，只要以友善的方式开始讲话，气氛就会慢慢融洽并活跃起来的。

如果到一位素不相识的人家里去拜访，你首先应当对即将拜会的人作些了解。例如咨询一些你们双方都认识的朋友，了解一下对方的情况，对于他的职业、兴趣爱好、性格之类，了解得越详细越好。

当你走进陌生人的住所时，可以仔细观察，看看能否找到一些了解对方性格的线索。墙上挂的是哪位画家的画；假如墙上挂的是摄影作品，对方也许是个摄影爱好者呢！

要知道，室内的装饰摆设，可以体现出主人的喜好和情调，甚至有些物品后面隐藏着某段动人的故事。如果你把它当做一个线索，这将是了解主人的一个好方法。

如果你要见的并不仅仅是一两个陌生人，而是参加一个到处都是陌生人的聚会，“侦察”也是必不可少的。你不妨先在旁边坐一坐，用耳听，用眼看，对周围的人做一番了解，熟悉一下状况，然后再决定你可以接近的对象。一旦选定了，不妨勇敢地走上前去，向他作自我介绍。尤其是一些和你一样，在聚会中没有熟人的参加者，你这样主动接近多半会受到热情欢迎。

陌生人之间的交谈，总的来说应做到如下几点：

1. 洞幽烛微

交谈前运用各种方法，尽可能地多了解对方，再对所获得的种种细微信息作分析研究，由小见大，由表及里，作为交谈的基础。讲话应先看清对象，从他的兴趣爱好、个性特点、文化水平、心境处境等入手。陌生人之间要做到这一点，就要洞幽烛微，从细微之中发现更多东西。

2. 适时切入

看准情势，抓住适合说话的机会，适时进入交谈。适时的“自我表现”，能让对方充分了解自己。陌生人如能从你“切入”式的谈话中获取教益，双方会更亲近。适时切入，能把自己的才能主动地展现给对方，符合“互补”原则。

3. 借用媒介

寻找自己与陌生人之间的媒介物，以此找到共同语言，拉近彼此距离。对别人的一切表现出浓厚兴趣，通过媒介物引发他表露自我，交谈就能更顺利地进行。

如果对方比你还内向害羞，你更应该随意跟他聊些无关紧要的事，如天气之类，让他心情放松，缓解他紧张的心情，从而激发他说话的欲望。

与对方交谈的开场白结束之后，特别要注意话题的选择。那些容易引起争论的问题，不易选择。为此，当你选择某个话题时，要特别留神对方神情的变化，一发现对方露出厌倦、冷淡的情绪，就应该立刻改变话题。

点金石

同陌生人讲话，随和与友善是双方亲近的前提，缺乏起码的礼貌只能让人对你产生厌烦的情绪。两个陌生人之间，只要以友善的方式开始讲话，气氛就会慢慢融洽并活跃起来的。

善用女性语言

善良、温柔历来都是中国妇女的传统美德，这也表现在魅力无穷的女性语言中。现代女性更应了解女性语言的特点，发挥女性语言的优势，充分展示其独特魅力，让自己走向成功并获得幸福。

1. 多情感人

总的来说，男性语言与女性语言的区别在于：男性注重以理服人，而女性侧重以情感人。多情，是女性语言的重要特征。富含感情色彩的语言，在人际交流中，常常能激起对方的情感，使双方在感情方面产生共鸣，促使双方关系更加亲近。

多与恋人或丈夫交流，能增进彼此感情，会使爱情之花更加艳丽；去安慰亲朋好友，会让对方在情感上得到更多的慰藉；去鼓励同事，会使对方产生巨大的情感力量。这就是女性语言的优势，充分发挥这个优势，就能得到意想不到的收获和效果。

2. 含蓄委婉

女性与人交往时，往往不直接点明话题，而是转弯抹角，或是正话反说，或是寓意象征，或是委婉含蓄，这些特点，从某种意义上说，也是女性语言的魅力之处。

含蓄的语言就好比空谷幽兰，犹如朦胧月色，美在朦朦胧胧之中。含蓄的语言，不仅美丽迷人，而且能够适应交谈环境的需要，给自己留有回旋的余地，不会因为草率莽撞而给对方造成尴尬或伤害。

3. 温柔亲切

温柔善良，轻声细语，柔顺谦和，组成了女性特有的语言情调，使人倍感亲切随和。如今有人这样说：女性不能弱，弱了被人欺；女性不能柔，柔了被人骑。由此，出现了所谓的“泼辣妇”，说话比男人还粗鲁，甚至“出口成脏”。这简直就是在扬短避长。

4. 善解人意

理解，是心灵的交流。人从生下来就具有一种心理需求：希望别人理解自己。而女性拥有丰富的同情心，善于关心、体贴别人，从而满足了对方的心理需求。含有深深理解的语言，具有吸引别人的无穷魅力。朋友之间坚固的友谊，就是建立在相互理解、相互信任的基础之上的。

女性语言，魅力四射。只要我们抓住其优势，并在人际交往中将其运用自如，那么，友谊将更加牢固，爱情将更加甜蜜，家庭将更加温馨，人际关系将更加和谐，人生也将更加五彩斑斓。

点金石

善良、温柔历来都是中国妇女的传统美德，这也表现在魅力无穷的女性语言中。现代女性更应了解女性语言的特点，发挥女性语言的优势，充分展示其独特魅力，让自己走向成功并获得幸福。

男性语言面面观

话语铿锵，义正词严，这是热血男儿的语言特性，具有“撼天地、泣鬼神”的威力。研究男性的语言，可以从以下几个方面入手：

1. 重于理智

这是男性语言的一大特点。俗话说：感情是女人的，而理智是男人的。对同一件事情的表述，女性侧重于感情方面，而男性侧重于理性分析。

2. 粗犷豪爽

这是男性语言的第二个特点。温柔细腻，体贴入微，轻言细语，是女性的语言特征；而男性大多是性情豁达，语言粗犷，坦率豪爽，显示出男子汉坦诚豪放的性格和气质。

刘邦的“大风起兮云飞扬”、项羽的“力拔山兮气盖世”、岳飞的“仰天长啸，壮怀激烈”、陈毅的“此去黄泉招旧部，旌旗十万斩阎罗”，等等，均表现了男性语言粗犷豪爽的巨大魅力。从这些话语中，我们感觉到了男子汉的气度、气魄和正义感。

3. 镇定自若

这是男性语言的第三大特点。真正的男子汉遇到突发情况时总能镇定自若，做到“骤然临之而不惊，无故加之而不想”。镇定自若的语气及从容的神态，构成了男性语言的另外一个特色。

4. 洒脱旷达

这是男性语言的第四个特点。有些男人说话吞吞吐吐，含糊其辞，想说又支支吾吾说不出来，这不是真正的男子汉的表现。而洒脱旷达，干脆利落，想说就说，奔放豪爽则充分体现出男性语言的洒脱豪迈之美。

此外，语言逻辑的严密，语句的简练准确，语言的果断洒脱等，都是男性语言的重要特点。

总之，语言是一个人文化素质、道德修养的外在表现。

点金石

要想成为一个真正的男子汉，只有不断加强思想、文化、道德等方面的修养，才能充分自然地表现出男子汉的语言风采，发现让人无法拒绝的无穷魅力。

应酬语言需掌握

只要与人打交道,应酬话总是避免不了的。但有的人说起应酬话来却不伦不类、不三不四,从而闹出一堆笑话;有的人说起应酬话来矫揉造作,让人浑身起鸡皮疙瘩。说应酬话是搞好人际关系的一个重要环节,也是一门学问。

交际中常常运用到的应酬话有:见面话、客气话、关系话、道谢话、道歉话、勉励话、赞美话、告别话等。以下将介绍其中几种:

1. 道谢话

别人只要帮了你的忙,不管事情多么微不足道,也应该真诚热情地对他说声“谢谢”。“谢谢”不仅仅是礼貌用语,而且也是人们沟通心灵的桥梁。这个词虽然非常普通平凡,但运用恰当,就既符合礼节又能体现出一个人的修养素质等问题。

说“谢谢”时,一是必须真心实意,又要直截了当,准确无误地称呼对方,通过称呼被谢人的名字,使你的道谢更显得亲切、诚挚。二是要伴随头部轻点、眼睛注视你所感谢的人、面带微笑等肢体语言,这样能给对方留下更深刻的印象。同时,感谢和称赞有时是密切相关的,如果你说:“对于你这次的帮助非常感谢。”这仅仅是道谢,但如果你能再加上几句:“要不是有你这样的行家来帮忙,事情一定不能完成得如此完美。”再加上一句这样的赞语,你的道谢就更加完美无缺了。

2. 道歉话

道歉是真挚和诚意的表现。它不但可以弥补感情上的缺口,而且还可以增进感情。道歉话一定要说得诚恳,否则会让对方更加讨厌、反感你。可在“对不起”“抱歉”“请原谅”等前面加上“很”“非常”“实在”等加强程度的词语,然后谴责自己的过失,表明自己后悔、懊恼的心情;也可以适当加些说明和解释,但不要过度强调原因。

道歉时应该大大方方,而不是躲躲闪闪,因为勇于承担责任、改正错误,是值得尊敬和肯定的行为。道歉还要抓住时机,错过了适当的时机,越拖延就越难开口了。

3. 勉励话

当别人遇到困难、挫折,遭受打击,受到不公正对待、渴望平等,受了委屈想要解释的时候,我们应该同情和理解对方,适时用鼓励的话语去勉励对方。勉励话要能“对症下药”并说得语重心长、真切感人,才能感化其思想,并给他们带来信心和力量。

4. 告别话

当别人来告别时我们应以礼相送,可以说些“再见”“慢走”“欢迎再次光临”“以后还请继续指教”等告别话。说告别话的态度要真切、自然诚恳,避免草率或应付的神情出现,这样才能使对方感受到被真诚对待,并有一种值得留恋的余味和友谊长存的感觉。

对第一次来访的客人,告别时更应周到、细致些,可主动向他们介绍周围的交通、餐饮、住宿等情况。

点金石

说应酬话是搞好人际关系的一个重要环节,也是一门学问。

劝酒语言有学问

逢年过节，亲朋好友总会借这个机会欢聚一堂，但是酒极则乱，言多必失。作为东道主，你应该让客人饮得既要尽兴，又要适度，让酒宴上的氛围始终欢快融洽，这就要发挥你能说会道的口才了。

1. 适度为好

要打破"但使主人能醉客，不知何处是他乡"的观念，应当以真诚相待为前提。不顾客人的酒量和身体状况，一个劲地劝酒，就有失待客之道。

喝酒应遵循"喝足不要喝吐，喝好不要喝倒"的原则，让客人乘兴而来，尽欢而去。

2. 开宗明义

大家欢聚于酒宴上时，忌感情用事、胡乱吹捧、滥用颂辞；同时也忌对别人抱有成见，平时没有表现的机会，于是就借酒发挥，尽情宣泄，出口成"脏"，恶语中伤。如此恶行，是不受大家欢迎且令人讨厌的。

还不应该在酒桌上同朋友相互攀比，虚荣心膨胀，口出狂言，眼里无人。言多必失，也会为自己招来麻烦。

3. 注意酒德

菜过五味，酒过三巡，头脑发热，嘴巴就会像机关枪一样滔滔不绝，胡言乱语，甚至对人动手动脚，丑态百现，装疯卖傻。此类人的酒后恶行，有伤风化，应该尽量避免。

饮酒也是一种文化，酒宴应当成为文明、礼貌的交际场所。大家叙叙旧，谈谈生活，切磋技艺、交流思想，才是酒宴的目的，因此它应该是显现融洽和谐、充满欢声笑语的场面。

点金石

在宴席上侃侃而谈，运用语言技巧引导酒宴上的大多数人，会让大家心生敬意更加佩服你。

劝架语言含技巧

在生活和工作中，人与人之间难免会产生摩擦和矛盾，有时甚至会因为矛盾激化而发生争吵与打闹。这时，就很需要在场者的劝解、说和。

面对那些愤怒、激动的争吵者，怎样劝阻才有效呢？这是要动些脑筋的。

1. 了解情况

盲目地劝架，没有找到重点不但起不到效果，而且还会引起当事人的反感："不知道就别乱说话。"

因此，劝架前应先了解情况，弄清楚后再进行劝说，这样效果就好多了。对原因复杂的吵架，要从各个方面入手搞清楚所有情况，力求把劝架的话说到吵架的点子上。

2. 分清主次

吵架双方总有主次之分，劝架时不能双方一同对待。对措词激烈、吵得过分的一方要重点劝解，这样才比较容易平息纠纷，从而起到劝架成功的效果。

3. 客观公正

劝架要分清是非，不能盲目地不分青红皂白各打五十大板，以为“一只碗不响，两只碗叮当响”，笼统地对双方都作批评，这不仅不能让人诚服，还会让人怨恨你。

4. 风趣幽默

吵架时，双方都寸步不让，针锋相对，唇枪舌剑，气氛紧张。这时，用一两句风趣幽默的话，就像清凉油、润滑剂，可以缓解气氛并让对双方放松心情。

5. 婉转批评

人在吵架时情绪常常很暴躁，不听别人劝解。因此，劝架时不要纠缠于吵架人的某些过激言词，要多用委婉的语言，注意不触及当事人的伤疤。

一般情况下尽量不用尖酸刻薄的语句，力求避免火上浇油。当然，在特殊的情况下，如吵架双方的矛盾白热化、武力相向时，就要高声断喝，使当事人清醒，防止事情越闹越大。

点金石

不用尖酸刻薄的语句劝架，力求避免火上浇油。

调解语言要有分量

调解语言是指调解人员劝说有矛盾的双方，并分别为他们做思想工作，使之消除误解与纠纷所使用的语言。随着社会经济的发展，人们法律意识的增强，民事、经济纠纷的数量和种类不断增加，而且由于普法教育的深入开展，过去劝一劝、压一压就可以息事宁人，现在却不那么简单了，这就需要在调解语言上加大力度。

众所周知，调解意在向当事人晓以法律，通过摆事实、讲道理、论是非，从而让负有责任的一方明确自己的法律责任；享有权利的一方原谅对方犯的错误，在打通思想、提高觉悟、统一认识的基础上达到和解的目的。而要达到这个目的，调解人员必须从公正的角度，代表公正的法律，不得带有个人主观想法及私人感情，这是调解语言成功的前提和保障。在具体的民事调解过程中，要使调解语言顺利地为调解对象所接受，还应做到从下几点：

1. 言辞恳切，合法合情

既然是调解，那么调解的双方均属于没有重大冲突的人民内部矛盾，应该和平解决，这就要求调解语言既符合法律规范，又符合调解对象的心理需求。有时调解语言虽然合理、合法，却不合“情”。可见，调解语言不可一成不变，必须根据调解对象不同的心理特点加以运用。

2. 因人而语，忠言不逆

世人有句话这样说“良药苦口利于病，忠言逆耳利于行”。但随着科学技术的迅速发展，良药也裹上了糖衣，变得美味了。既然良药不再苦口，那么忠言也未必再逆耳，这就取决于说话人使用的方法的好坏了。调解人员要抓住调解对象自尊、爱面子的心理，从维护双方名誉出发，晓之以理，动之以情，使忠言的表达深入人心，忠言也就不再逆耳了。

3. 先表“赞同”，后诉歧异

调解员在进行调解时，基于其特殊的身份，往往使调解对象持有紧张、戒备乃至抵触的情绪。要使对方容易接受自己的意见，不妨适当采用“赞同”的方法，即强调谈话双方在某一方面的“一致性”的方法，如强调共同利益，肯定对方某一点观点的正确性等等。

这种寻找“一致性”的方法,有助于缓解并消除对方的抵触心理,平定激动情绪,从而理智地、心平气和地听取自己意见。这种找共鸣点,先赞同长处,后批驳短处的调解语言,既让对象委屈、愤怒的心理得到平衡,又使其乐意接受自己的意见,起到事半功倍之效。

4. 因人制宜,刚柔并用

人们领悟能力的差异与认识能力的不同,决定了调解语言不能千篇一律。既不能一味强硬,也不可一味软弱,而应针对调解对象的言行给予相应的劝解和回击。

点金石

随着社会经济的发展,人们法律意识的增强,民事、经济纠纷的数量和种类不断增加,而且由于普法教育的深入开展,过去劝一劝、压一压就可以息事宁人,现在却不那么简单了,这就需要在调解语言上加大力度。

公关语言艺术

公关语言艺术及技巧主要体现在以下六个方面:

1. 幽默的力量

据说,王光英飞往香港创办光大实业公司时,曾受到各方重视,一下飞机就有很多记者要采访她。一位香港记者问道:“你带了多少钱来?”王光英一见提问者是位女士,便答道:“对女士不能问岁数,对男士不能问钱数。小姐,你说对吗?”一句话既避免了正面回答问题又体现了自己的幽默风趣,比用支支吾吾的语言,或以“哼哼”“哈哈”来掩饰的效果好得多。

2. 丰富的词汇

公关语言应该富有表现力、准确而生动,这样才可以激发公众的热情,唤起公众的想象,并受到公众的欢迎。

因此,公关人员必须有丰富的词汇,善于运用同义词、近义词等并对其进行转换,娴熟运用专业词、成语、俗语。当然,这要靠平时积累,适当储存。到公关活动时,就会源源不断地涌入大脑,信手拈来,脱口而出,大展语言的风采与魅力。

3. 形象修辞

公关人员还必须对各种修辞手法运用自如,增强语言的形象性。形象鲜明的比喻能激发别人的联想细胞;恰当的设问、反问能造成悬念;气势流畅的排比能激发公众感情的波澜;适时的反复和强调,能加深他人的印象,起到很好的效果。

4. 变化的句式

为了使表达效果更加明显,还须注意句式的变化。在公关活动中,可用单句,也可用复句;可用陈述句,也可用感叹句;可长短句交错,也可倒装、前置。不同的句法将产生不同的效果,听起来就自然和谐。

5. 和谐的节奏

错落有致,高低起伏,能让公众体会到与众不同的美感。因此,要注意音量、音质、音色,频率过高,尖锐刺耳;频率过低,沉闷枯燥。舒缓徐慢、高亢激奋、有声有色、一泻千里的公关语言,会牵动公众思绪,扣动公众心弦。

6. 真挚的感情

要使公关语言优雅、生动、形象，还必须倾注真挚而充沛的感情。俗话说：“只有心中装满了蜜，口中的言语才能甜。”可见，“言由衷出，甜自爱来”。只有真心喜欢公关事业，才会有优美的公关语言，使人听后感到亲切、舒服。

基于公共关系目的、任务和交际的时间、条件、场所等限制，因此公关语言必须遵循以下几项原则：

(1)通俗易懂原则

所说的公关语言第一得让别人听得懂，忌用冷僻、深奥难懂的词语，否则会造成沟通、交流困难。

明人赵南星写的《笑赞》里有一段这样的笑话：一秀才买柴，曰：“荷薪者过来。”卖柴者因懂得“过来”二字，即把柴担挑到他面前。秀才又问：“其价如何？”因“价”字明白，对方说了价钱。秀才又曰：“外实而内虚，烟多而焰少，请换之。”卖柴者这回不知道他说的是什么，于是便挑着柴走了。

我们可以把笑话中的买卖过程看做是公共关系口语的交往过程，因其语言深奥难懂，秀才未买到柴。

(2)规范典雅原则

通俗易懂并不是让你使用恶俗鄙亵的词语，公共关系人员的谈吐举止和语言格调直接影响其所代表的组织形象，因此，应选用优雅的口语。比如，“有空再来看看”就不应是公共关系口语，应该说“期待您的再次光临”。

(3)词语色彩中性化原则

在公共关系交际中，一般应采用不褒不贬、不会导致误会的中性词语，以缩短与公众的心理距离，达到交流的目的。比如宣传自己的产品，既不可故意贬低其他厂家的同类产品，也不能“老王卖瓜”自卖自夸，否则不仅达不到宣传效果还会引起公众反感。

(4)词语表达恰如其分原则

选用词语时要有分寸，不要过分，防止使语意走向极端。比如：适度的赞美可使对方产生愉悦的情感，但过分了，就会变成阿谀奉承。一位小姐并不太漂亮，如果你不停地夸道：“啊，你真美，是我见到的最美的女子！”就容易让对方误认为你在讽刺、挖苦她。

(5)公共关系广播语言的原则

公共关系广播语言是公共关系媒体把最近发生的、为内外公众所普遍关心的事实及时向公众报道的一种语言表达方式。

公共关系主体利用广播、电视和自办传播媒介向内外公众报道众人所关心的事件及信息，这样可以建立和发展与内外公众的公共关系，提高自身的知名度，以争取得到内外公众的理解、合作和支持，获得良好的口碑，树立组织自身在公众中的良好形象。由于广播语言借助于覆盖面很广的传播媒介，可以让更多听众了解、认同公关主体，因而在效用和传播范围上来说，大大地超过了其他媒介语言。广播语言如果能使公众倾听并记住所报道的消息，那么就达到了目的。

点金石

幽默是一门艺术，你可以用幽默来增进你与朋友、组织和大众之间的关系。它可以使你摆脱尴尬的窘境和难题，它可以化阴暗为光明，化逆境为坦途。

推销语言讲技巧

成功的推销员往往有着不错的口才。可以说，推销的实质是说服对方并让其接受你的产品。能说服对方，改变对方原来的想法，才是推销员真正的本事。基于说服对方改变自己原有想法的宗旨，所以，高明的推销员可以鼓起勇气说一句：“世界上没有卖不出去的产品。”

但是如何发挥自己的口才优势，达到最佳的说服效果，却是很有技巧的。下面介绍推销语言的几种技巧：

1.“约”的技巧

预约在推销产品中是不可忽略的。尤其是在快节奏的现代生活中，贸然打扰总显得没有礼貌与素养。预约一来显得有礼，尊敬对方；二来能让对方有时间做些准备，约见的方法包括面约、电约、函约、托约等多种形式。

面约是指推销人员抓住与顾客会面的各种机会当面约见。

电约是指打电话给对方约见。电约虽然见不到对方，却闻其声，清楚周密，比面约方便省时。电话约见要看时机，并不是任何时候都可以。另外，言语要清晰、礼貌、简洁。

2.“近”的技巧

无论是推销员还是营业员都应该想方设法接近顾客，沟通情感，达到心理相容。

作为推销人员，见到顾客切忌语言直截了当地问“你买不买”“要不要”，而应当采用一定的技巧，诚恳相待，以接近顾客。可以巧用言辞，准确、简明、谦恭、风趣地介绍商品。用与众不同的方法介绍商品引起顾客注意，也可以巧提问题以激起顾客兴趣。

3.“导”的技巧

“导”即引导、诱导。与顾客接近后，就要想方设法刺激顾客的购买欲望，并对商品爱不释手。诱导顾客要抓住时机介绍商品特点，对廉价的商品要在价格上下工夫，对高档商品在高品质上做文章。对上市产品要突出“新”“奇”，对热销产品要体现其销售行情。

在诱导顾客的过程中，有时会与顾客产生摩擦。一旦发生这种情况，要认真分析，妥善处理，委婉清醒，坦然地应对。

4.“推”的技巧

经过不懈努力，顾客的购买欲被激发起来了。但是，这并不意味着成交已成定局，接下来还要知道怎样把产品成功推销出去。

推销的方式一般分为三种：高压式、乞求式与无压式。

高压式是对顾客死缠烂打，疲劳轰炸，强求顾客买下。乞求式是低声下气，乞求顾客购买商品。这两种方式不利于形象的塑造，是不可取的。只有采用无压式，即推销时把自己放在与顾客平等的位置上，这样才能成功地将商品推销出去。

点金石

成功的推销员往往有着不错的口才。可以说，推销的实质是说服对方并让其接受你的产品。能说服对方，改变对方原来的想法，才是推销员真正的本事。

司仪语言艺术

在婚礼上，总有一个人能十分吸引人们的注意力，他就是司仪。婚礼的主持、程序的安排、现场的组织协调等等，都由司仪包揽。一个优秀的婚礼司仪，对整个婚礼的现场效果，能起到画龙点睛、锦上添花的作用，让婚礼更加完美、顺利。

这里，最能体现司仪水平的可以说是主持婚礼的交际艺术，它是语言表达、相机行事、随机应变、拾遗补缺等各种能力的综合表现。在司仪语言中，要注意以下几个问题：

1. 讲究主持的适应性

主持主礼的语言并不是一个劲儿地拣好听的说，就能称心如意、皆大欢喜，关键在于根据具体情况而随机应变，恰当选择。

一是要适应新人。假如主角是一位现役军官与一位地方女青年，他们于春季在军营里结婚，开场词不妨这样说："各位来宾，在这春意盎然、生机勃勃、万物复苏的季节，在这热烈喜庆、激动人心的时刻，一对新人将在众人的见证下结为并蒂连理。这就是说我们的绿色军营里又增添了一位可亲可敬的'军嫂'，我们的钢铁方阵里又多了一份坚实的后备力量。"

二是要适应来宾。来宾在年龄、文化、职业等各方面都存在差异，司仪的话也应根据实际而略有不同，不可一成不变、千人一面。

三是要适应气氛。热闹、喜庆、吉祥，是婚礼现场气氛的主旋律。为了加强这种氛围，司仪可以随机应变地穿插一些健康、有趣的小点缀。比如传统的"甜甜蜜蜜"（吃糖块）与"步调一致才能得胜利"（啃苹果），言下之意是新郎、新娘要一同分享甜蜜的爱情和甜美的果实。

四是要适应场所。有句话叫到什么山上唱什么歌。不一样的场所，司仪语言的运用也应有所区别。在酒店举办婚礼时，司仪的话就要与酒有一定的关系。比如："各位来宾，让我们共同举杯，一祝新郎、新娘结为连理；二祝新郎、新娘相互勉励，比翼齐飞；三祝新郎、新娘相敬如宾，百年好合。来，让我们送上衷心的祝福，为他们干杯！"

如果场所是学校、工厂、军营等地并且不举办婚宴，司仪可以以烟和喜糖为由头："各位来宾，现在新郎、新娘心怀深深的敬意和谢意，他们要把特别的爱献给特别的你们。一支香烟，会带给您一份真诚的祝福；一块喜糖，将让您的生活更加美好，爱情更加甜蜜。"

这里要强调的是，要把握好主持的适应性，还应注意适度，既要热烈、喜庆、健康、活泼，确能给人以美的享受和启迪。又不能只为了活跃气氛而插科打诨、油嘴滑舌，让人觉得无聊透顶。

2. 追求主持的温馨性

婚礼不是平常的文艺晚会，其主持也不是一般礼仪场合中的主持。主持语言的优雅和主持风格的温馨，是婚礼现场应有的情调和意境。

当主角彼此互赠戒指、金表、金笔等结婚礼物时，司仪可以温馨地祝福："这是两颗金子般的心灵结合在一起，这是情和爱忠贞不渝的美好象征，这是一幕爱的奉献。祝福新郎、新娘的爱情像金子般珍贵，像金子一样永远散发灿烂的光芒。"

当男女双方喝交杯酒时，司仪同样可以献上深情、美好的祝愿："喝了这杯酒，幸福美满全都有；喝了这杯酒，美好时光心中留；喝了这杯酒，亲朋好友、各位来宾对你们的祝福天长地久！"

3. 注重主持的应变性

婚礼往往都是"现场直播"，不可能先让你进行彩排演练，因而现场上偶尔会临时出现一些意想不到的情况。司仪要善于随机应变，见机行事，以保证婚礼顺利进行。

比如：当进行到新郎、新娘向来宾介绍其恋爱历程时，新人很可能羞于启齿而"犹抱琵琶半遮面"。这时，司仪不妨进行必要的引导，鼓励来宾先发问，以善意激将的口气，诱发新人开口："年轻的朋友们，您想知道甜蜜爱情的奥秘吗？您想掌握谈恋爱的技巧吗？那就请听听新郎、新娘们的意见吧……"

在怎么诱导新人都不开口的情况下，也可以采取打电话、递条子、现场采访等方法，发动来宾主动提问题，让新郎、新娘回答来宾提问。

点金石

最能体现司仪水平的可以说是主持婚礼的交际艺术，它是语言表达、相机行事、随机应变、拾遗补缺等各种能力的综合表现。

第二章 交谈口才

交谈特征

交谈,是人类口才表达活动最基本、最常用的类型。交谈就是两个或两个以上的人以口头表达为工具,以对话为基本形式,面对面(或通过声频电子通讯器材)进行思想、感情、心灵和信息交流,达到互相了解目的的一种语言表达活动。

交谈活动的基本形式是对话。每一个对话的组成,都包括发话者、受话者和对话内容三个方面,三者缺一不可。

在交谈活动中,对话的主体和客体不是固定不变的,而是相互变换的,也就是说,语言表述的进行不是单向性的,而是呈双向性或多向性。这样才能称作交谈,其与表演或作报告是不一样的。

在社会生活中,交谈的目的并不仅仅是双方沟通、交流感情,许多工作和职业也都要通过谈话进行。如经贸系统洽谈生意,接待顾客;工厂企业签订产销合同,讨论各种方案;医生询病诊断,交流病况;教师讲课解疑,家访谈心;法官审案量刑;律师理案辩护;记者调查采访,等等,都是在交谈中进行的,交谈效果的好坏直接影响着工作的成败。

可见,交谈能够沟通信息、获取知识;可以联络感情,增进友谊;可以洽谈业务,创造效益;可以明辨是非,伸张正义。掌握和提高交谈技巧,可以让你得到更多的收获。

那么,交谈有哪些特征呢?

1. 即兴性

交谈往往是见面后随兴发生的,所以不能事先做好准备,即使有些涉及工作的交谈可以事先考虑一下交谈的内容,但也无法考虑到交谈过程中的每一个细节。因为交谈的双方在交谈的过程中都有不同的想法,在交谈的同时,还会出现新的想法,这就决定了交谈往往是边想边说的即兴发言。即兴说话思考时间短,出语时间快,所以交谈者必有敏锐的观察力及迅速的反应能力,否则交谈便不能顺利进行,甚至还会引起尴尬。

2. 相互性

交谈是由双方或多方共同参与的,所以交谈的一方会受对方的制约。交谈中,必须使自己的话与对方的话相呼应,否则会驴唇不对马嘴,导致交谈不愉快。这就要求交谈者要注意倾听对方的谈话,然后作出相应的反应,这样才能使交谈顺利、愉快,气氛轻松、随和。

3. 灵活性

交谈有时没有明确的主题,只是随意地谈论各种各样的话题。有时有中心,但由于时间、地点和交谈对象的变化,不得不改变话题,或者发现自己原先考虑的意见不符合此时此境,而决定改变交谈内容和说话方式,避免造成误会和不愉快。交谈的灵活多变性,要求交谈者具有敏捷的应变能力,适当地寻找和转换话题。

4. 并行性

交谈是一种双向传递信息的语言活动,双方都是发言的人也是听众,所以交谈者不仅要善于说,还要是一个忠实的听众边说边听,而且是随时都可能交换的。从某种意义上说,听比说还要重要，不会倾听的人，说话的技巧和水平也不见得高。

点金石

交谈能够沟通信息、获取知识；可以联络感情，增进友谊；可以洽谈业务，创造效益；可以明辨是非，伸张正义。掌握和提高交谈技巧，可以让你得到更多的收获。

交谈原则

人们总会害怕孤独和寂寞。然而，由于现代生活节奏的加快，竞争的日益激烈，人与人之间的关系，逐渐变得冷漠和封闭，这种态势对人的身心健康没有好处。因此，扩大交谈的圈子和提高交谈的质量是非常重要的。

但生活中常会遇到“话不投机半句多”的现象，有时，交谈不过三言两语，就闹得不欢而散，不但没有起到沟通交流、增进了解和友谊的作用，还伤害了彼此的感情。究其原因是多方面的，但最主要是我们没有用理智的方法来对待。

1. 争强好胜

争强好胜并非不行，在工作中，在事业上争强好胜是应该鼓励的，是人有进取心和上进心的表现。但在交谈中争强好胜就不好了，常常会将交谈推向争辩，争辩发展为抬杠、钻牛角尖，最终导致强词夺理，甚至是大吵大闹。争强好胜主要存在于年轻人身上。

2. 心是口非

心是口非不仅是交谈的大忌，更是做人的大忌。所谓心是口非就是心口不一，嘴上所表达的并不是心里所想的，“刀子嘴、豆腐心”指的就是这类人。心是口非在亲朋好友中交谈时较为常见，家庭成员中的对话更是司空见惯，这种例子数不胜数。

3. 玩笑过度

恰到好处的玩笑，可以营造一种轻松的谈话氛围，拉近彼此心理距离，并产生一种“把酒临风”般的喜悦。庸俗过度的玩笑，效果截然不同，它会有辱人格，伤害自尊心，是不受众人喜欢的。

4. 寻错揭短

俗话说：“打人不打脸，骂人不揭短。”寻错揭短也是话不投机的原因之一。人非圣贤，孰能无过，一个劲地咬住别人的过错不放，数落、埋怨、大搞批判，不仅达不到交谈目的，还会让人对你心生忌恨。

那么，如何避免这种尴尬的局面出现呢？应把握以下几个“原则”。

(1)有所选择的原则

作家尤今曾说：“两个人谈天，就像一对齿轮在转动，能不能相互啮合，全看缘分。遇到投机的谈话对象，一壶茶与一把瓜子，天南地北，无所不能。你说出来的，他懂；你没有说出来的，他也懂。偶尔，一个眼神眼色、一个微笑、一个不经意间的手势，双方便能不约而同地说出同一句话来。哎，真是快活哪！”尤今妙笔生花，为我们描绘了一个“心有灵犀一点通”的谈话境界，真有点可遇不可求。

然而，只要在自己的交往范围内，善于选择合适的交谈对象、恰当的时机、适宜的场所，所谓“天时、地利、人和”，一般都能收到很好的谈话效果。好的交谈对象不是“等”上的，是“觅”来的。守株待兔，你将永远只能自言自语，孤独寂寞。

(2)适可而止的原则

俗话说:“天下没有不散的宴席。”同理,天下也没有无穷无尽的话题,无论多么美妙动听、温馨愉快的谈话,也总有结束时候。“鹤胫虽长,断之则悲;凫胫虽短,续之则忧。”

交谈更应该做到有话则长,无话则短。马拉松式的交谈,不但使人觉得枯燥无趣,也不利于人们的身心健康。喋喋不休、软磨硬泡、废话连篇的交谈,无疑是相互折磨。尤其是一方情绪不佳,身体不适,更应该避免这种情况的发生。

(3)求同存异的原则

人们总喜欢将自己的想法强加于人,总是觉得自己的想法比别人的更高明。“说服欲”渐渐地在交谈中出现并膨胀起来,表现为不尊重对方的意见,非让对方认同自己的观点才罢休。这种想法不但不对而且有害。无论是志同道合的好友,还是相敬如宾的夫妻,想法总会有一定的差异。如果两个人的想法总是一模一样,那么其中一个人就没有用了。

罗斯福曾说:“如果自己所确信的事,有75%的正确性,就应该感到满意了。而75%也是最大的限度,不能再往上增加了。”

因此,在交谈中意见不同时,取长补短,求同存异是非常有必要的。否则,只能变得沉闷和产生不快。

点金石

在交谈中意见不同时,取长补短,求同存异是非常有必要的。否则,只能变得沉闷和产生不快。

交谈中的对象判断

同别人交谈时,应该从别人的角度来思考问题,即注意和研究交谈对象,这有助于交谈顺利进行并起到良好的效果。要做到这一点,应注意以下几个方面:

1. 考虑对方的语言习惯

我国地大物博,人口众多,方言习俗有着巨大差异。在重视推广普通话的前提下,还要注意各地的语言习惯。和不同地区、不同方言的人交谈时,照顾对方的语言习惯,会使对方觉得亲切,这样才能谈得顺利、愉快。否则,不仅容易碰钉子,最后还不欢而散。

2. 注意对方的性别特征

不一样的人要用不一样的方式来对待。对体胖的女子,你若说她又肥又胖,她一定会非常讨厌,并记恨你。如果对同样体型的男子,说他是矮胖子,他可能毫不介意,一笑了之。因此,一般来说,女子更注重别人对她外貌的看法,男子则侧重于别人对其品德的评价。

3. 考虑对方的年龄特征

如果你想问别人的年龄,那对年龄不同的对象要采取不同的方法。若对方是个小孩可直接问:“你几岁了?”对年龄相近的异性青年,就不能直截了当地问了,否则可能引起误会和某些不必要的猜测,可问得委婉一些:“你好像没有我大?”对中年男子,可问得比他的实际年龄大几岁,以满足他渴望得到尊重的心理。对中年女子,这个方法就不可以了,她正为自己容颜渐退而苦恼。对老人要尊敬地问“您老高寿”,便会讨得老人欢心。

4. 注意对方的心境特征

心境就是人的心理环境,也就是人的心情好坏。人的心境可能是显露的,也可能是隐蔽的,但总是多变的。

有句话说得好:“入门休问枯荣事,观看容颜便得知。”有经验的文秘都懂得对上司进行察言观色,他高兴的时候,你提的问题再尖锐,他也会接受,并设法解决;如果他心事重重,愁眉苦脸,你最好少谈问题,免得给自己招来不必要的麻烦。

5. 注意对方的职业特征和异常特征

如果交谈之前你没有了解对方的职业特点,也没有注意对方的异常特征,说话时可能会不小心就刺到对方,导致不欢而散。

6. 了解对方的欲望

交谈的双方都会有自己的欲望,交谈是否能融洽顺利,在于交谈双方的欲望是否协调。人有生理、安全、群属、尊重和自我实现五个方面的需要。如果与正为温饱而发愁的人大谈养鸟弄花的经验和休闲娱乐的话题,明显不合适。因为生理需要(温饱问题)还没有解决,人是不会产生更高层次的需要的,如果你告诉他如何致富,他则会感兴趣并感激你。

总的来说,注意交谈对象的问题涉及各个方面,需要更深地研究及探讨。成千上万的交谈者不知道别人为什么不喜欢自己,问题就在于他没有意识到别人需要什么,只一味地夸夸其谈,结果必然是众多的交谈对象离他而去。要想交谈成功,就必须了解对方,研究对方,站在对方的立场上想问题,谈问题,这将会让你的交谈顺利成功。

点金石

同别人交谈时,应该从别人的角度来思考问题,即注意和研究交谈对象,这有助于交谈顺利进行并起到良好的效果。

交谈中的关系判断

在交谈中应注意彼此所代表的关系。有经验的交谈者,无论是面对普通浅显的一般交谈,还是国际间外交谈判、公司成败相关的商贸谈判、关系到个人前途的重要交谈,或是处理重大矛盾危机的交谈,等等,都要在交谈前和交谈中进行深入准确的关系判断,从而避免在交谈时处于被动,影响交谈顺利进行及其预期效果。

交谈中的关系判断,一方面指的是对人与人之间的关系判断,另一方面是指事物与事物之间的关系判断。

1. 人与人之间的关系判断

人与人之间有多种关系,其中主要有直系亲属关系(父母、夫妻、子女)、旁系亲属关系(叔叔伯父、阿姨等)、姻系亲属(岳父、岳母、内弟、连襟等)、业缘关系(同事、同行等)、学缘关系(师生、同窗、同校学生等)、地缘关系(住在同一个地方、邻居等)、机缘关系(因某种因素偶然相识的人)等七种。

所谓对交谈对象的关系判断,主要指要判断自己和交谈对象是否存在以上所述的七种关系,同时也要注意判断面对的几个交谈对象之间是什么关系,还要判断交谈对象和交谈中所涉及人物的关系,只有准确地判断清楚这些关系,才能让交谈顺利进行。

人与人之间的关系总是很复杂,需要小心处理。此外,国家与国家之间、单位与单位之间、家族与家族之间、派别与派别之间等的关系判断同样如此。如果是代表一个国家与另一个国家的代表交谈,就需要准确地判断两国之间的关系及两国与其他国家的关系,方能使交谈向着有利于本国的方向发展。国家领导人和外交谈判代表在开始重要事情的交谈之前,都要查阅大量资料,就是为了准确地作出关系判断，以让交谈顺利并对自己国家有利。

2. 事物与事物之间的关系判断

这种关系判断主要有对称性关系判断和传递性关系判断两种。

对称性关系判断是指：甲和乙同时互为某种同样的关系。例如 1 分钟等于 60 秒，反过来 60 秒也等于 1 分钟。把握好对称性关系判断，可以使交谈效果倍增。

1948 年，徐向前将军指挥临汾战役，在敌我双方伤亡巨大的情况下，他对指战员们说："当你感觉困难无助的时候，对方也是同样的感受，常常是当你们因困难在决心上发生动摇的时候，恰恰正是敌人感到绝望的时候，这个时候往往是紧要关头……何方能坚持到底，何方就能取得胜利。"

在这里徐向前先准确地进行了两个关系的判断，然后做出"坚持就是胜利"的总结。

传递性关系判断的含义是：甲对乙和乙对丙的关系是一样的，那么甲和丙也有这种关系。例如，排长是班长的领导，连长又是排长的领导，那连长也是班长的领导。把握好传递性关系判断，掌握住事物的内部联系，对于提高交谈的目的性，有着无可替代的作用。同时，还要抓住时机，根据判断去表述自己的想法。战士打靶要"缺口、准星、靶心"三点成一线，才能打中目标。

点金石

在交谈过程中关系判断就是"缺口和准星"。只有判断得准确，才能达到交谈的目的。否则，小则令人不快，大则招致麻烦，不要"一着不慎，满盘皆输"。

注意交谈时境

在交谈中，不到你说话时乱讲话会阻碍交谈的进行，甚至被人取笑；该说时不说，会错失良机，与成功失之交臂；一句话说到"点子"上，就能当场拍板，万事皆成。

交谈的时机是由交谈这个活动发生时所处的时境决定的。交谈的时境，就是指交谈的时间和环境，而环境又包括自然环境、社会环境、心理环境、语言环境等方面。要把握住交谈时机，就要掌握好交谈时境及交谈行为的变化规律与特点。

1. 时境的客观性

交谈的时境具有客观性。交谈行为只有与实际中的时境相协调统一，才能顺利实现交谈目的。

"说话时注意场合"，这是告诉你注意说话时所处的时间、地点和周围的环境，不要违背和打破实际环境与时间、地点的限制。

2. 时境的变化性

交谈时境在交谈中常常是变化无穷的。交谈的发展变化必须与交谈时境的发展变化相适应，才能准确地表达交谈意图，从而避免不必要的误会发生。

所谓随机应变，就是交谈时要随着周围时间和环境的变化而进行相应的变化，否则，就会出现脱节现象，使交谈受到阻碍。

3. 时境的延续性

交谈时境的发展变化是互为因果、接二连三、从不间断的。因此，交谈时必须弄清背景，前后呼应，讲究分寸，使眼前的交谈不仅要顾及到以前时境，还要为今后的交谈打下基础，创造更多的条件。

4. 时境的整体性

交谈时境包含多种因素，各种因素之间又互相联系而构成一个有机整体，对交谈起到作用。所以，交谈要顾及到时境构成的各种因素，从实际出发，全方位考虑，忌舍本逐末，顾此失彼。

掌握了交谈时境的规律和特点，就能在交谈时境的变化中，抓住交谈的时机，把握好它，使交谈向自己有利的方向发展，并获得良好的成果。

点金石

能否抓住交谈时机，有时就在瞬息之间，机会稍纵即逝。因此，交谈时机的把握，比掌握和运用其他交谈技巧更重要也更具挑战性。

交谈方式有讲究

交谈方式，指在交谈过程中采取的方法和形式。

按照交谈者在交谈中的作用和地位来划分，可分为：

1. 并列式交谈

在交谈中，参与的成员均带有明确的相互交流性，从交谈过程的总体看，交谈的各方都需要表述自己的想法和感情，各方比较均衡地轮流充当发话者和听众，这样的交流就属于并列式交谈。比如一般的工作讨论会议、业务商谈等交谈活动。

2. 主辅式交谈

由于交谈主题及目的的不同，各方地位和作用存在着差异性。以其中一方为主要发话人，成为表达思想的主体，而他方作为听众，对交谈起到辅助作用，交谈的各方明显出现发话与受话的不均衡现象，这样的交谈就是主辅式交谈。比如记者采访，医生问诊等交谈活动。

以上两种交谈方式存在不同却又相互联系。在现实交谈活动中，两种方式常常互相交叉、互相渗透。

按照交谈目的划分为：

1. 调查式交谈

其交谈目的在于实现互相配合，一方对另一方所作的调查和询问进行答复。这种交谈的目的，决定了它一问一答、有问有答的基本形式。这就要求问话者的语言要具有目的性、明确性和启发性；答话者的语言则应具有针对性、真实性和完整性。相互配合，才能达到调查和交谈的目的。

2. 说服式交谈

这类交谈方式的目的，是一方要就某个（或某些）问题或某件事情来说服、劝导另一方。因为它是以说服为目的，所以说服者在交谈中往往控制着交谈的方向与内容，同时又是发话的主体，他在交谈中起关键作用。但是，由于说服工作是解决矛盾的工作，说服者是外因，被说服者是内因，因此被说服者在交谈中也起着不可忽略的作用。

3. 倾泻式交谈

这类交谈的目的，是一方将自己所遇、所想、所知、所烦的所有事情统统告诉对方，让其帮助评判和解决。这类交谈以相互信任为基础，并在交谈中体现出强烈的感情。

4. 静听式交谈

这类交谈方式的目的，是一方在交谈中捉摸不透对方的思想，故通过静听争取时间，理清头绪、思路,将被动变为主动。

5. 论辩式交谈

这类交谈方式的目的,在于交谈各方对某些问题各抒己见,进行辩论,辨明真理。就像法庭辩论、学术争论等交谈活动。这种论辩式交谈,说话时应注意科学性、针对性和严肃性。

6. 商讨式交谈

这类交谈的目的,是交谈者通过讨论、相互交换意见,共同协商,就某些问题统一意见,或达成协议。比如外交谈判、商贸交谈等交谈活动。这种交谈应具有统一性、建设性和合作性的特点。交谈各方严肃认真地阐述自己的想法,又耐心听取对方的意见,从一定的原则、立场出发,求同存异,实现交谈的目标。

7. 闲谈式交谈

这是生活中最普遍、最常见的交谈方式,它没有明确的目的和集中的主题,但它可以联络感情、传递信息。比如探亲访友、邻里聊天等。这类交谈具有随意性和广泛性的特点。交谈各方应平等相待,以诚相见,但交谈的话题应是有益身心健康的。

交谈的内容往往具有多样性,不同内容的交谈又有不同的特点和功能。按这个分类标准,大概可分为以下几种:

外交谈话、工作商讨、贸易洽谈、技术交流、学术研讨、感情交流、信息传递等。不同类型的交谈决定了交谈方式的不同,只有根据交谈的实际情况,选择恰当的交谈方式,才能达到交谈的目的。

点金石

不同类型的交谈决定了交谈方式的不同,只有根据交谈的实际情况,选择恰当的交谈方式,才能达到交谈的目的。

注意交谈礼节

想学会交谈,就得先学会礼貌用语,说话随和亲切,谈吐文雅谦逊。交谈伊始,即春风怡人,直到交谈结束。得体的礼貌用语,将给对方留下深刻的印象和美好的回忆。

那么交谈中要注意哪些礼节呢？具体地说,应注意以下几个方面:

谈话时表情要自然大方,语言和蔼可亲、表达得体。说话时可伴以手势,但不要太过夸张,更不要手舞足蹈或指指点点。交谈双方距离应适当,忌太远或太近,要根据双方关系的亲密程度而定。

加入别人的谈话时,要先征得同意。若是恰遇人家在单独谈话,不要凑前旁听。若要插话,应等待别人把话说完。别人主动与自己说话,应乐于应答。有第三者参与谈话时,应以握手、点头或微笑表示欢迎。交谈时突有急事要离开时,应与对方解释清楚,表示歉意。

交谈人数达三人或超过三人时,应不时与在场的其他人攀谈几句,不能一个劲地只和某个人谈,或只谈两人知道的事情而冷落其他人。如果所谈问题不想让别人知道,则应在其他的场所及适合的时间进行。

在交谈中,应给予对方表达自己想法的机会,要善于倾听对方讲话,不轻易打断对方发言。交谈中,应注视对方,以示专心,不可有东张西望、看手表、伸懒腰、玩东西等随心所欲或显得不耐烦的动作与表情。

男子最好不要参与妇女圈的议论,更不要与妇女滔滔不绝地说个不停而引起旁人的反感。与妇女交谈时要谦让、谨慎，尤其是开玩笑时应注意，争论问题要适可而止。

谈话要运用礼貌语言，如“你好”“请”“谢谢”“对不起”“打搅了”“再见”“欢迎再来”等等。中国人见面时习惯说“吃饭了吗”“到哪儿去”等，外国人就不一样了，如果你也这样问，会被认为是不礼貌。尤其是西方人，见面时应先说“您好”“早安”“夫人（丈夫）好”“孩子们好”等；分别时常说“很高兴认识你，希望再次交谈”“再见，祝你周末愉快”“晚安”“请代我问候夫人”等等。

交谈的众多礼貌用语里，“谢谢”两个字尤其重要，人们称它是沟通人们心灵的桥梁。哪些情况下要表示致谢呢？别人帮助了你，应诚恳地向其表示感谢。别人送你东西（如果不是带有不正当目的），而你又觉得应该接受，要表示致谢。当别人表扬你时，你应对别人说声“谢谢！过奖了”，或者是“谢谢你的夸奖”，等等。如果别人感谢你，你应该回答“不客气”或者是“我很高兴能帮助你”。

感谢别人时一定要诚恳，说话要自然清晰，并伴以真挚的目光和微笑。会说“谢谢”，是一种智慧，运用得当，将会收到意想不到的效果。

语言是心灵的窗户，巴尔扎克说过：“一个美人的塑造，如果缺乏内在的性格，它就会让人想起尸体来。”如何才能塑造一个美的你？掌握交谈礼仪就是方法之一。

点金石

想学会交谈，就得先学会礼貌用语，说话随和亲切，谈吐文雅谦逊。交谈伊始，即春风怡人，直到交谈结束。得体的礼貌用语，将给对方留下深刻的印象和美好的回忆。

注意交谈中的称呼

交谈中怎样称呼对方才恰到好处呢？一般来说，要处理好以下七个关系：

1. 地区关系

中国地域广袤，民族众多，方言土语繁多，即便是同一个称呼，也因在不同地区而有截然不同的含义。比如“侉子”，南方有些地区指体格健硕的男子，是表达敬重与夸赞，而北方人的习惯把“侉子”与粗鲁、蛮横、霸道联系在一起。因此，来到异地他乡，如果不了解当地的方言土语，最好以“先生或女士”相称。

2. 时代关系

有些称呼带有旧时代的印记，带有轻蔑的意味。比如“剃头的”“伙夫”“戏子”等等，应该避免出现在交谈过程中，改称“美发师（或美发师傅）”“炊事员（或厨师）”“演员（或文艺工作者）”等较好。

不过也有一些称呼，如“先生”“小姐”“阁下”“陛下”，虽然是旧时代留传下来的，但在某些场合使用起来还是很得体的。中国自改革开放以来，由于各国社会制度不同，在对外交谈中，称呼也要合乎其他国家的风俗习惯。

3. 等级关系

当代社会中，虽然不存在森严的封建等级，但是用适当的称呼表现出尊卑老幼的关系，以示亲切或尊敬，也是必要的。对年长者、著名人士要用尊称；对上级领导者或其他单位负责人可称其职务；对职务低于自己的，也要选择有敬重含义的称呼，一般不宜直呼其名。

4. 场合关系

同一种关系称呼要视场合而决定，例如普通场合叫“奶奶”“爸爸”，自然而亲切，叫“祖母”“父亲”，就生硬别扭；若在一些比较庄严穆的场合，则用后者较好。又如，一个人兼有几种身份，也要根据其在不同场合决定其称呼。

5. 褒贬关系

有的称呼本身就带有明显的感情色彩，如“老厂长”“老模范”“老同志”等明显带有褒义。直呼别人的绰号，有时有亲近感，如陈赓将军就喜欢别人称他为“小木瓜”（头脑迟钝者）；但是以别人生理缺陷为绰号，则是对别人人格的侮辱，是没素质的表现。在对恋人的称呼中，常有“傻瓜”“坏蛋”之类，不仅不会引起反感，反而令人特别喜欢，这是表达感情的特殊称呼。

6. 心理关系

同样的称呼，有人乐于接受，有人则十分忌讳。渔民忌“沉”字，倘若他正好姓陈，你若一直“老陈老陈”地叫，他肯定会不高兴。同样是30岁，有人被称为“老张”“老李”很高兴，而对于尚未结婚的30岁的人，不如称呼“小张”与“小李”。

曹禺剧作《日出》中的顾八奶奶，尤其不喜欢别人说她老，不识相的福生却当她面说：“怪不得她老人家听腻了，您想，她老人家脾气也是躁一点，再者……”没等说完，顾八奶奶就已经怒火中烧了，呵斥道：“去！去！去！什么‘她老人家、她老人家’的，我看见你就生气，谁叫你进来的？”可见，不当的称呼会引起对方的不快，必将影响交谈的进行。

7. 主次关系

应注意称谓的先后关系。在同时对多个人进行称呼时，一般遵循先长后幼、先上后下、先疏后亲的顺序。周总理1972年2月21日宴请尼克松一行时，开头是这样的：“总统先生、尼克松夫人，女士们、先生们，同志们、朋友们！”这一连串称呼，既妥帖，又排列有序。

总之在交谈中，使用正确妥当的称呼，有助于酝酿良好的交谈氛围，从而有利于交谈的顺利开展，达到交谈的目的。

点金石

使用正确妥当的称呼，有助于酝酿良好的交谈氛围，从而有利于交谈的顺利开展，达到交谈的目的。

用好交谈敬辞

在人际交往中，你的言谈能否使他人心情舒畅，一个重要因素就是能否适时、恰当地使用敬辞。所谓敬辞，即是含敬重口吻的词语。它既能表示你对对方的友好与尊重，又能使自己的措辞显得高雅、有内涵，还能凸显自己具有的良好文化素质。下面，我们就谈谈敬辞及其应用方面的一些问题。

从敬辞的作用看，可分为不同种类，主要有：表示感谢、感激、敬佩的。如拜谢、拜服、高见、高论、勿教、勿扰等；

表示希望得到对方指教的，如雅教、候教、雅正、指正、斧正等；

表示询问的，如垂问、高寿、贵庚等；

表示情态、动作的，如恭候、奉陪、光临、拜望、惠存、笑纳、造府、雅教、拜辞等；

表示请托的，如烦劳、劳驾、拜托、赏光、鼎力、俯就等；

表示尊称的，如府上、足下、仁兄、贤弟、大人、诸位等；

表示道歉或请人原谅的，如失敬、失礼、海涵、包涵等。

从表达形式上看，敬辞又可分为口头和书面。前者如拜托、赐教、借光、烦劳、奉陪、高见、阁下、恭候、请问等；后者如驾临、枉驾、钧鉴、垂爱等。口头敬辞可以作为书面敬辞在文章中应用，而书面敬辞一般不作口头敬辞。

敬辞一般出现在句子开头或结尾。如："烦劳您顺便给我家里带个信儿去""借光，让我过去"。显然这是出现在句子开头的；"招待不周，还望海涵""本星期日下午在家候教"，这是出现在句子末尾的。当然，偶尔也会有例外情况，如"多蒙鼎力协助，不胜感激""我们已经敬候多时了"。

在我们了解、掌握的敬辞中，有的含义不止一种。如："高寿"作敬辞用，是问老人的年纪，在询问时就暗含"长寿"的意思。"俯就"作敬辞时，是请对方担任某种职务时用；另外，它还有"迁就""将就"的意思。"海量"作敬辞，表示对方宽宏大度，如"我有什么做得不对的地方，还望您海量包涵"；另外，"海量"还可指很大的酒量，如"您是海量，还可再喝几杯"。"敬礼"作敬辞用于书信结尾；而"敬礼"又可表示一种立正举手或鞠躬行礼的动作。

因此，我们要全面掌握和恰当使用敬辞，不可忽视敬辞的其他含义与作用。另外，上面介绍的敬辞，很多已废弃不用了，只要了解即可，切忌乱用。

那么，在日常交谈中，如何才能恰当地使用敬辞呢？以下几点是值得参考的：

1. 熟悉、记住那些常用的敬辞

俗话说："巧妇难为无米之炊。"我们只有熟悉、记住那些常用的敬辞，才能在交谈中脱口而出。

2. 弄懂意思，注意敬辞的应用范围

敬辞，是指含恭敬口吻的用语，一般托人办事，表示谢意；请人指教，表示尊敬；问人情况，表示诚挚，等等。敬辞一般都使用在特定的对象或场合。例如："高龄"一般用来称老人的年龄（多指60岁以上）。"垂问""垂念""垂询"多用于长辈或上级对自己的询问。"大人"一般称长辈，且多用于书信，如："母亲大人""父亲大人"。"阁下"，称对方，从前多用于书信往来，今多用于外交场合，如："大使阁下"。

3. 适应人的心理需求

从社会心理学的角度来讲，人们在社会交谈中都希望受到别人的重视，喜欢听含恭敬口吻的话语，而敬辞正好适应了这种心理需求。因此，我们应该重视使用敬辞，在恰当的时候表达恰当的心意。

敬辞犹如一丝春雨滋润人心。愿您常常用敬辞来愉悦人的心情！

点金石

敬辞犹如一丝春雨滋润人心。愿您常常用敬辞来愉悦人的心情！

交谈措辞的特点

在交谈中，措辞的简洁也是非常重要的一环。如果措辞啰啰唆唆、粗鲁媚俗或者虚伪狂妄，不管谈论话题多精神，也不会有很好的效果。要做到措辞简洁高雅，我们在交谈中应该着重注意以下几个方面：

1. 要尽量简明扼要

说话一般情况下是越简洁越好，但有些人在叙述某件事情时却滔滔不绝、没完没了，根本无法把他的中心意思表达出来。听者费了很多时间和精力，仍不可得知。要是你也有这种坏习惯，一定要自己改正。最好的矫正办法就是在说话之前，首先在脑子里作一个初步的框架，然后再把计划要说的东西讲出来。

2. 用语不要过多重复

在汉语当中，有时确实要使用叠句来吸引别人的注意力，或者加强说话的语气。然而，如果滥用，就会显得累赘。例如，许多人在疑惑不解的时候往往会说："为什么？为什么？"其实，一个"为什么"就足以表达你的疑惑之情，还有的人在答应别人一件事情的时候，常常说："好好好……"，一连说上好几个。殊不知，说一个"好"字就足够了。如果你有这个毛病，也还是改一下为好。

3. 同样的言词出现频率不可太高

一般而言，听者总是希望说者的语言丰富多彩。即便我们不必像名人所说的那样，每说一事都要创造一个新词汇，但也理应在能力许可的范围内尽量让表达形式多样化，避免重复使用同一词汇。即使是一个非常新奇的词，如果你在短时间之内就把它复述了好几次，那么人们对它的新奇感就会丧失，并产生厌倦感。

4. 要尽量避免口头禅

有些人在谈话中喜欢说口头禅。诸如"岂有此理""我以为""俨然""绝对的""没问题"一类的话几乎是脱口而出，即使与所说内容没有太大关联。这类的口头禅重复出现，不仅会影响说话的效果，而且还很容易被别人笑话。因此，这类口头禅应避免。

5. 要避免使用粗俗的词

常言道："言语是个人学问品格的衣冠。"一个看上去高贵华丽的人，若口出狂言，则别人对他的敬仰马上就会被撤到九霄之外。其实，这些人中的有相当一部分并非学问品格不好，只是在追求语言新奇的过程中染上了这种难以更改的坏习惯。

要使交谈顺利，我们不得不改掉这种坏习惯。试想，在一个陌生人面前，你说了粗俗的话，对方会怎么想呢？他不一定会认为这是一个习惯，而会认为你是一个修养不足、不可交往的人。

6. 不要滥用术语

不仅粗俗的词不可用，太深奥的词如专用术语亦然。若非与学者讨论学术问题，过多地使用专业术语，即使使用得很恰当，也会给别人以哗众取宠的感觉。

上述几点只是几个在日常交谈中易为人们所觉察到的问题。但是，不同的人有不同的说话方式。那些对个人来说较为隐蔽的坏习惯还有待自己改正，克服。如果你在交谈时能措辞简洁、生动、高雅而又贴切，那么你就可能会成为一位受人欢迎的谈话者。

点金石

如果你在交谈时能措辞简洁、生动、高雅而又贴切，那么你就可能会成为一位受人欢迎的谈话者。

交谈语句的特点

交谈离不开语句，会话也不是毫无头绪的闲聊。你说的每一个语句，都应该传达一定的含义。它应能发挥交谈的功能，使双方交换有价值的构思。倘若别人对你话语的评价是"废话连篇"，那么就太悲哀了。反之，说你"言必中的""金玉良言"，你就不虚此"说"了。

那么，我们应该怎样注意交谈语句呢？

1. 准确

适当地运用语句，首先要谨记交谈的中心意思。但是，有时即便你使用的语句是正确的，也可能造成误解。

为什么呢？一种情况是你出现口误，由于环境的干扰造成精力的分散，因此出现说的与想的不一致的情况。另一种情况是聆听者理解上出了问题，或许因语言习惯等不能完全领会你的意思，所以，误会也是不可避免的。

准确的语句，不能只从语法的意义上去理解。交谈必定是发生在特定的场景里、对特定的人物时，只有用语句恰如其分地表现此时此地你的感情，才能更高地体现你的说话水平。

2. 精炼

说话是将字眼变成声音，如果是闲聊倒也没大碍。要把话说得精炼，关键在于日常的积累。在重大场合，可以先打好一个腹稿，然后再根据这个腹稿叙述。

不必要的语句，必然会造成语言臃肿，即使是一些必要的语句，但用得不是地方，也会起不到预想效果。

3. 通俗

在使用大众化的语句时，要注意某些句子在口语中表达的特殊方式。

语句要通俗，也要注意某些说法会随着时代变迁而更新。因此，说话者应跟上时代，采用当代通用的说法。

总之，金钱买不到好语句。好语句来源于我们的生活，平时多看书积累，多观察别人的言辞。只要多学习，多留意，就能慢慢提高我们的说话水平。

金钱买不到好语句。好语句来源于我们的生活，平时多看书积累，多观察别人的言辞。只要多学习，多留意，就能慢慢提高我们的说话水平。

学会使用交谈词汇

词是能够独立运用的最小的语言单位，词汇是一种语言里所有词和固定短语的总称。词是一个一个有固定声音和特定意义的最小造句单位，是词汇里的一个成员。词汇是语言的建筑材料，没有建筑材料就不要盖房子，而没有词汇就不能造句子。每个词都包含形式和内容两个部分，词的形式是语言，内容就是意义。所以词是语言和意义的统一体。

人们在实践中逐渐认识客观事物或现象，经过反复观察、分析、综合，然后抽象概括，形成了概念，同时用一定的语言形式将它们固定下来，于是就形成词义。

在交谈中，要想把话说得精准，充分发挥有声语言的表意功能，就要作词汇的“富翁”，储备丰富的词汇。只有在这个基础上才能做到用词贴切，才能精心选择最确切、最恰当的词汇，真切地表达自己的思想感情。

在日常生活中，要不断丰富自己的词汇，学会用人们喜闻乐听的语言去说话。要掌握较多的基本词汇、一般词汇，比如同义词、反义词、多义词、同类词，具有很强表现力的古语、外来词、行业词，以及成语、格言、惯用语、谚语、歇后语等，并以它们为基础，根据不同场合的需求，细致地加以选用，增强说话的文化内涵，使其能贴切地表情达意。

思想感情和客观事物是复杂的，语言本身也是复杂的。要从繁杂的词汇海洋里选用精确的词语，把我们要表达的表达得准确恰当是极不容易的，需要花费巨大的心思。那么，怎样才能做到用词贴切呢？

1. 掌握对象

对表现对象要有正确、明晰的认识，清楚了解其性质及与其他事物的联系，这样，选用的词语所代表的概念,才符合表现对象的实际情况。

2. 弄懂词义

要准确弄懂每个词语的含义,如果用得不恰当,就会闹出笑话来;要认真辨析词义,特别要仔细区分近义词在使用范围、词义轻重、搭配功能等方面的细微差别。

3. 搞清词语的感情色彩

不仅要体会、揣摩词的褒贬意义,而且要琢磨褒贬意味的轻重和情调。

点金石

在交谈中,要想把话说得精准,充分发挥有声语言的表意功能,就要作词汇的"富翁",储备丰富的词汇。

注意交谈语气

在交谈中,还要注意语气的作用。

语气可以引人注意。说话需要选择表达词句,若语气运用不当,同样达不到预期效果,甚至出现以下的情况:可行的计划由于缺乏激昂的语气,而难以引起大家注意,最后难以付诸实施。

其次,语气可以增强表达的感染力,弥补言辞的不足。我们看到,有些人讲话很能激励人。但仔细分析,发现言辞并不特别,自己也能说出那样的话来,其成功原因就在于音调的变化调动了人们的精神力量。这就像几句平淡无奇的话,被配以优美的旋律就能成为振奋人心的音乐。

当一个人饱含感情,有声有色地讲述一件事时,会觉得自己滔滔不绝,遣词造句也格外得心应手。因此建议不善言谈者,当你言辞穷尽时,不妨先胡乱写着,想到什么写什么,思路会逐渐清晰。与其平淡地说,不如激昂地说,这既能使自己兴奋起来,也能调动听者的感情,产生良好的交谈效果。

语气实际上是一种非言语信息。在交谈中,语气主要表现为音量的大小、音调的高低、节奏的快慢、语调的急缓等等。心理学家用这样的公式来反映声音在谈话中的比重:

信息表达=7%语言+38%声音+55%脸部表情。

从上式可以看出,谈话中声音的作用还是比较重要的。我们在交谈中应该充分运用这一点。说话要字句清晰铿锵有力,要通过语调表现出积极的情绪。根据场合决定声音的大小,与周围的气氛协调一致。同时注意恰当的说话节奏,学会运用抑扬顿挫的语调,用自己饱含情感的讲话感染对方。

总之,优美的语气平易自然,有生气又富于变化,绝不装腔作势,哗众取宠。

点金石

优美的语气平易自然,有生气又富于变化,绝不装腔作势,哗众取宠。

交谈中的哲理性话语

日常交谈中,人们喜欢听那些富含哲理的话语,它以其凝练、深远的美令人回味,发人深省。而一个人说话过程中是否含有哲理性语言,也体现着他的思想高度。

哲理性语言主要有以下几种类型:

1. 警策型

“不鸣则已，一鸣惊人”是这类哲理性语言的特点。例如，卢梭说：“有人可能活了100岁时走向坟墓，但他生下来就已经死亡。”这句话中“活了100岁”与“生下来就已经死亡”看起来是一个大矛盾，然而仔细思想却会发现其中深刻的哲理。

2. 若愚型

这一类型的语言往往是由最平常的事引出最深刻的道理。如爱默生说过：“站在山的旁边，就看不到山。”歌德说：“光线充足的地方，影子也特别黑。”这些都是极普通的事实，然而从这些看似大愚的话中，人们也能领悟到很多道理。

3. 忠告型

这种哲理性语言通常是善意的建议，令人在亲切感中领悟道理。如“三思而后之遥行”“如果一个人不知道他要驶向哪个码头，那么任何风都不会是顺风”“从伟大到可笑，只有一步之遥”等等。

4. 总结型

这类语言往往是从个人经历归纳出的经验、道理等。例如“长久迟疑不决的人，常常找不到最好的答案”“财富往往像海水，你喝得越多，就越感到渴”等等。

不仅在日常交谈中，而且论辩中也能运用哲理性语言，可以收到精辟、深邃和简练的效果，可以使自己的言辞更有说服力。

清代官员林则徐清正廉洁，生平没有积敛钱财。有人劝他要积些钱财，使子孙将来的生活有所依靠。林则徐说：“子孙若如我，留钱做什么？子孙不如我，留钱做什么？”这里，林则徐仅用了20个字，以箴言的形式代替了繁杂冗长的解释。

李燕杰的演讲能吸引打动人的原因，就是在于他善于引用哲理性的警句、格言、诗词等。如他讲到成功来自艰难磨砺时，就引用“宝剑锋从磨砺出，梅花香自苦寒来”；讲到青少年应放下自傲之态多向长者学习时，就引用“少年读诗，如隙中窥月；中年读诗，如庭中望月；老年读诗，如台上观月”；当他讲到爱情与友情的区别时，就引用“绚丽的友谊之花，可以向一切至诚奉献；爱情如一颗明珠，绝不可分为两半”，等等。这些含义丰富简练的语气为他的演讲增色不少。

点金石

人们喜欢听那些富含哲理的话语，它以其凝练、深远的美令人回味，发人深省。而一个人说话过程中是否含有哲理性语言，也体现着他的思想高度。

掌握交谈中提问的技巧

提问是通往谈话天地的桥。如果我们掌握了一定的提问技巧，即使你没有各种专长，也足以应付各种各样的人，我们可以以问题来回答对方，反而让对方措手不及。

但应该注意，在日常的交谈中，有些方面是不宜提问的。

1. 对方不知道的问题不宜问

如果是对方不确定甚至不知道的问题，那么你还是不问为佳。例如你问一位医生：“去年发生在本市的肝炎病例有多少？”这个问题对方当然答不出来，一般的医生不会去统计，就算碰见也不会去记住。倘若对方回答说“不太清楚”，就不仅使答者有失体面，问者自己也会感到尴尬。

2. 政见不宜问

如果你的谈话对象不是一位政治家、政论家或权威人物，最好不展开对重大政治问题的讨论。

普通人对于政治的看法一般都是不成熟的。两方背景不同,也不知道你有无成见,所以不会坦诚地回答这类问题。

3. 有些问题不宜刨根问底

比方说,你问对方住在哪里。对方回答说“在北京”或者说“在香港”,那么你就不宜再问下去。如果对方乐意让你知道,他一定会主动详细地说出来,而且还会说“欢迎光临”之类的话。否则,别人便是不便告知,你也就不必再问了。此外,在问其他类似问题时,也要注意掌握问题尺度,切忌刨根问底引起别人反感。

4. 不要问同行的营业情况

同行相嫉,这是社会的普遍现象。在激烈竞争的社会里,任何人都不愿意把自己的经营理念或致富秘密告诉一个可能的竞争对手。即使你问到这个方面的问题,也只能自讨没趣。

另外,在交谈中还应注意:不问别人的名贵饰物的价钱;不问报纸刊物的销量(除非知道该刊物是一流的,对方可以自豪地说出);不问女子的年龄;不问对方的家世;不问别人用钱的方法,等等。

总之,要站在对方立场考虑,感觉对方不知道或不愿别人知道的事情都应避免提问。时常谨记,问题是为了引起双方的兴趣,不能只考虑自己。依此交谈,你的问话技巧就很出众了。

点金石

站在对方立场考虑,感觉对方不知道或不愿别人知道的事情都应避免提问。时常谨记,问题是为了引起双方的兴趣,不能只考虑自己。依此交谈,你的问话技巧就很出众了。

学学交谈中反问的技巧

反问,即反过来问,使答者变成问者。在交谈中,巧用反问,可以一语惊人、平中出奇,一语中的。下面列举十种常见的反问:

1. 机智型反问

针对不同的交谈场景和交谈对象,从常人难以想到的方向反问对方,机智巧妙地表达反问者的观点、态度。

2. 幽默型反问

幽默是情趣与哲理的统一,幽默型反问是针对特殊的情景、特殊的对象和特殊的提问,提出诙谐滑稽的反问,营造轻松的氛围。

3. 讽刺型反问

有时提问者的荒谬和无理让人哭笑不得,这时可以用讽刺性的反问给以批评和抨击。

4. 肯定型反问

回答者以反问的语句直截了当地表达自己的观点和态度。这种反问往往比正面回答更为令人信服。

5. 抒情型反问

融入反问者情绪和感情的反问形式。这种形式能够使反问者和被问者进行感情互动,其感情在反问中表达得更为委婉动人。

6. 对比型反问

将相对或相似的事物放在一起来叙述或描绘的反问形式。对比可分为正衬和反衬:正衬是以美衬美更美,以丑衬丑更丑;反衬是用相反的事物形成强烈对比,使被衬事物更加鲜明突出。

7. 悬念型反问

这种反问,可以引起提问者的好奇心和求知欲,以此慢慢探讨事情的真相。

8. 延缓型反问

反问者将自己的反问意图,含蓄地叙述出来。一般是经过较多的段落和从侧面委婉表达,来延缓提问者的兴趣,呈现出一种"千呼万唤始出来,犹抱琵琶半遮面"的态势。

9. 引语型反问

在反问中,引用名言警句、成语典故等,以增强表达效果的一种反问形式。

10. 层递型反问

这种反问一般是借助由浅入深、由低到高、由小到大、由轻到重、层层深入的语句,使对方加深对所叙事物的印象,达到步步深入、发人深省的目的。

交谈中的反问,还有很多。要想掌握反问的技巧,就要不断提高语言表达力、应变力,我们自身的思辨力、语言逻辑素养等。实践出真知,熟能生巧,只要我们热爱生活,热爱交谈,热爱语言艺术,慢慢积累相关经验,就能掌握反问的艺术并灵活运用艺术的反问。

点金石

反问,即反过来问,使答者变成问者。在交谈中,巧用反问,可以一语惊人、平中出奇,一语中的。

交谈中的应答方式

日常交谈中,普通的答话谁都会,但是针对一些特殊场合、特殊对答,就要讲究一点口才技巧,才能收到好的效果。下面简单介绍几种答话方式:

1. 正答

即交谈时给以正面、坦诚的回答。这种答话语言准确,态度诚恳,毫不隐瞒,以双方的信任感为基础,坦诚相待以达到交谈效果。

2. 避答

有些问题,由于某种原因不想或不便回答时,可以避开原来的话题,以另一个话题的开始来作答,这种回答往往一语双关,也能达到交谈效果。

3. 暗答

即表面上没有回答或没有明确地回答,答案却藏在暗中。许多难以以明确形式回答的问题,可以通过暗答的方式,这样可避免引起尴尬或伤害双方的感情。

4. 顺答

即顺应提问的话题,给以巧妙的回答。这种答话,听起来顺理成章,也可以说是将计就计,以其人之道,还治其人之身。

5. 怪答

即面对一些怪问题时,也以超常理的语言方式给以回答。这是针对一些心怀不善的提问者所提出的怪问题而采取的答话方法,它可以起到针锋相对、歪来歪挡的语言效果。

6. 喻答

即用与答案相贴切的比喻回答问题。这种答话形象、生动、具体,往往会给人留下很深的印象。

7. 对答

即以工整对仗的句式给以回答。这种答话词语极其精巧,意味深长,给人启迪。

以上介绍的几种答话方法,只是其中的几种,其他还有许多精彩无比的答话方法。

其实要想答得巧,就要不断提高自己的注意力(注意对方的问题)、判断力(判断对方这样问的原因)和应变力(应该怎样回答),只有这样,才能慢慢使自己应答自如,妙语连珠。

点金石

日常交谈中,普通的答话谁都会,但是针对一些特殊场合、特殊对答,就要讲究一点口才技巧,才能收到好的效果。

如何避免交谈中的争论

林肯曾言:“任何决心有所成就的人,决不在私人争执中耗费时间。”这里所说的争论,是指在日常生活中经常发生的那些对非原则性问题的争论。

在我们周围常见一些喜欢抬杠的人,他们的人际关系往往很糟糕,其原因就在于不懂得“避免争论”是赢得友谊的重要方法之一。争强好胜不能消除误会,只有凭着宽容大度以及心平气和的交谈才能消除误会,从而解决问题。有人说,要像躲避响尾蛇那样避免争论,这话是有几分道理的。

那么,如何避免那些非原则性的争论呢?

1. 欢迎不同的意见

记住这么一句话:“你有个思想,我有一个思想,我们一交换,每个人就会有两个思想。”如果你没有想到的地方,由别人提出来,你就应该衷心感谢。学会接受与我们意见不同的观点,也是有效避免犯错的方法。

2. 不要相信你直觉的印象

当有人提出不同意见时,你的第一反应是自卫反对。这时要慎重,保持平静的心情,并且注意你的直觉反应。

3. 控制你的脾气

我们可以根据一个人在某种情况下发脾气的情形,判断这个人的度量和成就究竟有多大。

4. 先听为上

让你的反对者有说话的机会。让他们把话说完,尽量避免争辩。否则,可能会加深彼此沟通的鸿沟。努力建立理解的桥梁,以此来减少误解。

5. 寻找同意的地方

学会倾听,然后寻找你们观点的相同点。

6. 要诚实

如果发现自己坚持的是错误观点,那么不妨大胆承认,并诚心道歉。这样有助于减轻反对者的不满和缓和他们的防卫态度。

7. 同意仔细考虑反对者的意见

同意要出于真心。当你觉得他们的意见也没有太大错误时,同意考虑他们的意见是比较明智的做法。不要等到事实证明自己是错的时才认错,那时既尴尬又难堪。

8. 为反对者关心你的事情而真诚地感谢他们

任何肯花时间表达不同意见的人,必定和你一样对那件事表示关心。换个角度想,他们也能帮助你产生更多的思想,为此而感谢他们也不失为一种乐事。

9. 延缓采取行动,让双方都有时间把问题考虑清楚

记住本杰明·富兰克林的话:"如果你老是抬扛、反驳,也许偶尔能获胜,但那是空洞的胜利,因为你永远得不到对方的好感。"所以,遇到争论时,不妨放一放,让彼此把问题都想清楚,更有利于事情解决。

点金石

争强好胜不能消除误会,只有凭着宽容大度以及心平气和的交谈才能消除误会,从而解决问题。

如何在交谈中插话

几个人相聚,天南海北,侃侃而谈,其情其景,何其融洽和谐。然而,有些朋友置身其中却感觉十分不舒服。因为他们难以插话,或虽能插话,也不为人重视,还遭人嘲讽,弄得十分尴尬、被动。

如何使插话更有分量,使别人洗耳恭听呢?

1. 适时插话

多人交谈时七嘴八舌,你就要学会见缝插针。这包括两点:

一要抓住交谈节拍。交谈表面看来没什么规律,仔细观察会发现,它也有相应的节拍。抓住节拍,就等于驾驭了交谈局面,插话就自然协调、合拍。

二要把握说话时机。插话而不是争话,压住别人的话头,硬要发表"高见",令人反感。要耐心等待别人把话说完,在交谈的空隙发表意见。与此同时,交谈容易形成相对独立的内容板块,在这些各不相同的板块中,你总有优势与劣势。当交谈到你最熟悉、最有真知灼见的领域时,千万不要错失良机。说就要说得令人心服口服,那些毫无意义的插话不说也罢。

生活中我们会发现有些人话不多,但一旦发言就一语惊人,别人都打住热嘴,洗耳恭听,大概就是这个缘故。

2. 恰当自然

交谈是多方面的交流活动,作为谈话者中的一员,插话内容应和所谈论的话题相统一,切忌岔开话题,独自弹琴。

插话不仅受统一内容限制,而且还要善于接话,使自己的插话和总体内容协调一致。如从前面谈话中抓住某一点作为插话的开头;对别人的谈话做个小结,再发表自己的意见;抓住关键问题,从某一关键点切入,把谈话推向实质性阶段,等等。这些都是能做到的。自然的插话才如汩汩清泉流淌在听众的心田,才能拨动在座众人的心弦。

3. 商榷口吻

你的插话想要别人接受,就得采用商量的口气,以交换意见的语气说出。有些青年人插话时咄咄逼人,不把他人放在眼里,肆意否定,说话很不中听。如说对方“简直胡说八道”与“真是孤陋寡闻”等等。一开口,就把自己捧得很高,好像自己是圣人一般。

有位著名学者曾评价现在的某些青年人,说他们一开口就是“我认为”,口气很大,其实尽是些不成熟的言论。这评价十分中肯,发人深省。谈自己的观点还是多用些“我以为”“我觉得”来得谦和。以商榷口吻插话,易于得到别人的认可。

商榷也给交谈带来一种探讨的色彩。交谈需要集思广益,各抒己见,武断地中断交谈,别人就不敢再发表看法了,或者双方各执一词,展开舌战,交谈的融洽气氛就会被破坏。以商榷口吻说话不仅不会削弱插话的分量,而且有可能引出不同话题,带动大家发言,自己的插话也会给别人留下深刻印象。

4. 独到新颖

插话在内容上应避免两种倾向:一是老生常谈,陈词滥调;二是人云亦云,没有主见。这样的插话不会吸引别人,或激起别人听话兴趣。要使插话脱离这种窘境,并跳出普遍化,就要追求独到新颖。根据交谈情境,选择独特观点,发表独到见解,力求给人耳目一新的感受。

要使插话脱离这种窘境,并跳出普遍化,就要追求独到新颖。根据交谈情境,选择独特观点,发表独到见解,力求给人耳目一新的感受。

交谈中的忌讳

交谈中的禁忌有三种:地方的禁忌,家庭的禁忌,节日的禁忌。

1. 地方的禁忌

例如广州、四川等某些地方禁止说“舌”,他们把“舌”说成“招财”,把“牛舌”说成“牛招财”。类似的忌讳,各地都有,上海话“苹果”与“病故”音近,因此,看望病人别送苹果,可以避免引起不快。南京人结婚不可送伞,因为“伞”与“散”音近,怕引发“夫妇离散”的联想;缎子被面也不要送,因为“缎子”和“断子”同音。祝寿禁止送钟,会引起“送终”的误会。北方有些地区忌说“蛋”,称煮蛋为“沃果”,炒蛋为“摊黄菜”。尤其北京最忌“蛋”字,如果你问他:“你这鸭蛋(在这里停顿或拖音)是在哪儿买的?”他就会生起气来。

各地都有禁忌,因此到了新地方时,先要向当地人了解一下当地的忌讳,以免在交谈中闹笑话。

2. 家庭禁忌

这种禁忌是伴随家庭问题的出现而出现的,并随着问题的变化而变化。张家今天老人去世,就忌讳到他家又说又笑。诸如此类忌讳,家家都有,交谈中切不可忽视。

另外,每个人也有自己的禁忌,对单眼皮姑娘夸双眼皮漂亮,虽然她表面上表示赞同,但她可能记恨你一辈子。还有对特殊行业的工作人员说话时,也要避免触犯禁忌。

3. 节日的禁忌

在中国传统节日期间(特别是农村)有一些很讲究的说法。例如春节期间,蜡烛灭了,不能说灭了,而要说“蜡烛止了”。而且还不要讲些不吉利的话语,比如不要说“不听话的死丫头”,这里的“不听话”和“死”都是犯了禁忌。此类禁忌大多是容易引起不吉利联想的字句。

另外,还有有迷信色彩的忌讳,特别有关狐狸、黄鼠狼的话题,容易触犯忌讳。在春节拜年期间,最好提前向年纪大的人了解一些当地节日忌讳常识,避免在欢乐的节日里引发不愉快的事情。

在交谈中说了禁忌的话,多数人会原谅你的无知,但毕竟会引起不快。对于那些爱挑剔的人,他会板着脸训你一顿,或垂下脸来不理睬你。还有一些人会因为你说话触犯忌讳而对你产生坏的印象,甚至还会把他的遭遇说成是你说话犯忌讳而引起的。

因此,入乡要随俗,才能在交谈中避免犯忌,避免引起误解和不快。

入乡要随俗,才能在交谈中避免犯忌,避免引起误解和不快。

如何结束交谈

在交谈中,人们十分看重开头,而对于怎样结束谈话,人们往往不放在心上。以为话说完了,说声“再见”不就可以了吗?

其实,结束谈话没有那么容易。比如,一方没说完话,对方就不想听了,该如何结束?两人在交谈中争得面红耳赤,谁也不退让,该如何结束?两人谈得正投机,而客观条件又不容许交谈下去,又应该如何结束?

一次圆满的交谈,想达到“听君一席话,胜读十年书”的效果,也要有一个完美的结尾。那么,怎样结束谈话,才能给人留下深刻的印象呢?以下介绍几种结束谈话的技巧:

第一,切忌在双方激烈地讨论某话题时,突然将对话结束,这是一种不礼貌的表现。如果此时出现无言以对的局面,应设法改变话题,一旦气氛缓解就赶快收场。

第二,不要勉强把话延长,当发现谈话的内容已趋乏味时,马上道别。否则,会给对方留下无言以对的印象。

第三,要小心留意对方的暗示。对方对谈话失去兴致时,可能会通过“身体语言”作出结束谈话的暗示。比如,下意识地看看手表,或坐不住,或左顾右盼、心神不安。看到这些情况时,最好识趣地结束谈话。

第四,要把时间掌握得恰到好处。在预备结束谈话之前,先限定一段短时间,以便自然而然地停止。突然结束对话,匆忙地离开,会给人留下粗鲁无礼的印象。

第五,笑容是结束谈话的最佳符号,因为最后的印象,常常也是最深的印象,会长期保留在双方的脑海之中。

第六,在有些谈话结束时,说一些名人警句、富有哲理的话,或是祝福的话,往往会产生很好的效果。

点金石

在有些谈话结束时,说一些名人警句、富有哲理的话,或是祝福的话,往往会产生很好的效果。

第三章 推销口才

推销前的准备工作

很多人在推销前都会经过一阵天翻地覆的准备，尤其是那些小型公司，更是全力以赴，希望可以拿出一套好方案，取得客户的认可。

不过，我们往往会犯这样的错误，就是在承接大量的具体工作之后，反倒忽视了一些基本的问题。因此，在准备工作完成之后，优秀的推销人员一定要进行最后的检查。

1. 推销的目的是什么

有时候成交一笔生意并不是为了赚钱，往往存在其他的目的。例如，特定的交易可以帮助你“套牢”有用的客户，以免竞争对手进入自己的地盘，或使潜在的客户变成真实的客户，促进双方互相了解。当然也可能借助这项交易，进入一个新的领域，并创造自己的信誉，甚至起到“挂羊头卖狗肉”的目的。比如，与一家知名的企业达成一笔很小的交易，那自己的客户名单上就有了这家知名企业，对其他的中小客户有很强的说服力。

只要能够达到特定的目标，交易就可以顺利进行，但一定要牢记自己的根本目的。

2. 说明方案是否简洁

好的创意不在篇幅长短。客户，尤其是高级主管的时间很宝贵，不要抱着厚厚的说明书去，尽量简洁。即使是复杂的方案，也只能准备一页说明。

3. 自己是否胸有成竹

有经验的推销人员都知道，客户特别喜好问一些表面上简单，却很难回答的问题。

由于客户从使用的角度考虑问题，而你通常是从产品本身考虑。因此，你要做足准备，成为一个在行的消费者，才能从容不迫地应对客户各种可能的问题。

4. 付款的方式

忽略付款的方式，赢家也会变成输家。

大笔交易的确让人兴奋，但是什么时候收到这笔钱跟达成协议同样重要。

5. 责权与沟通的渠道是否清楚

最糟糕的事情莫过于当你已经和客户的老总谈妥，本公司一个无名的基层工作人员打电话给这位老总，谈论同样一笔生意，并且暗示更诱人的交易条件。很多新人真的是初生牛犊不怕虎，很有干劲，什么事情都敢干。

一笔成功的交易也许会因为这样细微的失误而谈崩。这不是说只有你才有资格去谈交易，而是一种商业习惯，一种对职位的尊重。交易越到最后，公司内部权力范围一定要清晰：究竟是谁有权力做最后的决策，最后的让步由谁出面敲定，协议书由谁签字。

只要能够达到特定的目标,交易就可以顺利进行,但一定要牢记自己的根本目的。

重要的推销原则

在推销中,口才很重要。针对这一点,业内人士给出如下一些原则,将有利于你的推销。

第一,要设身处地为顾客着想;说话速度控制在每分钟120字;摒弃推销员滔滔不绝的习惯;尽量避免单刀直入的商谈;以问题方式探寻想了解的内容;设法帮助顾客排忧解难。

第二,要直陈主题,有理有据,拿产品样本、说明书做自己的证物;谈话要抓紧主题,表达完自己的意思后耐心听取对方的意见,以防话多语失;一般不要急于表露自己内心的目的;了解对方的大体情况,最好交谈时常涉及某些人或事,使对方感到亲切。

第三,不要打断对方讲话。只有当对方征求你意见时再发表看法,才会事半功倍;不要正面反对对方的观点,尽量回避"不必要你说""不行""你不对"等指责性的语句,最好间接指出别人的缺点;推销自己时不要争论,现代人都有个性,你要争论只会越争越凶;在别人高兴的时候,指出其缺陷,往往不会让人反感。

第四,让对方进入你的生活领域;避免面对面坐着,最好采用斜面角度;换了场所气氛也会改变;展现实物更能取胜;介绍实物的要点;商谈时携带一些小道具。

第五,应用商品说明要点。不要让顾客去接触;判断顾客的理解能力;打印出来的文字,要转化成生动的语言来向顾客说明;说明的时候要表达流利。

第六,提供证据让对方看;别家产品也要研究分析透彻;"滞留时间久"不如"面谈次数多";收集商谈的资料;相信顾客就是买东西的人。

第七,不用惹顾客生气或不愉快的言辞:如宗教观点,和顾客相关的缺点、弱点;用角色演练法来提高技巧;将顾客捧倒;用优雅的语言同顾客商谈;勿给对方留下"推销"的印象;正确对待顾客的拒绝。

第八,对不同的顾客要因人而异;多利用电话、电脑等工具;拿出勇气诱使顾客购买;果断放弃不想买的顾客。

第九,少说多听;不要打岔;不要太争强好胜;不要急着吐露你自己的观点;当你了解对方的目的和处境时,最好再重复一遍。

第十,抓住重点牢记在心,以免讨论时遗漏了它们;讨论时不要脱离主题;不要正面反对对方的某个观点。

抓住重点牢记在心,以免讨论时遗漏了它们;讨论时不要脱离主题;不要正面反对对方的某个观点。

运用好推销语言

谚语有云:"有了巧舌和诚意,你就能用一根头发牵来一头大象。"

真诚的语言能打动人;情深意切的推销语言可以减轻推销员与顾客间的陌生感,消除顾客对推销员固有的成见、戒备或敌视心理。因此推销员要充分发挥口才艺术，运用好推销语言，就可以达到事半功倍的效果或意想不到的成功。

调整好推销语言，可以从以下几方面入手。

1. 推销主题明确，安排恰当

推销的目的是劝服顾客接受推销员推荐的商品或服务，以满足顾客的需要。所以推销语言的主旨就是勾起顾客的购买欲望，满足顾客对商品或服务的需求，试探顾客的购买力和购买决策权。推销语言成功与否，最终的检验标准是是否满足了顾客的需求。如果没有获得效益，再优美、动听的推销语言，也是徒劳。

因此，推销语言要根据推销主题的要求进行调整。面对不同的顾客和不同的商品，能够拿出不同的推销语言方案。在推销过程中，抓紧推销主题，推销语言普遍是从顾客感兴趣的、满足顾客需要的方面入手，比如购买这个商品能获得的好处等，易于引起分歧的问题则放在最后，即先易后难的原则。

2. 推销语言要简洁、明快

推销员的能说会道不是通过拖沓冗长来体现的，相反，推销员的能说会道是体现在其推销语言简洁、明快上的，快速抓住顾客从而引起顾客的关注和兴趣。比如介绍商品的各种优点，不需要面面俱到，而是要根据不同顾客的需求，抓住最能吸引顾客的方面，并用简洁、明确的语言加以解释，顾客就可以得到对该商品突出、鲜明的介绍。如果逐条侃侃而谈，成为一篇“演说”，很容易使顾客反感，认为你是在做“倾力推销”，其结果往往适得其反。

成功的推销语言是鲜明的、凝练的，拨动顾客心弦的，是能够调动顾客兴趣的，同推销员一起来讨论如何购买的语言。

3. 说话速度和语音高低要适当

合理把握推销语言的速度，针对不同的顾客和推销进程，适当调整说话的语速也是至关重要的。例如，如果顾客是位老人，说话的语速就要慢一些，尽量讲得清楚、明白，不宜过快。如果顾客是位年轻人，语言节奏可以适当加快，因为慢吞吞的谈话易使年轻的顾客焦躁。在介绍核心问题如商品性能等时，说话的速度可以放慢，给顾客以理解和思索的时间。

推销员说话声音的轻重也是影响推销语言功能的一个因素。一般说来，推销员的语气要亲切、温和，声调不宜过高，即使是在发生争执的时候，推销员也要平心静气，保持平静、稳重的声调。这样，不仅有助于你保持冷静，还可以使你占据争论的主动权。顾客的脾气各不相同，有些人容易激动，说着说着，嗓门就抬高了。这时候，推销员的声调依旧平稳，保持探讨问题的语气，有助于使顾客的情绪稳定下来，与你讨论，甚至会意识到自己情绪过于激动而对你表示歉意。控制推销谈话的情势，也是一种修养与能力，这就不单单是说话声音轻重的问题了，在这一方面，推销员需要主动地加强锻炼。

点金石

真诚的语言能打动人；情深意切的推销语言可以减轻推销员与顾客间的陌生感，消除顾客对推销员固有的成见、戒备或敌视心理。

以冷激热去推销

正常情况下，推销员都会怀着满腔的热忱去游说顾客。对顾客采取冷淡的方式，不是更会激起顾客对你反感吗？又何谈推销？

其实,这是没有真正把握推销方式的内涵造成的,此种推销方法如能熟练地去操作、掌握,发挥的作用会越发强大。其推销效果将是所有推销方法中最有成效的。若是推销员能最大限度地加以发挥,则效果更好。即使是最强硬的顾客,也会听从你的安排,在无意识中答应成交。

有这样一类顾客,他们很难把他人放在眼里,自以为没有什么事能难倒他们,你说什么他们会马上想到你接下来要说什么。在他们看来,根本没必要与推销员打交道,就可以买到最好的商品。

对付这一类顾客,最好的办法就是运用冷淡方式,压制他们的盛气,使他们乖乖地与你合作。

面对这种类型的顾客,和他们交谈时,你要表现得很客气。这客气中暗含着一种对成交成果漠不关心的表情,就好像你从来不关心这件事一样,对他们施以冷淡。在他们看来,你的不在乎反而会激起他们的兴趣和好奇心。

一名推销员若没有推销热情,在他人看来要么失职,要么就是没有推销能力。因此,你才对他们显现出一种冷淡,他们就很想挖掘推销员的失职情况。在他们的心中,总认为自己是十分了不起的人物,理所应当受到他人的尊重和注意。你对他们表示冷漠,他们就会不服气,最终以购买你的产品而告终。这样,你的表演就成功了。

与他们谈话时,你最好使用这样的语气:"尊敬的先生,您大概还不清楚吧!我们的商品,并不可以对任何人都进行推销,这会对我的公司的名誉造成影响!"当你说出这一段话时,就不必对他们再说什么,因为这会使他们产生反应。不要等到他们开口说话,当他们还处在震惊的状态中时,你要接着说:"我们公司只对特定的顾客服务,顾客和服务项目都要经过严格的核查和选择。这一情况,你可能有所耳闻吧。"

"在推销对象的选择上,我们首先要求顾客符合一定的条件。不过,能符合这种条件的顾客很少。因此,总会有不常规情况,我想,像您这样的知识分子一定能够理解。"说了这么多之后,你可以略微对他们介绍一点生意上的事情:"如果您想进一步了解我们对顾客的服务,是否考虑先申请一下付款的手续问题?这对我们双方都有利,既可节省您的宝贵时间,同时也方便了我们。"

当顾客赞成你的意见,并表示出想购买的想法时,而你仍要保持一种满不在乎的神态。

时机一旦成熟,你就回归推销策略,热情地为他们服务,直到填好订购单。

点金石

当顾客赞成你的意见,并表示出想购买的想法时,而你仍要保持一种满不在乎的神态。

时机一旦成熟,你就回归推销策略,热情地为他们服务,直到填好订购单。

情理诱导促推销

以引导方式给顾客造成一种错觉,让他们了解推销员是特地为他们精心设计的。换句话说,让他们产生这样的想法:他现在推销给我,是给我提供赚大钱的机会。要让顾客一直这么想:"我的运气太好了,机会总是在我需要它的时候出现。"只要让他们形成这样的感觉,你对此法运用得就成熟了,推销员要有具备的本事:你不是为自己推销而推销,而完全是为他们着想,好像这就是你的职责。

比如,一笔交易快要结束时,你可以加上一句:"跟你说实话,大概您不会相信,但我还是要说出来,其实这样根本谈不上做生意,而完全是为你们着想。我只是向你们收够成本和劳务费罢了,而你们却因此发大财。初次和您见面时,我不好跟您说这些。不过,现在可就不同了,我终于可以说出来了。"

这些话就是心理诱导，具有间接作用，便于建立长期合作。有时也可直接去诱导顾客，如："这本新书，刚一推销就卖出去很多，书中的内容一定会让你感到舒畅无比，非常有用。怎么样，买一本读读？"

现在，市场上的各类有奖竞猜、摸奖活动，说白了，也就是引诱。群众只关注那些特等、一等的奖品，希望通过一张彩票就能摸到特等奖。但他们却不去关注这些摸奖的命中率是多么低！他们真的就有那么好的运气？

每年，H公司都要举办一场规模盛大的有奖销售大竞赛，推销最多的人既可以得到大笔奖金，而且还可以全家免费享受去国外旅游三个星期。M先生得过销售第一，而尝到了这其中的甜头。今年，有奖销售活动将要接近尾声时，出人意料的是，K先生一下子连续推销了几件商品，业绩立刻就超过了M先生。竞赛结束前一个小时，两人的推销成绩还相差无几，如果谁能在这一小时内卖出三件商品，谁就有资格去旅游了。

为了在关键的时刻掌握主动权，M先生就灵活地应用了此法："说句实在话，最近几年，像这样的高层次的旅游还是头一次。我确实想去旅游！如果您能帮我把握住这次机会，我将会感谢你，不然的话，我只好望奖兴叹了。如果您购买我的商品，您不必支付全部款额，我愿意从得到的奖金中，分给您一部分。同样一件商品，你从我这里购买比在别处购买要便宜好多。商品是同一公司的，绝对没有问题，这您大可放心。这样一来，您可以买到最便宜的商品。而我呢，也可以收获剩下的奖金，还可免费旅游。为了我们彼此的利益，买下吧！"

每位顾客都有贪财心理，只要有利可图，他们都愿意做，即使是他们不需要的商品。质量有保证而只是基于公司奖金周转不过来而进行的五折销售，他们都会蜂拥而至，造成一种抢购潮。

M先生就是抓住了他们这种心理，开展让利销售，因此又一次实现了自己的愿望。

每位顾客都有贪财心理，只要有利可图，他们都愿意做，即使是他们不需要的商品。

学学类比促销

向顾客灌输概率方面的基本常识，消除他们购买时的心理障碍及戒备，从而下决心购买你的商品。这种推销方法看起来似乎很可笑，但却很有用，特别是对那些年轻的顾客，几乎都能成功。

有些顾客，在推销员询问他们的购买意愿时，他们往往显示出不知所措的神态："真的，我自己也糊涂了，不知道该不该买。"

对于这一类顾客，你尽可能用这个方法诱导他们。

有些顾客由于上了年纪，意志力渐渐衰退，不能独立自主地决定自己的意向。他们购买东西时，往往左看右看，犹豫不决。对这一类顾客用这个方法同样有效。

总之，对于以上这一类不能自己做决定的顾客，可以用一种简单的类比的事例，用带着着急的语气对他们说：

"看得出，你是很看好我们的商品的，只是您无法决定是否购买，这是正常现象，您不要过于忧虑。每个人在购买商品之前都会考虑到底该不该买。其实这种情形和乘火车、搭飞机没有什么差别。火车脱轨、飞机失事的悲惨事件多得很，造成的伤亡也不小。对于这些事您一定常常从电视或报纸上看到，然而您绝对不会因为经常有火车、飞机失事而不敢去搭飞机、乘火车。现在您买东西也是一样，在决定购买之前也会有各种各样的因素困扰着你，其实根本就不用担心。假如这种商品对您真的有很大帮助，您将会十分感激我的，相信我吧，真的很不错的，您就买下了吧！”

点金石

运用类比，使顾客对其进行比较，是这种推销方法的根本技巧。

不仅要能说，而且要会说

很多很能说的推销员最终却没有成功，为什么呢？因为他们往往在“不会说”上了失败。

麦当劳公司是美国最大的销售汉堡包的跨国公司之一，其老板克鲁克靠汉堡包赚了很多的钱，从而成为世界富豪之一。

克鲁克成功的关键是他推销有方，他让自己的销售人员掌握了一套诱导顾客购买其商品的本领。

1985年圣诞节前夕，有一个幼儿园教师和她的孩子一起上街，不经意间走进麦当劳的一家快餐店。开始她并不想买汉堡包，可当她走到一个柜台前时，一位非常随和的女店员来到跟前，礼貌地对她说：“你是在给圣诞节小天使买礼物吧，这儿有很多圣诞汉堡包是按动物和人形来设计的，送给小天使，她一定会很喜欢的。小姐，请您这边来看。”女店员很快端来一个盘子，里面有羊头、牛头等各种各样的汉堡包，惟妙惟肖，讨人喜欢，而且香气诱人。这时小孩在妈妈旁边说：“妈妈，我好喜欢啊，买一个吧！”于是女教师不但给自己的小天使买了几个，最后还给她幼儿园的其他孩子们订购了300份“小天使”礼物。

店员利用了诱导式推销做了一笔不错的生意。好的商品必须让更多的人来分享，在顾客还不太了解商品的情况下，销售人员可以用这种方法，既保险又能卖出商品。

当我们说一个人“能说”时，意思只是“这个人能说话并且话还比较多”。而我们评价一个人“会说”，意思则是“这个人能把话说到点子上，能说服别人，说的话让人听了舒服”。所以，作为销售人员不能只停留在“能说”的层面，更应达到“会说”的更深层次。

点金石

作为销售人员不能只停留在“能说”的层面，更应达到“会说”的更深层次。

要适时改变推销方式

在销售行业，有的销售人员在推销商品时，总是一味地介绍产品，讲到某个段落时，有人提醒他应在此时问顾客一些意见。销售人员完成任务似的问了一些问题，却生硬极了，像在念一篇演讲稿。甚至顾客回答问题时，销售人员也东瞟西瞄、心不在焉，根本没留心顾客说些什么。

许多销售员常常例行公事似的照着进度表上的事做，却忘了他们面对的是一个个活生生的人而非木偶。

一个年轻人在一家百货公司当业务员，第一天刚下班时，总经理就开始检查新员工的业绩。每个人都完成了20到30单的生意，而这位年轻人却只完成了一单的生意。总经理皱着眉头问他:“你卖了多少钱?”

“30 万美元。”年轻人告诉他。

“你怎么卖那么多钱?”总经理诧异地看着他。

“事情是这样的,”年轻人说,“一位先生进来买东西,我分别给了他小号、中号和大号的渔线。我问他上哪钓鱼,他告诉我在海边,于是我就建议他买条船。所以我带他到卖船的专柜,卖给他一艘帆船。然后他说他的汽车无法装载如此大的船,于是我带他到汽车销售部,为他选了一辆丰田新款豪华型‘巡洋舰’并成功卖给了他。”

总经理听得目瞪口呆,几乎不敢相信这是真的,于是问道:“一个顾客仅仅来买个鱼钩你就能让他买走这么多的东西?”

“不是这样的,”年轻人说,“他是来为他妻子买卫生巾的,我就告诉他‘周末,干吗不去钓鱼呢’?”

优秀的推销员除了能满足顾客的需求,而且能够抓住顾客的心理,激发顾客的购买欲望,调动顾客的情绪,引导顾客购买更多的产品。而一般推销员只是因顾客需要什么,就介绍什么,却不能主动地诱导顾客。

销售人员在推销时绝不能千篇一律、盲目跟风,销售人员缺乏个性就难以取得成功。对别人的经验只能学习借鉴而不能照搬。优秀销售人员的头脑中绝不会塞满“应该怎么样”之类的结论,而是要根据顾客需求和客观情况,采取相应的最有效的推销方式。

普通的推销员推销商品的方法永远只有一种。他们的推销方法每天都一成不变,说同样的话,做同样的事,没有一点新颖之处。销售是一种富有创造性的职业,对适合它的人来说是一种挑战,并能从中学到很多东西。而那些让自己陷入单调无聊的访问,过着单调无聊日子的推销员,不仅不会推销商品,甚至连自己的工作都无法保住。

点金石

销售人员在推销时绝不能千篇一律、盲目跟风,销售人员缺乏个性就难以取得成功。对别人的经验只能学习借鉴而不能照搬。优秀销售人员的头脑中绝不会塞满“应该怎么样”之类的结论,而是要根据顾客需求和客观情况,采取相应的最有效的推销方式。

学会自抬身价

那些业绩平平的推销员常常不懂得表现自己,更不会在适当的时候有意识地抬高自己的身价。

一般情况下,说“自抬身价”带有一丝贬义,一些人为了达到某种目的而故意夸大自己,因而让人反感。但在竞争激烈、人人都想出人头地的当今社会,“自抬身价”也许是人们可以借鉴的一种生存手段。因为快节奏的生活使得其他人没有时间和精力来研究你、评价你,在这种情况下,你只好自我推销,甚至有时恰到好处地抬高一下自己。

生活中很多普通的推销员往往不会“自抬身价”,甚至对此产生反感,认为那是“自吹自擂”,是虚伪不诚实的表现,不是正人君子。

普通的推销员为什么会用一种消极和被动的态度来认识和对待“自抬身价”这个问题呢?这与其根深蒂固的传统道德观念息息相关。毫无疑问,有些推销员始终忠实于传统观念,因为传统观念往往代表了一种道德标准,这种观念在中国就更加广泛了。中国传统文化是主张集体在先而个人在后的,展现自我往往被视为“出风头”,还有可能被别人误会为别有用心。

很多推销员总是本本分分地做自己的事，不愿突破常规，不愿被人视为异类，在这种传统文化的压力和心理惯性的作用下，从众、谦逊、收敛自我就顺其自然地成了他们的行为方式。显然，他们只是从道德伦理这个角度而不是从利害得失这个角度来思考、对待自我表现这一问题。

其实，在我们身边，"自抬身价"的行为到处都是。例如，有些影星提高片酬，主持人提高主持费，演讲者提高出场费，乃至于公司的职员向老板提出加薪要求等，这些都是"自抬身价"的表现。当然，其中有些人确实应该当仁不让，与他们所称的身价相当，但有些人则言过其实，根本没有那么高的价值。可是，只要他们敢于"自抬身价"，多半都是能如愿以偿的。

事实上，能不能够立即实现你的愿望并不是最重要的，重要的是，经过为自己抬高身价，你可以为自己定下一个目标，好比为商品标价一般，这有"昭示众人"的味道，以便新的"顾客"上门时，能以新的价格标准"卖出"。

在现代职业生涯中，人也是一种商品，每个人的身价都不同，有的人年薪可能会很低，而有的人却可能达到十万甚至上百万元。在一定条件下，商人们也会根据市场具体情况适当调整商品的价格。有些顾客就是那么奇怪，商品便宜时他们偏偏不买，可价格上涨了，他们却抢着买，并且称赞其质量好，其实商品完全没有改变。

推销员也同理，身价太低，顾客和周围的人都看不上你，把身价提高了，反而觉得你很好，所以你应适当地"自抬身价"，不能固守所谓的"谦虚为上"的美德，否则别人会认为你根本没有相应的能力。当然，你不一定非得把自己抬得很高，但至少要和你的才能及你所付出的等价。第二种情形是，你本来只有六分的才能，却将自己抬到了八分的位置。

无论你拥有什么职位，也不管你做什么推销工作，不要太过于谦逊客气，适度地"自抬身价"吧，就算被人笑，也比自贬身价要好。而且只要"抬"成功了，就会对自己有好处。

对于大多数的销售人员而言，"自抬身价"还有另外一个好处——肯定自己，并成为促使自己不断进步的动力。因为身价抬上去了，你就应该让自己各方面的能力与身价相适应，否则你就会被别人认为只会吹嘘而没有实质。

点金石

无论你拥有什么职位，也不管你做什么推销工作，不要太过于谦逊客气，适度地"自抬身价"吧，就算被人笑，也比自贬身价要好。而且只要"抬"成功了，就会对自己有好处。

为下一次的销售留后路

销售人员该怎么结束每次的推销呢？上门推销，用户终于接受了你的劝说，订购了产品，这是一种结束；让你吃闭门羹，也是一种结束；用各种各样的借口拒绝你也是一种结束；侧耳倾听，面带微笑问你很多问题，最后不买也是一种结束……

其实，有些推销人员常常失败，其原因之一就是没有为下次上门推销留条后路。他们不明白仅通过一次拜访就能谈成业务的概率是很小的。因此只要还有一线希望，就不应放弃，进行第二次上门推销。

优秀的推销员会巧妙地为再次登门造访打下基础。如碰见优柔寡断型的客户就主动出击，具体拟定下次拜访的日期；遇到性格积极，具有领导欲的客户，就依着他们，用谦恭的语言告知对方将会再来拜访；如果有客户说："我们目前还不需要。"推销员则可以回答："我经常听到您这样的答复。下回我把实物带过来请您看。当然，您不买也没有关系……"没有作为的推销员认为一而再、再而三地推销只会浪费自己宝贵的时间,没有任何收获不说还伤害了自己的自尊心。他们主张“一局定乾坤”“打得赢就打,打不赢就走”。这个战术不能说是一个失败的战术,不是一个好的战术,但是这个“灵活”的战术只适用于推销业不发达而市场又非常需要此产品的地区。但是,现在看来,这样的地区已经渐渐消失了。现实情况是:推销队伍日渐庞大,产品竞争日益激烈,用户越来越谨慎、挑剔。蛋糕越来越小,你得到的多,别人得到的就少;如果你一点都没有得到,那么市场就全是别人的了。

点金石

有些推销人员常常失败,其原因之一就是没有为下次上门推销留条后路。他们不明白仅通过一次拜访就能谈成业务的概率是很小的。因此只要还有一线希望,就不应放弃,进行第二次上门推销。

要注重自己的语音语调

一些销售人员在说话时往往不注重自己的声音,要么声音太小让人不知所云,要么声音太大好像在跟人吵架,或是口齿不清,说话含含糊糊让客户对你越来越没耐心,既然对你都没有耐心又怎会对你推销的产品有耐心呢!更有一些销售人员,由于平时的习惯而拥有一些让人听了反感的口头禅,如“也就是说,当我到府上拜访时,也就是说,您太太会不在家,也就是说,您府上没人”或“总而言之,这件事的整个过程我已向主管说明了,总而言之,只有这个办法了,总而言之,事情就只能这样了”。

口头禅过多会影响客户的注意力,因此,作为一名销售人员,应尽量避免那些没有意义的不必要的口头禅。

有些销售人员在打电话约访顾客时随心所欲地做着各种各样的姿势,他们觉得反正电话那头也看不见。但是你并不知道,在你打电话时,对方可以凭语调语气,判断出你身体的姿态。因为你的姿态与你所发的音调、语气密切相关。你东倒西歪时,心气颠倒,舌头也捋不直,说话当然不会自然。

如果你懒洋洋地抱着手蹲在椅子上,眼望桌前的材料说话,你的语调听上去会干巴巴的,缺乏生机与活力,对方必定不会对你有好感。但如果你挺胸抬头试试,对方的反应就不一样,这里面有一种很微妙很神奇的心理作用。

点金石

口头禅过多会影响客户的注意力,因此,作为一名销售人员,应尽量避免那些没有意义的不必要的口头禅。

不该说的话一定不要说

在销售过程中,一些人往往因一句话而毁了一笔业务,如果能做到不失言,销售人员的业绩肯定会百尺竿头,更进一步。可能有人认为不说实话是虚伪不诚实,但有时候实话不实说并不是虚伪。话是说给他人听的,销售人员的话可以让客户的心情大好无比,也可以使客户的心情跌落谷底。使客户心情舒畅，于己于人都有好处，推销人员为何不这样做呢？

小娟是专门负责推销服装的。一天，一位穿着简陋的客户来到她的店里。看着他身上的破旧的外套，小娟就想卖一套新的给他。小娟心里在想："这人穿的这套衣服还是好几年以前流行的款式，他居然穿了这么多年，这衣服早过时了，基本都没人穿了。"当然，小娟心里可以这样想，但嘴上却不能这样说。如果实话实说，小娟肯定卖不出自己的衣服，还遭人反感。

如果你是一名汽车推销员，当客户询问你他的旧车可以折合多少钱时，也许你心里会这样想："这辆破车还能值几个钱？"这可能是大实话，那辆车也许确实值不了几个钱，它的轮胎也许已经磨损不堪，它的发动机大不如从前，车里的气味也许很难闻，总而言之，它就是一辆破车，但你却不能将你的所感所想真实地告诉他。因为这是客户的车，客户可能很喜爱这辆汽车，毕竟开了这么多年，肯定会有不舍和些许感情。即便不喜欢这辆车，但也只有客户自己才有资格来批评这辆车。如果销售人员开口就说汽车这里不好那里不行，如何如何糟糕，这无疑是在侮辱汽车的主人，不知不觉中你的话已经对客户造成了伤害。这样，他还会买你的车吗？想想这些，销售人员还敢随意对客户使用过的东西指指点点、张口就批评吗？

一般情况下，销售人员在与客户沟通时，应避免说以下的话。

1. 直接批评客户

这是众多销售人员的通病，尤其是刚进这一行的新人，有时讲话不经过大脑，脱口而出伤了客户，自己却还不知道。虽然销售人员并不是存心要去批评伤害他，但客户听起来，感觉就不太舒服了。人人都喜欢听好话，人人都喜欢别人赞扬自己，不然，怎么会有"赞美与鼓励让白痴变天才，批评与抱怨让天才变白痴"这一句话呢？在生活中，谁又愿意听到别人批评自己呢？销售人员每天都要与人打交道，所以应善于赞美别人，但也要注意适量及恰到好处，否则，会让人觉得虚情假意、缺乏真诚。

2. 攻击性语言

我们的身边常常有这样的场面，同行业里的销售人员用带有攻击性的语言攻击竞争对手，甚至有的销售人员把对手贬得一钱不值，导致与其相关的整个行业形象在人们心目中受到损害。作为销售人员应尽量杜绝这种行为，在推销自己商品时，绝对不能贬低对手的产品，这样才能赢得客户的好感。

3. 个人隐私

与客户打交道，主要是要掌握客户的需求，而不要一开口就大谈特谈个人隐私问题，这也是销售人员的一大忌讳。有些销售人员也许会说，我说我自己的隐私问题，这样总没事吧？就算只谈自己的隐私问题，不去谈论客户，但是试问一下，你的个人隐私与客户有关系吗？与你要销售的产品有关系吗？它能让你卖出产品吗？

4. 不雅之言

每个人都希望与有修养、有层次的人打交道，相反，不愿与那些"粗口成章"的人交往。同样，在销售中，不雅之言也常常对你的销售产生重大影响。诸如，在销售寿险时，最好回避"死亡"与"没命了"诸如此类的别人忌讳的词语。不雅之言，也会对你的个人形象造成破坏，它也是销售过程中必须记住的不能说的话。

实话不实说并不是要销售人员撒谎，并不是要销售人员用假话去欺骗客户，它只限于销售商品以外的东西，对于产品的优缺点，销售人员是应该实话实说的。

点金石

实话不实说并不是要销售人员撒谎,并不是要销售人员用假话去欺骗客户,它只限于销售商品以外的东西,对于产品的优缺点,销售人员是应该实话实说的。

力求拘"小节"

大人物做事都能不拘小节,我们这些小小的推销员又何必要与这些小节过不去呢?这是那些推销员的观念。可他们却不知道一个人的行为举止对自己有多重要。有句话说得很好:"推销商品之前应先推销自己。"销售人员推销自己的重要方法就是在推销过程中应礼貌待人,讲究礼仪,举止端庄优雅,否则就会因失礼于人而使推销无望。顾客是有选择权的,他们更愿意选择值得信赖、有礼有节的销售人员购买商品。

有些销售人员总是认为推销就应只注重销售商品,将商品作为中心,所以只要把商品的特点、功能以及购买商品能给顾客带来的好处宣传到位,自然会达到推销的目的,至于礼节上的规矩都是可以忽略的,不必劳神费心。有这种想法的销售人员在推销过程中自然不会注重礼仪,他们的心中只想着如何才能卖出自己的商品。而事实上,你越想销售出商品,就越应该重视礼仪。因为有着良好礼仪习惯的人会让顾客觉得更可信,从而都愿意购买他的商品。

有些销售人员初次与顾客打交道时还会注意一些礼仪,但多次交往后与对方熟悉了,便认为礼仪太多会与顾客之间显得生疏,所以开始随心所欲了。比如谈话随便,进出顾客家或公司旁若无人,随时随地打接电话……殊不知,"熟"不讲礼往往潜伏着巨大的危机,一件失礼的事情随时都可能断送与顾客已经建立的良好关系。

销售人员如果讲究礼仪但没有敏捷性,一样会让人不舒服。例如一位推销员总是西装革履、衣着讲究地去拜访客户,在与他的一个客户——某国际企业业务经理接触时,赢得了对方的好感。但他在与另一客户——农民出身的一家小型乡镇企业经理接触时,就让这位经理感到有压力和不舒服,从而无法营造亲切、随和的氛围。

点金石

销售人员推销自己的重要方法就是在推销过程中应礼貌待人,讲究礼仪,举止端庄优雅,否则就会因失礼于人而使推销无望。顾客是有选择权的,他们更愿意选择值得信赖、有礼有节的销售人员购买商品。

努力掩饰自己的情绪

很多销售人员的失败,是因为他们不会控制自己的情绪,喜忧都露于表面。如果客户对你的商品没有表现出兴趣,他们就有可能表现出失望或不耐烦的表情。这种销售人员在与同事或朋友的交往中,往往也不分时间地点,对象是否适当,更不理会讲话的后果,心里怎么想就怎么说,想怎么做就怎么做。这种直率会让你在不知不觉中失去很多客户,也容易得罪人,结果引起别人的不满,使自己陷入孤立的状态。

有一个服装销售人员就经常这样。一次,一个身材矮小的客户到店里来买衣服,他为客户推荐了一款长裤,这位客户试了一下并没有看中,而自己看中了一条七分裤,便要求这位售货员拿下来让她试穿。这位售货员直截了当地对客户说道:"小姐,您的腿比较短,穿那条肯定会显得更矮。"这位客户听了他的话心里很不舒服,于是丢下衣服就走了。

其实,直率也不是没有好处,直率的人往往给人以一种心胸坦荡、胸无城府、豪爽奔放的感觉,他们比那些深藏不露、遮遮掩掩的人更受人欢迎,更容易博得别人的信任和好感。但过分的直率却会适得其反,很多人也正是因为这一点在交往中不知不觉吃了大亏。况且销售是一个交际性很强的工作,这个工作需要你时刻保持微笑。一个满脸愁容或不耐烦的推销员是不会成功的。

此话怎讲呢?且不论每个人都是有自尊心的,有句话是这样说的——"客户就是上帝"。一般顾客都喜欢享受买东西时所受到的尊敬,自己花了钱,难道还要买一份气受吗?这时,你的直言快语很容易就变成了挑衅和侮辱,而有些销售人员往往没有注意到这一点,也不掂量话的轻重,结果伤害了人都不知道。

点金石

直率会让你在不知不觉中失去很多客户,也容易得罪人,结果导致别人的不满,使自己陷入孤立的状态。

持之以恒,坚持到底

一对正在读大学的恋人因为一件小事闹翻了。毕业后,他们各奔东西,并各自经历了坎坷的人生旅途。他们的婚姻都不太美满,所以常常怀念曾经的那份恋情。如今,皱纹爬上了他们的额头,一个偶然的机会让他们相聚了。闲谈之中他们提起了那件事。

男人问女人:"那天晚上,我敲门,为什么你不开?"

女人说:"我在门后等你。"

"等我?等我做什么?"

"等你敲第 10 下才开门——可你却只敲了 9 下!"

他们两人都为当时的冲动而感到后悔。女人后悔自己太过执著,她完全可以在男人敲第 9 下的时候把门打开,或者在他离开时叫住他,这样,她已经很有面子了,为什么非要坚持等第 10 下才开门呢?

男人也是几十年后才醒悟:原来那扇门并没有关死啊!可我为什么不继续往下敲呢?只要多敲一下,命运就会不一样了。

那些业绩平平的推销员就像这位只要面子而不知道坚持到底的男子,最终只能为自己的轻易放弃而后悔不及。

想推销成功就要有孜孜不倦的精神,战胜拒绝才会有成功的希望,这是推销成功的一剂药方。有些推销员有时候并不是没有锲而不舍的精神,不能坚持到底,往往是因为爱面子,自尊心过强而不肯第二次敲响客户的门。在客户拒绝他们,对他们说"不"的时候,他们就已经没有了继续推销的信心和勇气,这就是他们常常吃闭门羹,不断地遭到拒绝,得不到成功的根本原因。

在客户拒绝他们,对他们说不的时候,他们就已经没有了继续推销的信心和勇气,这就是他们常常吃闭门羹,不断地遭到拒绝,得不到成功的根本原因。

如何巧妙接近客户

在拜访陌生的客户时,很多推销员常常会直接地问:“有人在吗?我是某某推销员。”几乎没有一家会轻易地打开门,而懂得变通的推销员会问:“某某先生吗?我是某某。”这样很多家庭甚至连“谁呀”“什么事”都不会问一声,就帮你把门打开。在推销当中,推销员往往会犯一个大错,那就是“循规蹈矩”地接近客户而不懂得变通。

如果你是一名推销员,你打电话向某公司的总经理或高级管理人员推销产品,而你一开口就说:“喂,我是某某公司的,麻烦您请总经理听电话。”而秘书接到电话后一定会想:“总经理并不认识这个人,总经理有交代,没有预约的人不见面的。”于是回答:“对不起,总经理正在开会。”

简单的一句话便轻而易举地拒他于门外。

但是,聪明的推销员则会想方设法顺利通过秘书这一关,他们会采用“迷惑术”,让对方“信以为真”。

“您好,我是某某某,请问总经理在吗?”

语气自然而亲切,好似与总经理是老朋友、老熟人一般。这样就迷惑住了接电话的人,并且使对方信以为真。于是,对方就回答你:“请稍候……”这种办法虽然不是百发百中,但是效果却是非常不错的。

如果想要让成功率再高些,那么教你一个更妙的绝招,就是叫出总经理的姓或小名。

“喂,请问阿龙在吗?”

“谁是阿龙?”

“哦,不好意思,就是你们总经理。”

这样,接电话的人肯定就会这样想:“他一定是经理多年的好友、相熟之人,要不怎么这样亲切地叫总经理呢!”

有家公司总经理曾这样说过:“也许是因为我的性格,我总认为优秀的推销员大多是不按常规、不通过传达室来见我的。他们往往会直接找到办公室秘书,问:‘经理在吧?’秘书以为他和我很熟,便立刻让他进来。一进来,才发现原来是个推销员。瞧,我公司有五六十辆车,都是被他们‘强迫’购买的。”

如果推销员总是“循规蹈矩”地敲门、递名片、自我介绍、准备一段开场白,那么,在竞争日益激烈的当今社会,他们早晚一天会被这个行业淘汰的。

所以,在推销实战中,要重视并尽量避免这个错误——“循规蹈矩”地接近客户。

在推销实战中,要重视并尽量避免这个错误——“循规蹈矩”地接近客户。

不要急于求成

有一个商人,从外地买回了一车沉香,准备在故乡贩卖。结果因为沉香价格昂贵,所以购买的人并不多。而旁边刚好有一个卖木炭的小摊,因为木炭便宜,所以很快就卖光了。

这位商人眼见隔壁摊位的木炭一扫而空，而自己的沉香却无人问津，心中甚是着急，考虑良久，他想到了一个办法。

于是他用火把所有的沉香烧成木炭，果然一下子就被大家抢购一空，但他得到的钱却比预计的少了很多。

销售的目的并不仅仅是把产品推销出去，而是以合适的价格卖给需要的人，虽然卖出去的目的达到了，但是可能失去的更多。

有一些销售人员的性格过于着急，做事总希望早点完事，尤其是在推销的成交阶段。

有一对姓马的夫妇，由于丈夫工作需要，举家搬迁到一个新的地方居住。刚刚搬到新地方，他们的儿子自然觉得无比新鲜，常常跑出去玩。

有一天，这对夫妇出门回来发现自己的儿子不见了，这可把他们吓坏了，于是开始分头去寻找。他们还报了警，由于这个地方不太大，所以不一会就有很多人帮忙找孩子。

但是，就在这关键时刻，一个不知深浅的推销员却凑到马先生跟前向他推销保险，当时马先生非常生气并愤怒地对他说："拜托，先等我找到儿子再说吧。"

谁知这位推销员看马先生没有明显的反对便更是喋喋不休，大谈特谈保险的种种好处，还想让马先生停下来听他讲，这下可把马先生惹急了，马先生忍无可忍地对推销员大吼："如果你能帮我把儿子找回来，那么保险业务的事情以后好说。但是，我警告你，你现在要是再跟我提什么见鬼的保险业务，就别怪我不客气了！"

推销员被马先生吼得不知所措，夹着公文包灰溜溜地走了。马先生这才意识到，这个推销员名义上是来帮助自己找儿子，实际上是来搞推销的，这可把马先生的肺都气炸了。推销员出门后，马先生狠狠地把门摔了一下。最后，在众人的帮助下，马先生找回了自己的儿子。但是从此以后，马先生十分痛恨这个推销员，而且常常在对别人说起这件事时总会描绘他的长相，这下推销员以后的命运就可想而知了。但要怪也只能怪他自己，难道还有比他更没有自知之明、不识时务的吗？

细心是销售人员不可缺少的重要品质。急功近利，行事冲动，对推销是没有任何好处的。尤其是在促成阶段，顾客在考虑买不买、买多少、何时买等购买因素时，都不是一时冲动，他们需要权衡各种客观因素，如产品特征、自己的购买能力、购买产品产生的利害关系等，同时还要考虑主观因素，如心情好坏等。因此，购买决策过程是一个极其复杂的过程，并不是一时就可以决定的。在这种时候，销售人员应该给顾客一定的考虑时间，并有耐心、有热情地等待顾客作出决定。

点金石

购买决策过程是一个极其复杂的过程，并不是一时就可以决定的。在这种时候，销售人员应该给顾客一定的考虑时间，并有耐心、有热情地等待顾客作出决定。

切忌过度坦诚

一般来说，我们都要求推销员开诚布公地对待客户，但在实际工作中，切不可过于教条死板，一定要把握好坦诚的度。因为，有时候太过于坦诚反而会让你失去客户。

曾有一位优秀的推销员这样讲述自己的推销经验：洽谈时应尽量坦诚，给顾客留下一个较好的印象，并让顾客信任你。但洽谈要讲究策略，要对所推销产品约80%的相关问题实事求是，坦诚相告;对另外约10%的问题作相应的处理后,委婉、变通地告诉顾客;最后对需要保密的那10%的问题闭口不提。当然最后的那10%到底包括什么,应视情况而定,可以是产品的某一性能、生产技术,甚至是某些缺陷等。

所以说能准确掌握沟通内容是很重要的,过分保守或过分坦诚都是不可取的。

小李是一个纸制品厂的推销员,他主要负责推销一次性纸餐具,包括纸杯、纸饭盒、一次性筷子、纸盘等。这天他如约来到一家连锁快餐企业的总部,向他们的负责人推销一批新的一次性纸餐具产品。由于一次性纸餐具的运用越来越广泛,所以连锁企业的负责人对此也非常感兴趣。

小李热情耐心地为客户讲述了自己公司纸餐具的生产技术、生产规模、使用原料、卫生标准、安全性、价格等,对方听了很满意,表示可以先购进一小批试试看。

小李听了之后非常高兴和激动,于是脱口而出地补充道:"因为目前我们公司所采用的原材料不是最好的,所以纸杯所盛液体温度不可高于80℃,不然就容易变形或破损;纸饭盒盛食物也最好别超过10小时,不然就可能会出现渗油和漏汤的问题。"

小李走后,针对他最后的"坦白",客户企业立即组织相关人员对是否购买他的产品进行了讨论。一番激励的讨论后,有人赞成购买这家企业的纸餐具,因为他们认为一般情况下,纸杯只会用来盛冷饮,而不会用来盛80℃以上的饮料,即使热咖啡或牛奶,也不会达到80℃或90℃;纸饭盒都是随买随用,一般也不会一装就10个小时的。但也有不少人持反对意见,认为既然纸具还没达到应有标准,就不是最好的,为了维护企业的形象,最好不要采用。最终,该企业还是放弃了购买小李的产品的计划。

生意都要成交了却出现这样的情况,确实令人扼腕叹息。就上面的案例而言,从表面上看销售人员是向客户证明了自己的诚实,将自己的老底毫无保留地告诉了客户,但实质上却是销售人员不懂得,讲究洽谈策略和变通的一种表现和结果。

推销本身就是一种说服客户接受自己产品的工作,在不存在欺骗客户的前提下,为了实现推销目标,或为保守一定的商业秘密,销售人员必须准确地掌握好即将谈话的内容,对哪些事情该说,哪些事情不说把握到位。

所以,销售人员应当记住这个教训,过分的坦诚对推销活动没有太大的好处。

点金石

推销本身就是一种说服客户接受自己产品的工作,在不存在欺骗客户的前提下,为了实现推销目标,或为保守一定的商业秘密,销售人员必须准确地掌握好即将谈话的内容,对哪些事情该说,哪些事情不说把握到位。

应对不同年龄客户的口才技巧

不同年龄阶段的人的心理特点是不一样的,其消费心态自然也就不同,所以对待不同年龄阶段的人自然要采取不同的推销方式。青年人和中年人是消费的主体,推销产品首先要说服的就是这两大群体。

1. 应对青年客户的口才技巧

所谓青年客户是指18岁到30岁之间的客户。目前我国青年人口大约在2亿,他们购买力强、消费量大。因此,研究并抓住青年客户的购买动机是很有必要的。

青年客户的购买动机一般具有以下特点。

(1)购买动机具有成人感。青年客户是流行商品的主要消费群体,他们对推动商品更新换代起着引导作用,这是由其青春期的心理特征决定的。典型表现是热情活跃、感觉敏锐、富于幻想、勇于创新、敢于打破落后的传统观念与世俗偏见,喜爱新鲜事物,追随时代潮流。表现在他们喜欢购买新鲜的、有现代特色的商品来装饰自己和家庭,表现出现代化的生活方式,以跟随着现代社会的步伐。因此,新上市的商品,社会流行的某一商品,都会吸引他们极大的兴趣和购买欲望,购买动机也会随之出现。在实际调查中发现,事先没有明确的购买目标,却出现在客户中,青年人占大多数。

(2)购买范围广,购买能力强。我们所谓的青年客户主要是具有独立购买能力的青年人。他们有一定的经济来源和购买经验,所以购买商品的范围十分广泛。各种商品,不论高档、低档、一般、特殊,他们都能买也都爱买。随着人们消费观念由保守型向开放型的转变,青年人消费的时代感表现得也越来越明显,表现在追求衣、食、住、行、学各个方面的生活方式,注重享受、娱乐,甚至是昂贵的消费。

(3)购买动机易受社会因素的影响。青年人既是社会活动的主要群体,又是家庭和某些团体的成员,集体感、荣誉感十分强烈。而这些团体的行为标准、规范,对他们的行为活动产生重要影响,并让他们养成一定的消费模式,使他们的购买行为趋于一致化。特别是商品的社会流行性,更是大大地影响了他们的购买行为。

(4)具有明显的冲动性。青年人的特征是体力充沛、精力旺盛、朝气蓬勃,心理特征一方面表现为果断迅速、反应灵敏;另一方面也表现为易于冲动、草率行事。因此,其购买动机具有明显的个性特点。重点在于商品是否美观、时尚,其次才注重质量、价格,他们一般不会冷静地分析商品的各种利弊因素,许多人凭着自己的喜好与直觉判断商品的好坏、优劣,从而形成对商品的好恶倾向。

因此,青年客户比较开明、奔放,接受新生事物的能力更强。他们好奇心强,爱好广泛。这些因素对于推销员来说都是极有利的,因为你可以抓住他们的好奇心,满足他们的求知欲,从而动员其投资,也可以使他们佩服你某个方面的能力,抓住时机,和他们成为朋友。

由于青年客户的抵触心理小,只是因为缺少阅历在而与人交流时会有些紧张,只要对他们热心随和一些,从自己的专业知识入手,让他们多了解一些这方面的问题,他们就会慢慢地放松心情,甚至和你侃侃而谈。

在对青年客户进行推销讲解时,要激发他们的购买欲望,使他们知道这商品很流行,正在受到众人的追捧。

和青年客户交谈时,要亲切随和,对自己的商品要有信心,与他们打成一片。要尽量想办法为他们解决各种困难,减轻他们的心理负担。

2. 应对中年客户的口才技巧

相对青年人,中年客户就不一样了,他们一般都有了家庭,有了孩子,也有了固定的职业。他们为了家庭而努力拼搏,为自己的孩子挣钱,为了整个家庭的幸福愿意做很多事情。

由于有了一定的阅历,他们比青年人沉着、冷静,经验比青年人丰富,有主见,但缺乏青年人的生机和热情。

中年客户有着较强的能力,正是一个人能力达到顶峰的时候,对这类客户欺骗和蒙蔽是行不通的,不过只要你坦诚相待,和他们成为朋友是不难的。

对待这样的客户要实事求是,不要显示自己多有能力,有多能干,而要认真地、亲切地与他们交谈,说一些羡慕他们家庭之类的话,对于他们的事业、工作能力说一些佩服的话,只要你说得实实在在,这些客户一般都乐于与你交往,和你打交道。

这类客户有主见,能力又强,作为推销员根本别想蒙蔽他们,但只要推销的商品质量好,销售人员的态度又很真诚,要让他们购买你的商品也并不太困难。

中年客户,不会斤斤计较你的言辞问题,他们要求实实在在,因此你不需要用什么计谋策略。不过这些客户都爱面子,所以销售人员在推销时应抓住这一特点,可以引诱他们说出某些话,然后让他们收不回去,这样你的目标就达到了。

青年客户的警惕性比较小,谈的话题也比较广泛随意,容易交朋友。

应对不同性别客户的口才技巧

男性和女性的消费心理存在巨大差别,销售人员推销之前必须先分别对其进行一定的研究和了解,对他们采用不同方式的推销。

1. 男性客户的消费特点

(1)比较自信、决定果断。男性能很好地控制自己的情绪,在处理问题时能够冷静地权衡各种利弊,顾及大局。具有较强的独立性和自尊心的特点直接影响他们的购买心理和购买行为。因此,他们的动机的形成果断迅速,并能立即引发购买行为,即使面对复杂的情况,也能够果断处理,迅速作出决定。

(2)动机不强,时常被动行事。一般情况下,男性买东西的次数没有女性多,没有女性频繁,购买动机也不如女性强烈,处于被动地位。在许多情况下,购买动机的形成往往是受外界因素的影响,如家里人的嘱咐,同事、朋友的委托,工作的需要等,其动机比较死板、被动。

(3)理智多于感情。男性客户在购买活动中理智总是大于感性,他们不喜欢联想、幻想,感情色彩比较淡薄。所以,他们的购买动机一旦形成后,就不易改变,其购买行为也有一定的规律。男性客户在购买某些商品上与女性的明显区别就是决策过程往往比较理智,如购买汽车,男性主要考虑的是产品的性能、质量、品牌、使用效果、价值、保修期限等等。只要他考虑的各个方面都能满足的话,就会作出购买决策。而女性则是感情占主导地位,她们往往更注重车子的外观、式样、颜色等等,并以此形成自己对商品的好恶。另外,男性客户认为男性的特征是豪爽果断,因此,推销员在对男性进行推销时,要抓住那些具有明显男性特征的商品进行推销,选择如烟、酒、个人装饰品等男性标志商品进行介绍,为顺利推销产品拉开序幕,与他们成为朋友,为日后的产品推销打下基础。

(4)看重简单、实用。男性客户更加注重商品的质量和实用性。男性客户购买商品多为理性购买,目的是满足需要,不太看重产品外形是否花哨,他们更喜欢简单明快的风格。注重商品的使用效果及整体质量,而不太关注产品的其他方面。

(5)注重产品档次。大多数男性客户均具有较强的尊严且重视面子,购物时十分注重产品的档次和品位,而不太关心其价格问题。由于男性客户本身所具有的攻击性和较强的成就欲,所以男性客户购物时喜欢选购高档气派的产品,且一般不会像女人一样总爱讨价还价,忌讳别人说自己小气没有品位,或所购产品"不上档次"。抓住男性客户普遍具有的这一心理特征,推销员在向他们推销商品时,要特别强调商品的档次及品位。

总而言之,男性客户大多属于理智型购物心理。理智型购物心理,是指用清醒的理智指导购买行为的购物心理。具有这种购物心理的客户大都是经过仔细考虑后,才对某种物品产生购买欲望和购买行动的。

当然,社会上也有一些男性客户具有盲目型消费特征。所谓男性客户盲目型购物心理,是一种没有明确购买目标而且盲目、随意购物的心理状态。这种盲目型购物心理比较容易出现在个性属于冲动、好奇、模糊没有主见的客户当中。从经济条件来说,那些经济能力比较强的客户也容易出现这种心理。

男性客户需求的盲目性是因有些客户并不知道自己是否真的需要某种商品，外界因素会对他们的购买心理造成极大影响，因此这种客户购买产品时往往具有一定的盲目性。有这种心理的客户，多数是那些经济富裕，实际需求已得到满足，却又好奇、冲动的人。

2. 女性客户的消费特点

(1)具有较强的主动性、灵活性。女性喜欢购买产品的原因是多种多样的。有的是迫于客观需要，如家庭需求；有的则是为满足自己需要；有的则把购物当做一种乐趣、消遣等，所以购买动机比较灵活、主动。动机的灵活性也常常体现在购买具体商品上，如原打算购买某种商品，却刚好碰到缺货，这时男客户往往会放弃购买，而女客户则会购买其他合适的商品代替，无论如何都得满足其购买的欲望。

(2)具有浓厚的感情色彩。女性一般都具有丰富的感情和细腻的心思，心境变化频繁，富于幻想、联想，因此购买动机带有强烈的感情色彩。如看到一种能让孩子开心活泼的玩具，马上会联想到自己孩子要是这样会是多么可爱，从而产生积极的心理活动，越来越喜欢商品，从而促发购买动机。

(3)购买动机易受外界因素影响，波动性较大。由于女性心理常受外界影响，所以其购买动机的起伏波动也比较大。女性心理活动易受各种外界因素的影响，如商品广告宣传、商品低价促销、营业员的服务态度、其他客户的意见等。例如，许多商店为了吸引客户，用耀目大字标明"减价商品""促销商品""出口转内销"等，这些因素往往影响着女性的购买心理。

由此可见，男性与女性在购买心理和购买行为上有着巨大的不同，所以应该对不同性别的客户，采取不同的推销策略，展现不同的推销口才，这样才能更有针对性地进行商品推销，推销的成功率也才会更高。

点金石

男性和女性的消费心理存在巨大差别，销售人员推销之前必须先分别对其进行一定的研究和了解，对他们采用不同方式的推销。

应对疑虑重重型客户的口才技巧

有些客户买了保险之后，渐渐地觉得这也不好，那也不好，这种客户是最不好处理的。首先一定要先找出问题所在，渐渐消除客户曾经留下的不满情绪和重重疑虑，才有可能让客户放松警惕，重新接纳推销员。

下面有一个例子。

客户："上回那个卖保险的劝我附加个什么医疗保险，说一天可以领多少多少，结果还领不到1/3，全都是假的！"

推销员："那您有劳保吗？"

客户："有啊！"

推销员："那么，当初那个推销员有没有告诉您，在支付您之前还得先扣除劳保支出的那部分？"

客户："这个……"

推销员："我想可能是他没有解释清楚或忘记告诉您了吧。其实，保险是不会骗人的，只不过有很多契约条款我们没有认真细读过。就好比说，骨折时我们都喜欢找中医开中药而不愿看西医上石膏，但万一这个中医没有资格证书，往往得不偿失。”

客户：“原来是这样啊！”

推销员：“这些在契约在合同条款上都有明文记载，同时受法律约束，只要合乎规定，保险公司是不会违反法律法规的！”

在实际销售中，推销员往往会碰到不信任销售人员的客户，他们总是顾虑重重，用充满了怀疑的目光审视你，这便是多疑型客户。

在交谈过程中，尽管推销员在客户疑云重重的眼光审视之下，微笑再多，态度再热情，再心详细地向他们介绍产品，他们仍然会无动于衷。

多疑的客户之所以多疑，一般缘于以下几种原因。

1. 客户过于深思熟虑

他们要对产品的各个方面，如产品质量、型号、售后服务等进行全面考察后，才能下决心。

从他们的表现中可以知道，这类客户之所以有这样的行为，一般是由于其经济状况不佳。如果他们要购买的这一商品需要花去他们一部分的收入，那么只有达到“十全十美”，才能使他们觉得“这笔钱花得值得”。他们在购买之前需要得到你对他们需求的肯定答案，并且再三保证，他们的经济条件使他们无法相信别人，他们只相信自己看见的。

2. 曾经被骗过

以前曾因过于相信产品的宣传，或曾因图小惠而失大利，一再上当后戒心大增，从而导致再遇推销时警惕度都非常高。

这类客户由于之前曾遭受过较大的损失，而这一损失完全是由于他们本人心软轻信的缘故而造成的。一次“重创”，足以使他们得到深刻的教训。

面对多疑的客户，推销员一定要以诚实、真心的态度对待他们，说话要注意语气，切不可眉飞色舞过于夸张，让他们产生一种虚情假意的感觉，进而对你所介绍的产品也不会看好。

你可适当地肯定他们所说的问题，甚至还可以主动承认产品的一些“小问题”，当然这都无伤大雅，不会对产品的价值及正常使用产生影响，这样会使对方的心情变得轻松。比如，你可这样说：“是啊，虽然我们的产品质量属于一流，但其外观和款式还是有待改进！”

对于那些喜欢眼见为实、需要证据的客户，你可以尽可能地利用一切证据向其证明：你说的话绝不掺假。你可将获奖证书、权威机构的认证证明、报纸杂志刊登的表扬性文章、某专家的权威证明等给他看，这样能大大增加他们的信服度。

点金石

对于那些喜欢眼见为实、需要证据的客户，你可以尽可能地利用一切证据向其证明：你说的话绝不掺假。

应对刨根问底型客户的口才技巧

客户：“产品的外包装很漂亮，我们都很喜欢，但是里面的东西，是不是也一样呢？”

售货员：“我们店创业至今50年了，始终保持着良好的传统。”

客户：“你们的传统又是什么？”

售货员：“我们的客人是高雅的人士，所以形成本店的高雅风气，×杂志也曾这样刊登过。就因本店有这样的客户，所以才以尊重传统风气作为本店经营的原则。”

客户："哦，原来是这样的啊！可是又为什么……"

有些客户，往往喜欢有搭无搭地问个没完没了，销售人员也许会把这种人归到属于难缠的客户之列，其实像这种喜欢刨根问底的客户，大致可分为四种类型：

第一，具有强烈的好奇心。

第二，具有学者的涵养态度，喜欢把自己关心的事情问得一清二楚。

第三，喜欢追究，又爱聊天的人，这种类型的客户主要以女性为主。

第四，由于性格的原因，总要追究到底弄个明白，这种类型的客户，往往不太自信。

遇到以上这些类型的客户时，你必须先知道客户为什么要追根究底，这样才能找到应付的方法，才能达到销售的目的。

第一类型的人，只是好奇而已，只要跟他们说明，让他们清楚，他们就会满足从而放过你，你只需像对孩子一样回答他们，就可以了。

第二类和第四类的人，就必须拿出证据，让他们清楚的确如此才行。

第三类的人，你只要跟他谈一些简单的常识和随意的话题，他都会很乐意听的。

第二类的人，或许会问你："为什么同样的商品，客户们却更青睐你们的呢？"

你可以这样回答："我想你应该知道，在我们公司总部附近地区共有四家分店，本来四家分店的包装纸是不一样的。可是逢年过节时，我们发觉其中一家生意总是很冷清，而其中一家却很好，于是我们就做了份市场调查，原来是因为他们不喜欢那家店的包装纸，所以他们都不喜欢在那一分店买礼物。所以我们做出了一个决定，把所有分店及总公司的包装纸都换成受欢迎的那种。"

对待第四类客户，可以这样说："为什么本店格调较高，我也不清楚，但是根据××大学的研究结果显示，风度及学识愈好的人，特别是中年以上的人，就越忠实和重视传统。因为小店历史悠久，大家对于本店都已经成为了一种习惯性心理，不过你这个问题，倒是真把我问住了。"

像这样谈谈自己的成就，同时也满足了对方的好奇心和求知欲，更能吸引客户。总之，必须先满足客户的各种要求后，客户才会购买你的产品。

对待挑剔型客户的口才技巧

一般来说，那些爱挑剔的客户疑心都比较重，你一般很难取得他们的信任，他们总认为销售人员只会夸张地介绍自己产品的优点，却闭口不提其不足和缺陷。挑剔的客户多半不易接受他人的意见，而且喜欢鸡蛋里面挑骨头，直到满意为止。

对待这类型的客户，销售人员要懂得采取迂回的战术，先与他们交锋几个回合，但必须适可而止，最后故意宣布"投降"，假装说不过他们，心服口服地夸奖对方高见，并佯赞对方独具慧眼、体察入微，让其吹毛求疵的心态发泄之后，再找机会切入推销正题。身处这种场合，销售人员一定要注意满足对方争强好胜的习惯，请其批评指教，说出他们的想法。

1. 挑剔型客户的基本类型

总的来说，客户的挑剔大致有以下 9 种：

(1)借口，即拒绝购买的借口。如：

"这个款式很好，但我不喜欢它这么短(本来就应该短)。"

"这个产品不错，但我更喜欢红色的。"

(2)偏见和成见。如：

"什么？幸福牌彩电？送我都要考虑一下呢，我喜欢的是双喜牌！"

“都一大把年纪还赶什么时髦,不要不要!”

(3)自我表现。如:

“现在谁还穿这个,已过时了,现在流行的是……”

“这有什么好的,一看就知道是组装机。”

(4)恶意反对。这是无理取闹的表现之一。

(5)压价。这是最普遍的一种。如:

“这是最后一台,好坏都不知道。”

“这些东西成本特别低,不过几十元。”

“这里被磕了一下,我不喜欢。”

(6)客观批评。客户提出的问题是商品或服务确实就有的,这是有购买倾向的客户都会提出的。如:

“这种冰箱外观不错,功能也齐全,只是压缩机是国产的,噪声太大。”

“这种切割机刀片易坏,常常需要更换,太麻烦。”

(7)对商品的性能不了解。客户故意说话以引出你的解释及介绍。如:

“这个功能好像没什么用吧。”

(8)两难处境。客户喜欢商品的一点却又不喜欢另一点,是否购买处于两难之中。

(9)最后的反对。提出最后的反对,而这些理由往往是早些时候已提出过的,实际上不是挑剔,而是间接告诉你他的决定。

2. 挑剔型客户的心理分析

挑剔型客户在对待推销人员的时候,往往是先挑三拣四,然后提出一大堆问题和要求。这些问题有的是真实的,有的只是大惊小怪、无中生有。这类客户之所以这样做具有一定目的的。

(1)迫使销售人员低价出售。

(2)为能讨价还价打下基础。

(3)想告诉别人,我什么都懂,别想着欺骗我。

点金石

实际上,挑剔是所有客户都具有的特点,处理好了,有促进交易的可能,反之却会与每一位潜在的客户擦肩而过。

规劝挑剔型客户的口才技巧

对待爱挑剔的客户,无论其怎么说,怎么挑剔,销售人员都不应在意其褒贬,以下是几种劝购技巧:

1. 归纳法

把客户的意见归纳起来,一口气说出多种反对意见,就可能减少对方意见产生的影响。如:

“你有这种想法是可以理解的,不过只要价格合适,就能成交……”

2. 摊牌法

在没有可能说服对方的情况下可采用反问，表明自己的诚意，以此答复客户，从而削弱其反对意见。如：

"您又是怎样看待这个问题呢?"

"要我如何做才能说服您呢?"

3. 否定法

例如：

客户："这种衣服洗后肯定会褪色"。

售货员："不，这和以往的面料不一样，是新研发的，绝不褪色，我可以用本店名誉担保。"

客户："这是山寨版的。"

售货员："我们店从不卖山寨版的。"

4. 先发制人法

主动于客户之前说出其疑虑，并自问自答，把问题解释清楚，给客户一种诚实、可靠的印象。如：

"您可能认为它的功能单一，但是正因为其功能单一，其效果才比多功能的要好。有些功能很少能用上，又浪费资源又浪费金钱，何必呢!"

"也许你认为商品价格有点偏高。但这是全手工制作，绣一幅要花上半天时间，其实你还是划算的。"

5. 顺应法

例如：

客户："这东西怎么那么贵啊!"

售货员："是啊，的确很贵，名牌产品不都一直很贵的吗?"

6. 转折法

例如：

客户："我觉得有些地方不太好。"

售货员："您说得有道理，不过，这种产品本身就是这样设计的。"

7. 拖延法

例如：

客户："对于这个商品，我不太确定其安全与否。"

售货员："关于这点，你可以看看产品说明书。"同时递上有关资料，也可拿出商品让客户挑选比较，让其打消顾虑挑到他满意的商品。

点金石

对待爱挑剔的客户，无论其怎么说，怎么挑剔，销售人员都不应在意其褒贬。

应对似懂非懂型客户的口才技巧

所谓似懂非懂，是你感觉他已经懂了，而实际上并不懂。也就是在说话时，对不懂的事装作已经懂了。这类型的客户，有时候也很好对付，但是碰到刚入行的推销人员，常常会不懂得为客户留面子及台阶，从而让客户很气愤。这种客户有着强烈的自尊心，优越感和自我表现的欲望也很强。如果你当众指出其缺乏或不足的地方，他们一般是不会对你产生好感的，结果可想而知。

推销员："您的意见有的很高明，绝非一般人能赶得上的。"

客户："我在大学时代也蛮刻苦的，你看这间会客室，是我自己设计的，怎么样？"

推销员："我总觉得自己不学无术，挺让您见笑的！您刚才不是说过，红色是代表兴奋的色彩，绿色是镇静的色彩，可是您的书房为什么设计成红色的呢……"

客户："装潢公司不小心弄错了，当时我不在家。"

推销员："我也觉得你那么高明是绝不会弄错的，如果这间书房以绿色为主的话，当然，你也知道该如何调配色彩的浓度、明度和如何补色，并且该配以什么样的地毯！"

你可以像这样稍微点一下话里的错误和矛盾，用请教的方式和他交谈，对方也较容易接受，而且在交谈中，你能用心去了解对方知道多少，这样就能更容易往下交谈。

如果你想弄清楚客户究竟懂多少，可以用一些专业问题来问他，例如说：

"为什么我们会遇到电线回路不好的现象呢？"

"为什么扬声器愈多发出声音往往会愈好？"

如果对方能够脱口而出回答这些问题，当然显示他懂得不少，你就可以照他懂的程度使用相应的对付策略。

相反，如果他们这样回答："哦！这个嘛！意思就是……就是，反正总的来说，它的性能还是不错的。"

这样的回答，无论是谁都能判断出对方并不是很在行，但是推销员却不可以马上地表示出来，而应尽可能帮其解围，你可以这样说："也许您知道吧！就是……"

另外，你也可以先适当赞扬一下客户的了解程度，然后再慢慢向他解释，这也是应付这一类型客户的方法之一。

点金石

客户都有着强烈的自尊心，优越感和自我表现的欲望也很强。如果你当众指出其缺乏或不足的地方，他们一般是不会对你产生好感的，结果可想而知。

第四章 营销口才

攻心为主营销策略

先从陌生人变成朋友,再由朋友变成顾客,是一个逐层传递的过程。太急于将陌生人变成顾客,往往会增加自己的烦恼。营销之道是慢慢走出来的,不能急于求成。

人与人之间交往多了自然而然地就会产生友谊,在办公室以外的地方,营销人员和顾客通常比较放松,谈话也常常涉及个人的情感与兴趣,往往比较随意。而由于有共同爱好、兴趣等因素,他们之间的关系也会变得越来越密切,友情就是这样建立起来的。

友谊在无形当中就给二人加上了一定的责任。朋友之间往往需要互相关照、互相帮助,在商场中建立的友谊也不例外。一些营销人员与某些客户交往甚密,客户就会在其能力范围之内尽力为其产品做宣传,让其周围的人或客户知道或了解你的产品。

与顾客建立紧密的、牢固的、持久的关系是实现双赢的重要保证。而紧密、牢固、持久的顾客关系,不只是表现在你的产品或服务如何优质,技术如何精湛,还在于与顾客的交往、联系是否密切,让顾客感觉到你是否真心在与他交往,与顾客是否建立起了超越公司或商务层面的真诚的友谊。如果公司与顾客间有了这样的情感纽带,你就不用担心你的商品推销不出去了。

如果你的顾客是建立在"重礼"之上的,邀请关系密切的顾客参加昂贵的娱乐活动时,营销人员通常会负担所有娱乐活动的费用。这些顾客也就逐渐习惯非最优待遇不享了,这就使你维持这些"友谊"的成本变得更加昂贵,而这种友谊往往是不会长久的。如果顾客换了工作、被解雇或退休了,营销人员一般不会再继续与他们联系,关系往往就会到此结束。

朋友之间的关系是不能用金钱来衡量的,而讲的是一个"情"字,人都是讲感情的。一纸贺卡、一句祝福会让人感觉温馨,所以,人情味在心诚不在礼重。真正成了朋友,谁还会在意那些表面的东西呢?

一般情况下,当你去拜访一位顾客的时候,顺便为他或者他的孩子带些小礼物,虽然价值不多,但对于和顾客交往来说,却能使你们的感情更为密切。

给顾客送礼物其实也是门学问。当然非物质性的东西也可包含在内。比如问候顾客的身体健康、碰到的喜事、遭遇的不幸等等,一系列能传递你的问候或关怀的言语均可。

日本人在送礼方面已有一定的研究,大多数公司都会想方设法做一些顾客会感兴趣的小赠品,供营销人员初次拜访顾客时赠送给他们。小赠品虽值不了几个钱,却能发挥很大的作用,不管拿到赠品的客户喜欢与否,相信每个人受到别人尊重时,必然都会对别人产生一定的好感。

一位保险推销人说,他之所以每年都会有如此之高的业绩,拥有好几百位顾客,而且顾客还在以更快的速度增加,是因为顾客很信任他,并且不断地为他介绍新的顾客。他与顾客经常交流,建立了很好的私人友情,他们也常常一起去郊游、爬山、打保龄,关系非常融洽。当顾客遇到困难时,他会主动积极帮助他们。想让顾客信任你,实际上很简单,只要你能从顾客的角度考虑问题,付出一片真诚,感动顾客,顾客将会给予你相应的回报。

一旦与顾客成了朋友,有些营销人员就会把他们视为理所当然的顾客,不再像之前一样全心全意地提供服务。顾客会感觉到这种懈怠,但是为了维持友谊,他们不会把真实情况及其所思所想及时反馈给销售人员，而往往是让其继续恶化下去。这时，商场上的友谊渐渐变成一种必须背负的“责任”。在生意场上广交朋友是件好事，但是如果你把友谊与商务关系弄得混淆不清，反而让友情影响到了商务关系。所以顾客关系往往要掌握好一个“度”的问题，把握不好则会过犹不及。准确地掌握好顾客关系的尺度，既能够培养顾客忠诚度以增进效益，又不会超过底线。所以说，销售人员要灵活掌握一个“度”，与顾客保持恰到好处的距离。

点金石

与顾客的沟通不应是呆板地照公司计划而行，而应尽量讲些人情味，先做朋友，后做生意。

尊重顾客，赢得好感

尊重和谦让，可以拉近交谈者双方的心理距离，既体现了你对对方的尊重与重视，减少对方的抵触情绪，反过来还会赢得对方的尊重。

很多人往往认为世界上最重要的人就是他自己，他所喜欢的，当然是别人说与他相关的话，提与他有关的事。因此，最好的话题是能引起对方关注的事。

在营销行业里有这样一句话：“这是我们公司为了您特意准备的。”这是销售人员应具备的基本技巧。有些人虽然明知这是营销员的术语，可仍旧很享受别人对自己如此的尊重和关怀。有位卖戒指的老练营销员，只要老顾客一上门他就会说：“您来得真巧，刚好有最适合您的好货。”说着拿出一只大小适当的戒指，让顾客试戴，使顾客产生“这是为我准备的戒指”的错觉，于是就会很乐意地将其买下。

所以，如果你想拥有更多的顾客，使商谈获得成功，就有必要多花些心思研究顾客，对他的喜好、品味有所了解，这样你才会有更多的机会与顾客商谈并卖出你的产品。

关于对方兴趣爱好的话题是最容易引起共同语言的，不过爱好因人而异，最有效的方法是记住那些能引起人们普遍兴趣的话题。除此之外，还有一些话题，比如对方的工作、孩子、家庭等，这些往往都是大多数人比较关心的，这些都可以作为引起对方兴趣的话题，然后将你们的谈话渐渐引入正题。

我们要想将顾客变成我们的老朋友，就要想方设法了解他们，知道他们的兴趣和对各种事情的看法，同时，我们还要有和他们交朋友的诚意。

如果你将要会见一位顾客，那么你就应该在见面前向你们双方都认识的朋友们打听一下对方的基本情况。了解他的职业、兴趣、性格、过去的历史等，知道得越详细越好。不过，在其中的某些方面，你一定要注意，你的朋友或许对你即将会见的顾客存在某些偏见。当你走进那位陌生者的办公室时，你要能够善于观察你周围的一切，看看能不能找到一些能让你更了解他的线索。

也许你会在房间的墙上找到某些线索。要知道那墙上的东西，不同于那些死板的桌椅家具。一般家庭的家具往往不完全是根据主人公的口味购置的，且不是经常更换的。可是墙上、桌子上、窗台上那些装饰以及摆设，却常常展示着主人的情调、兴趣，主人近段时间的心情状况等。如果你能把它当做一个线索，不仅可以更深入地了解你的顾客，同时还可增加自己的见识。

墙上挂着哪位画家的什么画呢？如果墙上挂的是些摄影作品，你能不能因此揣测对方是一个摄影爱好者呢？如果挂的是他自己的杰作，你能不能因此推断出他个人的摄影技术修养和爱好情趣？如果摄影作品内容都不是本地风土人情，你是不是可以从中了解一些他过去的行踪呢？如果你问他，他往往会很乐意告诉你这是他在何地拍摄的，从而会引出一段他最感兴趣、最想让别人知道的故事,也因此会引起一段愉快、轻松、投机的谈话。

在他的房间里,你也许会发现他都看些什么书、什么杂志、什么报纸,听的是什么音乐,在你去拜访他的同时,还有些什么客人也在场,他对这些人怎样,他都还有些什么家人,他怎样向你介绍。只要你留心,你就会发现许多能够了解他的线索。

经商就是将我们自己推销出去。这种推销,就是要在众目睽睽的舞台上展现自己,博得每一个人的好感。谁都无法说出讨人喜欢是怎么回事。不过,那些讨人喜欢者所表现出来的某些品质却是可以用语言表达清楚的。

这里我们可以列出很多条来:乐观豁达,充满自信,得体的风度,幽默的谈吐,谙熟交际,笑以待人……只要你做到了以上这些甚至更多,别人才会对你产生好感。

有位名叫杰克的人住在美国费城,几年来一直想方设法地向当地一家规模宏大的连锁商店推销煤炭。可是,对方偏偏不让他如意,而是从距离很远的地方购买煤炭。

当那些装满煤炭的卡车经过杰克公司门前向那家连锁商店驶去时,杰克非常生气,他恨自己无能。虽然他又气又恼,但却从未打消过向那家连锁商店推销煤炭的念头。

一天,他决定用另一种方式,再次走进那家连锁商店。

“今天,我不是来向你推销煤炭的,而是有一件事想拜托您。我们煤炭协会出了个题目:‘连锁商店的普遍化对国家是否有害?’要就此进行辩论。我想向您请教一些关于连锁商店的问题,希望能在辩论中赢得对方,所以专程来向您请教。我想您一定愿意帮我这个忙。”

结果他和这位负责人一谈就是两个小时,从初期经营连锁商店开始,一直谈到连锁店对人们、对社会的巨大作用。

当谈话结束,杰克正要离开时,店主对他说:“春季开始时,你来找我,我买你的煤炭。”

杰克多年的心愿就这样在两个小时之内完成了。

只要我们从对方的角度出发,了解对方的心情,让顾客接受我们,就不必担心我们的任务完不成。

在与陌生人谈话的过程当中,要时刻注意对方神态的变化。我们不仅要重视自己的兴趣,更应该重视对方的兴趣。如果你希望你们的谈话能顺利进行并圆满结束,你应该重视对方的兴趣甚于自己的。当对方的兴趣转变时,你要及时转变到相应的话题。

点金石

尊重和谦让,可以拉近交谈者双方的心理距离,既体现了你对对方的尊重与重视,减少对方的抵触情绪,反过来还会赢得对方的尊重。

永远保持热情的态度

优秀的营销人员能够很好地处理和解决顾客的各种问题与要求,能够与顾客建立良好的关系,使顾客对你很满意,进而乐意与你交易。

那么,如何才能赢得顾客的好感呢?

在第一次拜访的过程中,营销人员应该灵活、礼貌、谨慎一些。同时,自始至终都应保持热情的态度从而让对方满意。

为了让顾客感到满意,产品的质量、性能以及营销的方式都要尽量满足对方的要求。其中,售后工作非常重要,顾客对你的评价往往来自于这一阶段。因此,营销员在这一阶段的工作一定要非常谨慎、耐心、负责。

这里举了几个例子,从反面来说明这个问题:

"不就是个小问题嘛,你拿来我们给你修一下就可以了。"

这能算小问题?对方肯定气坏了,即使修好了,对方也不会满意的。所以一定不能这样处理问题。

"不行,你来重新换一个吧,我们现在很忙。不要再打电话了好吧。"或者:"放心,一定会帮你修的,但你不要像逼命似的,明天给你修。"或是:"都给你说多少遍了,只是个小毛病而已!不要再啰唆了,我们会处理好的,不会白拿你的钱的。"

以上种种态度都是极不礼貌的,会伤顾客的心,顾客是不会再来光顾你生意的了。要记住,耐心一些,礼貌一些,有远见一些,努力建立自己的营销网,以增加自己固定顾客的数量及拓宽自己的业务范围。

在谈生意的过程中应适当地附和对方的意见与想法,可在附和的同时应伴随相应的愉悦神态,切不可在赞同或附和对方的同时,显出一幅极不情愿的样子。这样即使能赢得对方的信任感,也解决不了问题,反而可能使对方更加反感以至于指责。所以要用愉悦的神态及十足的耐心为顾客解决你们共同遇到的所有问题。

如果能赢得对方的感激,以后建立业务往来则容易得多了,那么,如何使对方感激自己呢?顾客有问题需要解决,并且其期望的程度比解决问题更深,你就可以在解决问题时,给予他更多的好处,以满足他的潜在期望,"吃小亏占大便宜",也可以叫做薄利多销。切不可与之相反,使顾客大失所望。当然,如顾客存心无理取闹,要求太过分,则应采用相应的策略。

同时,当你答应对方要帮其解决问题之后,则应该迅速将许诺兑现,这样对双方都有好处,对方对你的信任感就会增加,那么对你的业务就只会有利无害。

点金石

优秀的营销人员能够很好地处理和解决顾客的各种问题与要求,能够与顾客建立良好的关系,使顾客对你很满意,进而乐意与你交易。

真诚是推销产品的前提

乔治·吉拉德是美国著名汽车推销商之一。在推销方面,他有着各种各样的绝招。比如到他那里购买汽车的顾客还没有离开店门之前,他的儿子就已经写好"谢谢惠顾"的短笺了。

顾客购买汽车后,每逢节日,他都会为顾客寄去各种各样的贺卡,始终保持着与顾客的联系。

他说:"真正出色的餐馆往往在厨房里就已经表现出对顾客的关切和爱心了;同样的,顾客从我们这里买走一辆汽车,就像刚刚走出一家他们十分满意的餐馆一样,带着愉悦的心情离去。"

乔治·吉拉德就是依靠对顾客的完美服务、真诚的关心及十足的热情,最终成了全美营销量第一的汽车推销商。

然而,像他如此成功的推销商,也曾有过失败的记录。

一次,一位名人向乔治买车,乔治向他推荐了一款新车,眼看就要成交了,对方却突然决定不买了。

对方为什么会突然改变主意呢?乔治百思不得其解。到了晚上11点,乔治忍不住给买主打了个电话。

买主对他说："今天下午你让我很失望，你根本就没有用心在听我说话，我提到我儿子即将上大学，我还提到儿子的运动成绩与他将来的抱负，我提到我为他骄傲，你却一点反应都没有。"

乔治怎么想也想不起对方曾说过这些事，因为他当时根本没有注意听。对方又说："因为你当时正在与另一名推销员讲笑话，这便是我决定不买你车的原因。"

从这次失败中，乔治深刻意识到，在推销产品之前必须先把自己"推销"出去。对方要买一辆车，而这辆车又很让他满意，可他最终却没买，因为他虽然喜欢这辆车，却不喜欢乔治这个人。

从上面这个例子中我们知道，要想成功地推销产品，就不能永远陶醉于自己的推销业务之中，切忌在他人面前摆出一副无所不知的样子，更不要自以为在推销行业就你无所不能。

现在是一个追求精神文化的时代，顾客缺的根本就不是物质东西。因此，作为一名营销员必须尊重顾客，这样才能将自己推销出去，进而将自己的产品推销出去。

点金石

要想成功地推销产品，就不能永远陶醉于自己的推销业务之中，切忌在他人面前摆出一副无所不知的样子，更不要自以为在推销行业就你无所不能。

一语激起购买欲

销售人员要想在交谈中激发顾客的购买欲望的话，首先得抓住顾客心理，让顾客认可产品，然后他才会接受产品。

一位电子产品营销员在推销产品时，与顾客发生了这样一段对话：

营销员："您孩子快上中学了吧？"

顾客愣了一下："对呀。"

营销员："中学是孩子开发智力的最佳时间，我这儿有一些游戏软盘，对提高您孩子的智力非常有效哦。"

顾客："我们不需要什么游戏软盘，都要上中学了，谁还敢让他浪费时间玩这些东西。"

营销员："我们这款游戏就是专门为中学生设计的，它将数学、英语等科目融入了游戏里，可不是一般的游戏哦。"

顾客开始犹豫。

营销员接着说："现在是一个知识爆炸的时代，不再像我们以前那样只需要从书本上学习知识就够了。现代的知识就得运用现代的方式来学习。也许您以为游戏卡是害孩子的，其实您不知道游戏卡现在已经成了为帮助孩子学习的重要工具了。"

接着，营销员从专柜里取出一张磁卡递给顾客，说："这就是我们新式的游戏卡。来，我操作给你看一下吧。"

这样果然，引起了顾客的兴趣。

营销员趁热打铁："现在的孩子真幸福，一生下来就有良好的家庭和学习环境，家长们为了让孩子全面发展，往往投入再多都无所谓。之前有好几个家长都买了这种游戏卡，他们都反映这游戏卡能帮助孩子学习，并且还说希望多开发些类似产品呢。"

顾客明显已经产生购买的欲望了。

营销员："这种游戏卡非常适合当做礼物送给孩子！孩子一定会很喜欢的！"

结果,顾客心甘情愿地购买了他推荐的产品。

在这里,营销人员抓住了顾客宠爱自己孩子的心理,环环相扣,循循善诱,逐渐诱发顾客的购买欲望,使其产生希望拥有这种商品的感情冲动,并且让其实施了购买行动。

对于营销人员来说,说服顾客的手段之一就是抓住顾客的心,这样你才能知道他们的所思所想,才能切中其要害。

点金石

对于营销人员来说,说服顾客的手段之一就是抓住顾客的心,这样你才能知道他们的所思所想,才能切中其要害。

到什么山唱什么歌

做营销讲究"什么人面前说什么话"。由于每个人的性格都与众不同,即使是同一需要、同一动机,但是在不同的客户面前,其表现方式也各有不同。所以,为了能够真正把话说到顾客的心坎上,营销人员不仅要掌握顾客的需要、动机,还要对不同的顾客做相应的了解,这样才能对待不同的顾客,用到不同的方法。

怎样接近不同性格的顾客是一门学问,其中有很多的秘诀。优秀的推销员都明确地知道对不同性格的买主要采用不同的方式。

不同的人乐于接受别人的方式各有不同,所以要想达到推销的目的,就必须先了解对方乐于接受的方式是什么,针对他们的不同情况采取相应的应付策略。

例如,如果顾客是个性格急躁、心直口快且善变的人,那么可能是一时冲动而做决定。这时,我们就要理智地做出判断:顾客是真的需要,还是因一时冲动而需要的。

有的顾客生性多疑,顾虑重重不易相信别人。这时我们就要对产品有深刻的认识,随时准备回答各种质疑,耐心提供大量充实可靠的资料,消除其顾虑,从而使其做出决定。

还有一种顾客总是沉默寡言,他们表情平淡,态度冷漠,其内心令人捉摸不透。那么作为营销人员,不能因其冷淡的态度而失望,应尽量附和他,少说不必要的话,请他对你的问题或产品发表意见或批评,往往会得到更好的效果。

这里有一个常用的技巧——买主问你一个问题,你就反问一个问题。

"你能在一个月之内给我们发货吗?"

"你们希望一个月之内发货?"

"有蓝色的吗?"

"你更喜欢蓝色?"

"能给我90天的付款期限吗?"

"你们希望90天付款吗?"

……

对分析型的人来说这是非常不错的做法,因为他喜欢问题。他们甚至可以一整天都坐在那里问问题或回答问题。

这对随和的人同样有效,因为这可体现出你对他们的关心。

但独断专行者往往想得到的是你果断的答复,而非你和他们玩的文字游戏。

果断而外向的人同样如此,除非你直截了当或敞开心扉,不然他们也不会热情地对待你。他们会迅速做出决定，但是会从实际出发。

另外一个技巧是有些人往往是靠热情买东西，而不是逻辑，他们需要逻辑的唯一理由是给一个能让他们心血来潮以做出决定的理由。

对于那些整日都忙忙碌碌的顾客，洽谈生意时除了必要的寒暄之外，就应该切中其要害，直接进入正题。

但应注意一点，真正忙碌和貌似忙碌的顾客，是有本质区别的，所以谈话时要因人而异。如果对方属于不喜欢讲话的类型，我们就应先探听出他喜欢什么，关心什么，兴趣爱好是什么。

不同的性格特征就像各种不同的有色眼镜一样，每个人所戴的眼镜不同，他所观察到的世界也不一样。当你了解了人的不同性格特点，就能有针对性地进行推销。

需要注意的是，性格是没有好坏之分的，同时没有一个人是100%的属于某一种类型。人的性格并不仅仅简单地表现为某一类型，所有人的性格都是多种多样的，哪种占的比率多一些，人的性格就主要倾向于哪种类型。

点金石

对于那些整日都忙忙碌碌的顾客，洽谈生意时除了必要的寒暄之外，就应该切中其要害，直接进入正题。

“听”的技巧

有人认为，营销人员的功夫全靠一张能说会道的嘴，于是每次与客户交谈都口若悬河地说个不停，其实这样做未必能起到良好的作用。一位国外的营销员说：“不要过分在顾客面前展示你的才能，那样会伤害他们的自尊心。营销的一个秘诀就是80%使用耳朵聆听，而剩下的20%才是使用嘴巴。”

很多优秀的营销员都是“听话高手”，这些“听话高手”可以从对方滔滔不绝的谈话中发现顾客的矛盾、欲望或误解，从而为下一步的说明、说服或诱导打下基础。

当然，做一个“听话高手”并不是要你只听不说，而是多听少说，尤其是某些不必要的话语。而既使你发现对方话语中存在矛盾，也应该选择在一个适当的时候发问。

但是，什么时候才是插话最好的时机呢？抓住对方说话告一段落，换气或者喝茶的时候，那正是轮到我们说话的最好时机。

“请原谅我打断您的话，如果我没听错的话，您方才说贵公司对我们的产品很有兴趣，可为什么现在您又说不太理想了呢？”

这是要求对方作解释。

“经理先生，听您说话真是一种享受，所以我把时间都忘掉了。方才听您的意思，似乎对我们的产品还不太满意，您是否可以为我们指点一下呢？”

利用这个方法可以将刚才岔开的话题转移回来。如果听之任之，一个好讲话的人遇到一位忠实的听众，一口气讲两三个钟头是不费吹灰之力的。而且，“指点一下”这几个字是十分厉害的，它能用来鼓励对方说出心里话，也能使人们愉快地把话转移到正题上来，而非漫无边际地胡侃乱扯。在“指点一下”这句话面前，不仅性格开朗的人会以诚相见，就是不爱讲话的人也会开口说上几句。

当顾客向您提出问题或要求时，你不应感到紧张，反而应抓住这个好机会，视其为良机。为什么呢？那是由于顾客对营销人员或他所属的公司产生信任或者好感，才会向营销人员或公司提出一些要求。否则，顾客不会提任何要求，因为他觉得你的好与坏都与他没有任何关系，也就说明顾客不打算继续与你交易，那么自然也不会再购买你的产品了。所以我们应该抓住这个机会，与顾客建立良好的关系。

首先是洗耳恭听，认真、耐心地聆听他们提出的要求。因为他们才是真正感到麻烦的顾客，他们提要求时，心里一定很不平衡，甚至很愤怒，一般情况下他们不到忍无可忍是不会这样的。所以营销人员一定要镇静，认真地听下去，等对方情绪渐渐平静之后，先向对方表示一下公司的歉意，多说些安慰对方的话，尽可能地帮其寻找解决办法。在这种情形下，销售人员是否大度就显得非常重要了。

点金石

当顾客向您提出问题或要求时，你不应感到紧张，反而应抓住这个好机会，视其为良机。为什么呢？那是由于顾客对营销人员或他所属的公司产生信任或者好感，才会向营销人员或公司提出一些要求。

巧妙的提问有助于成功营销

只有懂得巧妙地提问题，才会有办法让交谈顺着自己希望的方向进行。因为说服的艺术不在于你我各自表达自己的意见与看法，而是藏在一问一答的游戏之间！巧妙地提出问题，可以诱使谈话对象仔细思考，然后说出自己的答案。

营销人员不应过于计较自己是否有理，而应力求与顾客共同寻求答案，解决问题。通过提问，你将得到很多出乎意料的答案。

营销高手刻意设计的问题可以使谈话转向自己希望的方向，让其找出顾客的兴趣所在，他的愿望、烦恼等等。

营销高手可以利用巧妙的提问将顾客的注意力引到自己设计好的重要话题上来。

通过询问，营销高手可以知道顾客存在的异议、反对意见等，并设法将其消除。

通过提问题，可以拉回被岔开的话题或主题。

下面举一个例子：

"是，我懂了……"（对顾客表示理解）

"……就是说，是否……"（话锋一转，向顾客提出一个关键性的问题，以便引导他进一步提出意见或发言）"……问题的关键是不是就在这里？"（迫使顾客下结论，或者使他重新考虑）

通过询问使顾客逐渐认同你的想法，再进一步提出问题，成功地瓦解顾客原有的不一样的想法。

营销员可以利用询问的方式帮顾客找回失去的谈话兴致，激发他们再次开口的欲望。营销员巧妙的提问，可以逐步引导顾客的购买欲望，从而使其做出购买决定，甚至建立起良好的友谊。

巧妙的提问不仅可以让你获得许多好处，且至关重要的是，它是营销中一种必不可少的手段。

提问是营销谈判中常常用到的一种语言表达方法，通过巧妙而适当的提问，可以了解对方的需要，把握对方的心理状态，抓住对方的动机和意向，启发对方思考，鼓励和引导对方讲话，可以准确地表达自己的思想，传递信息，让对方说出其真实感受、疑惑、顾虑、希望等，还可以在出现冷场或僵局时，用提问的方式打破沉默，如"我们换个话题好吗"。可见，提问是促进谈判的有效工具，它决定着你们谈话的大致方向。

顾客的异议是多种多样的，他并不能立即准确明白地说出他的疑问。这时营销员应采用适当的提问方法，找到症结所在，从而"对症下药"。

营销高手可以利用巧妙的提问将顾客的注意力引到自己设计好的重要话题上来。

营销中应如何倾听

营销人员在向顾客推销产品的过程中,应该主动积极地聆听顾客的谈话。听人谈话,并非只是简单地用耳朵就行了,这需要用心去理解,还应积极地做出各种反应。这不仅仅是礼貌的体现,而且是在调节谈话内容和活跃谈话氛围。

有效的倾听需要掌握以下一些基本技巧。

1. 表现出认真倾听的样子

眼睛有神,亲切地看着对方;手上不要做与谈话内容无关的小动作,要做的话都是因为谈话的内容而引发的;谈话的过程中身体应有相应的姿势,而非自始至终都僵硬地保持一个姿势。

2. 表现出你听懂了对方的意思的样子

在倾听对方谈话的时候,要用某些明显的动作或眼神来告诉对方,你完全明白他在说什么。

我们都曾有过这样的经历:当我们在口若悬河地讲述一件自己很得意的事情时,对方做出很感兴趣的样子,但从其他方面来看,他显然没有听懂我们到底在说些什么。于是我们必然会感到一丝失望,也没了继续讲下去的兴致。作为营销员要切记,不能做这样的听众,否则顾客会认为你只不过是在敷衍他,那他还和你谈什么交易呢?

3. 表现出你很有兴趣

即使你是在认真地听,也听懂了,但是对对方谈话的内容毫无兴趣,对方也不会感到愉快。所以我们要认真听完对方的话,并且不要轻易打断对方。其次,要让对方知道你赞同他的话,你可以看着对方微笑、点头,偶尔说一两句“我明白”或“您继续说”。

倾听是有效地进行话语沟通的重要保证,良好的倾听技巧可以帮助营销员解决许多营销中遇到的问题。可以肯定地说,对于成功的营销,倾听所起的作用绝不亚于费尽口舌的说服与提问。所以,对营销而言,善听比善辩更重要,二者相互促成。只会说话而不会倾听的人在营销行业中是很难成功的。

倾听是有效地进行话语沟通的重要保证,良好的倾听技巧可以帮助营销员解决许多营销中遇到的问题。

了解顾客是营销的前提

在推销产品时,提问比一一列举产品的优点效果要好。还不知道顾客的想法,就开始喋喋不休地向顾客介绍一大堆产品的好处,即使产品确实好,也会让顾客产生你在自吹自擂的错觉,从而心生反感,那样你的目的反而难以实现。

获得信息的最普遍的手段就是询问。通过巧妙的询问,你能够引导与顾客的谈话,同时能够获得更明确的信息,以帮助你了解你的顾客。洽谈的过程,常常就是问答的过程。恰到好处的提问与回答,有利于推动洽谈的进展及营销的成功。通过提问,可以理清自己的思路,尽快了解顾客的真正需求和想法,以弄清自己能否给予顾客想要的东西。这对于营销人员来说是非常重要的。

你不要给顾客一种你上通天文、下晓地理的感觉。让对方回答你的问题,比试图让他们遵照你的思维方式去考虑问题更有效果。其实,早在150年前,本杰明·富兰克林就已经有了这样的高见:“知道多少并不重要,重要的是如何利用你所知道的。”

阅读本杰明·富兰克林的自传你就可以知道,他年轻时很孤立,“敌人”很多,因为他总与别人争论,总想支配他人,所以最后没有人愿意再支持他。后来他研究了苏格拉底的提问法,并将其发扬光大,并终身践行,终于能轻松自如地引导别人。他不再与人争执,而是从对方的立场不断提问,总能让对方心服口服。

如果你打算采用提问法,那么就得注意以下两点:

第一,让对方知道你的想法,并且你的想法要与他有关;

第二,提问时态度要恭敬谦和。

能让人们思考的最好方法就是提问,巧妙地提一些切合实际的并与他息息相关的问题。现实生活中,这是能让人思考的唯一办法。

提问时要注意下面六点:

第一,避免争执;

第二,不要唠叨;

第三,帮助对方弄清楚他自己的需要,并帮助他得到它;

第四,帮助对方理清思路,让他认同你的想法;

第五,找到营销中的要害之处;

第六,让对方感到你对他的重视,在从他的角度出发考虑问题。

边听边以探求的口吻提问,以了解顾客的真正想法。要引导顾客多讲肯定的话。当顾客表示赞同时,应该表示相应的附和,相反,如果顾客有异议,你不可贸然地否定他的见解,而要拿出相关证据,从事实出发,让他心服口服。

提问能让你知道更多细节。通过提问,能引导顾客讲出事实。让顾客自由地发挥,让他多说,让我们知道更多的东西,千万不要采用封闭话题式的询问法,这种问法相当于你在替他回答,容易造成对话的中止。如:“你们每个月产品的营销数量大概是六万件,对吧?”而应该说:“您能说说你们每月产品的销售数量吗?您能说得更具体一点吗?”你只需一个问题,就能使顾客滔滔不绝。

当然,在提问的时候,我们还要注意提问的方式和技巧。

向顾客的提问往往是没有固定模式的。一般来说,都是从一般性的简单问题入手,逐层深入,渐渐地了解顾客的需求,为进一步营销奠定基础。当掌握了顾客的大致需求后,可以把提出的问题缩小到某个范围以内,以便了解顾客的具体需求。如顾客的需求层次仅处于低级阶段,那么他则会更关心产品的价格、耐用程度等。当你了解到这以后,就可重点从这方面切入,指出该商品如何物美价廉,质量如何的好。

如顾客的需求层次仅处于低级阶段,那么他则会更关心产品的价格、耐用程度等。当你了解到这以后,就可重点从这方面切入,指出该商品如何物美价廉,质量如何的好。

牢牢吸引顾客

面对顾客时,如果你能说出设身处地为顾客着想的话,往往就会迅速引起顾客的好感和注意。因为人们总是对和自己相关的事特别注意、特别敏感,而对那些与己无关的事漠不关心。

有一位销售家庭用品的营销员,正是由于他的善解人意,故而总能成功地运用第一句话来吸引顾客的注意:“我能向您介绍一种减轻家务劳动的方法吗?”这句话往往能一下子抓住女主顾的心理:被繁琐的家务劳动搞得筋疲力尽,却又无计可施。这时听说有减轻家务劳动的方法,当然会产生共鸣,让她心动从而吸引她的注意力。然后这位营销员再慢慢向她介绍产品性能和使用方法,那位女顾客顿有相见恨晚之感。试想,如果营销员这样问别人:“您有兴趣看一下我们的洗衣机吗?”或者:“我能给你们介绍一下我们公司新出的吸尘器吗?”其效果远远比不上第一种,因为这种说法给人的感觉是:我只是想将商品卖给你,而不是为满足你的需求而自己想要购买,强调的是“我”而不是“你”。

成功有何秘诀呢?成功的秘诀就在于应从对方的立场出发,设身处地,投其所好,发现对方的兴趣、要求,然后再进行引导,晓之以理,动之以情,使顾客认同我们的想法,产生共鸣,最后顾客则会心甘情愿地接受。

点金石

成功有何秘诀呢?成功的秘诀就在于应从对方的立场出发,设身处地,投其所好,发现对方的兴趣、要求,然后再进行引导,晓之以理,动之以情,使顾客认同我们的想法,产生共鸣,最后顾客则会心甘情愿地接受。

刺激欲望,激发兴趣巧成交

顾客只有真心喜欢一件商品,才会心甘情愿地购买,而喜欢的基础便是他们的好奇心、兴趣爱好及购买的欲望。要想诱发顾客的购买欲望,营销员的口才至关重要。

上个世纪60年代,美国有一位非常成功的营销员乔·格兰德尔(Joe Grundel),他有个非常有趣的绰号叫做“花招先生”。他拜访顾客时总是在桌上放着一个三分钟的蛋形计时器,然后说:“请您给我三分钟,只要三分钟,当最后一粒沙穿过玻璃瓶时,如果您不想再听我继续讲下去,我就离开。”

他常常利用蛋形计时器、闹钟、20元面额的钞票及各种各样的花样,让他有足够的时间让顾客静静地听他说话,并对他所推销的产品产生兴趣。

“您是否有兴趣了解一种可以让您提高30%或50%的营业额的方法吗?”

对于这种问题,一般人都会回答“有兴趣”。所以当你问完问题后必须马上接着说:“我只需要10分钟的时间来向您介绍这种方法。当您听完后,您可以再作出判断,这种方法是不是真的适合您。”

在这种情况下,你一方面让顾客有心理准备——你不会占用他太多的时间,而同时你又能让顾客意识到,购买产品的主动权在他们手中,你不会强迫他们购买。

顾客之所以愿意购买产品,是因为他们真的喜欢或感兴趣。兴趣是促成购买行为的基本动力,而激发兴趣的重要方法在于营销员所采用的策略。

曾有一位推销员到农村去推销电饭锅。当时农村还比较落后,还是烧火煮饭,根本不知道电饭锅是什么。这位营销员来到一家炊烟袅袅的农舍,在厨房里一边帮主人烧火,一边说:

"要是可以不用烧火的方法煮饭该多好啊!"

主妇笑了起来:

"天下哪有这样的事情,我们祖祖辈辈都是这么煮饭的。"

"有啊",营销员从包里取出电饭锅,说,"我这口锅煮饭就不用烧柴,不信,我们试试看。"

说完便下米,放水,插电源。同时向主妇介绍其原理和操作方法。饭煮好后,主妇一尝,味道和烧火煮的一样好。营销员乘机说:"更重要的是,煮饭的时候你不用一直看着它,你可以去做其他的事情。"

主妇做梦也没有想到天下竟会有这种好事,她一直希望能有一个人去帮她做这些永远也做不完的事情。于是她非常乐意地买下了电饭锅,并且马上到她的左邻右舍做宣传,做了义务营销员。

点金石

顾客只有真心喜欢一件商品,才会心甘情愿地购买,而喜欢的基础便是他们的好奇心、兴趣爱好及购买的欲望。要想诱发顾客的购买欲望,营销员的口才至关重要。

声音在营销中的妙用

声音是一种威力极大的媒介,通过它可以吸引别人的注意,创造有益的氛围,并鼓励对方聆听。沟通所产生的效果有三分之一是声音的功劳,使用不同的语调、音高和语速,对于别人如何理解你的表述会产生很大的影响。所以,声音在沟通中非常重要。作为一个营销员,你的声音是否能让对方感到舒服,吸引对方的注意力,这是需要特别重视的。

在营销或商谈过程中,你的语速是否过于迅速?你虽有快说的本事,但听者不一定有快听的本领。说话的目的让听者理解你的意思,若别人听不懂你说什么,那么你的话还有什么意义呢?

你说话的声音是不是太大了呢?在火车里,在飞机上,或者是在机器轰鸣的工厂里,提高声音说话是不得已的,但是一般环境下就没这个必要。在谈判桌上,过高的声音会使对方反感。

常常留心那些营销高手的说话方式,常常留心那些舞台上的名角念词的方式,这些都是值得学习的。

交谈过程中还有一个重要问题,那就是停顿。一句话该在什么地方停,不该在哪儿停,哪儿可停可不停,哪儿必须停,都是有讲究的。如果不注意的话,可能会因此闹出笑话。

有位大嫂到商店买鱼,售货员是位年轻的姑娘。

大嫂问:"姑娘多少钱一斤?"大嫂本应在"姑娘"后停一下,再说"多少钱一斤",或者说"姑娘,鱼多少钱一斤",但是由于口急,以至于中间没停。

那姑娘一听就不舒服了,于是模仿大嫂的语气回了这么一句:"大嫂一斤九毛八!"引起周围顾客哈哈大笑。

在营销过程中,精明的营销人员都会注意以下几点:

1. 语调低沉明朗

明朗、低沉、愉快的语调是有一定吸引能力的，如果你说话的语调过高，就要练习让语调变得低沉一点，这样你的声音才更具吸引力。

2. 吐字清晰、层次分明

吐字不清、层次不明是交谈成功最大的阻碍，只要别人理解不了你的意思，你就不可能说服他。要克服这种缺点，最好的方法就是有意识地进行朗声说话和练习在公共场合说话。

3. 注意说话的节奏

这就好比开车，速度有快有慢，必须依实际路况进行相应的调整。音调的高低也要妥善调节，任何一次谈话，速度的快慢与音调的高低，必须搭配得当，错落有致，只有这样你的谈话效果才能得到保证。

4. 停顿的奥妙

"停顿"在交谈中至关重要，但又必须停顿得恰到好处，既不能太长，也不能太短，这需靠自己去揣摩研究。"停顿"可调节思路、引起对方注意、观察对方的反应、促成对方回应、迫使对方下定决心等。

5. 声音的大小要适中

在人少的房间里，如果音量过大，就会成为噪音。如果音量过小，对方要身体前倾才听得到，那样对方就会感觉不舒服。其实最适当的音量是，双方能够清晰地听到彼此的声音就可以了。

6. 语言与表情相配合

这样做能让你的谈话更具感染力，表达效果更好。

7. 措词高雅

一个人在谈话中的措词，如同他的仪表，对谈话的效果产生重大的影响。对于不易发音的字或词，要力求正确，因为这无形中会透露出你的博学与修养。

点金石

你的声音虽不会太响或太快，但你还要明白一点就是，在谈话中，每句话的声调也该有高有低、有快有慢、抑扬顿挫，这样才能让你的声音听起来错落有致，才能赢得对方的好感。

以关爱打动顾客

一个聪明能干的营销高手，在进行自我介绍时，从来不会仅仅只是表述自己的想法，而是用充满关爱的语言表达自己对对方的关心，站在对方的立场说话，适当地表达自己对对方的赞美或认同，从而获得对方的信赖，而使对方乐意听你述说。营销就是贩卖信赖感，为了赢得对方的信任，让其乐意听你讲述，向对方表达你的关心便是一个不错的办法。

比如：

你去拜访一位陌生顾客，为你开门的是一种略显沧桑的中年妇女，一看便知她整日不停地为家庭、孩子奔波劳累，这时你便可以在开场白中加入对其适度的关怀。

"您可真够忙的！有您这么顾家的人，您的家庭一定十分美满幸福！"

“您在为孩子忙碌吗？有您这么好的妈妈，您的孩子肯定非常幸福！”

“我知道您先生是一位非常成功的商业人士。正如那句话所说，‘每一个成功男人的背后都有一个伟大的女人’。您的贤惠、勤俭持家是他创造事业的坚实后盾，我代表所有的男同胞们向您致敬，您真的非常伟大。”

或者，我们还可以采用恭维的方式来向对方表示关怀，只是一定要表现得自然和诚恳，否则就会让人觉得虚情假意。比如这位营销员就做得很好：

“我上中学时就开始用贵公司制造的收音机。那台收音机的品质极佳，都伴随我整整10年了，至今都还没发生过故障呢！真不愧是贵公司生产的，就是值得信赖。”

不仅要表达出你对对方产品品质的极度肯定，还必须具体地说明你实际使用后，对该产品性能与品质的感想，这才是对方注意的重点。

“也许您并不知道，我现在仍使用贵公司20年前生产的扩音器。其间，我也换过几次其他的品牌，但不是发生故障，就是音质不好，结果发现还是贵公司的产品最好。贵公司的产品真是好用，虽然已经用了20年，但除了外形有点老之外，功能比起现在的新产品根本毫不逊色，真是令人佩服，正所谓质量好才是硬道理。”

听完这一番话后，对方肯定会对你产生好感，并愿意亲近你，这样谈话的氛围就会愈加轻松与融洽。

人人都需要关怀，关怀能让人温暖幸福。就算对方已经忙碌了一天，或正为某事焦头烂额，但是你来自内心的关怀能让他忘记疲劳，感到自己没有白辛苦。更重要的是，他会觉得你能体谅别人，从而愿意与你进一步交谈，这就为你向其推销产品打下了基础。

点金石

适当地说一些恭维的话能起到很好的效果，因为你说得比较具体，所以别人并不会感到肤浅。诚恳地关心对方，是树立自己良好形象的第一步。

幽默风趣，促进营销

心理学家研究得出：人在听话时的注意力每隔五至七分钟就会有所松弛。因此，在营销洽谈过程中偶尔穿插一些幽默的言辞，对于消除对方的心理疲劳有很大的帮助。

“谈笑风生”是口才众多特征之一。不会说笑话的人，自然也不会成为好的营销员。有时，营销洽谈中突然出现意外时，风趣的言辞往往能起到很好的调节作用。

一天突然下起了大雨，一队刚刚到达的外国游客被这种天气弄得兴致顿失。这时，接待的导游疾步迎上去，笑着对旅客们说：“中国有句古话：‘有朋自远方来，不亦乐乎！’你们看，连老天也降下甘霖为你们洗尘。”这几句应景而俏皮的欢迎词，让游客们舒展了紧锁的眉头。

另一天清晨，某旅馆因故停水了，等待用水的游客们非常生气。这时，旅馆经理马上出面向大家道歉，并说：“如果中午之前水还不来，我保证去挑水给大家使用。”此话一出，怨言顿消，有的人还不停地夸奖经理幽默。

还有一次在为顾客准备的欢迎宴席上，举杯共饮之时，不知是谁不小心打碎了一只酒杯，使人们陷入一阵忙乱之中。这时，主人举起一只酒杯大声说道：“请注意，我还要摔碎一只酒杯！”大家不知何故，都怔怔地望着他。他说：“为大家求个‘岁岁(“碎”与“岁”是谐音)平安’呀！”众人一听，全都笑了，这位主人以自己别出心裁的风趣妙语使得酒席的气氛又恢复如常。

幽默的言语更是常常出现在一些小贩的叫卖声中："如意，如意，保您如意，买个如意，年年如意。"这些推销言语合辙押韵，顺口顺耳，听来风趣生动，能吸引顾客兴趣，激发其购买欲望。

人们都喜欢"谈笑风生"的营销员，在谈判桌上，幽默风趣的对手也是很受欢迎的。

谈判刚开始时，人们总会感到紧张和不自在，尤其是第一次谈判更是这样。但是，幽默可以使大家放松，可以缓减紧张心情，创造和谐的气氛。一旦大家从那种相互戒备的心理状态下解放出来，注意力便不再集中于谈判的胜败，而会转移到如何解决问题的方面上来，这样友好的交易才能继续下去。

一位优秀的营销员，要想在商场上来往穿梭，有丰富的立足之地，不仅要有幽默的语言，而且还要有幽默的动作，以赢得顾客的喜欢。当然营销员的幽默不是仅仅为幽默而幽默，所说的言辞、所讲的笑话都要有的放矢，才有助于吸引顾客对产品产生兴趣。

曾有这样一个故事：

秘书恭敬地把一个营销员的名片交给董事长，董事长却非常不耐烦地把名片丢回去。秘书无奈地把名片退回给站在门外的营销员，营销员却不以为然地又把名片递给秘书："没关系，我会下次再来拜访，所以还是请董事长留下名片。"无法拗过营销员，秘书只得硬着头皮再将名片递给董事长，这下董事长火了，将名片一撕两半，扔进垃圾桶。

这下把秘书吓到了，董事长愤怒地从口袋里拿出10块钱说："10块钱买他一张名片，够了吧！"哪知道，当秘书把10块钱递给营销员之后，营销员激动地说："请你跟董事长说，我的名片5块钱一张，所以我还欠他一张。"随即又掏出一张名片交给秘书。

突然，董事长从办公室里笑着走了出来说："不和这样的营销员谈生意，我还找谁谈？"

点金石

幽默风趣的言语可以让原本死气沉沉的氛围变得生趣活跃，还可以拉近双方的心灵距离，增进感情。

用最动听的声音接打电话

如今，电话对营销人员来说已经成为不可缺少的沟通工具，很多业务往往需要借助电话才能完成，利用电话联系业务已占有十分重要的地位。借助电话与未曾谋面的顾客做沟通非常方便，既节省时间，又能有效地与顾客进行沟通。所以，如何打电话已成为营销员必修的课程之一。

犹太商人贝格特曾委托一家调查公司对"电话营销中的细节"进行调查。据调查所知，其中有一条是："在电话交谈中，大多数人更注重的是音调的抑扬顿挫和特殊的音质，而并非话语本身的内容。"为了给顾客留下良好的印象，为之后的交易打下基础，营销人员必须注意自己在电话里的说话音调及表达技巧。

贝格特的公司在为新职员进行培训时告诉他们，在接打电话的声音技巧方面，通常要从以下4个方面进行训练：

第一，顾客讲话时声调很高，既爽朗又热情，而你却声调低沉，声音微弱，你觉得你们之间很协调吗？

第二，顾客讲话温和文雅，礼貌有致，而你讲话却简单生硬，粗犷庸俗，你会觉得你们之间很协调吗？

第三，顾客讲话语速快，思维敏捷，而你却慢条斯理，反应迟钝，半天接不上一句话，你会觉得你们之间很协调吗？

第四，顾客讲话语速较慢，属于那种触觉型思维，显得沉着、稳重，而你却是视觉型思维，说话快得像在打炮，令人“耳”不暇接，你会觉得你们之间很协调吗？

贝格特强调：在电话里，语速的快慢以及声调的强弱、急缓、舒展、高低、节奏等等，都要与对方相互协调、相互配合，才能产生良好的效果。

贝格特认为：电话推销中功劳最大的莫属声音了，声音能够传递你的态度和热情，它的整个影响比例占到了传播信息的45%。可见，调整并使用恰当的声音对于打好电话来说是至关重要的，它是对你产生良好印象的基础。你的声音听起来完美对于电话推销来说非常重要。

依照贝格特的观点，一个恰当的声音应有以下几个作用：

体现你的沉着，冷静；吸引他人的注意力；让过于激动和正在生气的顾客冷静下来；诱使他人赞同的观点；让自己更有说服力；使你的决定深入对方心里。

为此，在电话中，你必须注意自己说话的音调以及表达技巧。比如：

反复提到顾客的名字，从而吸引顾客的注意力。但是要注意，重复的次数要恰到好处。若你在60秒内连续不断地说“那么，史密斯先生”，会明显地透露你的做作；让人反感。

说话的语气要缓和有度，最好用中性语气，避免过高或过低。此外，讲话时应避免让对方听见你的喘气声及你因兴奋而发出的尖叫声。

讲话声音过高或过低，速度太快或太慢都是不可取的。

要让人感觉到你在说话时面带微笑。顾客往往能从你的语气中感觉得到你说话时是否带着笑声，是否随和友善。

说话的声音要响亮并且充满热忱。响亮而高亢的声音给人以充满活力和生命力之感，它会影响和感染到顾客的心境，促进交易成功。

说话要适当调整你的语调。语调能反映出你说话时的心境情绪，表露出你的情感和态度，比如激动、沮丧、惊诧、怀疑、胆怯、生气等。你应该让顾客从你的语调中了解到你是一个令人信服、富有幽默、可亲可近、值得信赖的人。要做到这一点，就要保持说话的语调与谈话的内容相互协商，恰当地表明你对本次谈话的态度。

说话时发音要准确清晰。说话吞吞吐吐，拖腔拉调，或者是鼻音过重，这些都会使顾客听起来不舒服，从而产生一种本能的抵触情绪，这些细节是必须注意的。

通话过程中应尽量避免装腔作势，要以平常见面说话的相同语调，且要调好嘴巴和话筒的距离。一般以对方能听清楚最为适合。

声音过于高亢的人说话时，不妨轻柔些，相反，声音低沉的人，若故意把声音说得很大，反而使对方感到不自然、不舒服。冰冷平淡的语气，会让顾客以为你是迫不得已为了业绩才和他做生意。即使当事者都用平常的语气说话，但是原本声音就低再加上话筒远，也会容易让人产生冷淡的感觉。另外，说话不带感情，语调单一乏味，也不能给顾客留下良好印象。一般都会先以冷淡的声音来回答，待得知对方姓名后，才立即变得十分亲切，这种截然不同的态度，常会令对方觉得虚假。身为营销人员，此法绝不可取！即使在家里，顾客或公司主管都可能打紧急电话找你，因此不仅是自己，还要请家人协助，让大家都拥有良好的电话应对术。

在通话过程中，如果疏忽地以为对方看不见自己的姿势就可以随心所欲地乱坐乱躺，就容易发生意外的挫折。比如，你边与顾客打着电话边若无其事地抽着烟。谈话进行当中，突然听到对方打岔说：“对不起，能不能请你稍微忍耐一下？”也许是因为你打火机的点火声及不断吞云吐雾的鼻息让对方察觉到的缘故。

不要说是边打电话，边抽烟、喝茶，即使只是一个懒散的姿态，对方也会“听”得出来。因为，假如你蜷曲着身子躺靠在椅子上，声调就会显得懒散，对方可能就会敏感地问“身体不舒服吗”，等等。

所以，接电话时，即使看不见对方也要当做对方就在你面前一样，随时注意自己的姿势，这是非常重要的。

千万不要以为对方看不见你，你就可以随心所欲地靠在椅背上，这种自高自大的感觉会不知不觉地体现在声音中，让对方感到不舒服。因此，要想将你的真心诚意传达给对方，在言语中虚伪掩饰是行不通的，重要的是姿态自然、蕴藏感情，这样才能将你真诚的心意传给对方。

要让人感觉到你在说话时面带微笑。顾客往往能从你的语气中感觉得到你说话时是否带着笑声，是否随和友善。

商务谈话要简洁准确，切中要点

商务谈话都不是有感而发的，你所说的任何语言都应能准确无误地表达自己的意图，不能说了半天还没有谈到重点。

有些人很难做到嘴里说的与心里想的一致，即所谓“言不尽意”“词不达意”。

众所周知，法国著名作家大仲马的小说畅销世界各地。一次，一家书店老板获悉大仲马即将光临，便立即吩咐将其他作者的书统统从书架上取下，全部换成大仲马的著作，目的是想讨好这位大名鼎鼎的作家。大仲马到书店一看，发现书架上只有自己的书，于是询问别人的书都哪里去了。老板急不择言，随口说道：“都卖完了。”这使大仲马特别惊诧，想不到自己竟成了这里的第一号滞销书作家！

店老板慌忙之中，弄巧成拙，结果适得其反。事实证明，清醒的意识对于说话非常重要！

如果一个营销员在谈生意时，悠闲地坐在沙发上，随心所欲地与对方胡乱闲扯。毫无疑问，这样的营销员，在事业的道路上是无法取得成功的。

现代商业越来越繁忙业务、应接不暇，所以，商务谈话中的每一句话都应切中要害，抓住主题，除非万不得已，否则绝不可拖延。

所以，那种说话不直接而喜欢绕圈子的人，就算你在业务上下尽全身工夫，也不会做成什么大事。

我们说话，目的是为了向别人说明一些事情，感动人并且说服人，能激发他们的兴趣，产生相应的行动。无论你向谁推销商品都不该离开下面四个要点：

第一，说明商品；

第二，激发他们的兴趣；

第三，说服顾客；

第四，完成交易。

所以，准确地表达自己的意图，在商务谈话中是非常重要的。

谈话不切中要害、抓住重点、旁敲侧击、不着边际，结果，你说了很多，别人却仍找不到要点，这样你就会引起别人的反感。

善于把话说到点子上

和顾客交流时，营销员要掌握好分寸，把话说到点子上，避免造成误会。

要把观点表达清楚，首先要求营销员在与顾客交流之前，要做好充分的准备，以拥有清晰的思路。弄清楚说话内容的先后顺序，以及哪部分是重要内容，需要反复强调。另外也可以用实例来证明你的论述，所举的例子最好是我们身边的真人真事。

但应注意一点，即使是举实例，语言也应简明扼要，把道理说清说透就可以了，莫要喋喋不休，防止画蛇添足。举大量的实例会使你的论述更具有说服力，但是反复过多地强调便会适得其反，让顾客觉得你啰唆，对你反感。

营销员在推销产品过程中，如果要介绍的内容很多，则应先强调重点，根据对方的情况来裁剪谈话内容。对方如果时间有限或领悟能力不强，就应适可而止；如果对方非常感兴趣，而且没有时间限制，就要介绍得详细全面，且要“不厌其烦”，短话长说，甚至多次讲解。

在洽谈过程中，需要营销员陈述的内容很多，但是，不同阶段的陈述应有不同的重点。要根据情况反复强调重点，即使顾客对所有信息都感兴趣，也不应将其全部安排在一次陈述中，这样才能保证顾客能完全理解你所陈述的内容。再次，要求营销员的语言语调要准确，抑扬顿挫。总之，要确保陈述的内容能被顾客准确地理解。

把话说到点子上，当然还需要营销员在营销过程中高度集中精力，抓住与营销商品有关的重点问题，而不是去讨论枝节问题和与产品无关的话题，以免失去谈主要问题的机会。同时为避免不必要的烦恼，要减少与顾客相左的想法及话语尽量少提及其他的事，多发现共鸣之处，探讨双方都感兴趣的事，最好是与产品有关的事。

无论交谈的成员只有两个还是多人，最重要的是一开始就阐明你的想法，然后才作补充解释。这样做不仅可以节约时间，而且还可免除别人对你的猜测，或者一下子得出错误结论。

营销员在与顾客交谈时，应紧紧围绕营销这个中心。随便拉些家常，活跃一下气氛是可以的，但不应扯得太远，要注意适可而止，积极地切入主题。

对于营销员而言，大多数交谈都是一对一进行的，在这种情况下，反复强调某个观点或突出某个主题不失为一个不错的方法。

除此之外，还要注意一点：在营销过程中，要尽可能地挑选对方最感兴趣的主题，假如你要说关于改进营销效率的问题或要把某项计划介绍给某公司董事会，那你就要强调它可以带来的众多利益及好处。你要劝说某个人接受某项任务，就要着重讲怎样才能使他们能够顺利、轻松地完成任务。必须知道每个营销对象的想法都一样，他们总希望从商务洽谈中知道这样做能为他们带来哪些好处。

点金石

和顾客交流时，营销员要掌握好分寸，把话说到点子上，避免造成误会。

向顾客提供信息要有分寸

有时向顾客透露过多的信息反而会不利于其做出购买决定。

每个人都不一样。你要想知道每一个顾客的需要，唯一的方法就是读懂顾客从细微之处透露出的微弱讯号，为他提供他觉得重要的信息，使他关注某种产品的特质能满足他需求的好处，引发他对产品产生积极的反应。

很多生意人常常犯一个共同的错误，就是给顾客太多的信息。这便造成了许多不必要的混乱，并且给人留下还有许多事实需要证据的印象。

如何确定你提供的信息刚好足够而不多也不少呢？首先弄清听者是经过三思之后的刻意地点头，还是真正需要时的轻松自然地点头，一般精明的生意人都能很专业地感觉到这两者之间的区别。第二个反应叫全身心地点头。刻意地点头表明他对你给出的信息的内容做出了反应，但全身心点头则表明对你用来交流内容的方式的反应。当你使用能让顾客更满意的感觉渠道来讲述你的信息时，你会看到他们全身心地点头，这就表明他们很看重你说的话或对其很感兴趣。

利用顾客更喜欢的感觉渠道来推销产品，包括所有必需的基础信息，将它们集中在你产品的质量和带来的好处上，吸引他们所喜欢的感觉。你会惊讶地发现，你无须多言，就能轻轻松松地收集到让顾客觉得重要的信息。

要创造积极的情绪，比如，人们购买冰箱时，并不是因为一时喜好或一时冲动而想买一个新的。他们可能花了很多时间和很多金钱来维修家里旧的那个，企图用尽它最后一点价值。但最终还是迎来了终结的那一天，顾客希望尽可能快速、节省地做完家务。你又怎样用顾客的冲动性购买来销售电冰箱呢？这是种方式，即所谓的“关联性反应”。

下面是一个冰箱营销人员激起顾客的热情的例子。

顾客：“我需要一个新的冰箱。我的旧冰箱今天早晨坏了，我不想花很多钱在修理上面。”

营销人员（站在冰箱旁）：“嗯，你肯定会很喜欢这个的。它基本上是免费的（碰了碰那设备）。它的特点是省电（指着在设备边上的能源操作手册），它能为你省下你买它所付的钱。（用手指轻敲能源操作手册）”

顾客：“听起来不错，但是不是越省电的冰箱就越贵？”

营销人员：“这个冰箱性价比非常高，可以稳定地省电。”（转向设备）“看这里，这个自动制冰机，想想这会为你减轻多少负担。你随时需要冰，这里随时会有。每次你招待朋友喝一杯时，或当你的孩子从学校回来，一边向你讲述他的学校的一天，一边要一杯冰凉的饮料时，碎冰托盘总是满满的。”（赞许地碰碰自动制冰机）

顾客：“这很不错，不需要整天担心那些冰格是否都满着。”

营销人员（抓住机会将这种积极的反应和冰箱联系起来，当顾客开始理性的思考过程时又触摸电冰箱）：“明天的这个时候，你们家的厨房里会多这么一个新的冰箱，里面会装满你和你的家人所需要的所有的冰。并且不需你动手，我们的送货人员将免费送货，它很坚固的（断然地关门，来强调它坚固的结构，然后轻轻拍了一下）。”

这个营销人员，将顾客所说的价钱变成了顾客能得到的价值，然后一再强调那些花费是合理的。很快，营销员将注意力转移到另一种情感，使顾客关注产品的某种特定的特质能为他们带来的好处。

这个营销人员通过语言和身体的某些姿态将产品与好感觉完全地联系在了一起，并将任何怀疑和问题放置一边。每说产品的一个优点时，都会轻抚一下或轻拍一下商品。每一次顾客带出的潜在的消极的东西，都会被营销人员巧妙地移开。营销人员的目的是引发顾客对产品产生积极的感觉。

点金石

每说产品的一个优点时，都会轻抚一下或轻拍一下商品。每一次顾客带出的潜在的消极的东西，都会被营销人员巧妙地移开。营销人员的目的是引发顾客对产品产生积极的感觉。

成功的营销需要积极的假设

在你的心理上假设顾客要购买你的产品是有必要的。如果你走进一家餐馆，服务员问你想不想吃饭，你难道不觉得她很可笑吗？她知道你为什么会到这里来——因为你要买吃的。你对顾客也应有这样的想法，总假设他们是为买东西而来的。

假如你正在戒烟，当你走入某家商店时，一位女营业员问你：

"先生，需要买烟吗？"

这时，"买烟"与"不买烟"的两种思想就会在你脑海中开始斗争。最后，或许你戒烟的自我控制力取得了胜利。但是，如果这位女营业员是这样问的：

"先生，你不买烟吗？"

这时，你就往往会脱口而出："不买！"因为你的头脑中拒绝买烟的思想立即付诸了行动。如果这位女营业员再换一种方式问道：

"先生，你想买什么牌子的香烟？"或者："先生，我现在就给你拿烟来吗？"

在这种情况下，你可能就会情不自禁地说："来一盒吧！"

这里，为什么你的想法没有改变，只是因为女营业员三种不同的问法而使你采取了不同的做法吗？

原因就在于：女营业员的第一种问法是在含蓄地告诉你，你可以反对她的建议，换句话说，她间接地导致了你的对立和抵触情绪。女营业员的第二种问法则清楚地告诉了你，可以拒绝她的建议，即她直接地唤起了你的对立和抵抗情绪。而女营业员的第三种问法却机智地把你的注意力从"买不买烟"的问题上直接过渡到"买什么牌子的烟"或者"什么时候买烟"的问题上来，从而排除了你在思想上产生的对立和抵触情绪，并让你感觉到不买有点过意不去。这样，你往往会不经过仔细考虑就轻易地接受了她的建议。

当你假设他们会买的时候，没有必要再对顾客施加压力。只有当营销人员担心如果不施压顾客就不会买的时候，才会考虑使用高压策略。

所以，要用积极的假设来促进积极的对话。要说："你喜欢这种款式，不是吗？"不要说："你喜不喜欢这种款式？"

要说："我想应该包括额外的服务担保，因为这笔看似渺小的投资能为你带来很多好处。"不要说："你需要额外担保吗？"

下面是一个例子：

当一个顾客在试穿西服看是否合身时，营销员没有问他："你想买吗？"而是领着顾客到镜子跟前让他自己看看。"你瞧，这衣服就像是为您量身定做的一样。"营销员边说还边扯顾客的衣角，接着说："现在我们去量尺寸吧。"

营销员叫来他的裁缝——仍没有忘记扯着顾客的衣角——说道："你瞧，他穿着多好看？"

"确实很好，我现在就为您裁。"裁缝说着，一边量着尺寸，一边拿起笔在布料上划起来。

“腰部合身吗?”营销员问道。

“是的,还不错。”顾客答道。

“先生,裤子就这么长,您看长不长?”营销员又问。

“啊,刚好。”顾客回答道。

“先生,裤脚需要有反褶的吗?”营销员问。

“不需要。”顾客答。

“做这套衣服需要多久?”营销员问裁缝。

“星期四就可以来取了。”裁缝直接告诉顾客。

“这套衣服真的很适合您。”营销员最后又说了一遍,并赞许地点点头。

“随我到领带室来,我为您挑一条配套的领带。”说着,拉着顾客来到领带室。

在上面的例子里,营销员一层又一层地采取假设成交的方法。从假设顾客要照镜子到顾客要量尺寸,又到要定取衣服的时间乃至最后要配领带,全都是由营销员的假设成交促成的。

只要顾客没有说出“不”字,那么表明他心里是同意了的。营销员知道此时这笔生意基本上已经成交了。

营销员在确认这件生意能成交之前一直都在采用假设的方法,到顾客走出商店的时候,他还未停止推销:“请下次来时一定再找我。”这里,他再一次假设顾客会再来。

也就是说,作为营销员,与顾客的交谈时不应是“您要这件产品吗”,而应该是“您还需要什么?您什么时候来取?在哪儿交货好”如此等等。

点金石

应该总是进行积极的假设——他们要买的假设,他们要从你这里买的假设,他们今天要买的假设,一切都能成交的假设。

用事实说话

众所周知,推销过程中要采用理论与实践相结合的方式,一旦在理论当中适当加些实践,推销过程往往会显得生动。有这样一个例子:

有一个中年男子无意间闲逛到玩具专柜前,女营销员热情接待了他。男子顺手拿起柜台上的一只声控玩具飞碟。

女营销员马上问:“先生,您的孩子多大了?”

男子回答:“6岁!”说完把玩具放了回去。

女营销员说:“这是刚上市的新款,是现在非常流行的玩具……”她把玩具放到柜台上,手拿声控器,开始熟练地演示玩具飞碟,前进、后退、旋转上升、下降,展示了玩具的各种性能,同时又用自信而肯定的口吻说:“让小孩玩这种声控玩具,可以培养他的领导意识,对于开发孩子的智力也很有帮助。”说着,便递给男子又一个声控器,说:“你还可以和孩子一起玩,多好。”于是那位男子也开始玩了起来。这时营销员停止了介绍。大约两分钟后,男子停下来若有所思地打量着玩具。

女推销员看见有一定的机会,进一步介绍说:“这种玩具设计很巧妙,玩起来花样很多,比别的玩具更有吸引力,一般孩子们都特别喜欢,很多顾客都买了……”

男子逐渐被说动了,问营销员:“一套多少钱?”

女营销员仍然面带微笑说："先生，好玩具自然与普通玩具的价格不一样，况且跟发展孩子的领导才能比起来，这点钱实在是微不足道，孩子往往有着巨大的发展潜力，家长得给他们发挥的机会。你买这种玩具是不会后悔的。"她稍停一下，取出两节崭新的干电池说，"这样吧，这两个新电池免费奉送！"说着，便把一个原封的声控玩具飞碟，连同两个电池，一起包装好后递给男子。

男子接过袋子说："不需要试一下吗？"

女营销员说："放心，质量没问题！如有质量问题，三天之内可以退换。"

男子付了款，高高兴兴地提着玩具走了。

实例演示与口才相结合，更能吸引顾客的兴趣。

点金石

推销过程中要采用理论与实践相结合的方式，一旦在理论当中适当加些实践，推销过程往往会显得生动。

掌握答复技巧

如果希望商谈顺利进行，那一定要及时回答对方的提问，并不失时机地同对方展开讨论。但是说话必须掌握分寸，不可口无遮拦。你应对你所说出的每一句话负责，因为对方可以理所当然地将你的回答当成是一种承诺。

掌握答复技巧应注意以下几个方面：

1. 不要彻底回答所提的问题

答话者要尽可能地缩小提问者所提问题的范围，或者在回答之前略加修饰和说明。

比如，对方关心某种产品的价格问题，就会直接询问这种产品的价格。如果很彻底地回答对方，把价钱一说了之，那么在下一步的谈判过程中，你可能就会处于被动的位置了。

2. 不要确切回答对方的提问

回答问题时，应该为自己留下一定的余地，也不要完全地暴露出你所有的实力。

你可以先举一个类似的例子，再回到正题。或者，利用反问的方式把重点转移。

3. 减少问话者追问的机会

问话者如果发现了答话者的漏洞，往往就会有"打破砂锅问到底"的趋势。所以，回答问题时要特别注意，不要给对方抓住漏洞而继续问的机会。

4. 让自己获得充分的时间思考

回答问题前请先三思，对问题要进行全方位的思考，要做到这一点，就需要充分的思考时间。你不必顾忌谈判对手的催问，而是告诉对方你需要一定的思考时间。

5. 有些问题不值得回答

谈判者有回答问题的义务，但是这并不等于必须回答谈判对方提出的每个问题。特别是对某些不值得回答的问题，可以根据具体情况做出相应的回避或礼貌地拒绝回答。

例如，在谈判中有些谈判者提出些与主题无关的问题，显然这些问题是可以不用回答的。或者，对方会有意提一些容易影响你情绪的问题，其用意在于使你一时冲动而失去自制力。回答这种问题，只会损害自己。因此可以一笑了之。

6. 不轻易作答

有些谈判者会提出一些模棱两可、让人难以回答的问题，意在摸对方的底。对于这一类问题，首先应知道对方这样做的本意是什么。否则，轻率地随意作答，就会陷入对方为你设下的圈套。

7. 找借口拖延答复

有时可以用资料不全或需要请示等借口来拖延答复，或者直接告诉对方自己需要一点时间思考，但并不意味着可以拒绝回答对方提出的问题。因此，回答对方问题之前，要找借口拖延时间，从而给自己留出更多的时间考虑如何来回答问题。

8. 有时可以将错就错

在商务洽谈中，由于双方的表述方式与理解思维各有不同，因此，误解对方所表达的意思的事情是经常发生的。

一般情况下，这往往还会阻碍谈判双方信息交流与感情的沟通，因而有必要予以更正、解析。但是，在某些情况下，这种错误理解能够为谈判中的某一方带来好处。因此，在适当的时候应采取将错就错的策略。

比如，当买方询问某种商品的各方面性能时，卖方回答买方多买可以享受一定的优惠。买方把卖方的答复理解为：如果想得到优惠的话就必须成批购买，而卖方真正的目的只是希望买方能够多购买一些。

如果买方这样理解之后仍然有购买意向的话，卖方当然不必告诉对方自己的意愿是什么。

点金石

如果希望商谈顺利进行，那一定要及时回答对方的提问，并不失时机地同对方展开讨论。但是说话必须掌握分寸，不可口无遮拦。你应对你所说出的每一句话负责，因为对方可以理所当然地将你的回答当成是一种承诺。

好的开场白是成功的一半

在面对面的营销访问中，第一句话的质量如何是十分重要的。可以说，好的开场白已经让你的营销成功了一半。大部分顾客在听营销员第一句话时的认真程度远远要大于听后面的话的认真程度。听完第一句话，很多顾客就已经决定是要让营销员继续说还是要请其离开。因此，营销员要做好开场白，才能迅速抓住顾客的注意力，让自己的营销访问顺利进行下去。

在很多情况下，营销员往往不能很好地处理好自己的开场白，有时废话太多，根本没有什么作用。比如：“先生，您需要……吗？”这是最常见的开场白，但同时也是最不可取的开场白。如果打一个招呼就开始介绍自己的商品，并迫不及待地反复强调自己的商品是如何的好以及购买该商品能为顾客带来的好处，然后就请顾客购买，这种方式是不会让你的营销取得成功的。

又比如人们常常使用一些与营销无关的开场白：“很抱歉，打搅您了，我……”或：“您不买些什么回去吗？”或：“生意好不好？”在聆听第一句话时，顾客都集中注意力，但获得的却是一些杂乱琐碎的无用的信息，一旦开场失败，你接下来的营销也必将会困难重重。

好的开场白应一开始就能吸引顾客的注意力。所以开场白是十分重要的，表述时必须生动有力、语言简练、抑扬顿挫、语速适中。讲话时眼睛应平视对方双眼，面带微笑，表现出自信而谦逊、热情而自然的态度，绝不可拖泥带水、吞吞吐吐或胡言乱语。

利用一开场就让顾客知道交易能为他带来好处的方法以吸引对方注意力，将是一个非常不错的方法。

有一位书店的营销员，在向顾客和读者推荐图书之前总会从容不迫、平心静气地向对方提出这样3个问题：

"如果我们赠您一套与经济管理相关的丛书，您打开之后发现十分有趣，您会读一读吗？"

"如果读后觉得受益匪浅，您会愿意购买吗？"

"如果您发现对它无太大兴趣，会把书重新寄还给我们吗？"

这位营销员利用了连珠炮似的3个问题作为开场白，使对方无法回避，也让一般的顾客几乎找不到拒绝的理由，从而达到了接近顾客的目的。后来，这3个问题被大多数出版社的图书营销员所采用，成为接近顾客的绝妙方法。

比如，你还可以这样说：

"史密斯先生，您认为是哪些因素导致了贵公司目前的产品质量问题？"

经理们往往特别关心产品质量，营销员这样的提问，无疑将引导对方逐步进入交谈。

一位汽车营销员向某公司的老板推销他们刚上市的新型节油汽车，他的开场白是这样的："约翰先生，向你请教一个问题，请问增加贵店利润的三大原则是什么呢？"

一般的老板都是非常愿意回答这种问题的，他会告诉营销员："第一，降低进价；第二，提高售价；第三，减少开销。"

于是营销员马上抓住第三条继续说："你说的句句是真言。特别是开销，这是一种无形的损失。比如汽油费，一天节约20元，那么一年可以节约多少？如果贵店有三辆车，一天节省60元，一个月就是1800元，一年就可节约21600元。如果能够节约却不节约，就好像把金钱一张张撕掉，一共要撕掉多少张呀！换句话说，这么大笔无形的资金被抽走了，更何况这21600元不是从营业额开支，而是从利润额中开支。如果将这些钱存在银行，以5分利计算，那等于240万元本金存一年的利息。老板是不是愿意考虑下节油的事儿呢？你可以精细地计算一下，怎么样？"

上述三个事例中，营销员直截了当地问了顾客最关心的问题。在开场白中，营销员也可以开门见山地告诉顾客，你们的交易能为他带来哪些具体利益，比如：

"总经理先生，安装这部电脑一年将为您节约15万元开支。"

"史密斯先生，我有一个办法能使贵公司提高产品合格率。"

当然，开场白里适当地插入一些赞扬也是不错的。比如：

"斯考特先生，您好！我是戴尔公司的杰夫，今天我到贵府，是专程来请教您这位附近最有名的老板两件事的。"

"附近最有名的老板？"

"是啊！据我打听，大伙都说这两个问题最好请教您。"

"哦？大伙都这么说？真是太抬举我了，那么是什么问题呢？"

"实不相瞒，是……"

"外面站着不方便，进屋来说吧。"

每个人都希望得到别人的赞美和夸奖，只是有些人把这种希望表现得不明显罢了。因此，在开场白中只要你说"专程来请教您这位附近最有名的老板（专家、学者）"时，你的访问基本上都能顺利进行。

点金石

犹太商人霍伊拉说："交易有时并不是在推销结束时才达成的，精彩的开场白也是重要原因之一。开场白的好坏，往往影响着你推销的成败。"

赞美的技巧

赞美的力量是无穷无尽的。常言道:“良言一句三冬暖。”每个营销人员都应掌握“赞美”的技巧,并能将其运用自如。

李立是某油漆股份有限公司的营销员,他们公司刚刚开发了一种新型油漆,他们花了昂贵的费用去做广告,但是效果却不佳。这种新油漆色泽柔和,不易剥落,防水性能好,不褪色,具有很多优点,这么好的产品为何没有太多的人买呢?李立经过仔细调查,最终决定以本市最大的那家家具公司为突破口来打开销路。

这天,他直接来到家具公司,找到他们的总经理:“据说,贵公司的家具质量非常好,我特地来拜访一下。真是百闻不如一见,您又是本市十大杰出企业家之一,您在这么短的时间内,就取得了这么辉煌的成就,您的才干真是非常了不起。”总经理想都没想就开始向他介绍本公司的产品特点,并向他讲述了自己从一个贩卖家具的小贩走向生产家具的大公司总经理的历程,还领李立参观了他的工厂。在上漆车间里,总经理指着几件家具向李立炫耀那是他亲自上的漆,李立顺手将喝的饮料倒了一点在家具上,又用一把螺丝刀轻轻敲打,总经理被弄得莫名其妙,不知他到底想干什么。还没等总经理开口,李立就说道:“这些家具的造型、样式是一流的,但这漆的防水性不好,色泽刚硬,并且易剥落,大大影响了家具的质量,您觉得呢?”总经理不得不承认这是事实,于是提到听说某公司推出了一种新型油漆,但不知质量如何,不敢订购。李立连忙从包里掏出一块六面都刷了漆的木板,只见它泡在一个方形的瓶子里,另外还拿出了几块上着各种颜色的漆的木板。李立对总经理说:“这块木板已经泡了一个小时,木板没有膨胀,说明漆的防水性好,用工具敲打,漆不脱落;放到火上烤,漆不褪色。就在总经理赞不绝口的时候,李立亮出了自己是营销员的身份。当然,这家公司最后成了李立公司的大顾客,双方都各取所需,达到了双赢。”

在这则事例中,李立并没有一开始就向对方介绍自己的产品,或说自己产品如何好,而是从赞美这家公司的产品入手,又赞美了总经理的奋斗历程。总经理当然很乐意听别人赞美自己,于是带领客人去参观其产品,李立趁其心情愉快,在车间内,用事实向其证明了其使用的油漆性能差,从而影响到了家具的质量,并在这个时候,展示了本公司的得意之作。将二者进行对比,从而突出自己公司新型油漆的优点。于是,总经理很自然地接受了他的建议,就这样,李立成功地争取到了这个客户,达到了推销产品的目的。

有些营销员总觉得当面赞赏顾客显得太虚情假意,怕被别人认为自己在奉承。如果你有这种心理,不要担心,不要着急,更不要“改正”,“改正”的结果只会让你的赞美显得做作。不过也好,因为你具备了达到赞美最高境界的良好条件。赞美最好的方法不是赤裸裸地、不加停顿地向对方“表白”,而是拐弯抹角、含蓄委婉。当一个人转告他人的赞美时,一定要真诚自然,这样赞美的权威性和效果才能更好。

对职位较低的顾客你可以这样说:

“你们经理告诉我,你工作又快又好,让你办事,他最放心。”

对职位较高的顾客可以这样表达:“你的员工们告诉我,你不但领导能力强,而且还特别宽宏大量,跟你干是跟对了!”

我们东方人总是没有当面赞赏他人的习惯,所以东方人听到的赞美也少。因此,当一个营销员向对方转告他没听过的赞美时,总会产生意想不到的效果。能熟练地运用这种方法的营销员,赞美的功夫肯定也很了得!

点金石

赞美的力量是无穷无尽的。常言道:"良言一句三冬暖。"每个营销人员都应掌握"赞美"的技巧,并能将其运用自如。

恰到好处地恭维对方

人都有虚荣心,都希望得到别人的赞扬和肯定,如果这种赞扬是真诚的,而不会使人感到虚假或敷衍,对方就会觉得你待人真诚,就会对你表示友好、亲近,乐意与你打交道。

要让你的恭维恰到好处,就要注意四个方面。

1. 注意场合

当对方愿意听、喜欢听的时候,你恭维他,会起到很好的作用。

2. 注意尺度

恭维他人要适度,过分的恭维会让人觉得虚假。因此,营销人员恭维他人时一定要恰到好处。

3. 要有根据

你对别人的恭维一定要是发自内心的,恭维的内容很多,可以从对方的容貌、体态、个性、人品、能力、兴趣爱好等出发,但是一定要态度诚恳、真心实意。

4. 要分清对象

要有针对性地恭维,并且区别对待。对一个西方人,对方年纪再大,你说她年轻、漂亮甚至性感,她都会很高兴。但对东方人,哪怕只是一个中年妇女,听了之后都会觉得你是在讽刺她。你对一个较开放的少女,说她性感,她听了会接受,但用于一个较保守的少女,她便会觉得你在污辱她。

点金石

人都有虚荣心,都希望得到别人的赞扬和肯定,如果这种赞扬是真诚的,而不会使人感到虚假或敷衍,对方就会觉得你待人真诚,就会对你表示友好、亲近,乐意与你打交道。

勿以行家的口气参与洽谈

有个朋友,带他刚交的女朋友去电脑城买电脑。刚进店就有人出来接待:"我是这里的电脑工程师。如果您有什么问题,我可以为您解决。请问您需要多大配置的电脑?哪种品牌?什么型号的?"

一开口就是"行话",并且还是个工程师。那朋友一听,立刻愣在那里不知所措,僵了老半天,就随便指了一台电脑问:

"这台电脑多少钱?"

"先生,这台电脑一般比较适合中大型企业使用,价格也比较高。您可以告诉我,您的主要用途吗?我给您介绍一台既经济又实惠的,好不好?"

第二次开口,还是行话。那朋友又愣在那里不知怎么办,只好讪讪地说:

“中间那台电脑多少钱?”

“哦!价钱呀,我是工程师,我不太清楚价钱的事,我找业务员来和您谈好了。”

这朋友一听,感到很没面子,于是很生气地拉着女朋友的手掉头就走,还边走边骂:

“服务态度真不是一般的差,走!我们到别家去买!”

原来,这位顾客之前在女朋友面前说了大话,吹嘘自己对电脑有多内行,而事先既不补习,也不考虑好预算,结果一进门就碰到“电脑工程师”。本来想在女朋友面前表现表现的,结果撞上了行家,只好愤愤离去。买卖不成不打紧,“面子”总要顾到,最后只能假装怪别人服务差!

从营销员的角度来看,这位工程师犯了四个错误:

第一,他以为每个上门的顾客都是行家但实际上却不是。所以,对外行人讲行话要适可而止,否则会在无形中伤到对方的自尊心。

第二,在行销过程中,一旦发现顾客是个“外行”时,应该立刻将专业变为通俗,将“回答题”改为“选择题”,让对方能正确理解你的话语。

第三,其连续用了两个“内行问题”,让顾客陷入尴尬局面,却依然没有发现,无形中压缩了买卖以及谈判的空间。

第四,忽略了其他在场的人,没有考虑到买方也需要“面子”的问题。

话说回来,难道有其他人在场就一定使交易失败吗?这也未必,所谓“水能覆舟,亦能载舟”,就看推销员怎么应对了。

一位诚实忠厚的顾客,某天晚上到现场看房子,并对房子的各个方面都感受满意。经过一番讨价还价之后,从1200万元杀到了1150万元,并当场付了10万元订金,双方言明等第二天早上银行一开门,就会再补40万元订金。

第二天一早,顾客如约来到现场,并且还带了很多“顾问”,打算在补足订金前让家人再仔细看看房子的各项条件。

这时,有一位自称是他哥哥,是一个看起来似乎对房子很“内行”的中年人,手上拿着丈量尺,二话不说就量起来。折腾了半天,终于将需要量的东西全量完了。之后,就一个人拿着计算器默默地算了起来。

负责业务的是一位经验丰富的营销员,将这一幕看在眼里,但是经过观察,他断定这又是一位外行充内行的“专家”。但他并没有立即做出反应,反正“兵来将挡,水来土掩”嘛!

这位老兄虽然不是内行,但反应还算敏锐,他似乎发现对方已经看穿了自己的心思,立刻自我调整:

“室内平数用地砖来算更方便简单!”

说完,又似乎在自言自语道:

“多少块地砖才有一个坪呢?”

营销员非常敏锐,明白这老兄一定是在家人面前大吹大擂的“牛皮王”,现在出了洋相,不知道怎么解围了!

营销员一边想着一边走了过去,对这位“专家”说:

“我们公司历来将诚信作为原则,从不欺骗顾客。不信您一下,您把总平方米乘上0.3025,就等于总坪数,但这个坪数不包含公共设施及墙壁厚度。”

说完立刻拿出计算器,按照刚才的公式把结果算出来,又对这位“专家”说:

“您看,全部总平方米换算成坪数与平面图登记所换算的坪数丝毫不差,麻烦您这位‘行家’看看是否正确!”

这位老兄一听到对方说自己是“行家”,于是又故意问道:

“坪数是没问题,但是我担心这里以后会被征收。可以把本市规划图给我看看吗?”

营销员一听，立刻将规划图拿过来。因为都市计划图是由很多张拼起来的，但营销员却故意先折好再拿给对方。结果对方一拿到手，竟然是反着看，这时可以百分之百确定，对方肯定是个外行。营销员见机行事，赶紧指着都市计划图，解释道：

"您看，我们的位置在这里，路在这里……完全没有'都市计划'的问题。本公司一向秉着诚信原则，绝对不会欺骗顾客，您可以放100个心，绝对不会……"

事已至此，"专家"不再继续问了，于是他下了最后的结论：

"就没有什么问题了！可以买了！"

才说完，全家一起手舞足蹈，立即到公司将签约手续完成。

如果营销员反应迟钝，指出这位老兄露了馅，对方一不高兴，这笔生意肯定泡汤！

点金石

营销员要是没有敏捷的反应能力和观察力，即使是"煮熟的鸭子"，也会飞走！

必须努力避免的洽谈语言

与顾客进行营销洽谈时应遵循一个原则，即语气柔和，简明扼要，要点突出，让顾客听起来舒服、愉快，容易理解。因此，在营销洽谈中，应尽量注意以下几个方面：

1. 避免使用命令式语气

命令式语气是讲话者想将自己的意志或想法强加给对方，让对方无条件执行或遵从。这是营销中不应出现的，如果你换成请求语气，对对方表现出相应的尊重，以协商的态度提出，对方肯定会更容易接受。例如，顾客问营销人员还有没有牙膏卖，营销人员说："没有了，不知道多久才会有。"这样的语气会让顾客产生他好像是在乞求营销员的感觉，很可能转而到别的商家去。同样一句话如改成："本月牙膏全部订出去了，不过我们厂正在加班生产，您愿意多等几天吗？"这样的语气不但主动承担了自己的不是，还以请求的口吻请顾客多等几天，略表歉意之情，通常情况下，顾客都是会谅解的，并且愿意多等几天。同样一个意思，不同的语气，效果截然相反，更加说明了语言艺术真的很重要。

2. 不要盛气凌人

无论你的能力多么强，你所营销的产品再畅销，也不要在顾客面前春风得意，更不能从你的谈话、表情或体语中体现盛气凌人、居高临下的态度。无论在什么情况下，一定要使顾客感到他们是上帝，让他们在商谈过程中感觉到你对他们的尊敬和重视。

千万不能在顾客面前摆出一副盛气凌人的架势，这会让他们产生一种屈尊于你的错觉，这样反而会产生抵触心理。任何时候都要让顾客感觉到，是他在购买产品，而不是你在营销。一定要平等地、谦逊地对待顾客，这样你才会赢顾客。

3. 少用否定句

营销人员在销售过程中应避免使用否定句，因为你否定的往往是对方的意见和想法，容易引起顾客的不满。而肯定句是在间接肯定对方的意见，双方都乐于接受。一般情况下，肯定句是能够代替否定句的，而这样的改变往往能起到更好的作用。例如，顾客问："这个款式有红色的吗？"营销人员说："没有！"顾客听了以后，可能会想："既然没有红色的，我就不买了。"但对同一个问题，营销员如用另一种方式回答，顾客的想法肯定就不一样了。"目前只剩下蓝色和黄色的了。这两种颜色同样很鲜艳，对您很合适，您可以试一下哦。"虽然肯定的回答和否定的回答都承认这个款没有红色，但否定让人感觉冷漠,而肯定却能给人一种温馨的感觉,而且还提供了多种选择的可能性,所起的效果肯定更好。

同理,当营销人员不得不拒绝顾客的某些要求时,也应该尽量用委婉的、肯定的、请求的口气来达到目的。

点金石

与顾客进行营销洽谈时应遵循一个原则,即语气柔和,简明扼要,要点突出,让顾客听起来舒服、愉快,容易理解。

打动顾客的说话艺术

说服,即通过说理,使对方理解并信服。说服是一种无可替代的语言艺术。只有说服了对方,对方才会对你产生认同感,才能达到营销、推荐的目的。说服当然是要说清一定的道理,使对方“服”,但这还不够,因为对方认不认你这个理,信不信得过,还需要一个过程。因此,说服实际上包括以理服人、以情感人、以利诱人、察言观色这四个方面。

1. 以理服人

要做到以理服人,首先得以理服己,自己都无法说服自己,你又怎么说服世人,并且在说服前一定要做好充分的准备。

(1)讲清道理,必须思路清晰、有条不紊地阐述事件的理论依据,这些理论必须是对方能够理解的。讲清的过程,是逻辑思辨的过程。说理时,先说什么,后说什么,哪些重点讲,反复讲,是理论的关键,在说服前一定要做好充分的准备。

(2)例证,举出大量实例来证明你说的道理是有据可依的,这些例子越真实越好,最好是发生在我们身边的真人真事。就算你是举例语言也应简洁明了,把道理说清、说透就可以了,也不要重复啰唆,不要画蛇添足。

(3)说服时宜用征求商量的语气,不要使用命令的语气,以为别人必须听从于你,而且可以使用提问的方式,或鼓励顾客提些问题,用解答来增加说服效果。

2. 以情感人

说服的语言也应该是带有感情色彩的语言。营销员与顾客之间并不是只有买卖的关系,还有一定的感情联系。顾客是一个特定的群体,有关群体的心理现象都会在交往中体现出来。营销员在介绍产品的过程中适当增加些感情色彩,必然会博得顾客的好感。

3. 以利诱人

营销员介绍产品时,应从价格、质量、特色、良好的售后服务等各方面来说明顾客购买以后能得到的好处,不要只讲一两点,还可以用同类产品来作比较。如果你的商品有一两项,例如价格不如同类产品时,不要回避,甚至应主动承认,然后用其他的更多的方面来填补这方面的不足。

4. 察言观色

能否说服对方,不仅在于你的口才,还在于你能否抓住他的心理活动,有针对性地使用说服语言,做到情理兼用。如果你做到位了,就连持反对意见和否定态度的人都能被说服。说服开始时,就应仔细观察对方的细微反应以揣测其态度。有一种喜形于色的人,很容易表现自己的态度,你总能通过他的一举一动、一个手势眼神就能知道他的想法。也有一些人,喜欢将一切藏于内心,但是他们的掩饰由于不自然,反而把自己的心理暴露出来。当然,还是有一些人是不露声色的,这种人大多比较内向。态度不太友善的大都持怀疑、犹豫或否定心理,态度好的仍有一部分是有以上心理的。对于这些人,如果开门见山地说服,效果反而不好,不如先和他们建立感情,运用你的魅力和口才,表现自己的友好与诚意,拉近彼此间的距离。

这时,你必须留心观察,也许一个眼神、一个手势或挪动一下位置都能表明对方的态度发生了变化。这时你的谈话内容与方式都要相应地跟着改变,并在适宜的时候,进行说服工作。

说服过程中仍然要留心观察,有时对方没有听懂,有时已理解嫌你啰唆,或者特别感兴趣,都会有态度与体语的变化。这时,都要采取应对策略。

例如,如果对方眼神游移、左顾右盼、心不在焉的话,就说明对方已理解,或认为这部分内容不重要。这时,你应把这一部分内容浓缩成一句或几句简明扼要的话,尽快结束,转移话题或干脆停止说服。对方被说服后也会有所表现,如眼睛发亮、面带笑容,如释重负的轻松感,等等。这时,营销员就应穷追猛击,达到根本目的。

点金石

说服,即通过说理,使对方理解并信服。说服是一种无可替代的语言艺术。只有说服了对方,对方才会对你产生认同感,才能达到营销、推荐的目的。

事实描述最有说服力

如果想让顾客购买产品,光让顾客看商品或进行简单的演示是不够的,必须同时加以适当的劝诱,使顾客心理上呈现一幅乐观的态度。

有一位优秀的空调营销员,他从不口若悬河地向顾客介绍空调机有如何如何的好。因为他明白,人并非完全因为东西好才想购买它,而更大的原因是因为需要它,同时也觉得不错,所以才会购买它。如果不需要的话,东西再好,顾客也不会买。因此他在介绍他的产品时并不是说"这般闷热的天气,如果没有冷气,我们会忍无可忍的"之类刻板教条的介绍语。而是把有购买倾向的顾客,当成刚从炎热的阳光下回到一个没有空调机的屋子里:"您在炎热的阳光下出了一身汗回家来了,当您打开房门,迎接您的却是一个更加闷热的蒸笼。您刚刚擦干脸上的汗水,可是额头上又渗出了新的汗珠。您打开窗子,迎面来的不是徐徐凉风,而是阵阵热风;您打开风扇,却仍是热风吹面,使您本来疲劳的身体更加烦闷。可是,您想过没有,如果您一进家门,迎面吹来的是阵阵凉风,那是多么的美妙惬意啊!"

凡是优秀的营销人员都明白,在介绍商品的时候:不能只是一个劲儿地说商品的性能是如何的好,因为这样做,顾客还是不会轻易动心。要使顾客产生购买的念头,还必须在此基础上勾画出一幅梦幻般的图景,使商品散发出光芒四射的魅力。

使用这种描述方式必须注意以下几点:

1. 不要描述没有事实根据的虚幻景象

我们描述商品,目的是使商品或服务锦上添花而更吸引顾客,而不是描述一些毫无事实依据的虚假的景象以致招来顾客的反感。

2. 以具体的措词描述

如果我们只介绍说"物美价廉"是不够的,还应具体描述一下,物到底美到什么程度,价又廉到哪种地步。

3. 以传达感觉的措词来描述

如果我们在描述痛时只说一个"痛"字,别人是无法了解我们到底有多痛,是怎样的痛法的。如果换成“隐隐作痛”“针刺般的痛”，理解起来就更深刻、形象，更容易理解了。因为后者的描述中用了传达感觉的措词，使人似乎身临其境。

4. 用比较和对照的方法来描述

“空调机比电风扇舒服多了”“电饭锅比烧煤省事多了，又干净又没有污染”。运用这种比较的方法，人们的印象就会更加深刻。

5. 活用比喻描述

一个推销煤气热水器的售货员是这样向顾客介绍热水器的打火装置的：“您把左边这个旋钮往逆时针方向用力一转，只听得‘咔嚓’一声，里面一只小打火机就被打着了。”用打火机来比喻点火器，既形象又贴切，并摒弃了许多顾客可能听不懂的专业术语。

总之，将合理的介绍与生动的描述结合在一起，就能起到锦上添花的作用，更能吸引顾客并激发起顾客的欲望。

点金石

在介绍商品的时候：不能只是一个劲儿地说商品的性能是如何的好，因为这样做，顾客还是不会轻易动心。要使顾客产生购买的念头，还必须在此基础上勾画出一幅梦幻般的图景，使商品散发出光芒四射的魅力。

如何发挥语言的说服威力

优秀的营销者认为，为了防止顾客犹豫不决，迟迟不肯决定，首先必须想方设法让对方的态度有所改变。我们应当从对方预先的设想、期望值、已存在的信念、所需，所求等出发，并引导他们向着我们希望的方向前进。每件事情都有两个方面，每一次交易都存在着满意和不满意两种因素，双方也都或多或少地有一些需要克服的反对意见。交易能否成功，从某种意义上说，其根本在于你如何去看待反对意见，这就取决于你在交易中怎样讨价还价，并且怎样去影响、引导对方以认同你的观点甚至接受使之成为他的观点。

乔治先生的妻子由于视力不好，所以她使用的手表必须长短指针分得明确才行。但这种手表现在不容易找到，他们费劲了所有心思，总算找到了一只她能够看清楚的手表。但是，那只手表的外观太丑陋，也许这正是这只手表一直没有卖出去的原因吧，而且，它的标价200元也似乎过于贵了。

乔治先生告诉卖家说200元太贵了，能不能便宜点，但商人却说这个价格非常合理，并且告诉乔治先生这只手表非常精确。乔治先生告诉卖家时间是否精确并不是最重要的，为了证明给他看，乔治先生还拿出了他妻子的旧表让他看：“这只50元的表已经跟了她7年了，这只表一直都很管用。”

但是商人回答说：“噢，7年了，她也应该换只名表了。”当乔治先生指出这只手表外观丑陋时，他又反驳说：“我从来没有见过这么好的，并且专为视力不好的人设计的手表。”最后，经过一番讨价还价，他们最终以150元的价格完成交易。

其实，一旦你抓住了对方的要害，就可以将其作为增加自己说服力的筹码，就可以尽善地处理好对方的反对意见，说服他们认同的观点。所谓说服，是指在谈生意中想方设法让对方认识到自己真正利害关系之所在。可以借助于对方的逻辑，诉之于对方的感情，迎合对方的需求，等等。

有意识地练习下面的步骤，你会发现它们对你是很有用的，它们虽然不是进行说服工作的唯一途径，但却是一条不错的途径。

第一，应指出问题。在与顾客谈生意之前，先用笔写下你所能想到的一切。对于你所提意见之中所包含的对他的好处，在他没有从自己的角度看到它们之前，暂时还没有太大用处。于是你可以通过提一些试探性的问题，来找到对方问题之所在，并且明确地将其指出来。

第二，商定解决方案。要和对方一起工作，并想方设法使对方同意你提出的解决他的问题的总体方案。方法是：当他支持并认同你的建议内容时，要鼓励他并怂恿他在这种情况下做出决定；而当他提出异议时，你要做出相应的让步或者提出你的反对。

第三，选择主要的利益。只选择在适合于你已提出的解决方案的建议中有益于他的部分。你的资料公开得越多，对你就越不利。其他好处应备而不用，作为对付其他的阻力的后备力量。

第四，对你所说的话提供充分的证据。这是一个至关重要的阶段。为了支持你的观点，特别是当谈到你的服务质量时，要给对方提供相应的证据，如表格、数字、各种曲线图、草图、图片、试验结果、研究数据等。必须对你所描述产品的优秀性能提供充分的证据。否则，他会暗暗地想："这些表面光鲜亮丽的话，谁不会说啊。"

第五，取得对方的赞同。要让他和你站在同一战线上，如果他想反悔进行抵制，你就重新把问题提出来。你应该在下一阶段到来之前确保他能一直支持你的观点。

第六，把他的代价缩小到最低。把他的代价铺开铺散，并把它和另外一些小额费用进行比较，把对方的代价在时间上拉开，掰成小块让他产生自己所付代价并不高的错觉。不要在这一阶段徘徊，而要立即打入下一阶段。

第七，给他一个额外的好处。要在关于对方的代价的说明以后立即给他一点好处，至少需让他感觉自己得到了好处。

第八，把赚取的利益加总。把他从开始到最后的所有利益都加起来，并和他一起算出他所获得的毛利，要把这个毛利按一个较长的时间范围来进行累计。当然，在说服顾客的时候，一定要让顾客知道你很清楚他的心思和想法，以致对方在讨价还价时会作出一系列反应。

使用这些手法时，都有一定的技巧性。如果顾客的态度过于理想化而把一切想得很完美，要想继续谈下去，就要利用这方面的技巧。这时，不能立刻向对方表示屈服，否则太快的让步就会让顾客得寸进尺，肆意妄为。当然，在采用这种技巧时，绝不能让顾客识破。营销者要不动声色，让人信服地引导顾客谈成生意。

点金石

如果顾客的态度过于理想化而把一切想得很完美，要想继续谈下去，就要利用这方面的技巧。这时，不能立刻向对方表示屈服，否则太快的让步就会让顾客得寸进尺，肆意妄为。当然，在采用这种技巧时，绝不能让顾客识破。营销者要不动声色，让人信服地引导顾客谈成生意。

第五章 幽默口才

学学拟人幽默

拟人幽默，是人和世间万物之间的交流和对话，让人与大自然更加亲切和谐，这也是幽默要达到的一个目的。

请看下面一则幽默：

一天，一位法国人去拜访他的英国朋友。当他走近朋友的房子时，一条大狗窜出来对他汪汪大叫。法国人吓得不敢再往前半步。正在这时，他的英国朋友出来发现了他，忙说："不要怕，有句谚语说：'汪汪叫的狗不咬人。'难道你不知道吗？"

那位法国人立即回答说："我知道这条谚语，你也知道这条谚语，可这狗……它知道这条谚语吗？"

这则幽默的绝妙之处就在于法国人说的最后一句话，法国人故意将人和狗放在一起，将狗拟人化，把它当成了一个会思考的动物，从而既倾吐了心中的不快，又不失礼貌。他所运用的方法就是拟人幽默。

从某些方面来说，我们不能说动物没有情感，但是动物毕竟不是人，它们没有动机，也不知道什么叫动机。而拟人幽默则赋予动物强烈的感情色彩和某种动机，把某些无意识的结果转变成有意识的行为，幽默往往由此而生。

请看下面一段对话：

——昨天你骑马骑得怎么样？

——不太坏。就是我那匹马太客气了。

——太客气了？

——是呀！当遇到一道篱笆时，它让我先过去了！

大家一听便知道是怎么回事了，这位先生骑马时从马上摔了下来，但是对于马来说，这并不是有意的，只是由于跨栏技术尚不达标。而主人把自己被摔的遭遇反解释为马的"客气"。主人正是用拟人幽默来达到了一种自我解嘲的喜剧效果。

拟人幽默不仅能够起到自我解嘲的效果，还可以通过对它的巧妙运用，达到强烈的幽默讽刺效果。

请看一则阿凡提的故事，叫"驴的朋友"：

有一个新上任的县官，听别人说阿凡提机智，于是心有不服，并扬言一定要戏弄他一番。

阿凡提听说了这件事之后，就自动骑着毛驴来到衙门，对县官说："我来啦！"

县官看见他骑着毛驴一同来，故意大声招呼说："欢迎二位一同光临！"

阿凡提伸手拍了拍驴背，毛驴昂头嘶叫了两声，又是甩蹶子又是摇尾巴的。阿凡提说："我的这头蠢驴在家说，它的朋友当了县官，非要我带它来见你！"

县官红着脸说："又不是我的驴，同我有什么相关？"

阿凡提对毛驴说："看吧，叫你不要来你偏不听，你的朋友一当了县官，就不认你啦！"乡亲们哄堂大笑。

在这则笑话中，县官和阿凡提都使用了拟人方法，把毛驴拟人化，但阿凡提的技艺比县官更高，假戏真做地把他的毛驴说成是县官的朋友，达到了嘲讽县官的幽默目的。

我们知道，语言是随人类的产生而产生的，是人类的专利产品，因而人不愿轻易和动物享受同等语言待遇。但在某些时候、某些场合，不妨让动物说说人话，能起到一种与众不同的效果。不信，你试一试！

点金石

拟人幽默，是人和世间万物之间的交流和对话，让人与大自然更加亲切和谐，这也是幽默要达到的一个目的。

掌握位移幽默

人们总希望拥有能言善辩的口才，能够妙语如珠、幽默诙谐地和周围的同事、朋友们交谈。或许，位移幽默能起到一定的效果。

位移幽默就是偏离自己的思想，把心理重点从原来的主题上转移到另一主题上去。人们常常会用这样的词询问，如：怎么、怎么样、什么样等等。回答这个类型的问题时，位移幽默往往会有意料不到的幽默和风趣效果。

首先让我们从一则小幽默里体验一下位移幽默的妙处。

在一次军事考试的面试中，主考军官问士兵："一个漆黑的夜晚，你在外面执行任务，突然有人紧紧地抱住你的双臂，你会说些什么？"

"亲爱的，请放开我。"士兵温和地回答道。

乍一听，我们也会莫名其妙，可等你回过神来，恍然大悟时，你一定会大笑的。"亲爱的，请放开我。"这种语言一般是用在情人或者恋人之间的，军官这么提问是想知道这位士兵将会怎样对付敌人，而年轻的士兵则理解或者说故意理解为恋人抱住他双臂时，他应该怎么说。把原重点"怎样对付抱住他双臂的敌手"巧妙地移到另一个主题"对抱住他双臂不放的情人该说些什么"。这就是我们所说的位移幽默。

有时候人们说出来的话与他原本想表达的意义并不完全一致，我们暂且称它们为表义和真义。将人们说的话的真义放在一边，而取其表义，就是位移幽默的根本技巧。

有个姑娘到杂志编辑部找到总编说："我有个笑话想要在你们杂志上发表。"

总编接过稿子看了之后说："小姑娘，你这笑话有些冷。"

姑娘马上说："没关系的，那你们就在夏天发表它吧。"

在这里，总编话的表意是你这是个冷笑话，而真义却是这笑语不适于发表。尽管姑娘对总编话的真义已很清楚，但她故意置之不理，而是就话的表意，很机智地幽默了一番，这便是采用位移幽默技巧可以达到的效果。

人们说话时总有一定的前提，但这些前提往往都是大家所知道的，于是被心照不宣地省略掉了。位移幽默的这些前提，需要有敏捷的思维和很强的逻辑推理能力。以位移前提而成的幽默，往往让人忍俊不禁。

点金石

位移幽默的这些前提，需要有敏捷的思维和很强的逻辑推理能力。以位移前提而成的幽默，往往让人忍俊不禁。

运用稚语幽默

稚语幽默，即由孩子们的烂漫天真而产生的幽默。有的成年人也有童心，模仿孩子像他们那样进行幽默思维，同样也能产生强烈的幽默效果。

一则幽默“淘气鬼”是这样的：

军军不小心摔了一跤，满身泥泞地回到家里。

“你真是个淘气鬼！”他母亲惊叫道，“你怎么搞的，竟然穿着这么好的裤子去摔跤！”

“原谅我，妈妈。”军军哭着说道，“我跌跤的时候，真的来不及把裤子脱下来！”

这是小孩子的稚语，然而其中充满了幽默感。再看著名作家郁达夫保持童心的幽默。

30年代，有一次郁达夫请一位在军政界做事的朋友到饭馆吃饭。吃完饭结账时，他把鞋子一脱，从鞋底抽出一沓钞票递给服务员。

朋友惊诧地问道：“你为什么把钱藏在鞋子里？”

郁达夫指着手里的钞票笑着说：“过去这东西一直压迫我，现在该我压迫它了。”

这是孩子般的言行举止，却又实在是名人的幽默。许多大幽默家和一些怪诞滑稽之事，正是幽默思维战胜常规思维的结果。假如成年人照着小孩子的思维进行思考的话，就会起到很强的幽默效果。

马克·吐温有个心不在焉的毛病。

一天，马克·吐温外出乘车，当列车员检查他的车票时，马克·吐温翻遍了所有衣袋，都没有找到自己的车票。由于这个列车员认识他，就安慰马克·吐温说：“没有关系，如果实在找不到，也不碍事。”

“咳！怎么不碍事，我必须找到那张该死的车票，不然我怎么知道我要去哪儿呢？”

马克·吐温的最后一句话，是典型的孩子言语，但实际上这正是马克·吐温先生的幽默所在，这种幽默能让你像孩子般快乐。

点金石

稚语幽默，即由孩子们的烂漫天真而产生的幽默。有的成年人也有童心，模仿孩子像他们那样进行幽默思维，同样也能产生强烈的幽默效果。

尝试化怒幽默

化怒幽默就是在特别的时候，抓住时机把愤怒转化为幽默。不管是多么激烈的言行，只要把它夸张到非常荒诞的程度，就能减轻你愤怒的情绪，因为荒诞到极点就会产生虚幻性。

愤怒则是针对自己所要攻击的对象的,轻则怒目而视,悻悻不已;重则恶意谩骂,大动干戈。愤怒离幽默甚远,当你的情感被想要伤害对方的意向紧紧控制时,就很难从中解脱出来,不可能从另一方面去考虑为对方的愚昧感到悲哀而作出让步,更不可能化怒为趣。

有一天,李老头在街上买了一条围巾,然后往回走。这时碰到了邻居的姑娘,并发现她也买到了一条,而且还高兴地对李老头说,她这条漂亮的围巾只花了三元钱。

李老头一听,顿生怒火,转身就去找卖给他围巾的小青年。

"喂,你凭什么卖给我六元,卖给姑娘才三元,这是什么道理?"

"因为她是我的亲戚,老头子,你可知道?"

李老头一听,二话不说,又拿了一条围巾转身就走。

小青年紧追上前:"你为什么不付钱就走?"

"因为我们是亲戚,我是那姑娘的爸爸呀!"

"啊……"

小青年原本只是打算气气李老头的,没想到李老头用了同样的方法对付他。由于都是假亲戚,以假对假,就产生了一种荒诞,只要荒诞到了极点,可笑的特点就会将人恼火的特点完全淹没。

有一次,阿凡提与一书生外出赶考,同住在一家客店。因忙于赶路,清晨起来两人均忙着梳洗。可是店里只有一把梳子和一面镜子。看着阿凡提脏兮兮的,书生便有意戏弄道:"你先用梳子的左边,我后用右边。"

阿凡提一听愤怒地瞅着镜子说道:"那这面镜子,你先用后面,我再用前面吧!"

在人际交往中,要使对方化怒为笑并不简单,并非只要你荒诞一下,对方的情绪就能一百八十度地转怒为笑了,必须得有其他条件配合才可以。

点金石

愤怒与幽默是截然不同的。幽默是宽容大度的表现,幽默家的本领不是放任自己的冲天怒气,而是抑制怒气,将其会转化为一种有趣的形式。

遵循推理幽默

推理幽默是通过借助于片面的、偶然的因素而构成歪曲的推理。它主要是利用对方不稳定的前提或自己假定的前提,引申出某种不完全正确的结论和判断。它不是正常逻辑上的必然结果,而是误入歧途的带有偶然性和意外性的结果。

一般情况下,人们的言论或行为是不可能像科学推理那样严密、周全,而是具有其变幻性和动摇性的。有幽默感的人,常常懂得抓住这一点,推理出变化莫测的花样,去调侃别人或调侃自己。

因此,推理幽默是比较容易发现其幽默前提的。一个人只要思维活跃,才思敏捷,就能将其应用自如。

我国著名漫画大师张乐平先生笔下曾有一则三毛的风趣幽默的故事,就属于推理幽默这一类。

一位阔太太牵着一条哈巴狗上街,见了三毛,就想拿他开心,于是对三毛说:"只要你叫我的狗一声爸,我就赏你一块大洋。"

三毛想想之后,说:"喊一声给一块,喊10声呢?"

"给10块!"

于是三毛蹲在地上边摸着狗边喊其"爸",一共叫了10声,阔太太笑一阵,真的给了三毛10块钱。这时周围挤满了看热闹的人,三毛边向阔太太点头边故意提高嗓音喊道:"谢谢你,妈!"

推理幽默在你的社交生活中有很高的实用价值,它能让你在情况不断变化的条件下,总可以找到有利于自己的理由,哪怕是相反的理由,也能为自己所有。

点金石

一般情况下,人们的言论或行为是不可能像科学推理那样严密、周全,而是具有其变幻性和动摇性的。有幽默感的人,常常懂得抓住这一点,推理出变化莫测的花样,去调侃别人或调侃自己。

学会铺垫幽默

铺垫幽默的功效是使常理与反常歪理互相映衬,互相得到说明。它是歪理发展的一个过程,开头不太歪,越接近常理,对方越不容易发现你设的圈套。好比在地面上放东西,不平处须铺平,不稳处须垫稳。凡是可能引起对结局不利的地方,都要不着痕迹地说明,让对方在不知不觉情况下上当受骗,并且要让他觉得受骗是一种享受。

铺垫幽默表现为两点:

第一,在开头绝不能露馅,因为一旦开头露馅,概念和判断的陷阱就失去功效。

第二,在结尾高潮,不引起困惑,因为困惑往往会使整个计划受到破坏。

有一个单口相声,说的是一个醉汉,他特别怕他老婆。有一次他在回家的路上跌伤了屁股,因怕妻子惩罚,便蹑手蹑脚进屋,幸喜妻子早已进入梦乡。于是他就对着镜子在伤处贴橡皮膏,然后酣然入睡。

但第二天妻子仍然发现他喝醉了,于是把他从床上揪起来。原来他贴药膏时贴错了,把原本要贴在屁股上的药膏贴在了镜子上。

这则幽默的高潮是橡皮膏贴在镜子上。导致这个结果的原因是害怕老婆的惩罚,而这么做的结果恰恰又遭到了他老婆的惩罚,这其间的因果关系是颇有歪曲之趣的。但是,在一般情况下,橡皮膏没贴在伤口而是贴在镜子上,这二者的距离实在太遥远,可信度根本不高。

幽默家知道,对于引发一系列后果的事端,要尽可能地设计得接近常理,正因为这样,这个单口相声把故事的主人公设计为醉汉。如果他不是醉汉,怎么可能分不清镜子里的屁股和自己的屁股呢?然后又特别交代了他贴后窃窃自喜,安然入睡,从而还避免了他有发现自己贴错的可能。所以这一切,虽然说是醉汉,但其行事特点却是合情合理的。这便是所谓的铺垫工夫。

有时铺垫之功不在故事的开端,而是放在故事的结尾之处。

有一个单口相声说,有一个醉汉装疯卖傻地躺在马路上,自行车来了不躲,三轮车来了不躲,汽车来了也不躲。这很有违反常理之趣。待消防车来之时,听众按照逻辑推演,认为他仍不会躲,但他却一反常态,突然爬起来,乖乖地躲开了,原因是消防车压死人不需要负责任。

故事到了高潮,不但没有继续违反常理,反而更加符合常理。消防车压死人不负责,不但成为他爬起来的充分理由,更是他在其他车子开来时不爬起来的充分理由。

点金石

铺垫幽默的功效是使常理与反常歪理互相映衬，互相得到说明。它是歪理发展的一个过程，开头不太歪，越接近常理，对方越不容易发现你设的圈套。

学会迂回幽默

下面有这样一则对话：

作者："编辑，我这篇小说怎么样？"

编辑："真是妙绝了，完全可以发表。不过，有一个小小的地方需要略微改动一下。"

作者："真的吗？请你告诉我哪里需要改动？"

编辑："将你的名字改成巴尔扎克会显得更好。"

本来如果要直说"你这篇小说完全是照抄巴尔扎克"，也许会简洁明了得多，但是太枯燥无味、太没意思了。

很多人缺乏幽默感，原因就是太习惯于开门见山的、简洁明了的表达方式。而幽默则往往与开门见山是不相容的。所以要养成幽默感，就要学会迂回曲折的表达方式。明明看出抄袭却不能说出来，你得把它当成写得很棒的小说。等他以为蒙混过去了，你才从某个侧面狠狠地捅他一下，让他明白你并不是真什么都不知道。

幽默的绝妙之处在于"真则假之，假则真之；正则反之，反则正之。真真假假，正正反反，相辅相成"。

著名的法国幽默家特林斯坦·贝尔纳一天到餐厅吃饭，他很不满意餐厅的厨师。付过账后，贝尔纳叫服务员把他们经理叫来。经理来后，贝尔纳对他说："拥抱我一下。"

经理茫然地问道为什么。

"因为您以后再也见不到我啦！"

如果贝尔纳结完账后，立刻就说："下次再也不来了。"那就显得平淡无奇、枯燥无味，他的幽默才华恰恰在于明明要贬抑厨师的手艺，却给对方一种高度赞扬的错觉，先把对方迷惑住，然后当头一棒。

迂回幽默的关键在于先迷惑对手，然后给对方一个与他想法截然相反的解释，让对方措手不及。而这个解释要事先埋伏在迷惑对方的语言中，这种埋伏必须是正反两面都可解释的，即中性的。

点金石

迂回幽默是真假兼用，利用较大的假设性间接地、曲折地将你的意见小作歪曲，使之变成耐人寻味的样子，通过歪曲本意的形式来让对方明白你真正的意思的一种幽默艺术。

运用好歪解幽默

歪解幽默就是故意用一种轻松、调侃的态度，对某个现象或问题进行随心所欲、自由自在的解释，硬将两个毫无关联的事物连在一起，以造成一种不和谐、不合情理，让人意想不到的效果。在这种因果关系的错位和情感与逻辑的矛盾之中,达到幽默的效果。

歪解就是歪曲、荒谬的解释。如果你总是一本正经地从事实出发、从科学出发、从常理出发,那就毫无幽默可言。说咸鸭蛋是盐水煮的不是幽默,说咸鸭蛋是咸鸭子生的这才是幽默。

这里还有一则幽默:

> 三位母亲谈起她们的孩子时都非常自豪并引以为荣。第一位说:"我一直坚信我家小明终将成为一名工程师,因为无论我给他买什么玩具,他都把它们拆得四分五裂。"
>
> 第二位说:"我为我的儿子感到骄傲。他将来肯定会成为出色的律师,因为他整天总是和别人吵架。"
>
> 第三位说:"我相信我儿子将来一定会成为一名医生,因为他现在体弱多病。俗话说'久病成医'嘛。"

看到这里,也许我们都会捧腹大笑。这种幽默的力量是从哪里来的呢?很显然,是从这三位母亲的滑稽的解释中得来的。如果换成说儿子能当上工程师是因为他喜欢将所有玩具拆散;说儿子能当律师是因为他喜欢法官的大盖帽;说儿子能当医生是因为他常常把别人当成病人,那就体现不出幽默的效果了。这种解释是按常理进行的,也是大家都可预料到的,人们听来毫不觉得意外,所以并不觉得幽默。

而这里的三位母亲却都打破了常理的束缚,给这些问题找到了一个似是而非、牛头不对马嘴的解释,结果和原因之间落差如此之大,那样荒谬,使两者之间形成了巨大反差,于是形成了幽默感。这就是歪解幽默的秘诀所在。

歪解幽默最常用于自嘲。

> 某人有一次问鲁迅:"先生,你的鼻子为什么那么塌?"
>
> 鲁迅笑答:"碰壁碰的。"

这个回答里面,既有对现实社会的不满,又有对自己坎坷人生的嘲讽,如此具有社会意义的内容与"塌鼻梁"这样一个如此之丑的自然生理特征结合在一起,便产生了一种始料未及的幽默感。

歪解幽默作为一种幽默艺术,想掌握它并不难,只要是出于情感表达的需要,只要是不那么死板、直截了当,那么,在日常生活中,谁都可以用它幽上一默。

比如,有人问你:"你用的是什么护肤品,让你看起来年轻依旧?"你可以说:"我用的是免费的'哈哈霜'。笑一笑,十年少嘛。""你怎么变得又黑又瘦了?""干我们这行的都是属'老鼠'的,就会'咬文嚼字',吸收的全是墨汁,能不又黑又瘦吗?"这样的幽默,我们不也能够说得出来吗?

俗话说得好:"理儿不歪,笑话不来。"

点金石

歪解幽默就是故意用一种轻松、调侃的态度,对某个现象或问题进行随心所欲、自由自在的解释,硬将两个毫无关联的事物连在一起,以造成一种不和谐、不合情理,让人意想不到的效果。

学学模拟幽默

模拟幽默就是改变大家熟悉的原本的语言情境,移置新义,与原义形成鲜明对比,从而产生不和谐之趣,产生幽默的效果。

模拟幽默要掌握好这三个字：名、热、新。名，就是你所模拟的对象应是名篇、名言、名句，或大家熟悉的成语、台词、俗话等。热，就是你要表达的内容应该是当下人们或社会的热点或焦点，这样就更能吸引人们兴趣与注意，产生共鸣。新，就是创新，是与众不同。这是模拟幽默的灵魂。也就是说，旧瓶装新酒还不够，还必须装上新的气息，给人以新鲜的幽默感。

模拟幽默有顺拟法、反拟法、别拟法、拟人法等几种形式。模拟的秘诀在于能出人意料地把毫不相干的事扯在一起，内容越是牛头不对马嘴越好，反差越大越能引起惊讶；在形式上则越是接近，越能产生幽默的效果。

顺拟法就是旧形式新内容。由于这种手法多用于见景生情的即兴创作，所以，常能产生新的寓意和偶发词。

自从有了小说《红楼梦》，不知多少人模拟里面的《好了歌》，进而抨击人与社会的腐败。其中有一首是这样的：

世人都晓"倒爷"好，倒来倒去都"发了"！只要能把大钱赚，道德良心不要了。
世人都晓"后门"好，这条路子"没治了"！不管闲事有多难，最后全都办成了。
世人都晓"宴会"好，"四菜一汤"吃肥了！你请我来我请你，反正公家报销了。
世人都晓"扯皮"好，不费力气不要恼！扯上三年与五载，问题自然不见了。
世上都晓"官僚"好，这顶帽子妙极了！出了问题别害怕，戴上帽子事没了。

就像这种用新内容套用旧格式的模拟法，很像填词，只要你是有感而发，你的新词肯定会很有意思。

反拟法就是反用我们常用、常听、常见的习惯用语，造成新奇的幽默感。比较而言，反拟比顺拟更能造成反差的效果，其幽默效果也往往更强。

有一位领导在开会时发言，讲到了要同腐败现象斗争到底的时候，他坚决地说："谁说我们总是杀鸡给猴看？我们还要杀猴给鸡看！"

反腐败关系到人民的利益与国家的存亡，"杀猴给鸡看"这个反拟的幽默在这场斗争中，不是起到了恰到好处的幽默效果？

反拟法其实非常简单，只是要将现成话反过来说，但是必须说到点子上，才有幽默感。只要你懂得适可而止的道理，就可能产生不错的效果。

别拟法就是要拟出幽默的另一番寓意来，这也是我们常常用到的一种幽默方法。比如，我们把那些一切事情都为儿子安排好的父亲叫做"孝子"，这已不是封建礼教所指的"孝子贤孙"了，而是孝顺自己儿子的"孝子"。

点金石

别拟法要拟得自然贴切，切忌牵强附会，应当追求一种自然的妙趣，人为的痕迹越少越好。

巧妙设置悬念幽默

悬念幽默是众多幽默中的一种。相声演员称之为"设包袱"，即以热切的语调、真实的情况和充满戏剧性的情节引出你的幽默力量。在说出关键语言之前，埋下伏笔，设下悬念，让听众"上了你的道"。然后，用一语点破，或叫解开"扣子"，打开"包袱"，让听者有出乎意料的感觉，于是幽默的效果就达到了。

请看这则悬念幽默是怎样产生的：

女儿："爸爸，我们话剧团的一个女演员爱上了一个淘粪工人。"

爸爸："这是一条有潜力的新闻，我马上去采访。"

女儿："你们记者就爱大惊小怪的，不就是姑娘爱上小伙吗？有什么好采访的？"

爸爸："现在很多人仍讲究门当户对，像这样敢于打破传统束缚的好姑娘，值得好好报道一下。"

女儿："这个女演员就是我。"

爸爸："什么？是你？你怎么可以这样？"

这则笑话讽刺了那位表面上反对"门当户对"旧观念而实际上满脑子"门当户对"旧观念的爸爸。从中也可看出，女儿在说出真实身份之前，先埋下了伏笔，为她爸爸设下了悬念。到头来，一语道破是自己，出乎她爸爸的意料之外，幽默感也就产生了。

制造悬念幽默时，应该注意以下两个问题：

1. 不要故弄玄虚

设置悬念要巧妙，自然不虚才能达到幽默的效果。否则，"斧凿"的痕迹太重了，给人以故弄玄虚之感，难有幽默的效果。所以，设置的悬念要扣紧主题，精心设计，恰到好处。

2. 不要急于求成

如果你迫不及待地想让大家知道趣事，太急于想引起大家发笑，太早地揭开"谜底"，就会显得操之过急。太早泄露"天机"和惊奇，由于基础不牢，火候不够，结果就会体现不出幽默的效果。

所以，应娓娓道来，不疾不徐，让听众产生一种错误的预期，有一个缓冲思考的时间，然后再一语道破。但是也不要过于太慢，太慢会使听众失去耐心和兴趣。

《语言大师》中的这则幽默，也有这种妙谛：

甲："上帝能懂各国的语言。"

乙："何以见得？"

甲："因为各国的人都在用不同的语言向他祈祷？"

点金石

设置悬念要巧妙，自然不虚才能达到幽默的效果。否则，"斧凿"的痕迹太重了，给人以故弄玄虚之感，难有幽默的效果。所以，设置的悬念要扣紧主题，精心设计，恰到好处。

掌握返还幽默的技巧

返还幽默就是按照对方的逻辑思维去推理对方的语言，物归原主，使其自己挖坑自己跳，自食其果。

返还幽默，就是要用对方的一句话、一个比喻、一个结论，反过去针对对方，把他给自己的荒谬的语言行为、或不愿接受的结论，用他自己的逻辑还给他，即以其人之道，还治其人之身。

有一位顾客对餐厅老板说："老板，这盘牛肉简直难以下咽！"

老板："这关我什么事？你应该对公牛抱怨。"

顾客:"是呀,所以我才向你抱怨的嘛。"

顾客运用老板的荒谬逻辑,推论出老板即是"公牛",以其人之道,还治了其人之身。

这位顾客所用的就是返还幽默。

返还幽默一般是对方怎么攻击你,你就怎么还击。软对软,硬对硬,不要随意锦上添花,这样会影响幽默效果。

火车上坐着一个城里人和一个乡下人。

城里人说:"我们来打个赌,谁问一样东西,对方不知道,就付一块钱。"

乡下人说:"你们城里人比我们乡下人见识广,这样我会吃亏的。要是我问,你不知道,你输给我一块钱;你问,我不知道,输给你半块钱。你愿意吗?"

城里人自以为见多识广,肯定不会吃亏,就同意了。

乡下人问道:"天上飞的什么东西有三条腿?"

城里人不知道,输了一块钱。之后,他问了乡下人问他的问题。

"我也不知道。"乡下人老实回答,"这半块钱给你。"

一般说来,幽默贵在收敛其杀伤力,但在特殊情况下,就不然了。尤其是在极其卑劣的事和人面前,如果你还不以为意与其轻松调笑,不但显得软弱无能,更缺乏正义感,而且会导致对方更加肆意妄为。

点金石

返还幽默一般是对方怎么攻击你,你就怎么还击。软对软,硬对硬,不要随意锦上添花,这样会影响幽默效果。

尝试夸张幽默

荒谬的夸张往往能引得人们大笑,因为荒谬的夸张本身就不搭调,所以能够产生强烈的幽默效果。

以相声《笑的研究》为例:

甲:"常言道'笑一笑,少一少'。"

乙:"错,应该是,笑一笑,十年少。"

甲:"一笑就可以年轻十岁!"

乙:"啊!"

甲:"你这是死期的,我那是活期的。"

乙:"我们俩这在存款呢!"

甲:"你这理论荒谬!"

乙:"怎么?"

甲:"有谁还敢听相声?"

乙:"为啥不敢听啊?"

甲:"你今年多大岁数?"

乙:"四十。"

甲:"笑一回剩三十,笑两回剩二十,笑三回剩十岁,你还敢继续笑不?"

乙:"怎么?"

甲:“再一笑就没啦!来的时候开着车子,走的时候一无所有!剧场改托儿所啦!”

这就是夸张幽默。但这里的夸张还没有达到纯粹、荒谬的境界。所谓纯粹、荒谬的夸张,指的是放开胆子地乱吹。可以说相声里如果没有夸张,便几乎不能叫做相声了。而夸张也是幽默的重要组成部分,它能为平凡的生活琐事增添一层放大的色彩,从而产生强烈的幽默效果。

不仅中国有吹牛大王,而且外国也有不少,如果举办一场国际性的吹牛比赛,还不知谁能夺冠呢!

一个法国人、一个英国人和一个美国人在一起吹嘘他们自己国家的火车有多么多么的快。

法国人说:“在我们国家,火车特别的快,路旁的电线杆看起来就像路边的小草一样。”

英国人忙接上说:“我们国家的火车更快!得往车轮上不断泼水,不然的话,车轮就可能会燃烧起来。”

“那又有什么了不起!”美国人不屑地说,“有一次,我出国旅游,我女儿到车站送我。我还未坐好,车就开动了。我连忙把身子探出窗口去吻我的女儿,结果吻到的却是离我女儿有10英里距离的一个满脸黑乎乎的农村老太婆。”

美国就有一个吹牛者俱乐部,专以荒谬夸张吹牛为乐,可见这种幽默艺术也非常实用。

吹牛的笑话很多,只要你平时注意收集揣摸,也能够创作。没事儿时你不妨也试着吹吹牛,反正吹牛不要交税,也不会吃亏,何乐而不吹呢!

点金石

荒谬的夸张往往能引得人们大笑,因为荒谬的夸张本身就不搭调,所以能够产生强烈的幽默效果。

懂得含蓄幽默

含蓄的说话方式是一种艺术,同时也是幽默的一大技巧。常言说:“言已尽而意无穷,含意尽在不言中。”含蓄幽默,是把重要的、该说的部分用含蓄的间接的方式表达,既能让别人理解自己的意思,而且还能产生幽默的效果。

含蓄幽默的表达,并不是那么简单的,它要求有高水平的说话技术和高雅的幽默感。它能够体现一个人驾驭语言的能力和含蓄表达幽默的技巧,同时,也能体现出听众的联想能力和理解能力。

如果说话者不信任听众有丰富的想象力,用庸俗无趣的语言将要说的话表达出来,这样不但起不到幽默的效果,而且平淡无味,让人不感兴趣。因此,有的话不必直说,甚至把本来可以直说的话,故意用含蓄幽默来表达,从而产生一种与众不同的幽默效果。

这里有一个很能体现含蓄幽默艺术的例子:

有一个酒店老板,脾气暴躁不堪。一天,有位客人来喝酒。可刚喝了第一口,便嚷道:“好酸,好酸!”

酒店老板愤怒之下用绳子把客人绑起来,吊在屋上。这时来了另一位客人,问老板发生了什么事。老板回答说:“我店的酒明明香醇甜美,这家伙却非说很酸,所以把他吊起来!”

来客说:“能让我也尝尝吗?”

于是老板给他端来了一杯酒。客人呷了一口,酸得大皱眉头,他对老板说:“你也把我吊起来吧!"

后一个顾客用含蓄幽默向老板表明酒确实是酸的。

这里还有一个含蓄幽默的例子。

有一家理发店,在门上贴了一副对联:"磨刀以待,问天下头颅几许;及锋而试,看在下手段如何!"这副赤裸裸的对联,磨刀霍霍、锋芒毕露,让人看了丧胆,吓跑了不少顾客,生意自然不好。

而另一家理发店的对联则是这样的:"相逢尽是弹冠客,此去应无搔首人。"上联取"弹冠相庆"的典故,含有做官之意,又正合理发人进门脱帽弹冠的情况;下联意即人人喜欢。后者运用了含蓄幽默之法,效果肯定比前者要理想得多。

含蓄幽默,有时人们故意使用游移其词的方法,既不违背语言规范,又给人以风趣幽默之感。如有的演员自嘲外貌不好,便说自己"太吓人了"与"对不住观众";营业员遇到顾客买了商品忘了付款并准备离开时,不妨问一句:"我补给你款了吗?"——大多数顾客会立即反应过来说:"哦,我还没付款呢!"而说一个人"贪睡",不如说"充分利用床铺资源",等等。

点金石

含蓄的说话方式是一种艺术,同时也是幽默的一大技巧。

遵循反语幽默的方法

反语幽默就是使用相反的词语表达本意,使反语和本意之间产生反差形成对比。

反语幽默在于以反语与本意二者的相互对立为前提,依靠具体语言环境的正反两种语义关系,利用相对立的双重意义辅助性手段,如语言符号、语调等衬出,使对方从你表达的字面含义领悟其反面的本意,从而在幽默之中理解你真正的意思。

反语幽默是营造含蓄和耐人寻味的幽默意境的重要方法之一。通俗地说,就是故意说反语,或正话反说,或反话正说。

在现实生活中其实人们都喜欢。如到朋友家参加聚会,你发现朋友的夫人比以前更胖了。你若有幽默感的话,肯定会说:"啊,你怎么越来越苗条了。"对方会知道你是在开玩笑,笑着刺激她,并且不会当真。

反语幽默往往带有一定的攻击性。如果你想要或者需要使用反语幽默时,一定要注意分寸,先确定对方与你的关系是否经得住刺激。此外还应对其他条件和方面进行全方位的考虑。有时同样一句话在一种场合下可以讲,在另一种场合下却不能讲;对同样一个人在他心情好时能讲的,在他心境很差时就不一定能讲。

准确地了解对方的心境和环境的性质,并且把握好自己说话的分寸,是有幽默感的人应该具备的重要修养。如果没有准确地把握好这一层,那就不但幽默不起来,可能还会伤害到对方的自尊心,产生尴尬。

某香烟公司推销员在推销香烟的过程中大声喊道:"新款香烟,芳香可口,防虫牙,治百病……"

围着看热闹的人群半信半疑。

突然,人群中一个老头儿走向推销员说:"除此之外还有不少好处!新款香烟还可使小偷不敢偷你,狗不敢咬你,抽烟的人永不衰老……"

说得推销员满心欢喜,连连向老头致谢,并希望他再向听众解释解释。

老头说:“很简单,抽烟的人整夜咳嗽,小偷还敢进屋偷你吗?抽烟的人身体虚弱,走路时拄着拐杖,狗咬你不怕被打吗?抽烟的人易得肺癌,能活到老吗?”

明显老头的话是反话,他补充的一大堆所谓的“好处”,实质上是抽烟的一大堆坏处,幽默感便从中产生,既驳斥了推销员的谬论,又让群众知道抽烟的害处,可谓一举两得啊!

这就是反语幽默的魅力所在。

点金石

反语幽默就是使用相反的词语表达本意,使反语和本意之间产生反差形成对比。

黑色幽默需掌握好分寸

临危觅趣是当灾难和危机来到或即将来临时,用悲剧和幽默的态度待之,将恐惧与微笑结合在一起的一种特殊幽默艺术。它与幽默的最大不同之处在于:它的表现是轻松的,有趣的,可实质却是沉重的、可怕的。

不管在东方还是西方,都有这样的黑色幽默家,他们总是临危作乐。

有个犯人被送上绞刑台时,他注视着那绞索在自己的眼前晃来荡去,忽然向行刑吏说:“这玩意儿会不会断掉啊?”

此处给人一种他在担心绳子不结实,突然断掉绞刑不能执行的感觉。这显然已经超越了现实的严峻情境。

在此情此景下还能幽默、实在是需要莫大的勇气。古往今来,我国作家中的幽默家本来就很少,在严酷的情境中还能作黑色幽默者则更少。一般情况下,一个普通人由于种种缘由遭到不幸,作家们往往不约而同以悲剧书之,这是人之常理。但也有不拘一格的创作,如《阿Q正传》,阿Q明明含冤而死,可鲁迅却不强调情景及人物心态的悲伤欲绝,反而着重突出其可笑荒诞之处。

如在押赴刑场时,让阿Q在茫茫人海中搜寻并不爱他,却给他带来过小小灾难的吴妈。让阿Q不为死而痛苦,却为圆圈画得不圆而遗憾,而圆圈却是他签字画押的方式,也是被判处死刑的证据。特别是鲁迅没有让他感到冤屈和悲痛,而让他说了句惊人之语:

“二十年后又是一条好汉!”好像他是个大英雄去保家卫国似的。

所有这一切人性的麻木和严酷情境的反差,让人有怪异之感,产生了黑色幽默。

生活中面对死亡的概率毕竟不多,因而黑色幽默在日常生活中是不常用的。即使到了面临死亡之时还能幽默,人们也很难准确地掌握住情境的严酷性与幽默调笑性之间的分寸。为此,人们常常尽可能虚化它的悲剧感而强化它的轻松感。

德国诗人海涅在即将离开人世间时说道:“上帝会不会记住我——那是他自己的事。”

这里之所以用黑色幽默将严峻平淡化,是因为此乃自然的死亡而非其他原因导致的意外之死,而且说出幽默语言的不是别人,而是即将死亡的人自己。

点金石

从幽默的色彩属性来说,黄色幽默是带性暗示的,而黑色幽默则是带有灾难性甚至杀身之祸的。

歪语幽默有讲究

歪语幽默是用反语或间接的言词,用具有强烈刺激性语言歪曲推理、攻击对方的一种幽默艺术。这种幽默艺术最大的特点是对常理或逻辑的歪曲。

歪语分为两种,一种是反语;另一种是旁敲侧击之语。一般情况下,反语具有非常强的攻击性。如有一个名为《挤车的诀窍》的讽刺小品,其使用的语言都是反语,但意思却很正:

朋友,你可知北京乘车之难……上下班乘车都成一门学问了。

先说上车,车来时,上策为“抢位”——犹如球场上的抢点。应精确地知道停车位置与自己之间的距离,让车门正好停在身前,可首先占据重要地势。其诀窍在于:上身倾向来车方向,下身稳住,千万莫被随车涌来的人流卷走。中策是贴边。外行才会正对车门,使自己被巨大的人群挤得摇来晃去,上不了车,枉费心力。北京人不同于外地人,哈尔滨人上车是“能者为王”,上海人可能会侧重于顾及颜面,但动辄大呼大叫,使你无心恋战。北京人是不想体现风度,更想早点上车。切勿正对着车门站。最好的办法是贴住车厢,装出一副无所谓的样子,一点一点把“无根基”者挤开。只要一抓住车门,你就用最佳的方法。老北京都精于此道。所以售票员洗车,从来无须擦车门两边——那些老北京自然会将其擦拭干净。下策呢,可称“搭挂”,将足尖嵌入车门,而后靠紧车门,往前推挤……

这段话里用的都是反语,表面上是教人乘车不守秩序的方法,实质上是讽刺不守秩序的人,暴露他们的心理活动。由于这些具有荒谬寓意的语言都是用肯定的语言讲的,所以才显得可笑。反语一般比较刻薄,攻击性很强。在这里,由于讽刺者与被讽刺者并非面对面,因而用反语讽刺得尖锐一些,也不会产生太大的负面影响。

事实上,反语的攻击性往往比正语的更强,更容易触怒对方。特别是在争论的热点上,反语只能火上加油,所以在日常的人际交往中,应尽量少将反语用于争论热点上。当然,在特殊情况下,如果你的目的就是要使关系恶化,气氛紧张,那么可用反语,但此时已没有了幽默。

而在非争论的问题上用来表达一种无伤大雅的戏谑,反语是比较适合的。如:

合唱队员甲:“你难道没有发现,昨天晚上我的歌声盖过全场?”

合唱队员乙:“我还看见许多听众中途离座,为了给你的歌声腾出更大的空间!”

这种话表面上是肯定的语言,却表述了否定的意思,攻击性仍然很强,使用在具体对象身上要注意分寸,要把握好自己与对方的关系是否适合利用这种方式,对方是否经得住这样强的刺激。此外还得用肯定的语言表达否定的意思的方式。

所以歪语幽默因攻击性太强,除非用于书面,否则在日常人际交往中应谨慎使用,不如用旁敲侧击法,风险较小。

点金石

歪语幽默因攻击性太强,除非用于书面,否则在日常人际交往中应谨慎使用,不如用旁敲侧击法,风险较小。

错用幽默需慎重

例如,物以稀为贵本意是东西少就值钱珍贵,而稀又是稠的反义词,如果用稀稠的“稀”去解释稀少的“稀”,再加上具体的修饰与特定的语言环境,便能产生出人意料的幽默效果:

“你们卖的豆浆这么稀,却还卖那么贵?”

“你应知道,物以稀为贵嘛!”

错用词语大多数情况都是语义的移植。如果把一个词语的A意,用到B意的语言中,就犯了逻辑与语言错误。然而,这正是幽默和关键之处,尤其是非常简单的词语,一般不会用错,一旦用错了便会引起笑话。

爸爸:“小红,给爸爸念一下三叔的信。”

小红拿起信念道:“二哥,您好!我近况甚好……”

爸爸:“咋不念了?”

小红:“三叔叫‘勿念’。”

本来“勿念”是指不要挂念的意思,而小红却理解成不要继续读了,便停止读信,弄得爸爸忍俊不禁。

生活中某些常用的词语,既具有具体意义又具有抽象意义,如果错用,就更风趣诙谐:

“妈妈,蛋糕每人分了一个之后,还剩下一个。”

“那你多吃一个吧。”

“不,应该给奶奶。”

“为什么?”

“您不是常说奶奶多嘴吗?”

上面对话中,小女孩把具体的人的嘴巴,与爱插话、爱唠叨的抽象的“多嘴”搞混淆了,从而产生了谐趣。

这种幽默大多产生于童年的天真无邪,因此幽默创作者也多让这种幽默出自孩子之口,这样比较符合情理,但也会有其他情况。下面是一对父子精彩对话时,老奶奶的插话。

父亲对儿子说:“你怎么不动动脑筋,过来看看,这道题应等于多少?”

儿子:“等于0.5人。”

父亲:“你什么时候见过半个人?说呀。”儿子默默无语。

老奶奶说:“有的。人家不是说‘一个女婿半个儿’嘛。”

“一个女婿半个儿”的“半”,与“0.5”并不能画等号,而是有其复杂的义理。老奶奶顺口牵来,照字面的意思“活用了”,所以收到了幽默的效果。

点金石

错用幽默往往能引人发笑,但绝不能任意错用,而是将词语的A意用在B意上。

当心圈套幽默

圈套幽默是使对方不知不觉地朝着你设计的方向走,逐渐走进你设下的圈套,从而达到你自己目的的一种幽默艺术。这种圈套并不是坑蒙拐骗,而只是想幽上一默而已。

有个叫朱古民的人非常机智、诙谐。一天,他的朋友汤生对他说:“据说你机智聪明,现在我坐在屋里,看你能把我骗到外面去吗?”

朱古民摇摇头说:“屋外寒天地冻,很难骗你到外面去。你若是在外面的话,我就有办法骗你进来。”

汤生听了,马上走到外面去并大声对朱古民说:“看你怎么把我骗到屋里去!”

朱古民拍手大笑说:“好啊,你这不是已经被我骗出去了吗?”

朱古民的技巧在于运用其他的办法使对方失去戒备,落入了自己的圈套却还未察觉。

鲁迅先生也有这样的幽默:

1926年的一天,身在厦门的鲁迅到一家理发店理发。理发师见他的长发垂耳,穿着一件褪色的灰色长袍和一双旧布鞋,就态度冷淡地招呼他坐下,随随便便地给他理了发。

付钱的时候,鲁迅先生随手从口袋里抓了一大把铜元塞在理发师手里,头也不回地走了。理发师一点数目,竟超过应付价格的三倍多,不由得暗自高兴。

过了不久,鲁迅又来理发。理发师一改以前的冰冷态度,立即迎上去殷勤招呼。虽然鲁迅仍是那身打扮,这次却受到特殊待遇。理发师不仅奉茶敬烟,而且精工细剪,足足花了上次的三倍时间。理毕,鲁迅照价付款,没有多给他一分。

理发师十分纳闷地问他这是为什么?

鲁迅先生平静地回答说:“这不很简单吗?上回你给我乱剪,我付款也就乱付。这次,你给我认真地理发,当然我也就认真地付喽。”

鲁迅先生没有对理发师的势利大肆指责,而是巧施计谋,第一次先付了理发师三倍的钱,使理发师误入圈套。第二次理发师百般殷勤,让其行为矛盾可笑。尤其是鲁迅先生最后的回答,更是妙不可言,其效果比严厉指责更佳。

圈套幽默,有时能让人无理辩三分。

甲为自己挑了一块很大的肉放在碗里,乙看了很不高兴地说:“怎么那么不讲礼貌?”

甲不服气地说:“如果让你先挑呢,你挑哪一块?”

“必然是挑小的。”

“我不正给你留了小的了吗?你还生什么气呢?”

自己本来是处于被动地位的,但甲却巧设圈套,让对方转而被动,自己由被动转为主动。可见,圈套幽默在于胸有成竹,让对方在毫无戒备的情况下陷入圈套。

点金石

圈套幽默是使对方不知不觉地朝着你设计的方向走,逐渐走进你设下的圈套,从而达到你自己目的的一种幽默艺术。

学学婉曲幽默

婉曲幽默就是巧妙地用含蓄、婉曲的话来暗示一件事情的道理,使人在寻找答案的轻松而又稍有点曲折的思考中体验趣味的一种幽默艺术。

一家刚开业三天的副食品店生意冷清。经理为征求意见,笑容可掬地凑到一位顾客面前:“请问您最喜欢本店哪个柜台?”

顾客回答说:“复秤处。”

从这则幽默我们知道,婉曲幽默必须有豁达诙谐的风度,要能适度抑制自己的态度。在商店经理征求意见时,如果这位顾客直接说,你们商店缺斤少两,我对哪个柜台都不喜欢,也就体现不出幽默之感了。

一个游客来到一栋幽静的别墅度假，问接待处的人："你们的房租一天多少钱？"

接待处的人回答道："一层一天五十元、二层一天四十元，三层一天三十元。"

游客摇了摇头，转身便走。

"你不租了吗？"接待处的人忙问，"是不是觉得我们这里不够好？"

"不，"游客回答说，"要是你们的楼房再高几层就好了。"

这个游客不直接说自己租不起好房子，而说希望楼层能再高点，因为楼越高越便宜。这便是婉曲幽默。

有些内容原本并不幽默，但如果多几个层次，来点曲折的表达，幽默的意味也就会出现了。

"警察局吗？赶紧来救救我们吧，我们这里发洪灾啦！"

"是吗，水位现在有多高？"

"已经超过我的脚后跟了，快派人来吧！"

"真是大惊小怪，自己出来吧。"

"警察先生，可我住在三楼啊！"

先让对方产生错觉，然后才道出事件的真情。如果说水已淹到三楼，便平淡无味，婉曲之妙就妙在曲折转换的过程之中。

婉曲幽默颇有韵味。它的味道含蓄久长，让你在细细地回味中觉得妙趣横生，然后破颜为笑。

"法官先生，有人骂我像一头犀牛。我可以控告他吗？"

"当然能，他什么时候骂的你啊？"

"有一年多了。"

"那你早该控告他了。"

"可是，我昨天才第一次看见犀牛呀！"

曲折的层次多了，幽默的味儿也就出现了。表面上似乎没有可笑之处，待仔细回味后，便觉趣味无穷。原先这人听到有人说他像犀牛，还以为别是在赞扬他呢！等见了犀牛才恍然大悟，原来自己被嘲笑了。然而这个幽默本身并没有直接道出这些原委，而是含蕴其中，耐人寻味。

点金石

婉曲幽默就是巧妙地用含蓄、婉曲的话来暗示一件事情的道理，使人在寻找答案的轻松而又稍有点曲折的思考中体验趣味的一种幽默艺术。

错释幽默需分清对象

错释幽默就是不去追究某件事的真正原因，而是去寻找不是原因的原因，制造出风马牛不相及、驴头不对马嘴、似是而非、趣味无穷氛围的幽默艺术。

请看"买包子"这两则幽默：

"先生，你们家包子的馅也太小了吧。"

"你应该刚出锅时来买的，那时候大。"

"为什么？"

"热胀冷缩呀。"

职工："今天馒头为什么如此黑？"

炊事员:“因为夜班做的。”

如果说成人的错释是故意逗趣的话,那么孩子的错释则是自然天真的。

爸爸问:“为什么打雷时,我们先看到闪电而后听到雷声?”

儿子回答说:“因为眼睛长在耳朵前面。”

孩子不懂气象知识及物理知识,故而无法做出科学的解释,却用自己的观点回答了问题,无理而妙,这是出于其天真无邪。错释幽默也可以用在比较庄重的场合,让气氛变得轻松,产生戏谑幽默。

教会在做社会调查,调查非教徒不肯入教的原因。其中有个问题是:你为什么不信天主教?

有位家庭妇女寄来了自己的调查表。她的理由是:“身体太胖,不能飞上天堂。”

答案出于奇思妙想,怎能不令人叫好。

如果你会用荒唐的原因去解释某些深奥的道理,你就会说得乐趣无穷:

贝贝:“哥哥,你昨天看的是什么电影?”

哥哥:“《飞往月球》,火箭飞得可高可快了。”

贝贝:“那么火箭为什么能飞那么快呢?”

哥哥:“你没看到火箭飞行时屁股上都会有一团火吗?谁屁股上着了火还不快跑?”

相反,原本很简单的原因,却非要另找一个不是原因的原因来代替,同样也很可笑。

道德课上,老师说美国总统华盛顿小时候错把他父亲种的一棵樱桃树砍倒后,大胆地向他父亲承认了错误,于是他的父亲没有处罚他。

教师问学生:“谁能告诉我,华盛顿父亲为什么没有惩罚他吗?”

一学生举手回答说:“可能是华盛顿的手里还拿着斧头吧。”

点金石

错释幽默就是不去追究某件事的真正原因,而是去寻找不是原因的原因,制造出风马牛不相及、驴头不对马嘴、似是而非、趣味无穷氛围的幽默艺术。

尝试一下自嘲幽默

自嘲幽默是指主动暴露自己的缺点,拉近与他人之间距离的一种幽默艺术。

一位著名的男歌星到一所大学演出,青年学生们都用惊奇的目光看着他。

这位歌星别有风采,他风趣地说:“年青的朋友们,我叫×××,在我小的时候,我妈妈常常说我的歌太难听了,哭比唱好听!于是每当我想唱歌的时候,我就开始哭。可我长大了总不能仍天天哭吧,于是我便唱了。今天面对如此活跃的氛围,我不能哭吧,我想我还是唱一首歌吧,不好大家可以哭,哭好了大家跟我唱。”顿时人群沸腾,掌声一片。

主动把自己的弱点暴露出来,人们会觉得你亲切,这样才能拉近双方的距离。

胡适是很有名气的大学者,一次讲课时,他引用孔子、孟子和孙中山的话,在黑板上写道:“孔说”“孟说”“孙说”。最后,他发表自己的意见时,引得学生们哄堂大笑,因为他写的是“胡说”。

胡适只用一个字便活跃了气氛,拉近了他和学生之间的距离,显得更加亲切随和。

一个人自我解嘲,适当地贬低自己,有时反而能表现出自己非凡的气度和超群的智慧。

有一天,苏轼上朝归来,摸着肚子问左右道:“你们说,这里边是什么?”一个说:“那是文章。”苏轼不以为然。另一个说:“都是心机。”苏轼觉得不是那么回事。最后一个对苏轼很了解,说:“一肚子都是不合时宜。”苏轼哈哈大笑。

最后一个的回答,相中了苏轼自我解嘲的要害,使苏轼感受到了一次超越自己忧愁的欣悦。

点金石

自嘲幽默是指主动暴露自己的缺点,拉近与他人之间距离的一种幽默艺术。

颠倒幽默需警惕

这种幽默实际上也是一种“逻辑混乱”。例如,相声《当兵》:

甲:“我在想,连长真有功夫,指哪儿打哪儿呀!”

乙:“你行吗?”

甲:“行。我可以打哪儿指哪儿。”

乙:“噢!打哪儿指哪儿呀,那谁不会。”

我们也常常从相声中看到这种颠倒幽默。

最常见的是一位相声演员说了一句很平常的话后,另一位跟着他学讲这句话,可一不小心把话讲岔了,把顺序讲倒了,使词句、语序出现矛盾,便会引起人们的笑声。

威廉姆曾说过,幽默起因于“包含一些矛盾或不协调的两个观点组成的综合体。笑则发生于当一种整体情形导致惊讶、震撼或警告,而同时又导致一种截然相反态度的时候。”

比如上述那个相声《当兵》,连长的“指哪儿打哪儿”与甲的“打哪儿指哪儿”,两句的字和字数一个不差,只不过改变了一下前后顺序,就成了两个截然相反的观点,这两种观点鲜明的对比便造成强烈的反差。

点金石

颠倒幽默就是把正确的词句上下前后互换位置,故意制造出矛盾。或者故意打岔,文不对题、词不达意,把人们熟悉的东西岔开打破,使之产生笑料。

慎重使用求职幽默

每个求职者都希望找到一份自己喜欢的工作。其实求职并不难,但是要想找到称心如意的工作却很难。有的求职者在苛刻挑剔的雇主面前或者不知所措,或者心灰意冷。这时,你何不借用幽默的效果呢?

一位具备幽默感的大学毕业生去找工作。他走进一家报馆问总编辑:“你们需要一位优秀编辑吗?”

“不需要。”

“那么记者呢?”

"不需要。"

"印刷工人呢?"

"不,我们现在什么都不缺。"

"你们肯定需要这东西。"这位大学生从公文包里拿出一个精美的牌子,上面写着:"名额已满,暂不雇用"。

总编辑笑着说:"如果可以,请到我们的广告部来。"这位大学生被录用了。

可见幽默在求职中也是关键之一。

主考官问一位想当警察的年轻人:"你如何驱散一群暴动者?"

这个年轻人想了想,回答说:"到时我就开始发动募捐。"

显然,这位年轻人不仅幽默风趣,而且富有创造性。

当雇主问你:"你的自我感觉怎么样?"假如你回答说"良好"就很一般了。但如果你说:"我不觉得自己有多重要,但是我对自己所具有的创造性的成就充满自信。"这种幽默的语言本身就表明你很自信,也容易得到雇主的赞赏从而被录用。

一位苛刻的雇主对前来求职的一位大学生说:"今天面试的题目是想办法让我大吃一惊。"说完,雇主开始看报纸,并用报纸把脸挡住了。

这时,只见求职者二话不说,走上前去,掏出打火机,将雇主手中的报纸点燃。这的确使雇主大吃一惊。

于是,年轻的大学生被录用了,这也是幽默行为的力量。

一位求职的女青年,想应聘糖果店的一个店员职位。在试用期间,店老板问她:"你有没有什么销售秘诀?"

"很简单,"她回答说,"别的店员都是一把舀起一磅多的糖果,然后再拿掉多出来的糖果。而我总是舀取不到一磅的糖果,然后再把糖果加到一磅。"

老板听后,当即宣布:"你的试用期结束了,祝贺你成为正式店员。"

这位求职者运用了幽默技巧,表现出了她走向成功的自我形象,博得了老板的赞赏。

在求职时有时会遇到一些难题,这时,就要用幽默风趣的形式坦然地解决。

刚从大学毕业的一位年轻人,有一次去应征工作,接受一项测验。其中一题是这样问的——"cryogenics"是什么意思时,他苦思冥想。最后,这位大学生写下了他的答案:"这个字的意思是'我最好到别处去工作'。"

点金石

每个求职者都希望找到一份自己喜欢的工作。其实求职并不难,但是要想找到称心如意的工作却很难。

第六章 诡辩口才

掌握美言诡辩

美言诡辩就是通过给予对方的思想、行为肯定的评价,以缩短二者之间的心理距离,影响或者改变某人的心理和行为,由此达到预定目的的诡辩艺术。

赞美是大家都喜欢听到的话,赞美的语句会使人感到亲切、满意和鼓舞,从而听起来觉得格外入耳,它有助于建立彼此间的友谊。

有甲乙两个猎人,各猎得两只野兔回家。甲的妻子见了,抱怨说:"怎么就只打了两只?"

甲猎人一听,心中不悦:你以为打兔子容易吗?第二天他故意空手回家,让妻子知道打猎不是一件容易的事情。

乙猎人所遇到的情况恰好跟甲相反,他的妻子见他带了两只野兔回来,就高兴地说:"咦,你竟打了两只兔子!"

乙听了心中窃喜,心想两只算得了什么!第二天他打回了四只!

一句赞扬话和一句埋怨话,会引起两种不同的结果。

称赞表示欣赏及感谢,它使人们心情喜悦,而冷冰冰的面孔加上硬邦邦的话,会使人扫兴。

美言赞誉还具有激励的作用。同样一件事,采取批评讽刺的态度远远没有美言赞誉的激励有效。

齐景公生性顽皮,常常爬到树上捉鸟。晏子想批评齐王,让他改掉这个恶习。

一天,齐景公掏鸟窝,看到一只小鸟,于是又将其放回鸟巢去了。

晏子问:"国君,您为什么满头大汗?"

景公说:"我在掏小鸟,可是掏到的这只小鸟又弱又小,我又把它放回巢里去了"。

晏子称赞说:"您真了不起,您具有圣人的品质!"

景公问:"这样怎么能说明我具有圣人的品质呢?"

晏子说:"国君,您把小鸟放回巢里,表明你深知长幼的大道理,有可贵的同情心。您对飞禽都这样仁爱,何况对百姓呢?"

景公听了这些话十分高兴,就再也不掏鸟玩了,而且更多地去关心百姓的疾苦,晏子顺利地达到了最初的目的。

运用美言诡辩必须了解对方的嗜好、习性、脾气和情感,抓住对方心理弱点,针对对方真正感兴趣的事情进行赞扬,使对方感到非常合乎自己心意,才能取得好的诡辩效果。

点金石

赞美是大家都喜欢听到的话,赞美的语句会使人感到亲切、满意和鼓舞,从而听起来觉得格外入耳,它有助于建立彼此间的友谊。

危言诡辩要慎重

危言诡辩是以可能性为根据，运用逻辑推理的方法，将对方的某一观点、某一行为可能产生的后果加以适当的夸张，并故意把问题说得十分可怕，使人震惊愕然，借此引起对方的注意和思考，改正自己的言行，这样便能顺利地达到自己的目的。

运用危言诡辩，起始便下劈断之语，要求一语惊人，令人欲罢不能，继而刨根问底地追问下去，从而应用自己犀利的言辞而达到诡辩之目的。

战国时，丑女无盐求见齐王。齐王见她丑陋无比，故意问："我宫的嫔妃已齐备了，请问你有什么特殊的本事能让你进入宫中吗？"

无盐直率地回答说："没有，我只是会点隐语之术。"随后，她便举目咧齿，手挥四下，拍着膝盖，高声喊道："危险了！危险了！危险了！危险了！"

齐王及左右大臣皆被吓得毛骨悚然。

齐宣王赶紧追问何为隐语之术，无盐解释说："举目是替大王观察烽火的变化，咧齿是替大王惩罚不听劝谏的人，挥手是为大王赶走阿谀奉承之徒，拍膝是要拆除专供大王游乐的渐台。"

"那么，你的四句'危险'是什么意思？"

"大王统治齐国，西有强秦之患，南有强楚之仇，大王又喜欢阿谀奉承，这是第一个危险。您大兴土木，高筑渐台，聚集大量金玉珠宝，搞得百姓穷困潦倒，怨声载道，这是第二个危险。贤明者躲藏在山林，奸邪的人立于朝廷，想规劝您的人却见不到您，这是第三个危险。您每日宴饮游乐，对外不修诸侯之礼，对内不关心国家治理，这是第四个危险……"

齐王听罢，不寒而栗，长叹一声："无盐的批评太深刻了，我的确处于危险的境地。"

于是齐王封无盐为后，齐国从此大治。

无盐劝说齐王时，先用四句"危险"引起齐宣王的注意和警惕，这也就是先下劈断之语，一语惊人。然后，再逐条分析，阐述"危险"的事实依据。

危言诡辩的关键在于"危"字。要在"危"字上大做文章，然后才有危言耸听的效果。

点金石

危言诡辩的目的是借说"危言"以引起对方的警惕和注意，但是，所说的危言必须有一定的事实根据。

借言诡辩需分清对象

在论辩的某些场合，诡辩者间接用别人的话来与对方争辩，借用对方的言论来作答，这就是借言诡辩。

有一位工程师在单位里受排挤，于是他就要求调动工作。这个单位的领导人不仅不从自己身上找原因，反而振振有词地说："走就走，少了你地球还就不转了？"

这时，这个工程师反问道："不错，少了我地球照样转，不过请问，少了你地球就不转了？"

这一问恰到好处。既然少了我地球照样转，那么少你地球也照样转，少了任何一个人地球都照样转，那么，对方"少了你地球还就不转了"的攻击性言词就显得毫无意义，如同说了一句废话。工程师这里巧借对方问话，直接击中了对方的要害。

要用好借言诡辩，就必须善于捕捉对方可借用的话语来为我所用。

昭公十八年，郑国发生了火灾。

为了防备敌人趁机作乱，歹徒趁火打劫，子产就分发武器来加强戒备。

没想到这样一来，邻国晋国驻守边境的官吏竟指责说："郑国发生了火灾，晋国的国君、大夫都不敢安居，占卜占筮，奔走四方，祭遍名山大川，不敢爱惜牲畜玉帛，郑国发生了火灾，是孤君的忧虑。可是，执事您却大发武器登上城楼，究竟打算治罪于谁？边境上的人都为此害怕，不敢不向您报告。"

子产听完后回答说："正像您说的那样，敝邑的火灾是君王的忧虑。敝邑的政事不正常，上天已降下火灾。我更怕邪恶的人趁机打敝邑的主意，再次对敝邑不利，从而增加君王的忧虑。如果将来有幸不被灭掉，那还可以解释；如果将来被灭掉了，那么，君王即使为敝邑忧虑也晚了。郑国如果遭到别国的攻击，只有希望取胜或者投奔晋国。现在我们已经臣服于晋国，岂敢三心二意？"

郑国的举措，实属内政，别国原本无可非议。可是当时晋强郑弱，得罪不起。所以，子产在回答时注意避免激化矛盾。而且，为巩固双方以和平共处，他巧妙地把分发武器以防备"趁机打敝邑主意的敌人"的正当理由，与对方的话挂上钩。

经过解释，不仅字字在理，而且处处为对方忧虑着想，确实是滴水不漏，无懈可击，继而结语时进一步说明郑国对晋国的依赖和忠心不二，有效地打消了对方的疑虑。

点金石

在论辩的某些场合，诡辩者间接用别人的话来与对方争辩，借用对方的言论来作答，这就是借言诡辩。

醉言诡辩要注重场合

醉言诡辩，是指诡辩者在特定场合下，"借醉"而言，达到传递信息、抒发胸臆的目的。

醉言诡辩是一种在特定场合下的语言表达方式。它有三个特点：

第一，它是人际关系处于复杂状态时的产物。迫于人际关系的复杂性或客观环境，以至于不允许直言时，要达到既把心里话吐出来，又不至把关系搞僵的目的，"醉说"正是在这种情况下发生的。

第二，它是"假戏真做"，曲折迂回的一种表达方式。也就是说，意在以醉态作掩护，"吐真言"是目的。

第三，"醉言"带有强烈的感情色彩和相当的刺激性。因醉言是心情压抑而在醉态时的宣泄，所以情感浓烈，无所顾忌。

正因为醉言诡辩有以上三个特点，所以它在交际过程中，能起到正常表达方式所表达不出的作用。

1936年抗日战争爆发前夕，蒋介石派他的侍从晏道纲到驻扎在陕西的东北军任参谋长，实际上是去西北当监军，督促东北军"剿共"的。

晏道纲俨然以蒋介石的化身自居，趾高气扬。对此，东北军将领颇为不满，但又敢怒不敢言。

在一次晏道纲出席的宴会上，正当大家尽情欢畅之际，忽见东北军的一位军长王以哲，连吐两口酒,把酒杯往身后一掷,前仰后合,一副醉态。

他推开搀他的人,醉醺醺地说:“不要拉我,让我说几句话……我们的老家在东北,被日本鬼子占了!我们以为委员长能领导我们打走日本鬼子。我们从东北到华北、华中,这次又到了西北,辗转数千里,无非就是希望能打回老家!谁想,到了陕西打仗,损失得不到补充,牺牲的官兵和家属得不到抚恤,阵亡的遗族,被迫流落到西安,一点救济都没有。张副总司令(张学良)的处境更让人伤心,他每月的特支费才10万元,还赶不上胡宗南一个师长,真令人悲哀啊!”

王以哲说着号啕大哭起来,泪流满面。在座的东北军将领没有一个人不感到悲痛和义愤,而晏道纲坐在席位上十分尴尬,手足无措。

在回家的路上,王以哲突然问随从:“你看我这出戏,演得怎么样?”

随从始而吃惊,继而恍然大悟,说:“好,好得很,不但代表我们东北军慷慨陈词,也替张副总司令倾吐出了无法说出的心里话。好!”

真是“醉翁之意不在酒”,王以哲并没喝醉,只是借酒撒疯,把想说的话说给晏道纲听的。

他把长期积压在东北军官兵心中的郁闷,对蒋不抗日反而借“剿共”消灭异己行为的强烈不满,以及对前途的担忧,一下子全发泄了出来。

这些话,在国民党法西斯统治下,是“犯禁”的,在其他公开场合绝对不能也不敢说。

然而,王以哲利用酒席这种特殊的场合,不仅说了,而且把对手置于有口难辩的境地。

点金石

醉言诡辩,是指诡辩者在特定场合下,“借醉”而言,达到传递信息、抒发胸臆的目的。

激言诡辩切勿过度

激言诡辩,是一种有意识地运用刺激性语言,激发对方自尊以使之振奋的诡辩艺术。

俗话说,“劝将不如激将”。激言诡辩如果用得适当,就能激起对方同情、反感、尊敬、蔑视、悲愤、欢乐等肯定或否定的感情,从而使对方达成与自己相同的观点。

激言诡辩的方法有很多,下面略举几种。

1. 直激法

就是面对面地贬低对方,刺激他、羞怒他、激怒他,以达到使他“跳起来”的目的。

某造纸厂改革用人制度,决定对中层干部在厂内张榜招贤。

榜贴出去之后,大家都看好又有能力又有技术的小黄。然而出于某种原因,他正在犹豫不决。

一位老工人走了过去,直言相激:“小黄啊,厂里花那么多钱送你上大学,你不是个优等生吗?大家都盼望着你出息呢,没想到,你连个车间主任的位置都不敢接,你真是个窝囊废!”

“我是窝囊废?”话音未落,小黄就跳了起来,说:“我非干出个样儿给你看看不可!”他当场揭榜并出任了车间主任。

2. 偏激法

就是有意识地表扬第三者,以暗示的方式贬低对方,从而激发对方奋起直上,超越第三者的决心。三国时,诸葛亮说服孙权共同反抗曹操,就运用了这种方法。

实际上,夸耀旁人,在客观上就等于贬低了对方,使其自尊心受到刺激。为恢复心理不平衡,被刺激者必然奋起直上,压倒自己的对手,这样就使说者的目的得以圆满实现。

3. 暗激法

就是有意识地表扬对方光荣的过去,从而激起他改变现状的决心。

某化工厂食堂办得不好,工人个个都有意见。

一天,刘书记叫转业干部、行政科高科长到食堂来,只见工人们又敲筷子又敲碗,骂骂咧咧的情景,然后说:“老高,你的老部队现在还在新疆吧?”

“是的。”

“你在部队是优秀炊事员、优秀司务长,对吧?”

“是的。”

“你当军需股长时立过二等功,对吗?”

“是的。”

“那现在这是怎么回事呢?”

老高低下头沉默不语。

刘书记说:“咱不说别的,就说为转业干部的这个声誉,你也不能把工作放松到这一步啊!难道你连这个伙房都搞不好吗!”

第二天,老高像变了个人似的,亲自下伙房抓工作。半个月后,食堂发生了很大变化。

由此可见,这种暗激式的激言,对那些在思想上、工作上曾经有过光辉历史的人是十分有效的。

4. 导激法

激言有时不是简单的否定和贬低,而是“激中有导”,用明确的诱导性语言,把对方的热情激发起来,引到你所希望的方面上来。

总之,激言诡辩就是一种利用人的自尊心强的特点,用明的或暗的、直接或间接的语言刺激,引导对方努力维护自己尊严、奋起直上的方法。当然,激言诡辩的成功也是有条件的。要看对象,同时也要注意分寸。

点金石

激言诡辩就是一种利用人的自尊心强的特点,用明的或暗的、直接或间接的语言刺激,引导对方努力维护自己尊严、奋起直上的方法。

运用好谐音诡辩

谐音诡辩是把那些在意思上毫不搭界的词语捏合在一起,造成同一语音形式的词相互干扰、相互抵触,达到论辩制胜的目的。

有个人十分贪杯,常常喝得酩酊大醉。朋友们都很担心,一而再再而三地劝他不要滥饮,无奈他就是听不进去。大家商量来商量去,决定设一条妙计吓唬他,也许就能吓住他。

一天,当他喝醉大吐之后,朋友们弄来一块猪肝,沾些污物,然后给他看,说:“人有五脏才能活命,现在你喝酒无度,吐出一脏,现在你只有四脏了,生命已经十分危险,今后不能再喝了。”

哪知道这个人是人醉心不糊涂,他故意撒酒疯说:“唐三奘都能上西天取经,更何况我还有四脏呢?”

酒鬼运用谐音，把“奘”与“脏”牵扯到了一起，令朋友们无可奈何，充分显示了这酒鬼机智的辩才。

三个朋友到一家小酒店喝酒，店里却只剩下一个空位子，三个人互不相让，争吵不休。最后商定：谁吹牛吹得最大，谁就坐这个位子。

三个人中有一个是瞎子，他抢先说：“我目中无人，就该我坐第一位。”

另一个是矮子，他说：“且慢，我不比常（长）人，应该由我来坐这个位置。”

第三个人是驼背，他不慌不忙地说：“你俩都别争了，其实，你们都是（直）侄辈的，这个位子，理所当然应该由我来坐。”

三个人，皆用谐音诡辩，确实是各有千秋，难分高下。

运用谐音诡辩，还能起到讽喻的作用。

有个女婿，善辩，一次和媳妇一块儿到老丈人家去串门。

老丈人是个吝啬鬼，在午餐席上就摆了盘生柿子和几样素菜。

女婿伸手拿过生柿子连皮一块儿吃，媳妇在屋里看见了，连连叫苦。但是女婿一边吃，一边回答说：“苦倒不苦，只是有些涩（啬）。”

苦涩的“涩”与吝啬的“啬”同音，女婿借此来讥讽老丈人的吝啬。他吃柿子连皮一起吃，逗引他媳妇发问，借此讥讽他的老丈人。

在词语的选择上，女婿也挺会斟酌的，不说柿子苦，而是说柿子涩，意在运用谐音双关。虽然嘴巴受了点罪，但是达到了讥讽别人的目的，而且还不显得鲁莽无礼，足显其机智多谋了。

点金石

谐音诡辩是把那些在意思上毫不搭界的词语捏合在一起，造成同一语音形式的词相互干扰、相互抵触，达到论辩制胜的目的。

不妨运用夸张诡辩

世界文豪高尔基曾经说过：“将好的东西夸大，使它显得更好。而夸大有害于人类的东西，会使人望而生厌。”

人们在语言交流中，为了增强表达效果，常常根据一定的目的，在客观事实的基础上，夸大或缩小事物的形象、特征、程度、数量、作用等等，这就是夸张诡辩。

有一次，马克·吐温乘火车去首都一所大学讲课。因为要在预定的时间内赶到，所以他十分着急，但是火车却开得很慢。

这时，查票员过来了，问马克·吐温：“您有票吗？”

马克·吐温递给他一张票，查票员发现这是一张儿童票，就说：“真有意思，看不出您还是一个孩子哩！”

马克·吐温有条不紊地说：“现在我已经不是孩子了，但我买票的时候还是孩子。您要知道，是火车开得太慢了。”

马克·吐温夸张而幽默地表达了此时此刻着急而又无奈的心情，而且对火车的慢速度进行了委婉的嘲讽。

夸张诡辩最主要的特点是：从表面看言过其实，但从本质上看又有根有据，合情合理。

一位妻子问丈夫：“为什么我一唱歌的时候，你就跑到街上去呀？”

丈夫回答说："那样，邻居们就不会觉得是我在虐待你了。"

丈夫就是运用夸张诡辩，幽默地指出妻子唱歌水平太低。这样说过之后，这位妻子恐怕要控制一下"纵情高歌"的欲望了。

当然，在运用夸张诡辩时需要注意：

第一，要有一定的依据。

甲："我特别喜欢郭璞的《游仙诗》。"

乙："我写的《游仙诗》胜过郭璞的一倍。"

甲："我才不信。"

乙："郭璞的《游仙诗》中说：'青溪一千仞，中有一道士。'现在我说：'青溪二千仞，中有二道士。'难道不是胜过他一倍吗？"

甲："……"

第二，言过其实，但还要言实相符，不是真实，胜似真实。

点金石

人们在语言交流中，为了增强表达效果，常常根据一定的目的，在客观事实的基础上，夸大或缩小事物的形象、特征、程度、数量、作用等等，这就是夸张诡辩。

多难诡辩讲究策略

多难诡辩是指在论辩过程中，一方列举三种或三种以上的情况，迫使对方在其中进行选择，而事实上不管选择哪种情况，都可能陷入那一方设下的圈套之中，从而处于一种欲罢不能、进退两难的尴尬境地。

古希腊哲学家伊壁鸠鲁被西方尊称为"无神论之父"，他用强有力的论据证明了神不存在，对有神论进行了严厉的驳斥。

他说："我们应该承认，神或许是愿意但没有能力除掉世间的丑恶，或是有能力但是不愿意除掉世间的丑恶，或是既有能力又愿意除掉世间的丑恶。

"如果神没能力但是愿意除掉世间的丑恶，那么它就不算是万能的，而这种无能为力，是和神的本性相互矛盾的。

"如果神有能力但是不愿意除掉世间的丑恶，那么这就证明了神的恶意，而这种恶意同样是和神的本性相互矛盾的。

"如果神愿意而且有能力除掉世间的丑恶，那么，为什么在这种情况下世间还会有丑恶呢？"

伊壁鸿鲁列举了各种关于神的存在与否的可能性，不管选择哪种可能，结论都是有神论者难以接受的。伊壁鸿鲁在这里使用的就是多难诡辩。

使用多难诡辩和二难诡辩一样，应在各路设卡，断其退路，使对方无法逃遁。

点金石

使用多难诡辩和二难诡辩一样，应在各路设卡，断其退路，使对方无法逃遁。

连锁诡辩

客观事物之间存在着一种复杂的、环环相扣的必然联系，甲现象必然引起乙现象，乙现象又必然引起丙现象。根据这种环环相扣的必然联系条件进行论辩的方法，便是连锁诡辩。

据《韩非子·喻老》中记载：

有一次，纣王要人给他制作一双象牙筷子。箕子见后，感到忧愁恐惧。他说："如果有象牙筷子，就不会再用土陶器，而用犀玉之杯，犀玉之杯不会用来盛豆叶蔬菜，而会是旄象豹胎；旄象豹胎这样的食物，必然不会穿着粗布短衣进食于茅屋之下，而必定会锦衣九重、广室高台；要供给这些东西，尽天下之力也办不到！这种后果不得不令人恐惧啊！"

过了五年时间，纣王果然设置酒池肉林，炮烙之刑。不久后，商纣便灭亡了。

由于箕子正确地把握了事物之间环环相扣的联系条件，所以能够高瞻远瞩，见微知著，见象著而知天下大祸。

连锁诡辩有以下两种形式：

第一，连锁分离式。连锁分离式是以一系列环环相扣的条件命题为前提，通过肯定第一个条件命题的前件从而得出肯定最后一个条件命题后件的结论的诡辩形式。

第二，连锁拒取式。连锁拒取式是以一系列环环相扣的条件命题为前提，通过否定最后一个条件命题后件从而得出否定第一个条件命题前件的诡辩方法。

西汉时，黄霸上任为颍川郡的郡守，他刚到任就有两个妇人为争夺一个小男孩吵着要到官府告状。

黄霸派人抱了那个孩子放在坪院中间，对两个妇人说："你们抢吧，谁抢到了孩子归谁。"

那两个妇人都没命地扑向孩子，一个抱着孩子的腰，一个抱着孩子的腿，还真的抢了起来。那孩子哪受得了呢？于是就哇哇大哭起来。孩子一哭，一个妇人松开手，也哭了起来。

黄霸指着夺到孩子的妇女说："这孩子又不是你的，你怎么赖人家的孩子？"

她却狡辩说："你明明说谁抢到了孩子，孩子就归谁，我抢到了孩子，现在怎么又说不是我的呢？"

黄霸厉声喝道："如果这孩子真是你的，你是孩子的母亲，那么你就会心疼孩子；如果你心疼孩子，那么你就会怕孩子受伤；如果你怕孩子受伤，你就不会咬牙切齿地只顾抢孩子而不松手。现在你死命地拖抢孩子，可见这孩子不是你的！"

黄霸在与这一妇女的论辩中，使用了连锁拒取式，通过否定最后一个条件命题的后件"你死命地拖抢孩子"，得出否定第一个条件命题的前件的结论："可见这孩子不是你的"。黄霸的诡辩有着毋庸置疑的说服力。

点金石

善于动用连锁诡辩，能够极大地表现一个人的聪明才智。

学学喻证诡辩

喻证法是一种人们常用的论证手段。这种手法就是用某一类的属性来证明另一对象（即类）也具有某种相似的特征和共性（即属性），这就叫做喻证法。

喻证诡辩则是在论辩中利用关系迁移的合理性来证明满足其主观意识的有效的诡辩艺术。

有人到魏王面前进谗言："惠施说话爱用喻证，如果不让他用，他就什么事情都说不清楚。"

第二天，魏王看见惠施说："请你以后说话直截了当，不要用喻证。"

惠施："如果现在有人不知道什么是'弹'，他要问'弹'是什么样的，就告诉他说'弹就是弹'，能明白吗？"

魏王："不明白。"

惠施："如果告诉他：'弹的形状像弓，它的弦是用竹子做成的。'他是不是就能明白了？"

魏王："能明白。"

惠施："比喻就是以其所知喻其所不知。你叫我不用比喻，那怎么行呢？"

魏王："你说得对。"

魏王的本意是让惠施直言而无"喻"，但惠施却用"喻"的方法使魏王信服了"喻"的重要性。

喻证诡辩可用于驳斥对方，它在论辩场合的运用，有着意料之外的针对性和征服性。

萧伯纳喜种花卉，他的重要产业是几座大花园。

一日，一位朋友去拜访他，发现他的屋内只有几个装饰品的花瓶，感到很奇怪。于是问萧伯纳："我一向以为你是爱花的，但没想到你屋里连一朵花也没有。"

萧伯纳不慌不忙地回答说："我也很喜欢儿童，但是我并不会把他们的头割下来供养在瓶子里。"

人们把儿童比喻为花朵，萧伯纳偏偏要把花朵比为儿童，虽然是位置的变换，都尖锐得令人心头发紧。

喻证诡辩若用于自辩，能够形成绝佳的效果。

《福尔摩斯探案集》的作者阿瑟·柯南道尔，曾当过杂志编辑，每天都要处理大量退稿。

有一天，他收到一封信，信上说："您退回了我的小说，但我知道您并没有读完它，因为我故意把几页稿纸黏在一起，而您并没有把它们拆开，您这样做是很不好的。"

柯南道尔回信说："如果您吃早餐时盘子里放着一个鸡蛋，您为了证明这只鸡蛋是否变味了，就有必要把它吃完吗？"

我国著名学者钱钟书先生也使用过这个喻证。他在电话里对一位要求见他的英国女士说："假若你吃了个鸡蛋觉得不错，何必要去认识产下这个蛋的母鸡呢？"

点金石

喻证诡辩则是在论辩中利用关系迁移的合理性来证明、满足其主观意识的有效的诡辩艺术。

运用对比诡辩的技巧

对比诡辩就是将两个相对或相反的事物一并列举出来，造成一种强烈的语言，使真的、善的、美的，显得更真、更善、更美；而使假的、恶的、丑的，显得更假、更恶、更丑的一种诡辩艺术。

战国时期，有一次齐宣王要召见颜斶。

齐宣王对颜斶说："你过来！"

颜斶反而对齐宣王说："你过来！"

齐国君王很不高兴。齐国君王左右的人指责颜斶说："齐国君王是国君，你是臣子，你这样跟齐国君王说话成何体统？"

颜斶有条不紊地说："我去国君面前是趋炎附势，国君到我面前来是礼贤下士。与其让我趋炎附势，还不如让齐国君礼贤下士。"

齐王怒气冲冲，气势汹汹地质问："到底是国君高贵还是士高贵？"

颜斶说："士高贵，国君不高贵。从前秦国出兵攻打齐国，他们的军队在路过士人柳下惠的墓地时，发出了一道命令说：'若有到柳下惠墓地五十步范围内打柴煮饭、割草喂马者，杀无赦！'后来与齐国军队交战时，秦王又发出一道命令：'有能割下齐王脑袋者，便封他万户侯，同时赏黄金万两！'从这两道命令就可以看出，一个活着的国君，还不如一个死掉了的士人坟堆上的一根柴草！"

颜斶通过"趋炎附势"跟"礼贤下士"的对比，以及"士人坟头的柴草"跟"活着的国君的脑袋"对比，形成强烈反差，论证了他的"士高贵，国君不高贵"的观点。几句话说得齐王瞠目结舌，无言以对。

莎士比亚的戏剧《哈姆雷特》中有一段哈姆雷特与霍拉旭的对白：

霍："殿下，我是来参加您父王的葬礼的。"

哈："请你不要取笑，我的同学！我想你是来参加我母后的婚礼的。"

霍："真的，殿下，这两件事离得太近了。"

哈："这是一举两得的方法，霍拉旭！葬礼中剩下来的残羹剩饭，正好宴请婚礼上的宾客。"

哈姆雷特的父亲是丹麦国王，他的叔父谋杀了他的父亲，并夺取了王位，又向他的母亲谄媚，他的母亲于是就嫁给了他的叔父。这些故事都发生在短短的四个月之内。

"葬礼中剩下来的残羹剩饭，正好宴请婚礼上的宾客。"这一句尖锐的对比，强烈地说明了他叔父的恶毒和他母亲的无耻，形象之鲜明，可谓极尽对比之能。

点金石

运用对比诡辩取胜的关键就在于显示对比事物的强烈反差，造成鲜明的对比，这样才能取得最佳的效果。

使用歪解诡辩的策略

歪解诡辩是诡辩者明明知道正确的语义，却还要故意另做阐释，从歧义上去认识和理解某物，造成概念所指与概念所解的不统一，达到攻其不意、出奇制胜的诡辩艺术。

在一次竞选时，英国首相威尔逊演说刚到一半，有个捣乱分子高声打断他："狗屎！垃圾！"

显然，这个人的本意是"少说空话"或"别胡说八道"。

可威尔逊故意不理会他的本意，只是附之一笑，安抚他说："这位先生，我马上就要谈到您提出的脏乱问题了。"

捣乱者顿时哑口无言。

"狗屎、垃圾"这里指的是"空话、废话"，也可以借指"脏乱问题"。威尔逊根据当时正在进行竞选演说的特定环境，对"狗屎、垃圾"作了另外的解释，使对方的攻击扑了个空。

运用歪解诡辩,不仅可以在语义的多义上打圈子,有时还可以利用类比的方式来巧妙地解释。

一个人从市场里买了六只来自外国的麻雀,决定用它们去讨好国王。

按照这个国家的习惯,七是大吉大利的数字。如果送去六只麻雀,国王也许会不高兴的。要是国王真的发怒,那就麻烦了。

但是,只有六只外国麻雀,怎么办呢?他想了半天,决定混一只本国麻雀进去,凑足七只献给国王。

国王一见,果然十分高兴。他仔细地把它们逐一玩赏了一遍,突然发现有一只本国麻雀混在里边,立即大怒,责问道:"这怎么回事?是不是你自恃博学多识,欺我寡陋无知?"

那人吓了一跳,但他马上回答说:"陛下果然是火眼金睛,明察秋毫,可这只本国麻雀是一个翻译。"

这个人利用类比思维,做出了巧妙的别解——人出国需要有翻译,那么麻雀同样也不例外,那只本国麻雀就是一只翻译鸟。正中有歪,歪中有正,几分正确,几分荒谬。国王见他奉承得体,便嘉奖了他。

歪解诡辩还能够帮助人们顺利处理一些意外发生的窘迫事件。

一位光彩照人的女演员上台演唱,曲毕谢幕。可没走两步,就被麦克风的电线绊倒,娇美的身体与当时的狼狈形象形成了强烈的对比,观众有笑、有叹、有哄。

这位女演员急中生智,站起身来,拿起话筒说道:"我是被大家的热情所倾倒的!"

顿时,嘈杂声变成了笑声和掌声。

女演员急中生智,以"美"补"丑",为自己刚才的意外挽回了面子。

巧用自嘲诡辩

一个人如果有了缺点或缺陷,这本不是件好事。但如果一个人敢自我暴露问题,揭露自己的缺点,明示自己的缺陷,就更能显示一个人的坦诚和责任感,往往被人们视为可靠又勇敢的人,使自己显得豁达和自信,从而淡化自己的缺点和缺陷,甚至会被人视为一种"美德"。

自嘲诡辩,是利用人们的上述心理因素,当自己陷入窘境时,采取自嘲自讽、自贬自抑的方法,嘲笑自己的缺点,嘲弄自己的缺陷,贬低自己的优点,以此作为摆脱窘境的最佳方法。

前苏联总统戈尔巴乔夫最爱讲一个关于他本人的笑话,借它来嘲笑自己改革前为苏联经济所作出的努力。

在一次俄罗斯联邦大会上,他对记者说:"有一个总统拥有一百个情妇,其中一个染有艾滋病,但很不幸,他分不出是哪一个。另一位总统有一百个保镖,其中一个是恐怖分子,他也不知道哪一个是。"

戈尔巴乔夫环视了一圈周围的记者,自我嘲笑说:"而戈尔巴乔夫有一百名经济专家,其中有一个是聪明的,但很不幸,他不晓得哪一个才是那个聪明的经济专家。"

戈尔巴乔夫想用经济改革的成就去弥补他政治体制改革的失败,但经过一系列的努力后,仍然无济于事。

他在这里的自我嘲弄,实际上是把经济改革的失败归罪于他的一百个经济专家的"愚蠢",为自己制定的政策的失败背黑锅,也为自己开脱罪责。

在论辩中,有时会遇到对方有意或无意地触犯自己,把自己置于尴尬境地的情况。这时候如果缺少应变能力,在感到自尊心受到伤害的情况下失去了心理平衡,就有可能出现有失风度的言行。这时,自嘲诡辩毋庸置疑是摆脱窘境的好办法。

上世纪50年代初,美国总统杜鲁门会见十分傲慢的麦克阿瑟将军。会见中,麦克阿瑟将军拿出烟斗,把烟斗叼在嘴里,装上烟丝,取出火柴。

当他准备划火柴时才停下来,对杜鲁门总统说:“你不会介意我抽烟吧?”

杜鲁门总统看了麦克阿瑟将军一眼,一耸肩,微笑道:“不介意,抽吧,将军。别人喷到我脸上的烟雾,比任何一个美国人脸上被喷到的烟雾都多。”

杜鲁门总统在这里借助自嘲来摆脱窘境的办法。

他知道,麦克阿瑟将军在已经做好抽烟准备的情况下才征求自己的意见,显然这并不是真心实意。可是在这种情况下,如果杜鲁门总统说他介意,这毫无疑问会让自己在这样一个重要的交际场合中表现出粗鲁、霸道,这是很失礼的。

麦克阿瑟将军这种缺少礼貌的傲慢言行,使杜鲁门总统感到有些难堪。但杜鲁门并没有束手无策,更没有以牙还牙,而是运用自嘲的办法,开了一个小玩笑,既委婉地说明了对方抽烟对自己造成的不快,又表现了自己胸怀的大度。从而在难堪的窘境中以自我排解的方式,保护了自己的尊严,掌握了交流中的主动权。

点金石

如果一个人敢自我暴露问题,揭露自己的缺点,明示自己的缺陷,就更能显示一个人的坦诚和责任感,往往被人们视为可靠又勇敢的人,使自己显得豁达和自信,从而淡化自己的缺点和缺陷,甚至会被人视为一种“美德”。

掌握戏谑诡辩艺术

戏谑诡辩,是指诡辩者在论辩的过程中,以轻松幽默的方式表达本意,用有趣的、引人发笑的话开玩笑,调侃对方,以笑制怒,以柔克刚,并借此摆脱逆境,使对手折服。

前苏联外交部长葛罗米柯1984年9月访问华盛顿,在美国总统里根为他举行的招待会上,葛罗米柯在举杯祝酒时,在总统夫人的耳边小声说:“每天晚上您要在您丈夫耳边悄悄说声‘和平’!”

聪明的总统夫人南希·里根听后,立即接过对方的话头回敬道:“我也要在您的耳边悄悄地这样说。”

显然,前苏联外交部长葛罗米柯是从含沙射影中批评里根好战,近乎戏谑的一句话包含有十分严肃庄重的国际政治内容。

而美国总统夫人南希·里根不但机敏,而且深知这句话的分量,所以不失时机地以其人之道,还治其人之身,同样风趣地像“搓乒乓球”一样把“球”搓还给了葛罗米柯,使老练的葛罗米柯并未占到什么便宜。

在美国总统竞选中,相互造谣中伤的现象早在1800年就已出现了。

那一年,约翰·亚当斯竞选总统,他的妻子阿比盖尔·亚当斯为约翰当时的桃色丑闻的泛滥而哀叹,担心这样会毁坏他在人民心中的印象。

当时的共和党人就指控约翰·亚当斯,说他曾派他的竞选伙伴平克尼将军到英国去挑选四个美女做他们的情妇,两个给平克尼,两个留给自己。

亚当斯哈哈大笑,他回答说:"假如这是真的,那平克尼将军肯定是瞒着我,全都独吞了!"

全场的人都哈哈大笑。

这一年,约翰·亚当斯当选美国第二届总统。

点金石

戏谑诡辩寓庄于谐,通过轻松幽默的方式表达自己的意见和观点,可以起到活跃气氛,缓和紧张局面,间接地戏弄、嘲笑对方的作用。

灵活把握反诘诡辩

反诘诡辩是指诡辩者在论辩中巧妙地运用反诘疑问进行论辩或反驳,使对方猝不及防、入彀就范的诡辩艺术。

某寺院甲乙两僧素有嫌隙,甲僧心胸狭窄,总想伺机攻击乙僧,却又找不到借口。

甲僧于是往乙僧的小徒儿身上打主意,他向方丈诬告说:"今天大雄宝殿念经礼拜时,乙僧的小徒儿跪在最后一排做鬼脸,不念经,亵渎佛祖。"

方丈听后大怒,准备第二天早晨做佛事时当众惩处小徒儿。

小徒儿听此消息,急得哭哭啼啼,忙向乙僧求救。乙僧低声对小徒儿说了八个字,小徒儿破涕为笑。翌日,方丈在佛事完毕后叫住小徒儿,责问此事。

小徒儿说:"我在后排做鬼脸,谁看见了?"

甲僧抢前一步,气势汹汹地说:"是我亲眼所见,你还要抵赖?"

小徒儿又说:"请问师伯当时在哪里?"

甲僧回答:"大家都知道,我自然是在前排。"

小徒儿:"你要是不回头看,怎么能看见我扮鬼脸?"

甲僧顿时羞愧得脸上一阵红、一阵青,感到无地自容。

小徒儿首先反问,让甲僧亲口在众人面前承认自己在前排看见小徒在后排做鬼脸,然后反诘疑问:"你不回顾,怎见鬼脸?"甲僧于是百口难辩。

反诘诡辩从形式上看,有直接和间接之分。针对对方所论及的事或理,直接发出反诘疑问;就是直接反诘诡辩。针对对方所论及的事和理,迂回曲折地提出反诘诡辩,即是间接反诘诡辩。

佛学典籍《传灯录》中记载了这么一个故事:

一位姓崔的相公在寺庙里看见鸟雀在佛像头上拉屎,便故意问寺庙的大师:"这些鸟雀有佛性吗?"

这位大师根据佛学的基本原则,肯定地说:"有佛性。"

于是这位崔相公紧紧抓住这一点继续问:"既然这些鸟雀有佛性,为什么还在佛头像上拉屎?"

这个问题问得非常尖锐,非常难答。

哪知,这位大师却镇定自若地提出一个反问:"那它们为什么不在鹞子头上拉屎?"

在这里,崔相公用直接反诘诡辩,而大师则用间接反诘诡辩,该反诘疑问,言简意赅,避免了许多无谓的争辩,又从侧面证明了这些鸟雀确实是有佛性的。可以说大师这一反诘诡辩辩得有力。正所谓"佳句易得,巧问难求"。

在广告中如果也采用这种反诘诡辩,就能引起顾客的注意,从而使顾客达到购买欲望。例如:

欢迎你订阅《天津歌声》。
您想得到喜欢的流行歌曲吗?
您想经常听到电影、电视歌曲吗?
您想听到电台经常播放的创作歌曲吗?
您想感受情调迥异的外国歌曲吗?
您想听到不同地区的民歌吗?
您想听到"五四"以来的优秀歌曲吗?
那么请您订阅《天津歌声》。

这一连串的发问,使读者一下了解了《天津歌声》的整个内容,给人一个完整的节目形象。

点金石

针对对方所论及的事或理,直接发出反诘疑问,就是直接反诘诡辩;针对对方所论及的事和理,迂回曲折地提出反诘疑问,即是间接反诘诡辩。

辩证诡辩的策略

辩证诡辩,是指诡辩者在论辩中,应用辩证的推理来论证自己的观点,反驳对方的观点的诡辩艺术。

《韩非子》中有记载:

公仪休担任鲁国的相国,他非常喜欢吃鱼。人们知道了他有这一嗜好后,便争着买鱼送给他。

公仪休则一概不收,都退了回去。公仪休的弟子见状,非常奇怪,问道:"您这么喜欢吃鱼,可人们送鱼给您,您却为什么一条也不收呢?"

公仪休回答说:"我喜欢吃鱼,但我不收人家的鱼。如果我收人家的鱼,拿人家的手短,吃人家的嘴软,就无法公正地执行国家的法律了。如果不能公正执法,就无法保住自己的相位。无法保住我的相位,那么到时就没有人再送鱼给我,我自己又无法抓到鱼,所以即使我喜欢吃鱼也还是吃不到鱼。如果我不收人家的鱼,那么我可以保住自己的相位。如果保住了自己的相位,那么我就可以长久地吃到鱼。"

公仪休拒鱼、吃鱼的论辩就使用了辩证诡辩。由喜欢吃鱼为前提,却得到拒鱼的结论,这就鲜明生动地揭示了这些事物概念之间的矛盾运动的过程,富有强烈的感人力量。

美国电视剧《孤女》是描写一个小女孩被生母遗弃,后来进了儿童之家,之后又被好心的某太太收为养女的故事。使女孩卡佳感到极大幸福和自豪的是她重拾的母爱。

有一天,班里有一同学的成绩下降了,却不肯认错,卡佳批评了他,他却讥笑卡佳是养女,不配批评别人。

"不,"卡佳说,"我有妈妈,妈妈选择了我。你们也有妈妈,可你们的妈妈在生下你们的时候却不能选择,也不能再将你们退回去。儿童之家有很多小孩,可妈妈选择了我……"

卡佳的聪明在于她施用辩证诡辩，将养母不如生母的感觉，反证为养母胜于生母——因为她有选择权。

若想要使自己的论辩深刻有力且新颖，就必须掌握辩证诡辩。运用辩证诡辩能使我们的论辩语言极具深邃的哲理性，为其增添一定的理性色彩。

点金石

若想要使自己的论辩深刻有力且新颖，就必须掌握辩证诡辩。运用辩证诡辩能使我们的论辩语言极具深邃的哲理性，为其增添一定的理性色彩。

因果诡辩的技巧

因果联系在现实中的表现是复杂多样的，有时，相同的原因能够引起多种结果，有时一种结果是由多种原因引起的。

因果诡辩就是依据事物之间的因果联系引申出相互对立结论的诡辩艺术。

因果诡辩的其中一种方式是，由同一结果引申出相互对立的原因。

一天大清早，千户长挺着肚子、晃着脑袋来到阿凡提家里。狗都没看他一眼，就溜进了窝。

千户长瞪眼咧嘴，嘿嘿地笑了起来，说："瞧，阿凡提！你的狗多么怕我呀！我一来，它叫也不叫一声，就夹着尾巴进窝啦！"

"不，阁下。"阿凡提瞪着千户长说，"它是因为讨厌你，而不是怕你！"

为什么狗一声都不叫就溜进了窝？

一种结果却引申出了相互对立的原因。千户长得出的结论是狗怕他，阿凡提得出的却是狗讨厌他而不是怕他的结论。这就有力地嘲讽了千户长的可恶、可憎。

因果诡辩的另一种方式是，由一种原因引申到相互对立的结果。

有一次，萧伯纳的脊椎骨出了毛病，需从脚上取一块骨头来弥补脊椎骨的缺损。

手术做完以后，医生想多捞一点手术费，便说："萧伯纳先生，这是我第一次做这样的手术呀！"

萧伯纳笑着说："这太好了，请问你打算给我多少试验费呢？"

由从未做过的手术为原因，医生因为手术难做而得出多给报酬的结果，萧伯纳则以自己的身体成了试验品而得出向对方索取试验费的结果，相互对立，引人入胜。

另外，同一现象，把它当成结果推出原因和把它当做原因推出结果，这之间也往往可以构成尖锐的对立面。

首届国际华语大专辩论会的决赛辩题是"人性本善"。在正方一辩论证自己的"人性本善"的立场时说道："正因为人性本善，所以人随时随地都能放下屠刀，立地成佛。"

而反方三辩在论证自己的"人性本恶"的立场时，则针锋相对地反驳道："对方一辩说，有的人是'放下屠刀，立地成佛'的，这一点不错，但我请问，若人性本善，那谁还会拿起屠刀呢？"

正方由"人性本善"的原因，得出人可以随时随地"放下屠刀，立地成佛"的结果，而反方则以有的人"放下屠刀，立地成佛"为原因，针锋相对地得出人性本恶而非善的结果。这一精彩答辩，博得了观众热烈的掌声。

因果诡辩的关键是要找出制约某一现象的原因。根据探究原因方法的不同,因果诡辩主要有以下两种类型:

1. 求同探因

它是根据被考察对象出现在几个不同的场合中,其他的情况都不相同,而只有一个情况相同,于是得出的结论就是说,这个相同的情况就是被考察现象的原因。

2. 求异探因

在被考究现象出现和不出现的几个不同场合中,其他的情况相同,只有一个情况不同,于是得出结论就是说,这个不同的情况就是被考察现象的原因。

因果诡辩就是依据事物之间的因果联系引申出相互对立结论的诡辩艺术。

数据诡辩最有说服力

数据诡辩,是指诡辩者依据人们对数据的信赖心理,编造一些貌似客观而实为主观的数据谎言,借此来达到其目的的诡辩艺术。

前几年,有一本十分畅销而导致一时洛阳纸贵的社会科学著作,书中就引用了大量的数据来说明一些问题,能给人振聋发聩的印象。

它在谈及中国西北部经济落后时说:

> “1980 年西北部每百元固定资产实现产值为 65. 17 元,仅为全国平均值的 56%,文盲率达到 27. 51%。西北陕甘宁青新 5 省区,总面积约为 307 万平方公里,占全国总面积的 32%,但 1983 年的工农业总值仅占全国的 5. 1%,人均收入比全国平均水平低 20%。西北的西宁市与华东的常州市,人口都在 40 万左右,前者 1982 年的工农业总产值只有 8. 45 亿元,远不及后者的 1/4。而且东西部差距在不断扩大。”

这种列举数据的方式比举出许多典型的例子都要醒目,而且更具有说服力。

正因为列举数据具有如此大的说服力,所以不少政治家和诡辩家都乐于引用数据来反驳对方的诘难。日本前首相田中角荣的秘密武器就是常常引用一些数据才取得论辩的胜利。

日本有些推销员到一些家庭进行商品推销时,常常以“本住宅区 85% 的家庭都购买了”的数据来打动对方,让对方瞬时产生一种“既然这么多人都买了,那我也买”的念头。

为了提高数据的效果,引用的数据应该越精确越好。比如,在人大会议上,某位代表指出“现在物价仅上升了 20. 2%”,人们会对他有相当准确的研究而表示钦佩,而怀疑的人一时也难找出如此精确的相反的数据进行反驳。

同样的,在一种新商品的发布会上,商店的代表也可以用精确数据对市场调查的结果进行发布:“根据我们的调查,本市有 70. 8% 的家庭使用了这个商品……”仅凭这些“客观”的数据,就足以令听众震撼,从而产生一种购买欲望。

为了增强人们对某种事物的可信度,可以用一些事先编造的精确数据来表示,效果极其明显。这种所谓的精确数据在如今的报纸和电视的广告词中早已屡见不鲜了。

例如:

有句推销 × ×药的广告词说:“经过对 81376 个患者的观察, × ×药的有效率为 99. 37%,治愈率 98. 12%。”

对于这类宣传,有几个人相信这是他编造的谎言,又有多少人怀疑它的真实性呢?能达到理想的广告效果,这不得不说是得益于数据诡辩的合理运用。

数据给人的印象是一种客观的事实,人们往往对此深信不疑,在论辩中是不太容易被对方驳倒的。

第七章 说服口才

如何做好说服前的准备工作

一般说来,说服准备阶段的工作做得如何将会直接关系到说服的效果。

在准备阶段,主要应做好以下几项工作:

1. 掌握信息

首先需要弄清楚他究竟处于怎样的一种思想状态,他苦恼的原因是什么,他的思想认识水平到了什么程度。我们只有清楚了说服对象的内心世界,才能探索出他们心底深埋的思想情感。说服者这时候通常要运用平时观察和分析问题的经验。通过调查、走访、察言观色,来掌握第一手材料,争取把问题搞清楚明白。

只要思想信息的传递渠道不发生阻塞,人的思想信息总是可以传播与捕捉到的,走进其神秘的心灵殿堂也就轻而易举了。

在深入细致的了解中,不排除所获得的材料有道听途说的可能性,所以不要完全被获得的材料所左右,需要经过多方面的验证和分析,从众多的材料中作出符合实际的归纳和判断。

2. 摸清与思想情绪有关的情况

包括思想素质、文化素养、性格气质、社会关系、生平经历等。

一个人的思想情绪不是凭空产生的,除了有一定的客观因素之外,还与他本人的素质、经历乃至所处的环境都有直接的关系。

为什么同样一件事,在这个人身上没产生任何问题,而对于另一个人来说却成了了不起的问题呢?这完全是取决于人们之间的差异性。明白了这个道理,就能提高对全面掌握说服对象情况的认识及其重要意义。

从思想素质方面,主要应了解他的思想认知水平属于什么层次;

从文化素养方面,主要应知道他本人受教育的程度及个人文化涵养;

从性格气质方面,主要应了解他的脾气和性格是属于哪种类型的;

从社会关系方面,主要应了解他的家庭人员构成情况及人脉关系;

从生平经历方面,主要应了解他生活中的经历和体验;

从经济方面,主要应弄清楚他个人收入、家庭经济来源、生活水平等等。

3. 抓住焦点

把握住与说服对象之间意见分歧的焦点,说服效果才会事半功倍,双方的思想才能进而迸出火花。只有这样,你的思想观点才能融入他的思想观点中,再对他的思想进行深化和改进。

4. 设想对策

说服,不可能按照自己预先设计的思路顺利地向前发展,可能会遇到种种原因而发生阻塞现象。所以,说服之前既要充满信心,又不能盲目乐观。为了顺利地达到说服的目的,必须在说服之前,自我设计几种假设的障碍及其对策来应对突发状况。

5. 确定方法

了解清楚上述情况，是确定整个说服工作采用何种方案的依据。确定说服方法，既要考虑到对方的心理特点和承受能力，又要考虑到自己能否驾驭整个说服方法的过程。

在大体上确定某种说服方法为主的同时又不要忽略多准备几种方案，万一说服过程中情况突变，就应立即调整说服方法。

点金石

说服之前，需要花费相当大的精力去熟悉和了解对象，尽可能全地收集有关资料，精心选择合适的说服场所，仔细寻找说服的时机和可能采用的说服方法。

认清说服对象

在说服别人之前，一般要对对方的情况做个客观的了解。只有知己知彼，才能采取不同的说服技巧，针对不同的对手顺利地进行说服工作。

例如：知识结构丰富的对象，对知识性辩题抱有极大的兴趣，不屑听肤浅、通俗的话，这时就应充分体现你的博学多才，多作抽象推理、致力于做各种问题之间的内在联系的探讨；

文化知识结构肤浅的对象，听不懂高深的理论，这时就应多举易懂、平俗的事例；

刚愎自用的对象，不适合循循善诱时则可以用激将法；

爱好夸大的对象，不能用表里如一的话使他接受，可以用诱兵之计；

脾气急躁的对象，讨厌喋喋不休的长篇说理，用语须简短直接；

性格沉默的对象，要多让他发言说话，不然你会雾里雾中；

思想顽固的对象，不能对其进行硬攻，容易陷入僵局，这时应看准对方感兴趣的点进行转化。

从言谈了解对方，是取得胜利的关键。我们可以从言谈中观察对方的性格特征和内心活动。

性格大方自信的人，很少使用“那个……”“嗯……”“这个……”之类的口头语。反之，小心谨慎的人常用这类语汇。日本语言心理学家三付侑弘认为，在谈吐中常说出“果然”的人，常常自以为是，强调个人主张；经常使用“其实”的人，通常是想引起别人的注意，因为他们任性，倔强，自负；经常使用“最后怎么怎么”一类词汇的人，大多是潜在欲求未能得到满足。

通过对手无意中显露出来的态度及谈吐可以更快地了解其性格及心理状况，这样通常能够捕捉到更直接，更真实的思想。

例如：对方抱着胳膊，表示在思考问题；抱着头，表明一筹莫展；低头走路、步履沉重，说明他心灰意冷；昂首挺胸，高声交谈，是自信的表现；女性一言不发，一直不停地揉搓手帕，说明她心里有话，却不知从何说起；真正自信而有实力的人，会谦虚认真地听取别人讲话；抖动双腿常常是内心不安、苦思对策的举动；若是双腿轻微颤动，就可能是心情悠闲的表现。

当然，想要更全面的了解说明对象，不能总是停留在静止默察上，还应该主动侦察，采用一定的侦察对策去激发对方的情绪，这样才能够迅速准确地把握对方的思想脉络及思想动态。从而顺其思路进行引导，这样才有利于说服成功。

点金石

在说服别人之前，一般要对对方的情况做个客观的了解。只有知己知彼，才能采取不同的说服技巧，针对不同的对象顺利地进行说服工作。

掌握说服方法

在人际交往中，说服伴随着我们的生活。比如，父母说服自己的孩子学钢琴、学外语；老师说服学生回家少看电视；干部说服群众遵守日常规章制度；营业员说服顾客购买自己店里的商品，等等。说服别人转变已有的看法虽很有意义，但也是不容易的。

那么说服的过程要注意什么呢？

首先，要让对方信任自己，这是进行说服的基础。如果你在对方心目中可信度不高，说服就没有分量，那么说服就不会成功。

其次，说服要有所指，这是说服成功的关键。说话要说到对方的心里去，这样说服才会有效果，也是说服成功的关键。

说服方法具体来说有以下几种：

1. 迁目诱导法

比如：中国古代触龙说服赵太后纳谏就是一个迂目诱导的成功案例。又如，李燕杰要说服青年摘下挂在胸前的十字架，他先从《圣经》说起，以渊博的学识博得了青年人的尊重和信任，然后再用正反两面的例子启示青年，使他懂得什么是真正的美，最后青年自觉地摘下了十字架。

2. 以退为进

说服法是要坚持原则的，但是如果以为只进不退才是坚持原则，这是不妥当的。局部的后退是为了全局的进攻，适当的退让会使对方感到你是通情达理的。这会为你进一步说服创造了成功的条件。

3. 逐步递进法

一个聪明的妻子要说服丈夫戒烟，可以先说服他把每天抽两包以上减为每天一包，之后又说服他两天抽一包，直至完全戒烟。如果期望目标过高，实现时困难就增加了很多。可以把它分解成几个小目标，逐步递进，这样对方比较容易接受，效果反而会显著很多。

4. 正反论证法

这种说理比较透彻、全面，可以赢得被说服者的信任感。同时也恰巧反驳了对立的观点，在逻辑上更显得无懈可击，也更具说服力。

5. 情感激励法

要说服某人或某团体完成一项艰巨的任务时，情感激励法会比一般命令有效的多。比如，学校决定把疏通校园角落臭水的任务交给3班，这任务可想而知是艰难的，3班同学意见很多。怎样才能说服他们呢？

可以这么说："校方之所以把这么艰巨的任务交给我们，因为我们班是全校闻名的'文明班级'，每次检查都得满分。我相信，我们这次一定也不会辜负校方的期望，出色地完成任务！"很显然，这样就激起了同学们劳动的积极性，也燃起了他们的热情，从而达到了你说服的目的。

点金石

要让对方信任自己，这是进行说服的基础。如果你在对方心目中可信度不高，说服就没有分量，那么说服就不会成功。

如何选定说服氛围

劝导、说服的效果，也常常因地点、环境的不同而不同。虽然这些都称不上是说服的主要手段，但对于说服效果来说，却有着不可忽视的制约因素。

一般说来，地点环境是有着重要的作用，在自己熟悉的地点环境中对人进行说服，往往会形成一定的"居家优势"，会比在陌生的环境中使你更有信心。如果在对方熟悉而自己却感到十分陌生的环境中进行说服，全新的环境不仅会分散你的注意力，而且还容易削弱你的自信心；相反，对方则占有一定的心理优势。因此，在进行说服时，要充分利用"居家优势"，尽量安排在自己家中、办公室等熟悉的环境中进行，以利于说服成功。

还要注意一个问题，虽然选定在自己的办公室或自己家中都能使自己占有一定的居家优势，但这两种同样具备居家优势的地理环境，其意义也是大不相同的。

选定在办公室的，多半是上级对下级、老师对学生进行的部署性和批评教育性的说服，常常带有公事公办的正规性质，说服的气氛会严肃很多。在这样的环境中，要尽量体现平等与亲切，否则，易使人产生抵触和厌烦情绪。而选定在家中谈话的，多半是地位平等或地位相当的人之间进行的私人之间的说服谈话，说服的气氛比较轻松随便，形式自由活泼，说服效果会好很多。

但若说服对象是一个地位比你高的人，你不可能把他请到家里进行说服，也就自然失去了说服的"居家优势"。因而，这种情况下的说服要难许多，而且还要冒一定的风险。

从气氛上看，说服时所处的气氛不同，对于不同性质的说服效果是不同的。经验告诉我们，任何人处于充满着某种情绪的环境中时，都会受到环境气氛的感染，使自己的情绪不知不觉地被环境所同化。

比如，肃穆的气氛，能使人产生一种悲壮的感觉；明快欢乐的气氛，能使人产生一种轻松感；壮怀激昂的气氛，能使人的精神振奋无忧；咄咄逼人的气氛，容易使人产生一种压抑感。这时候进行说服，基本都可以获得成功。

通过上面的内容可知，做人的思想工作，切不可忽视不同环境气氛所能产生的不同说服效果，以此来解决人们生活中不同性质的思想情绪问题。

在现实生活中，经验丰富的思想教育工作者都会很乐意选择在适宜的环境气氛上下工夫。因为他们在实践中体会出了环境气氛对感染的情绪所起到的作用。

点金石

做人的思想工作，切不可忽视不同环境气氛所能产生的不同说服效果，以此来解决人们生活中不同性质的思想情绪问题。

如何选择说服时机

人的心理能反映客观现实，外界的突然刺激会引起人的心理变化。这时人们往往情绪反应强烈，特别是年轻人，情感更为动荡不安、极易冲动。情感有余，但缺乏理智，情感的潮水会漫过理智的堤坝，在激情的驱使下会造成后悔莫及的过火行为。

如果及时抓住情绪所产生的强烈波动，能在即将导致不正常行为的时候予以制止说服。陈明利害得失，对方就会受到震动，恢复理智，幡然醒悟。而过早地进行说服，会被对方认为神经过敏或无中生有。过晚的进行说服教育，易被对方看成“事后诸葛”，或秋后算账，都不能收到好的效果。

要抓住说服的最佳时机，就要善于在人的思想、情绪容易发生变化或可能出现问题的关口及时进行说服教育。一般来说，工作调动、毕业、入党入团、家庭事件、婚恋受挫、提职加薪、意外事故、购买住房、子女就业、退伍回乡、请假探家、负伤患病等等，人们在面临这些情况时，极容易产生思想波动，这正是进行说服的良好时机。在这种时刻要及时劝导、提醒，达到最优化的说服效果。

想要判断个别说服的时机是否恰当，可以通过观察对方的情绪表现进行判断。如果对方心平气和，并且表现出的情绪极为平静，这往往说明时机较为合适。如果发现对方表现出反感和对立情绪，我们除应检查谈话方法及自己的态度正确与否外，还应考虑谈话的时机是否恰当，以免造成不利的后果。这时，我们应积极观察，或者采取恰当措施，创造有利的时机，使说服获得成功。

实际上，“最佳时机法”所强调的最佳时机，并没有刻板的具体要求，也不排除上面事例中所展示的模式，这就要求我们在具体情况下从说服的目的出发，针对对方的思想状态和心理特点，自己揣摩和把握，从而达到说服的成功。

点金石

只要我们具有敏锐的观察力和果断灵活的思维能力，我们的说服工作就会像杜甫诗句中“知时节”的“好雨”那样，“当春乃发生”，恰到好处地滋润人们的心田，使说服工作更加顺利。

如何把握说服距离

说服的有效程度是由说服者与被说服者之间的距离产生的。因此，空间距离的适度，在人际交往中以及说服劝导过程中，都是不可忽视的。

如果说服对象与你是一种亲密关系，说服时可以与之保持半米以内的亲密距离，即使皮肤接触也要适度，而且只有这种距离，才能更加有效地传递你的说服信息，增强说服的感染力，同时对方也不会产生误会与反感。

在这种亲密距离之间，可以把手放在对方的肩膀或膝盖上，给予对方鼓励性的轻拍；或者用双手轻拥对方给予安慰，这些亲密的接触，都可能产生比单纯的言语说服强好几倍的效果。

如果你与说服对象是一般的同事、同学关系，在进行劝导说服时适宜的私人距离是保持 1 米左右。如果超出了这个距离恐怕很难谈得拢。

有的领导者，把部属叫进自己的办公室，让对方坐在一边，自己端坐在写字台后面，冷冷地说“今天，想同你谈一个问题”，这样的空间距离，会拉大对方心理上的距离，使其有一种压抑感。这种说服多半是以部下的口服心不服导致失败而告终。

另外，谈话者之间不属于亲密关系，但谈得很轻松，这就可能突破私人距离，进入亲密距离。

假如说服者面对的说服对象不是个体，而是一个群体，那么，说服者与被说服者之间最好保持 2 米以外的社交距离或 3. 65 米以外的社交距离。

说服者与说服对象个体空间的距离，它会由说服对象的文化背景、社会地位、性格气质以及情绪状态的不同而产生很大的伸缩性。

不同社会地位的人，需要的个体空间不同。比如：地位尊贵的人，往往喜欢较大的个体空间，不喜欢地位低的人与自己靠近。如果你是一位师长、领导，在对学生、子女或部属进行说服时，应当有意靠近他们，并做出亲热的举动，对方就会感到亲切温暖。

不同文化背景的人，需要的个体空间不同。有的人在交往中允许较多的身体接触，希望对方离他近一些;有的人则相反,即使与你的关系再亲密,也不希望你离他太近。

性格气质对空间距离需求有差异性。如果是活泼开朗型的,他会喜欢小的个体空间,所以他可以让别人靠近。而性格气质孤僻自守型的,他会喜欢空间大的距离,宁愿把自己封闭起来也不要别人靠近。

说服对象的情绪状态主要体现在个体空间的差异性上。如果说服对象处在心情较为平静的时候,个体空间的需求较小,近距离进行说服不会使其反感。而当他暴跳如雷的时候,个体空间的需求正在进行非理性的扩张,所以会将人拒之门外。

点金石

当我们了解距离对说服效果的影响,以及人们对空间距离的不同需求之后,就可以选择适宜的说服距离,提高说服的成功率。

如何运用说服表情

人的面部感情可以将其丰富的内心情感表现出来。同情和关心、厌恶和鄙视、信任和尊重、原谅和理解、容纳和排斥、愤怒和反感、欣慰和喜悦等等,都会清清楚楚地表现在面部表情上。面部表情与其他符号比较起来,占有空间小、活动幅度也小,但它却是最传神、最能表达一个人内心思想情感的说服手段。

在说服中恰当地运用面部表情可以增强说服效果,这是我们应该特别重视的。要想把面部表情做得恰当,就应随着谈话内容的变化而变化。当谈到有不幸和灾难时,就会自然流露出同情、关心和安慰的表情。当谈到思想和工作进步、有成绩的时候,就会自然流露出喜悦和欣慰的表情。

在人的面部表情中最重要的是微笑。微笑是美的,美是有感染力的,微笑的美就在于它表现了许许多多难以言传的感情。在商业和服务性行业中,人们很重视微笑服务。

微笑要笑得得体、笑得适度,要避免冷嘲热讽的讥笑或呆呆地傻笑。

有些人没有意识到微笑在说服中的作用,认为脸越阴沉、表情越严肃,其威信越高。若发现对方身上没有让他满意的地方就怒目而视。这样,势必造成说服对象的对立情绪,其说服效果会适得其反。

相反,如果微笑着与说服对象相处,即使他有缺点错误,也怀着包容的态度去亲近他,去开导、帮助他,那效果就会好得多。当然,微笑并不等于放弃原则那种逢场作戏的假笑,这是我们所不提倡的,而坚持原则,坚持正义,才是微笑的真正内含。

我们所说的面部表情最重要的是眼神。人内心的各种情感,都可以从眼神中体现出来。

一个优秀的说服者,通常是用眼神来准确反映其思想态度的。可以说,在某种情境下,一个眼神能胜过千言万语。

当然,眼神视线方向,注视频度等都要适度。因为,视线的方向,能表明对人的态度;注视的频度和目光接触的时间长短,能反映出与对方的亲密程度。

亲密的人除外,一般连续注视对方的时间应在几秒钟以内,否则会引起对方的反感、不安。但学生对老师或下级对上级谈话时,注视对方的时间可适当加长,因为这是一种信任和尊敬的表示。

点金石

一般连续注视对方的时间应在几秒钟以内,否则会引起对方的反感、不安。

如何采用说服姿势

作为说服者,从开始说服工作起,其身体每时每刻都在表现着。这些表现,最重要的是身体姿势给对方留下的影响,它会决定着对方是否会听你说话,是否会尊重或厌恶你。

在开口之前都要注意你的姿势。比如坐着突然站起来;或者把座位向对方移近一点;或者是来个其他姿势,只要做得自然,做得得体,对说服工作都会有帮助。

在说服过程中,谈话双方不会并排而坐,而以面对面的姿势为主。说服者最好保持在面对面时身体都微微前倾。听人讲话时,这种姿势表示对对方讲的话感兴趣,会给人留下谦虚诚恳、尊重对方的深刻印象。对人进行说服时,这种靠近对方并微微前倾的姿势,既能减少各种外界干扰,又能给人一种亲切感和信任感,容易使对方获得一种受关心、受尊重的感觉。

不论你是采用何种姿势,一般不要侧着身子跟人说话,更不要背向对方,因为那样会使人误认为你在轻视或鄙视他,给人留下一种很不受尊重的感觉。当然,这样的坐姿也使你不容易观察对方的情绪变化,反而容易让你受到外界干扰。

所以最好采用面对面的姿势进行说服,这样,不仅有利于传递说服者的言语和其他非言语信息,而且也有利于及时获取对方反馈回来的言语和非言语信息。所以,即使双方坐在一边,说服者也要把身子扭向对方。

还需要注意的一点是,要尽量向对方展现完整的身体姿势,不要抱臂盘腿,展现出一副优哉的样子。用这样的姿势去听对方诉说苦闷或去对其他人进行说服,都会显得很不得体,也不够重视对方。

点金石

身体姿势是人内心情感的外在体现,它受人的情绪、感觉、兴趣的支配和驱使。任何一个不得体的姿势,都会让人感到别扭和可笑。

牢记说服手势

手势在说服中有着举足轻重的作用,是一种独立而有效的符号,它可以有效加强说服力量,丰富语言色彩。

在说服时,灵活机动的手部动作,能为说服者充分表达思想起到重要作用。即可以用手指动作来表明物体的外部特征;手指就可以表明数字。在说"你……"时,随即用手指向对方,这动作手势就是对言语"你"的解释说明。

手势大致可分为象征、说明、协调和补充四类。象征性的手势,可以直接解释某个词语,表示抽象的概念,一般都有相对应的言语意义。这种手势,能够被大多数人或特定一群人所熟悉和理解。

说明性的手势,可以增强言语信息的内容,对言语起到解释的作用,使人们对听到的言语更能增加形象性的认识和理解。

协调性的手势,往往用于紧张环境中调节环境气氛。

补充性的手势,可以起到弥补有声语言不足的作用。

手势不同于身体姿势,身体姿势包括全身不断、多变协调的动作,而手势只是身体的部分活动,具有灵活多变性。

控制手势，复杂且难操作。说服时，要求手势必须适时、准确、自然得体。说服时必须谨记：手势之妙，贵在有真意，即有理有据，动于衷，形于外，切忌无用和夸张之举；手势之巧，贵在含蓄，切忌直白外露、乱挥乱舞。手势不在多而在精，要有精彩之处。如果每一句话都配上手势，就会显得复杂难操作，甚至还会给人一种张牙舞爪的不良印象。

要记住说服主要是靠“说”而不是靠“做”，正如唱歌一样，唱歌是以“唱”为主，手势是辅助“唱”的。如果跳来跳去就会影响其主要目的——“唱”。

但是，无论是做哪种工作，在恰当的时刻配上恰当的手势，都能引起人们的注意，产生想要的效果。优美的手势让人心中充满喜爱；柔和温暖的手势让对方心中充满感激；坚决果断的手势，能给人带来勇气。这样你就不用担心对方的注意力总从你身上移走。

当然，我们不能要求说出的每句话都很珍贵，手势都能起到传递信息的作用。但是，说话应简洁明了而不能多说废话，手势也一样，这应该是对每一个说服者最基本的要求。

点金石

说话应简洁明了而不能多说废话，手势也一样，这应该是对每一个说服者最基本的要求。

掌握好说服声调

语言声调是言语的表现手势，而不仅仅是言语本身很重要。我们把语言声调当做说服的辅助手段，就是因为准确而又富于变化的语言声调，能够增强言语信息的明晰度。

一般来说，跟对方谈论愉快的事情时，就应该使用明快而爽朗的声调；跟对方谈论忧伤的事情时，就应该使用低沉缓慢的声调；跟对方辩论或鼓励对方时，就应该使用有缓有慢，有急有重的声调。这样轻重抑扬相结合，才会更加全面地表达你的内心世界。

语言声调，主要体现在以下五个方面。

第一速度：说话语速的快慢；

第二音量：说话声音的大小；

第三音高：说话声音的高低；

第四音变：说话声音的变化；

第五音质：说话声音的质量是否和谐统一。

准确进行说服所需具备的辅助条件有以下几个方面：

第一，说话的速度应快慢结合。快，一般用来表达激动等内心感情。快速讲话，能使听者产生亢奋的心理和紧迫感。但速度太快，听话者对你输出的信息接收不迭，无法及时理解，而这就无法明白你要表达的意思。

慢，一般用来表达低落的内心感情，慢节奏使人容易理解与消化。速度慢也有缺点，一方面浪费时间，另一方面会使对方提不起精神来，还不等听完你的话，就已失去了兴趣。

所以，快慢应恰当使用，做到快中有慢，慢中有快，快而不乱，慢而不拖，张弛有度，抑扬顿挫。

第二，音量要适当控制。说服时不要音量过高，不然会给人一种令人厌烦的感觉；说服时音量过小也会给人一种压抑、郁闷的感觉。

第三，说话的声音高低要适量。尖锐刺耳的声音，容易刺激神经，使人过于紧张；低沉粗重的声音，容易麻痹人的神经。

第四，说话声音的高低要富于多变性，用热情奔放的声调准确表达你的内心情感。如果声音低沉呆板,对方就会觉得枯燥无味而失去兴趣。

第五,说话的声音应追求优美、悦耳,使对方乐于倾听。避免使用尖细和嘶哑的声音,因为这样会让人感觉厌烦而无法忍受。

总之,干净利落、错落有致的声调是我们着力追求的。它会提高说服语言的准确度和感染力,准确鲜明地表达你的思想感情,提高说服的效果。

语言声调是言语的表现手势,而不仅仅是言语本身很重要。我们把语言声调当做说服的辅助手段,就是因为准确而又富于变化的语言声调,能够增强言语信息的明晰度。

注意说服转换

说服转换,是说服准备转至说服交锋的过渡阶段,双方的思想观点尚处在中程对峙状态;它既不只打"外围战",也不会像交锋时那样短兵相接。它既是说服准备的发展,又是说服交锋的前奏,它是在说服准备结束的基础上,为下一步正式交锋而进行的"投石问路"。

说服转换,主要分以下三步进行:

1. 问

在正式说服之前,要先向对方提出一个或多个概括性问题,让其尽情地在有关问题上发表自己的意见。问,可以是随便问,也可以是明知故问。

同情、关怀的问话,会给对方一种温暖和亲切的感受,使他感到你是诚心诚意地来帮助他的,而不是挥舞大棒来教训他。问,也要问得巧妙,不同的问法会产生不同的效果。

2. 听

心理学认为,人们都希望别人能听进去自己说的话,而且还能被理解。

有位心理学家说过:"即使不会被任何赞美词所迷惑的人,也会被专心听他说话的人所迷惑。"这时候,你只要具备忍耐、有涵养的功夫,不管他说的话多么的无趣,仍能仔细地听到底。他就会大为满意,即使你连一句话还没来得及说,但你已经赢得了他的信赖,他也可能把你当做唯一能够理解他的苦衷的人,并把你当做知己。

实践证明,说服之前的"听",是很有必要的。从某种意义上讲,专心地听对方讲话,就是给予对方最美好的赞辞。作为说服对象,他总想一吐为快,而诱发他的最好办法就是听他把话讲完。

经验证明,善于在说服之前先听对方的诉说,实在是两全其美,甚至是多全其美的事,我们何乐而不为呢?

要做一个很好的听者,需要注意以下4点:

(1)要有耐心,善于克制自己,努力保持沉默,不可频繁地看手表、皱眉头;

(2)要集中精力;

(3)要虚怀若谷,要学会硬着头皮听人说话,即使对方说了一些过火的话,甚至是一些毫无道理的话,听了也不要激动;

(4)要坚持把话听完,不要随意打断对方的谈话。

3. 观

即观察、观测。一个人的思想讯息经常会从他的言语中自然而然地流露出来。

在正式说服之前,要在巧妙提问和耐心倾听的同时,通过与对方的接触、察其言、观其色,以便准确地抓获对方的思想讯息,判断其所处的思想状态,为下一步有针对性的说服提供参考条件。

点金石

在正式说服之前,要在巧妙提问和耐心倾听的同时,通过与对方的接触、察其言、观其色,以便准确地抓获对方的思想讯息,判断其所处的思想状态,为下一步有针对性的说服提供参考条件。

说服应如何收场

一次说服进入收场阶段时,所面临的状况有以下两种:

一种是对方愉快地接受了说服者的说服,诚恳地按照说服者的意见去处理问题。

另一种是他根本不想接受说服者的劝说,不管你怎么告诫,他依然我行我素,固执己见,认准一条死理,死也不回头。

如果经过一番思想交锋,对方的思想堡垒已被击溃,他心中的锁也被打开了,此刻,被说服者精神上就会感觉获得了一定的安慰,这是人之常情。然而,作为说服者,千万不要以为此时说服工作已经大功告成。

说服对象虽然接受了说服者所陈述的道理,但并不等于掌握了处理问题的具体方法。方向明确了,路又该怎么走呢?还是需要有人帮他指点,送他一程。因而,说服者还有责任为他指点迷津,告诉他一切实际可行的解决方法。

如果对方根本不服从规劝,依然固执己见,出现了久说不服,感而不化的局面,说服者也不必操之过急。一个人的不正确思想和不健康情绪的形成,可能是由多种因素长期作用导致的。

这时候,你就该冷静下来,并巧妙地结束这次谈话。所谓"巧妙地结束",是为了防止进一步激化矛盾,避开情绪高峰期,等待相对成熟的时机,绝不是遇到矛盾绕道走。

在这种情况下,我们不妨跟他这样说:"我知道,你暂时不能接受我的建议,这不要紧,你可以把我的话带回去,认真考虑一下,我相信,你早晚会明白过来的。"

"时间不早了,你也该休息了,有不同意见,我们改日再讨论。"

"也许你认为我对你的批评太苛刻,一时难以接受。这我并不勉强你。我建议你再找其他朋友谈谈,听听他们的看法,过两天我们可以再交流一下。"

除了以上两种情况之外,还经常出现这样一种情况:对方虽然改变了与说服者针锋相对的态度,并对说服者所阐述的道理表示认同。但出于虚荣心,不想当面向人表示"屈服",不想在说服者面前"妥协"。

遇到这种情况时,说服者要尽量满足对方的心理需要,不要强迫对方当场表态,应当多从正面鼓励他,对他初步的认错态度给予充分肯定,促使他确立起知错就改的道德意志,下决心弃旧图新。

点金石

一次说服是要经过双方的思想交锋的,不管你大获全胜,还是双方势均力敌,总是要有个收场的时候。怎样收场,这里面也大有文章。说服的收场,若能收到使对方感到意犹未尽、余音绕梁的效果,就是最圆满的了。

现身说服最有力

现身说服，就是说服者把自己融入事件中，用自己的亲身经历和所取得的经验教训，对被说服者进行启发和诫喻，给对方树立一个直接的可仿效性的榜样，这个榜样不是别人，正是说服者自己。

对于说服对象来说，这样的榜样与具体事例是真实的、可学的，会使他们认识到："他说的都是自己的真事和经验之谈，我应该认真借鉴才是。"这种观念一旦树立，就会产生一种积极地效仿他人的精神需要。

现身说服，感情真挚而发人深省，态度殷切而意味深长，能够拉近主客体之间的心理距离，具有通感性。如果能恰当运用，会使说服对象的心灵产生高频率的振动，容易引起双方强烈的情感共鸣，进而实现主客体之间的心理沟通。

在运用现身说服这个方法时，要注意的是说服者所讲的事情必须是自己亲身经历的，并且饱含自己真实的切身体验，只有这样才能从中提炼出动人心弦、开人心窍的生活哲理。然后才能再用这抽象的生活哲理去引导别人，摆脱眼下的困境。

运用现身说服时，还要注意一点，即讲述的个人经历，必须与说服对象目前所处的困境有相同或相似之处，或者在本质上有必然的联系。这样才能使二者具有可比性，前者领悟出来的道理，对后者来说才有价值。否则，对方会认为你述说的经历以及领悟的道理与他没有丝毫联系，那就起不到说服的作用。

当然，运用现身说服，并不需要对自己的经历进行详尽的回顾，最关键的是要把解决类似问题的方法介绍给对方，使之简明扼要地呈现在说服对象面前，这是现身说服的根本环节。紧紧抓住这个环节，之后所进行的说服才会有感召力，才能令人信服。

运用现身方式进行说服时，谈的都是说服者自身的经历和体会，其最终目的却是要以此激励和鞭策对方。因而特别要求说服者态度要亲切自然、坦率诚恳，让对方在自觉的比较中产生心灵的共鸣，愉快地接受你的说服。千万不能在对方面前，故意借机炫耀自己的"光荣历史"，给人留下一种自我吹嘘与标榜的坏印象。

点金石

如果故意地炫耀自己的功绩和优点，借此来贬低和挖苦对方的缺点和不足，只会引起对方的厌恶，这根本不是在说服对方。

树标说服易引人共鸣

树标说服，就是根据人们善于模仿的心理特点，在说服过程中给对方树立一些鲜明具体、生动形象的好榜样，从而进行生动形象的感知教育，使说服对象能够比有样板、学有榜样、赶有目标、超有方向。这比单纯的说服教育更具有感召力，更容易引起对方的感情共鸣，给人以激励和鞭策，激发他们模仿和追赶的愿望。

心理学研究表明，当一个人感知到别人的行为时，就会产生进行同一行为的愿望，这样就产生了模仿。当看见别人做好事时，自己也会想去尝试，一旦这种从善的心理发展为从善的信念，进而升华为从善的意志，就很容易产生从善的行为。

通常来说，人们并不认为自己的大多数行为是受人指使或受人引导的，因为人们丝毫察觉不到别人的行为对自己造成的影响。

当然,这种善于模仿的特性,决定了人在模仿他人的良好行为时,也容易受到不良行为的感染。许多年轻人看了暴力电影和淫秽书籍后,往往会误入迷途,甚至走向犯罪,就是一个有力的证明。所以在说服中有意识地运用心理学中有关模仿的心理特征,采用树立榜样的方法,用典型来做引导,从而激发说服对象积极的模仿意识。

树标说服,可以从正反两个方面列举大量古今中外的典型事例,来启发、引导和制止、约束说服对象的思想行为。用正面的典型事例,对说服对象的思想行为进行正面积极的诱导,借反面典型,给说服对象的思想行为以约束和制止。

中国有句古语,叫做"人往高处走,水往低处流"。一般说来,每个人都希望成为受人尊敬、对社会有益的人,很少有人愿意自甘堕落。因此,在讲正面例子时,要讲得生动形象、鲜明具体,能够扣人心弦,让正面形象深深印刻在说服对象心中,直至征服他。但要注意不能脱离客观事实随意夸张放大。

在讲反面例子给以劝诫时,切忌对恶人恶行津津乐道、叙述详尽。换句话说就是,讲解反面例子宜粗不宜细,不是单纯地侧重于对犯罪行为的描述,而应该侧重于讲述过程中分析环节,分析要有批判性,态度和观点要鲜明正确,以防产生消极影响。

点金石

讲解反面例子宜粗不宜细,不是单纯地侧重于对犯罪行为的描述,而应该侧重于讲述过程中的分析环节,分析要有批判性,态度和观点要鲜明正确,以防产生消极影响。

唤醒说服的技巧

人的正确的自我意识并不是与生俱来的。一方面,人们通过不断地进行实践和学习来获得正确的自我意识。另一方面,则依赖于他人的引导。这种"引导"其实就是运用心理学上所说"意识唤醒"的方法,促使外因通过内因起作用的过程。把这种外因作用置于言语交际的方面,实际上是为我们提供了一种新的说服的方法——唤醒说服。

一般说来,运用唤醒说服可从以下几个方面入手:

1. 唤醒年龄的特征意识

人到了某个年龄阶段就该出现相应的心理特征,但有的人却迟迟表现不出来。这时,只要你稍加引导,他就会醒悟,就会发生心理意识的飞跃。

2. 唤醒性别特征意识

不同性别的人具有不同的自我心理意识。然而,有些人却缺乏这种自我意识。善于做引导工作的人,就会抓住这个机点,从唤醒对方性别特征意识的角度加以引导,使之产生心理上的飞跃。

3. 唤醒角色心理意识

在社会生活这个大舞台上,每个人都充当着一定的角色。当人充当某种角色、角色发生转换或被赋予某种特殊角色时,总会产生特定的角色心理意识。

4. 唤醒社会责任意识

社会生活中的每一个人,在享受着各种各样的权力的同时也承担着相应的社会责任。有些人意识不到他必须承担的某些社会责任,要进行说服就可以从唤醒对方的社会责任意识入手,通过引导，使之明白自己的社会责任，以担负起应尽的义务。

5. 唤醒自我价值意识

每个人都有希望别人尊重自己的言行、自觉维护自身荣誉和社会地位的自我意识倾向，这是一个人对需要实现自我价值的迫切反映。它是一种与自信心、进取心、责任心、荣誉感密切相连的积极的心理品质。

古人云："水激石则鸣，人激志则宏。"善于做说服工作的人，总是能够唤醒对方迫切希望实现自我价值的潜意识和强烈的自尊心，从而将之转化为巨大的精神力量。

综上所述，可以看出唤醒说服在言语交际中的主要功能是通过语言这个外因，去激发出对方潜意识中的"良知"，使之认识到自己年龄的、性别的、角色的心理意识特征，意识到自己的社会责任和自我价值，从而促使其通过自我批评、自我监督、自我鼓励、自我修养，不断地自我完善，在认识上达到一个新境界。

总之，唤醒说服这种激发心理潜意识的说服艺术，在人的言语交际中，具有很强的实用性。

点金石

唤醒说服这种激发心理潜意识的说服艺术，在人的言语交际中，具有很强的实用性。

比喻说服的艺术

说服的语言，要想既朴实无华，又具有很强的穿透力，使对方乐于聆听并能受到启发，不会感到枯燥、乏味，就应该适当地运用一些生动的比喻。巧妙地运用比喻，对于提高说服语言的清晰度和准确性，是十分有用的。

比喻，就是用人们已知的东西来解释人们未知东西的一种修辞方法，它能给人提供一种具体可感的形象，从而深化对方对问题的理解。

大量的说服实践告诉我们：正确地运用生动形象的比喻，可以使模糊的事物清晰起来，使深奥的道理变得浅显，从而避免单纯地抽象说教带给人的枯燥感。

从古至今，许多思想家、教育家、政治家在宣扬自己的思想、观点时，都会运用生动形象的比喻。

我们在劝导、说服对方时，可以借鉴前人的经验，灵活地运用生动形象的比喻来说明自己的观点，增强说服语言的趣味性。一旦对方对我们的说服语言产生了浓厚的兴趣，那么在这种心理状态下，我们进行的规劝必定会在他心中留下深刻的烙印，让其终生铭记。

生动形象的比喻，不仅能使深奥的道理变得浅显、易于被对方接受，而且只要运用得好，还能给对方带来深刻的启发、极大的鼓舞和有力的鞭策。

运用比喻说服，通过以事寓理、形象比喻的方法，能使说服语言显得更加委婉，使说服对象在交谈中不知不觉地领悟到说服者要表达的思想。

英国物理学家说："请记住运用比喻是十分必要的，用比喻来说明事理，不但能更好地让听众明白，而且还能引起听众的兴趣。"

当然，比喻也不能滥用。只有恰当地运用比喻，才能发人深省，耐人寻味，所讲的道理才能真正让人明白。如果使用不当，就容易变得华而不实，甚至令人啼笑皆非，产生负面情绪，说服也就达不到理想的效果。

正确地运用生动形象的比喻，可以使模糊的事物清晰起来，使深奥的道理变得浅显，从而避免单纯地抽象说教带给人的枯燥感。

对比说服效果佳

对比说服，就是指通过真实具体的对比，较好地完成说服的工作。这种方法不落俗套，独具特色，说服的效果也很好。

没有对比，就无法鉴别，对比是“鉴别剂”。在自然界，高山与低岭，大河与小溪，苍松与劲草，大象与蚂蚁，只要稍加对比，其大小之别就清晰可辨。在社会生活中，正义与邪恶，高尚与卑鄙，勇敢与怯懦，慷慨与吝啬，一经对比，其是否之别，则泾渭分明。

实践告诉我们，作为一个说服者，光拥有真理是不够的，还必须掌握宣扬真理、启迪心灵的艺术。巧借对比进行劝导说服，就是这门艺术的一种具体表现手法，也是我们对他人进行思想启迪所必不可少的“制胜武器”。

巧妙地运用对比，能使贪得无厌的人变得心满意足；能使安于现状的人变得积极进取；能使悲观消极的人变得乐观积极；能使盲目自大的人懂得量力而行；能使聪明的人认识到自己的愚蠢；能使弱者发现自己的优点；能使发难者感到理亏。

人与人之间，是通过对比才有了“这一个”与“那一个”之分的。每个人都有自己的优劣长短。对比说服，就是根据每个说服对象的不同情况，针对他们的思想特点，运用对比方式来说服对方，使之自觉放弃原有的错误观点，改变原有的不科学、不冷静、不实事求是的思维方式，正确地分清是与非、美与丑、善与恶，从而激发其去恶从善、见贤思齐的意识。

否则，会变得牵强附会，大大地削弱对比说服的效果。因此，在运用对比方式进行说服时，一定要注意选准对比的角度，把对比的双方置于平等的地位。只有这样，对比起来，谁高谁低、谁优谁劣、谁是谁非，才能够一目了然。

对比说服，应用也比较广泛，不仅仅局限于将说服对象与其他人进行比较。当说服对象在某事物面前难以抉择时，你也可以运用此方法帮他进行判断，实际上是在不劝之中进行说服，在不断之中给予决断。

对比可以分为纵向的、横向的或者是正面的、侧面的。但无论是哪种，都要坚持可比性原则，讲究对比的科学性，积极寻找甲乙双方主要的可比因素。这样，对比的结论才会令人信服。

借物说服的要领

借助于某种事物进行劝导说服的方法，称为借物说服。

借物说服的特别之处在于寓理于物，借物发挥。借物说服的根本要求，在于所借之物与所发之言必须是紧密联系的，两者是一个不可分割的有机整体。

它们的关系是:物教引导言教,言教是物教的升华。物教为言教提供了具体可感的实践根据和物质条件,言教为物教的发展和深化做了抽象的理论概括,是物教内在哲理的进一步升华。物教是形象化了的言教,言教是抽象化了的物教。

运用借物方式进行说服的一般过程是:先借物,后说服。借物的过程,就是确定说服主题思想的过程。借物的过程一完成,应该立刻顺水推舟地转移到主题上来,使得所借之物的含义与说服的道理融会贯通,显得顺理成章。这样,所借之物才能更好地为说服服务。否则,所借之物与说服时所表述的思想观点没有丝毫联系,形成了“两张皮”,那就失去了借鉴的价值,甚至有画蛇添足之感。

在所有借物说服的例子中,最典型的要数孟母教子了。她早在两千多年前,就为我们树立了“子不学,断机杼”的典范。她运用借物说服,使得孟轲感悟至深,从此跟随子思,发愤图强,努力学习,终于成了一个大学问家。

孟母断机劝学的故事,千百年来一直被传承下来。母亲作为孩子人生中的第一任老师,对于孩子的成长起着巨大的作用。多少年来,人们在谈论家庭教育,尤其是谈到母教时,都会列举此例,夸赞孟母教子有方。

但是,仁者见仁,智者见智,从思想教育方法论的角度来看,我们看到的却是孟母高超的说服艺术。她用借物的方式劝导孟子学习,给枯燥抽象的说服教育赋予了易于感知的形象性,加重了说理的分量,使说服对象顺物而明理,受理而感化。这在说服艺术的历史上,真是一个杰出的典范。

借物说服的实践经验告诉我们:借物说服成败的关键,在于能否找到一个可以借以说理之物。孟母说服儿子不要荒废学业,找到了一个能够表达说服思想的“机杼”,因此才取得了理想的说服效果。孟母借助“断机”,引出“中途辍学,难成有用之才”的说服思想。

这种说服之所以能够成功,就在于说服者巧妙地把“借物”与“说服”两者融为一体,彼此相得益彰,使得借物说理的过程自然过渡,水到渠成。所借之物形象具体,所论之理抽象概括,事物与道理,浑然天成。

因此,在运用借物说服法之前,必须有充分的准备过程,要从纷繁复杂的现实生活中,选取最能够表达说服思想的事物,将之与自己的说服思想结合起来,使两者天衣无缝,说服时不留痕迹。

点金石

在运用借物说服法之前,必须有充分的准备过程,要从纷繁复杂的现实生活中,选取最能够表达说服思想的事物,将之与自己的说服思想结合起来,使两者天衣无缝,说服时不留痕迹。

激将说服巧成事

实践告诉我们,在做思想工作时,绝对不能只用一种方法、模式,应该随着工作对象及其思想的变化而不断变化。有些方法适用于某人某事,但不一定适用于所有的人、所有的事。对某些人,只要晓之以理,动之以情,耐心相劝,就能打动他,直至说服他。

但用同样的方法,另一些人可能就不会接受你的说服,哪怕你磨破嘴皮,他还是一意孤行。但如果你改变方法,突然给他一个强烈的反刺激,说不定能使你的说服得到意想不到的效果。

三国时期,曹操大兵压境,刘备手下缺少良将,急需老将黄忠再次横刀立马,驰骋疆场。老黄忠虽然已经答应领兵抗敌,但诸葛亮对于老黄忠能否成功还是不确定,便故意劝阻黄忠出马,并感叹其年事已高,以此激发黄忠的斗志。

诸葛亮说:“老将军虽然英勇,然夏侯渊非张郃可比也。渊深通韬略,善晓兵机,曹操倚之为西凉藩蔽；先曾屯兵长安，拒马孟起，今又屯兵汉中。操不托他人，而独托渊者，以渊有将才也。今将军虽胜张郃，未必能胜夏侯渊。吾欲酌量着一人去荆州，替回关将军来，方可敌之。"

此话显然不是诸葛亮的本意，其目的在于激起老将黄忠出战取胜的决心。果然如诸葛亮所料，一番话激起了老将黄忠的斗志，他把大刀舞得快似飞轮，并奋然答曰："昔廉颇年八十，尚食斗米，肉十斤，诸侯畏其勇，不敢侵犯赵界，何况黄忠未及七十乎？军师言我老，吾今并不用副将，只带本部兵三千人去，立斩夏侯渊首级，纳于麾下。"

事后，诸葛亮对刘备说："此老将不着言语激他，虽去不能成功。"结果等到老黄忠挥刀上阵，果然在战场上所向披靡，势如破竹。他先斩两员魏将，后又指挥军队追杀敌人数十里，赢得了"宝刀不老"的夸赞。

由此可见，激将说服只要适时使用，就会有意想不到的效果。

激将方式的运用，也要因人而异，不可以盲目使用，对任何人都用这一招。一般说来，它对那些争强好胜的人，效果比较明显，而对敏感多疑谨小慎微的人，很容易产生适得其反的效果。他会把说服者的激将之言看成嘲讽和讥笑，自尊心受到极大的损害，导致"心死"。如果这样的话就背离了我们进行激将说服的初衷。

点金石

激将说服，指的是用反常的说服语言去激励对方，促使其下决心做好我们本来就希望他们做好的事。

第八章 演讲口才

如何选题

演讲题目是什么呢？说白了，就是一篇演讲的名字。也可称之为标题名、名称。

一个鲜亮、生动、恰当而富有吸引力的题目具有以下三个作用。首先，具有概括性。它能把演讲的主题、内容及意图，很全面地反映出来。如毛泽东《反对党八股》《为人民服务》等演讲题目，当他一讲出来，人们就会明白其内容和主题。其次，具有指向性。题目一讲出来，听众就知道你讲的是哪一类的问题，是政治性的、学术性的还是伦理道德的。再次，具有选择性。题目能在未讲之前就告诉听众你要讲的是什么。听众可以根据这些选择听或不听。

这样说来，应该根据哪些标准来选择题目呢？

1. 应能揭示主题

比方说，曲啸的演讲题目《心底无私天地宽》，一听就知道演讲的主题思想和主题是什么。

2. 应能提出问题

如，鲁迅的演讲题目《娜拉走后怎样》《未有天才之前》等，当听众听到题目后就会以一种浓厚兴趣进行思考，听讲时自然就容易听懂。

3. 应能划定范围

如《大学生的任务》《美术略论》等，诸如此类的演讲题目，听众听过后就了解了演讲内容、范围及涉及的有关问题，可以选择听还是不听。

当然了，要选择一个好的题目，除了按上述三条标准外，也要考虑到如下几点。

1. 题目要有积极性

就是要选择那些光明、美好、有建设性的题目，可以让听众一听就能充满希望。如《自学可以成才》这类的题目，就可以鼓舞听众充满信心地踏向自学之路。

2. 题目要有适应性

（1）要考虑到听众的接受能力。即选题要考虑听众思想修养、文化水平、职业特点、阅历等，这样才能达到预期目的。

（2）要适合自己的身份，也就是要选择与自己所从事的工作性质、专业、知识面相符合、对口的题目，因为对待熟知的事物时更容易讲得透彻，容易收到好的效果。

（3）要适应演讲的时间，即是要按规定的时间选择题目。若现实的时间较为丰富，题目就可大些；时间短，题目就可适当缩小些。

3. 题目要有新奇性

只有“新”和“奇”，才如磁铁一般，吸住听众。司空见惯、屡见不鲜的事物，人们是不会容易关注到的。比如《我的祖国》《青春在岗位上闪光》等，人们听得都烦了，很难吸引人。倒不如看看鲁迅的演讲题目：《老而不死论》《伟大的化石》《老调子已经唱完》《象牙塔与蜗牛庐》，这样新奇的题目一定可以吸人眼球！

4. 题目要富有情感色彩

演讲者的演讲总是充满强烈的情感色彩，并将这些猛烈的情感渗透到题目里去，使题目对听众有一种情感的指导效果和激发作用，从而打动听众并引起共鸣。如同鲁迅的《流氓与文学》、马克·吐温的《我也是义和团》等，其爱恨之感都是很鲜明的。

5. 演讲题目要生动活泼

这样就能给人一种亲切感、愉悦感。像前面举的《老而不死论》《象牙塔与蜗牛庐》等，都非常生动活泼。当然，生动活泼主要取决于主题和内容。严肃的主题和内容就不宜用活泼的题目，一旦用了反倒会冲淡演讲的战斗性和严肃性。

选择一个好题目也是一件很难的事情，需要长期锤炼，反复琢磨，久而久之就会找到规律。初学演讲者在选择题目时很容易出现以下问题：

冗长的题目不但不醒目，也不易于记忆。如《祖国儿女在为中华腾飞而拼搏》，这个题目就较长。

深奥怪僻，艰涩费解的题目总会让人摸不着头脑，自然也就失去了听的兴趣。如《我对文明之管窥》《葡萄与大学生》《五彩石》等，很晦涩，听了会让人觉得很不舒服。

不着边际的题目，如《我自信》《理想篇》《责任》等，此类的题目使听众根本找不到演讲的内容和范围，自然也不会愿意听。

演讲的题目有一种特殊情况，那就是有一些演讲词的题目是凭借发表时间、地点或会议名称而定的。此类演讲都是有特殊意义的，此外，演讲者大多是某段历史时期著名政治家、社会活动家或知名人士。这种题目属于特殊情况，不可以拿来与普通的题目作比较。

通常说来，演讲标题有以下几个类型：

1. 提要型

这类标题能把演讲的内涵核心简明地表现出来，带有直露的性质，让听众一听或事先一看就对演讲内容、意图了然于心。

2. 比喻(象征)型

这类标题运用比喻(象征)等修辞方法，把抽象的哲理或者某种特殊意义具体化、形象化，继而深入浅出地揭露题义。

3. 设问型

标题也可以是以设问的形式表现出来，通过这种形式揭示演讲所涉及的思想内容。这一类型的标题通常会让演讲内容成为对设问的回答。

4. 警醒(启迪)型

一语惊四座，用结论性的话唤起警觉，带着明显的提醒、规劝、鼓励、指引性意义。

5. 含蓄型

这类题目与“提要型”刚好相反，不直抒本意，而是用婉转的词语来进行烘托和暗示，让人思而得之，越想越会感觉到其意味深长。含蓄型题目有诗化趋向，总会因为含义太深太隐，而让人不易理解，所以一般较少运用。

6. 并列型

这类标题的特征是将两个或多个的词语相提并论，提前预示着演讲将展露其间内在固有的关联，从而使整篇演讲立意新颖、思想深邃。

7. 抒情型

分直接抒情型以及间接抒情型两个类型。

点金石

演讲的题目是一篇演讲稿有机的组成部分，它直接与演讲的内容、风格、语调相关联。内容决定题目，反之，题目则鲜明地体现内容的特点。

演讲文稿的特殊性

在演讲前将自己所想的内容记录下来，用文字将演讲内容、范围固定下来，这就是演讲稿的写作。演讲稿同普通文稿相比有如下几点区别：

第一是有声性。虽然演讲稿也属“书面语言”，但不过是被声化了的书面语言，更适用于口头的表达，这是因为演讲“口传耳闻”的特点所致。

第二是综合性。演讲稿是综合了本身的整体性和许多演讲的客观因素，它除了具备主题、材料、语言、结构等要素外，也要将演讲的时间、场所和听众对象纳入了考虑的范围内。

演讲稿是口头语言和书面语言的综合体，演讲稿用的口头语言是以口语作为基础，且吸收了书面语言长处的口头语言。演讲稿综合了很多文体的表达形式特点，好比议论文、记叙文、说明文、抒情文等文体。

第三是可变性。演讲稿是种定而未定的文稿。在演讲的过程中或结束后，都要进行适当的修改、润色，之后才有可能成为公开发表的讲说辞。

写演讲稿大致可分三个阶段，即编列提纲、起草初稿和加工改动。

如恩格斯《在马克思墓前的讲话》的概要提纲可以是以下这样：

1. 开场白

2. 主体部分

(1)马克思在理论上的巨大贡献

(2)马克思在革命事业上的实践

(3)马克思对无产阶级革命事业的非凡贡献

3. 结束语

拟定详细提纲虽然较费事，但写稿时却比较轻松。仍以上例来列详细提纲则可以是这样：

1. 开场白

提出中心论点

(1)马克思逝世的时间和过程

(2)马克思逝世是无产阶级无法估计的损失

2. 主体部分

(1)马克思在理论上的伟大贡献

①马克思搜寻到了人类历史的发展规律

②马克思发现了资本主义生产方式，以及它所产生的资产阶级社会非一般的运动规律

③马克思在他所研究的各个领域都有独到的见解

(2)马克思作为革命家在革命实践方面的贡献

①参与打碎旧的国家机器的战斗和无产阶级的伟大事业

②编辑报刊、编写书籍和参加工人运动

(3)马克思对无产阶级革命事业的伟大贡献

①敌人对马克思的嫉恨以及诬蔑

②马克思对敌人的蔑视和与敌人的长期斗争

③无产阶级和劳动人民对马克思的尊敬、爱戴及怀念

3. 结束语

马克思的英名和事业永存人间

演讲稿的提纲应注意调整结构、润色语句、修饰题目。在此之中，实践更为重要。尤其需要演讲者在自身的思想政治、文化、语言等方面有更深一层的修养，才可以做到得心应手。

点金石

提纲大致分为两种，一是提炼提纲，一是详细提纲。提炼提纲比较简单，只扼要概括出演讲的主要内容、素材结构和段落大意。

演讲主题需明确

叶圣陶曾经说过："一场演说，一定要是一件独立的东西……用嘴说也好，用笔写文章也罢，总得对准重点用功夫，总的说是写成功一件独立的东西。否则，人家就会搞不明白你在说什么、写什么，所以你的目的也就难以达到。"

在此处提到的重点也就是所谓的主题。在演讲中，演讲者要明确地提出问题、解决问题，要表明自己的主张和态度，即提倡什么、反对什么、歌颂什么、鞭挞什么，也就正是所谓讲述的主题。

演讲主题的作用是不可忽视的。首先，演讲的主题决定了演讲的社会价值。不管你是提倡什么问题还是解释、回答什么问题，都得让听众知道你在说什么、应该去做什么和不应该做什么，这样才能达到演讲的意图，发挥演讲的社会效应。这个作用的大小及好坏，完全取决于主题是否正确。

其次，演讲的主题就好比人的灵魂。人一旦没有灵魂，不过是一个毫无价值的躯壳。演讲如没有主题，无异于胡说八道。所以，演讲前先要知道要表达的主题内容，然后方可演讲。

再者，演讲的主题就像军队的统帅。军队有统帅，才可以号令三军，进可攻退可守。演讲有主题，就可以统观全局，材料取舍、结构安排、情感抒发、语言运用等都凭它调遣。有了主题，可以使散乱的事项形成一个统一的整体，使听众容易理解。

而演讲的主题又是如何形成的呢？

1. 主题的来源

主题要来源于社会实践。丰富的社会实践不单单给演讲带来素材，也是演讲主题产生的根本。如果曲啸没有一段坎坷的生活，怎么能讲出《心底无私天地宽》的主题呢？当然，因为时间、空间和精力的问题，人们不可能亲自去体验各种生活，这需我们在间接生活中得到主题。一些学术演讲和政治演讲的主题大多是由此得到的。

2. 主题的提炼

主题的基础和源头是社会实践，并不是说社会实践能给演讲者一个现成的主题，还必须从社会实践中提取。演讲的主题应是演讲者对客观事物渐渐深入、由表及里、由感性认识到理性认识的结果。它的形成大概是这样的：深入生活，观察生活，体验生活，最后经过研究考虑，对生活中的某些问题有些想法，并确信了自己的认识，表现出了现实生活的本质，对广大听众有积极的正面意义时，演讲的主题自然也就产生了。

一个有社会意义的优秀主题的选择和提炼，可以从如下两方面来考虑：

(1)选择实际生活中人们急需回答和解决的问题。柏拉图曾说:“农民在庄稼生长不好的时候,总是想办法让庄稼不济的现状得到改善,使之真正有助于其健康生长。”庄稼犹如客观现实,演讲家犹如农民,当看庄稼生长不良、需要得到改善时,就需要农民。一旦在日常生活中人们有某些问题急需要解决,就需要演讲家。

(2)选择自己有真知灼见的主题。一次饱含有真知灼见的演讲,就其社会价值而言,远胜于那些平淡无奇的演讲。这包括还未被广大群众所熟悉运用的理论、知识和技艺,以及最能符合时代潮流的新观点、新见解。这就要求演讲者开阔眼界、活化思维、善于观察、勤于思索、敢于创新,比如我们总能听到某人30多岁被提为教授等类似“破格”的报道,多了也就习以为常了。而上海陆建生却从另一角度出发,觉得此类被“破格”的人从能力、水平、从学识上讲已经够“格”,只是没有文凭和年龄(资历),这种所谓的“破格”才是真正应该打破的“格”!此番与众不同的真知灼见,大家都会为之鼓掌叫好。

选择和拿定一个好的主题,还应该注意以下原则:

第一,主题要正确,只有正确的主题才可以反映客观事物的本质和规律,才可以促进社会的发展、人类的进步。正确的主题源于正确的思想,所以一定要持有正确、科学的世界观。

第二,主题要新颖,也就是说主题要有新意,争取站在时代前列,以先进、新颖的思想去启迪听众。

第三,主题要鲜明,指的是听众一听即懂,突出明了,指演讲者的观点也要生动鲜明。

第四,主题要集中,即指每次演讲只能有一个主题,并紧扣重点内容,不能旁生枝节,冲淡主旨。

第五,主题要深刻,也就是说要直抓问题根本,不在表面现象上做文章。力求把握事物的本质特点,完成演讲者对事物认识的层层深入,这样的主题才会有深刻性。

点金石

直抓问题根本,不在表面现象上做文章。力求把握事物的本质特点,完成演讲者对事物认识的层层深入,这样的主题才会有深刻性。

演讲中心要突出

关于在演讲过程中要怎么带出中心论点的问题,有以下三种回答:

1. 开宗明义,直奔主旨

直言不讳地带出整个演讲的中心论点。这个方法的好处是举枪便刺,直奔要害,有利于听众在刚刚听演讲时就迅速地把握整个演讲的要领。

2. 层层铺垫,卒章显志

这种方式就是在演讲过程中不断展开论证,但是只有在结尾部分才引出中心论点。

卒章显志的方法,有利于使整个演讲在结束时得到较为理性的升华,做到观点了然,戛然而止,简洁有力,易于给听众留下深刻的印象。

3. 反复强调,多方展示

这种方式即在演讲的全过程中,时不时地引出中心论点,反复强调。周放的演讲《人生需要更多的爱》,从标题就可找出中心论点,演讲一开头便由一件小事明确引出“人生需要更多的爱”。在演讲过程中,又从个体、团体、全人类的需要等多个角度反复强调,逐步论证,推波助澜。也不忘在结束时还进一步呼吁:“多一些爱吧,朋友们!人生的确需要更多的爱呀!”

这一方法的独特之处是中心论点反复出现，不断强化，显得主题鲜明突出，同时这种演讲通常从开头（甚至从标题）直至结语都浑然一体，平加一种严密的逻辑力量，易被听众接受。

点金石

演讲的重点是要准确、集中、生动、适时地阐述演讲的主要论点，使听众能一下子抓住要领，接受演讲者的想法。

演讲开头得精彩

演讲者凭借演讲的内容主题、类型及其演讲的经验与风格，挑选合适的语言表达方式，使演讲达到先声夺人、引人入境的效果。

很多名人演讲时都非常讲究开篇语的运用，其具体方法主要有以下几种：

1. 提纲挈领式

提纲挈领就是开门见山，直抒胸臆，不枝不蔓。

当代著名演讲家李燕杰在作演讲时，大多是一开头便交代演讲题目，解释主题，交代内容，然后引申发挥，或说理，或叙事，或引名人名言，随兴而谈，轻松自如。

2. 即兴发挥式

这是一种要求较高，也要求演讲者有非常机敏的开场白技巧。

美国前国务卿埃弗雷特在葛底斯堡国家烈士公墓揭幕仪式上发表演讲时，远处的群山，眼前的原野，众多的人群，肃穆的气氛，使他心底波浪翻滚，他抛开讲稿，即兴发挥：

“站在明静的长空下，从这片经过人们终年耕耘而至今在还安静憩息的广阔田野放眼望去，那雄伟的阿勒格尼山脉隐约地耸立在我们眼前，烈士们的坟墓就在我们脚下，我又怎敢用我这微不足道的声音来打破上帝与大自然所安排下的这意味无穷的静意……”

这个开场白非常响亮，演讲者受眼前气氛感染，因此触发了灵感，即兴发挥，一字一句都震撼着听众的心灵。

3. 顺手拈来式

就是接过别人的话头，顺势发挥。

1938年陈毅率领新四军在浙江开化县华埠镇调整。当地抗日组织召开欢迎大会，陈毅准备上台演讲。刚一开始司仪作介绍称陈毅为“将军”，陈毅登上高台，接过话头大声说：

“我叫陈毅，耳东陈，毅力的毅。刚刚那位同志称我将军，着实不敢当，我现在还不是将军。当然了，你们若叫我将军也可以。我是受全国老百姓的委托，去‘将’日本鬼子的‘军’。这一‘将’直到把他们‘将’死才会停止……”

这个开场白同样也十分漂亮。陈毅顺势接过别人的话头，尽情发挥，讲得自然风趣，幽默风趣，活跃了会场气氛，紧紧抓住了听众心。

4. 自报家门式

演讲者一开场就来个自我介绍，或是个人经历，或是性格爱好，又或直抒立场、观点。这类的开头显得诚实坦率，可以融和气氛，很快就能抓住听众。

在战争时期，著名作家张恨水在成都大学演讲时的开场白是这样的：

“今天，我这个‘鸳鸯蝴蝶派’作家到大学区来演讲，感到很荣幸！我取名‘恨水’并非在情中受了伤，我取名‘恨水’是非常欣赏南唐后主李煜的一首词《乌夜啼》（朗诵该词）。我喜欢的这首词里的‘恨水’二字，所以我就用它做笔名了。”

真可谓快人快语，其将自己的文学流派、性格爱好统统诉尽，丝毫不掩饰。这样开场显得真诚坦率，听众便会在冥冥之中受其感染。

5. 自我贬抑式

1990 年春节联欢晚会上著名台湾节目主持人凌峰曾有过一段精彩的演讲，他的开头是：

“在下凌峰，我和文章不同，虽然我们都曾获得过‘金钟’奖和最佳男歌星称号，不过我是由于长得难看而出名的……通常说来，女观众对我的印象不是很好……她们觉得我是人比黄花瘦，脸皮比炭球黑。”

自我贬抑并不会被无视，反而能表现出演讲者的坦率幽默，机智随和。以这种方式做开场白往往能博得听众的欣赏，效果会很不错。

演讲的开篇是架起演讲者与听众之间的首座交流桥梁。古人云：“善于始者，成功已半。”由此可见开场白的重要性。

点金石

俗话说：“万事开头难。”演讲是一门语言艺术，如果你想使自己的演讲先声夺人、引人入胜，就一定要有个好的开头。

演讲结尾要有力

通常而言，结尾是演讲内容的自然收束，是演讲的有机组成部分。好的结尾，或揭示主题，或指引未来，或鼓舞斗志，或抒发感情，或饱含哲理……好的结束语总能让人觉得言犹未尽，回味无穷。

下面介绍一些常见的结束演讲的方法：

1. 总结要点

这是一种常用的方法。这类结尾扼要地总结了全篇内容，即使你没有听到他演讲的其他部分，也可以明白他通篇讲话的大致内容，因为他已把它们概括成言简意赅的几句话，继而加深了听众的印象。

2. 鼓动号召

这种结尾是被运用得最为频繁的，它以号召之语收拢全篇，其优点是鼓动性强，能给听众以极大的鼓舞和极为深刻的印象。

3. 幽默结尾

这种结尾诙谐含蓄、意义深远，既可给人以强烈的印象，又可以给人以深刻的指导意义。

4. 引用名言

这也是很常见的结尾方式之一。它利用语言高度精练的功能，用被大多数人认可和使用的名人名言或诗句来结束整篇演讲，可以给整个演讲的论点一个强有力的论证，能进一步深化主题，并将演讲推向高潮。

5. 提出问题

这种结尾与鼓动号召式结尾有异曲同工之妙，有的时候比鼓动号召更含蓄、更深沉，更能够给人们长时间的思考和鼓动力。

6. 抒情结尾

满怀激情，以优美的语言直抒胸臆，这类的结尾饱含丰富的感情，意境深远，具有强烈的感染力。抒情式结尾是一种很多见的结尾方式，不过要注意克服"套话"，应多在内容上下工夫，因为只有内容与形式得到统一，才能达到完美的境界。

除此之外，还有共勉式、展望式、誓愿式、赞美式、象征式等结束演讲的多种方式。

邵守义教授说："（演讲）结尾无定法，妙在巧用中。"这句话道出了演讲结尾的真谛。但凡勤于思考、善于构思、敢于创新、勇于想象之人，就可以设计出"响如撞钟、清音有余"的演讲结尾。

点金石

演讲全程犹如画龙，但是结尾部分犹如点睛，可以带给人以强烈的感受。戴尔·卡耐基说过："它之所以在最后是因为它最重要，结言之前挂在嘴边的词儿可能使人记得最久。"

社交演讲应慷慨激昂

社交演讲，即人们在各种社交场合上的演讲，也可以说是在欢迎会、欢送会、告别仪式、庆祝会、纪念会、追悼会以及各种酒会、茶会、联欢会、舞会等社交活动中，表达欢迎、送别、庆祝、祝福、赞美、感激、惜别、纪念、凭吊以及悼念的演讲。

社交演讲也可称为礼仪演讲，它的特点如下：

1. 短小精悍，言简意赅

社交演讲大多浓缩精炼。在日本，婚礼致词一般被称为"3 分钟演讲"。这"3 分钟演讲"也可以说是"社交演讲"，即使某些带有政治性或学术性的社交演讲，通常也在 10 分钟以内。

恩格斯在马克思墓前的演说了 1200 多字，大约 5 分钟；毛泽东为悼念张思德同志写的《为人民服务》不到 1000 字，大概 4 分钟；著名的林肯总统纪念演讲——葛底斯堡演讲，总共 10 句话，600 余字，还不到 3 分钟；1954 年英国首相丘吉尔访问美国时尼克松的欢迎词也只用了 90 秒钟。

在某些场合，"简洁凝练"就是社交演讲的生命线。如文艺演出或电影放映之前的开场词，就应该充分考虑观众的急切心理而力求简短。

2. 发人深省，富有哲理

社交演讲虽然简短，却往往十分精彩。一是指演讲内容的精彩；二是指演讲情态的精彩，其表现为演讲中有精彩的段落。

这些精彩的段落或语句，含意深刻，含蓄隽永，令人难以忘怀。

这些精彩的段落或语句，可以是深刻精辟的议论，也可以是评价、赞美人物的抒情，也可以是发人深省、富有哲理的警句。

林肯的葛底斯堡演讲，在最后提出建立一个"民有、民治、民享"的政府的主张，首次阐述了资产阶级革命的指导思想，推动演讲涌上高潮。整个演讲虽然只有 10 句话，却因有这些建设性的言论而在历史上享有盛名。毛主席在中国共产党第八次全国代表大会开幕式致词中，就运用了"虚心使人进步，骄傲使人落后"的警句。

3. 大方得体，高尚文雅

首先，社交演讲一般根据社交活动或社交集会的宗旨，安排必需的礼节性内容，即在演讲开头或结尾，届时有礼节性地表示欢迎、祝贺、感谢，悼念等意思，因此社交演讲要表现出诚恳的态度及文雅的风范。

其次，社交演讲讲究称呼的大方得体。通常情况下总是根据社交场合、对象和社交氛围的不同，谨慎地选用恰当的称呼：或称先生们、女士们，或称朋友们、同学们，或称乡亲们、同胞们……这些称谓应根据具体情况而定。

除此之外，还应当注重称呼的主次的顺序，假如演讲开头称呼语较多，还要考虑这些称呼的先后次序。文雅礼貌的称呼才能促进演讲的成功。

社交演讲的语言讲究文明高雅，讲究礼节、美感，力避粗鲁、轻浮。演讲时用温和亲切的语气、适当的音量和自然的语调。还要得体地运用礼貌语、委婉语，不要使用命令式的词语和语气。通常也不要用“必须”“应当”“切勿”等语气较生硬的词语。成功的社交演讲，总是讲究措辞的文雅和婉约，注重委婉温和的语气。

周恩来总理在欢迎尼克松总统访华宴会上的祝酒词中，先说“美国人民是伟大的人民”，后说“中国人民是伟大的人民”，先客后主，自然礼貌。而“由于大家都知道的原因，两国人民的来往中断了20多年”，则是极为巧妙的委婉语。祝酒词中“我们相信”“我们希望”等用语，也颇为谦和。

4. 情深意长，以情动人

感情是最易打动人的，不论是欢迎词、欢送词、祝词、答词，还是纪念词、悼词，都应饱含真挚的感情。

有的社交演讲十分简短，没有十分精彩的语段，但它有饱含真挚的感情，同样十分动人，引人入胜。林肯前往华盛顿就任总统，向乡亲们作的告别演讲；拿破仑被放逐厄尔马岛前，向他的近卫部队作的告别演讲，内容简单，但情感强烈、催人泪下的著名社交演讲。

这类社交演讲以情动人的特点，是与它的意义紧密相关的。它不像政治演讲那样注重以理服人，而是以情动人，引起感情共鸣以传达某种情感。

点金石

社交礼仪对于社交演讲尤为重要，内容大方得体，语言高尚文雅，这是社交演讲的又一无法忽略的重要特点。

竞聘演讲要恰到好处

竞聘者如何使竞聘演讲获得成功，达到被聘用的目的呢？要注意以下几点：

1. 开篇要新颖别致

精彩的开头是竞聘演讲成功的重要前提，开篇应能吸引眼球。而新颖是制胜的法宝，令其新颖别致，然后吸引、打动人，才能收到受人瞩目之效。

2. 自我介绍要有针对性

竞聘演讲是致力于使听众对演讲者有全面的了解和认识，从而确定是否适合担任该岗位。因此，竞聘者应该针对竞聘岗位，自我介绍学历、经验、个人素质和能力，促使听者觉得此岗位非你莫属。

演讲中，凡是与竞聘岗位相关的学历、能力及个性特点都要重点介绍，而且要言之有物，最好说明自己曾获得的奖励，以此表明自己的个性条件。切忌用鉴定式的语言、大话空话来勾画自己。

有位竞聘师资处长的同志这样介绍自己：

“我毕业于北京师范大学教育系，科班出身，有较强的教育理论基础。做过十年教师，曾多次荣获省优秀教师称号以及教学质量优秀奖等奖励，曾多年工作于师资处，具有较丰富的师资队伍建设的管理经验，具有带领教师服务学院、面向社会的能力，具有带领教师进步的潜力，因此自信能胜任师资处长的工作。”

如此自我介绍，层次清晰，逻辑清楚，顺应听众的心理，有极强的信服力。

3. 应聘后的目标要有感召力

竞聘演讲的重要内容一项就是聘用后的目标与措施，这是能否获得听众的信任和支持的重要方面。

演讲者必须围绕听众关注的重点，提出明确的工作目标和切实可行的措施，力求达到主客观的统一，做到言出必行，语出必果，目标高低适度，措施科学适宜，以增强竞聘演讲的感召力和凝聚力。

一位工会主席竞聘者说道：“把工会办成真正的职工之家，做到每周放映一场电影，举办一次聚会，丰富职工的精神生活。主要节日发放鸡鱼肉蛋等农副产品，丰富职工的菜篮子，使全体职工的生活欢快、幸福。”如此清楚可见，极富诱惑力的美好前景，顺应民意民心，拥戴者自然少不了。

4. 表述要富于幽默感

竞聘演讲中，恰当地加入幽默的语句，可以获得听者的欢笑与好感。诙谐的语言，比正经的直白更易深入人心。

一位竞聘处长的演讲者说：“本人缺点是身高只有 1 米 66（脱鞋量），是真正的袖珍型人物。虽无伟岸的身躯，但也有些雕虫小技，因此，做副手时，总有点难以大展拳脚的感觉。”自嘲般的对比，令人忍俊不禁，顿生好感，演讲收到事半功倍之效。

有位叫王杰的竞聘者巧借自己的名字：“我将继续发扬王杰不怕苦不怕累的顽强精神，努力工作，并祝大家万事如意，祝王杰竞聘成功！”语言含蓄幽默，自然而然地让人想投他票。

5. 缺点要点到为止

竞聘演讲主要是突出自身优点，从而赢得人们的信赖和支持。假如缺点、毛病介绍得十分繁多仔细，无形中就损害了自己在听众心中的形象。因此在竞聘演讲时，缺点要点到为止。

一位竞聘处长的演讲者自述优势之后言明：“我也深知自身的缺点，其中有的可能不适合这份工作，但是有各位同仁的指导和支持，我有信心做好工作。”言简意赅，既承认有不足，又含而不露，恰到好处，令人拍案叫绝。

点金石

竞聘演讲，指竞聘者通过演讲来展示个人才华，表达个人观点，以实现个人理想，因此向听众推销自己，以得到听众的赞赏和认同。

就职演讲体现能力

现代生活中，就职演讲是经常会用到的。怎样做好就职演讲呢？主要有以下几点：

1. 袒露自我

即演讲者要用诚心去打动听众，同听众坦诚相待。

江西丰城县志主编金达迈在就职演讲中诚挚地讲道：“历来修志，注意到主编身份，或状元，或进士，或举人，可我却出身卑微……我不比别人聪明，不比别人年轻，主编之职，实难胜任。”

他的话使大家哄然一笑,200多人的会堂里,却又一下子安静下来。接着他就把自己"赤裸裸"地展现在众人面前:金某不是一个人云亦云的人,他有主见有个性,是一个普普通通,但正直、自信的人。最后,他也不像一般就职演讲者那样下决心、始终讲保证,而是坦诚地说:"一个好汉三个帮……在哪只船顾哪只船……你们从事的是不朽的事业,你们才是真正的英雄豪杰。"

他的就职演讲获得了热烈掌声。

2. 攻心为上

即紧紧抓住听众心理,这样才能使演讲字字句句如春雨润心田。

某省乡长在就职演讲中就采用了"攻心术",他说:"大家选我为人民政府乡长,我保证三不搞:一是在工作部署上不搞'一个师公一道法'。过去是甲乡长栽树,乙乡长种瓜,丙乡长喂猪,丁乡长抓鱼。领导各取所爱,结果却是劳民伤财。总观我乡的发展状态,建设规划还不错,势头较好,也没有必要另辟天地。因此,我要做到'新官'理'旧事'。"

他用群众最希望的回答讲出了群众最担心的事情,所以不少人站起来为他的演讲叫好。接着他说:"二是在干部使用上,不搞'一朝天子一朝臣'。今后干部任用本着'人尽其才,才尽其用'的原则,决不掺杂个人私怨……"他的话使干部们长出了一口气,高兴地鼓起掌来。又接着道:"三是不搞'新官上任三把火'。我主张脚踏实地,堡垒要一个一个地攻,做到在任一天,奋斗一天。"

他的就职演讲如春风一般扫去了群众心上的阴霾,增强了大家振兴家乡的决心和信心。演讲结束后,人们激情不已,围住新乡长亲切地交谈,这才是成功的就职演讲。

3. 目标实际

抓住听众的求实心理,确定切合实际的奋斗目标。

某厂厂长在就职演讲中表"决心"时,就注重了实事求是:"恕我直说,我不能确保为你们迅速带来财富,使你们工资提高、奖金增加。但我将竭尽全力使你们成为企业的主人……我将诚心听从你们的心声,采纳你们的合理建议……只要我们每个人都充分发挥自己的才能,那么,我们厂在不久的将来就会获得新的发展局面!"

他的就职演讲刚结束,台下立即响起热烈掌声。他诚实恳切就职演讲,鼓舞了工人的斗志,燃起了工人心中希望的火焰。

4. 干脆利落

即演讲者在就职演讲中要注重简练,避免繁冗,少而雅,简而丰,精明短快,就更能增强演讲的说服力。

一位新上任的妇联主任,在就职演讲时既没讲当前政策,也没说今后措施;既没谈怎么对待妇女,也没讲如何实行计划生育。面对全村妇女,她则爽快地说:"大伙选我当妇女的头儿,算是看得起,请乡亲们放心,我也是女人,也有丈夫、有家,也怀孕生过孩子,我知道该为咱妇女争哪些,为咱妇女该干哪些。我先试着干一年,干不好,大伙再另选别人。"

当人们意犹未尽时,她已结束了演讲,简短几句,好像什么都没讲,可仔细一想,任何内容又都包括进去了。干净利落,让人听着不腻,嚼着有味。

5. 独辟蹊径

为了引起听众的注意,就职演讲应尽量用新的视角。

某部九连新任指导员的就职演讲就与众不同。他先从数字讲起:"世界上总有一些人偏爱某些数字，众所周知，‘9’一向被认为是一个很好的数字，它寓意深刻，含义丰富。‘9’含有圆满之意，‘9’的上半部分是一个圆，好像桌子上的圆杯，‘9’的下半部分是一撇，就像圆杯中外溢的水，水满才会外溢，正好跟我们九连的‘岁岁丰收，事事圆满’相得益彰。”

同样的开台锣鼓，他却能巧妙地奏出新的鼓点来，既活跃了气氛，又融洽了感情，有“曲径通幽”之奇，“暗度陈仓”之妙。

以上几点就是职业演讲成功的几大要素。实际上，就职演讲的技巧是无穷无尽的，还要在实践中不断研究和探索。无论使用什么方法，演讲者都要根据自己的实际情况，扬长避短，灵活运用，讲出自己的真情，讲出自己的个性来，这样才能取得令自己满意、令听众振奋的最佳效果。

点金石

演讲者要用诚心去打动听众，同听众坦诚相待。

答谢演讲要真诚

在现代社会中，各种评奖会、庆功会、表彰会屡见不鲜。答谢演讲成为经常运用的一种演讲形式。

怎样使答谢演讲获得成功呢？主要应抓住以下五个方面：

1. 恰如其分，得心应手

获奖者、受表彰者都是某一方面的佼佼者，他们对所从事的工作内容有最深切的体会与感受。因此，以获奖的内容来进行答谢演讲，其应是得心应手的。

1991 年 11 月，中国电影的最高奖“金鸡”奖与“百花”奖在北京同时揭晓。著名演员李雪健因主演《焦裕禄》中的主角焦裕禄，同时摘得两个大奖的“最佳男主角”。

李雪健在致获奖答谢词时说：“苦和累都让一个好人——焦裕禄受了；名和利都让一个傻小子——李雪健得了。”他话语刚落，全场响起雷鸣般的掌声。

李雪健抓住影片《焦裕禄》中的主人公焦裕禄的特点，巧妙地运用对仗的语言，既歌颂了焦裕禄的高尚品质，又表达了自己受之有愧的心情，让人们印象深刻。

2. 真情实感，言简意赅

一个人能够获奖或受表彰，就说明其人生价值得到了体现。此时此刻，他兴奋、激动的心情是可想而知的。因此，一些获奖者通常都采用简短的演讲来表达自己内心的感情。

1990 年，上海“申达杯”旅游征文在上海沪东工人文化宫颁奖。一等奖的获得者沈士彦在致答谢词时说：

“我是一个幸运的人。幸运之所以来临，我得感谢全体评委，是他们对我的厚爱；我得感谢指导我的老师，是他们培养了我；我得感谢我的妻子，是她全力支持我。”

沈士彦的答谢演讲，用排比的修辞手法，言简意赅地表达了自己真挚的感情，表示感谢支持、关心、爱护他的人。

3. 由衷热爱，执著追求

获奖、受表彰固然是成功的标志。然而，一个有远大抱负的人会继续在自己从事的工作上不断奋进，要勇攀高峰，不断创新。因此，答谢演讲常常又表达对自己从事工作的热爱与追求。

1991 年 8 月 8 日,上海教育局为从教四十年的著名特级教师于漪举办庆祝会。在会上,于漪老师万分激动地说:

"如果时光能够倒回,青春的年华可以再次度过,那么,我将依然选择太阳底下最伟大的职业。"

顿时,全场掌声雷动。这段答谢演讲表达了于漪老师对教育事业的执著追求与由衷热爱,听众从她的答谢演讲中感受到了她那滚烫的情感,从而由衷地产生一种崇敬的心情。

4. 谦虚谨慎,不骄不躁

一个人有了成就之后,伴随而来的是鲜花与赞美。在这种情况下,更要时刻保持清醒的头脑,成绩只能说明过去,一切还是要从零开始。因此,在答谢演讲中由于表现出自谦的美德,也使得答谢演讲增色生辉。

伟大的无产阶级革命导师恩格斯到维也纳、柏林访问时,四个城市的人民都热烈欢迎他,维也纳人民还为他的来访召开了庆功会。

恩格斯在答谢时说:"如果说我在参加运动的 50 年中确实为运动做了一些事情,那么,我并不会因此而要求任何奖赏。我的最好的奖赏就是你们!"

恩格斯在演讲中没有因为对革命运动作出了巨大贡献而沾沾自喜,反而显示了其谦虚谨慎、不骄不躁的风貌。

5. 加强交流,满足需求

获奖者离不开听众的支持,有的获奖者就是听众投票产生的。答谢演讲时面对的是崇拜和崇敬自己的人。因此,答谢演讲应与听众进行有益的交流,满足听众的需求。

1991 年 11 月,上海电视台"今夜星辰"栏目主持人叶惠贤,荣获全国节目主持人金奖。他在答谢演讲时说:

"我感到咫尺荧屏就像一片无际的海洋,主持人就像一艘经受风吹雨打的小船,我将竭尽全力驶向观众喜爱、欢迎的彼岸。同时,也希望能够得到观众的支持。"

这段答谢演讲,叶惠贤通过巧妙的比喻,表示了他不会辜负观众的期望,并愿意再接再厉,更上一层楼,随时接受广大电视观众的检验的意愿。观众听其言,自会得到一种满足感与欣慰感,答谢演讲的意义也得到了升华。

点金石

获奖、受表彰固然是成功的标志。然而,一个有远大抱负的人会继续在自己从事的工作上不断奋进,要勇攀高峰,不断创新。因此,答谢演讲常常又表达对自己从事工作的热爱与追求。

即席演讲中的要点

即席演讲要取得良好的效果是一件较困难的事情。这是因为即席演讲不容许演讲者深思熟虑、字斟句酌,需要演讲者拥有敏捷的思维、丰富的经验、渊博的知识、严密的逻辑、高超的临场发挥才能。简而言之,即席演讲要做到"七要":

1. 发言要扣题

演讲者要根据自己参加会议的内容、场合及自己的身份,明确选择自己的题目。

当题目确立后，要围绕主题进行构思。演讲时要紧扣主题，离题万里、海阔天空会降低演讲的质量，还会引起听众的反感，降低自己的威信。

2. 内容要新颖

即席演讲要独具匠心，别具一格，使听众能感受到"听君一席话，胜读十年书"，让演讲更具感染力。

演讲内容要力求创新，论理要深入浅出，让听众受到启迪。尤其是多人演讲时，切忌重复别人已讲过的话，如果没有更新的话题就不要重复论述。

3. 构思要敏捷

要使即席演讲围绕主题的主次旋律分层展开，要围绕主题确定从几个方面剖析，要讲几个问题，每个问题都要说明几件事，说明一件事要引用什么例子，才能使演讲能够引人入胜。

经过构思后，要打好"腹稿"，做到临场不乱、心中有数。

4. 语言要简练

即席演讲要做到言简意赅。对有利于渲染主题的话就要说，与主题无关的话就坚决不说，切勿画蛇添足。

5. 表达要准确

即席演讲表达一定要准确。如果表达不准确或是说错了话，就会引起与会者的反感。所以，即席演讲的观点要准确，讲话要有政策观念和法律依据，不要信口开河。这就要求即席演讲前要在自己脑子里反复斟酌，哪些该讲，哪些不该讲。不能把自己平时领悟得不扣主题的所谓的"真谛"，在演讲场合不适时地讲出来。

6. 对象要分清

即席演讲要依据听众的身份确立演讲的语言表达方式。如果对象是工人或农民，语言表达要热情豪放；如果对象是知识分子，语言表达需要流畅入理；如果对象是干部，语言表达要认真准确。

针对不同对象采用不同的表达方式，即席演讲才会收到较好的效果。

7. 心绪要平静

即席演讲时，演讲者如果是面对数以千计的听众，或面临高层领导时，就未免有些紧张。如果精神紧张，即席演讲思路就会被打乱，讲话就会语无伦次。为此，即席演讲时，演讲者一定要稳定自己的情绪，树立驾驭听众的信心。当出现口误，引起会场骚动时，也不要紧张，要及时作补充说明或修改，缓和会场气氛，消除即席演讲的尴尬局面。

此外，即席演讲要善于举实例。在即席演讲的开始便举实例，有以下三个好处：

(1)你可以从苦思下一句要说什么中解脱出来。

(2)可以让开始时的紧张感自然而然地消失，使你有机会把自己的思路逐渐集中起来，渐渐进入演讲的情境。

(3)可以立即获得听众的注意。

当听众聚精会神地聆听你举出的富有人情味的实例时，可使你在最迫切需要的演讲开始后的极短时刻里，对自己的能力重新获得肯定。

沟通是一种双方面的过程，能抓住听众注意力的演讲者能够马上意识到这一点。演讲者举实例可以与听众之间建立一种和谐的关系，从而演讲者就能够与听众进行沟通。由此可见，举例的作用是多么的强大。

点金石

演讲要独具匠心，别具一格，使听众能感受到"听君一席话，胜读十年书"，让演讲更具感染力。

用自我演讲树立威信

自我演讲，指演讲者在演讲中用自己的观点、情感、思维以及语言方式，去展示一个真实而立体的“自我”，充分地表现出演讲者的人格魅力与个性特点，从而在听众中树立自己的威信。

就像李燕杰教授说的那样：“用自己的心去弹拨别人的心，用自己的灵魂去感染别人的灵魂。”以便于达到宣传真善美、鞭笞假恶丑的正义目的。

演讲者要如何进行自我演讲呢？

1. 看清场合与对象

自我演讲，要看清场合与对象，掌握好适当的分寸与时机。

在特定的情境下，人们关注的是一些更为重大、更为迫切的问题，需要人们在演讲或讲话时发表看法或意见，而不喜欢旁生枝节，冲淡主题，在这个时候就要就事论事，而不要有意将话题引到自己身上，这样会分散大家的注意力。

一般说来，对于那些不了解自己的听众，可以多介绍一下自己，以拉近与听众的距离。但面对同行、同事或下属，就要切忌祥林嫂式的唠叨。

2. 充当“意见领袖”

在演讲中表现自我的方式有很多种，可以谈自己的感想、自己的经历、自己的见闻，而其中最主要的是要摆出自己的观点和态度。

只有对某一事件、某一问题，提出自己独特的观点、自己的鲜明态度，才能使自己的思想在听众脑海中留下深刻印象，你的意见才能得到大家的拥护，你才会成为群众的“意见领袖”，极大地去影响群众的意识与行为。

所以，每一位演讲者既然已是演讲的主角，那就自觉担当起“意见领袖”的职务，用自己的观点与态度去影响听众，说服听众。

3. 主动参与，表现自我

演讲者应善于叙述，讲出先进人物的事迹在自己心灵上的投影与反射，讲自己在先进人物的激励下的奋斗与努力，而这种先进事迹就具有一种个性化的色彩，就更显亲切、可信以及感染力。

蔡朝东的长篇演讲《理解万岁》，就给我们提供了一个很长的范例，他主要是介绍老山前线广大官兵热爱祖国、无私奉献的先进事迹。他不用“纯客观”的叙述，而是将自己也融入到前线的烽烟战斗中，自己不仅是一个个感人故事的叙述者，而且有时就是直接参与者。他与战士们同甘共苦，亲如兄弟；为了让阵地上的战士们多听点音乐，他愿意改变计划，留在阵地上；部队发的橘子他自己舍不得吃，都分给了前线的战士……这些事情虽小，演讲者也并没有刻意去渲染，但正是由于这种感情的自然流露，从而使我们感受到蔡朝东自己真正理解了我们的战士，所以他的故事听起来才那么真实感人、催人泪下。

4. 偶尔露峥嵘，不可喧宾夺主

在演讲中表现自我，自然是把自述式演讲排除在外。对于大多数普通演讲者来说，他们更多的是在阐述道理、说服教育，偶尔插进自己的一些内容，或现身说法，或自我解嘲，或介绍身世，但无论何种情况，这种表现自我都处于从属的地位，而不能成为演讲的主角。

点金石

一个成熟、有责任感的演讲者，会用自己的所思、所想、所感、所恨、所乐以及他整个的人格魅力，去打动、激励听众。

哲理演讲的艺术

哲理演讲,指演讲者受到某种思想的指导,使其演讲具有感性和理性,达到情和理辩证统一的演讲艺术。

1. 崇高哲理

胸有成竹、志存高远的人,才能实力超群,居高临下。面对动荡不安、瞬息万变的形势也可处变不惊,胜券在握,他的主张才能合民意、对时机、应潮流,具有理性的信念和哲理。

1931 年 2 月 16 日,享誉世界的物理学家爱因斯坦面向美国加利福尼亚理工学院的学生作了题为《科学的颂歌》的演讲:

"若使你们的工作能够造福于人类,只懂得利用科学本身是无法完成的!对人类本身及其命运的关心,必然激发出我们努力学习多项技术的兴趣。对还没解决的巨大劳动能源和商品分配问题的关心,会为我们建立思想意识,而这将会使整个人类感受到幸福而不是灾难。在你们的图表和方程式中绝对不要遗漏这一点。"

2. 真理哲理

古希腊伟大的哲学家、思想家苏格拉底在被人诬告,即将被处死前的最后发言中宣布:

"一个人不躲避死亡,但他决不能不义。我将因你们的判决而被处死,但他们(指墨勒图斯等原告)却由于狠毒和道德败坏而被真理宣判死刑。"

苏格拉底是为真理而英勇就义的,他的崇高人格的榜样效应和理性光辉,在此后的人类道德史上树立了典范丰碑。

3. 论证哲理

演讲时,可以通过分析问题和剖析事理,来解析论点与论据之间的逻辑关系,从而表明论点的准确性。

周建平在《人民——上帝》的演讲里有如下一段哲理性的话:

"八年抗战,狂妄自大的日本侵略者为什么被打败了?因为他们陷入了人民战争的巨大旋涡。解放战争,有 800 万军队的蒋家王朝,为什么不到三年就垮台了?因为蒋介石完全丧失了民心。共产党成立不久,也才十几个人,为什么能逐步壮大?因为共产党起初就深深扎根于人民的土壤中,从人民身上获得战胜敌人的信心。"

4. 理性哲理

一次成功的演讲大多源于它突出的针对性和时代感,来自对客观事物的细致观察、周密分析和精准判断,透过现象看本质,然后从中探索规律,挖掘深刻哲理。

李燕杰在《国家、民族与正气》的演讲中说:

"纵观世界史,有哪个国家的人民不宣扬爱国?又有哪个国家的人民不将爱国主义精神当成是一种神圣而崇高的心灵美呢?谁不属于自己的祖国,谁就不属于人类。"

李燕杰的演讲,用炽热、凝练、投入、鲜明的感情直抒胸臆,把赤子情怀充分融于对祖国的无比热爱中,使祖国的神圣威严形象瞬间被树立起来,从而将爱国主义精神提升到更具审美品格和思想内涵的新境界。

5. 预见哲理

演讲的力量与情操、品德、人格美的模范作用密切相关。它不但以优美的言辞来叩人心扉,而且以真情实意和真实史实拨动人的心弦，使演讲成为促进社会发展的强大助推器。

1939 年 6 月 19 日，德国攻占巴黎，法国的合法政府随之解体。顽强抗争的戴高乐将军飞往伦敦，在英国广播电台发表了著名的《谁说败局已定》的演讲，面对自大的德国侵略者，面对外界纷纷谈论的“亡国”论，戴高乐将军仍确信人民的抵抗、盟国的援助是法兰西存活的关键保障，因而，他在苦难中寻到了希望的曙光：“无论何种情况，法兰西抵抗的火焰都不应该熄灭，也绝不会熄灭。”

6. 思维哲理

从现实中提炼的、触及本质的积极思维，丰富活跃的想象力和联想力的综合运用，可以揭示出事物之间的本质联系，使抽象的事物具体化、形象化，从而使演讲生动活泼，妙语连珠。

白义琴的演讲《改革，唤起了女性的新觉醒》，在批判世俗的观点时，就存在如下一段巧用联想、蕴含新意的反诘语句：

“有人说：‘如今的女人都想上天了。’其实这话不无道理。天如果可以上，我们为何不上呢？美国的麦考利夫不就登上了‘挑战者’号吗？尽管她在刹那间就消失了，但是她却树立了足以使全世界都牢记的伟大女性风范！今天的改革给予了我们超越的机会，我们为什么不利用呢？没有改革，穷山沟里的农妇李桂莲能成为声名远播的农民企业家吗？没有改革，女职工关广梅能成为承包租赁集团的红色老板吗？”

此处巧妙的联想和反诘，将改革、妇女参与和强国兴邦的辩证关系揭示得生动形象且层次清晰，注入了一种强烈的感情色彩和哲理内涵，通俗易懂的话语里彰显出一份强劲的力量和独特的演讲艺术。

点金石

演讲时，可以通过分析问题和剖析事理，来解析论点与论据之间的逻辑关系，从而表明论点的准确性。

散发理性演讲的光辉

理性演讲，指演讲者在演讲时，对于一些容易造成理性失控的演讲情形，用理性的态度进行自我调节的演讲艺术。

1. 抒情节制

演讲内容是情理交融的，无情难以动人，而无理则不能服人。情感的评判标准是真诚，而它在演讲中的价值标准却是能否令听众产生共鸣。

演讲中的抒情需要建立在一个足够理性的原则基础之上；抒情不是演讲者进行自我情绪宣泄的手段，而是要感动听众，使演讲所传达的思想意义易于被听众所接受。

抒情时理性节制的标准就是使触发情感的事态大小与演讲者动情度相符合。

有个演讲者说他推广普通话时遭到别人嘲讽，连妻子女儿也如此。作为当事人，委屈、苦闷是不可避免的，但理性看待后，发现这些嘲讽讥笑的冲击力并不猛烈。于是演讲者问道：“你们说，她（妻子）这样打击推广普通话的积极分子，该当何罪？什么罪也算不上，这叫习惯势力！”其感慨所流露的情感表达稳妥得当，表现出演讲者对这种情况的本质特征的高超识别能力，令听众动容。

2. 逻辑节制

逻辑是理性思维运转的动力，论证只有合乎逻辑，才能用理性有效地说服听众。演讲作为演讲者认识成果的展示，它的结论也需要随论证过程而有序生成，所以必须搭建起严谨坚固的逻辑构架。逻辑的制约正是理性节制。

3. 感情节制

在针砭时弊、鞭笞丑态的演讲中，演讲者常常怒不可遏，但要用理智来节制这种感情。切忌发泄不满甚至是人身攻击式的言论。

拿破仑的演讲《我要拥抱鹰旗》中有这样两段：

"各位战士，你们要善自珍重。这20年来，我们同在一起生活，你们的行为使我不再奢求什么了，我始终认为你们都在步向光荣之路。因为你们，才使得欧洲的强权必须联合起来，才能与我们抗衡。

"我的一些将军没有忠于他们的使命以及法国。法国本身还有其他的事情要做。我真希望能和你们以及忠于我的勇敢的人们再进行一次政变，但是法兰西国会不会赞同。因此，请你们忠于你们的亲王，服从新指挥官，而且不要遗弃我们可爱的国家……"

拿破仑不提自己的失败，也丝毫没有怪罪部下，反而赞赏、感谢他们为自己和法兰西第一帝国所作的贡献，显现了他博大的胸襟。

拿破仑忽略事实，以大局为重，请求"战友们"忠于新政府，"服从新指挥官，而且不要遗弃我们可爱的国家"。作为一个打了败仗，遭受驱逐的皇帝，他理智地控制了自己的苦闷情绪，仍然记挂自己的祖国和人民，其宽广胸怀和崇高品德值得世人赞叹！

4. 褒贬节制

有些演讲的内容是对被大众歧视的对象予以赞颂，比如环卫工作、殡葬工作等等。对于这方面的演讲应该经过理性的思考，并结合感人的事例，才能使演讲具有强大的说服力。

总之，演讲者应注重理性演讲，使演讲散发理性的光辉。

点金石

演讲内容是情理交融的，无情难以动人，而无理则不能服人。情感的评判标准是真诚，而它在演讲中的价值标准却是能否令听众产生共鸣。

用求同演讲拉近距离

求同演讲，指演讲者在演讲中通过表明他与听众具有相同的心理感受，消除听众想要逆反的顾虑，拉近彼此间的心理距离，从而使听众对演讲易于接受的演讲艺术。

求同演讲，能缩短演讲者和听众之间的心理距离，从而引起双方内心和情感上的共鸣，有助于演讲圆满完成。

日本有位叫山田久二的推销大王，他在推销商品时，不仅模仿对方的口音、谈吐、姿势等，还参照对方的职业、收入等特点，类似地打扮自己，使对方感到极其亲近可信。有人批评他在"做戏"，他却表示："我不是在做戏，我只在向他们表明，我是和他们一样的人——他们需要这样。"

点金石

求同演讲，能缩短演讲者和听众之间的心理距离，从而引起双方内心和情感上的共鸣，有助于演讲圆满完成。

类比演讲会收到惊喜

在许多的演讲中，演讲者能机智地利用身边的各种情境，巧妙地与自己演讲中的某些内容相类比，通常会为演讲增添一份机敏和风趣，使听众牢记于心，收到惊喜的效果。这就是类比演讲。

类比的“生发点”可分为：因人、因景、因物和因事。这四种“生发点”都需要特定的时间、地点、场合。

1. 因人生发

演讲者根据面前某个具体的人而进行类比，用以解释某种观点。

说“因人生发”，还是不够全面的。具体而言，可以凭借眼前人的性别、年龄、外貌、性格、职业、爱好、现场的人员数量等各种信息，作为类比的开端。

郭沫若先生在一次写作座谈会上，强调修辞使用应恰当时说：

“如果是老实地用最恰当的字眼把你所看到的、想到的写出来，就比较容易准确；一加不恰当的修饰，反而不准确了。现在一般的毛病是爱修饰，修饰得恰当当然是好，修饰得不好可就糟糕了。”

话至于此，郭老笑着对在做笔记的两位女同志说：“比如女同志打扮得很漂亮，打扮得不好的就糟了。”致使听者哄堂大笑。

郭老随机应变，临时将身边的女同志作为类比的生发点，因为这恰与时境相关联，显得亲切、可感、易懂，当然就会引发在场听众们的笑声了。这也可以当做是类比演讲的独特优势。

2. 因景生发

解释为触景生情，产生类比联想。

一次，某校正在送别干部班的毕业生，外面忽然雷电交加，暴雨如注。正在演讲的教师代表灵机一动，连忙补充道：“你们听，外面雷声隆隆，这是欢送你们毕业的礼炮！”

用外面的雷声比喻欢送毕业生的礼炮声，不仅渲染了送别的气氛，在自然景物中寄予了人的感情，而且避免了雷声容易使听众注意力分散的情况。

3. 因物生发

演讲者根据面前的某种物体，想到这种物体的某方面特点、特性与要论述的道理有共同点时，很容易将这种物体作为喻体。或者反之，根据身边某物的某方面特点、特性，而联想总结出一个论点来。

某学院学生文学社团改建时，原本打算取名“五色土”文学社，并且已通知准备参加成立大会的老师，但开会之前却又改叫“流萤”文学社。

一位教授在祝贺演讲中说得很风趣：“我的腹稿本来是按照‘五色土’打的。可走进这个大门，才知道你们社团的名称变更为‘流萤’，这一来，把我事先的‘五色土’腹稿全冲掉了！”

他一抬头，看见教室里的灯亮着，便幽默而又谦虚地说：“刚才几位领导同志的发言，如果是明亮的日光灯的话,那我下面的只不过是夜空中的流萤之光。”

这位教授巧妙地将眼前之物——日光灯,与社团名称“流萤文学社”联系起来发挥一番,既表达了自己的谦虚,也营造了轻松的氛围。

4. 因事生发

在演讲时,可能出现始料未及的事,如果对阐释某种观点有利,演讲者也可以即兴把它作为类比的生发点。

奥斯卡获奖者精彩的致词中就有因事生发的案例。

1952 年,在颁奖时,最佳女主角雪莉·布丝莱由于跑得太快,在上舞台台阶时绊了一下,差点摔倒,没想到这个差点摔倒的动作却成了她答谢词的生发点,她在致词时巧妙地表达:

“我经历了漫长的艰苦跋涉,才到达这事业的高峰。”

在场的人都感受得到,她的话既是指平时的刻苦探索,但又包含了刚才差点摔倒的尴尬。

类比演讲不止以上四种形式。要想提高类比演讲的能力,必须在实践中培养自己对语言的敏感力,同时要充分认识到使用类比的好处。爱打比方,善于打比方,能够使自己的表达更加生动形象。

点金石

演讲者可以机智地利用身边的各种情境,巧妙地与自己演讲中的某些内容相类比,通常会为演讲增添一份机敏和风趣,使听众牢记于心,收到惊喜的效果。

设置演讲悬念

演讲这门艺术,需要在短时间内调动起听众的积极性,使其想听、爱听。因此,演讲悬念的设置是增强演讲艺术感染力的有效方法。如何才能在演讲中设置悬念呢?

1. 根据内容设置悬念

(1)问题悬念

演讲者向听众提出问题,但并不急于给出答案,以引起听众的思考和注意。这是一种最常见的方式。运用问题悬念时应注意以下三点:一,问题应是全篇演讲主旨的凝聚点,回答了问题,揭露了悬念,也就讲明了主旨;二,所提的问题必须与在座听众有密切关系,这样才能引起听众的关心和关注;三,提出问题的方式,要新奇且具有艺术性,不可流于一般化,这样方能收到良好的效果。

复旦大学曾举行过《青年与祖国》的演讲比赛,五六个同学演讲之后,会场开始嘈杂得不得了。

最后上场的一位同学在演讲的开头就说:“我想向诸位提个问题。”

此时会场静了下来,接着他又说:“谁能用一个字,来概括青年和祖国的关系呢?”

这时的会场更加安静了,演讲者便按照既定的准备继续演讲。

(2)事件悬念

出人意料的事件,自然会引起听众的重视。意外事件有悖于听众原来的思考,因此,必然会产生想探寻出个究竟的想法。出人意料的事,既能引起听众注意,又回答了听众的问题,从而增强了演讲的艺术感染力。

在一次演讲中,马克·吐温被追问:"演讲是长篇大论好,还是短小精悍好?"

马克·吐温没有做出正面回答,却讲出一件出人意料的故事。他说:

"某个礼拜天,我到教堂去,正逢一个非洲传教士在那里讲述非洲传教士的苦难生活,以请求捐助。他讲了5分钟时,我决定捐助50元。当他接着又讲了10分钟时,我决定将捐助的数目减至25元。当他又继续讲了半小时时,我在心里将捐助数减至5元。最后,他又讲了一小时之后,拿起钵子向听众哀求捐助。当从我面前走过时,我却从钵子里偷走了两元钱。"

这个故事出人意料的恰当,既引起听众注意,又回答了听众的问题,从而增强了演讲的艺术感染力。

(3)实物悬念

演讲者在恰当的时间向听众展示某种实物,使听众一时难以理解,只得怀着好奇心听下去、看下去。

冯玉祥将军在一次宣传抗日的演讲上。先让士兵扛来一棵刨出的小树,且树上有一个装有鸟蛋的鸟窝。

演讲时,冯将军用手扶住这棵树,讲到关键处,把手一松,不但树倒了,鸟蛋也砸了。这才揭示悬念说:

"如果不抗日,好比这棵倒了的树,不仅窝摔了蛋也砸了,还有什么国、家和个人的生命呢?"

运用实物悬念要注意,实物应是与演讲内容有密切关系的,或是演讲者所经历的见证物,或是形象的比喻物,切记不可随兴出示无关紧要的实物。

(4)情感悬念

演讲者在演讲过程中,突然出现大悲大喜、大忧大怒的情绪,除文字内容外,加之表情,会立即引起听众的注意,之后再讲出悲喜忧怒的原因,这也是造成悬念的方法之一。

革命家恽代英,在一次晚会上发表演讲,由于之前已有几位同志发表演讲,时间已经很晚,听众出现了疲倦的感觉。

这时他走上演讲台,出人意料地大笑三声,弄得听众莫名其妙,倦意顿消。他这才开始了演讲。

2. 根据表现手法设置悬念

(1)单一悬念

即在一篇演讲稿中设置一个悬念,演讲者围绕这一悬念组织演讲内容,待这一悬念被揭露之后,也就完成了表达主旨的任务。

(2)复合悬念

演讲者提出两个悬念,揭露一个,保留下一个,待之后再慢慢道出。

(3)连锁悬念

在讲稿中,根据每一个层次设置悬念,一个悬念被揭露,又生出下一个悬念。这样不断地吸引听众,直至演讲结束,听众始终保持对演讲的兴趣,谓之连锁悬念。

3. 根据结构方式设置悬念

从总体结构上看,演讲稿分为开头、主体、结尾三部分。开头部分设置悬念是最为常见的。中间主体部分设置悬念,则是着重从不断变化的内容去调动听众的情绪。

结尾设置悬念,主要是以发人深省的话语来作为结尾,使听众回味无穷,引发思考。

从以上三种悬念的设置方式看，悬念越多，在构思上下的功夫就越大，内容上也就更能表现出一种递进的趋势。

演讲是门艺术，要想使你的演讲引人入胜，就必须注意运用悬念的方法。

点金石

演讲中的悬念出人意料的恰当，就既可引起听众注意，又回答了听众的问题，增强了演讲的艺术感染力。

演讲要有气势

演讲是一个完整的流动过程，它要实现演讲者与听众、演讲内容与形式、演讲场合与气氛等多重关系的和谐一致。为优化演讲的这一过程，至关重要的就是使演讲产生一种振奋人心的气势。

演讲的气势的表现形态是一种崇高之美。演讲的崇高之美是指在演讲过程中显示出的一种刚烈、强劲、雄浑、激昂甚至悲壮的美。这样的演讲始终带有真与假、善与恶、美与丑之间的激烈斗争，显现出磅礴的气势和风采。它给予听众的是信念，是力量，是付出巨大的代价后必然战胜黑暗与邪恶势力的坚定信念，是无私、勇敢甚至牺牲所显示出来的伟大的精神力量。从而使人们能了解演讲家的人格之美、道德之美和不可征服的英雄之美。

演讲的气势，与一个演讲者的思想境界、生活经历、感知认识有密切关系，同样也与演讲者感情力量的充分酝酿与矛盾运动密切相关，它显示了演讲者感情变化的完整过程。一个伟大的演讲家，往往是从自然、社会、人生的深刻体验中积蓄演讲的气势的。

气势蓄之愈久，发之愈猛。当代演讲家曲啸在演讲《心底无私天地宽》之前的几十年间，蓄积了如此多的“悲以深”的感伤情绪。这一腔郁结之气，并没有因阴冷、残酷的现实窒息，反而一直存在。由于作者敢于直面惨淡的人生，正视淋漓的鲜血，他才能在重重的压力下昂起头来，以“以额叩关”的决心和毅力，向禁锢真理的“闸门”奋勇而冲。于是，我们从他的演讲中听到了悲愤激越的呐喊，透过那些充满生机的人生叙述，听到了作者心底“惊涛拍岸”的情感强音！

语言具有一种连续发声和间断发声的过程，具有气势的演讲，话语的节奏往往会呈现出一种快速流动的美。如若逐字逐句，粒粒数米，疲软绵沉，运气不畅，都会对气势的形成造成影响。气势的各个环节，各个方面需全部伸展，在连绵奔泻之中，应不凝不聚，沉稳且有腾势，运展且备有余地，节奏紧密衔接，力度感明显呈线性变化。

当然，快速流动并不是一气呵成，也不是毫无停顿间歇，适当地减速、换气，可以加强或产生气势，给听者一种疏密有致、直撞心扉的感觉。

为达到这个目的，需演讲者在生活中积蓄感情之流，从而形成一种快速流动的“内在节奏”，并在演讲前将它调控到最佳状态。

演讲的气势还来源于铿锵有力、异彩纷呈的语言。或运用感叹语气，使演讲气宇轩昂；或运用激问语气，使演讲气壮山河；或运用排比句式，使演讲气势磅礴；或运用短句，使演讲气势恢宏。

“少年智则国智，少年强则国强，少年独立则国独立，少年自由则国自由，少年进步则国进步。”这是一段八十多年前梁启超在中国最后一个封建王朝覆灭前夕，发表的演说中的一句话。全段运用排比，层次鲜明，产生了动人心弦的语势，充分表达了演讲者对祖国未来繁荣富强的希望和信心。

点金石

快速流动并不是一气呵成，也不是毫无停顿间歇，适当地减速、换气，可以加强或产生气势，给听者一种疏密有致、直撞心扉的感觉。

演讲亦能兴波

演讲兴波，即演讲者在演讲中为了避免平直呆板的情况，采用抑扬、擒纵等技巧，运用设问、反问等修辞方法或者利用语言的低昂回环，进而让这篇演讲达到波澜起伏之效果。

1. 抑扬兴波

在演讲中，对某些论述对象进行“揉直使曲，叠单使复”的褒贬，能使论述对象在某些方面形成前后反差，从而掀起波澜，得到强烈的艺术效果。

薛明明的演讲《自信——女性崛起的灵光》，就充分地运用了抑扬手法：“女人是什么？多少年来，女人的名字总是同弱者相提并论，被视为‘二等公民’。历史的天平上，女人如鸿毛，从来就是‘摆设’和‘附属’。追其原因，则是封建传统因袭的重负，而更重要的是女人自己小看了自己。”

此乃一抑。接着列举了古今中外举世闻名的女英雄、女强人，以及在她们身上所看见的女性自强、自立、自信的灿烂灵光。此乃一扬。而后她又阐述，虽然阻碍女性发展的社会制度已消除，但是给妇女造成自轻自贱意识的封建余毒仍然束缚着女性的发展。这又是一抑。最后她列举了当今的女科学家、女大学生、女教师、女演员等因自信而成功的实例，说明当今社会，女性正在崛起。整篇演讲抑扬交错、波澜起伏，效果颇佳。

2. 擒纵兴波

即在演讲中为了有效地揭示问题的本质，交代事件的结局，阐明演讲主旨，需抓住关键之外，还可故意放开，以生成曲折之波。

公元前44年，古罗马执政者恺撒被宠臣布鲁图斯及同谋者刺死。当时，布鲁图斯具有相当高的威信，深受国人尊敬。他在恺撒的葬礼上发表演讲，陈述他行刺的理由，得到不明真相的群众的热烈拥护。

布鲁图斯演讲后，恺撒的心腹安东尼又走上讲台发表演说，向公众揭露布鲁图斯一伙的阴谋和罪行：“我今天来，是安葬恺撒的，并不是为他歌功颂德的。我发现，人生在世，好比‘好事入泥沙，坏事传千里’。这句话就像是只对恺撒说的，而布鲁图斯无疑是个正人君子。”

安东尼对他的好友恺撒不赞一词，却极力表明布鲁图斯是位正人君子，他为罗马的利益杀害恺撒一事看起来有道理。这里退，是纵。而后，安东尼每提出一点，都使听众对布鲁图斯的看法有了些改观，从而向自己靠近一点。等到听众疏远了布鲁图斯并同他站在一边时，安东尼声泪俱下，历数其种种罪行，并用辛辣的语气直截了当地攻击他。这是进，是擒。安东尼就巧妙地运用了迂回策略，欲进先退，欲擒先纵，演讲时掀起惊涛骇浪，致使众者在他演讲的鼓动下，放火烧了布鲁图斯的房子。

3. 跌宕兴波

跌，是顿，是收，如“马在峡下，失蹄颠颠而忽然跃进”；宕，是挫，是开，如“舟行水中，遇水荡漾，而异趣横生”。演讲讲究声调的铿锵和语言的跌宕，从而使得演讲文理得当，使其艺术感染力得以加强。

在梁启超的演讲《少年中国说》有这样一段话：‘日本人之称我中国也，一则曰老大帝国，再则曰老大帝国，是语也，盖袭译欧西人之言也。呜呼！我中国其果老大矣乎?’梁启超曰：“恶，是何言，是何言！吾心目中有一少年中国在。”

演讲者的观点是“吾心目中有一少年中国在”，但他首先提出的是日本人认为中国是“老大帝国”的观点，展现出敌论。是为一波。接着宕开一句，提出问题：“呜呼，我中国其果老大矣乎?”充满义愤填满的情绪，语气铿锵，言辞有力。是为二波。紧接着，他语气陡转，旗帜鲜明地提出了自己的观点：“吾心目中有一少年中国在。”这是第三波。并成为高潮，显得波澜跌宕，为下文的议论带来一种独特的气势。

4. 张弛兴波

弦绷得过紧就要断，绷得太松又不能射出有力的箭。一味的张，听众会感到疲劳；一味的弛，又不能吸引听众。演讲在一段较快（慢）节奏之后，紧接着以一种稍缓（急）节奏，或于热（凉）中讲凉（热），安（危）中讲危（安），缓（急）中讲急（缓）的方式，陡起风波，能出乎意料地掀起高潮。

5. 离合兴波

演讲时，与主题近时，忽然荡开；与主题远时，又再掉转回头，二者相间相生，波澜迭出。

著名交响乐指挥家李德伦曾作过一次题为《神侃足球》的演讲，在演讲开场就讲述在他 71 岁时上五层楼的感受，且很“自豪”地同与会者作比较。听似跑离，是为离。“我靠的是什么呢？是踢足球。”说到他从小学踢球踢到二十几岁，谈到作为球员不仅身体很重要，文化素养也很重要的观点，如球员应该听京戏、看话剧、听相声、听交响乐……又紧扣主旨，是为合。紧接着又谈及“散装乐队”，这又是离。“我觉得，这些方面不仅在音乐上，足球运动也应如此！有节奏，且有整体感，要相互配合。”歪打正着，言之理顺，又合意旨。

总而言之，兴波演讲，能够使演讲生动活泼，表达曲折尽意，有效地避免了平直呆板的情况，有利于塑造形象，深化主题。

点金石

在演讲中，对某些论述对象进行“揉直使曲，叠单使复”的褒贬，使论述对象在某些方面形成前后反差，从而掀起波澜，得到强烈的艺术效果。

如何构建演讲高潮

大家都知道，演讲高潮不但是演讲者思想最深刻、感情最强烈的时刻，而且还是听者情绪最激动、精神最振奋的瞬间。有了高潮，演讲者方可最充分地展现其审美价值，进而产生强大的感染力和说服力。那么，如何构建演讲的高潮呢？下面介绍四种常见的方法。

1. 重复高潮

重复这种积极的修辞手法就是在演讲中将某一句，某几句或某一段紧接着复述一遍甚至数遍。在演讲过程中安排这样的重复，不仅是为了让听众听清楚某些重要的词句，而且是通过有声语言的变化来达到加强语气、强调观点和升华感情的效果，从而增强语言表达的效果。因此，只要设计得适时巧妙，重复之处就可以成为演讲的一个高潮。

2. 排比高潮

连续运用两个或两个以上结构相同的句子，从不同角度表达演讲者的思想感情，这就是排比的修辞手法。使用排比句的地方,未必一定是引起演讲高潮的部分,但演讲高潮的部分却往往离不开排比句。

"有办法!办法就出在陕甘宁边区!那就出在八路军、新四军和敌后抗日根据地!那就出在中国人的身上!办法就出在真正抗日的党派和军队中!就出在中国共产党,特别是在我们的毛泽东同志心中!"

这是周恩来同志在延安的一次会上演讲中的片断。纵观全篇演讲,这段文字显然是高潮的所在。这里运用了五个排比:"……办法就出在……"这五个排比句或由近及远、由小及大,或由此及彼、由次及主,好似管弦齐奏,再一次把演讲推向高潮。

3. 设问高潮

设问即自问自答。它之所以被广泛运用在演讲中,是因为它能够调节演讲气氛,引起听众听讲的兴趣及热情,达到提醒和强调的目的,带动听者共同思考问题,从而使演讲者牢牢掌握演讲的主动权。

我们不妨具体分析一段演讲:

"你们问:我们的政策是什么?我回答:我们的政策就是用我们的全部力量,用上帝所能给予我们的全部能力,在海上、陆地和空中进行战争,同一个在人类黑暗悲惨的罪恶史上前所未有的暴政进行战斗,这就是我们的政策。你们问:我们的目标是什么?我们可以用两个字来回答:胜利——不惜一切代价,去夺取胜利;不管多么可怕,也要赢得胜利;不管道路多么遥远和艰难,也要赢得胜利……"

这是丘吉尔著名的《出任首相后的首次演讲》中的最后一段。该演讲的前部分主要是报告新政府组阁的情况,后部分则是阐明新政府的态度。透过全篇演讲不难看出,通过步步上升和层层推进,演讲者的观点越来越鲜明、深刻和完整,其感情也越来越强烈,在最后的部分,演讲者巧妙地运用两个设问句,展示出自己的观点和主张,酣畅淋漓地表达了自己的情感,使演讲达到了最高潮。

设问的意义有以下三点:首先,两问两答是全篇演讲的思想内容的凝聚点,是其精华的所在;其次,两问两答所展现出来的感情色彩极其强烈,是演讲者情感发展的必然结果;最后,两问两答的句式干净利落,毫无冗长啰唆、拖泥带水之感。

4. 反问高潮

不同于设问,反问是问而不答,是用疑问句的形式展现出确定的答案。这种句式感情色彩浓厚,有强烈的感染力和说服力,因此同样有助于构建演讲高潮,特别是在说理性、论辩性和鼓动性稍强的演讲中,其作用显得尤为突出。请看:

"我们的同胞已身在疆场上了,我们为何还要站在这里袖手旁观呢?先生们希望的是什么?想要达到怎样的目的?生命就那么可贵?和平就那么甜美?甚至不惜以戴锁链、受奴役的代价来换取吗?"

这是一组亨利在美国弗吉尼亚州议会上演讲末尾中的反问句。全篇演讲如同跌宕起伏的海浪;高潮接连不断,而且处理高潮的语言修辞手法各不相同。这一连串的反问句,使演讲显得更加轩昂激越,文气也就随之大振,充分显示了反问句式所特有的鼓动力量。紧接着,亨利用呼吁式的语气结束了演讲:"全能的上帝啊,阻止这一切的发生吧!在这场斗争中,我不知道别人会怎样行事,至于我,不自由,毋宁死!"

演讲至此,演讲者的思想、意志、意念和情感都被推到了最高潮,如空谷回音,三日不绝,让听众铭记于心。

运用这种修辞方法营造演讲高潮,必须以充分的说理为铺垫。否则,演讲就有故作高亢之嫌,高潮也就构建不成。其次，在连用多个反问句式时，语言要内容精炼，内容要层层推进、环环相扣。

点金石

运用这种修辞方法营造演讲高潮，必须以充分的说理为铺垫。否则，演讲就有故作高亢之嫌，高潮也就构建不成。其次，在连用多个反问句式时，语言要内容精炼，内容要层层推进、环环相扣。

培养演讲应变能力

演讲者的应变能力是指演讲者在演讲过程中，面对主、客观情况下出现的突发事件或意外情况对演讲形成阻碍或干扰时，敏锐、及时、准确地做出反应，并采取相应的措施，迅速、果断、巧妙地将其平息和排除，使演讲顺利进行的一种技巧、方法和处理能力。下面将从主观、客观两个方面分析并介绍演讲者的应变方法。

1. 演讲者主观方面产生的意外变化

(1)怯场

在演讲过程中，演讲者由于一种强烈紧张感使精神发生混乱，出现心慌意乱、不知所措、呼吸急促、心跳加速等生理反应，轻者张口结舌、语无伦次，重者目瞪口呆、说不出话。

造成怯场的主观原因有三种：一是患得患失，对成功的期待太高，就施加太多压力；二是前期缺乏认真的准备工作，心中没底；三是由于环境变化等因素造成的身体不适。

对怯场怎样克服呢？这就需要对症下药，从怯场的形成原因上寻找药方，具体应做到以下几点：第一，端正演讲目的，增强信心；第二，做好前期周密准备工作，做到胸有成竹；第三，加强演讲训练，定能熟能生巧；第四了解听众情况，熟悉现场环境。此外，还应掌握一些技巧，如上台前可深吸一口气，调解一下血液循环、活动活动双手脚等，都有助于克服怯场。

(2)忘词

受主客观条件的影响，演讲者在演讲中思维的链条突然中断了，以致忘掉了下面要演讲的内容，使本来很精彩的演讲毁于一旦。忘却的原因有很多种：有的人因为怯场导致忘却，二者互为因果，形彩相随；有的人因为突然看见了一个熟人，听见一个怪异的声音，或突然联想到其他的事等。应付忘却有以下三种方法：

第一，插话衔接法。一旦忘却，可以插入一两句与演讲内容关系不大的问话，抓住这段时间，快速回忆起接下来要演讲的内容。

第二，重复衔接法。一旦忘却，可以把最后这句话再加重语气重复一遍，往往能使中断了的思维链条再重新衔接起来。

第三，跳跃衔接法。一旦忘却，可以不紧接着讲下句话或下一段演讲内容，而是可跳跃地讲另一段你没有忘却的内容。这样既可以不让听众发觉，也可在演讲时继续回忆忘却的那段内容，再巧妙地补进去。

(3)失误

失误就是演讲时讲错了话，这是演讲者最容易犯的毛病。比如张冠李戴、讲错词句、数字、年代等等。一般可以在发觉的时候重复改正一下，这就是一种纠正，不是太重要的就可不必纠正。

2. 客观方面产生的意外变化

(1)听众对象发生了变化

如,原定给工厂工人演讲,结果听众换成了学生,或者换成了机关干部,这就需要及时对原讲稿做力所能及的改动,不能照搬不误。

(2)内容重复

同样的演讲内容和题材,轮到你时,你只好根据自己的实际情况和演讲主题重新选材组稿,或者从原讲稿中删掉一部分再加点新的题材重新整理成稿。

(3)突然发现有名人、领导和专家在场

有的演讲者在给普通人演讲时非常流利自然,一旦发觉有专家、学者、领导在场,便不自然了,容易引发怯场说错话等失误。这时应该努力镇定,强化“我是讲台的主人”的思想,无论底下坐着什么人,都得先听你的,这就不会受影响了。

(4)听众甚少

听众少,非常容易影响演讲者的心情,打击其积极性和自信心。这时也应本着有一人讲一人、有二人讲二人的精神,将演讲工作照常进行下去。

(5)兴趣转换

当你正讲一个自我觉得是十分重要的问题时,突然发现听众对其中一个不需要详细讲的小问题很是感兴趣。你这时可以对此稍加展开,继而再回到原来的问题,这样一来会使听众觉得你很了解他们。

(6)反应冷漠

在演讲中由于时间、环境、演讲内容、演讲方法等诸多原因,演讲无法勾起听众的兴趣,会场就会出现困倦、溜号、小声说话、开小会等情况。对此情况,演讲者应适当采取转移话题、增加故事和趣事等方法刺激听众,引起其注意后再继续演讲。

(7)喧哗吵闹

有时在演讲过程中也会出现喧哗吵闹、起哄叫喊等特殊情况,这要求演讲者本着两个原则去对待。第一,如确属演讲者造成的失误或态度不敬,应及时改正,不可我行我素;第二,如果是属某些听众捣乱,也不用惊慌,只要演讲者态度庄重、沉着冷静,这样就可以使对方自觉无趣。

(8)收到条子

有时演讲中会收到听众写来的条子,最好先搁置下来,待演讲结束再看条子,对听众的发问逐一解答,会就答,不会就要说明,不可以不懂装懂,以免弄巧成拙。

点金石

一旦忘却,可以插入一两句与演讲内容关系不大的闲话,抓住这段时间,快速回忆起接下来要演讲的内容。

掌握演讲升华的尺度

演讲升华,就是指演讲者在叙述材料的基础上,及时地针对材料的本质内涵进行分析、概括、提炼、延伸,并通过饱含理性色彩的语言表述、渲染,将听众的思维引入一个更加深入的境界的演讲艺术。

1.由点到面升华

演讲中的事实、事例是非常灵活多样的,诸如一次个人经历、一个故事、一段人物描写,甚至是人物的只语片言,等等。这些个别却很典型的材料,就是演讲升华之“点”。

由对“这一个”事实的叙述及包含这一类的部分或者整体事实内涵的概括,就是由点及面的升华方式。

傅缨的演讲《铭记国耻，把握今天》这样说：

“吉鸿昌高挂写有‘我是中国人’的标语的牌子，走在一片蓝眼睛、黄头发的洋人面前。正是这万万赤子，才是我们华夏的脊梁、祖国的希望；正是他们，在自己的‘今天’，用满腔的热血，顶着敌手的花枝弹药，写出了无愧于时代的《义勇军进行曲》，才使得我们今天的共和国国歌响彻神州，那么气势磅礴，那么雄壮嘹亮；正是他们，在我们的今天才有无数的华夏儿女一次又一次地登上世界最高领奖台，并使那种响动越来越大，旋律越来越强！”

演讲者以吉鸿昌的爱国行为作为依托，然后高屋建瓴，联想到无数个爱国者，用“正是这万万赤子”“正是他们”的标志性语言，通过三层铺排推进，概括出几代爱国者的崇高情感，使单一的事实之理得到拓展、升华，燃起听众热爱祖国的高昂之情，产生很大程度上的感召力。

2. 由表及里升华

有些包含着深层意义的事实材料，不经点破，听众也许无法明白讲者所要表达的主旨，而一旦经过演讲者的解释与深化提炼，就像从蚌贝中发现了夺目的珍珠，从沙砾中发掘出了发光的金子，启人思考。

江苏一位青年教师的演讲《救救水牛，救救孩子》中说：

“有一个城市的学生刚刚来到农村，看见一头水牛在河里嬉水，错误地为它失足落水，连连惊呼：‘救救水牛，它落水了！’

“我想，作为教师，每天督促学生们勤奋学习，这本是无可非议的。但把学习变成没完没了的测验、考试，变成对分数的盲目膜拜，使得孩子们不再对大千世界产生什么兴趣，以致把孩子与多姿多彩的现实生活和五光十色的大自然相隔绝，这难道不是教育对生活的背离吗？这不是正将孩子引入与世隔绝的死路吗？”

城市小学生不知道水牛的特性，也许是偶然的，不足为奇。但演讲者从这一事件中探寻到本质，用“凸透镜”将它放大出一番真知灼见，在声声诘问中引发众人去深思我们现行教育存在的一些弊端，唤起他们强烈的使命感以及责任感。

总而言之，演讲升华，不但能够使演讲掀起一次次波澜跌宕的高潮，也能使演讲者与听众之间形成和谐呼应、时而起伏的感情共振，有力地加强了演讲的目的性。

点金石

演讲升华，不但能够使演讲掀起一次次波澜跌宕的高潮，也能使演讲者与听众之间形成和谐呼应、时而起伏的感情共振，有力地加强了演讲的目的性。

第九章 口才训练

注重心理训练

大多数不善于在公众场合发言的人,普遍都存在心理上的障碍,他们都缺乏临场的心理训练。下面就为大家介绍一套简单可行的训练方法。

第一步:站立不语练习(练心)。练习者可互为听众交替上场,也可让自己身边的人做自己的听众。练习者要站在比听众高的位置上,目视听众但不开口说话。此时练习者的心理要进入谈话的状态之中,进行心理体验。

这一步练习是练“心”而不是练“口”,每次站立5~10分钟,由于不用开口讲话,可以减轻练习者的心理压力。进行这步练习要做到练习者不会紧张为止。

第二步:随便说话练习(练口)。练习者在完成练心阶段之后,即可进入说话训练。这时的讲话从内容到形式上,都没有任何规定和限制。练习者要随心所欲,讲自己最熟悉的话题。这时的练习者虽然心理上已初步适应,但对于如何讲话还缺乏适应性锻炼,此时大脑紧张、思维混乱。所以这一步练习只要求练习者能开口讲话就可以了,至于内容则没有限定。

这一步是在练“心”的基础上练“口”,讲话时间以3~5分钟为宜。练习者可以和听众在现场直接交谈,轮流演练,直到练习者可在人前流利自如地讲话为止。

第三步:命题演讲练习(表达练习)。在前两步训练的基础上,练习者即可进入命题演讲练习。练习者和听众之间要反复沟通,揣摩练习者的语言、动作、表情等。此步练习以练习者在“台”上讲话,但听众察觉不出这是事先准备的为目标,要求练习者能够真实自如、从容不迫地说出心里话。

第四步:即兴演讲练习(全面练习)。练习者的临场心理和发言能力都有所提升后,便可进行较高层次的即兴演讲练习。练习者以抽签的形式来决定演讲的主题和内容,抽签后给予练习者10分钟的时间进行准备。

此时练习者的思维处于高度紧张状态,这能快速提高练习者的谋篇、遣词、造句的能力。由于此时练习者的心理处于“练习”的状态中,所以并不惧怕“失败”,也就能更好地发挥出其潜在的实力。

以上方法侧重于实践。初学者如果再辅以一定的专业理论作为指导,心理训练的效果就能更加明显。

点金石

大多数不善于在公众场合发言的人,普遍都存在心理上的障碍,他们都缺乏临场的心理训练。

重视思维训练

语言是表达思维的工具,是思维的一种工具,思维是语言的内在组成,没有思维就没有语言。语言表达过程,实际上就是把思考的结果用话语表述出来的过程,说话过程就是将内部言语转化为外部言语的过程。

确定说什么是一种思维活动,就是在思考说什么与怎么说之间存在着一种快速的转换过程:思想——句型——词汇——语音。这个过程是完整连贯的,其中任何一个环节出了差错,都会影响到最终的表达。因此,我们要重视从思维到语言的转化过程,多进行这方面的训练以提高我们表达能力。

1. 定向思维训练

定向思维是指按常规模式进行思考的思维。定向思维的训练可培养我们深入思考的能力,有助于养成认真彻底分析问题、透过现象看本质的良好思维习惯。

可拟定一些简单的叙述、说明、介绍方面的题目进行定向思维训练。为了使思维更有逻辑性,可在表达中使用一些常用的关联词。比如:"因为……所以……""于是""之所以……是因为……""首先……其次……再次"。可以按时间的先后顺序和位置的移动情况进行表达,也可以采取先总后分、先分后总等方式练习,等等。

2. 逆向思维训练

逆向思维就是把问题反向来想,变肯定为否定或变否定为肯定,变正面为反面或变反面为正面。例如,人们通常把"这山望着那山高"喻为"贪心不足"而视为贬义,如果你运用逆向思维反过来想一想,将其用来赞喻人类勇于向新的科学高峰攀登,又怎么会不可以呢?

你可用爱迪生的坚持不懈地进行创新,用爱因斯坦敢于质疑牛顿经典物理学,用运动员刻苦训练刷新纪录等事例证明人必须有"这山望着那山高"的进取精神,进而批判那种"无为而顺其自然"和"知足常乐"的消极思想。

进行逆向思维训练可以培养逆向思考问题的能力,使得人们可以发表自己的独立见解。

3. 发散思维训练

发散思维是使信息朝各种可能的方向扩散并借以获得更多的新的信息,从而实现创新的一种思维方式。发散思维是最能够实现即兴发言的思维方式。这里为大家介绍三种训练方法:

连接法:根据上一位表达者的话语继续往下说的训练方法。口才大师戴尔·卡耐基在训练学员即兴演讲的能力时就常用此法。卡耐基让其他学员以出其不意的方式叙述一个故事的开头,其他学员用同样出人意料的话语将故事继续下去。比如,某位学员说:"前几天我正驾着直升机,突然注意到一大群飞碟正朝我驶来。于是我慢慢开始下降,可离我最近的飞碟里却有个小人开始向我开火,我……"

开头有了之后,卡耐基要求他停下,然后要另一位学员将故事继续下去……

连点法:将头脑中闪现的人、事、物等散点按照一定的顺序和逻辑连缀成篇。比如花、气息、奔跑。可以连成:

"和各位年轻的朋友在一起,我似乎感觉到周围弥漫着春天的气息。大家都是如此年轻,都有花儿样的青春、花儿样的年龄、花儿样的生活,我希望大家能成为大船,乘风破浪,挺进大海;我希望大家都能做那奔跑的骏马,飞向未来,迎向明天。"

联想法:联想法是由一事物想到与之相关的另一事物的训练方法。其特点是闻一知十,触类旁通,能够使语言变得具有流畅性与变通性。可以使用如下题目进行训练:

使用一根玻璃棒,要求训练者运用联想,迅速说出它像什么。

使用一个红色的球,要求训练者运用联想,表述我们的生活充满快乐。

展示一幅画,画上有两只小鸡,要求训练者借此表述人生是充满坎坷的。

点金石

联想法是由一事物想到与之相关的另一事物的训练方法。其特点是闻一知十，触类旁通，能够使语言变得具有流畅性与变通性。

语智训练有策略

口语表达与思维是紧密相连的。在生活中，很多人对某些事都是知其然而不知其所以然。这是一种“口拙于外”的语言表达障碍，可以通过语智训练使其语言表达变得更为机智和巧妙。

下面为大家介绍几种语智训练方式：

1. 词语速接

词语速接方式有很多，最普通的是成语速接。

首字接：由某人先说一个成语，后面的人接的成语必须以这个成语的第一个字为着起字。如，当第一个人说的是“一马当先”时，接下来便是“一步登天”“一败涂地”“一本正经”“一唱一和”“一刀两断”“一分为二”等。

尾字接：后面的人说的成语必须以前一个人说的成语的尾字当起字，也可以用同音字接。如“胸怀天下”“下不为例”“力不从心”“心想事成”“成竹在胸”等。

2. 句子连接

这是针对多人的训练，训练员先说一句话，然后每人接上句承接的话，要求简洁生动，表达准确。

比如，训练员说“今天天气很好”，接下去就是“是春游的好时节”“我们将带上行装，八点出发”“我们坐上汽车，一路欢歌笑语”“我们来到了向往已久的中山公园”等等

3. 属对训练

属对，即对对联，这是我国传统语智中的基本方法。

口头形式的交际联：由甲出句，乙对句，双方合作完成。甲、乙可以是单独的个人，也可以是集体。

一字对：如“虎”对“龙”“山”对“海”；

二字对：如“如烟”对“似火”；

易字对：由甲先出一副现成的对联，故意改去上联中某字或某词，要求乙改动下联中相应的字或词。

增字对：由甲出上联。由一字增加为二字、三字、四字……乙对时也一一增加相应字数对出下联。如：

甲：黄鹤楼

乙：黑龙江

甲：朝游黄鹤楼

乙：夜渡黑龙江

甲：三朋四友朝游黄鹤楼

乙：千军万马夜渡黑龙江

增字对，要求双方在对对时做到字数相等、词性相近、结构相配、句式相似、语意相关、平仄相对。

属对是为提高语音、词汇、语法、修辞、逻辑等语智而开展的综合训练，是一种对反应力、应变力、适应力以及言语的听辨、理解、构思和表达的训练，使练习者能“急中练智”“智中生谋”。

点金石

口语表达与思维是紧密相连的。在生活中,很多人对某些事都是知其然而不知其所以然。这是一种"口拙于外"的语言表达障碍,可以通过语智训练使其语言表达变更为机智和巧妙。

思路训练讲究方法

思路是指引思考方向的线索和脉络,无论叙事还是说理,都必须先明确自己的思路。思路的展开和延伸,反映了传播者对事物的了解,是从观察到理解再到认识的逐步深入的过程。

思路正确,能反映出传播者正确地掌握了事物的规律性,只有这样讲述才能更清晰、严密。开口之前先要理清思路,也就是要简单构思语言的顺序层次。

思路训练有以下一些基本类型:

1. 分项列举式

如果要讲述材料各层之间是并列关系,就要围绕着中心把材料一一列举出来。例如,工厂保卫科在职工大会上宣读门卫制度和防火防盗措施时,就可用此种方式。

2. 时间顺序式

即按事件发展的时间顺序组织材料,反映出事物发展过程中的自然状态。例如,导游员介绍某一历史传说时,就可按故事情节的开始、高潮、收尾来叙述。

3. 空间层次式

即按空间顺序一层一层加以介绍。根据从内到外、从前到后、从上到下、从左到右等空间逻辑顺序,用语言一一陈述存在的事物,使听众对你所叙述的情况获得清晰的认识。导游员在向游客介绍某一景观的建筑时,多采用此法。

4. 联想过渡式

在现实生活中,我们常常会由眼前的事物联想到另一事物,两者间存在过渡关系。过渡关系又可以分为相似过渡和对比过渡两种。相似过渡是因形和质相近而产生过渡的联想,对比过渡则是因形和质相反而产生过渡的联想。

5. 演绎思维式

这是对叙述材料进行过深入思考的结果,是认识活动从一般到特殊的提升。叙述时先简单介绍一样基本情况,使听众对此有一定了解,然后再深入地说其中的某一特殊问题,让听众可以留下更为具体的印象。

6. 归纳思维式

与演绎思维方式相反,它是由特殊联想到一般的思维过程。叙述时概括个别特殊事物以归纳出一般性的理论。

7. 由因及果式

先说明事件的原因,而后叙述由原因演变为结果的过程。凡叙述具有因果关系的事物,都可以使用这种方式。这种表达的依据是事物之间原本就存在的规律,因此具有很强的说服力。

8. 由果溯因式

与上式相反,这指的是先摆出结果,然后追溯导致这个结果的原因的过程。讲述时必须强调结果，才能让听众重视起来。

9. 先总后分式

即先讲解整体，然后逐一讲解它的各个部分。常用于对复杂事物进行全面叙述之时。如地理课上，讲解欧洲的情况时，通常先讲述欧洲的地理位置、面积、人口、自然概况、社会概况等，之后再分别介绍欧洲的每一个国家及其具体情况。

10. 事理结合式

这是将叙事和议理相结合的构思方式。可以一事一理地叙述，先谈某件事，然后再表达自己对此事的见解、看法。也可以用一事多理或多事一理的方式，在大量事例中探寻事物间共同存在的真理。

11. 提问解答式

先提出问题，然后经过思考研究，陈述见解，举例证明，得出问题答案，或阐述解决问题的理论依据、方式。在演讲或报告时常用这种方式，这样既能集中阐述自己的观点和主张，也能用来议论复杂的问题。

先提出论题，简单说明讨论的意义，然后进入论证。如果问题较多，可以一个一个地提出，再逐个解决，最后进行总结。强调结论，能加深听众对此的印象。

12. 推理论述式

叙述复杂的问题或事件时，应考虑听众的理解过程，按照由已知到未知、由浅到深、由表及里、由简单到复杂的逻辑顺序进行论述或说明。

总之，客观事物本身及它们之间的关系是千变万化、不停发展的，人们在讲述这些复杂问题时，思路也应是多种多样的。进行思路训练时不应该局限在某一类型，可以灵活交叉运用。

点金石

思路正确，能反映出传播者正确地掌握了事物的规律性，只有这样讲述才能更清晰、严密。

记忆训练有技巧

要想具备好口才，除了具有灵活、敏捷的思维，还必须在事先做好充分的准备工作，这种工作是指熟悉话题的内容、背景等方面，这样的话就不可避免地涉及记忆。不仅要记住讲话时要用到的素材、语言，还要记住精心设计过的讲话结构。只有从内容到形式都被牢记住了，才能有条不紊、脉络清晰地表达出来。

在日常工作和生活中，事先有讲稿的谈话并不多，很多时候是需要我们即兴发挥的。比如在座谈、谈判、论辩、会议等状况下，常常需要即时发表意见。遇到这种情况，怎么办？

此时最好的办法是将记忆中储存的有关知识提取出来，稍加组织以发挥其作用。只要平时留心记忆一些名人名言、名家名作、科学术语、成语典故、寓言故事、生活常识、奇闻逸事等知识，表达起来就能得心应手，应付自如了。

因此，好口才无疑需要优秀的记忆。因为记忆是人脑的一种功能，是对经历过的事物的反映和再现。通过记忆，可以在脑海中储存大量信息，将相关素材铭刻在脑子里。这样的话即便没有稿子或在脱稿的状态下，说话也能如行云流水，滔滔不绝。以下介绍几种常见的记忆方法。

1. 诵读法

记忆讲稿时，可以一遍一遍大声地读，直至能完全记住，烂熟于胸。人们接受外界信息时，因为是用不同的感觉器官来接受的，所以记忆的保持率也不同。

试验证明，在接受信息时，如果用眼耳相结合的"视听法"，三小时后，能保持85%的记忆率。三日后，可保持65%的记忆率。由此可见，诵读法明显有助于提高记忆力。

2. 纲目法

发表篇幅较长的讲话时，可根据其主题和结构，列出讲稿纲目。即首先明确主题，然后围绕主题，列出有逻辑联系的内容条目，并按一定顺序简单标明，使之一目了然，以便借此对全文进行记忆。

3. 机械法

如果事物间缺乏内在联系，只能靠简单重复来进行记忆，这就叫机械记忆法。通常来说，记忆事物名称、日期、电话号码、门牌号码、科学公式等，都是运用此法。

在机械记忆时，也可以自创一些办法，来帮助记忆，如对此法、顺序法、抓特点法等，或者可以用谐音、押韵、会意等方法，减少需要的信息量，灵活巧妙地进行记忆。

4. 口诀法

把本身缺乏关联的材料，浓缩出要点，编成整齐对称、朗朗上口、便于记忆的语句，使之富有趣味性。这种记忆方法称为口诀记忆法。

口诀记忆法应用范围广，如许多谚语、计算口诀等，都是采用此法，它使人们能迅速、准确地记忆，而不会忘记。

5. 重复法

遗忘使记忆不停地淡化、消失，因此采用重复记忆法，可以加深大脑皮层的记忆痕迹。重复不仅能修补、巩固记忆，还可以加深对知识的理解。通过不断重复，能使知识变得条理化、系统化。

总之，记忆的方法有很多，要提高口语的表达能力，就要不断地进行记忆强化训练。

点金石

记忆的方法有很多，要提高口语的表达能力，就要不断地进行记忆强化训练。

采用合适的表达训练

在口才表达训练中，采取口才训练与思维训练同步进行的方式能取得更好的效果。进行这种训练的方法有下列四种：

1. 模型设问法

这种方法就是教师设计一个特定的生活或问题模式，教师根据这个模式从不同角度、不同方面对学员进行提问，引导学员对此进行全面深入的思考，在此基础上总结出相关的方法论，并引导其向生活延伸。

2. 茶馆讨论法

此法是指在轻松的氛围中，师生们就某一热点问题展开讨论，各持己见。发言不要求有完整的结构逻辑，也不要求结论一致，哪怕只有三言两语甚至一个问题也都可以。

这种讨论气氛活跃，言语自由，学员们仿佛置身于他们的寝室中，往往能够表现得话语流利，词锋尖锐，思维灵变。而且学生之间、师生之间的思维多向碰撞，也容易闪现新的思想火花。

3. 学员诘难法

指的是就学员关注的热点问题或生活模式，教师先提出自己的看法。这个看法可以是教师经过认真思考得出的看法，也可以是故意留有破绽的看法。然后让学员就此错误看法从多方面向老师诘难。这种方法实际上是前面提到的“模型设问法”的逆变。

但这种形式就把错误看法从被动变为主动，更能发挥其思维的主体功能，因为学员要诘难老师，就必须从新的角度对问题进行思考。在这种方法中，学员思考的角度越多、问题越刁、言辞越激烈越好。

4. 模拟论辩法

此法指的是就生活的热点问题，老师设计出一个命题，学员自愿组成正方两方，展开论辩。这是一种常规的需要准备的口才交锋。

在口才表达训练中，采取口才训练与思维训练同步进行的方式能取得更好的效果。

加强语调训练

语调是语言表达的第二大要素，也被人们称为语言表达的第二张“王牌”。那什么是语调？语调即为说话的腔调，就是对一句话里语音高低轻重的安排。每个句子都有不同的语调，恰当地使用语调，能表达出特定的语气和情感。

语调的作用是巨大的，它能润色语言，促进思想沟通，使语言表达更加清晰准确，从而提高语言的表现力。因此，合理运用语调，对于提高语言表达能力是十分必要的。

形成语调的因素有很多，但其中最重要的还是思想内容和感情态度。语调变化万千，很难找到完全一样的形式。为了便于练习，把大体相似的语调归纳为以下几类：

第一，升调情绪亢奋，语气由低向高，句尾音强且向上扬起。一般用于发问、等待回答、意外惶恐、中途顿歇、全句未完、发令号召、进行号召等。

第二，降调情绪稳定，语气由高向低，句尾音弱而下沉。一般用于陈述句、肯定句、感叹句、祈使句等句型中。

第三，平调情绪沉稳，语气是基本平直的，首尾音量相同。一般用在表示庄重严肃、踌躇迟疑、冷漠淡然、思索回忆等情况的句子中。

第四，变调情绪激动或情感多变，语气起伏曲折。声音或由高而低再扬起，或由低而高再降下，或变化更大。多用于语意双关、言外有意、幽默含蓄、讽刺嘲笑、意外惊奇、故意夸张等语句中。

语调的变化，是在某种基本语调的基础上进行。通常，基础语调是在中音区进行，并在此基础上发生语调变化。另外还可能会发生两种情况：一种是表现高昂、激动、紧张、热烈、愤怒、仇恨等情绪的语调是在高音区进行的；还有一种表现低沉、悲伤、凄凉、沉痛等情绪的语音，一般在较低音区进行。

语调训练一般包括以下内容：

1. 把握重音

重音也叫重读，在口语表达中，它有突出重点，强化的效果。表达时，语句中的词语在语义上并非是同等重要的，而是有主有次、轻重有别的。表达者有意加重某些词语的发音，而这些词自然就是重音。

同一句话，由于重音位置的变化，表意的重点也会随之发生变化。如我们用“今天我来这儿讲课”这句话来说明，重音不同，表意就不同：

今天/我来这儿讲课(明天不来)

今天我/来这儿讲课(不是别人来)

今天我来这儿/讲课(明天在别处讲)

今天我来这儿讲课/(不是来聊天)

因此得到结论，重音的位置对语意能否准确表达有重要影响。

把握的关键是确定重音的位置，这就需要我们明确话语的重点，明白话语的主旨，真正抓住每句话的表意重点，而重点表意词往往就是重音词。能否正确使用重音，是能否准确表情达意的关键。

2. 巧设停顿

停顿是指说话时有顿挫。它在口语表达中有两个作用：首先，停顿起着标点符号的作用，它是说话时换气的间隙，既能结束上句，又能开启下句，以此加强语言的准确性和表现力。其次，停顿能使语句抑扬顿挫，它以间歇的长短、停顿的次数，形成语句的节奏，给人以韵律美。

停顿要适当、得体，应当根据表达的需要进行合理的停顿，不能过于随意。停顿的位置不同，语意也就不同。如：

你/了解我不了解？↗(问是否了解自己)

你了解/我不了解。↘(承认自己不了解)

你了解/我不了解？↗(不承认自己不了解)

你了解我/不了解？↗(想证实别人不了解)

你了解我不/了解？↗(不相信别人了解)

你了解我不/了解。↘(明白别人了解)

有时巧设停顿能形成言外之意，让人觉得变化无穷。训练有素的口才家都能巧妙利用语句的停顿，启迪听众的思考，让他们听后能细细回味，以达成理想的演讲效果。

巧设停顿还包括善用停连。停连口语是为了表达的声音的中断和延续。当断不断，语序混乱；该连不连，语意难全；有断有连，方能语意通畅。所以，停连也是口语表达的重要技巧之一。

3. 善用语调

语调的升降变化能表示不同的语气。同一个句子根据语调高低升降的不同，便可以表达出不同的感情。譬如：

这是一百万元？（啊！好吓人哟！）——吃惊

这是一百万元？（别吓人了！）——轻蔑

这是一百万元？（糟！）——后悔

这是一百万元？（好高兴啊！）——喜悦

这是一百万元？（真稀奇）——好奇

这是一百万元？（开玩笑）——疑问

语调可以分为升调、降调、平调和曲调四种。

升调，调子由低而高，多用于疑问句，用来表示反问、疑问、惊恐等语气。降调，调子先升后降，多用于陈述句和感叹句中，用来表示肯定、感慨、请示等语气。平调，调子始终保持原样，常用来表示严肃、冷漠、陈述等语气。曲调，调子升高而降，或降而再升，常用来表示含蓄、讽刺、暗喻等语气。

点金石

巧设停顿能形成言外之意，让人觉得变化无穷。训练有素的口才家都能巧妙利用语句的停顿，启迪听众的思考，让他们听后能细细回味，以达成理想的演讲效果。

微笑训练不能少

在日常生活交谈中，微笑可以让人感到轻松，因而产生好感和亲切感。因此，微笑训练是很重要的。那么，微笑训练都有什么要求呢？

这里有一个小小的诀窍，是我国著名表演艺术家孙道临发明的。他说："你只要念"茄子"两字就可以了。"

在进行微笑练习时，应注意学会总结，看看口腔张到什么程度较好，嘴唇什么形态比较好，得要是圆的还是扁的，嘴角平拉好还是上提好。练习时可以两人一组进行。

练习微笑的要诀是：口腔张开程度到微露齿缝为止，嘴唇呈扁形，嘴角微微向上扬起。结对练习时可根据上述要诀反复练习，并互相评议，看看有哪些不足。

微笑时容易出哪些问题，又应该如何纠正呢？

第一，笑得太夸张，嘴张开过大。嘴咧得太大会给人一种傻的感觉。要不想让人觉得傻，就要想办法控制好嘴巴的开合程度，以不露或刚露齿缝最佳。

第二，皮笑肉不笑，会让人觉得你虚伪。当代心理学家根据最新研究成果已经能够正确区分真笑和假笑。如果你在交谈中能够以亲切、平等的姿态对待对方，尊重对方的感情、人格和自尊心，那么你的微笑就具有凝聚力、感染力，让人觉得真诚、美好。否则，你的微笑就会让人觉得虚假、丑陋，别人也会反感你、讨厌你。

要想改变"皮笑肉不笑"的习惯，首先要解决的是自己的态度问题。只有态度端正了，才能改变"皮笑肉不笑"的问题。是否发自内心，是评判你的微笑是否真诚的依据。

区别真笑和假笑还有一种依据，是生理依据。指的是当一个人如果是真的在微笑时，那么他眼球周围的环状眼肌就会自动将面颊和额头的皮肤牵向眼球，这是无法伪装出来的。根据当代心理学家的研究表明：真笑和假笑牵动的大脑的区域不同。

总之，只要你以端正的态度来对待交谈，注意改正"态势语"——微笑训练，那么，你的微笑就肯定能真诚而自然。

点金石

只要你以端正的态度来对待交谈，注意改正"态势语"——微笑训练，那么，你的微笑就肯定能真诚而自然。

注重择语训练

人脑记忆量的潜力是巨大的，人们平时无意识地在大脑里储存了许多语言材料。但这些"因子（词或词语）"平时并不是很活跃，在脑子经常处于散乱的游移状态。只有当需要它时，它才会从脑子中“蹦”出来，但有时却来得太慢或并不合适。这样，就在很大程度上影响了表达的总体效果。

快速择语训练的目的，就是要提高对潜意识里语言的使用能力。当然，它也有利于词汇积累。

1. 火车挂钩

“火车挂钩”训练就是利用游戏的方法提高大家的注意力，让大家在激烈的竞争氛围中，随口说出一些词，养成有择词的习惯。

方法：由一人主持，进行类似“粘连”的接词游戏。在任何时间都可以进行。因学员储词量比较少，“火车”可以不用那么长。除规定时间外，还可分成若干小组，让大家轮流地“挂”，一遍一遍进行。如：

(1)首字粘：自以为是、自不强力、自顾不暇……

(2)尾字粘：前所未有、有始有终、忠心耿耿、耿耿于怀、怀恨在心、心不在焉……

(3)首字数序粘：一步登天、二虎相争、三心二意、四世同堂、五彩缤纷、六神无主、七零八落、八拜之交、九牛一毛、十恶不赦……

(4)首字成句粘：刻骨铭心、苦尽甘来、学富五车、习以为常、为非作歹、四海为家、化为乌有(将各句的首字联起来就是：“刻苦学习为四化”)

提示：第一，有的字比较生僻，所以用谐音粘连也可放行(如上述例子中的“尾字粘”里，“终”和“忠”便可以转化使用)。

第二，参与者可聘请一位“顾问”，给予必要提示，如果还是断开了就要进行惩罚。

2. 巧接话茬

能够预测别人话的人，一般是思维敏捷的人，择词速度也快。用这种形式来进行训练可以收到更好的效果，用这种以动触动的方式，可以刺激被训练人的思维触角，让他的反应力更敏锐。

方法：

(1)主持人先说两句不完整的话，然后按顺序每人接一句。要求简洁生动，最好能在其中加入一两个出彩的词，然后进行评讲。

如：淅沥沥的春雨下个不停/现在是早春/气候乍暖还寒/但毕竟是春回大地了/你看农民已下地了/这叫“人勤春早”啊……

(2)主持人说排比句的前半部分，每讲一句就让大家用两个(有时不止一个)合适的词来接下去，最后成一组完整的排比句组。如：

金钱可以买到伙伴，但却买不到(友情)

金钱可以买到纸笔，但却买不到(文才)

金钱可以买到权势，但却买不到(威信)

金钱可以买到服从，但却买不到(忠贞)

金钱可以买到躯体，但却买不到(灵魂)

金钱可以买到谄媚，但却买不到(崇拜)

3. 近义语描摹

“近义语描摹”训练就是提高我们用不同词汇去描述事物的能力。此项训练要在“短、平、快”的特定要求下进行，要求并不简单，这样就能给我们动力让我们去检索自己的“词库”，并在生活中养成留心收集词汇的习惯。如此反复训练，就能丰富我们的词汇量和语言表现力。

方法：先向大家说明此项训练的目的和基本要求，即用同义词，从各个不同的角度去描述某一事物的状态和特点，要做到“言之有意，言之有理”，给人有物在眼前、真实存在的感觉。

在给出规定的话题后，让大家准备1分钟，然后每个轮流说1～2句话，或共同描述一个事物，语意可不相连贯，但不能重复表达。要求快速、准确、生动、灵活、具体。每一轮有10～15人，讲完再放一遍原音的录音，大家一起进行分析、评定。

如:用近义语讲述《说“冷”》。

“北风呼啸着,直往衣领里钻,彻骨的寒”“玉屑似的雪花飘落在脸上,把脸都给冻得不行了”“从屋顶上倒挂下一尺长的冰柱,冒着寒光”“一脚踩厚实的冰面上,滚入雪坑,浑身打着寒战,像被冰水给淹没了”等等。

4. 对偶成趣

方法:主持人说前半句,要求其他人在规定时间内接出下一句,难度依次提升,慢慢深入,个人或组合形式都可以。

如:

前——后、左——右;
山河壮美——岁月峥嵘;
姜是老的辣——笋是嫩的甜;
门前千竿竹——家藏万卷书;
高高兴兴喝茶——快快乐乐谈心;
专捏软柿子——专烘硬山芋。

提示:用“对对子”训练拣词反应力是我国自古以来便有的教育方法。进行择语训练,对句可以不那么工整,要求也没那么高。

点金石

快速择语训练的目的,就是要提高对潜意识里语言的使用能力。

演讲训练的步骤

无论什么能力技巧,都是经过长期的训练,才得以牢固地掌握的。演讲作为语言的一种艺术表现形式,其训练步骤是“先练脸皮子——再练嘴皮子——最后练脑瓜子”。分述如下:

1. 练脸皮子

(1)训练要求

练脸皮子就是要求做到场上场下从容自如、步履自信、面带微笑、直视听众、言行协调。

(2)训练步骤

第一,要面向观众训练胆量,克服内向、腼腆的性格。通过登台亮相、分组介绍成员、场上场下交流等项目的训练工作,采用分组轮流上台并评选出优秀集体和优秀个人的方法,来达到训练要求。

实践证明,这样的方法是可行的。因为它既能调动人们争优获胜的积极性,又能鼓动他们努力达标,他们在榜样的示范下,哪怕不为个人,也要为集体的荣誉,强迫自己去达到目标。

第二,当众讲话训练也很重要,讲什么内容是关键,也是解决这个问题的突破口。至于要求怎样讲,开始不用刻意要求,但在后面也需要慢慢规范。

训练项目有:自我介绍、描述某人或某物、有准备地发表演讲、进行读书交流等。由于每个人都有可说的内容,就不用怕到时候冷场了。每次训练前都要公布评分标准,要求要慢慢提高。

第三,协调配合训练抓牢三个环节,一是试讲的预设,二是现场气氛,三是结束后的活动。拟定完演讲稿后,要留有充分的时间,用于进行试讲;演讲现场除布置好环境和装配一定的设备(在条件允许的情况下准备扩音器,录音或录像)外,还要求学员轮流来做评委打分。

演讲结束后马上开展评议活动,或让学员相互评析,或再组织收听录音、看录像作具体评议。有时也让学员既当听众又当评议员,有什么意见就用纸条写下来,直接拿给演讲者本人。实践证明,这样训练可以取得良好的效果。

2. 练嘴皮子

在练脸皮子的基础上,就得练嘴皮子了。这是因为演讲要求用标准的普通话,还必须吐字清晰、响亮、有传情达意的效果。因此这一阶段的重点放在练习吐字上,纠正发音错误,不论是吐字发音还是传情都要进行仔细的训练。

这阶段的训练项目有声母、韵母、声调、语流音变等内容的单项练习,也有后音的对比训练,还有语调、语音、语速、语气等朗读技巧的练习,而绕口令练习和学员轮流上台点名(检查出勤)是训练学员的吐字,这是纠正他们错误发音习惯最有用的方法。因此这两个训练项目要始终贯穿整个过程。

3. 练脑瓜子

可以用抽签答问,绕口令接龙,即兴演讲等方法来训练。

各项训练步骤如下:

(1)抽签口答

把讲过的演讲知识,编成一百道问题,让每个学员用抽签方式选一道题。这样既能让他们牢牢掌握住必要的知识,又能训练他们即兴演讲的能力。

(2)绕口令接力

根据口语训练的要求,确定若干段绕口令。除用考核的方法督促学员练习外,也可以让他们轮流上台表演,这样能调动他们练习的积极性。

(3)即兴评议

即兴评议是一项常规的活动,几乎贯穿于训练的始末。它要求学员注意倾听他人讲话,并对所讲的东西进行即使评论和分析。

(4)辩论演讲

它既需要事先有充分的准备,又需要在别人讲话的时候仔细倾听,抓住语句中的纰漏进行反驳。如没有演讲的基本素质,是无法进行的,因此,要把此项训练放在最后进行。

有两点应该明确:第一,练脸皮子、练嘴皮子和练脑瓜子。这在实际运用中是不可分离的,训练时可以循序渐进。第二,训练要求实用性、有效性和现代化。训练要从"实战"出发,建立在实用基础上。不仅要训练演讲者,而且还要提升总体鉴赏、分析的水平。因此需采用多角度、立体式的训练法才能更容易取得成果。尽量采用现代化多媒体的教学手段,让学员配上扩音装备,给他们进行录音、录像,这样做能收到较好的辅助效果。

点金石

训练要从"实战"出发,建立在实用基础上。不仅要训练演讲者,而且还要提升总体鉴赏、分析的水平。

论辩训练的选择

论辩训练是很有特色的,这是由论辩的要求来定的。首先,论辩要求辩手能表达流畅,论辩训练要求对选手的声音、语音、语气等进行训练。

其次,论辩语言简洁明了,论辩训练就要求选手在最短时间内将某个意思表达清楚。再次,论辩中,辩手经常要接别人的“话茬”,即兴发挥,因此要求选手有即兴发挥的能力。

总之,论辩的特点决定了辩手必须要具备这样的能力。通过训练,辩手可以达到音纯字正、表达流畅、语言简洁,能即兴发挥等目标。

下列就是经过精心设计的训练项目:

1. 诵读训练

诵读训练法主要是针对辩手的语音、语调、语气等基本功进行训练。所选取的诵读材料一般是议论文,也可用散文、诗歌等感情色彩丰富的材料。用议论文做诵读材料,以说理为主,语言自然平实,对语调的掌握要求很高,要想在论辩时口语表达顺畅,必须以练习诵读议论文开始。散文、诗歌的诵读可以加强辩手控制感情的能力。因为有时论辩陈词时也需要辩手借助感情发挥,借此吸引观众,调节论辩气氛。

在训练辩手诵读时,负责训练的老师应对训练者在咬字、语调问题上的毛病进行纠正。另外,条件允许的话,也可教授一些发音方法。

2. 成语接龙训练

这是一种来自于民间的文字游戏,即后面的人用前一个人说的某个成语的尾字作为起首字,再说出一个新的成语,后面的人再用这种方法一个一个地说。成语接龙的目的是培养辩手对所掌握的特殊词的运用能力,也是为了让辩手的口语更丰富。

在诸多的论辩赛中,自由论辩时辩手如果能即兴说出几句成语,就会显得辩手有内涵和学问。如果只会反复使用个别的词,是不可以的。如果就用这个方法来训练,在正式表达时就能更得心应手了,效果自然更好。

3. 限时表达训练

前面说过论辩语言应该简洁明了,因此在训练时,也要按此目标来进行。

具体操作方法是:让两个辩手互相问答,提问和回答都只能用一句话,也都有一定的时间限制。这其实相当于自由论辩的模拟训练,只不过省却了双方的陈述。一旦辩手在规定的时间内没有讲完,就能让他发现自己的问题,同时也得到了积极的锻炼。

还有一点必须注意,语言繁冗是论辩的一大禁忌。在自由论辩时不仅会浪费时间,也容易给对方造成可乘之机,所以要经常进行限时练习。

4. 提炼主题训练

论辩要求辩手是有超凡的悟性,即在短时间内整理好自己的语言,同时也组织好反攻。这一系列的过程要求有较高的逻辑性、反应能力,但不可否认,如何抓住对方的纰漏,再正确表达己方观点也是辩手应有的基本能力。提炼主题法即是为此进行的训练。

具体的操作方法是:让辩手轮流读科研性文章,每一段落读完后随机请一位辩手用最简洁的话来概括。也可以组织集体观看纪录片、录像片,看完一定段落后,让辩手概括此段到底讲了什么内容。

如此反复的训练后,能使辩手有敏捷的组织反驳能力,更具有攻击性。

5. 即兴演讲训

即兴演讲无疑是所有训练项目中水平最高的,它能训练辩手在短时间内语言的组织、表达各方面的能力。论辩队的主攻手——四辩更要进行此项训练。

即兴演讲通常都是命题演讲,题目的随机性越大越好。如随时翻翻汉语词典,找到一个词组就可以当做即兴演讲的题目。让辩手准备二三分钟后就开讲。辩手在语言组织、表达方面的功底如何,一下子就可检验出来。

6. 借鉴模仿训练

多多观摩论辩比赛录像,模仿、总结参赛辩手的表达方式,也不失为一个好的训练项目。尽管每个论辩队都有自己的特点，但辩手的表达有时却是可以借鉴的。在比赛前多多观看，多多模仿，也能激发自己的表达能力。

论辩训练方法还有很多，诸如"绕口令""斗嘴"等等，既可当做常规训练，也可视辩手实际情况来选择。这里需要顺便说一下的是，论辩训练时也要适当注重辩手的外形，培养其良好的表达姿态。

点金石

论辩语言简洁明了，论辩训练就要求选手在最短时间内将某个意思表达清楚。再次，论辩中，辩手经常要接别人的"话茬"，即兴发挥，因此要求选手有即兴发挥的能力。

解说训练用处大

解说就是解释和说明，这里指口头性说明文，或者把事先写好的解说词用口语生动地表达出来。在社会生活中，它的使用非常普遍。产品展览、书画展览、标本说明、园林简介、影剧解说、人物介绍等等，都会用到它。人们在各种场合，诸如博物馆、游乐场、工厂、商店、甚至在家中，都可以听到它。

1. 知识性

解说所涉及的对象都很广泛，若将其加以概括分类，则可分为两大类：一类为实体事物，即具有形象，实实在在，看得见摸得着，或是听得见体会得到的东西。另一类是抽象的非实体事物，例如围棋中的棋道、桥牌的牌理、广播电视里体现的某种社会现象。两类解说的内容、方法不同，但目的和任务全都是向观众或听众传播信息。

2. 依附性

只要是解说，就一定要与示现相随、相配合，就是说，被解说的对象，都是直接呈现在观众面前，或者出现在听众耳边的事物。解说紧紧依附于示现，产生在观众看到什么或听到什么之后，它无法独立存在，也不能与解说对象分开。

3. 跳跃性

解说只能是一种解惑的行为，只出现在当观众或听众对表现对象看不懂听不懂的时候，因此，解说只能是启发式的点醒，而不用面面俱到地说上一遍。这样，解说就总是时有时无、断断续续，它在上下前后之间都有明显的间歇、停顿。

进行解说，需要注意什么呢？

第一，说出特点。说出特点包含两层意思，一是客观，二是科学。客观即是说的内容全部来自被解说对象，其中没有解说人的好恶趣味，而且没有虚构加工，好处说好，坏处说坏。

科学即是解说所反映出的客观对象的实际，其形态的、性质的、社会的、时代的、民族的、地方的特点，的的确确是该事物的特别之处，是其本质属性，解说具有不可修正、不可补充的真理性。

第二，说得明晰。解说其实即是口头说明文，将解说对象明明白白地告诉观众或听众，使人一听就懂，不费力就能听明白。

说得明晰要归功于解说有方。解说以说服、叙述、描写为主，有时兼用抒情和议论。具体到实践中，形式各不相同。诸如下定义、做注释、列数据、打比方、举实例、引名言、做对比、讲史实、用描摹等等。

说得明晰又要归功于解说有序。必须把握事物条理，按照其顺序、层次，分清其并列、先后、总分、主次、轻重、大小、隐显等各种关系，有条理地一一道来。

说得明晰还得归功于口语化。解说用语，要充分考虑听的“一次性”，准确显豁、平易通俗、生动活泼、完全口语化，非口语化的语言不用。

第三，适当诗化。好的解说，是要调动观众或听众的情感，引发他们的想象，使他们产生共鸣，在得到知识和信息的同时，获得美的享受。

好的解说词，语言概括精炼，优美生动。

点金石

好的解说，是要调动观众或听众的情感，引发他们的想象，使他们产生共鸣，在得到知识和信息的同时，获得美的享受。

同步训练难度高

心理学中有定论，口头表达会受到复杂的生理和心理活动制约。嘴巴的讲和大脑的想存在着相辅相成、相互作用的依存关系。口才的发挥是藏在内部的无声语言（内部语言）向表之于外的有声语言（外部语言）的转化过程；人们考虑问题必须凭借语言的帮助，考虑的内容要通过有声语言表达出来。否则，谁也不清楚你在思考问题，更不知道你思考的是什么问题。

在通常情况下，心里怎么想的，嘴上就会怎么说。想与说、思维与表达相互之间的交相传递，循环往复，把无声语言变成有声语言，以此在社会生活中交流思想，交换意见，交换情报，传递信息。

因为口头表达的随想随说的特点区别于书面表达，所以它特别要求思维的敏捷和灵活，这就需要我们加强思维和口语表达的同步练习。以下就有几种同步训练的方法：

1. 快速表达

在日常生活、学习和工作中，遇上应对场合时，反应灵活、随机应变、对答如流是思维敏捷的表现。要达到这一点，需要在日常生活中加强快速表达的练习。

2. 限时反应训练

在时间上设置一定的紧张度，经刺激思维，促成“急中生智”。练习时要求练习对象在限定的时间里，完成一项内容的构思和表达任务。

3. 灵感触发练习

触发就是撞击发动，一碰即发。它是由一件事物为触媒，突然心里一亮，引起某种反应，感悟到其他的事物。在文艺、科学活动中，因为有关事物的触发而突然产生的富有创造性的思路，被称为灵感。

我们平时可做这样的练习：一人首先在几张纸条上，分别写上不一样的题目，然后再用抽签的形式，让参与者每人抽取一张纸条，并马上就纸条上的题目，发表一分钟的即兴演讲。这样做，一是验证自己是否具有敏捷的思维能力；二是证明自己具不具有口头表达能力。

4. 发散表达

为了使口语表达完美、严谨、开阔，就要使思维能够连缀、拓展、生发，由此及彼，举一反三。

5. 知识博采练习

丰富的知识能提升智力，开发思维。好口才是用学识的甘露滋润听众的心田，用知识的钥匙打开听众的心扉。要获得知识，要靠平日积累，以建立知识宝库。只要坚持日积月累，就能达到“胸藏万汇，口有千钧”的境界。

6. 辐射联想练习

人的思维能力是不是发达，从某种意义上说，是靠测量它的构思发射量来判断的，看它能否举一反三，源源不断。若想思维发达，就必须进行思维向广度发散的练习。它能使口头表达更广阔，更完整，更广泛和更缜密。

练习者可按“字——词——词组——句子——段落——篇章”的发散顺序，写出书面文字，然后依次通顺流畅地表达出来。

7. 借题反击练习

借题反击，即对方话题中的隐含判断带有侵犯的恶意。此时，我方可借题发挥，予以反击。

8. 聚敛表达

思维的完美、严谨，除了要“一花引来万花开”，而且要“会当凌绝顶，一览众山小”。用一句通俗的话说，就是要“撒得开，收得拢”，既具有发散能力，又具有聚敛能力。

9. 延伸表达

口才训练，除了要掌握思维的快速反应、发散表达、聚敛表达外，还应训练思维的延伸表达。即考虑问题向着纵深方向发展，从简单到复杂，由平面向立体转化，最终达到“柳暗花明”的境界。

总之，思维能力的强弱决定着说话能力的高低。要提高说话能力，就必须学会科学的思维方法，经常进行思维和口语表达的同步练习。

点金石

思维能力的强弱决定着说话能力的高低。要提高说话能力，就必须学会科学的思维方法，经常进行思维和口语表达的同步练习。

综合训练锻炼能力

为了改善自身弱点的专项训练基本完成之后，就可以进行综合训练了。所谓综合，主要是指把口语表达的各项基本功紧密联系起来，合为一体，让它具有一定的艺术性，从而可以比较准确生动地传情达意。综合训练完成了，还要主动进行当众训练，用来检验表达的效果。

口语训练是个人主动进行的结合训练，在训练中依然可以以改变自身某种弱点为重点，但同时也要注意应比较全面地掌握表达的技巧。

在综合训练中，最好能请人辅导，或和别人交流，甚至采用对手赛的方式进行，但还要以个人训练为主。因为个人练习比较方便，不受一些条件的限制，能够随时随地进行。

综合训练的方法多种多样，可以自由选择，也可根据需要作调整变换。其大体上有这样几种方式：

1. 模仿复述

即通过模仿接受示范的信息，再通过复述练习，以提升自己的口语表达的意识和能力。例如，选择几段精彩的演讲、朗诵或播放的录音重复听，从重音、停顿、语气、节奏、语音的运用等各方面充分感受、反复琢磨，并做跟随训练。

这样“耳听嘴跟”地练习一段时间后，你的口语表达就可以变得生动流畅了。

2. 口头评述

这种训练方式内容很广泛。与人首次见面时,作一遍自我介绍;对亲友或同事叙述某个人或某件事;对某部影片或电视剧加以评论;为了说服别人,先在口头上做文章,试讲几遍;嘱咐别人办什么事,把事情、目的、要求、困难、意义等各项一一交代明白;练习给别人讲故事,等等。

3. 演讲练习

进行演讲是一种锻炼口才的重要而且有效的方式。演讲练习最好是事先写好稿子,随后像朗诵一样在口头表达上反复推敲,最后利用所有可能的机会当众脱稿演讲。如亲友聚会致词、开会发言、主持仪式等,都可以用来作为演讲练习而去做准备。这样既可以促进训练,又能发挥口语训练的实际作用。

4. 快速感应

快速感应是一种训练口才和语感时不可忽视的形式。因为实用的口语艺术需要具有即兴构思、随机应变和对答如流的能力。这是一种对手赛的形式,其特点是在规定的短暂时间里,锻炼一个人快速感应的能力。如智力测验抢答、临时出题、即兴演讲、与他人就某个问题论辩等等。

总之,这种快速问答和论辩的训练,是在非常紧张的情境和气氛中完成的,能够激发思维,锻炼即兴演讲的能力。

点金石

快速问答和论辩的训练,是在非常紧张的情境和气氛中完成,能够激发思维,锻炼即兴演讲的能力。

学学放松训练

如果渴望清除语言障碍,使自己具备像天鹅绒一样光滑润泽的胸腔共鸣,就必须先努力克服生理上的肌肉紧张。而其中最为重要的是:要学会放松你的下颚、舌头,解放喉咙和口腔,使声音可以由此传出,而不是迫从鼻腔出来。

1. 放松头颈

如果按照以下的建议去做,就能使整个头部、颈部得到松弛,而且使全身都产生松快的感觉。

练习一:

(1)头部向前低垂,闭上双眼,慢慢地默数6下。

(2)再数6下,双眼缓缓张开,同时把垂下的头抬起,直到眼睛看到天花板为止。这时,紧张的感觉就开始消失了。

(3)把这个过程重复做数次。

练习二:

头部依然向前垂下,同时下颚也要放松,感觉它好像要脱落一样。现在,把头慢慢转向一侧,随后把头抬起;再垂下,再转向另一侧,然后再抬起来。

2. 放松下颚

要想知道下颚怎样才算松弛,首先可以把指尖放在耳朵前面上颚与下颚接合的那块地方。若是你的嘴巴是紧闭着的,那块区域就会有一个细微的凸起;如果下颚放松,凸起就消散了,而且还会凹下去一块。

练习三：

(1)让下颚放松，舌头松弛地搭于下齿与下唇之上，懒洋洋地呼吸，感觉好像是麻醉药已经开始对你产生效果了。

(2)心里默数着：1,2,3,4……这时的呼吸听起来应该像是将进入睡眠时那样宁静而均匀。

(3)每呼吸一次，接着就用一声呻吟代替刚才那种数数字的方式。注意：在吸气与呼气之间一定不能停顿，呼吸量一定保持持续稳定，除非你禁不住要打呵欠，否则决不能停止练习。

练习四：

将舌头放在牙齿和下唇之间，保持放松，然后发“啊——”的音，声音拖长，并引导声音从舌与唇的接触点传出。这时你会出现一种感觉，好像“啊”这个音其实是在你的口腔之外——这就是它应该在的地方。

3. 放松舌头

面对镜子观察自己，尽管你的舌头也许可以做到拱起、卷曲、后退、旁伸等动作，但你不一定能做到让它彻底松弛地卧在口腔底部。你要耐心引导舌头，你要默默地对它说：“舌头，趴低一点！放松，放松一点！”

当下颚和舌头都得到放松了，再说：“啦、啦、啦、啦、啦。”好似你是在牙牙学语。这时，你紧张的感觉会消失。

4. 放松喉咙

可以说，打哈欠是一种最有用的放松方式。你能不能随心所欲地控制哈欠？这里有一个有用的办法：

(1)缓缓闭上双眼，再闭上嘴唇。

(2)使下颚放松，但嘴唇仍然闭着。

(3)全身放松地、充分地打一个呵欠，口腔以至喉咙深处完全张开。你能感受到肌肉的伸展、喉咙的扩大。

在你打哈欠时，从镜子里看自己的咽喉深处，你可以看到咽部的小舌像卷起帘幕一样升上去。当声音由此发出时，情况也是这样。

除了发“摸、玻、嘶”这几个音之外，发其他所有语音，喉咙部必须张开。若是想体会喉咙紧闭与张开之间的不同感觉，你可以反复发出“嘶——啊，嘶——啊，嘶——啊”的声音。每当你发“啊”的时候，喉咙是全部打开的；而当你发“嘶”时，喉咙则是完全闭合的状态。所以请在说话时注意保持那种喉咙张开的状态。

若想同时练习放松下颚和张开喉咙，可以试用下这种方法：

(1)肘部支撑桌面，手背支撑住下颚。

(2)抬起头，让下颚与手背之间的距离保持在2英寸左右。

(3)保持打哈欠时的那种感觉，使下颚放松，然后说：“呀——呀——呀——呀——”“哟——哟——哟——哟——”“唷——唷——唷——唷——”。

在每说一个字的时候，下颚就放松垂触到手背一次。与此同时，另一只手平压在锁骨之下的胸口位置，体会那里的震动感。这时不管是鼻音，还是锁紧的下颚与紧合的嘴巴都会消失不见。

5. 放松嘴巴

伸出一只手的食指和中指做成“V”字形，将两个指尖放于两边嘴角上。这时，你下巴的底部应该刚好处在“V”字形的底部位置。你说话时，这个位置会向上移动，那么你定会发出鼻音。

如前所述，说话时上下齿之间应能保持半英寸的空隙。以下几个练习能够帮助那些嘴唇封闭、下颚紧锁的人在说话时张开嘴，让声音能够传送得出来。

(1)把食指或者中指的关节伸入上下齿之间，然后大声朗读一段熟悉的文字，声音一定是模糊不清的。然后将手指拿出，重复朗读一遍以上的文字，同时仍然保持嘴巴张开的状态，让声音无阻碍地通过。

(2)把嘴唇作为一个麦克风来使用，发出“哇”的音，如同是个很好的扩音机，它可以驱走鼻音和低语的问题。

如果渴望清除语言障碍，使自己具备像天鹅绒一样光滑润泽的胸腔共鸣，就必须先努力克服生理上的肌肉紧张。